中国品牌农业年鉴

2016

中国优质农产品开发服务协会　主编

中国农业出版社

《中国品牌农业年鉴》编辑委员会

编 辑 说 明

一、为记载、展示和宣传我国品牌农业发展情况，中国优质农产品开发服务协会、中国农业出版社共同发起，联合编辑出版《中国品牌农业年鉴》。

二、本年鉴客观地记录了我国品牌农业的发展历程，重点收录了 2015 年全国品牌农业的重大政策、重要文献、重要讲话、重要工作和部分地方品牌农业发展概况，整理汇总了绿色食品、有机食品、无公害农产品、地理标志产品统计数据，刊载了品牌促进活动和品牌农业发展理论文萃，并收录了部分品牌农业的发展典型，选择介绍了部分区域品牌农产品，附有全国名特优新农产品目录、中国国际农产品交易会参展产品金奖评选结果，等等。

三、该年鉴作为全面反映中国农业品牌情况的权威性资料工具书，具有政府公报性质，不仅可以作为对外宣传的窗口，而且具有决策咨询、信息交流和史料积累的重要作用，为政府部门在农业品牌建设中发挥推动作用、企业发挥主体作用、协会发挥桥梁作用提供参考。每年出版一卷，以出版年份标序。

四、各省、自治区、直辖市及计划单列市，按全国行政区划顺序排列。

五、各类资料数据均未包括台湾省和港澳地区。

六、在本年鉴的编写过程中，农业部办公厅、农村经济体制与经营管理司、市场与经济信息司、种植业管理司、农产品质量安全监管局等司局，农业部农产品质量安全中心、中国绿色食品发展中心、农业部优质农产品开发服务中心、农民日报社、中国农村杂志社、农产品市场流通协会等单位给予了大力支持，在此一并表示感谢。

目录

特载

发展概况

各地品牌农业概况

展览展示

领导讲话

法律法规与规范性文件

专家论坛

品牌农业好文

品牌主体

统计资料

大事记

附 录

索 引

特载

- 习近平总书记关于品牌工作讲话（摘编）
- 李克强总理：政府工作报告（摘编）
- 李克强总理：主持召开国务院常务会议（摘编）
- 汪洋副总理：落实发展新理念全面做好农业农村工作（摘编）
- 2016 中央 1 号文件（摘编）
- 国民经济和社会发展第十三个五年规划纲要（摘编）
- 全国种植业结构调整规划（2016—2020 年）（摘编）
- 农业部办公厅关于印发促进草牧业发展指导意见的通知（摘编）
- 农业部关于加快推进渔业转方式调结构的指导意见（摘编）
- 全国绿色食品产业发展规划纲要（2016—2020 年）

习近平总书记关于品牌工作讲话（摘编）

一、关于“供给侧结构性改革”的讲话

供给侧结构性改革，重点是解放和发展社会生产力，用改革的办法推进结构调整，减少无效和低端供给，扩大有效和中高端供给，增强供给结构对需求变化的适应性和灵活性，提高全要素生产率。

……

供给侧和需求侧是管理和调控宏观经济的两个基本手段。需求侧管理，重在解决总量性问题，注重短期调控，主要是通过调节税收、财政支出、货币信贷等来刺激或抑制需求，进而推动经济增长。供给侧管理，重在解决结构性问题，注重激发经济增长动力，主要通过优化要素配置和调整生产结构来提高供给体系质量和效率，进而推动经济增长。

……

当前和今后一个时期，我国经济发展面临的问题，供给和需求两侧都有，但矛盾的主要方面在供给侧。比如，我国一些行业和产业产能严重过剩，同时大量关键装备、核心技术、高端产品还依赖进口，国内庞大的市场没有掌握在我们自己手中。再比如，我国农业发展形势很好，但一些供给没有很好适应需求变化，牛奶就难以满足消费者对质量、信誉保障的要求，大豆生产缺口很大而玉米增产则超过了需求增长，农产品库存也过大了。还比如，我国一些有大量购买力支撑的消费需求在国内得不到有效供给，消费者将大把钞票花费在出境购物、“海淘”购物上，购买的商品已从珠宝首饰、名包名表、名牌服饰、化妆品等奢侈品向电饭煲、马桶盖、奶粉、奶瓶等普通日用品延伸。据测算，2014年我国居民出境旅行支出超过1万亿元人民币。

事实证明，我国不是需求不足，或没有需求，而是需求变了，供给的产品却没有变，质量、服务跟不上。有效供给能力不足带来大量“需求外溢”，消费能力严重外流。解决这些结构性问题，必须推进供给侧改革。

——2016年1月18日在省部级主要领导干部学习贯彻党的十八届五中全会精神专题研讨班上的讲话

李克强总理：政府工作报告（摘编）

三、2016年重点工作

……

（二）加强供给侧结构性改革，增强持续增长动力。……努力改善产品和服务供给。突出抓好三个方面。一是提升消费品品质。加快质量安全标准与国际标准接轨，建立商品质量惩罚性赔偿制度。鼓励企业开展个性化定制、柔性化生产，培育精益求精的工匠精神，增品种、提品质、创品牌。

……

（四）加快发展现代农业，促进农民持续增收。继续毫不放松抓好“三农”工作，完善强农惠农富农政策，深化农村改革，拓展农民就业增收渠道，着力提高农业质量、效益和竞争力。

李克强总理：主持召开国务院常务会议（摘编）

……

实施《中国制造2025》对促进制造业升级等发挥了积极作用，这也是深化供给侧结构性改革的重要内容。必须坚持市场导向，引导企业适应和引领市场，在“中国制造＋互联网”上尽快取得突破，实现中国制造迈向中高端。一要以推进数字化、网络化、智能化制造为抓手，加快构筑自动控制与感知技术、工业云与智能服务平台、工业互联网等制造业新基础，培育制造业新模式、新业态、新产品。二要抓紧发布智能制造、绿色制造、质量品牌提升等11个配套实施指南、行动计划或专项规划。促进大中小企业、初创企业、高校、科研院所等多方协同，加快建设制造业创新中心、“双创”平台，带动更多创新型中小企业成长。三要完善加计扣除等政策，适当加大财政投入，设立“中国制造2025”专项资金，启动一批重大标志性项目和技改工程。四要加强标准建设，面向市场多样化需求制造消费者和客户需要的高质量中高端产品。五要加强国际交流，深化中外制造业创新合作。

——2016年1月27日在国务院常务会议上的讲话

汪洋副总理：落实发展新理念全面做好农业农村工作（摘编）

二、以发展新理念为引领，推动“十三五”时期农业农村发展再上新台阶

……

（三）以绿色发展引领农业农村发展方向。要加快建设资源节约型、环境友好型农业，推动农业走上绿色发展之路。实施全国农业可持续发展规划，大力推广农业节水灌溉，探索实行耕地轮作休耕制度试点，逐步退出超过资源环境承载力的农业生产。把提高农产品质量安全水平、恢复和增强消费者信心放在突出位置，大力推进标准化、绿色化、品牌化生产。强化农村生态产品供给功能，把山水林田湖作为一个生命共同体统筹谋划，划定农业空间保护红线，加强土地、水、森林等资源的保护和合理利用。

三、大力推进农业结构性改革，全面做好“三农”工作

……

（六）关于农民增收

农民增收是农业农村发展的根本目的，也是衡量结构性改革成效的重要标志。保持农民收入持续增长并进一步缩小城乡收入差距，是当前乃至今后几年我们面临的最大挑战。目前农民家庭经营收入、工资性收入、转移性收入的增长动力不同程度出现衰减苗头。促进农民增收要以改革创新的思路，在农业结构性改革中找出路，努力开辟新的增长点。一是挖掘农业内部增收潜力。通过降低成本、调整结构、开拓新领域增收，通过提升质量、树立品牌、提高附加值增收。二是挖掘农村一二三产

业融合发展的增收潜力。大力发展农业产业化经营，完善利益联结机制，提高农民在产业链、价值链中的利益分享比例。三是挖掘新产业新业态的增收潜力。加快发展休闲农业和乡村旅游，让更多农民参与进来、从中受益。电子商务引发营销革命，要抓住这一难得机遇，促进农产品营销增收。四是挖掘农村资源资产资金的增收潜力。要通过推进股份合作制改革和“资源变股权、资金变股金、农民变股东”，把农村闲置和低效利用的农村资源、资产、资金有效利用起来，给农民创造财富。最后，对农民收入还必须有兜底性政策。要研究如何通过补贴、保险、其他政策支持等，对主产区生产重要农产品的农户特别是生产“大户”，保障其基本收益。

——2015年12月24日在中央农村工作会议上的讲话

（《求是》2016年第8期）

2016中央1号文件（摘编）

二、加强资源保护和生态修复，推动农业绿色发展

……

12. 实施食品安全战略。加快完善食品安全国家标准，到2020年农兽药残留限量指标基本与国际食品法典标准接轨。加强产地环境保护和源头治理，实行严格的农业投入品使用管理制度。推广高效低毒低残留农药，实施兽用抗菌药治理行动。创建优质农产品和食品品牌。继续推进农业标准化示范区、园艺作物标准园、标准化规模养殖场（小区）、水产健康养殖场建设。实施动植物保护能力提升工程。加快健全从农田到餐桌的农产品质量和食品安全监管体系，建立全程可追溯、互联共享的信息平台，加强标准体系建设，健全风险监测评估和检验检测体系。落实生产经营主体责任，严惩各类食品安全违法犯罪。实施食品安全创新工程。加强基层监管机构能力建设，培育职业化检查员，扩大抽检覆盖面，加强日常检查。加快推进病死畜禽无害化处理与养殖业保险联动机制建设。规范畜禽屠宰管理，加强人畜共患传染病防治。强化动植物疫情疫病监测防控和边境、口岸及主要物流通道检验检疫能力建设，严防外来有害物种入侵。深入开展食品安全城市和农产品质量安全县创建，开展农村食品安全治理行动。强化食品安全责任制，把保障农产品质量和食品安全作为衡量党政领导班子政绩的重要考核指标。

三、推进农村产业融合，促进农民收入持续较快增长

……

13. 推动农产品加工业转型升级。加强农产品加工技术创新，促进农产品初加工、精深加工及综合利用加工协调发展，提高农产品加工转化率和附加值，增强对农民增收的带动能力。加强规划和政策引导，促进主产区农产品加工业加快发展，支持粮食主产区发展粮食深加工，形成一批优势产业集群。开发拥有自主知识产权的技术装备，支持农产品加工设备改造提升，建设农产品加工技术集成基地。培育一批农产品精深加工领军企业和国内外知名品牌。强化环保、能耗、质量、安全等标准作用，促进农产品加工企业优胜劣汰。完善农产品产地初加工补助政策。研究制定促进农产品加工业发展的意见。

国民经济和社会发展第十三个五年规划纲要（摘编）

第十八章　增强农产品安全保障能力

……

第四节　确保农产品质量安全

加快完善农业标准，全面推行农业标准化生产。加强农产品质量安全和农业投入品监管，强化产地安全管理，实行产地准出和市场准入制度，建立全程可追溯、互联共享的农产品质量安全信息平台，健全从农田到餐桌的农产品质量安全全过程监管体系。强化农药和兽药残留超标治理。严格食用农产品添加剂控制标准。开展国家农产品质量安全县创建行动。加强动植物疫病防控能力建设，强化进口农产品质量安全监管。创建优质农产品品牌，支持品牌化营销。

全国种植业结构调整规划（2016—2020年）（摘编）

三、准确把握进一步调整优化农业结构的重点任务

……

（六）以“改进品种、提升质量、创建品牌”为抓手，调整优化产品结构。瞄准市场需求，增加市场紧缺和适销对路产品生产，大力发展绿色农业、特色农业和品牌农业，把产品结构调优调高调安全，满足居民消费结构升级需要。加强优质农产品品种研发、推广，着力选育引进一批有竞争力的名特新优农产品，促进农作物品种的升级换代。大力推进标准化生产，继续推进园艺作物标准园、畜禽标准化规模养殖场和水产健康养殖场建设，积极发展“三品一标”农产品。抓紧完善农产品质量安全标准体系建设，加快建设农产品质量安全监管体系，强化源头治理、过程管控和质量追溯，提升农产品质量安全水平。加强农产品品牌营销推介，建立农产品品牌目录制度，大力发展会展经济，培育一批知名农产品品牌，加大知识产权保护力度，不断扩大品牌影响力和美誉度。推进特色农产品区域布局规划实施，大力发展一乡（县）一业、一村一品。

农业部办公厅关于印发促进草牧业发展指导意见的通知（摘编）

三、区域布局及主要模式

（一）北方干旱半干旱区

……

3. 推介模式：围绕“提质、增效、绿色”的基本方针，引导流转整合草场、牲畜等生产要素，发展家庭农（牧）场和农牧民合作社，走规模化养殖、标准化生产、品牌

化经营的产业化发展道路。推介企业“立草为业、创新开拓、融合发展”的“互联网+草业”模式和特色家庭农（牧）场适度规模经营的“轮牧+补饲”模式等。

农业部关于加快推进渔业转方式调结构的指导意见（摘编）

四、促进捕捞业转型升级

……

（十五）积极推进产业化经营。推动养殖、捕捞、加工、物流业等一二三产业相互融合、协调发展，延伸产业链、提高价值链。挖掘水产品生产区域特质、工艺特点和文化底蕴，加强渔业品牌建设，鼓励支持发展区域性品牌。加强现代渔业园区建设，促进主导产业集群发展。扶持壮大渔业龙头企业，培育渔民专业合作组织、生产经营大户、家庭渔场和产业联合体等新型经营主体，建立多种形式的利益联结机制，提高渔业组织化程度。鼓励各类组织、工商资本开展渔业生产、加工、流通等环节的服务，全面提高渔业社会化服务水平。

全国绿色食品产业发展规划纲要（2016—2020年）

多年来，发展绿色食品在推进农业发展方式转变、提高农产品质量安全水平、保护农业生态环境、促进农业增效和农民增收等方面发挥了重要的示范带动作用。绿色食品已成为我国安全优质农产品的精品品牌，得到社会各界的普遍认可。党的十八届五中全会提出了绿色发展等新思想，为绿色食品事业发展注入了新动力。为进一步推进绿色食品产业持续健康发展，发挥绿色食品在现代农业建设中的示范引领作用，更好地满足城乡居民的安全健康消费需求，根据农业农村发展与农产品质量安全相关要求，制定本规划纲要。

一、发展现状

绿色食品，是指产自优良生态环境、按照绿色食品标准生产、实行全程质量控制并获得绿色食品标志使用权的安全、优质食用农产品及相关产品。多年以来，在各级政府和农业部门的积极推动下，在市场需求的有力拉动下，全国绿色食品产业保持了稳步健康发展，取得了显著成效。

（一）产业发展已有一定规模

截至2015年底，全国绿色食品企业总数达到9 500多家，产品总数达到23 000多个。2011—2015年，绿色食品企业和产品年均分别增长约8.5%和7.0%。绿色食品产品日益丰富，现有的产品门类包括农林产品及其加工产品、畜禽、水产品及其加工产品、饮品类产品等5个大类、57个小类、近150个种类，基本上覆盖了全国主要大宗农产品及加工产品。全国已创建665个绿色食品原料标准化生产基地，分布25个省、直辖市、自治区，基地种植面积1.8亿亩（1亩=1/15公顷），产品总产量达到1亿吨。绿色食品生产资料企业总数发展到102家，产品达244个。

（二）产品质量稳定可靠

通过实施“从农田到餐桌”全程质量控

制，落实标准化生产，严格产地环境、产品质量检测和投入品管控，提高现场检查和审核许可的规范性，全面加大证后监管力度，有效地保证了绿色食品产品质量。2011—2015 年，绿色食品系统每年组织抽检覆盖率超过 20%，绿色食品产品质量抽检合格率一直保持在 99%以上。在近几年由农业部等国家有关部门组织的农产品质量安全监督抽检中，绿色食品产品质量抽检合格率均达到 100%。

（三）品牌具有广泛影响力

经过多年宣传推广，绿色食品已被社会广泛接受，其推行的生产方式、倡导的消费理念、树立的社会形象和产生的品牌效益，已得到普遍认可。早在 1999 年，《辞海》已将“绿色食品”列入书中；绿色食品有关知识被国家编入了《全日制普通高级中学生物教学大纲》；中国农业大学、南京农业大学等多数农林院校设置了绿色食品专业或开设了绿色食品相关课程。近几年，绿色食品作为食品安全知识在部分大中城市社区广为宣传；相关电视节目中也时常涉及绿色食品的概念和知识。据调查，在国内大中城市，绿色食品品牌的认知度超过 80%；在所有认证产品中绿色食品的公信度排名第一。绿色食品品牌影响已从国内扩大到国际，其标志商标已在日本、美国、俄罗斯等 10 个国家和地区注册，丹麦、澳大利亚、加拿大等国家已开发了一批绿色食品产品。

（四）制度规范基本完善

《农产品质量安全法》、《食品安全法》、农业部《绿色食品标志管理办法》等的颁布实施，为绿色食品发展奠定了法律基础。农业部已发布绿色食品各类标准 126 项，整体达到发达国家先进水平，地方配套颁布实施的绿色食品生产技术规程已达 400 多项，绿色食品标准体系更加完善。绿色食品标志许可审查程序和技术规范在工作实践中得到不断补充和修订，绿色食品企业年检、产品抽检、市场监察、风险预警、淘汰退出等证后监管制度已全面建立和实施，以标志管理为核心的绿色食品制度规范已基本完善。

（五）体系队伍已覆盖到基层

全国已建立省级绿色食品工作机构 36 个，地（市）级绿色食品工作机构 308 个，县（市）级绿色食品工作机构1 558个，覆盖了全国 88%的地州、56%的县市。全国共有专职工作人员6 452人，其中绿色食品检查员3 460人、监管员2 797人；还发展绿色食品企业内检员 1.8 万人，实现了所有获证企业的全覆盖。同时，审核确定了绿色食品定点环境监测机构 57 家、产品质量检测机构 58 家。

二、面临形势

当前和今后一个时期，推动绿色食品产业持续健康发展面临前所未有的历史机遇：

（一）政策环境有利

“支持发展绿色食品”已多次写入中央 1 号文件。中共中央、国务院《关于加快推进生态文明建设的意见》对发展绿色产业做出了总体部署。党的十八届五中全会提出了五大发展理念，进一步明确了绿色发展的思想。发展绿色食品，符合国家“绿色发展、低碳发展、循环发展”的战略部署，符合“产出高效、产品安全、资源节约、环境友好”的现代农业发展方向，越来越受到各级政府的高度重视。发展绿色食品已纳入我国现代农业建设、可持续农业发展、农产品质量安全提升等中长期规划，并与农业标准化、产业化、品牌化等主体工作紧密结合，在组织领导、产业指导、政策扶持、激励机制等方面的配套政策不断完善，支持力度不断加大。

（二）生产者积极性高

随着绿色食品品牌的影响力、公信力不断提升，在优质优价市场机制的传导下，广大企业和农户发展绿色食品的积极性不断提高，特别是食品行业骨干企业、各级农业产业化龙头企业、出口企业更加关注绿色食品开发与经营。同时，随着农产品质量安全社会共治大格局的形成，各方面的责任进一步落实，市场秩序和品牌保护工作得到加强，绿色食品的精品形象更加凸显，吸引着越来越多的社会工商资本进入绿色食品领域寻求发展商机，必将稳步扩大绿色食品产业规模，有效提升产业发展水平。

（三）消费需求旺盛

随着城乡居民收入水平不断提高，食品安全意识普遍增强，食物消费结构正加快由注重数量转向注重质量，追求“绿色、生态、环保”日益成为消费的基本取向和选择标准，绿色食品更加受到广大消费者的欢迎，市场需求呈现加速增长的态势。在消费需求和品牌影响的拉动下，绿色食品市场流通体系建设步伐不断加快，绿色食品越来越多地进入大型连锁超市、专营店，走上电商平台，满足日益个性化、多元化的消费需求。

与此同时，绿色食品发展仍然存在一些制约因素，面临不少挑战：

一是绿色食品发展至今还没有一个全国统一的规划。在推进现代农业农村经济发展的大格局下，统筹考虑绿色食品发展，进一步明确其定位、方向、目标、政策措施和工作要求十分重要，有利于增强工作的方位感和目标责任意识，有利于提升体系队伍建设和产业扶持政策的连续性、稳定性，从而促进绿色食品持续健康发展。

二是部门合作协调推进绿色食品发展的机制还没有建立起来。目前，绿色发展理念正在农业各产业中逐步扩散，绿色生产技术正在实践中不断得到开发与推广应用，各产业主管部门正在成为绿色农业发展的有力推动者。绿色食品工作部门与农业各产业主管部门加强工作配合，相互支持，优势互补，将成为今后推动绿色食品发展的有力手段。

三是绿色食品品牌形象有待进一步巩固提升。少数获证企业标准化生产不能真正落实到位，防控产品质量安全风险和隐患的压力增大；有的企业用标不规范或违规用标，个别企业违法制售假冒产品，有损绿色食品整体品牌形象。从结构看，中小食品企业与农民专业合作社偏多，大型食品企业偏少；初级产品偏多，精深加工产品偏少；种植业比重偏大，畜禽、水产品偏少；东中部地区发展规模较大，西部地区发展规模偏小，区域发展不平衡。面向国内外市场的品牌深度宣传与推广不足，优质优价市场机制的作用还未得到充分发挥。

三、总体思路

以邓小平理论、“三个代表”重要思想、科学发展观为指导，贯彻习近平总书记系列重要讲话精神，落实《中华人民共和国国民经济和社会发展第十三个五年规划纲要》，遵循创新、协调、绿色、开放、共享发展理念，以保护生态环境、提升农产品质量安全水平和促进农民增收为目的，以完善标准、优化程序、强化监管、加大宣传、创新机制为支撑，坚持精品定位，稳步发展，努力实现绿色食品质量水平持续提升、产业规模持续扩大、品牌公信力和影响力持续增强。

（一）基本原则

一是明确定位，率先发展。绿色食品是农业农村经济工作的重要组成部分，是生态文明建设的助推器、农业发展方式转变的排头兵、农产品安全优质消费的风向标。新时期，要按照“提质增效转方式，稳粮增收可持续”的要求，与农业产业转型升级、“一控两减三基本”、农产品质量安全监管、特色产业精准扶贫等农业主体工作相融合，率先发展，在标准化生产、产业化经营、品牌化发展中发挥示范带动作用。

二是政府推动，市场拉动。积极争取各级农业行政主管部门的支持，发挥好主管部门在统筹谋划、政策引导、投入支持、执法监管等方面的重要作用。要重视市场开发，多形式搞活流通，多渠道拓展市场，积极发挥市场在配置资源中的决定性作用，推进绿色食品优质优价市场机制的形成。

三是质量优先，稳步推进。更加注重发展的质量，全面落实全程质量控制体系和标准化生产，强化证后监管，不断提升绿色食品品牌的公信力。在坚持准入标准、保证质量的前提下，稳步扩大总量规模，不断满足城乡居民对安全优质农产品及加工食品的需求。

四是坚持特色，创新驱动。坚守与发达国家接轨的农产品及食品质量安全标准水平，保持绿色食品标准的先进性；坚持“安全、优质、环保、营养、健康”的本质特征，进一步打造精品品牌；坚持质量管理与标志许可相结合的基本制度，不断创新机制，提升发展活力。

（二）发展目标

到 2020 年，全国绿色食品产业总量规模进一步扩大，企业总数达到11 000家，产品总数达到27 000个，绿色食品产地环境监测面积达到 6.5 亿亩，绿色食品总产量占全国食用农产品及加工食品总产量 5% 以上。绿色食品质量和品牌公信力、认知度明显提升，质量抽检合格率保持在 99%以上，国家级和省级农业产业化龙头企业、大型食品加工企业、出口企业比例明显上升，达到 60%以上。

四、重点任务

（一）扎实推进基地建设，不断提高发展质量

按照“稳定总量规模，提升创建质量，强化产业对接，增强基地效益”的总体思路，新创建 200 个原料标准化基地，使基地总量达到 800 个，面积增加到 2 亿亩。以优势农产品产业带、特色农产品规划区和农业大县为重点，着力创建一批绿色食品水稻、小麦、玉米、大豆、油料、糖料、水果、茶叶、畜产品原料标准化生产基地，加大产销对接力度，形成原料基地与加工（养殖）企业相互促进的良性循环机制。

启动绿色食品园区创建活动，打造一批融“绿色食品生产、加工、销售、餐饮、体验、休闲”为一体的绿色食品综合示范园区，拓展绿色食品发展的多种功能，促进农村一二三产业融合发展。

（二）着力扶强生产主体，持续扩大总量规模

按照“提高门槛、强化服务、加强引导”的要求，不断提高绿色食品企业的整体素质。大力引导各类龙头企业，特别是国家级和省级农业产业化龙头企业、大型食品企业、外向型企业发展绿色食品，发挥骨干企业的引领作用。积极指导国家与省级农民专业合作社示范社发展绿色食品，发挥其在标准化生产中的示范作用。鼓励引导地方特色农产品生产主体发展绿色食品，发挥行业领头作用。

（三）加快推进短缺产品开发，不断优化品种结构

重点推动生态环境良好的草原地区发展优质草食绿色畜禽产品，大力发展有特色的畜禽产品，引导行业领先企业和境外企业发展绿色畜禽产品。引导大型湖泊、库塘等自然条件良好的天然水域发展绿色水产品，鼓励远洋捕捞及其加工企业发展绿色食品。发展绿色食品精深加工产品，重点是食用植物油、米面加工品、果酒等。

（四）不断强化市场营销服务，完善市场流通体系

全面开展绿色食品市场营销服务体系建设，推动绿色食品步入“以品牌引导消费、以消费拉动市场、以市场促进生产”的发展轨道。制定绿色食品市场推广与品牌形象展示规范，引导和鼓励建设绿色食品专业营销体系。支持多形式建立绿色食品电商平台，积极引导企业充分利用电商平台拓宽营销渠道、提高流通效率。推进“中国绿色食品博

览会”向专业化、市场化方向发展，使其成为促进绿色食品产销对接、商贸合作的专业平台。鼓励举办区域性绿色食品交易会，多渠道开展市场对接，扩大绿色食品品牌影响力。

（五）全面加强品牌保护，不断提升品牌的公信力

坚持绿色食品精品定位，把精品理念贯彻落实到生产经营的每一个环节，夯实品牌建设的基础。依据《商标法》、《绿色食品标志管理办法》等法律法规，持续开展绿色食品标志的注册与保护工作，为产业发展和品牌建设提供有力的法律保障。严格许可审查，加强证后监管，强化淘汰退出机制，确保产品质量和规范用标，切实维护品牌的公信力和美誉度。积极开展品牌知识宣传，培育并提升绿色食品在消费市场的良好形象。

五、支撑体系

（一）完善绿色食品技术标准体系

继续瞄准国际先进水平，突出“安全、优质和可持续发展”的基本特征，完善绿色食品技术标准体系，力争绿色食品有效标准达到150项。重点完善养殖、屠宰环节绿色食品卫生控制要求和食品加工过程中的卫生控制规范。推进地方特色优势农产品生产技术规程制订工作，为落实标准化生产提供技术规范。以“质量安全、技术先进、生产可行、产业提升”为基本评价指标，建立绿色食品标准跟踪评价长效机制，进一步提高标准的科学性和实用性。

（二）优化绿色食品标志许可制度

按照“科学公正、规范有序、简便快捷”的要求，不断优化标志许可审查程序，完善现场检查规范和专家评审制度。积极开展申报企业组织模式、管理体系、产地环境、风险防控能力等方面的评估，并加大现场检查力度，严格准入门槛。强化申报企业投入品审核管理，对投入品使用合理性、管理规范性、来源稳定性进行严格审查。强化工作机构审查把关和定点检测机构公正检测的责任，确保审查工作环环相接不遗漏、不延误、不推诿。建立健全检查员工作绩效考评机制，强化检查员签字负责制。加强证书管理，不断提高颁证工作的质量和效率。

（三）加强产品质量监管体系

建立“以属地监管为原则、行政监管为主导、行业自律为基础、社会监督为保障”的综合监管运行机制。认真落实企业年检、产品质量年度抽检、绿色食品标志市场监察与打假、质量风险预警、产品公告等监管制度。积极推进绿色食品质量追溯管理。加强绿色食品企业内检员队伍建设，发挥其在宣贯标准、沟通信息、质量保障、风险预警中的重要作用。制订符合绿色食品行业自身特点的诚信标准，建立诚信信息服务平台，稳步开展诚信评价工作。

（四）强化科技支撑体系

组织开展绿色食品发展理念、标准定位、制度安排、功能作用、发展模式、运行机制及效益评价等方面的基础研究。鼓励和依托大专院校、科研院所开展绿色食品农业投入品使用技术研究，并建立将先进成熟研究成果应用到生产中的宣传推广机制。支持地方研究和推广一批特色鲜明、务实管用、农民欢迎的清洁生产技术。加大绿色食品生产资料研发和推广应用力度，不断提升绿色食品清洁化生产水平。

（五）健全管理服务体系

加快健全地方工作队伍体系，进一步理顺关系，明确职能，充实人员，推动工作机构向基层延伸。继续抓好检查员、标志监管员的培训工作，强化服务意识，提升工作能力。按照“统筹规划、合理布局、择优选用”的原则，稳步推进绿色食品检测机构布点工作，强化检测机构能力建设。充分发挥绿色食品专家队伍在理论研究、标准制修订、技术开发、风险评估等方面的重要作用。加快

审核管理信息系统建设步伐，提升绿色食品许可审核工作信息化水平。发挥绿色食品协会的桥梁纽带作用，增强绿色食品行业的向心力、凝聚力。

六、保障措施

（一）加强组织领导

发展绿色食品，是国务院赋予农业部门的重要职能。各省绿色食品工作机构要从新时期农业农村经济发展的全局出发，充分认识发展绿色食品的重要意义，始终把发展绿色食品作为推动农业转型升级、加强农产品质量安全工作的重要内容，积极争取纳入当地农业农村经济发展整体规划，统筹部署推动。要加快制定符合各地实际的绿色食品发展规划和具体实施方案，明确分工和进度安排，按计划、有步骤地抓好各项工作的落实。要强化发展规划的监督检查和综合评估，积极争取将发展绿色食品纳入现代农业建设和农产品质量安全绩效管理范围，确保绿色食品发展各项工作有效推进。

（二）加大政策支持

要按照《农产品质量安全法》的要求，积极争取将绿色食品工作经费纳入本级农产品质量安全管理公共财政预算，适度增加绿色食品发展预算资金，加大资金扶持力度。要积极建立补贴制度，加大对绿色食品生产企业、原料标准化生产基地、绿色食品示范园区和农户的奖补力度，不断提高企业和农民发展绿色食品的积极性。要结合国家有关规划和已有各类投资渠道，创造条件，争取把发展绿色食品纳入重要农业建设项目，明确发展目标和建设内容，丰富可追溯体系建设、现代农业示范区、农业标准化示范县、农产品质量安全县、龙头企业评定、国家级示范合作社创建、“三园两场”创建项目建设内容，统筹利用各种国家强农惠农政策与资源，实现农业项目建设与绿色食品发展相辅相成、相得益彰。

（三）深化舆论宣传

充分应用现代化的公共媒体，加强绿色食品发展理念、法律法规、标准规范、运行模式、生产技术、产品质量、品牌效应的宣传，提高社会各界和广大公众的绿色发展、健康消费意识。积极利用各种农业节庆活动和相关博览交易会，扩大绿色食品理念与标志形象宣传。认真总结绿色食品发展的成功经验和主要做法，深入挖掘各地推进绿色食品工作的成功典范，加大典型地区、典型企业、典型产品的宣传力度，进一步提升绿色食品品牌的认知度、美誉度、公信力和影响力。健全与媒体的快捷沟通、联动机制，充分发挥媒体的引导和推动作用，营造全社会关心支持绿色食品事业发展的良好氛围。深化对外交流合作，加强国际推介宣传，提升绿色食品的国际影响。

发展概况

- 全国品牌农业发展概况
- 加强农业品牌建设　推进现代农业发展
  ——农业品牌专题调研报告
- 绿色食品有机食品发展概况
  ——中国绿色食品发展中心工作综述
- 农产品质量安全工作发展概况
  ——农业部农产品质量安全中心工作综述
- 中国优质农产品开发服务协会工作综述

全国品牌农业发展概况

一、引言

我国的农业产业已经进入了一个品牌化、现代化的阶段。国际经验表明，当一个国家人均GDP超过3 000美元的时候，其经济结构、产业结构和消费结构都会进行升级和变化，其中人们的消费会从温饱型转换为享受型、品质型，消费品牌农产品将是人们的重要消费习惯。与之相适应，品牌化成为现代农业发展的内在要求，品牌农业建设已经成为我国农村经济发展的重大引擎，成为特色农业发展的必然选择。

把握时代发展趋势，推进现代农业发展，党中央、国务院高度重视农业品牌化发展，把加强品牌建设作为加快现代化发展的重要战略举措。2013 年 12 月，习近平总书记在中央农村工作会议上指出：要大力培育食品品牌，让品牌来保障人民对质量安全的信心。2014 年 12 月，李克强总理指出：要引导农民瞄准市场需求，适应消费者选择，增加市场紧缺产品和适销产品的生产，大力发展绿色农业、特色农业和品牌农业。2015 年中央1 号文件指出：大力发展名特优新农产品，培育知名品牌。

我国发展品牌农业具有重大意义。首先，品牌化是社会消费升级的迫切需要，品牌声誉逐渐成为农产品消费者的主要取向，消费者越来越多地倾向消费品牌农产品。其次，品牌化是农业发展方式转变的迫切需要，当前农业生产要注重形成品牌竞争力，通过实现区域化布局、专业化生产、规模化种养、标准化生产、产业化经营、社会化服务，从而实现农业转型升级，由过去的数量向、粗放型转变为质量型、效益型农业。再次，品牌化是促进农民增收的迫切需要，品牌农业依托品牌经营，借助品牌这种巨大的无形资产，延伸产业链，集聚资源价值，形成稳定的消费群体、丰厚的品牌溢价，从而反哺农业和农民，促进农民增收。此外，品牌化还是提高农业市场竞争力的迫切需要，无论是开拓国际市场还是发展国内市场，品牌是农产品销售的定海神针。

我国品牌农业发展经历了淡化发展、恢复发展、竞争发展和合力发展四个阶段，取得了一些初步成就。其一是农业品牌培育方式不断创新；其二完善了“三品一标”认证登记制度；其三，“一村一品”与农村专业合作社建设成效显著；其四，区域公用品牌逐渐崛起；其五，知名企业和名牌农产品影响力显著提升。

当然，我国品牌农业发展还面对一些挑战和问题，迫切需要在下一阶段的发展中逐步应对和化解。

二、我国品牌农业发展历程

自 1949 年新中国成立以来，我国品牌农业发展经历了淡化发展、恢复发展、竞争发展和合力发展四个阶段。

第一阶段，1949—1979 年，为淡化发展阶段。该阶段新中国刚建立，国内农业生产面临生产力低下、供给难以满足国民需求的重大难题，粮食生产是农业发展的核心任务，居民的消费特征表现为以解决吃饱穿暖为主要目标，因此品牌化未进入国家决策的视野和居民消费考虑的范围，淡化品牌是该阶段农业发展的重要特征。我国历史上形成的大量品牌资源被闲置。

第二阶段，1980—1996 年，品牌农业恢复发展阶段。该阶段随着改革开放首先从农业实施家庭联产承包责任制开始，解放了农村生产力，农业供给水平显著提升，居民收入水平也逐步提高，消费者的品质意识有所恢复，农产品品牌出现恢复性发展，一些地方特产形成了品牌声誉，拥有了具有一定忠诚度的消费者群体。

第三阶段，1997—2004 年，品牌农业竞争发展阶段。该阶段随着我国改革开放的进一步深入，农产品的竞争进一步加剧，农产品品牌在生产经营主体争夺消费群体的过程中越来越发挥更重大的决定性作用，国外品牌农产品也给国内农产品带来更多的竞争压力，农产品广告投放金额水涨船高。其中，农业部于 1999 年分布了《农业部关于创名牌农副产品的若干意见》，有序引导了各主体之间品牌农业的竞争性发展。

第四阶段，2005 年至今，品牌农业合力发展阶段。该阶段政府日益重视品牌农业的发展，与企业、农业合作社、行业协会一起合力推进我国品牌农业的发展。2005 年国家质量监督检验检疫总局发布《地理标志产品保护规定》、2006 年农业部发布《关于进一步推进农业品牌化工作的意见》、2007 年农业部发布《中国名牌农产品管理办法》、2008 年农业部出台《农产品地理标志管理办法》并开启新一轮《全国优势农产品区域布局规划（2008—2015 年）》、2010 年农业部发出《关于推进农产品工作的通知》。农业部高度重视农业品牌建设，对推进农业品牌化进行了系统部署，着力推进标准化生产、产业化经营，以“三品一标”为抓手全面提升品牌产品影响力和带动力。以伊利、新希望、双汇、茅台、金锣、联想佳沃、温氏为代表农业产业化龙头企业在品牌农业的沃野上奋力耕作，推动中国新时期农业品牌迅速崛起和壮大。随着中国进入互联网时代，三只松鼠、本来生活网、中粮我买网等“互联网+”农业新时代农业企业代表脱颖而出，催化中国农业品牌化道路迈入新的合作发展格局，消费者、网络企业、风投资本、新媒体成为合力推进品牌农业实现跨越式发展的巨大力量。

三、我国品牌农业发展现状

随着我国品牌农业经历恢复发展、竞争发展和合力发展等三个阶段，品牌农业建设工作取得了显著进展，品牌农业发展取得了一些可喜成就。

（一）通过顶层设计，做好了制度安排

农业部积极梳理农业品牌工作成效，总结各地典型经验与做法，开展了品牌农业的基础研究和顶层设计，为农业品牌发展指明了未来方向。2014 年以来组织农业品牌领域专家研究编写了《中国农产品品牌发展研究报告》《中国农业品牌发展纲要》，对开展全国农业品牌工作进行了战略性部署。

（二）完善“三品一标”认证登记，显著提升了品牌标准化程度

截止到 2015 年年底，全国累计有效使用绿色食品标志的企业总数 9 579 家，产品 23 386个。中绿华夏认证有机食品企业 883 家，产品3 602个。全国绿色食品标准化生产基地 1.69 亿亩，有机农业示范基地 21 个，总面积达到1 000万亩。无公害农产品认证产品达75 861个，农产品地理标志登记总量达到1 792个。

（三）采取多种形式，宣传推介了农业品牌

推介和宣传是农业品牌扩大影响并不断做大做强的重要手段。连续多年农业部开展了全国百家合作社百个农产品品牌公益宣传活动。在各届中国国际农产品交易会（以下简称“农交会”）期间，举办“全国百家合作社百个农产品品牌发布会”，并举办农交会金奖评选和 2015 最具投资价值的中国农产品区域公用品牌评选。此外，依托农交会和国家级大市场相关活动，农业部有关品牌农业管理部门和事业单位积极召开农业品牌会议，广泛吸纳各界人士研究、讨论农业品牌建设事宜，充分交流经验，促进农业品牌建设在

各地全面开花。

（四）各地积极推进，品牌建设发展势头迅速

在农业部谋篇布局的基础上，各地越来越重视发展农业品牌，开展了一系列具有地方特色的农业品牌建设工作。广东省连续多年开展名特优新农产品评选推介活动。2013年海南省出台《关于推进品牌农业发展的意见》，从2014年开始，海南省政府每年设立1亿元品牌农业发展专项资金，对首次获得中国驰名商标、国家地理标志证明商标、国家地理标志保护产品以及海南省著名商标和名牌产品的农产品经营主体分别给予奖励，形成“政府推动、企业主动、市场拉动”的良性互动格局。与此同时，消费者对品牌农产品的需求已经向农业全产业链延伸，例如品牌粮油、品牌蔬菜、品牌肉制品、品牌餐饮等。根据国家工商行政管理总局公布数据，我国农产品注册商标数从2008年的60万件增长到2012年的125.5万件，截止到2015年年底，国家工商行政管理总局累计核准注册农产品商标205.61万件。这意味着我国农产品品牌在各主体的联合推进建设下获得了迅猛发展。

归纳如上成就，我国品牌农业的业绩表现为5大方面，其一是农业品牌培育方式不断创新；其二完善了“三品一标”认证登记制度；其三，“一村一品”与农村专业合作社建设成效显著；其四，区域公用品牌逐渐崛起；其五，知名企业和名牌农产品影响力显著提升。

四、中国品牌农业特征

纵观中国品牌农业的发展情况，可以归纳出当前中国品牌农业逐步形成了如下鲜明特征：

（一）品牌农业建设主体多种多样

现阶段推进我国品牌农业建设的主体多种多样。既有作为监管者和引领者的政府部门，也有以农业生产企业、农业合作社和农产品加工企业为代表的市场主体，还有起到行业自律、监督、协调作用的中介组织，如行业协会；既有传统品牌农产品的生产经营者，还有以互联网企业、风投资本为代表的新生代力量。现阶段中国品牌农业发展形成了多主体联合推进品牌农业建设的新格局。企业是自有品牌创建和培育的主体。政府是品牌推进和监管的主体，政府在农业品牌建设与品牌竞争中提供诸如制度安排、政策扶植等公共服务，为品牌农业发展创造良好的秩序和环境。政府不仅是农产品质量标准的制订主体，农产品商标品牌注册和管理的主体，更是农业品牌扶植、监督和保护的主角。消费者是品牌认知和宣传的主体，没有消费者的认可，任何品牌都无法确立。农业行业协会等中介（社团）组织是品牌推广和行业自律的主体，他们在品牌农业发展中承担群众性、社会性、公益性、服务型职能、桥梁纽带功能、行业联系指导功能，以及社会服务支持功能。

（二）农业品牌分布具有行业特色

就品牌数量来说，我国2/3左右的名牌农产品为初级农产品，初加工和精加工农产品则分别为1/4和1/10左右。我国农产品品牌的行业分布特征明显，即以初级农产品为主，而初级农产品中以蔬菜瓜果和畜产品为主。

就品牌价值来说，2015年12月公布的“2015年品牌价值评价信息榜单”中，我国农产品企业品牌价值最大的是五得利面粉集团有限公司（28.09亿元），其次是中牧实业股份有限公司（9.07亿元）、青岛易邦生物工程有限公司（6.91亿元）、雏鹰农牧集团股份有限公司（5.36亿元）、福建莆田新美有限公司（4.70亿元）、山西水塔醋业股份有限公司（2.44亿元）、云南普洱茶（集团）有限公司（1.68亿元）、云南滇雪粮油有限公司（1.55亿元）、云南佳浩蚕丝绸集团有限公司（1.54亿元）、十堰玄岳武当道茶有

限公司（1.53 亿元）。这 10 大农产品企业品牌主要分布于农产品加工领域。这表明，农产品加工业通过加工增值，能够创造更大的产业空间，从而可以孕育更大价值的农业品牌。显然品牌价值的大小与所在产业的产值大小密切相关。

（三）农业品牌分布具有区域格局

农产品生产对自然条件依附性非常强，各地地理、气候、资源条件千差万别，导致依附于其上的农产品品牌的分布具有强烈的地域性。农产品地理标志则进一步反映了农产品品牌的区域性特征，只要具有优势资源条件和特色农产品生产加工习惯的地区则在发展农产品品牌方面具有一定比较有优势。分析表明，中国农产品品牌主要分布于具有资源和经济双重优势的区域，如山东、四川、福建、浙江、重庆等，这些地区具有优越的自然条件，其农产品品类繁多、特色鲜明、量大质优，同时经济发达或者实力雄厚，能够为农产品品牌建设和推广提供充足的资金保障，从而使这些地区成为农产品品牌分布的重点区域。其次分布于资源与经济发展水平处于中等的地区，或者资源与经济发展水平互补的中部区域，如湖北、河南、辽宁等省份。而农业资源相对匮乏的区域或者资源与经济条件均欠佳的省份，则名牌农产品数量明显偏少，如西藏、新疆、吉林、宁夏等，显然资源短缺和资金不足难以推动农产品品牌的建设和发展。

（四）农业品牌体系多层叠加

农业品牌按照不同角度可以进行多种划分。在我国品牌农业发展过程中，不同农产品品牌可能同步出现，也有可能先后逐步建成。在当前形势下，不同农产品品牌形成层次参差交叉的多层叠加格局。

按照农产品品牌拥有主体不同，可以分为企业农产品品牌、协会共享农产品品牌和地域公用品牌。目前这三类品牌呈现杂糅交叉格局。地域公用品牌体现本区域内特定的自然生态环境特征和历史人文品位，为区域内机构、企业和农户共有，体现了本区域内品牌建设参与主体对生产区域范围、品种品质管理、品牌许可使用和品牌行销与传播等方面的共同诉求和行动目的，可以联合提高区域内外消费对本品牌的评价，提升区域产品声誉和形象。协会共享品牌则对农产品协会会员共享，发挥类似于区域公用品牌的职能。而企业农产品品牌则为农业生产经营者独占，其独立承担品牌创建、培育、维护和创新的责任。中国的协会共享品牌和区域公用品牌是近年在农产品品牌发展进入合力发展阶段才逐步出现和壮大起来的品牌种类。三种品牌的结合，企业品牌开拓了农产品品牌的广度，扩展了深度，区域品牌和协会品牌则提供了区域基础和行业发展基础，是孕育新农产品品牌的载体。

就农产品品牌等级而言，国内农产品品牌发展也形成了国际/世界级农产品品牌、地区级农产品品牌和地方级农产品品牌叠加发展的格局。国内一些顶尖品牌，茅台品牌则跨越农产品品牌的三大等级，获得国内外消费者的拥戴和赞誉。国内互联网＋农业品牌则从出生就目标锚定国家级农产品品牌，其中三只松鼠从安徽起步，以互联网为行销渠道，以休闲时尚标志品牌特性，以年轻人为目标消费群体，在互联网技术和风投资本的助理下，迅速发展为坚果类国内第一品牌，销量稳占淘宝网头牌。从数量结构来看，显然，国内不同等级的农产品品牌形成叠加的金字塔分布结构，处于塔尖的是茅台等少量国际/世界级农产品名牌，居于塔身上段的是数量有限的国家级农产品品牌，居于塔身中部的则是数量稍多地区局农产品品牌，大多数地方级农产品品牌则居于金字塔底部，成为农产品品牌发展演化的基础群体。

五、2015 年我国品牌农业发展的新进展

2015 年在农业部系统和各地区的积极推

动下，我国品牌农业取得了新的重大进展。

（一）农业部系统品牌农业工作进展

2015年农业部及其直属单位在农业品牌建设方面做了许多工作，有力地促进了全国品牌农业的发展，推进了我国农产品品牌建设。

2015年农业部市场与经济信息司加强品牌工作，各项取得突破。一是加强顶层设计，多措并举开展品牌研究。召开品牌工作务虚会：总结农业部相关单位开展品牌建设的相关工作情况，共同研究我国农业品牌的发展路径，把品牌建设工作放到更加重要的位置，明确农业品牌建设的基本思路和工作要求，提出2015年品牌工作提出了加强课题研究、总结地方经验、加快品牌培育、搭建宣传平台、制定顶层设计、开好品牌大会等六项重点工作。研究编写《中国农业品牌发展纲要（2015—2020）》：组织专家赴山西、山东、贵州、重庆、安徽、湖北等地实地调研，形成征求意见稿，在多方征求意见的基础上进一步修改完善。组织开展品牌培训：农业部市场与经济信息司联合农业部干部管理学院7月底组织各省份农业行业主管部门举办农业品牌建设专题培训班，交流各地农业品牌建设实践，研究探索新常态下各级政府职能部门推进农业品牌建设的路径与方法，提升农业部门开展农产品品牌建设能力。

二是为农民办实事，开展百个品牌公益宣传。2015年3月5日，农业部印发了《农业部办公厅关于开展全国百个农产品品牌公益宣传活动的通知》（农办市〔2015〕4号），全国推选100个农民合作社的100个品牌进行公益宣传。通过省级农业行政主管部门审核推选、认定组对推选结果进行复查和认定、结果公示，最终于9月23日，由6家发起单位印发了《关于发布全国百个合作社百个农产品品牌推选结果的通知》。11月7日在十三届农交会期间召开了全国百家合作社百个农产品品牌发布会，韩长赋部长出席会议并发表重要讲话，提出要对评选结果进行全面宣传和报道。

三是搭建宣传平台，谋划农业品牌宣传活动。指导农交会办公室评奖工作，由优农协会、优农中心等单位组织对十三届农交会参展产品进行金奖评选，共授予德青源、北大荒、茗皇、吉香居等273个产品金奖，并在农民日报全文刊发，扩大宣传影响；委托优农中心，组织柑橘、苹果等5大类50个区域公用品牌的推介评选工作，并在农交会期间权威发布了具有影响力的柑橘、苹果、梨、桃、葡萄5大类50个区域公用品牌，在农交会期间进行展示展销，对推进我国区域品牌建设取得很好效果。指导2场国家农业品牌大会。9月，联合农业部渔业渔政管理局、浙江省海洋渔业局指导中国水产流通与加工协会和中国农产品市场协在浙江舟山国家级水产市场召开中国水产品品牌大会；10月，联合农业部种植业管理司、陕西省农业厅、延安市政府、指导中国农产品市场协会、苹果协会召开了中国苹果品牌大会。两场品牌大会都邀请生产流通企业、品牌建设专家等典型代表在品牌建设方面发言，对加强特色农产品品牌推介和宣传，推进我国农产品品牌建设具有重要意义。指导优农协会在农交会期间举办2015品牌农业论坛，屈冬玉副部长出席会议并发表重要讲话，指出品牌化是推进农业现代化的内在要求，是农业走出去的重要驱动力。实施农业品牌战略，加快农业现代化。统筹国内外两种资源，两个市场，加强农业品牌顶层设计和制度安排，推进中国产品向中国品牌转变。会商行业专家、农业新型经营主体代表以品牌创新、变革推动产业发展为主题，传播先进发展模式和品牌推进策略，分享农产品品牌创建培育经验。搭建品牌宣传推介平台，联合办公厅组织全国农展馆、优农中心、中央7套农业、农民日报、农村杂志社、信息中心等部属事业单位和新闻媒体，制定宣传策划方案，开展宣传推介工作，讲好品牌故事，扩大品牌影响力。

2015 年中国绿色食品发展中心（以下简称“绿色中心”）全年新发展绿色食品企业 3 562家，产品8 228个。全国累计有效使用绿色食品标志的企业总数为9 579家，产品总数为23 386个，分别比 2014 年增长 10.1%和 10.6%。绿色中心严格贯彻落实“一程序、两规范”，强化责任机制，着力提升了绿色食品标志许可审查规范性、时效性、有效性。绿色中心起草了《全国绿色食品产业发展规划纲要（2016—2020）》，以强化行业指导。绿色中心下发了《关于改进绿色食品申报有关事项的通知》，简化了程序，提高了效率，降低了成本。绿色中心积极开展境外检查与交流，开展了与马来西亚、印度尼西亚、澳大利亚、意大利、韩国等国家和地区的产品受理、检查与技术交流等活动，与德国、日本、澳大利亚和丹麦等境外有机产品认证和研究机构建立了合作关系。绿色中心举办全国绿色食品检查员监管员培训班，培训了 35 个省级机构和 83 个检测机构的 170 多位学员，提高了学员专业素质。

2015 年农业部农产品质量安全中心（以下简称“质安中心”），紧紧围绕规范认证登记审查、强化证后监督管理、推进追溯平台建设这个核心，扎实推进无公害农产品和农产品地理标志事业持续健康发展。2015 年，质安中心共备案无公害农产品产地14 757个，其中新认定产地 9 722 个，复查换证产地 5 035个；评审通过无公害农产品22 001个，其中新认证产品13 083个，复查换证产品 8 918个；新登记农产品地理标志 204 个。截止到 2015 年，全国有效的无公害农产品产地 35 406个，其中，种植业产地22 292个，面积1 786 万公顷，约占全国耕地总面积的 13.7%（按照 1.3 亿公顷计算）；全国有效无公害农产品75 861个，其中种植业、畜牧业和渔业产品分别为 53 244 个、10 878 个、11 739个，获证单位33 399家；全国累计登记农产品地理标志1 792个。2015 年质安中心规范了标志产品登记工作，共组织召开了 8 次无公害农产品评审会，续展审核 86 家资质委托协议到期的农产品地理标志产品品质鉴定检测机构，注册 978 位符合条件的农产品地理标志核查员。质安中心组织开展了农产品地理标志国际合作与交流。质安中心加强了地理标志农产品的品牌宣传。质安中心起草印发了《关于做好 2015 年无公害农产品和农产品地理标志监管工作的通知》，加大了证后监管力度，对违法违规主体从严处罚，全年共撤销无公害农产品证书 68 个，注销 92 个，所有撤（注）销证书信息均在中国农产品质量安全网进行公告。质安中心 2015 年加快了追溯体系建设，开展追溯管理身份卡设计方案和二维码研究，推进《农用二维码使用技术规范》标准制定工作，研究起草《农产品质量安全追溯管理“十三五”规划》。质安中心了推进农产品质量安全县创建工作，研究制定了《农产品质量安全县工作方案》，组织起草了《农产品质量安全县管理办法》，并由农业部予以公布。

中国优质农产品开发服务协会（以下简称“协会”）是获得民政部认证的 AAAA 级社会组织，按照中央经济工作会议和中央农村工作会议的部署，紧紧围绕“四个服务”的宗旨，积极推进农业品牌战略，积极进取，锐意创新，不断开拓工作新局面，各项工作取得了显著成效。协会强化了实施品牌农业发展战略的研究工作，形成了战略研究报告，积极献策建言，推进国家层面实施品牌农业发展战略；朱保成会长联合 5 名全国政协委员在全国政协十二届三次会议第二次全体会议上作了《实施品牌战略　发展现代农业》的大会发言。最终，全国政协十二届三次会议通过的《提案审查情况的报告》中，把“实施品牌战略”列入了科学制定“十三五”规划的建议。协会积极开展农业品牌的国际交流，举办了“2015品牌农业论坛、2015国际农商品牌发展（北京）论坛、2015第四届中国国际农商高峰论坛等；牵头评选的30个“最具投资价值的中国农产品区域公用品牌”；举行了“2015中国品牌价值评价信息发布”活动；制定了一批优质农产品认定实施和管理办法，2015年筛选认定了22个“中国优质农产品示范基地”。协会积极搭建平台，开拓渠道，促进优质农产品产销对接。协会组织地方特色农产品和食品的主管部门和主产企业参加国际展会与国际合作，推动农业“走出去”，助力“一带一路”发展战略。协会建立了农业品牌发展扶持基金。协会强化宣传，提升《优质农产品》杂志影响力、扩大“品牌农业周刊”报道面、拓展新媒体传播途径、创办了《中国品牌农业年鉴》，为品牌农产品发展创造了良好氛围。

（二）各地区品牌农业进展

我国各地区在国家主管部门和主导机构的组织协调下，积极主动开创了地方品牌农业发展的新局面。

北京农业按照高端定位、融合发展、服务城市的发展方向，不断扩展农业的功能和实现形式，提高都市型现代农业的影响力和国际化水平，加大农业品牌培育力度，促进区域公共品牌建设。北京农业品牌按照重点打造、营销推广、品牌维护等6大发展思路开展品牌农业建设工作，已取得显著成效。2015年北京市累计拥有首农集团、顺鑫控股等农业产业化国家重点龙头企业39家。大兴农业等区域性公共品牌十余个；鑫城缘草莓等4个农产品被评为农业部全国百家合作社百个农产品品牌；绿山谷芽苗菜等11个农产品被评为第十三届中国国际农产品交易会金奖产品；昌平苹果等16个农产品被评为全国名特优新农产品；拥有“优农佳品”网络平台1个，建立了全国农业精品馆北京馆等多个展示销售点，开展线上线下同步展卖。

天津市高度重视品牌农业建设，以李克强总理“大力发展绿色农业、特色农业和品牌农业”重要指示精神为指引，以“绿色、精品、特色”为主题，大力推进天津品牌农业建设，加速现代都市型农业转型升级，带动农业增效、农民增收。2015年天津市政府安排部署“农业名牌产品电子商务发展”专题调研，撰写了《天津市农业品牌产品发展调研报告》，着手开展了《推进天津农业品牌化建设的实施意见》编制工作。天津市有1 245个农产品获得了农业部无公害农产品全国统一认证，有186个农产品通过工商总局的商标注册或农业部或质检总局的认证，有25种产品已通过农业部或质检总局认定为地理标志产品或地理标志保护产品。实施“放心农产品”基地建设，从源头上把住了品牌农业的质量安全关。先后实施设施农业“4412”工程和提升工程，组织实施了加大农产品加工业建设的“6211”提升计划。编印了《农产品电子商务“网农对接”实用手册》，通过电商平台扩大品牌农产品的知名度。天津市通过品牌农业建设，农业经济效益大幅度提高，显著带动了农民增收。

河北省农产品商标总数达到5.4万个，约占全省注册商标总量的22.4%。涉农中国驰名商标60个，省著名商标781个。“三品一标”产品2 543个，其中，无公害农产品1 607个，绿色食品803个，有机农产品109个，农产品地理标志24个。品牌实力不断提升。形成了“君乐宝”“五得利”“今麦郎”“养元”等一批全国性行业领军企业品牌，有力带动了企业壮大和产业发展。该省培育打造了一批精品休闲农业线路品牌，有28条入选农业部精品线路，已形成“春赏花、夏看绿、秋品果、冬摘菜”休闲农业发展新格局。该省将以“燕赵忠义地，放心农产品”为主题，“实施品牌创建战略，打造国内外知名农业品牌，全面提升河北省农产品市场竞争力、品牌影响力和产品美誉度”。

山西省2015年积极推进“乡土战略”

“精品战略”和“走出去战略”，围绕山西农产品品牌历史、乡土、精品三大特征，突出文化品位、乡土情怀、安全营养三大核心价值，管理好、运用好山西知名农业品牌，实现品牌收益最大化。

内蒙古自治区积极落实《关于加快推进品牌农牧业发展的意见》，加大对龙头企业技术创新、产品研发、品牌建设和推广的扶持力度；加大农牧业品牌宣传力度，提升内蒙古龙头企业和农畜产品的品牌知名度和影响力；对获得中国驰名商标、内蒙古著名商标等称号的企业，采取以奖代补的方式给予奖励。2015年度内蒙古从多个方面抓好品牌农牧业工作，更好地展示和宣传内蒙古的农畜产品，扩大内蒙古农畜产品的知名度和影响力。

2015年辽宁省成立了辽宁名牌农产品评选工作领导小组和辽宁特产之乡评选工作领导小组，印发了《辽宁名牌农产品评选认定管理办法》和《辽宁特产之乡评选认定活动实施方案》，积极开展品牌农业品选与推介工作，农业品牌建设取得了较好成绩，特别是丹东市圣野浆果专业合作社（草莓）、大连市瓦房店东马屯专业合作社（苹果）、盘锦市胡家秀玲专业合作社（河蟹）荣获全国首批百个合作社、百个农产品品牌，进一步提升了辽宁农业品牌的知名度、美誉度和影响力。2015年，在册的名牌农产品有88个，在册的特产之乡50个。

2015年吉林省委、省政府印发《吉林省率先实现农业现代化总体规划（2016—2025年）》（吉发〔2015〕20号），明确提出“加快吉林省农产品品牌培育创建，增创现代农业发展新优势”，大力实施品牌农业发展战略，以农产品品牌培育带动农业规模化经营、标准化生产、信息化应用和制度化创新，以品牌农业建设促进现代农业发展，推动吉林省由农业大省向农业强省转变。吉林省经农业部认证有效的无公害种植企业有151家，无公害农产品714个，种植面积93万亩；绿色食品加工企业142家，绿色食品315个，种植面积150万亩；有机农产品生产加工企业18家，有机农产品53个，种植面积73.5万亩；农业部登记的地理标志农产品11个，种植面积70万亩。“榆树大米”“延边苹果梨”等近13个农产品单品、22家生产加工企业入选《2015年全国名特优新农产品目录》；万良“广茂源”人参、德惠“同巨永”有机大米等被授予“全国百个农产品品牌”称号。2015年11月11日，农业部下发《关于支持国家级长白山人参市场建设的意见》（农市函〔2015〕9号），与吉林省共同建设国家级长白山人参市场，将“长白山人参”培育成为国家农业品牌。

黑龙江省采取5项措施促进品牌农业建设工作。2015年绿色食品产业实现总产值2 330亿元，实物总量3 750万吨，绿色（有机）食品基地面积、生产总量和经济总量等指标居全国首位。全省已有“北大荒”、梧桐”“九三”“完达山”“北奇神”等15个绿色食品产品获得了中国驰名商标，有107家绿色食品生产企业获得黑龙江省著名商标，还有，肇源大米、呼兰大葱、古龙小米和东宁木耳等100多个产品被登记农产品地理标志。

上海市2015年主要农产品品牌化销售率达到66.45%，比2014年提高5个百分点。仓桥水晶梨等4个农产品被评为农业部全国百家合作社百个农产品品牌，宝岛崇明清水蟹等4个产品被评为第十三届中国国际农产品交易会金奖产品，马陆葡萄等8个农产品被评为全国名特优新农产品。2015年认定农业类上海市著名商标36个；审定农业类上海名牌产品（服务）24项。2015年上海市证书有效期内的“三品”生产企业1 631家，产品7 590个，其中无公害农产品证书使用企业1 432家，产品7 289个；绿色食品证书使用企业191家，产品275个；经农口系统中绿华夏有机食品认证中心认证的企业 8 家，产品 26 个；三品认证量已达 471.38 万吨，占地产农产品上市量的 72.1%。

江苏省 2015 年深入实施农业品牌战略，全力推进农产品质量品牌建设，以提高农业质量和效益为中心，坚持产管并重、量质并举、以质塑牌，培育形成了一大批产品质量优、竞争实力强、市场知名度高的品牌农产品。截止到 2015 年年底，全省“三品一标”总数超过 1.7 万个，比“十一五”末增长 95%，400 多个农产品商标被评为江苏省著名商标，200 多个农产品被评为江苏名牌产品，农产品地理标志 33 个，品牌农产品种类基本覆盖了所有农业产业领域。

浙江省已拥有地理标志 18 个；中国驰名商标 18 个；2 个浙江区域名牌和 82 个浙江名牌产品。渔业龙头企业 460 多家，其中国家级龙头企业 17 家、省级 70 多家。2015 年浙江省采取了 5 大措施推进品牌农业发展。

安徽省 2015 年出台了《关于印发加快发展农业“三品一标”实施意见的通知》《“绿色皖农”品牌培育计划实施方案》，以区域公共品牌、行业品牌、产品品牌为重点，大力实施农业品牌化战略，健全农业品牌培育、保护和监管机制，打造“绿色皖农”品牌集群。2015 年认定无公害农产品产地 147 个，无公害农产品认证 301 个，总产量 23.8 万吨，其中：种植业 165 个，认证产量 16 万吨；畜牧业 38 个，认证产量 6.7 万吨；渔业 98 个，认证产量 1.1 万吨。截止到 2015 年年底，全省共认定有效无公害农产品产地 872 个，总面积 30.4 万公顷。全省有效获证无公害农产品1 764个，年总产量 212.4 万吨。2015 年新通过绿色食品标志许可企业 52 家，产品 260 个；截止到 2015 年年底，全省有效使用绿色食品标志企业总数达 502 家，产品 1 502 个，分别比上年增长 11.3% 和 6.8%；产地环境监测面积2 200万亩，产业发展总量规模继续处于全国先进位次。全省通过有机食品认证企业总数 210 家，共获得 384 张证书，与上年基本持平；有机生产面积约 90 万亩。2015 年安徽省新增 5 个产品通过农业部地理标志认证，目前已有 29 个农产品获农业部地理标志产品登记，获得国家质监总局批准的“国家地理标志产品”中农产品 39 个。2015 年安徽省新增农业类产品中国驰名商标 17 个、中华老字号 17 个、安徽省著名商标 236 个。

福建省 2015 年经工商部门认定的涉农类中国驰名商标 31 件，福建著名商标 174 件。经质检部门认定的涉农福建名牌 234 个，累计有效使用标志的“三品一标”企业总数达到1 958家，产品总数达2 840个。其中：无公害农产品产地1 495个，产品1 923个；绿色食品企业 381 家，产品 743 个；有机食品企业 32 家，产品 124 个；地理标志农产品 50 个。

江西省编制了《江西省农业品牌“十三五”发展规划》，印发了《关于加强农产品品牌建设工作的意见》，围绕打造“生态鄱阳湖、绿色农产品”品牌，按照“企业培育产品自主品牌、政府培育区域公用品牌”的思路，依据现有基础，加大扶持力度，创新工作思路、强化宣传推介，推动了农业品牌快速发展。江西省农产品中国驰名商标达到 40 个、江西省著名商标 300 个、江西名牌产品 30 个，进入全国农产品区域公用品牌价值榜前 100 位的江西农业品牌达到 5 个，新发展无公害农产品1 000个以上、绿色食品 600 个以上、有机食品 400 个以上，“三品一标”农产品总量占全省农产品商品量的 60%以上。

山东省出台了《关于加快推进农产品品牌建设的意见》（鲁政办字〔2015〕80 号），坚持把农业品牌建设作为加快转变农业发展方式、促进农业转型升级的根本着力点，大力实施农业品牌引领战略，努力争创现代农业发展新优势，全省农业品牌建设呈现良好发展态势。全省“三品一标”有效使用标志企业单位数2 806家，产品6 705个。其中，无公害农产品企业数1 226家，产品数2 843个，居全国第五位；绿色食品企业数1 354家，产品数3 538个，居全国第一位；有机食品企业数57家，产品数155个，居全国第三位；登记农产品地理标志单位、产品总数169个，居全国第一位。“三品一标”产地认定面积占主要食用农产品总面积比率达到42.7%。2015年共有20个区域公用品牌进入浙江大学CARD中国农业品牌研究中心发布的《2015中国农产品区域公用品牌价值排行》百强。

河南省以全面提高农产品质量水平和竞争力为核心，坚持“企业为主、市场导向、政府推动”的方针，大力开展农业品牌建设工作，取得了较好的成绩。河南省拥有众多名特优产品，粮食有原阳大米、潢川贡面、辉县香稻等，茶叶有信阳毛尖，副食类有驻马店小磨香油、王守义十三香、永城辣椒、中牟大蒜等，瓜果类有西峡猕猴桃、灵宝苹果、河阴石榴、卢氏核桃，植被类有洛阳牡丹、鄢陵腊梅等，药材类有四大怀药、镇平杜仲。“双汇”品牌价值高达355.86亿元，位列中国品牌价值500强第73位。另外还培育了河南省农产品著名商标69个，形成了农业品牌体系的梯次结构。全省省级以上农业产业化重点龙头企业达601家，年销售收入超亿元的达500多家。农业龙头企业中被国家认定为“中国驰名商标”的增加到23个。

湖北省按照“创新、协调、绿色、开放、共享”的发展理念，着力转变农业发展方式，提高农业发展质量和效益，加快品牌农业建设步伐，努力实现让全国人民更多地“饮长江水、吃湖北粮、品荆楚味”的目标。2015年新认证“三品一标”产品610个，截止到2015年年底，全省有效期内“三品一标”企业1 988家，品牌总数4 386个。一大批农产品深受市场青睐，福娃稻米、奥星菜籽油、周黑鸭、小胡鸭、孝感米酒、洪湖藕带等一批农产品备受好评。湖北省积极整合资源形成品牌农业优势，其中，在水产品牌整合上，按照成立一个协会、制定一个章程、规范一套程序、统一一个标准、注册一个商标的“五统一”模式，整合“一鱼一虾一蟹”三大公共品牌，成功打造了“楚江红”小龙虾、“梁子”牌梁子湖大河蟹和“洪湖渔家”生态鱼三大水产品牌，形成了较强的竞争优势，带动了全省名优水产品养殖生产、加工和出口创汇。2015年湖北省搭建平台，扩大了品牌农业影响力，组织了中俄“万里茶道”走进武当暨首届武当道茶博览会、2015年武汉种业博览会、2015年国际茶业大会、第二届汉江流域（襄阳）农业博览会、第十二届中国武汉农业博览会。

湖南省实施四大举措，促进品牌农业发展，“三品一标”工作取得了明显成效，以粮、油、果、茶、菜、畜、禽、蛋、奶和水产品等为重点，以龙头企业、现代农业标准化示范园（区、场）、星级农庄、农民合作社、专业合作组织等为主体，在强化生产主体质量控制能力把关、保证产品质量安全的基础上积极推进大宗农产品及鲜活初级农产品的无公害农产品认证，全省共建立绿色食品原料基地800多万亩，有“三品一标”农产品品牌3 000余个，年产量1 500多万吨，“湘”字农产品市场竞争力明显增强，产业质量和效益不断提升。

广东省农业厅围绕农产品品牌建设的核心目标，积极大力地为全省农产品品牌建设营造良好环境，开展了一系列的农产品品牌建设活动，取得一定的成效。同时通过网络化品牌管理、互联网品牌推介、信息化品牌测算等方面的创新性服务，发动全省农业经营主体及全社会媒体参与到农业品牌建设当中，从而提升广东省名牌农产品的市场竞争力，带动广大农户实现增收。广东省有效期内的名牌产品（农业类）934个。2015年建立了1 000个广东省名特优新农产品目录。广东已初步构建了“两类三级”的农产品品牌发展架构（即区域公用品牌和经营专用品牌“两大类别”，广东省十大名牌系列农产品、广东省名牌产品、广东省名特优新农产品“三级品牌”）。

2015年广西壮族自治区党委、政府全面启动实施广西现代特色农业产业“10+3”提升行动，突出品种品质品牌“三品”提升，出台了《广西现代特色农业产业品种品质品牌“10+3”提升行动方案》，立足本地资源优势，确立具有本地特色和优势的主导产业和主导产品，通过重点培育和扶持主导产业的发展，为广西农业名牌产品的发展打下了坚实的基础。广西农业部门成立了农业标准化工作领导小组，组建了农业种植业标准化技术委员会，设立了农业标准化分技术委员会等组织机构，负责广西农业标准化工作的具体实施和监督管理。2015年有机食品获得认证在有效期内的单位或企业共31家；绿色食品获证在有效期内的单位或企业104家，产品180个；无公害产品认证在有效期内的单位或企业共209家，产品637个；共受理8个农产品地理标志登记申报产品，实际审核报出6个，全区累计有44个农产品获农业部颁发的农产品地理标志登记证书。2015年广西农业厅共审定、发布广西地方（农业）标准34项，完成送审广西地方标准27项，正在征求意见63项，合计进入到征求意见阶段以上的广西地方（农业）标准达到124项。

海南省大力实施品牌农业发展战略，品牌农业建设取得了一定成效，全省荣获中国驰名商标8件，国家地理标志证明商标9件，国家地理标志保护产品8件，“三品一标”（无公害产品、绿色食品、有机食品、农产品地理标志）农产品589个。海南启动了产业结构转型升级战略，一方面大力培育本土品牌农产品，另一方面有选择的从岛外引进高效农产品。

重庆充分发挥优势资源，打“特色牌”、走“生态路”，按照五大功能区划构建农业品牌培育体系，坚持市场导向，出台扶持奖补政策，加大宣传推介力度，坚持无公害农产品和绿色食品、有机食品认证，结合榨菜、柑橘、草食牲畜、生态渔、中药材、茶叶和调味品等七大特色效益产业，打造出涪陵榨菜、派森佰橙汁、丰都肉牛、荣昌猪、三峡有机鱼、永川秀芽、石柱红辣椒等一大批知名品牌。积极融入国家“一带一路”发展战略和长江经济带建设，努力推动农产品“走出去”。重庆市获得农业部登记保护的农产品地理标志44件；农业部《2015年全国名特优新农产品目录》产品13个；有效期内重庆名牌农产品144个、“三品”产品2 614个。

四川省以“三品一标”（无公害农产品、绿色食品、有机农产品、农产品地理标志）为载体，以标准化为依托，以市场化为路径，不断挖掘培育和做大做强农产品品牌，取得显著成效。累计认定无公害农产品产地5 682.6万亩，无公害畜产品基地763个，无公害水产品基地324个，无公害水产品基地298个，建成绿色食品原料基地1 834万亩，有机农产品原料基地167万亩。遂宁、眉山、巴中、广元四个市整市认定为农产品产地无公害化市。累计认证登记“三品一标”农产品5 269个，其中无公害农产品3 691个、绿色食品1 305个、有机农产品129个、地理标志农产品144个，获证数量位居全国前列，西部第一。四川已基本形成大凉山、川藏高原、大巴山、川中丘陵、成都平原、金沙江流域等“六大种植业特色区域”，以“四川泡菜”“峨眉山茶”“四川黑猪”等为代表的一批区域公共品牌效应凸显，四川泡菜、纳溪特早茶成为首批中国—欧盟地理标志互认产品。四川泡菜、宜宾早茶分别以114.34亿元和110.09亿元的品牌价值位于“全国农产品地理标志品牌价值榜”第8和第9位。

贵州2015年农产品商标累计注册数达16 654个（件）。陶华碧老干妈、老干妈、

“茅贡”牌大米、湄潭翠芽、兰馨、石阡苔茶、凤冈锌硒茶、“牛头”牌牛肉干、兴仁薏仁米、梵净山茶、正安白茶 11 个农产品荣获中国驰名商标称号，创建贵州省名牌农产品 180 个，获地理标志认证产品 66 个。2015 年，全省认定无公害农产品产地达3 270个，认证产品1 232个；25 个产品获得农业部农产品地理标志登记保护；绿色食品认证企业 49 家，认证产品 105 个，基地面积 379 万亩；有机农产品认证企业 2 家，产品 2 个。2015 年贵州省已建设国家级农业科技示范园区 10 家，省级农业科技示范园区 51 家。贵州省还通过举办“中国 · 贵阳国际特色农产品交易会”等，不断提升农产品整体品牌形象。

云南省依托“八大优势”，以创基地、强监管、拓市场、搭平台为重点，通过差异化、凸显特色化，打高原牌、走特色路，培育了普洱茶、褚橙、云岭牛等一批高原特色农业品牌，取得了一定成绩。云南省抓紧落实七大举措，努力实现品牌建设目标，打造一批享誉国内外的云南名牌产品。农业部授予云南省五批共 36 个全国一村一品示范村镇。2015 年底全省累计通过农业部农产品地理标志登记产品 59 个。龙头企业为主导的一大批产品品牌的影响力日益扩大，如“大益”“龙润”“后谷”“晨农”“华曦”“蝶泉”“斗南”“猫哆哩”等。

西藏自治区紧紧围绕农牧业工作重点，以提高农产品质量安全水平，打造品牌农业为重点，积极推行标准化生产，创新工作方式，“三品一标”认证工作成绩显著。截止到 2015 年共认定无公害农产品生产基地 21 家、认证无公害农产品 105 个、10 家企业的 10 个产品通过绿色食品认证、6 家企业的 10 个产品通过有机食品认证，同时完成 10 个农产品地理标志登记保护工作，已初步形成“圣鹿核桃油”“朗孜糌粑”等农产品品牌。

陕西省涌现出粮果畜菜茶等一大批地方优势特色品牌，为品牌发展夯实了基础。截止到 2015 年累计认定陕西名牌农产品 100 多件，全国区域公用品牌百强 30 个，累计普查农产品地理标志登记资源 574 件。全省共认证无公害农产品1 400多个，有效期内绿色食品和有机食品各 100 个左右，登记地理标志产品 57 个。“眉县猕猴桃”入选中国农产品区域公用品牌果业品牌 20 强，品牌评估价值 91.50 亿元。

甘肃省采取 6 大措施推进品牌农业建设工作。截止到 2015 年 12 月底有效期内的“三品一标”获证主体达 740 多家，产品总数近1 500个。其中：无公害农产品获证主体 327 家，认证产品 669 个，面积1 343万亩；绿色食品获证主体 320 家，认证产品 641 个，面积 429 万亩；有机食品获证主体 30 家，认证产品 95 个，面积 116 万亩；地理标志产品 63 个，面积 369 万亩。陇南橄榄油、甘南牦牛肉、兰州百合、天水、平凉、庆阳苹果、张掖花寨小米等一批产品质量过硬、品牌知名度高、示范带动作用强绿色有机食品精品迅速进入国内外市场。

青海省坚持政府推动、部门联动、企业主动，不断加大政策支持和培育宣传力度，鼓励和推动企业深入开展品牌创建、释放品牌红利工作，全省品牌战略实施取得显著成效。截止到 2015 年全省累计注册商标达 12 500件，拥有中国驰名商标 43 件、中华老字号 1 件、青海省著名商标 183 件、青海省名牌产品 71 个、青海老字号 10 件、地理标志保护产品 3 个，地理标志证明商标 33 件。青海省充分借助“环湖赛”“青洽会”“藏毯展”等重大节会活动积极宣传推介品牌。“藏羊”及“圣源”地毯、“圣湖”酸奶、“柴达木”及“诺蓝杞”枸杞、“循化线辣椒”、“互助马铃薯”、“天佑德”青稞酒、“三江源”冬虫夏草、“昆仑山”矿泉水、“可可西里”牛肉干、“祁连”黄蘑菇等一大批具有地域特色的品牌，在国内外市场受到消费者广泛认可。

宁夏回族自治区培育农业商标、品牌300多个，其中中宁枸杞、盐池滩羊、西吉马铃薯、香山硒砂瓜等21个中国驰名商标，宁夏红、塞北雪、夏进、圣雪绒4个中国名牌产品，宣和牌鸡蛋、早康牌枸杞、穆和春牌清真羊肉、灵丹牌长枣等4个农产品被评为中国名牌农产品。全区累计认定无公害农产品产地120个、无公害农产品841个、绿色食品190个、有机食品41个、农产品地理标志48个，覆盖了全区81%的种植面积、85%的畜禽养殖规模和80%的水产养殖面积。建设国家级农业标准化示范园区69个、自治区级农业标准化示范园区29个。创建全国绿色食品原料标准化生产基地16个、全国有机农业示范基地2个，涉及全区12个市县220万亩土地。

大连市政府把加强农业品牌建设作为适应社会消费升级和转变农业发展方式的一项重要任务，以促进农业提质增效、农民增收致富、农村经济可持续发展为着力点，积极培育打造有规模优势的大连农业知名品牌。截止到2015年，全市有效期内的市名牌农产品达到59个、省名牌35个。

青岛市2015年出台了《关于加快发展品牌农业的实施意见》，加快实施农业品牌战略，牢牢抓住“品牌农业”这个牛鼻子，通过抓规划、搞示范、建基地、创品牌、拓市场、增投入，使青岛市优质农产品品牌有了快速发展。“美丽青岛、品牌农业”已经成为全国现代农业发展的一张靓丽名片，农产品品牌已经成为青岛市区域农村经济发展的重要支撑，市场引导、企业主体、政府推动、社会参与的良好格局逐渐形成。全市“三品一标”农产品805个，注册农产品商标770个，全市农产品加工业产值超过1 300亿元，农产品出口50亿美元。全市著名农业品牌166个，其中国家级名牌13个，省级名牌17个，市级名牌136个。拥有中国驰名商标10个，省市著名商标31个。

六、我国品牌农业发展亟须解决的主要问题

虽然我国品牌农业发展取得了一定成绩，但是在农业品牌建设过程中依然存在一些亟待解决的问题。归纳起来主要表现为如下主要问题：

一是存在思想观念滞后现象，对品牌农业的认识还不到位。

思想是行动的旗帜，理念是成功的先导。思想观念滞后往往导致农产品品牌进展落后。一些地方管理部门、经营主体、农民还没有充分认识品牌建设在现代农业发展中的战略地位和作用，导致促进品牌化发展的新思维、新办法和新手段不足，延缓了农产品品牌的建设和发展。实际上大多数地方由于品牌发展的参与主体思想观念落后，导致农产品品牌发展仅仅成为部分先知先觉者的自发行动，这些地方则缺乏统一的规划和组织去推动农产品品牌的建设，从而无法充分、有效享受品牌农业发展所带来的各种益处。区域公用品牌的理念也明显没有在许多具有优势农业资源的地方普及，导致这些地方的品牌资源得不到很好整合，难以形成整体合力，区域农产品声誉难以提高和传播，区域农产品良好形象没有有效建立，农产品行销分外吃力。没有建立有效的区域品牌与企业产品品牌共建运行模式，也是一些地方农产品品牌建设进展缓慢的一个重要原因。

二是农产品品牌培育保护制度体系缺失，农产品品牌价值难以扩大甚至难以维持。

近年来许多地方在农产品品牌发展方面存在重认证轻培育的问题。他们感受到国家在重视农产品品牌建设，因此积极参与“三品一标”的认证，但是在获得认证后，不注重建立品牌培育和保护制度，没有下力气去持续提高品牌美誉度和影响力，导致农产品生产和加工标准化程度低、质量参差不齐，品牌培育和保护投入不够，品牌经营格局偏

小，品牌没有迈上壮大、升级的发展路径，导致品牌附加值无法实现。一些品牌甚至在面假冒伪劣冲击时，得不到有效保护，品牌甚至被冲击倒塌，品牌价值迅速跌落。当前局势表明，要获得品牌发展的益处，各地迫切需要建立有效的农产品品牌培育保护制度体系，为品牌发展壮大保驾护航。

三是农产品生产经营企业规模小技术落后，品牌经营投入不足，导致农产品品牌影响力弱小。

企业是农产品品牌创建和培育的最关键主体。国内价值最大的农产品品牌主要是涉农企业创造并培育的。农业产业化龙头企业强不强决定了农产品品牌的强弱。目前国内农产品生产经营企业普遍规模小技术落后，品牌经营投入不足，结果导致大多数农产品品牌影响力弱小。农产品生产经营企业缺少联合，实力不强，导致农产品经营的产业链不长，农产品精深加工不足，营销手段单一，品牌价值不高，消费者影响力有限。国内许多中小农产品生产经营企业通过“请进来、走出去”进行品牌扩张的力度明显不够。他们在标准体系建设、基地建设、市场建设、市场监管等方面，没有形成工作合力，导致品牌实力受损，品牌价值得不到提高，品牌影响力长期徘徊不前，甚至萎缩、江河日下。就全国来说，农产品品牌影响力仅停留在局部地域，跨省跨区域的不多，品牌的社会信任度不高，国际知名品牌少，农业品牌状况与农产品大国的地位不相称，导致国内高端农产品及加工品市场被外国企业占据，国内企业对国际市场不敢或者无力问津。如此看来，加强产业链拓展，促进农产品生产加工企业融合，提高实力，增强技术水平，扩大品牌实力，非常迫切也非常有价值。

七、我国品牌农业发展对策

当前，我国品牌农业发展面对两大机遇。其一是资本市场发展迅猛为农产品企业壮大及其品牌建设提供了强力财务支撑，其二是互联网时代为农业品牌迅速崛起带来快速通道。品牌建设已成为新时代农业发展不可逆转的趋势。资本市场和互联网技术的发展为我国品牌农业的发展提供了巨大的商业潜力和发展机遇。基于我国品牌农业发展取得的良好基础，针对亟待解决的问题，充分有效利用时代赋予的机遇，我们需要采取有效措施，促进品牌农业进一步实现跨越式发展，推动国家级农业名牌的数量和质量在“十三五”时期迈上新台阶。

第一，加强顶层设计，做好系统谋划。积极落实习近平主席和李克强总理关于品牌农业发展的指示，贯彻中央关于现代农业发展和品牌农业建设的精神，积极加强顶层设计，系统谋划品牌农业发展。要以传统文化、地方特色优势产业及产品为基础，把标准化建设、文化内涵挖掘、营销渠道和方式创新、科技体系支撑、金融支持等与品牌建设相结合，努力创建农业品牌发展的思想和理论体系，完善农业品牌发展战略，形成完整的品牌农业战略发展路线图。

第二，保障质量安全，奠定品牌基础。要把农产品质量安全及品牌问题提到前所未有的高度，强调执政者必须在食品安全上给老百姓一个满意的交代。要以质量安全为农产品品牌建设的前提和根基。在此基础上，大力培育食品品牌，用品牌保证人们对产品质量的信心。通过品牌建设，规范生产经营、引导消费需求。必须满足社会的公共利益和安全需求，建立系统的农产品质量标准体系，提升政府公信力，增强消费者对国产农产品的信心。以实施品牌战略为契机，建立一套完善的符合市场规律、创造品牌价值的标准体系、执行体系和认证及产品质量追溯体系。要以满足吃得好吃得安全为导向，大力发展优质安全农产品。建立和培育农产品品牌为，对农产品质量和信誉提供庄重承诺和保证，建立企业、产品与消费者之间的忠诚关系。

第三，发挥区域优势，形成品牌格局。发展农业品牌必须立足于农业资源的比较优势，以特色、高品质为基础。要把握农业现代化的阶段性特征，以特色、高品质为基础培育农业品牌。农业品牌化，要实现区域化布局、专业化生产、规模化种养、标准化控制、产业化经营、品牌化销售。要在优势农产品区域布局规划的基础上，加快形成优势突出、特色鲜明的农产品产业带。各地在根据自身特色，依托优势农产品产业带发展主导产业，培育区域公用品牌和企业群体，从而形成具有竞争力的品牌集群。

第四，推进科技创新，拓展品牌能力。积极主动应用新设备、新媒体、新技术，转变品牌管理模式，迅速提升农产品品牌管理的手段和水平，大幅度提高品牌传播效率，持续扩大品牌影响力。以现代科技成果为基础，积极实施农业生产经营创新，提升农产品产业链整合能力，农产品创新能力，以新产品、新口味、新时尚满足消费者日益发展的多样化需求。积极应用现代物流技术，改造品牌农产品的物流传播手段和渠道，创新现代品牌农产品流通方式，提高物流效率，全力打造高效、畅通、安全现代品牌农产品流通体系，满足消费者对农产品及其加工品的快捷便利化消费需求。农业龙头企业要积极开发新技术、新产品、新工艺，创建、培育和发展品牌农产品，拓展品牌内涵，增强品牌吸引力，提升品牌信誉和影响力。

第五，凝聚各方力量，形成发展合力。企业是品牌建设的核心主体，着力做好品牌创建与培育、品牌定位与拓展、质量提升与管理、文化建设与宣传、能力提升与创新等工作。政府要重视和支持农产品品牌建设与培育，积极出台保护和扶持政策，培育农产品品牌主体，加强法制建设，公平公正执法，依法强化市场监管，创造公平有序的市场竞争环境，健全标准化体系并推进标准化生产，保障品牌农产品的质量安全，严厉打击假冒伪劣产品，加大知识产权保护力度。地方政府更新观念，积极创建和培育区域公用农产品品牌，建立明确的区域公用品牌使用规则。国家要支持鼓励有实力的龙头企业等农产品品牌建设主体实施走出去战略，拓展展销窗口和渠道，树立中国品牌农产品良好国际形象。行业协会要补充政府的行业管理和市场调节功能，积极推进农业品牌建设，积极承担社会性、公益性、服务性公共管理职能，要在品牌农业政策研究、技术推广、标准制定、行业自律等方面发挥更大作用。行业协会要加强监管，维护品牌声誉，整合资源，制定标准，提供信息，创新品牌农产品推介方式，代表行业保护各建设主体利益。

（中国农业科学院农业经济与发展研究所 刘合光）

加强农业品牌建设　推进现代农业发展

——农业品牌专题调研报告

为总结各地农业品牌建设的经验和做法，谋划构建国家农业品牌战略，按照农业部市场与经济信息司统一安排，农业品牌专题调研组于2015年3月中旬至4月中旬，先后赴山东、重庆、贵州、湖北、安徽等五省份开展农业品牌专题调研，分别与农业部门和行业协会及龙头企业、农民专业合作社、家庭农场等负责人进行座谈，实地考察了生产基地、加工车间、销售店铺，调研组对五省份农业品牌建设情况有了进一步了解，对存在的问题作了进一步梳理，对加快推进农业品牌战略有了进一步思考。调研情况表明，经过多年的不懈努力，我国农业品牌工作取得了一定成效，涌现出一批特色明显、质量水平较高、市场竞争力较强的农业品牌产品，一个全社会重视农业品牌、各地区各部门推进品牌工作的局面正在形成，可以说农业品牌的春天正在来临。现将有关情况报告如下：

一、主要做法和经验

五省份农业品牌建设工作各具特色，形成了一批在全国有较大影响力的知名品牌，对促进农业提质增效、农村繁荣发展、农民增收致富发挥了重要作用。他们的一些做法和经验，对新常态下推进我国农业稳粮增收调结构、提质增效转方式具有十分重要的借鉴意义。概括起来，主要有以下五个方面：

（一）政府重视，出台相关政策措施推进农产品品牌发展

各地对打造农业知名品牌十分重视，这主要体现在思想上重视，行为上加大扶持力度，营造良好发展环境。山东省省政府办公厅近期下发《关于加快推进农产品品牌建设的意见》，全面实施“品牌引领战略”，形成了全省上下共创农产品知名品牌的良好氛围。烟台市实施名牌战略每年投入1 000万元财政专项，扶持优质农产品基地建设；临沂市设立了优质农产品基地品牌建设专项资金，累计投入7 673万元，奖补优质农产品示范基地建设和品牌创建。重庆市把打造重庆名牌农产品作为发展现代农业的重要抓手，自 2001 年开展认定工作以来，累计认定 627 个，目前有效期内 152 个，推介培育了涪陵榨菜、三峡有机鱼、万州玫瑰香橙等一大批农业知名品牌。重庆市所辖各县区对农产品品牌建设制定了较为完善的扶持政策，例如，南川区对新申报的国家级龙头企业给予 50 万元奖励，对区级以上龙头企业给予不超过 20 万元贴息，对建立超过2 000平方米仓储中心企业给予 50 万元补贴。贵州省 2012 年制定了加强品牌建设的指导意见，要求按照“标准化生产、产业化经营、品牌化销售”的模式，创建农产品知名品牌。近年来，贵州设立4 000万元的宣传推广基金，着力打造包括绿宝石、湄潭翠芽、都匀毛尖以及遵义红在内的“三绿一红”贵茶品牌。湄潭县政府和北京老舍茶馆合作，推广“湄潭翠芽”品牌。湖北省政府 2013 年下发文件，把打造农业知名品牌作为推进品牌强省建设重要内容，以农业产业化龙头企业、高标准农业板块基地和现代农业示范区为重点，着力培育和发展 30 个以上在全国有较高知名度的农产品加工产业品牌，全面实施“一县一标”品牌培育工程（每个县至少申请 1 个地理标志产品），争创农产品区域公用品牌全国“百强”，有效期内湖北名牌涉农产品 394 个。安徽省 2013 年出台《关于扶持农业产业化龙头企业发展的意见》，鼓励和引导龙头企业创建知名品牌，对获得中国驰名商标的龙头企业，从省级农业产业化专项资金中一次性给予 20 万元奖励，并要求各市、县政府加大对新认定的驰名商标、著名商标、中华老字号、新注册地理标志证明商标、集体商标、安徽名牌的龙头企业的奖励。

（二）注重农业标准化，夯实品牌的质量基础

保证农产品质量安全是培育农业知名品牌的首要前提和基础。各地对此认识深刻，以大力推行农业标准化生产为切入点，强力提升农产品质量安全水平。山东省沂南县大力发展优质黄瓜生产，成立“沂南黄瓜”技术联盟，制定沂南黄瓜标准化生产技术规程等地方标准，推广大棚沼气、微滴灌、电卷帘、黄板等新技术，兴建高标准日光温室大棚。农户严格按标准进行生产，保证了沂南黄瓜脆甜、清香、色深、条直、品优的品牌形象，给农户带来效益。重庆市以推进农产品质量安全认证为重点，以质量创名牌，大

力开展“三品一标”认证工作。截止到2014年年底，全市有效期内“三品一标”认证产品2 290个。重庆市农业委员会每年组织“三品一标”生产企业参加中国国际有机食品博览会、中国绿色食品博览会和重庆西部农交会，并将“三品一标”设定为重庆市名牌产品评选门槛。贵州省以特色优势产业为重点，加强农业示范区、示范县建设，推进农业标准化生产。标准化茶园面积156万亩，占全省茶园面积的1/4强，占已投产茶园面积的50%以上。湖北省实施质量兴省战略，设立全省最高质量奖——长江质量奖，有4家涉农企业获奖。随县着力提升香菇标准化生产水平，已建成年产量3.5万吨、出口创汇3亿美元的食用菌标准化生产示范区，并通过绿色食品认证，成为中南地区最大的食用菌集散地。安徽省六安市开展茶园标准化管理，实施清洁化生产加工，严格商标使用管理，确保茶叶质量安全。启动金寨和霍山县出口食品农产品质量安全示范区建设工作，帮助出口茶叶企业建立从原料到产品的自检自控体系，为打造“六安瓜片”品牌夯实基础。

（三）注重依托优势特色区域，打造区域公用品牌

各地把打造农产品区域公共品牌作为农业品牌建设工作的重点，紧密结合当地实际情况，积极调整优化农业区域布局，大力发展特色产业和优质农产品。重庆市立足长江中上游柑橘自然地理优势，在引进意大利血橙等优良品种的基础上，开发并打造出“万州玫瑰香橙”公用品牌，成为引领全市柑橘产业提质增效的亮点。贵州省发挥北纬30度线自然地理优势和多样化区域特色，强力推动茶产业发展，倾力主打“三绿一红”（绿宝石、都匀毛尖、湄潭翠芽和遵义红）区域公用品牌，助推贵州跃升为全国第一产茶大省。湖北省整合茶叶、水产、油菜等优势特色农业产业资源，走抱团发展、联合闯市场的品牌培育道路。油菜籽产业化战略联盟打响“双低”菜籽油品牌，推出首个优质菜籽油品牌——湖北奥星粮油工业公司小包装食用油，半年销量增长120多倍。整合打造“楚江红”小龙虾、“梁子”牌梁子湖大河蟹和“洪湖渔家”生态鱼三大水产品牌。黄冈市依托优势特色区域，发展优势产业生产基地800万亩以上，有国家地理标志保护产品52个，农产品区域公用品牌3个（英山云雾茶、蕲春珍米、罗田板栗），分别被评为“2011年消费者最喜欢的中国农产品区域公用品牌”“2012最具影响力中国农产品区域公用品牌”。安徽省政府出台《安徽省人民政府关于加强茶叶品牌建设进一步做大做强茶产业的意见》，重点发展黄山毛峰、六安瓜片、太平猴魁和祁门红茶等区域公用品牌名茶，截止到2013年年底，全省茶叶产品拥有中国驰名商标9个，安徽省著名商标72个，获得农业部地理标志登记7个。

（四）注重搭建品牌推介平台，提高品牌知名度

各地有计划、有组织地开展了多种形式的宣传推介活动。一是开展名牌农产品评选认定，推出了一批名牌农产品。重庆市于2000年制定《重庆市名牌农产品认定管理办法》，至2014年累计认定重庆名牌农产品627个，并实行三年一滚动的动态管理。湖北省农业产业化龙头企业协会出台《湖北名牌农产品评选推介办法》，从2013年开始，每两年开展一次“湖北十大农产品品牌”和30个“湖北优秀农产品品牌”评选。2014年，联合湖北日报、荆楚网等媒体，开展农业产业化龙头企业10强50佳龙头企业评选。山东省烟台市开展了“烟台苹果十大品牌”评选活动，搭建起“烟台苹果”母品牌和“十大品牌”企业子品牌体系，政府与企业合力宣传，增强了影响力。二是借助展会、节庆等活动，提升农产品品牌影响力。山东省积极举办和参加全国有影响力的大型农业会展，包括寿光蔬菜博览会、全省名优农产品

精品展、全国农交会、全省农交会等展示展销品牌农产品。蒙阴县政府投资修建了4 000平方米的蒙阴县农产品交易服务中心，统一打造“沂蒙优质农产品”的品牌形象。烟台市连续举办12届苹果艺术节、7届烟台大樱桃节、22届莱阳梨花节、7届国际葡萄酒节，塑造了烟台果品“果真精彩”的品牌形象；济宁市通过举办生态农产品展销会、看庄土豆节、香城红枣节、张庄大樱桃节等活动，把农业品牌建设与儒家文化宣传相结合，培育了邹城食用菌、金乡大蒜、鱼台大米等一批区域品牌。湖北省在多地举办“喝长江水、吃湖北粮、品荆楚味”美食名茶推介会、“湖北菜籽油品牌推广高峰论坛及鄂产菜籽油推广月”和“重走中俄万里茶道”等活动，各大媒体竞相报道，引起广泛关注。安徽省连续举办15届安徽省名优农产品绿色食品（上海）交易会、6届中国安徽（合肥）农业产业化交易会，扩大了品牌影响。三是搭建电商平台渠道。安徽省政府打造农产品电商平台——邮乐农品网，整合众多生产企业、合作社、加工企业、贸易企业的优质农产品上网，加大“皖”字牌农产品市场营销力度。目前，已入驻农业企业853家，上线商品7 603件，2014年实现交易额5.05亿元，2015年一季度实现交易额6.03亿元。贵州省加大省外黔茶市场开拓，建立省外销售渠道公司197家，销售点3 027个，遍布全国各省（自治区、直辖市）（包括香港和台湾），同时瞄准阿拉伯和欧洲市场，推动茶叶出口，2014年出口104批，货值1 154万美元，分别比2013年增长了3倍和5倍。

（五）注重提升农业品牌影响力，品牌带动力不断增强

山东省农产品品牌覆盖率和价值不断提高。目前，全省有农产品商标注册5万多件、涉农驰名商标84件、著名商标250件、地理标志商标394件。烟台苹果、威海刺参、金乡大蒜等33个品牌荣获“中国农产品区域公用品牌百强”称号；涌现出滕州马铃薯、蒙阴蜜桃、章丘鲍芹等一批新兴区域品牌；打造“胶东刺参”“胶东鲍”“胶东鲆鲽鳎”“胶东扇贝”“东方对虾”“荣成海带”“莱州湾梭子蟹”“黄河口大闸蟹”“微山湖乌鳢”和“黄运甲鱼”等十大渔业品牌。山东是全国唯一获得对欧盟、美国和马来西亚出口禽肉资格的省份，是唯一获得对日本出口冷冻调理菠菜和脱水菠菜资格的省份，农产品出口连续14年领跑全国，这与山东农产品品牌的良好声誉密不可分。湖北省宜都市政府充分利用产品推介会、农业博览会等活动对地理标志产品——“宜都蜜柑”进行宣传，社会知名度和市场认可度快速提升。“土老憨”牌宜都蜜柑多次走进中南海，是十八大会议用果品；“绿老大”牌宜都蜜柑在武汉发往全国的高铁上全面发售；“诚琳”牌宜都蜜柑、“夷陵红”夷陵蜜橘畅销俄罗斯市场。十堰市的武当道茶通过农产品地理标志登记保护，2014年直接带动全市茶农增收4亿元，人均增收670元以上，成为十堰市的优势支柱产业。重庆开发传统知名品牌——荣昌猪，建立了全国第一家线上交易平台，实现80%的生猪线上平台外调，已成为全国最大的生猪网上交易市场，进一步提升了荣昌作为国家级生猪交易市场的影响力。贵州“老干妈”分别获得“中国名牌产品”“中国驰名商标”等称号，公司年销售收入已达30亿元，在其带动下，遵义虾子辣椒市场成为集散全国、南方最大的辣椒专业市场，集散范围扩大到东南亚地区。

二、存在问题

在调研中发现尽管各地积极探索、大胆实践，农产品品牌取得一定的成效，但也存在一些问题，主要表现在以下方面：

（一）对农业品牌存在认识误区

地方行政管理部门、企业对品牌建设存在认知误区：一是有商标就是品牌。地方政

府和市场主体搞不清品牌和商标的关系，认为注册了商标就算是品牌，“重生产，轻品牌”的现象比较普遍，打造品牌的意识不强，缺乏对品牌内涵的认识、对品牌形象的塑造和文化的挖掘。二是区域公用品牌就是“行政品牌”。各地对品牌工作都很重视，但管理上往往使用行政手段，认为区域公用品牌就是“行政品牌”，地理标识可以超过原产地。万州玫瑰香橙是万州的地标产品，湄潭翠芽是湄潭的地标产品，实践中也有一些地方要打这个牌子推当地的农产品。三是“高、大、上”就是品牌。多数市场主体存在品牌定位意识缺失的问题，商标注册随意性较大，偏好将品牌定位在高端领域，认为只有高端的品牌才是品牌，而中低端品牌则不是品牌。四是绿色食品、有机食品才是品牌。将“三品”等同于品牌，并将“三品”认证分级，认为无公害是最低层次的，有机是最高层次的，绿色居中。

（二）区域公用品牌存在“重申报、轻监管”现象

各地政府对于推广农产品区域公用品牌，打造地方特色产业、提升地方形象产业情有独钟，比如贵州省政府推广“贵茶”品牌，遵义市政府推广“遵义红”品牌，湄潭县推广“湄潭翠芽”品牌，这是个三级政府推广区域公用品牌典型的案例。政府推广区域公用品牌一方面确实提升了地方形象，增强了地方品牌价值，但另一方面由于品牌整体规划、授权、监督、管理不足，暴露出很多问题，这主要包括没有形成良好的授权、监督、管理机制，区域公用品牌泛滥使用的现象突出，产品质量难以保障。以遵义红为例子，整个遵义市生产遵义红茶企业400余家，经授权的只有盛兴公司一家；产业没有形成良好的规划，品牌没有科学设计，存在人为的非系统性风险；以贵州修文县为例，因为当地猕猴桃产业近年来效益较好，县政府大力发展猕猴桃产业，在短短3年时间里，猕猴桃种植面积从2万亩增长至15万亩，这些果实即将陆续上市，如何构建好仓储、运输、销售、加工体系，避免“桃贱伤农”的现象发生是困扰当地政府难题；同时，由于农产品生产季节性、时效性强，科技含量不是很高，易学易仿，一旦产品出现质量问题，追责难，品牌保护难。

（三）品牌主体整体实力较弱，品牌意识不强

管理部门、经营主体、农民还没有充分认识品牌建设在现代农业发展中的战略地位和作用，促进品牌化发展的新思维、新办法和新手段不多。多数企业规模较小，自主创新能力不强，初级产品多，精深加工产品少，产业链条短，附加值不高，品牌带动能力不强，市场竞争力弱，消费者认可度底。在走访中，我们发现，除了少数国家级农业产业化龙头企业外，大多数种植大户、农业专业合作社、家庭农场及地方龙头企业品牌意识不足，这些市场主体品牌建设还处于初创阶段，并没有充分认识到品牌的内涵、品牌的价值、品牌的文化底蕴，在品牌建设过程中缺乏培育品牌和开拓市场的主动性，大多侧重于生产环节的质量安全监管，缺少品牌的培育体系，缺乏专业人才和专业的品牌团队。

（四）农业品牌化工作相对滞后，地区间发展不平衡

一方面国家统筹推进农业品牌化工作相对滞后，没有明确制定农业品牌化发展目标、工作重点和主要工作措施，工作整体推进的力度还不大；另一方面由于各地的经济发展程度、认识水平不一，造成各地的品牌化建设发展很不平衡，农业品牌化工作基本上呈现出经济发达地区好于欠发达地区，沿海地区好于内地，行政机构重视地区好于欠重视地区的现象。

（五）对品牌化工作的扶持力度有待加大

区域品牌、国家品牌和国际品牌的创立需要政策扶持和大量的资金支持，目前我国

完备的品牌培育保护制度体系缺失。国家对农产品促销扶持不够，对品牌的研究、培训、宣传推介、展览展示、监督保护等支持力度不大，相应的配套政策还不多；地方政府对于农业品牌缺少系统的研究和理解，政府扶持不系统，“东一杆子，西一杆子”，打不到点上，缺少系统的扶持政策和配套措施。

三、意见与建议

（一）立足产业优势，打造优势特色农业知名品牌

从产业特色及资源环境出发，挖掘和整合农业优势资源，集中力量在重点环节寻求突破，大力培育区域公用品牌，特别是要在优势产区集中力量打造一批优势农产品知名品牌。要围绕农业主导产业，结合农产品基地建设、农产品质量安全、农业产业化和组织化、农业重大技术推广与农民培训、生态环境保护等农业重大项目实施，培育、整合农业品牌，打造强势品牌。通过实施优势农产品区域布局规划和特色农业发展规划，建立稳定的品牌农产品的生产、加工基地和宣传、销售网络，实现基地培育品牌、品牌促进发展的良性循环。

（二）加大品牌培育力度，充分调动生产经营主体创建品牌积极性

加强引导，鼓励企业、新型经营主体参与农业品牌建设。培育、扶持有较强开发加工能力和市场拓展能力的龙头企业，围绕优势主导产业，建立农民专业合作社，发展“龙头企业＋合作社＋基地”模式，引导企业与农户之间建立更加稳定的产销合同和服务契约，实现小生产与大市场的有效对接。从财政扶持、金融服务、土地流转、基地建设、技术指导、资金资助、市场推介、知识产权保护等方面给予支持，鼓励工商资本投资创建知名农业品牌，引导大中型企业进入农业领域组建跨区域、跨行业、跨所有制的龙头企业集团，充分调动生产经营者创建品牌的积极性。

（三）大力推进农业标准化，打牢农业品牌的质量基础

质量是品牌的生命，标准化是品牌化的前提和基础。各地农业主管部门要围绕主导产业的发展，完善标准体系，加强已有标准的贯彻落实，做到有标可依，有标必依；围绕打造名牌，组织标准化生产技术和管理措施的示范推广，强化全程质量控制，组织开展“三园两场”（标准化的果园、菜园、茶园和标准化畜禽养殖场、水产健康养殖场）标准化示范区建设。加强对“三品一标”农产品生产企业证后监管，实行认证产品淘汰和曝光机制；加强产地农产品分等分级，预冷等商品化处理；推行产地标识管理、产品条形码制度，做到质量有标准、过程有规范、销售有标志、市场有监测，实现农业标准化与市场的对接。

（四）大力宣传推介农业品牌，提高品牌的市场影响力

农业品牌的宣传推介是将产品优势转变为市场优势，实现农业增效、农民增收的重要措施。要广泛发动社会多方积极性，充分利用电视、电影、广播、报纸、网络等媒体和农业展会等品牌推介平台，对品牌农产品加大推介的深度和广度，努力营造“宣传品牌、支持品牌、发展品牌、保护品牌”的良好氛围。同时，加大市场开拓力度，鼓励发展电商、专销店等新型流通模式，主动适应市场发展的需要，提高品牌的市场影响力。

（五）加强监督保护，营造农业品牌生存发展的良好环境

依法保护品牌，维护品牌的质量、信誉和形象，是保障品牌生命力的关键。要健全相关法律法规，净化市场环境，探索建立农产品品牌目录制度，将最有影响力的品牌纳入目录定期发布，动态管理。完善、规范和强化对农产品品牌的推介、评选、推优等活动，鼓励农业企业做好质量、做大品牌。重点研究农产品品牌征集、审核推荐、品牌评

价，以及品牌培育和保护制度。加强行业协会建设和管理，发挥其在制定品牌发展规划、建立品牌标准体系、开展技术服务、组织品牌营销和加强品牌管理等方面的重要作用。加快农业品牌诚信体系建设，切实维护广大消费者的利益和品牌诚信经营者的合法权益，引导、鼓励、支持品牌经营主体自觉维护品牌形象，依法进行品牌经营，保障农业品牌化工作的健康发展。

四、重点任务

为更有针对性地引导各地开展农业品牌建设工作，当前的重点任务如下：

（一）编发全国农业品牌发展纲要

按照“统筹规划、明确责任、密切配合、全面推进”的原则，结合全国优势农产品区域布局规划及农业产业化龙头企业发展，谋划农业品牌发展顶层设计，理清品牌发展思路、基本原则、工作任务和发展目标，明确大致的方向和布局。同时，加强农业品牌制度、标准体系建设，建立品牌评价体系和评价指标等，引导农业品牌健康发展。

（二）建立农产品品牌目录制度

强化行政公益服务，探索建立农产品品牌目录制度。把具有一定影响力的区域品牌、企业品牌形成目录，由政府统一组织发布，动态管理，鼓励引导各类农产品生产经营主体做大品牌、保护品牌。

（三）搭建全国农业品牌宣传推介平台

统筹协调国家级展会、媒体宣传推介和农产品包装设计推介活动，建立协同运行的全国农业知名品牌推介平台，加强品牌推介和宣传，讲好品牌故事，通过深入挖掘知名品牌的文化内涵、价值塑造及核心竞争力，扩大农业品牌影响力和传播力，提高品牌农产品的市场占有率。

（四）加强农业品牌培训工作

农业知名品牌的培育是一项专业要求较高的系统工程，亟须建设一支高素质的品牌培育队伍。要开展对农业系统品牌建设队伍的培训，系统学习和掌握我国农业品牌发展战略、国际农业品牌发展经验和知名品牌培育、塑造、营销推介与监管保护、区域公用品牌制度建设、品牌声誉和价值评估方法等品牌建设的基本政策、基本情况、基本经验、基本理论和基本方法，消除认识误区、明确抓手、找准切入点，促进各地农业品牌工作健康发展。

农业品牌工作调研组

调研组组长：张华荣[1]
调研组成员：金文成[1] 李桂群[2] 李连海[1]
陆　娟[3] 袁广义[1] 苗　阳[1]
龙婉蓉[1] 孙　灿[1] 温秋林[3]
蔡馨蕾[1] 饶泉钦[1] 黎　畅[1]
备注：1 单位为农业部优质农产品开发服务中心
2 单位为农业部市场与经济信息司
3 单位为中国农业大学

绿色食品有机食品发展概况

——中国绿色食品发展中心工作综述

2015 年，中国绿色食品发展中心（以下简称“中心”）在农业部党组的正确领导下，紧紧围绕部中心工作，深入贯彻中央农村和全国农业工作会议以及全国农产品质量安全监管工作会议精神，以“三严三实”的精神，真抓实干、务实创新，推动事业持续健康发展，为“十二五”收官画上了一个圆满的句号。

一、2015 年绿色食品、有机食品发展基本情况

截止到 2015 年 12 月 10 日统计，全年新发展绿色食品企业 3 562 家，产品 8 228 个。全国累计有效使用绿色食品标志的企业总数为 9 579 家，产品总数为 23 386 个，分别比 2014 年增长 10.1%和 10.6%。绿色食品产品质量稳定可靠，全年中心及地方绿色食品工作机构（以下简称“绿办”）共抽检产品 5 514 个，产品抽检合格率为 99.44%。中绿华夏认证有机食品企业 883 家，产品 3 602 个，分别比 2014 年增长 8.5%和 7.8%。全年绿色食品、有机食品未发生重大质量安全事件。

全国已有 460 个单位创建了 665 个绿色食品原料标准化生产基地，总面积 1.69 亿亩，对接企业 2 488 家，共涉及水稻、玉米、大豆、小麦等 125 种地区优势农产品和特色产品，带动农户 2 130 万户，每年直接增加农民收入 10 亿元以上。全国已建成有机农业示范基地 21 个，总面积超过 1 000 万亩，形成了茶叶、水果、蔬菜、稻米和畜牧产品等各具特色的示范模式。

二、重点工作推进情况

（一）严谨规范开展标志许可

严格贯彻落实“一程序、两规范”，强化责任机制，着力提升了绿色食品标志许可审查规范性、时效性、有效性。一是注重风险防范，科学有效开展审查把关。前置现场审核，着力发挥行业风险预警在审核环节的作用，排除了部分管理松散、档次不高、潜力不大的申报单位，将不合格产品拒之门外，取消了续展不合格的 43 个产品的标志使用权。有机食品认证通过强化颁证评审技术力量，完善认证流程，切实提高了认证风险把控能力。二是推进审查工作“转方式”。采取内部分组与组间交叉同推进，现场审核与集中会审相结合，进一步强化审查责任，有效提高绿色食品审查工作效率。同时，通过及时督促、优先审核，有效确保了绿色食品续展的及时性。进一步加强有机食品认证计划管理，认证材料的规范性明显提升。三是按照新修订的《绿色食品颁证程序》和《绿色食品标志使用证管理办法》，高效做好颁证工作，保证企业及时领证用标。

（二）做细做实证后监督管理

一是进一步强化年检制度的宣贯与落实，完成了对吉林、上海、青海、湖南等 4 个省级绿办的年检督导，处理了一批产品，取消了 5 家年检不合格企业 10 个产品的标志使用权。二是加大了产品抽检力度，中心与各地共完成了对 5 514 个绿色、有机产品的抽检任务，对抽检的不合格产品分别进行了处理。全年共有 21 个产品因抽检不合格被撤销了证书。三是开展了对 55 个城市和地区的 160 个各类市场的监察工作，共抽取 824 家企业的 2 100 个样品，发现不规范用标产品 175 个，占 8.33%，假冒产品 31 个。配合工商，质检和农业行政执法，全年共处理各类举报、投诉案件 218 件，舆情事件 2 件。四是通过风险预警专家座谈会，研判风险点，开展了茶叶产品的预警抽检，抽查了 15%的绿色食品茶叶企业，检出 6 个有关指标超出预警值，及时做出了处置。五是在第十六届绿色食品博览会期间召开“绿色食品监管工作发布会”，首次向社会发布了绿色食品的监管制度和 2015 年监管信息，产生了积极的社会反响。“十二五”期间共取消了 392 个产品的绿色食品标志使用权。

（三）继续夯实标准化和基地创建

2015 年，中心将标准制修订作为中心一个重点工作，全面启动并完成了 2009 年以前的 29 项绿色食品标准的修订工作，修订规模为历年之最，彻底解决了绿色食品借用标准问题，体现了绿色食品标准的先进性；组织完成了农业部“绿色食品标准体系梳理”课

题研究，完成绿色食品允许农药清单评估。

加强对基地的创建、验收和续展审查。2015年创建了41个绿色食品原料标准化生产基地，4个有机农业示范基地，着力通过基地创建带动各地生态农业推进。加强军队农副业标准化生产，中心与总后军需物资油料部共同研究制定了《军队绿色食品生产技术达标基地管理办法》，进一步提升军队农副产品质量安全水平。此外，修订了《全国有机农业示范基地创建与管理办法》。

（四）着力开展市场建设和品牌宣传

2015年中心通过开展以下活动推动市场建设与品牌宣传工作：一是通过展会促进贸易发展。在西安市成功召开了第十六届绿色食品博览会（以下简称“绿博会”）。本届绿博会规模大、效果好。中央一套晚间新闻、中央七套、新华网等多家中央媒体报道了绿博会盛况。成功举办了第九届中国国际有机食品博览会，吸引了一大批国际参展商和国内外观众。继续支持黑龙江、内蒙古、辽宁等地举办的区域性展会；支持相关企业发展绿色食品专业电商平台，为绿色、有机企业扩展销路提供服务；组织企业参加日本、德国境外展会，着力提升绿色食品品牌国际国内影响力。二是通过公益宣传扩大影响。拍摄首部绿色食品宣传片，全面介绍绿色食品概念、历程、模式、成效和体系队伍。组织完成“绿色食品知识有奖答题”活动，在24个媒体平台发布，获得关注人数逾150万人，15 000余人参与答题活动，既扩大了影响，也完成了一次全面的消费者问卷调查。通过新华网报道绿色食品“十二五”取得的工作成效，被300多个媒体转载，绿色食品的社会影响和宣传效应得到增强。建立了绿色食品微信平台，持续不断宣传绿色食品。三是通过示范基地提升形象。中心与二炮后勤部创建“绿色食品教育培训示范基地”，将绿色食品的理念和标准化生产方式在部队进行宣传推广。

（五）全面加大基础性工作力度

1. 进一步强化了事业功能定位

2015年年初的“三品一标”工作会议明确了绿色食品的功能定位和发展目标，年中“全国绿办主任座谈会”，进一步解决发展动力、发展结构和品牌公信力等问题。在第十六届绿博会期间召开了以“生态农业与绿色生产”为主题的绿色食品事业发展座谈会，陈晓华副部长做了重要讲话，明确了在新形势下发展绿色食品的思路和任务，提振了整个工作系统的士气。起草了《全国绿色食品产业发展规划纲要（2016—2020）》，以强化行业指导。

2. 优化产业发展结构

开展了绿色食品产业发展调研，深入研究并着手解决绿色食品企业产品结构、品牌宣传以及相关政策等发展中的关键问题，着手开展了一系列制度措施调整。为了鼓励和支持集团公司、大型企业、养殖和加工企业申报绿色食品，下发了《关于改进绿色食品申报有关事项的通知》，简化了程序，提高了效率，降低了成本。

3. 依法保护证明商标

为依法保护绿色食品商标，维护标志许可工作的权威性，中心全面启动商标国内外续展注册保护工作。与此同时，做好绿色食品防伪标签推广与管理等工作。

4. 纵深推进信息化建设

有序推进“绿色食品网上审核与管理系统”的建设，实现了绿色食品核心业务电子信息化、自动化，明显提高了工作效率。在此基础上，中心逐步开发多项功能，如将系统与国家农药登记公告数据库对接，实现标志许可审核环节农药自动比对，提升了审核自动化功能。

5. 深入开展国际交流合作

积极开展境外检查与交流，中心开展了与马来西亚、印度尼西亚、澳大利亚、意大利、韩国等国家和地区的产品受理、检查与技术交流等活动，与德国、日本、澳大利亚和丹麦等境外有机产品认证和研究机构建立了合作关系。

（六）统筹推进队伍体系建设

1. 通过业务培训提高专业素质

举办全国绿色食品检查员监管员培训班，培训了 35 个省级机构和 83 个检测机构的 170 多位学员。支持 21 个省级机构举办了 24 期“两员”培训班，培训人数2 500多人。首次在台湾举办“绿色有机食品检查员培训班”，对 45 名台湾食品企业、生态农场的质量安全责任人开展相关培训和技术指导。举办了全国绿色食品网上审核与管理系统培训班、全国有机产品骨干检查员培训班和技能提升培训班，有力促进了队伍能力的整体提升。加强绿色食品企业内检员队伍的管理与培训，在山东、江苏两地启动内检员岗位培训试点工作，培训 672 名内检员。

2. 通过激励机制落实工作责任

加强对检查员的管理。进一步完善检查员绩效考评机制，通过实施网上注册，规范检查员队伍管理。开展了全国农业系统有机产品认证检查员考评与表彰，形成有效激励机制，提升了体系队伍战斗力。通过绿色食品事业发展座谈会，表彰了长期工作在绿色食品阵线的工作者和体系队伍中的优秀工作者，发挥了积极的正能量导向作用。组织开展了“中国绿色食品质量安全监管创新与实践”征文活动。

3. 通过能力验证强化技术支撑

建立检测机构进入与退出动态机制，组织开展了产品检测机构能力验证，对不合格单位做出了限期整改的决定，推动了绿色食品检验检测科学化、规范化管理。

4. 通过重点工作发挥协会作用

为了积极推动绿色食品生产资料发展，努力拓展绿色食品产业链条，中国绿色食品协会在绿色生资顶层设计、品牌宣传、示范推广和生资抽检等方面加大了工作力度。2015 年新通过生资企业 30 家，产品 71 个。截止到 2015 年 12 月 10 日，绿色生资有效用标企业 102 家、产品 244 个。协会积极与企业互动，多种形式开展产销对接和交流合作活动，扩大绿色食品影响力，增强事业凝聚力。继续开展全国绿色食品示范企业评选与考评工作，取消部分示范企业称号，新认定一批示范企业。组织诚信建设培训班，加强绿色食品企业诚信体系建设。协会充分发挥好专委会作用，积极为相关活动和企业交流搭建平台、促成合作。

（中国绿色食品发展中心）

农产品质量安全工作发展概况

——农业部农产品质量安全中心工作综述

2015 年，农业部农产品质量安全中心深入贯彻中央农村工作会议和全国农业工作会议精神，按照全国农产品质量安全监管工作的总体部署，紧紧围绕规范认证登记审查、强化证后监督管理、推进追溯平台建设这个核心，坚持依法办事，创新工作机制，狠抓工作落实，扎实推进无公害农产品和农产品地理标志事业持续健康发展。

一、2015 年工作进展

2015 年，共备案无公害农产品产地 14 757个，其中新认定产地9 722个，复查换证产地 5 035 个；评审通过无公害农产品 22 001个，其中新认证产品 13 083 个，复查换证产品 8 918 个；新登记农产品地理标志 204 个。截止到 2015 年，全国有效的无公害农产品产地35 406个，其中，种植业产地22 292个，面积1 786万公顷，约占全国耕地总面积的13.7%（按照1.3亿公顷计算）；全国有效无公害农产品75 861个，其中种植业、畜牧业和渔业产品分别为53 244个、10 878个、11 739个，获证单位33 399家；全国累计登记农产品地理标志1 792个。

2015年以来主要抓了六个方面工作。

（一）严格认证审核把关

一是严格产品审查。全年共组织召开了8次无公害农产品评审会。加强对分中心复审工作指导，严格按照《无公害农产品专家评审技术规范》要求，组织专家进行认证评审，确保复审、终审工作质量。二是加强认证审查工作质量督导。研究制定《无公害农产品审查工作质量督导检查办法》（试行），针对专家评审意见建议，组织有关专家对湖北、湖南、黑龙江开展督导检查，并就检查中发现的问题，提出整改要求，落实地方工作责任。三是开展认证管理系统研发和培训。推进无公害农产品管理系统（二期）建设，将无公害农产品信息申报功能延伸到县级，并选择云南、北京两地开展初期试用。组织分中心、各省级工作机构检查员及部分市县工作机构业务骨干共180余人进行培训和上机演练，广泛征求意见，进一步提高无公害农产品管理信息化应用水平。

（二）稳步推进地标登记

一是规范产品登记。全年共组织召开5次农产品地理标志登记专家评审会。组织修订了《农产品地理标志登记申请人资格确认评定规范》《农产品地理标志登记审查准则》等2个制度规范和《农产品地理标志登记申请书》《农产品地理标志产品品质检测报告》《农产品地理标志登记审查报告》等3个格式样本。二是强化支撑体系建设。续展审核86家资质委托协议到期的农产品地理标志产品品质鉴定检测机构。注册978位符合条件的农产品地理标志核查员，在南京和西安举办了两期全国农产品地理标志品牌建设培训班，联合内蒙古、山东、广西等省（自治区、直辖市）举办针对本地区、本行业的农产品地理标志核查员培训，开展全国农产品地理标志优秀检查员推荐工作。健全完善农产品地理标志管理系统，强化数据库管理。三是加强品牌宣传。在第十三届中国国际农产品交易会期间，举办了首次全国性农产品地理标志专展和农产品地理标志品牌宣传推介专场活动，提升农产品地理标志知名度和影响力。加强农产品地理标志示范创建工作，新授予百色芒果等6个农产品地理标志国家级示范样板创建资格，对首批国家级农产品地理标志示范样板试点进行了验收。在《农民日报》上进行了农产品地理标志国际知识产权日及农交会专版宣传。做好农产品地理标志纪录片《源味中国》拍摄准备工作。四是推进国际合作。参与中国—欧盟、中国—美国、WTO等地理标志及知识产权相关磋商、谈判、研讨，全程参加中欧地理标志协议谈判，在福州召开了中欧农产品地理标志工作现场会，组织开展2015年农产品地理标志国际合作项目研究。

（三）加大证后监管力度

起草印发了《关于做好2015年无公害农产品和农产品地理标志监管工作的通知》，明确全年监管工作重点和任务要求。一是开展质量跟踪监测。全年共抽检无公害农产品573批次，抽检总体合格率为99.3%，与2014年相比提升0.1个百分点。二是组织证后综合检查。对10多个省份开展了无公害农产品和农产品地理标志综合检查，重点跟踪检查各级工作机构认证登记工作规范性、无公害农产品获证单位质量安全管理措施落实以及农产品地理标志品质保持、知识产权保护、品牌建设等方面情况。三是完善退出机制。按照“发现问题、坚决出局”的要求，对违法违规主体从严处罚，全年共撤销无公害农产品证书 68 个，注销 92 个，所有撤（注）销证书信息均在中国农产品质量安全网进行公告。同时，协助地方工商部门查办涉嫌冒用标志、超范围用标等案件 8 起。四是加强标志管理。“3·15 国际消费者权益日”期间，组织开展标志市场专项检查。据不完全统计，各地共出动检查人员 3.9 万人次，检查农产品批发市场（超市）12 416个，发放相关宣传材料 99.2 万份，共发现 3 起不规范用标、9 起超范围用标和 11 起冒用标志行为，按照相关规定及时进行了处理。五是加强无公害农产品标识研发和推广。组织研制新型离型纸标识，设计新型二维码标识并开发相应的防伪查询系统。在无公害农产品管理信息系统中设计开发了网上申订标识功能和标识征订关键环节短信通知功能，进一步方便生产者使用防伪标识、消费者查询信息。

（四）加快追溯体系建设

一是推进平台建设前期工作。按照国家发展和改革委员会项目评审要求，配合做好项目社会稳定风险评估评审、环境评价等工作，完成项目可研评审。开展追溯管理信息平台初步设计公开招标，与中国电子系统工程总公司签约，开展初步设计工作，初设方案已报送国家发展和改革委员会。同时，启动国家平台建设招标，做好项目管理相关工作。二是积极开展追溯管理制度政策制定。组织起草《关于推进农产品质量安全追溯体系建设的指导意见》，广泛听取各方意见，目前已形成报审稿报农业部监管局。开展追溯管理业务流程和管理配套制度研究，组织起草《农产品质量安全追溯管理暂行办法》（修订稿），进一步明确了各方职责、体系建设、主体备案、追溯运行、法律责任等有关内容。三是组织业务技术攻关研究。开展追溯管理基层调研，实地考察地方追溯管理制度建设、平台建设、主体管理、动力机制等具体情况，积极听取地方意见建议，优化追溯管理顶层设计。组织开展追溯管理技术研究，研究提出国家平台与地方平台有效对接模式和技术方案，建立形成完整的主体备案信息采集及审核模式。开展追溯管理身份卡设计方案和二维码研究，推进《农用二维码使用技术规范》标准制定工作，研究起草《农产品质量安全追溯管理“十三五”规划》。

（五）强化技术支撑

一是健全完善标准体系。发布实施无公害安全生产控制规范 13 个系列标准，组织完成《无公害农产品　种植业产地环境条件》等 3 个急需标准的制修订。全面梳理无公害农产品现行标准，提出了标准的制修订、整合保留和废止建议的清单，继续开展无公害农产品检测目录跟踪评估和小品种检测目录认证风险调查监测工作，建立起“及时跟踪、年度评估、动态调整”的无公害农产品检测目录管理模式。二是强化检测机构管理。组织无公害农产品定点检测机构参加部里组织的能力验证考核，合格率比 2014 年提高了 18%。根据能力验证结果，续展检测机构 74 家，暂停 9 家，取消 4 家，新委托 4 家。截止到 2015 年，全国共有无公害农产品检测机构 155 家，产地环境检测机构 184 家。三是加强人员队伍培训。完成种植业、畜牧业、渔业无公害农产品内检员培训教材修订工作。组织开展培训工作质量检查评估。继续加大培训力度，开展全国无公害农产品师资培训提高班、检查员培训班和检测机构培训班各 1 期，指导各地开展检查员培训班 52 期，培训4 413 人，内检员培训班 138 期，培训 20 101人。截止到 2015 年，全国共有师资 780 人，累计培训检查员33 209人次，内检员144 143人次。

（六）积极跟进部局重点工作

一是组织起草《乡镇农产品质量安全监管站建设规范》制度性文件和标准性文件。二是推进农产品质量安全县创建，研究制定了《农产品质量安全县工作方案》，开展第三方公开征询意见，组织起草了《农产品质量安全县管理办法》，已经以农业部名义印发。三是积极配合做好农产品质量安全应急处置工作，首次在部级层面开展了实地应急演练，组织起草了《跨省农产品质量安全突发事件应急处置工作规范》。四是参与《农产品质量安全法》修订工作，加强对相关问题的研究，提出修订建议。五是规范受理农产品质量安全申投诉，全年受理投诉举报1起。负责农产品质量安全专项整治各省数据汇总和上报工作。六是认真筹备农产品质量安全信用体系建设。此外，就质量安全县奖补、无公害农产品生产补贴、追溯管理备案主体补贴等三个涉及政策创设的重点问题，进行系统研究，并提交了研究报告。

（农业部农产品质量安全中心）

中国优质农产品开发服务协会工作综述

2015年，中国优质农产品开发服务协会（以下简称“协会”）认真学习贯彻党的十八大及十八届三中、四中、五中全会和习近平总书记系列重要讲话精神，按照中央经济工作会议和中央农村工作会议的部署，紧紧围绕“四个服务”的宗旨，以推进农业品牌战略为主线，以“主攻流通、主打品牌”为重点，积极进取，锐意创新，不断开拓工作新局面，各项工作取得了显著成效，农业部、民政部及有关部门都给予了充分肯定。2015年主要工作情况如下。

一、大力推进品牌建设，唱响农产品“中国造”

协会把推进品牌农业建设作为转变农业发展方式、发展现代农业和提高农产品质量安全水平及优质率的重要载体，着力增强农产品供给侧对需求变化的适应性和灵活性，提高农产品国际竞争力。

（一）积极建言献策，推进国家实施品牌农业发展战略

十八大以来，党中央、国务院在发展现代农业中高度重视农业品牌建设，习近平总书记、李克强总理多次作出重要指示。2013年11月，习近平总书记在山东考察时提出：“以满足吃得好吃得安全为导向，大力发展优质安全农产品”，12月在中央农村工作会议上强调“要大力培育食品品牌，用品牌保证人们对产品质量的信心”。2014年5月，习近平总书记在河南考察时强调指出，“推动中国制造向中国创造转变、中国速度向中国质量转变、中国产品向中国品牌转变”。实践表明，加快农业品牌建设，是提高农业效益，促进农民增收致富最直接、最有效的途径之一。农业品牌建设已经成为农业农村经济发展的重要推动力，成为新型农业经营主体的核心经营策略，也成为质量安全获得消费者信任的重要保证。

协会进一步强化了实施品牌农业发展战略的研究工作，在广泛调研的基础上，形成了战略研究报告。2015年3月9日，朱保成会长联合5名全国政协委员在全国政协十二届三次会议第二次全体会议上作了《实施品牌战略　发展现代农业》的大会发言，提出了制定农业品牌发展规划、建立扶持保护机制、完善品牌标准体系、探索建立农产品品牌目录制度和推进特色农产品区域品牌建设等5项建议。全国政协十二届三次会议通过的《提案审查情况的报告》中，把“实施品牌战略”列入了科学制定“十三五”规划的建议。在2015年年底全国政协召开的品牌建设座谈会上，协会还应邀作了有关品牌农业发展的汇报。这些工作对促进国家相关支持政策的出台发挥了积极作用，有力地推动了

品牌农业发展战略的实施。

（二）加强国际交流，着力打造国际化品牌推广平台

提高我国农业品牌的国际影响力和竞争力，既要借鉴国际特别是发达国家品牌农业建设的经验，也要推进我国农业品牌“走出去”。协会在系统总结近三年品牌农业推进会、相关论坛和研讨会经验的基础上，继续联合有关单位举办了“2015 品牌农业论坛”。论坛以“品牌与金融”为主题，通过探讨金融促进现代农业和品牌发展的途径，交流利用资本创新品牌培育模式及培育扶持产业化资本经营主体等，使与会代表进一步明晰了品牌农业与金融融合的途径和方向，增强了产业融合、资本助推、创新驱动品牌农业发展的信心。同时，论坛发布了由协会牵头评选的 30 个“最具投资价值的中国农产品区域公用品牌”，有关金融机构和流通企业与品牌农业生产主体进行了有效对接。

为进一步推进品牌农业国际交流，协会联合中国农产品市场协会等 3 家协会于 2015 年 9 月首次举办了“2015 国际农商品牌发展（北京）论坛”。来自 15 个国家、地区以及国际组织的代表和 8 个国家驻华使馆的农业参赞及外交官参加研讨，与会国内外代表近 400 人。朱保成会长作了《推进农商深度融合　提升品牌农业竞争力》的主旨演讲，联合国粮食及农业组织驻华代表、中国品牌建设促进会理事长分别就国际农商联合情况、建立科学评价机制促进品牌经济发展等作了主题演讲。从反响看，虽然这次论坛是首次举办，但成果丰硕，一大批企业与相关机构达成了合作意向，论坛得到国内外媒体广泛关注，50 多家网站和媒体进行跟踪报道，泰国和菲律宾等国家的外文社也对论坛进行了集中宣传。

此外，协会还先后协助中欧国际工商学院举办了以“跨界：开启现代农业的新时代”为主题的“2015 第四届中国国际农商高峰论坛”，协办了“第十届中国云南普洱茶国际博览交易会暨中国（昆明）茶叶咖啡国际博览交易会”。

（三）挖掘品牌价值，组织开展农业品牌价值评价

建立符合我国国情的农业品牌价值评价标准和体系，是农业品牌建设的一项重要任务。在 2014 年牵头起草《品牌价值评价　农产品》国家标准的基础上，协会强化了品牌价值评价研究，向有关部门提交了《农业品牌价值提升工作方案》，组织开展了 2015 年中国农业品牌价值评价工作，向国家质量监督检验检疫总局推荐了 28 个农产品品牌和 5 个创新品牌。12 月 12 日，协会会同有关单位在中央电视台联合举行了“2015 中国品牌价值评价信息发布”活动。这些工作，对提升我国农业品牌价值的公众认可度发挥了积极作用，得到了社会各界的广泛认可。

（四）抓实产品培育，开展优质农产品示范基地认定

质量是品牌农产品的价值核心，培育品牌农产品必须从生产源头抓起。协会先后制定了包括《中国优质农产品示范基地管理暂行办法》在内的一批优质农产品认定实施和管理办法。2015 年，通过严格筛选在会员单位中认定了 22 个“中国优质农产品示范基地”、2 个“优质茶园”和 2 个“优质果园”，通过示范基地的辐射，带动了更多的会员单位规范发展优质品牌农产品。

二、充分发挥桥梁纽带作用，促进优质农产品产销对接

（一）积极搭建产销对接平台

按照“主攻流通、主打品牌”的工作思路，协会把推进“品牌农业中国行”作为提升品牌农业发展理念、推进品牌建设的着力点，积极主办或协办优质特色品牌农产品展销会（推介活动），大力促进优质农产品产销对接。2015 年 2 月上旬，协会与浙江省农业

厅、余姚市政府等单位联合主办了以“健康、精致、生态、高效”为主题的“第六届中国余姚·河姆渡农业博览会暨第三届中国甲鱼节”，展示展销了3 000余种名优农产品；5月，与新华社全媒体、亚洲餐饮联盟联合主办了“发现中国好食材”年度盛典，发布了“中国好食材”优选品牌名录；9月，与农民日报社、成都市政府等联合主办“第五届中国（成都）有机农业峰会”，提出了主动化解生态环境制约、以有机理念引领农业转型升级和可持续发展的意见；9月下旬，会同辽宁盘锦市政府等单位联合主办了以“生态稻米、优质河蟹”为主题的“盘锦大米河蟹（北京）展销会”；10月中旬，与农业部优质农产品开发服务中心等联合主办了“第三届中国茶叶博览会”，展位面积达40 000平方米，博览会对提升我国茶叶品质、推进茶叶标准化生产和品牌化销售发挥了积极作用。同时，协会还与相关单位一起，承办了云南高原特色农业展示推介活动；支持云南省有关方面举办了“第十四届中国普洱茶节及普洱茶产品交易博览会”；支持陕西省有关部门和商洛市政府在京举办“中国核桃之都·陕西商洛核桃推介会”。这些活动极大地拓展了优质农产品销售空间，进一步搞活了农产品流通，提高了会员单位品牌农产品的知名度。

（二）大力拓展产销对接新空间

为实现品牌农产品网上交易与线下展示交易的紧密结合，方便消费者购买农产品，协会在继续健全优质农产品信任系统的基础上，分别与肇庆国际优质农产品交易中心、深圳万国食品交易博览城、上海国际食品城“千县千品”优质农产品展销中心，签署了支持建设优质农产品交易场所的协议，逐步构建了具备现场和远程展示、现货和期货、线上和线下交易功能的优质农产品展示交易平台。

（三）着力培育地方特色品牌

为进一步提升“强农兴邦中国梦·品牌农业中国行”活动的效果，协会在总结近几年“品牌农业中国行”实践经验的基础上，调整活动内容、规范活动程序，把重点放在了专家引导培训、共同探讨特色品牌农产品发展之路方面，并依据所到地区的特色农产品情况，有针对性地筛选专家，着力做好前期的研究探讨工作，指导地方加快培育当地特色品牌农产品。组织专家深入肇庆市有关企业，现场为企业解答发展品牌农产品中遇到的问题，筛选优质农产品示范基地。与湖北恩施市有关方面共同探讨，打造“生态、绿色、有机、富硒”优势农产品品牌的途径，着力提升恩施特色农业产业知名度和市场竞争力。

三、着力推动农业“走出去”，助力“一带一路”发展战略

2015年，协会紧紧围绕国家实施“一带一路”战略，以宣传我国农耕文化，促进品牌农产品国际贸易为重点，积极推动我国与“一带一路”沿线国家的农业交流。在连续两年组团参加德国柏林“国际绿色周”的基础上，2015年继续筛选了国内十几个省（自治区、直辖市）的地方特色农产品和食品，以“丝路·茶语”为主题，组团参加了“第81届柏林国际绿色周”。这次参展进一步宣传了我国农耕文化，强化了与“一带一路”沿线国家的农业交流，对扩大和提升我国特色品牌产品的知名度、弘扬中华文明，推进我国品牌农产品国际贸易发挥了积极作用。参展受到了媒体的广泛关注，新华社、人民日报、人民网等主流媒体分别以《国际绿色周上演“丝路·茶语”》《“丝路·茶语”中国主题展亮相柏林国际绿色周》等为主题进行了专题报道。

为弘扬我国茶文化，推进中俄两国文化及品牌农产品交流，6月中旬，协会与湖北省农业厅、十堰市政府联合主办了以“走万里茶道，品武当道茶”为主题的“中俄‘万

里茶道'走进武当暨首届武当道茶博览会"，对构筑中俄经济合作和文化交流长廊、宣传推介武当道茶文化和系列产品、推进中国名茶挺进俄罗斯发挥了重要作用。

为进一步强化我国与阿拉伯国家的农业合作与交流，在9月中旬举办的中国·阿拉伯国家博览会期间，协会联合宁夏回族自治区政府等单位主办了以"丝路杞韵红动天下"为主题的"中国·阿拉伯国家博览会中国枸杞论坛暨中宁枸杞文化节"，对促进阿拉伯国家更好地了解中国枸杞产业发展情况、提升枸杞产品知名度、助推枸杞进入阿拉伯国家发挥了积极作用。另外，协会5月下旬协助中央党校、中国新闻互联网中心举办了首届"一带一路"文化融合论坛，对"一带一路"文化融合等问题进行了深入探讨。

为增进我国清真产业与阿拉伯等"一带一路"沿线国家的合作交流，促进我国清真产业持续健康发展，协会在充分研讨的基础上，联合宁夏、陕西、甘肃、青海、新疆、云南等省份，成立了清真产业分会，大力推进我国清真产业发展，促进清真产业对外交流。

四、不断创新服务方式，提升服务会员水平

强化"四个服务"特别是面向会员的服务是协会的基本遵循。一年来，协会从打基础、建平台、设基金、强宣传等入手，积极拓展服务领域，创新服务方式，着力加强为会员的服务。

（一）完善优质农产品信任系统，提高面向会员的服务能力

"中国优质农产品信任系统"是协会牵头构建的基于数据分析的农产品信任平台，是以新的理念和技术手段，为农产品可信度、安全性提供评级，为优质农产品生产流通"全过程有效管控"提供信息、技术、推广、营销等支撑服务的系统。该系统在不断完善的基础上，已于2015年在湖北省十堰市武当山珍公司进行试点运行，并对云南普洱市的农产品产销进行了系统架构设计，为促进该系统的推广应用、更好地推进面向会员的服务创造了条件。

（二）创建完善扶持基金，支持会员发展品牌农产品

针对品牌农产品发展中融资难的问题，协会率先建立了农业品牌发展扶持基金。2015年先后支持了中优农科技有限公司、孟连傣王府生物开发有限公司和华闻文化影视部等三个会员单位，用于完善优质农产品信任平台、推进品牌农产品的宣传及发展。同时，协会还与中国农业产业基金共同发起筹备设立优质农产品产业发展基金，支持会员单位会同成都市政府筹备设立健康土壤基金。

（三）强化宣传，为品牌农产品发展创造良好氛围

着力提升《优质农产品》杂志影响力、扩大"品牌农业周刊"报道面、拓展新媒体传播途径、创办《中国品牌农业年鉴》。《优质农产品》杂志自创刊以来，积极宣传我国优质农产品发展政策、传播品牌故事、大力推介我国品牌农产品。2015年期刊新增了"论坛"等6个栏目，影响力不断提升。6月中旬，国家新闻出版广电总局将该杂志列入了"2015年农家书屋重点期刊"。协会还积极协助《农民日报》办好"品牌农业周刊"，加大了品牌农业专题报道力度。协会网站和主管的中国品牌农业网，通过新闻报道、专题展示、品牌推介和微信推送等，报道了与品牌有关的专题活动21场，推介区域品牌185个、企业品牌127个。同时，为展示和宣传我国品牌农业发展情况，协会和中国农业出版社联合创办了《中国品牌农业年鉴》。

同时，协会还相继成立了农产品加工业分会、道地中药材种植加工分会、健康土壤分会和清真产业分会，批复云南省农业厅和中国热带农业科学院联合牵头设立高原特色

农业分会、深圳万国食品城有限公司等单位牵头设立国际食品品牌开发服务分会，以此不断拓展服务领域。这些都为协会做好面向会员的服务工作奠定了基础。

五、努力加强自身建设，不断提高协会工作能力

（一）始终把理论学习放在首位

协会始终坚持把学习领会党和国家治国理政的新理念、新思路、新战略及中央有关政策作为基础性、经常性工作突出出来，认真组织学习习近平总书记系列重要讲话精神和党的“三农”政策，通过举办学习交流座谈会，不断提高政治理论水平和决策执行力，增强做好服务工作的责任感、紧迫感和荣誉感。

（二）认真做好社团组织评估工作

协会积极配合民政部社会组织评估专家组的工作，精心准备汇报材料，安排专人协助专家组进行核查，主动提供相关档案资料和台账，并根据专家组的意见认真整改。经民政部综合评估，协会首次参评即被评为AAAA级社会组织。

（三）不断壮大会员队伍

随着协会各项工作的开展，协会的社会影响力、吸引力不断扩大，农业企业和农民专业合作社等市场主体加入协会的热情不断提高。2015年，协会先后分2批吸纳了288个会员单位。截止到2015年年底，协会共有会员1 172个，其中单位会员1 065个，个人会员107个。

（四）强化制度规程建设

按照社会组织评估专家提出的建议，协会不断加强管理，完善制度。修订《分支机构管理办法》，理顺分支机构设立、管理的有关程序；完善出差审批、日常经费支出审批流程，强化文件登记管理；规范会长办公会、常务理事会和理事会筹备工作，提高会议质量和效果。

（中国优质农产品开发服务协会）

各地品牌农业概况

- 北京市品牌农业发展概况
- 天津市品牌农业发展概况
- 河北省品牌农业发展概况
- 山西省品牌农业发展概况
- 内蒙古自治区品牌农业发展概况
- 辽宁省品牌农业发展概况
- 吉林省品牌农业发展概况
- 黑龙江省品牌农业发展概况
- 上海市品牌农业发展概况
- 江苏省品牌农业发展概况
- 浙江省渔业品牌发展概况
- 安徽省品牌农业发展概况
- 福建省品牌农业发展概况
- 江西省品牌农业发展概况
- 山东省品牌农业发展概况
- 河南省品牌农业发展概况
- 湖北省品牌农业发展概况
- 湖南省品牌农业发展概况
- 广东省品牌农业发展概况
- 广西壮族自治区品牌农业发展概况
- 海南省品牌农业发展概况
- 重庆市品牌农业发展概况
- 四川省品牌农业发展概况
- 贵州省品牌农业发展概况
- 云南省品牌农业发展概况
- 西藏自治区品牌农业发展概况
- 陕西省品牌农业发展概况
- 甘肃省品牌农业发展概况
- 青海省品牌农牧业发展概况
- 宁夏回族自治区品牌农业发展概况
- 大连市品牌农业发展概况
- 青岛市品牌农业发展概况

北京市品牌农业发展概况

【基本情况】 按照农业部和北京市政府的总体部署安排，北京农业按照高端定位、融合发展、服务城市的发展方向，不断扩展农业的功能和实现形式，提高都市型现代农业的影响力和国际化水平，加大农业品牌培育力度，促进区域公共品牌建设。

【发展情况】 自北京农业品牌建设化发展以来，北京农业品牌经过重点打造、营销推广、品牌维护等实施工作已有显著成效。2015 年全市累计拥有首农集团、顺鑫控股等农业产业化国家重点龙头企业 39 家。大兴农业等区域性公共品牌 10 多个；鑫城缘草莓等 4 个农产品被评为农业部全国百家合作社百个农产品品牌；绿山谷芽苗菜等 11 个农产品被评为第十三届中国国际农产品交易会金奖产品；昌平苹果等 16 个农产品被评为全国名特优新农产品；拥有“优农佳品”网络平台 1 个，建立了全国农业精品馆北京馆等多个展示销售点，开展线上线下同步展卖。

【构建思路】 北京农业已经进入品牌发展阶段，必须增强首都农业的应急保障、生态休闲、科技示范等功能，打造北京“安全农业”品牌，着力提升农业现代化发展水平。

一是坚持“安全”农业理念，做好农业品牌的提升和维护。北京市在加大营销推介力度，提高市场影响力；强化监督管理，依法保护品牌，维护品牌的质量、信誉和形象等方面下足功夫。正确引导和推动本地农业资源的整合、特色农业的发掘和培育、区域品牌的形成和推介、农业品牌的提升和维护等。妥善处理好政府推动、市场引导和农民主体的关系，切实以解决农业特色资源、产业龙头、农业品牌的内生关系为工作重点。截止到 2015 年年底，全市获得“三品一标”认证产品总计4 123个。有机认证企业 114 家，产品1 110个，年产量 5.2 万吨；绿色认证企业 65 家，产品 292 个，分别比“十一五”末增长 11.3%、51.3%；无公害认证企业1 101家、产品2 710个，年产量 139 万吨，分别比“十一五”末增长 80.8%、90.7%、7.5%，拥有“昌平苹果”“平谷大桃”等 20 个国家地理标志产品。

二是着眼科学化发展战略，建立农业品牌发展长效机制。全市坚持在特色资源基础上建立农业品牌，科技支撑和产业化形成为着重点，加速构建农业科技创新体系，通过政策和技术引导，提高农业科技的推广应用程度，建立健全新型农业技术推广体系，促进农业生产标准化、经营产业化、产品市场化和服务社会化的形成，以现代经营形式支撑起产业组织体系。

三是创建品牌宣传网站及 APP，引导和规范品牌化发展。北京市根据自身特点，拥有众多企业品牌、产品品牌和自主创新品牌。为整合品牌资源，由北京市农业局牵头组织创建了“优农佳品”产销综合服务管理平台，借此平台，积极推介并培育北京市农业品牌，充分发挥项目、龙头企业和强势品牌带动作用，引导品牌健康发展，面向全国展示北京市农业品牌。并于京东商城建立北京馆，宣传北京品牌农产品。

四是推广全国名特优新农产品品牌，带动郊区品牌建设。全市积极联合金泰集团、金色榜样公司、北青新媒体等大型集团企业开展系统化、专业化、品牌化，名为“北京农业在社区”的农业进社区主题活动，活动以品牌农产品推介为核心，积极向市民推介品牌农产品，并带动各郊区农业企业、电商企业开展品牌宣传工作，在区域公共品牌、地理标志产品逐渐成熟的基础上，进一步强化影响力，推动品牌化农业快速发展。

五是注重通过文化营销，有效提升农业品牌内在价值。文化营销就是在农产品中注入文化的内涵，从而使产品区别于竞争对手的产品，提高其品牌价值。北京市深入挖掘文化营销模式、农业产业文化资源特点与消费者需求趋势，依托各地特色产品历史悠久、源远流长的文化底蕴，塑造农产品品牌的个性特色，丰富品牌的文化内涵，提升品牌价值。

六是充分利用精品展示点，常年展示农业品牌。北京市由农业局牵头在全国优质农产品精品馆开辟北京馆，重点用于面向全国展示北京品牌农产品，并于各类产销工作中，逐步强化品牌展示点存在价值，2015 年，新增进驻品牌农产品 30 种，大大提升了品牌推广工作。多个区和品牌企业建立了类似的展示销售平台，利用“互联网+”模式开展营销活动。

【典型区案例】 一是大兴区品牌创建案例简析。近年来，大兴区转变农业经营理念，积极整合区内农业资源，结合自身产业优势，成功地将工业企业管理与市场营销的理念引入农业发展，创立培育了“大兴农业”区域品牌，在多年的专业化发展过程中，逐步凸显了农业产业的特色与优势，大兴西瓜、大兴梨、大兴甘薯等已享有较高的市场知名度，不仅为区域品牌的形成奠定了基础，还为农产品销售建立了一个区域性形象平台，扩大了区域影响，创造了市场需求，树立了消费者信心。

通过“大兴农业”品牌的总体格局规划建设，大兴区形成了与本地资源和功能相适应的规模化、区域化产业集群和一批优质品牌主导产业带。如“榆垡农业” “留民营”“黎明益农”和“永定河”等蔬菜品牌，“宋宝森”“乐平”“汉良”等西瓜品牌，“庞御园”甘薯品牌，“龙河畔”“御丰果业”“惠家佳”和“圣泽林庄园”等精品梨品牌，“京采”葡萄品牌，“安定”桑葚品牌，金把黄鸭梨品牌等。还培育了一批有代表性的农产品加工企业，如桑葚产业的“珑桑”、酱菜加工的“聚福”、肉牛业的“福仁”和鸭业的“大营宏光”。庞各庄镇、安定镇和魏善庄镇分别誉为“中国西瓜之乡”“中国桑葚之乡”“中国梨乡”。

二是顺义区品牌创建案例简析。为加快区域经济发展、提高区域竞争力，顺义区开始实施品牌战略，并以食品、饮料为重点发展目标。品牌是一家企业最持久的竞争力，顺义区经过了 30 年的发展，从 1980 年的燕京啤酒诞生开始，“汇源”“牛栏山”“牵手”和“天福号”等系列本土品牌纷纷诞生，培育了一批国内外响当当的名牌产品。截止到 2015 年，顺义品牌总量位居北京市远郊区第一位，全区有 5 个中国名牌产品和 15 个北京市名牌产品，有中国驰名商标 12 件和北京著名商标 34 件。目前较为著名的品牌有“汇源”“金路易”“鹏程”“北郎中”“顺鑫农业”“大三环”“牛栏山”“恒慧通”等。以打造“品牌经济、活力顺义”为目标围绕“环境吸引品牌、政策扶育品牌、市场推进品牌”的发展思路，积极制定品牌发展政策，大力扶持品牌企业发展。

三是昌平区品牌创建典型简析。近年来，昌平区的农业产业发展迅速，标准化农业基地示范作用进一步增强，农民增收不断提升。全区按照“标准化管理、提质增效、适度扩大规模”的农业产业发展总要求，农业产业结构和优化升级扎实推进，初步形成了覆盖全区、特色鲜明、以“一花三果”为主导的都市型现代农业布局和产业集群。建成了苹果、草莓等 5 个国家级农业标准化示范区和 117 个农业标准化生产基地。并以此为基础发展打造了一系列知名农产品品牌和知名企业。昌平区地理位置优越，为打造精品农业、生态农业、观光农业、特色农业提供了良好的发展空间。著名品牌有“昌平‘静香’百合花”“昌平草莓”“昌平苹果”“昌平柿子”等，更有“天翼生物”“天润园”“阿卡农庄”等著名企业。为促进品牌农业建设，开展苹果文化节、草莓大会、农业嘉年华等著名展会。

【成效经验】 为认真贯彻落实北京市“221行动计划”，转变农业经营理念，北京市积极整合各区农业资源，结合自身产业优势，成功地将工业企业管理与市场营销理念引入农业发展，创立培育了众多品牌。同时，从大力培育优势农业市场流通主体，建立多层次市场营销体系，开辟网络营销新渠道，推进农产品流通体系的建设，积极探求“互联网+”的营销模式，开辟渠道、创新途径，有效地提升了北京农业的品牌影响力，树立了良好的区域品牌形象，取得了较好的经济和社会效益。这其中包含了众多因素与经验，尤为突出的是以下几点：

一是会展发展对北京农业品牌有着重要促进作用。世界种子大会、葡萄大会、月季洲际大会、世界园艺博览会、国际食用菌大会、第九届中国（北京）国际园林博览会相继落户北京，持续参与中国国际农产品交易会、全国优质农产品（北京）展销周、全国果品交易会等，坚持开展北京农业嘉年华、北京农业在社区等会展活动，以及承办即将开幕的第六届国际生态农业大会。可以说，会展行业的兴起对北京农业品牌的建设与推广起着至关重要的作用。

二是结合自身特点发展沟域经济。沟域经济发展迅速，重点打造以“白河湾——天河川——百里画廊”沟域环线和古北水镇、斋堂古镇“一环两镇”为主体的沟域集群，形成了一批重点品牌沟域。持续开展休闲农业与乡村旅游示范乡镇，星级园区创建活动也成效显著，成为了品牌打造与创建的基础。

三是针对具体问题转变发展方式。北京市一直非常重视农产品商标的注册。但一些地方和企业对农业品牌的概念理解偏颇，对农业品牌缺乏系统的认识，大多仅停留在较初级的商标注册和商标保护层面，致使绝大多数商标缺乏地域特点和个人诉求，在很大程度上导致了“一种特色农产品，多个注册商标”的分散局面和恶性竞争局面，从而导致重复性竞争或者准入标准不健全，甚至出现了良莠不齐、假冒泛滥的现象，也影响了消费者的信息。为了解决农产品品牌多而杂、产销环节标准不统一导致农产品市场竞争力分散，规模效应得不到体现，地区特色被削弱，形不成整体优势的问题，北京市政府积极创立具有区域特点与产品形象融合的农业品牌，创造性地将区域经济的整合与农业产品品质的提升工作融为一体。例如：“大兴农业”在多年的专业化发展过程中，逐步凸显农业产业的特色和优势，大兴西瓜、大兴梨和大兴甘薯等已经享有较高的市场知名度，为区域名牌的形成奠定了产业基础。由此可见，针对自身特点适时转变发展方式成为了北京农业品牌创建的关键。

【工作思路与政策建议】 农业品牌建设是一项系统工程，涉及生产、研发和营销等多个环节，加强农产品品牌建设，必须合理定位品牌、树立品牌形象、调整品牌结构、弘扬品牌文化。

一是要强化领导，转变观念。增强品牌创建意识要通过多种途径、采取多种形式切实转变干部群众的思想观念，树立品牌就是无形的资产，大力开展树品牌创品牌活动，增强品牌创建意识，并成立农业品牌建设协调工作机构，专门研究指导和协调农产品品牌建设问题。

二是要健全机制，打牢基础。龙头企业是农产品品牌经营的主体和核心，要培育、扶持有较强开发加工能力和市场拓展能力的龙头企业，以龙头带动农业品牌建设基础。另一方面建立健全品牌申报工作机制，加强农业品牌工作的管理与指导，对品牌建设业绩突出的单位和个人提出表彰。

三是要规范标准，落实战略。用标准和绿色提升北京农业品牌影响力，实行标准化生产，提高农产品质量是打造农业区域品牌、提高竞争力的重要基础，切实搞好与农产品质量安全相关的产地环境、生产技术规范、产品质量与安全包装标准与生产过程的多环节有机衔接。用绿色提高北京农业品牌的影响力，大力发展绿色有机无公害发展战略，创建和宣传绿色品牌，提高消费者购买信心。

四是要依托平台，大力宣传。利用广告、传媒手段进行北京市农产品区域品牌打造。整合营销传播，掌握品牌营销技巧，细分市场定位，明确市场目标，有目的地开展一系列的推广活动，参与各种区域品牌推介会，动员农产品生产企业以整体形象参加各种品牌推广会，搭建招商洽谈、展示平台，采取“请进来、走出去”的办法，认真组织、参加、积极利用各类“节、会”推广品牌形象。

五是要正确引导，重点扶持。农业品牌化工作需要政府各部门的支持和帮助。坚持科学发展观，以企业和农村合作经济组织为主体，以推广无公害、绿色、有机农产品生产标准和加强质量监督检测为着力点，通过政府政策引导和资金扶持，培育发展一批农业知名品牌，壮大主导产业规模，逐步实现农业的专业化布局、规模化生产、产业化经营和企业化管理，有效提升农业产业层次，促进农业增效、农民增收和农村经济发展，推进农村建设进程。

政府要在尊重市场规律的前提下，实行向农业品牌倾斜的政策。要以“依托特色产业，培育名牌产品，明确区域定位，作响区域品牌，抓好质量工程，维护区域形象”为思路，共同打造区域品牌，促使区域企业关注品牌，政府应该对质量好、规模大、实力强和市场前景广阔的农业品牌实行多种优惠政策。

【大事记】

1. 2015 年 11 月，“鑫城缘”草莓等 4 个品牌被评为农业部全国百家合作社百个农产品品牌。

2. 2015 年 11 月，“绿山谷”芽苗菜等 11 个产品被评为第十三届中国国际农产品交易会金奖产品。

3. 2015 年 12 月，昌平草莓等 16 个产品被评为全国名特优新农产品。

【突出单位】 德青源集团成立于 2000 年，总部设立在北京，是以蛋品为核心，产业链上下游涵盖种禽和生物质能源的大型产业化集团。集团在中国设立多个养殖基地，集祖代、父母代、商品代蛋鸡养殖为一体，在养殖过程中实现农业废弃物资源化利用，创立了可持续发展的生态农业模式，建立了全球领先的循环经济标准，引领农业产业化，持续为消费者提供高品质的生态食品和清洁能源。德青源集团一直坚守“让更多人享受安全，享受健康”的企业使命，十六年如一日为消费者提供安全、营养的健康食品。是“中国最受消费者喜爱的十大禽蛋品牌和中国最受消费者尊敬的禽蛋企业”。

（北京市优质农产品产销服务站）

天津市品牌农业发展概况

【基本情况】 近年来，天津市高度重视品牌农业建设，以李克强总理“大力发展绿色农业、特色农业和品牌农业”重要指示精神为指引，以“绿色、精品、特色”为主题，大力推进天津品牌农业建设，加速现代都市型农业转型升级，带动农业增效、农民增收。

（一）市政府高度重视品牌农业建设

2015 年天津市政府安排部署“农业名牌产品电子商务发展”专题调研，在全市范围内统计调查农产品品牌发展情况，根据调研情况，撰写了《天津市农业品牌产品发展调研报告》。

（二）品牌农业质量安全基础牢固

质量安全是发展品牌农业的基础，截止到 2015 年，天津市有 1 245 个农产品获得了农业部无公害农产品全国统一认证，近 200 个产品获得绿色和有机认证，47 家涉农生产企业和农民专业合作社获得了市政府颁发的优质农产品金农奖，为天津市大力发展品牌农业奠定了坚实的基础。

（三）经营主体品牌意识进一步加强

据调查，全市共有186个农产品通过工商总局的商标注册或农业部或质检总局的认证，在整个调查样本中，商标注册和认证率达到86.51%，其中有25种产品已通过农业部或质检总局认定为地理标志产品或地理标志保护产品。反映出天津市农产品经营主体对品牌化认识水平的提高，以及实施品牌战略的热情。

【工作思路】

（一）指导思想

以推进天津市农业供给侧结构性改革为引领，按照京津冀协同发展战略和现代都市型农业发展定位，围绕建设京津冀都市圈绿色、高档、特色菜篮子产品供给区，农业高新技术产业示范区，农产品物流中心区“三区”目标，充分发挥农业设施化、工厂化、全天候生产优势，以优质特色农产品为基础，内强品质、外树形象，打造一大批全国知名的优质农产品品牌，加速现代都市型农业转型升级，努力打造以品牌价值为核心的新型农业，带动农民收入水平持续增长，服务城市能力不断增强，现代都市型农业质量效率与持续竞争能力显著提升。

（二）基本原则

1. 坚持市场导向。立足京津冀都市圈绿色、高档、特色菜篮子消费需求，面向国内外精品农产品市场，进行有效的农业品牌定位、形象塑造和传播，大力提高天津市农业品牌的影响力和竞争力，创建和培育具有天津特色的农业品牌形象。

2. 坚持企业主体。把农业龙头企业、农民合作社、家庭农场等新型农业经营主体的发展，作为推进农业品牌化建设的内生动力，通过品牌建设与培育、质量管理、营销推广以及自我管理，努力打造以品牌价值为核心的新型现代都市型农业。

3. 坚持政府引导。加强政策体系建设，完善农业品牌发展的金融和财政扶持政策。加强品牌的监督与管理，依法保护品牌主体的合法权益，严厉打击侵犯知名农业品牌知识产权违法行为。加强商标注册、使用和保护情况的跟踪研究，逐步建立起海内外商标纠纷预警和危机管理工作办法。加强品牌营销与宣传平台建设，扩大农业品牌的知名度和认知度。

4. 坚持协同发展。构建“政府引导、专家指导、企业主体、协会统筹、社会参与”的农业品牌建设机制，充分发挥政府的推动作用、企业的主体作用、协会的统筹作用、专家的指导作用和社会的参与作用，保障农业品牌化健康可持续发展。

（三）目标任务

1. 形成“区域公用品牌＋企业品牌”的农业品牌体系。力争到2020年每个涉农区县形成有竞争力的区域公用品牌2～3个，全市培育知名区域公用品牌达到20个，培育一批以蔬菜、瓜果、畜禽产品、粮食作物、水产品、食用菌、花卉、苗木、坚果九大农业主导产业为主的企业品牌，形成较完善的天津农业品牌体系。

2. 建立动态的农业品牌信息服务与管理平台。通过自建平台，对天津农业品牌进行网上展示、信息查询、产品推广、标准示范、网上营销、信息检索与处理，为企业和政府部门提供对农业品牌的审核、检索、汇集等服务与管理的平台。使天津农业品牌实现社会监督、动态管理。

3. 建立农业品牌化的预警与保护机制。加强农业品牌的商标注册、使用和保护情况的跟踪研究，逐步建立起海内外商标纠纷预警和危机管理工作办法。加强对知名农业品牌商标、专利等知识产权的保护，严厉打击侵犯知名农业品牌知识产权违法行为，形成品牌发展的保护机制。

【工作举措】

（一）狠抓质量监管，保障品牌农业安全

完善监管机制，建立食用农产品质量安全全程监管合作协议，构建了绩效考核指标体系，把农产品质量安全纳入区县、乡镇政府绩效考核范围，工作责任层层落实。加大检测和执法监督力度，实现重点农产品生产基地、农业企业、专业合作社、种养大户全覆盖。每年开展春秋两季和夏季百日治理行动，形成了对源头的常态化监管。农产品综合抽检合格率稳定在 99.4%以上。实施“放心农产品”基地建设，建成“放心菜”生产基地 42.6 万亩（1 亩＝1/15 公顷），提升改造“放心肉鸡”生产基地 204 个，无公害蔬菜、畜禽和水产品比例分别达到 90%、78%和 65%以上，从源头上把住了品牌农业的质量安全关。

（二）加大科技投入，提升品牌农业品质

先后实施设施农业“4412”工程和提升工程，建成了 60 万亩高标准设施农业、22 个现代农业园区、155 个畜牧、水产养殖园区；提升改造 15.4 万亩种植业设施、89 个养殖园区。90%以上的蔬菜生产、80%的畜牧业生产以及 60%以上的水产品生产都被纳入标准化覆盖范围。现代种业、生物农业等高新技术产业加快发展，形成了杂交粳稻、黄瓜、花椰菜、生猪、肉羊等优势品种。其中，宁河区、北辰区的蔬菜、奶牛、河蟹、生猪育种达到国内领先水平，从而在整体上提升了天津市品牌农产品的品质。

（三）培育经营主体，壮大品牌农业载体

组织实施了加大农产品加工业建设的“6211”提升计划（即用三年时间，重点围绕粮油、肉类、奶制品、水产品、果蔬和调味品 6 大产业，培育发展 20 家农产品精深加工领军企业，提升 100 家农业产业化龙头企业经营水平，发展 100 个“一村一品”特色产业村）。大力发展农业新型经营主体，农民合作社达到8 800多家、家庭农场达到2 600多个，进入产业化体系的农户比例达到 90%以上。各类农产品生产经营主体的不断壮大，为品牌农业的发展提供了强有力的载体和不竭的发展动力。

（四）搭建推介平台，扩大品牌农业影响

组织开展系列农产品电商“网农对接”活动，编印《农产品电子商务“网农对接”实用手册》，通过电商平台扩大品牌农产品的知名度，带动销售。组织优质、特色农产品品牌参加中国国际农产品交易会等国内外知名展会，利用展会平台，提高品牌知名度，扩大品牌市场占有率。通过参加历届农交会，全市累计 48 种品牌农产品获得“中国国际农产品交易会参展产品金奖”称号，树立起了良好的农产品品牌形象。

【工作成效】

（一）通过品牌农业建设，提升农业形象

在天津市农产品品牌创建和发展中，涌现出了如沙窝萝卜、茶淀葡萄、大港冬枣、宝坻三辣、小站稻、奥群种羊、津优系列黄瓜良种、丰牌系列蔬菜良种等一大批质量过硬、品牌叫得响、市场占有率高的知名品牌农产品，这些代表天津的农业品牌不但为品牌的拥有者带来了效益，而且进一步树立了天津优质、高档、精品的整体农业形象。

（二）通过品牌农业建设，增强品牌意识

随着农业供给侧结构性改革大幕的拉开，越来越多的农产品生产经营主体意识到了品牌建设的重要意义，认识到品牌化是价值提升的过程，是无形资产，其核心在于能够建立稳定的消费群体、形成稳定的市场份额。目前，由全市众多优质品牌农产品生产经营企业联合电子商务企业共同发起，正在筹建的“天津市农业电子商务协会”，反映了企业利用现代化营销、流通手段培育农业品牌的共识和热情。

（三）通过品牌农业建设，实现农业增效

在农产品消费观趋向于注重品质、追求个性、崇尚健康的今天，品牌的内涵决定了生产经营品牌农产品不仅可以占领更多的市场份额，而且还可以实现优质优价，从而增加农业产出效益。例如，天津市绿翅工贸有限公司的肉鸡产品由于通过了绿色食品认证，在参加农交会的过程中，吸引了6家肉鸡销售商的注意，最终达成销售协议和意向共计4 130吨，价值5 162.5万元，为企业带来了可观的经济效益。

（四）通过品牌农业建设，带动农民增收

农民专业合作社在生产经营过程中，通过创建、培育自己的农产品品牌，逐渐被市场认可，被消费者认知，知名度不断提升，市场竞争力不断加强，生产规模不断扩大，经济效益显著提高，带动更多农民增收。例如，天津市曙光沙窝萝卜专业合作社，围绕沙窝萝卜进行积极探索，不断做优做强农业品牌，将原来几毛钱一斤（1斤=0.5千克）的萝卜，卖到了几块钱、几十块钱一斤，带领广大社员实现增收致富。

（天津市农村工作委员会）

河北省品牌农业发展概况

【基本情况】 近年来，河北省坚持把农业品牌建设作为提高农业质量效益和市场竞争力的重要抓手，大力支持龙头企业创建知名品牌，不断强化“三品一标”认证，积极通过各种媒体、会展等方式，加大宣传推介力度，扩大品牌影响力，全省农业品牌建设取得了初步成效。品牌数量稳步增加。截止到2015年，全省农产品商标总数达到5.4万个，约占全省注册商标总量的22.4%。涉农中国驰名商标60个，河北省著名商标781个。“三品一标”产品2 543个，其中，无公害农产品1 607个，绿色食品803个，有机农产品109个，农产品地理标志24个。品牌实力不断提升。形成了“君乐宝”“五得利”“今麦郎”“养元”等一批全国性行业领军企业品牌，有力带动了企业壮大和产业发展。五得利集团已发展成为世界最大的面粉生产企业，君乐宝乳业成为全球第一家通过欧盟BRC食品安全全球标准A+顶级认证的婴幼儿奶粉企业，今麦郎方便面产能位居世界前三强。品牌领域逐步拓宽。农业品牌正由传统的农产品生产、加工向休闲农业和乡村旅游领域拓展，推动了农村一二三产融合发展。河北省培育打造了一批精品休闲农业线路品牌，有28条入选农业部精品线路。已形成“春赏花、夏看绿、秋品果、冬摘菜”的休闲农业发展新格局。

但总体上看，河北省农业品牌建设仍处于培育提升阶段，与农业供给侧结构性改革和农业转型升级的要求相比，还存在着较大差距。突出表现在三个方面：一是产品资源丰富，品牌发展滞后。2015年河北省蔬菜总产量居全国第2位，禽蛋、牛奶居第3位，肉类居第5位，是北京农产品重要供应基地，蔬菜、猪肉、牛肉、羊肉、鸡肉在北京市场占有率分别达到55%、23.8%、81.6%、50.8%、50%。但根据市场调查，供北京农产品拥有自有商标的仅占20%，其他均为无商标或贴外省商标。二是品牌资源丰富，名牌相对较少。在河北省全部农产品注册商标中，省级著名商标仅占1.4%，中国驰名商标仅占0.11%，“三品一标”产品数仅为山东的1/3。特别是在市场影响力方面，与山东、河南、浙江等先进省份相比，还缺少像“鲁花”“双汇”“娃哈哈”等在全国家喻户晓、妇孺皆知的实力名牌。三是企业品牌突显，整体品牌较弱。从全国范围来看，农业品牌建设方向正由品牌主体“单兵作战”向整体设计转变，突出地域特色，组团推介发展的趋势明显，像新疆大枣、寿光蔬菜等都已经成为在全国认知程度很高的区域性品牌。相对而言，河北省在区域品牌整体塑造方面行动滞后、力度不够。

【工作安排】 河北省将以“燕赵忠义地，放心农产品”为主题，以“实施品牌创建战略，打造国内外知名农业品牌，全面提升河北省农产品市场竞争力、品牌影响力和产品美誉度”为主线，重点抓好以下六项工作。

（一）全力打造河北农业整体品牌形象

聘请知名品牌团队，结合河北省资源禀赋、产业基础、历史传承、文化底蕴，设计河北农业整体品牌形象。明确宣传标语，拍摄河北农业品牌宣传片，整体包装，分步推广。

（二）着力培育河北优势农业品牌

按照自主申报、政府引导、媒体介入、公众参与、专家评审的方式，组织开展系列评选活动。围绕蔬菜、米面、杂粮、薯类、果品、禽蛋、肉类、鱼类、食用菌、中药材等优势产业，重点培育推出十大系列区域公用品牌和1 000个名优旅游农产品。以市场竞争力、品牌影响力和产品美誉度为主要指标，培育评选出十大农产品企业品牌。结合美丽乡村建设和特色小镇打造，培育评选出十大精品休闲农业线路品牌。

（三）借智推动河北农业品牌上档升级

积极与中国人民大学、浙江大学等农业品牌研究机构开展合作，组建河北省农业品牌专家顾问团，做好河北农业品牌顶层设计、发展规划、政策咨询等。建立《河北省农业品牌目录》制度，建立河北省农业品牌数据库，把具有一定影响力的农业品牌统一入库，实行动态管理。通过市场调查、专题调研等方式，对河北省农业品牌建设进行研究，形成《河北省农业品牌建议白皮书》，2015 年年底召开发布会。组织对全省农业品牌系统人员、各类品牌主体，进行品牌培育、建设和推介等方面的培训。

（四）努力夯实河北农业品牌质量

抓好农业品牌建设“第一车间”。结合优势农产品区域规划，重点抓好杂粮、果品、蔬菜、畜产品、水产品、薯类和中药材等生态、优质、安全农产品标准化生产基地的建设。推进农产品质量安全示范县创建工作，督促建好 4 个国家农产品质量安全县、30 个省级农产品质量安全示范县。加快农产品质量安全监管平台建设，网上实现农业投入品监管、检验检测、“三品一标”认证、农产品质量安全监管、农产品质量安全信息发布等功能。大力发展无公害、绿色、有机农产品和地理标志产品的认证工作。

（五）强力宣传推介河北农业品牌

构筑河北省农业品牌宣传网络，高层次、多渠道加大河北农业品牌的宣传推介力度。在中央电视台、人民日报、新华网等中央媒体，新浪、搜狐、百度等门户网站，人民网客户端、新华网微信公众号等新媒体，高密度投放河北农业品牌宣传广告。在河北日报、河北广播电视台、河北新闻网等省内新闻媒体，通过播放河北农业品牌公益宣传片、河北农业品牌故事等软性广告形式，集中宣传。通过微信、微博等新媒体推广和自媒体创建形式，以及与阿里巴巴、苏宁易购等公司合作利用“互联网＋”模式宣传推介河北农业品牌。通过参加 D20 奶业峰会、河北（廊坊）农产品交易会、国际农交会等大型展会平台，加强宣传推介。通过在北京、上海、广州等一线城市举办专场推介活动等方式，扩大河北农业品牌的知名度和影响力。

（六）加快构建河北品牌农产品营销体系

坚持统一规划、统一形象、统一推介，在北京、天津、广州、上海等地区进行集展示、销售、电商和品牌宣传为一体的河北品牌农业展示展销活动，打造河北农产品对外宣传推介窗口。加强与阿里巴巴、京东等知名电商的战略合作，整合现有线上营销网络，筹建河北品牌农业网上商城，尽快实现河北主要农业品牌的网上销售全覆盖。

（河北省农业厅品牌办公室）

山西省品牌农业发展概况

【基本情况】 山西是中华农耕文明的重要发祥地之一，历史文化积淀深厚，生态环境独特，技艺传承有序。农产品品牌是山西重要的农业遗产，具有历史性、乡土性和精品性三大特征，内涵十分丰富。

山西农产品品牌历史悠久、文化璀璨。大多是100年以上的品牌，其中晋祠大米、平顺潞党参、右玉羊肉、榆社洋槐蜜等品牌都有1 000年以上的历史。这些品牌传承有序，记载明确，很多还伴有美丽的民间传说，有的还是皇家贡品。

山西农产品品牌乡土韵味浓厚。从产业结构上看，主要集中在小米、大枣、核桃、苹果、小杂粮、羊肉等传统产品，也是黄土高原农业的特色产品。从经营主体来看，经营者主要是农民专业合作社和土生土长的本地企业，对这些乡土特产的生产技术最为熟悉。从销售格局看，主要依赖本地市场，以山西省内销售为主，以省外销售为辅。

山西农产品品牌精品集中，特色显著。山西表里山河的独特自然环境，农牧交错的生产方式，造就了农产品鲜明的外在感官和内在品质特色。这些产品少有大宗农产品，产量不大，却是同类产品中的佼佼者。

【主要工作】 山西省农产品品牌是一块块的金字招牌，如何管理好、运用好这些品牌，实现品牌收益最大化，尚需进行科学设计和统筹安排。为此，山西省2015年主要做了以下几方面工作：

（一）实施农产品品牌方略，确立纲领性地位

农产品品牌覆盖产业广，优势特色产业多，牵涉农户、合作社和农业企业多，实施农产品品牌方略，确立农产品品牌在强农富农、农业结构调整中的纲领性地位，是山西省农业农村经济社会跨越发展的现实需求，也是国外相关国家的历史经验总结。

（二）加强农产品品牌知识产权保护

在产品登记、证后监管、品牌宣传、国际合作等方面予以加强，充分发挥行业协会、龙头企业、农民专业合作组织等主体作用，积极引导公众参与、形成共治格局。推动出台品牌保护条例或联合认定制度，进一步细化落实地方配套政策，从法律法规、政策扶持、体系建设、技术支撑等方面提出强有力的支持手段。

（三）实施农产品品牌三大战略，科学规划运行

山西省紧紧围绕山西农产品品牌历史、乡土、精品三大特征，突出文化品位、乡土情怀、安全营养三大核心价值，积极推进“乡土战略”“精品战略”和“走出去战略”。三大战略的实施紧紧按照品牌创建和运行的规律，科学的进行诊断、规划、创建、运行、维护工作。

（四）建立健全各种扶持政策，确保项目落实到位

在山西省各级政府原有间接扶持为主的基础上，推出更多的直接扶持政策，大力推进主体扶持、生产扶持、市场推广扶持的全覆盖，依靠项目落实。项目运行明确证书持有人和标志使用人的主体地位，实行申报制，配套使用项目资金。有关部门积极维护市场秩序，打击各种不正当竞争行为，为农产品品牌提供强有力的保护。

（五）进行农产品品牌价值评估，提高品牌价值认识

连续三年对农产品进行品牌价值评估。分别与中国农业科学院农业知识产权研究中心、浙江大学CARD中国农业品牌研究中心合作，对山西省吉县苹果、寿阳小米、大宁西瓜、古县核桃、右玉羊肉等30个产品，在品牌主体、市场潜力、消费认可、发展前景等方面进行综合价值评估。通过这项工作进一步扩大山西省地理标志农产品的知名度和影响力。

（六）加强农产品地理标志宣传，扩大品牌影响力

一方面，开展专题活动宣传。利用报纸、电视、广播、网络等大众媒体，广泛开展农

产品品牌宣传，扩大社会认知度。另一方面，进行了展示展销宣传。利用组织举办或参加国内外各种类型展会的机会，扩大山西农产品地理标志的知名度和影响力，比如中国农产品交易会、中国贸易投资博览会、中国（山西）特色农产品交易博览会，等等。在这些展会上，都要求获证的农产品生产经营者参加，并设专门展销平台。深入而广泛地宣传，扩大了山西农产品品牌的知名度和社会影响力，在社会上引起了强烈的反响，得到了社会各界的普遍关注。

（山西省名优产品开发中心）

内蒙古自治区品牌农业发展概况

【基本情况】 近年来，随着内蒙古绿色农畜产品生产加工输出基地工作的不断深入开展，内蒙古农畜产品品牌创建工作取得一定成效。具体方法是落实内蒙古自治区《关于加快推进品牌农牧业发展的意见》，加大对龙头企业技术创新、产品研发、品牌建设和推广的扶持力度；加大农牧业品牌宣传力度，提升内蒙古龙头企业和农畜产品的品牌知名度和影响力；对获得中国驰名商标、内蒙古著名商标等称号的企业，采取以奖代补的方式给予奖励。通过开展以上工作，内蒙古中国驰名商标、地理标志商标、国家地理标志保护产品、“三品一标”认定农畜产品及自治区著名商标等认定数量逐年增加，优质的农畜产品为推进农牧业品牌化建设奠定了基础。

【主要工作措施】 内蒙古农牧业在推进品牌建设上，虽然做了许多工作，也取得了一些成绩。但是，起步较晚，还有很长的路要走。为进一步做好品牌农牧业建设工作，更好地展示和宣传内蒙古的农畜产品，扩大内蒙古农畜产品的知名度和影响力，重点从以下几方面抓好品牌农牧业工作：

（一）制定展规划，促进农畜产品生产区域化布局

要加强品牌农牧业统筹规划，有一个发展规划和生产区域化布局，对不同目标市场、生产区域、经济条件和发展阶段的农畜产品品牌，确定不同层次发展目标，打造各具特色的规模化品牌农牧业基地和优势产业带。

（二）加强农牧业基础设施建设，营造良好产地环境

大力实施耕地质量提升工程，开展农牧业清洁生产技术示范，推广测土配方、安全用药、旱作节水等适用技术；积极开展产地环境质量认证，全面改善农牧业生产环境，促进品牌农牧业可持续发展。

（三）强化农牧业标准化和园区化建设，夯实品牌农牧业基础

以农牧业产业化重点龙头企业和农牧民合作社为主体，以标准化种植基地、畜禽标准化养殖基地为重点，开展农牧业产业化示范园区创建活动。

（四）强化农畜产品质量安全体系建设，确保农畜产品质量安全

建立健全产地环境管理、生产过程管控、产品准入准出等制度，严格证前审核把关和证后监管，稳步发展无公害农产品、绿色食品、有机农产品和地理标志农产品。推行生产全程监控和质量安全追溯，健全农牧业投入品质量监测制度，推进农畜产品质量安全检验检测和追溯体系建设。

（五）实施科技兴农工程，提升品牌农牧业科技含量

建立新品种引进、实验、示范基地和规模化、集约化、工厂化种苗繁育基地，以设施农牧业、节本增效、绿色防控、标准化生产、肥水一体化及农机农艺相结合等技术为重点，建立集成技术体系，为农牧业品牌培育开发提供科技支撑。

（六）强化农畜产品品牌认证保护与市场监管，构建品牌成长良性机制

鼓励、引导、支持农牧业生产经营主体

进行农畜产品商标注册，支持龙头企业、合作社等积极申报中国驰名商标。加强品牌保护和品牌监管，建立市场准入和退出机制，防止商标恶意抢注和侵权行为。加大对农牧业生产经营主体在农畜产品质量认证、商标注册、品牌申报、维护、保护等方面培训力度，不断提高商标、品牌保护的意识和能力。

（七）加大品牌营销力度，提高品牌农畜产品知名度和影响力

积极举办农畜产品博览会，大力宣传推介内蒙古品牌农畜产品；同时还在北京、上海成立了办事处，筹建了内蒙古绿色农畜产品精品馆，广州精品馆也建立运营；在一线消费市场设立内蒙古名优农畜产品品牌展销窗口（中心），在大型连锁超市设立内蒙古品牌农畜产品销售专区；建设一批“电商平台＋展示直销中心＋零售体验店”的运营平台，通过线上线下相结合、展示体验相促进，进一步拓展市场空间，提升内蒙古绿色农畜产品美誉度和市场占有率。

（内蒙古自治区农牧业厅）

辽宁省品牌农业发展概况

【基本情况】 2015年辽宁省农业品牌工作取得了较好成绩，特别是丹东市圣野浆果专业合作社（草莓）、大连市瓦房店东马屯专业合作社（苹果）、盘锦市胡家秀玲专业合作社（河蟹）被评为全国首批百个合作社、百个农产品品牌，进一步提升了辽宁农业品牌的知名度、美誉度和影响力。

辽宁名牌农产品评选认定工作从2007年开始，共评选出名牌农产品254个，三年有效期。截止到2015年，在册的名牌农产品有88个。

辽宁特产之乡评选认定工作从2009年开始，由辽宁省农村经济委员会牵头，会同林业、水产、畜牧等单位联合开展，共评选出252个特色乡镇，有效期三年，截止到2015年，在册的特产之乡50个。

【工作思路】 认真贯彻落实中共中央、国务院关于“整合特色农产品品牌，支持做大做强名牌产品”和“保护农产品知名品牌”精神及《农业部关于进一步推进农业品牌化工作的意见》要求，全面提高农产品质量和市场竞争力。申报的农产品必须是辽宁省境内生产的农、林、牧、渔初级产品和初级加工品。评选活动坚持科学、公正、公开、无偿的原则，企业自愿申请，每年评选认定一次。

【工作举措和成效】 为确保评选工作顺利进行，保证评选质量，由辽宁省农村经济委员会牵头专门成立了辽宁名牌农产品评选工作领导小组和辽宁特产之乡评选工作领导小组，印发了《辽宁名牌农产品评选认定管理办法》和《辽宁特产之乡评选认定活动实施方案》。明确评选程序是企业或乡镇自主申报，市级审核推荐，各厅局对上报材料进行初审，领导小组办公室组织专家综合评定，对有质疑的企业进行现场核查，确定初选结果，进行社会公示，无异议后，由辽宁省农村经济委员会、林业厅、水产厅和畜牧局联合向获认单位授予辽宁名牌农产品或辽宁特产之乡称号，并颁发牌匾和证书。

评价指标内容包括：市场销售情况和产品质量控制情况，企业效益、生产规模和创新发展能力，其产品必须是获得“三品一标”认证，同时经指定的检测机构检验的合格产品。

【突出单位】

（一）鞍山海城市祝家庄南果梨专业合作社

该合作社位于海城东部山区马风镇祝家村，于2007年成立，注册资金505万元，社员303人，有南果梨园12 000亩，年产鲜果5 000吨，带动农户1 800户。为缓解当地果农卖果难的问题，合作社集资1 100万元，在马风镇材木村建成了南果梨产地贮藏批发市场，占地20 000平方米，60吨贮存量的气调

库 66 个，1 000平方米综合楼一栋，用于社员集会、培训、办公、接待客商住宿等。每年可销售水果20 000多吨，储藏鲜果7 500多吨，不仅促进当地南果梨销售价格，还带动了餐饮、运输、劳务等相关产业发展，全镇果农每年可增收近4 000万元。合作社采取“市场＋合作社＋基地＋农户”的发展模式，产品检测、分等分级、包装、贮运、保鲜完全按照国家标准操作，采后实行商品化处理。对社员实行“七统一管理”，即统一品种、统一购药、统一标准、统一检测、统一标识、统一贮藏、统一品牌销售，2012 年合作社生产的“宇光”牌南果梨获得“辽宁名牌农产品称号”。

（二）辽宁铁岭市文选葡萄专业合作社

该合作社以葡萄生产、贮运、销售和技术研究、推广为主的农民专业合作经济组织。合作社注册资金 225 万元，固定资2 000万元，现有社员 226 人，下设葡萄研究所、有机葡萄示范基地、葡萄保鲜基地和新技术服务部等机构，实现统一技术标准、统一品牌、统一包装、统一销售。目前已发展无公害、有机葡萄基地1 000多亩。“文选”牌有机葡萄应用生态和生物农业技术、矿物源防病技术、果穗整理和套袋技术、避雨栽培技术、控制树相等一系列无污染、优质、节能、高效、可持续发展的有机葡萄标准化综合配套技术，生产的巨峰葡萄果粒均匀，果粉完整，果面清洁光亮，呈紫黑色，生食可免洗，皮薄肉硬，可切成薄片，果实含糖量 18%～22%，色香味浓，风味纯正。2012 年文选葡萄获得辽宁名牌农产品称号，产品已销到上海、北京、重庆、沈阳等城市，售价达每千克 20～40 元，高出普通葡萄售价一倍以上。

（辽宁省农村经济委员会）

吉林省品牌农业发展概况

【基本情况】 2015 年，吉林省大力实施品牌农业发展战略，以农产品品牌培育带动农业规模化经营、标准化生产、信息化应用和制度化创新，以品牌农业建设促进现代农业发展，推动吉林省由农业大省向农业强省转变。

（一）品牌农业发展政策环境进一步优化

2015 年 7 月，习近平总书记在吉林省考察时提出：粮食也要打出品牌，这样价格好、效益好。为深入贯彻习总书记重要指示精神，吉林省委十届五次党委全会对农产品品牌建设提出明确要求，吉林省农业委员会、粮食局、畜牧局、商务厅等相关部门各负其责、集中发力，加大吉林大米、长白山人参、杂粮杂豆和梅花鹿等特色农产品品牌的整合、宣传和推介力度，先后研究出台了一系列农产品品牌专项建设工作方案，做到目标责任明确、时限节点清楚、保障措施到位，形成了品牌建设的工作合力。2015 年 10 月，吉林省委、省政府印发《吉林省率先实现农业现代化总体规划（2016—2025 年）》（吉发〔2015〕20 号），明确提出“加快吉林省农产品品牌培育创建，增创现代农业发展新优势”，全省各地各级政府对品牌农业发展的积极性不断增强，推进品牌工作快速发展。

（二）品牌农业发展速度持续加快

截止到 2015 年年底，吉林省经农业部认证有效的无公害种植企业有 151 家，无公害农产品 714 个，种植面积 93 万亩；绿色食品加工企业 142 家，绿色食品 315 个，种植面积 150 万亩；有机农产品生产加工企业 18 家，有机农产品 53 个，种植面积 73.5 万亩；农业部登记的地理标志农产品 11 个，种植面积 70 万亩。“榆树大米”“延边苹果梨”等近 13 个农产品单品、22 家生产加工企业入选《2015 年全国名特优新农产品目录》；万良“广茂源”人参、德惠“同巨永”有机大米等被授予全国百个农产品品牌称号。

（三）品牌农产品市场竞争力明显增强

2015 年，吉林省名牌推进会共评选省级名牌产品132件，其中农产品类单品38件，约占29%，吉林优质农产品的市场影响力和知名度不断提升，品牌价值逐步提高。特别是全省实施“健康米”工程以来，“吉林大米”中高端产量达到55万吨，市场最高销价99.8元/千克，最低销价10元/千克，平均销售价格14元/千克，同比提高了17%，实现新增产值31.2亿元。长白山人参、洮南绿豆、扶余四粒红花生等产品远销日本、韩国、美国、欧洲和东南亚等国家和地区，年创汇额超过100亿元。

【大事记】

2015年1月26日，召开吉林省农村工作会议，对吉林品牌农业发展作出安排部署。

2015年7月18日，习近平总书记在吉林省视察时提出“粮食也要打出品牌”，嘱托要念好“山海经”、唱好“林草戏”、打好“豆米牌”。

2015年7月25日，吉林省政府组织召开农产品品牌建设座谈会，集中研究吉林大米、长白山人参、杂粮杂豆、食用菌和矿泉水品牌建设。

2015年8月中旬，吉林省人大围绕大米、人参、梅花鹿、矿泉水等组织品牌建设专题调研活动。

2015年8月，在白山市抚松县举办首届“长白山人参”美食大赛活动。

2015年9月，全面启动“吉林大米”品牌创建工作，组建吉林大米产业联盟，投资5 400余万元进行公益宣传，在全国主销区举办20余场推介会，塑造“吉林大米”好吃、营养、更安全品牌形象。

2015年10月，吉林省委、省政府印发《吉林省率先实现农业现代化总体规划（2016—2025年）》（吉发〔2015〕20号），对吉林省品牌农业进行规划部署。

2015年11月7～11日，组织1 000余种吉林省优质品牌农产品参加第13届全国农交会，举办“长白山人参”专场推介会。

2015年11月11日，农业部下发《关于支持国家级长白山人参市场建设的意见》（农市函〔2015〕9号），批准和吉林省政府依托万良人参市场共同建设国家级长白山人参市场，提出将“长白山人参”培育成为国家农业品牌。

（吉林省农业委员会）

黑龙江省品牌农业发展概况

【思路和举措】

1. 科学规划，合理布局。根据农业资源的立体性、生物气候多样性特点，因地制宜，分类指导，突出特色，分层开发，抓大乡（镇）、大场、大户，实现一乡一品、一区一品、数乡一业，重点在以黑龙江、乌苏里江流域、松嫩平原为主的优质水稻、杂粮杂豆产业带，以大小兴安岭为重点的山特产品产业开发带开展有机产品示范区的创建。

2. 典型示范，以点带面。采取市抓产业示范、县（市）抓开发样板、乡（镇）建有机庄园的方式，把重点示范基地办成产业龙头，推进全面开发。通过核心示范样板，以点带面，县（市、区）及乡镇要结合本地实际，创办不同类型、不同层次、不同作物的农业示范点、示范片。

3. 培植龙头，突出加工。运用市场机制，优化资源配置，实现强强联合，培植产业龙头，壮大龙头企业，形成以大型水稻、杂粮杂豆、山特产品为主的开发联合体和大型开发集团，培植产业龙头，要重点扶持具有一定基础和规模、科技含量高、市场前景好、竞争力强的食品加工企业；要落实优惠政策，加大资金投入，壮大企业实力，增强辐射带动能力；通过对产品进行分级、处理、贮藏、包装、加工，延长产业链、增加附加值，改变一流品质、二流包装、三流品牌、四流价格的状况。

4. 健全体系，强化支撑。切实加强质量

标准、环境监督监测、农业信息和农技推广四大体系建设。依托市级产品质量检测中心，与县级农业环保站和基地监测网点，形成市、县、基地三级监测体系，严格监督管理，确保农产品安全；利用多种方式，开展有机农业基本知识、生产技术及加工贮藏操作规程、农产品质量标准和申报、认证程序等方面的技术培训，提高劳动者的科技开发能力。

5. 加强宣传，扩大市场影响。坚持有形市场和无形市场两手抓。组织开展多种形式的农产品展销活动，鼓励企业、旅游宾馆、商店、景点在各地开设品牌农产品专卖店（柜），制发宣传广告。积极参与国际国内各类农产品展销博览会，提高产品知名度。充分利用信息平台和广播、电视、报纸等各种宣传媒体，发布特色产品信息，拓展国际国内市场。

【取得成效】

1. 品牌认知度和美誉度进一步提升。经过多年的宣传推介和品牌传播，黑龙江省绿色有机食品“生态、优质、安全、健康”的核心价值已经得到各地消费者一定程度的认可。

2. 品牌营销渠道进一步拓宽。开展推介活动使消费者和企业对黑龙江省农产品品牌产品有了更加深入的了解，合作意愿比较强烈，对进一步拓宽我省品牌产品的销售渠道起到重要作用。

3. 产销合作进一步深化。各种推介会不仅宣传推介了黑龙江省大米大豆品牌企业和产品，而且深化了与各地食品加工销售企业的交流与合作。

4. 品牌宣传促进“卖得好”。组织媒体到绿色食品基地、企业、合作社和展销会进行报道，开展大米代表性区域品牌推广和宣传活动。在媒体发稿300多篇，《农民日报》对五常市王家屯的深度报道，获得中央领导的批示。

5. 借助“互联网＋”促进“卖得好”。与新浪网合作打造黑龙江省绿色食品互联网销售公共品牌——“小饭围”，并通过淘宝众筹五常大米方式启动线上销售；全省开展“线上”销售的绿色食品企业230多家，销售额1亿多元。

黑龙江省五常市杜家王家屯现代农业农机专业合作社的“乔府君道”有机米、齐齐哈尔市梅里斯区达乡洋葱专业合作社的“大八旗”洋葱和延寿县鸿源有机稻米合作社的“延亮河畔”有机稻米荣获首批全国百个农产品品牌。

【主要工作】

1. 2015年，全省绿色食品产业实现总产值2 330亿元，实物总量3 750万吨，绿色（有机）食品基地面积、生产总量和经济总量等指标居全国首位。全省已有“北大荒”“梧桐”“九三”“完达山”“北奇神”等15个绿色食品产品获得了中国驰名商标，有107家绿色食品生产企业获得黑龙江省著名商标，还有，肇源大米、呼兰大葱、古龙小米和东宁木耳等100多个产品被登记农产品地理标志。绿色食品不仅已成为黑龙江省优质农产品的主导品牌，而且也成为现代农业竞争力的核心，品牌因素在促进绿色食品产业战略升级、实现农业可持续发展中的作用不断增强，综合效益日益凸显。

2. 做好“五常大米”品牌保护工作。为深入贯彻落实黑龙江省政府第七十四次专题会议精神，加强对“五常大米”品牌保护工作，切实维护广大消费者的合法权益，提升黑龙江绿色食品品牌形象，黑龙江省开展了严厉打击假冒五常大米专项整治行动，严厉打击侵犯“五常大米”商标专用权、不正当竞争、假冒地理标志保护产品标识、生产销售假冒伪劣产品等违法犯罪行为。截止到2015年12月末，全省各有关部门出动执法人员6 822人次，检查各类经营主体4 149户，立案95件，结案16件，先行登记保存或查封、扣押涉嫌假冒五常大米213吨，假冒五常大米包装物42万件，移送公安机关3件。对黑龙江省内外11个网络交易平台上销售“五常大米”的7 299户网店进行了集中检查，发现涉嫌违法行为线索18条，已通过国家工商总局转交相关省市工商部门查处。还先后多次赴北京、上海、浙江等地开展维权行动，提升了黑龙江绿色食品品牌形象。陆昊省长对开展“五常大米”保护工作给予充分肯定。

【突出单位】

（一）黑龙江省绿色食品发展中心

黑龙江省绿色食品发展中心主动适应新常态，在标准化生产、产品认证、质量监管和市场建设等方面狠抓落实，务求实效，为黑龙江省品牌农业工作开展做出了突出贡献。黑龙江省依托得天独厚的资源和生态优势，大力发展绿色食品产业，打造绿色食品品牌，绿色食品不仅已成为黑龙江省优质农产品的主导品牌，而且也成为现代农业竞争力的核心，品牌因素在促进绿色食品产业战略升级、实现农业可持续发展中的作用不断增强，综合效益日益凸现。一是带动了绿色食品市场开发。品牌影响和带动了黑龙江省绿色食品市场占有率不断提高，销售额不断攀升。目前，黑龙江省绿色、有机食品产品已销遍全国，远销欧洲、美国、日本和东南亚40多个国家和地区。2015年，全省绿色食品省外销售额达1 030亿元，同比增长近30%。二是促进了绿色食品产业升级。在品牌效应的牵动下，绿色食品骨干加工企业不断发展壮大，形成了贸工农、产加销相联结的绿色玉米、大豆、水稻、杂粮、乳品、肉类、山产品和特色产品等多个产品加工系列。2015年，全省绿色（有机）食品企业发展到600家，其中年产值超过亿元的企业89家，加工总量1 350万吨，同比增长11.25%和4.65%。三是加速了绿色食品基地“三化”进程。品牌影响力的扩大，市场需求量的增加，促进了现有生产基地迅速向规模化、标准化和专业化方向发展。2015年，全省绿色、有机食品认证面积发展到7 309万亩，其中国家绿色食品标准化生产基地面积6 650万亩，占全国45%。四是牵动了农民人均收入增加。绿色食品的市场竞争优势日益突出，部分产品售价比普通产品高出1倍以上，不仅绿色食品企业实现了增效，也带动了农户增收。

（二）佳木斯冬梅大豆食品有限公司

1. 全力打造培育突出品牌

公司所生产的冬梅牌系列产品已在行业内及消费者中有较好的口碑，这完全取决于产品的优良质量和独特口感，以及良好的售后服务，公司也为此取得了长足的进步，是国家发展和改革委员会、财政部资金重点扶持企业，黑龙江省著名商标企业，黑龙江省名牌产品企业，黑龙江省级农业产业化重点龙头企业，获得黑龙江省守合同、重信用企业，黑龙江省饮料工业20强企业，中国豆制品行业50强企业，全国绿色食品示范企业等众多殊荣。

一个成功品牌为企业带来的产品溢价力和影响力的价值往往是任何有形资产所不能比拟的。公司为扩大市场，每年积极参加哈洽会、全国农产品博览会、上海中食展、广交会、东盟博览会等各部门举办的大型展会20余次，加强各类产品品牌推介。充分利用佳木斯广播电台、舌尖上的佳木斯栏目及各类固定广告牌对“冬梅品牌”进行全面宣传，让更多人知道、了解、尝试企业创立的特色品牌，实现了打造培育突出品牌的良好效果。

2. 创新丰富市场营销方式，加快销售渠道建设

企业的经营发展要更加尊重市场、引导消费、满足需求，以品牌为纽带，加快建立多种营销方式共同面向消费者的一体化营销模式，就至关重要。该企业产品在销售网络建设上形成了以东北三省地区为中心、华北地区为主体，重点培养湖南、江苏、安徽三省市场，进而全面走向全国市场，建设完整的市场网络体系，且在网络建设的进程中使

冬梅豆粉的品牌影响力得以初步体现，尤其在东三省地区形成冬梅豆粉红花现，其他竞品绿叶衬的格局。在黑龙江省的几大超市、卖场冬梅豆粉销量力夺其豆粉销量总量40%，堪称一枝独秀。一是紧抓传统销售渠道。冬梅豆粉本着直销东三省，经销全地域。在国内省会级城市、一线城市、超一线城市及部分经济情况较好的地级市设立有 1 至 3 家经销商不等，占据市场流通渠道大部分的销售份额。二是开发现代化互联网销售渠道。于 2011 年成立了电商部，由 5 名信息专员负责公司产品在互联网上的销售。抓住互联网具有渗透性强、支撑引领作用突出等特点，在网络销售渠道上，与阿里巴巴诚信通、全球速卖通、国际站合作，并在天猫平台开设官方旗舰店；在京东、淘宝、一号店、苏宁易购设立线上代理商，在佳天农商网、生态佳木斯网、大润发飞牛网、大商天狗网等多家网站合作，实现"互联网+"零售的网络销售模式。在网络销售上，结合传统销售模式，建立了经销商店铺和代理商销售店铺，增加产品的知名度和销售渠道。三是拓展海外产品销售渠道。建立国外特渠代理商、国内外贸公司以及公司自理出口，产品远销新加坡、韩国、马来西亚、泰国、尼日利亚等中东地区和大部分东南亚国家。

（三）黑龙江天锦食用菌有限公司

天锦商标被评为黑龙江省著名商标，并获得第十二届中国农业博览会产品金奖、第十五届中国绿色食品博览会产品金奖、第七届中国国际有机食品博览会有机产品金奖，是黑龙江省唯一获得三项农业产品金奖的企业。天锦公司于 2001 年 8 月成立，15 年来专注于有机食用菌产业的发展，主要以有机食用菌基地建设、采收、加工、销售、研发为一体的招商引资企业。在大兴安岭有有机食用菌种植和采摘基地 20 余万亩，是黑龙江省有机食用菌示范基地，拥有紧密型合作公司 4 家，有北大荒集团、远东药业、上海多利为主的一批重要合作伙伴。天锦食用菌有限公司依托大兴安岭丰富的天然野生资源、先进的设备、成熟的工艺，生产的食用菌系列产品质优价廉，倍受欢迎，天锦牌系列蘑菇、木耳高中低档齐全，现已衍生出 200 多个品种，销往全国 30 多个省市，1 500多个网点。天锦公司秉承"团结、奋进、高效、创新"的企业精神，"质量第一、服务第一、信誉第一"的经营理念，视质量和信誉为企业生命，建立了严格的有机产品质量管理体系和管理制度，从原料的生产、收获到产品的加工，每一道工序都严格按照有机产品标准进行管理；建立健全了生产操作规程和产品质量控制体系，并进一步完善了生产工艺流程及关键点控制，实现全方位把控质量安全，确保产品质量。天锦公司以生产健康食品、倡导健康消费、普及健康生活为己任，致力于健康事业发展，坚持生态、天然、有机、营养的时尚理念，努力把"天锦"打造成国内知名品牌，为黑龙江省的绿色食品产业发展做出积极的贡献。

（黑龙江省农业委员会）

上海市品牌农业发展概况

【基本情况】 2015 年全市主要农产品品牌化销售率达到 66.45%，比 2014 年提高 5 个百分点。仓桥水晶梨等 4 个农产品被评为农业部全国百家合作社百个农产品品牌，宝岛崇明清水蟹等 4 个产品被评为第十三届中国国际农产品交易会金奖产品，马陆葡萄等 8 个农产品被评为全国名特优新农产品。2015 年认定农业类上海市著名商标 36 个，审定农业类上海名牌产品（服务）24 项。

【工作举措】

1. 大力推进农业标准化，夯实品牌农业发展基础

适应农业产业结构的调整和优势产业可

持续发展需要，建立健全上海市农业标准体系。根据《农业部标准化管理办法》《上海市地方标准管理办法》等有关规定，结合本市农业系统标准项目工作实际，相继制定农业标准预研制项目 135 项，其中转化为国家标准 25 项、行业标准 29 项、地方标准 65 项，初步构建了与行业标准、国家标准接轨，又具有上海市特色的地方农业标准体系框架。出台上海市《关于进一步推进农业标准化的若干意见》《上海市农业系统标准预研制项目管理办法》等，建立健全了相应管理制度。同时，大力推进种、养殖各专业条线开展标准化示范基地创建工作。

2. 推进“三品”认证工作，提高品牌产品质量

积极推进无公害农产品、绿色食品、有机食品认证工作，2015 年，本市证书有效期内的“三品”生产企业1 631家，产品7 590个，其中无公害农产品证书使用企业1 432家，产品7 289个；绿色食品证书使用企业191 家，产品 275 个；经农口系统中绿华夏有机食品认证中心认证的企业 8 家，产品 26个；三品认证量已达 471.38 万吨，占地产农产品上市量的 72.1%。上海丰科生物科技股份有限公司、上海马陆葡萄研究所、上海森蜂园蜂业有限公司和上海绿笋芦笋种植专业合作社 4 家企业获得“全国绿色食品示范企业”称号，在质量管理、产业带动和品牌经营等方面发挥了良好的示范带动作用。

3. 积极开展品牌推荐认定，树立品牌信誉和形象

组织相关专家开展上海名牌农产品评审工作，在有效期内的农业类上海名牌累计达到 95 个；积极鼓励农业品牌参加著名商标评审，在有效期内的农业类上海市著名商标累计达到 102 个；仓桥水晶梨、桃咏水蜜桃、皇母蟠桃、锦绣黄桃入选农业部全国百家合作社百个农产品品牌；崇明白山羊、枫泾猪、金山蟠桃、三林崩瓜、崇明沙乌头猪、嘉定梅山猪、崇明金瓜、亭林雪瓜、马陆葡萄、崇明水仙、庄行蜜梨、奉贤黄桃等 12 个农产品获得农业部颁发的农产品地理标志登记证书。

4. 制定出台扶持政策，推进区域公用品牌发展

部分区县根据地方特色，推进品牌整合，积极发展区域公用品牌。如浦东新区对参加浦东新区品牌合作联社（南汇水蜜桃、南汇8424 西瓜、南汇翠冠梨）的农业经营主体，按照标准化生产、品牌化销售、新技术推广3 个方面的具体内容实施情况进行奖励。南汇水蜜桃、南汇 8424 西瓜、南汇翠冠梨 3 个品牌生产基地面积不断增加，分别达到5 843亩、6 918亩和2 048亩。金山区以建立农民专业合作联社为载体，促进品牌整合，全区成立 13 家农民专业合作联社，涉及西甜瓜、葡萄、黄桃、蟠桃、鸽子、大米、蔬菜等主要农作物，对整合品牌生产经营进行扶持，品牌农产品经营面积不断扩大，“皇母”蟠桃、“鑫品莓”草莓、“金山小皇冠”西瓜等主要品牌农产品种植面积分别达到5 260亩、1 570亩和 766 亩。

5. 搭建展示销售平台，促进品牌农业宣传推介

通过“上海农业网”、东方城乡报、“上海三农”微博微信等平台积极宣传品牌农产品。组织农业龙头企业和农民合作社参加中国国际农产品交易会等展会，举办新春农副产品大联展等各类特色农产品展销会，为农业品牌走向国内、国际市场创造条件。部分区县通过举办“上海桃花节”“奉贤菜花节”“金山蟠桃节”等农业节庆活动，积极宣传推介本区县品牌农产品。部分区县通过农超对接、开设专卖店、发展农产品电子商务等方式，不断拓宽品牌农产品销售渠道。如浦东新区推进形成“三网”（1 号店、淘宝、天猫）、“三店”（浦东新场镇桃咏总店、浦东书院镇田博总店、上海黄浦区蒙自西路桃咏分

店)、“三中心”(浦东惠南镇听悦路优质农产品展示展销中心、浦东新场镇牌楼西路优质农产品展示展销中心、浦东惠南镇拱极路农谷特色品牌农产品博览中心)的品牌瓜果销售模式。

【大事记】

1. 2015 年 11 月,“仓桥”水晶梨等 4 个品牌被评为农业部全国百家合作社百个农产品品牌。

2. 2015 年 11 月,宝岛崇明清水蟹等 4 个产品被评为第十三届中国国际农产品交易会金奖产品。

3. 2015 年 12 月,奉贤黄秋葵等 8 个产品被评为全国名特优新农产品。

4. 2015 年 12 月,认定农业类上海市著名商标 36 个。

5. 2015 年 12 月,审定农业类上海名牌产品(服务)24 项。

【突出单位】 上海马陆葡萄主题公园有限公司始建于 2005 年 3 月,地处上海嘉定区马陆镇,占地 500 亩,公司集葡萄科研、示范、培训、休闲于一体。公司采用现代农业设施栽培技术种植葡萄,所产“传伦”牌葡萄是马陆葡萄的精品,自 2009 年起至今连续通过中绿华夏有机食品认证。现有早中晚熟葡萄品种 40 余个,科研品种 120 余个,“传伦”葡萄每年都坚持进行土、水、肥及果品质量安全检测,检测合格后葡萄方上市销售。2015 年,“传伦”牌葡萄连续荣获中国“十大葡萄品牌”和“果品百强品牌”,在上海市葡萄评比中荣获巨峰金奖、巨玫瑰金奖和巨玫瑰最佳风味奖。

(上海市农业委员会)

江苏省品牌农业发展概况

【基本情况】 2015 年,全省上下深入实施农业品牌战略,全力推进农产品质量品牌建设,以提高农业质量和效益为中心,坚持产管并重、量质并举、以质塑牌,培育形成了一大批产品质量优、竞争实力强、市场知名度高的品牌农产品。截止到 2015 年年底,全省“三品一标”总数超过 1.7 万个,比“十一五”末增长 95%,400 多个农产品商标被评为江苏省著名商标,200 多个农产品被评为江苏名牌产品,农产品地理标志 33 个,品牌农产品种类基本覆盖了所有农业产业领域。

【工作情况】

(一)严把“产”“管”两道关口,大力推进农业标准化生产,夯实品牌建设基础

按照“政府推动、市场引导、企业带动、农民实施”的要求,以农产品生产企业、农民专业合作组织等为主体,加大农业标准的示范、推广力度,引导农产品生产者和经营者按标准生产、加工和销售。同时,积极推进农业标准化实施示范,逐步加大绿色食品、有机农产品原料基地建设力度,以标准化示范区、基地建设为载体培育农产品品牌。“十二五”期间,全省新增农业地方标准 847 项,总数达到2 034项,覆盖农产品品种、产地环境、生产加工、分等分级、检测技术等各个环节,累计建设国家级、省级农业标准化示范区 471 个,推广实施各类农业标准5 200多项,覆盖种植面积2 536.7万亩、畜禽 2 亿头(羽),17 个县(市)被列为国家级农业标准化实施示范县(市),绿色食品原料标准化基地2 739万亩,“三品一标”基地占耕地面积的比例达 85%以上。

(二)推进优质品牌认定,不断提升农产品“三品一标”认证规模,争创品牌竞争优势

坚持“企业为主、市场导向、政府推动”方针,以农产品行业协会为龙头,以企业为载体,以区域特色、名特优产品为重点,围绕优势农产品和特色产业,积极开展原产地保护、地理标志农产品认定认证,大力发展无公害农产品、绿色食品、有机农产品。截

止到2015年年底，江苏省种植业“三品”产量占种植业食用农产品产品总量的比重达26.3%；拥有有效注册商标的农民专业合作社7 822户，占合作社总数的8.6%；省级以上农业龙头企业中，获得驰名商标或省以上著名驰名商标或名牌产品的企业328家，获得“三品一标”认证的企业364家；涌现了“维维”“圣象”“鑫缘”“桂花鸭”“恒顺”“中洋”等一批国内外知名品牌，洞庭山碧螺春、阳山水蜜桃、高邮鸭蛋、邳州大蒜、盱眙龙虾、射阳大米等品牌已成为重要的城市名片。

（三）加强宣传营销推介，加大农产品境内外展示展销力度，提高品牌知名度

积极组织品牌农产品生产企业参加中国国际农产品交易会、江苏农业国际合作洽谈会、江苏名特优农产品上海交易会等国内展示展销活动；并组织赴美国、法国、日本、迪拜、中国香港、中国台湾等地开展营销推介，提高江苏品牌农产品在国际市场的知名度和影响力。发挥《走进新农村》电视栏目、江苏农业网、江苏优质农产品营销网等优势，专题展示宣传江苏农产品品牌，近年来《走进新农村》电视栏目播出近300期。在上海西郊国际农产品展销中心设立江苏名优农产品展销馆，为江苏品牌农产品在上海销售、展示搭建常态化平台，已连续13年举办营销推介专题活动。在南京建成江苏国际农业展览中心，成为各地展示展销、宣传推介品牌农产品的有效载体。南京农业嘉年华已连续举办11届，成为展示企业形象、提升品牌效应、促进产品销售的大舞台。

（四）强化品牌监管保护，着力培育农产品区域公用品牌，推动品牌联合融合发展

按照“政府主导、协会运作、企业参与”的原则，根据区域定位、历史文化及品牌现状，引导生产主体联合打造农产品区域公用品牌，扩大品牌农产品规模，提升市场美誉度。据不完全统计，截止到2015年年底，江苏省农产品区域公用品牌数量达到136个，近年来先后有28个农产品品牌入选中国农产品区域公用品牌价值评估百强榜，数量和规模均名列全国前茅，射阳大米、兴化香葱、邳州大蒜、沛县狗肉、淮安黑猪等一批农产品区域公用品牌展现了较高的市场竞争力。加强对品牌的监管与保护，将“三品”发展纳入农业基本现代化进程监测及农产品质量安全绩效管理等不同层级的考核，制定科学合理的动态管理方案，通过加强现场检查、常规抽查、例行监测等监督手段，构建品牌监管的长效机制。同时，组织开展农产品质量“创牌立信”活动，督促品牌主体切实加强品牌质量保证体系与诚信体系建设，进一步提高品牌公信力。2015年授予100家品牌农产品企业省级农产品质量“创牌立信”示范单位荣誉称号，树立了江苏品牌农产品良好形象。

（江苏省农业委员会）

浙江省渔业品牌发展概况

【基本情况】 浙江是渔业大省，截止到2015年年底，全省水产品总产量602万吨，渔业产值707.9亿元；其中，国内海洋捕捞336.7万吨，海水养殖93.3万吨，淡水养殖102万吨，远洋渔业产量61.2万吨，养殖总面积30万公顷，水产品加工企业2 112个。渔业品牌建设是渔业产业化的重要内容，是提高渔业市场竞争力的重要标志，是引领消费的重要导向，也是渔业增效和渔民增收的重要支撑。近年来，在政府、企业、行业协会等共同努力下，浙江省渔业品牌建设取得一定成绩。据不完全统计，浙江省已拥有地理标志18个，中国驰名商标18个，浙江区域名牌2个和浙江名牌产品82个。渔业龙头企业460多家，其中国家级龙头企业17家、省级70多家、市级160余家、县级200多家；有出口许可企业232家，通过HACCP、

ISO 系列等质量体系认证企业 306 家；渔业专业合作组织 979 家；无公害产品1 065个，面积达 54 万亩，无公害产地 76 家；全国水产加工贸易企业 25 强浙江省有 5 席，浙江兴业集团有限公司是 25 强之首，舟山带鱼、三门青蟹、千岛湖“淳”牌有机鱼等知名品牌不断涌现，这些渔业品牌为宣传浙江，提升浙江水产品美誉度、影响力，增强竞争力，引领浙江品牌水产品发展，推动渔业提档升级和转型发展均做出了贡献。

【主要做法】

（一）严控质量做强品牌品质

产品质量是品质的核心，是产品品牌持续健康发展的根本保证。围绕加强水产品质量安全监管，浙江省启动了水产品餐桌安全治理三年行动计划。并以品牌企业、品牌产品为重点，从制度上、手段上，强化水产品质量安全监管。一是强化无公害水产品养殖基地的证后监管。将所有经认证的无公害水产品养殖基地纳入必检范围，要求两年内必须至少被监督抽检一次。二是开展初级水产品质量安全追溯体系建设。已完成省级追溯平台的建设，启动了 200 个追溯试点建设任务，计划 3～5 年内将所有规模化生产主体全部纳入追溯范围。三是积极引导渔业企业开展 HACCP、ISO9000、ISO22000、QS、ISO14001 认证和绿色食品认证，建立起了从水体到餐桌全程质量安全控制体系；同时，推行产地保护，通过地理标志产品保护产品的认证，加强原产地保护。

（二）科学定位打造品牌特点

浙江省渔业品种众多，如何科学定位打造出具有企业和地方特色的渔业品牌是为重要，如浙江阮氏珍珠，以产品自身过硬的品质，被誉为“中国珍珠第一奢华品牌”，更被作为国礼赠送外国元首；再如浙江清溪甲鱼以鳖稻轮作、鳖稻共生的生态模式为特点，是国内少数拥有驰名商标、中国名鳖、国家原产地保护等国家级荣誉的甲鱼养殖企业。另如“淳”牌千岛湖有机鱼以“80 万亩青山环抱、天下第一秀水中生长的鱼”，“让人们尽情享受原生有机的品质生活”等打造品牌抢占市场，同时还以点带面围绕品牌文化延伸产业，建立了精深加工、餐饮业、鱼文化创意、休闲旅游等多个产业链，最大限度挖掘产品附加值。

（三）政府支持助推品牌建设

近年来，各级政府及职能部门注重发挥政府在经济建设中的推动作用，加快转变渔业和渔业经济增长方式，把做强特色产业、做大块状经济、做优品牌产品作为提升县域经济发展、繁荣农村经济的战略举措，相继出台政策对做品牌、创品牌的企业和合作社进行了重点扶持和奖励以支持品牌建设。如杭州出台《杭州市农产品品牌建设奖励办法》，对获区域性公用农（水）产品品牌单位，一次性奖励人民币 80 万～100 万元（分两年实施）；获得国家有关政府部门评定的名牌、驰名商标、地理证明商标，一次性奖励人民币 10 万元；对获得无公害水产品认证的奖励 6 万元等，同时还开展杭州市十大名甲鱼的评比，以助推甲鱼生产企业强化品牌意识。三门县政府从 2002 年以来以大型文艺晚会演出为主先后举办了五届“三门青蟹节”，从 2013 年开办三门县“网络青蟹节”；同时，三门县还多次组织参加各类展会，在上海、杭州等地举办青蟹推介会等，由政府支持打造三门青蟹的品牌，三门青蟹集国家地理标志证明商标、国家地理标志保护产品、中国著名品牌等众多荣誉于一身，三门也被认定为“中国青蟹之乡”。

（四）“互联网＋渔业”扩大品牌影响

互联网时代，是个注重品牌效应的时代。市场对水产品的需求日益多样化、优质化、品牌化，特别是新生代的消费者，生活节奏快，消费理念新，质量要求高，更愿意选择品牌。浙江是网络强省，阿里巴巴、世界互联网大会永久会址乌镇以及人才、资金、环境等独特优势为浙江渔业企业利用互联网扩大品牌影响打下了良好基础。如余姚“冷江鳖”，以“中国生态鳖，网销第一品牌”扩大“冷江鳖”品牌，2013 年“双十一”当天销售“冷江鳖”20 万元；三门三特公司 2014 年网销售“三门青蟹”额达到4 100万元；华盛在聚划算网站首页以“亚洲最大的渔业航母——海上第一捞”为宣传语，扩大“大三元”牌风味鱼、虾片品牌；香海以“打造中国海洋休闲食品领导品牌”为目标，2015 年网络年销售推出香海品烤虾和香酥小黄、鱼豆腐1 000多万元；苍南的炎亭渔夫牌鱼饼以“炎亭渔夫鱼饼，驰骋天下”为广告语，“双十一”当天成功销售 340 万元等，通过互联网扩大品牌影响。

（五）融入历史文化提升品牌品位

利用历史和自然赋予的资源禀赋和文化底蕴，挖掘渔业原产地优越的自然环境和丰富的人文底蕴提升品牌品位。如开化清水鱼以 600 年百姓在门前屋后挖坑筑塘，养殖清水鱼的历史，建造了古法养殖清水鱼文化园，上中央电视台的“北纬 30°”节目等打造提升何田清水鱼品牌，如今的何田清水鱼获得了地理标志，已是后起之秀，品牌知名度享誉全国。另如青田田鱼，就其稻鱼共生养殖至今已有1 200多年，10 年前就被联合国粮农组织授予“全球农业文化遗产”，获地理标志，青田田鱼悠久历史提升品牌品位。另外，还通过举办“中国·嵊泗贻贝文化节”“宁海长街蛏子节”“第六届中国余姚·河姆渡农博会暨第三届中国甲鱼节”等来展现人文历史、渔俗文化、渔乡风情和现代渔民的精神风貌。通过举办节会活动，体现了浙江渔业生态优势和优良品质，提升渔业品牌档次和品位，树立了良好的品牌形象。

【存在主要问题】 浙江省渔业品牌建设工作取得了较好的进展，但品牌建设总体实力与国际、国内先进水平差距仍然较大，主要表现在两个方面：

一是对品牌建设重要性的认识还不够。从政府层面看，有的认为创品牌是企业行为，缺乏引导和鼓励企业创品牌的积极措施，或者把品牌建设片面理解为追求名牌数量的多少，缺少长远规划和政策支撑；从企业层面看，很多企业把品牌仅仅看作是一个外在形象，只注重产品包装和广告推广，而忽视了品牌建设的文化内涵，或者把著名商标、驰名商标等当作荣誉，申报成功后束之高阁，没有充分利用品牌资源进行有效动作，个别企业商标注册后缺乏自我保护意识，被他人抢注或效仿，削弱了品牌的市场竞争力。

二是品牌建设存在低、小、散的特点，品牌竞争力不强。虽然浙江省渔业品牌建设走在全国前列，然而“大而不强”的问题一直存在，尤其是缺少在全球叫得响的知名品牌，缺乏规模大、实力强的骨干产业化龙头企业；同时，尽管近几年来浙江省渔业的区域品牌有所发展，但从全省行业范围来看，区域品牌的培育仍有待进一步加强，多数企业追求“小而全”，各自为政，很难形成一个具有影响力的市场品牌，加上企业鱼龙混杂，产品质量良莠不齐，一些假冒低劣产品屡禁不绝，严重影响了浙江省水产行业的品牌信誉和形象。

（浙江省海洋与渔业局）

安徽省品牌农业发展概况

【基本情况】

1. 稳步推进“三品一标”工作

2015 年全省认定无公害农产品产地 147 个，无公害农产品认证 301 个，总产量 23.8 万吨，其中：种植业 165 个，认证产量 16 万吨；畜牧业 38 个，认证产量 6.7 万吨；渔业 98 个，认证产量 1.1 万吨。截止到 2015 年年底，全省共认定有效无公害农产品产地 872 个，总面积 30.4 万公顷。全省有效获证无公害农产品1 764个，年总产量 212.4 万吨。其中：种植业 876 个，产量 165 万吨；畜牧业 229 个，年总产量 39 万吨；渔业 659 个，年总产量 8 万吨。2015 年新通过绿色食品标志许可企业 52 家，产品 260 个；截止到 2015 年年底，全省有效使用绿色食品标志企业总数达 502 家，产品1 502个，分别比上年增长 11.3% 和 6.8%；产地环境监测面积 2 200万亩，产业发展总量规模继续处于全国先进位次。全省通过有机食品认证企业总数 210 家，共获得 384 张证书，与上年基本持平；有机生产面积约 90 万亩。

2015 年安徽省新增 5 个产品通过农业部地理标志认证，截止到 2015 年年底，安徽省已有 29 个农产品获农业部地理标志产品登记，获得国家质监总局批准的“国家地理标志产品”中农产品 39 个。

2. 大力培育农产品品牌

2015 年安徽省新增农业类产品中国驰名商标 17 个、中华老字号 17 个、安徽省著名商标 236 个。一大批农产品品牌人们已经耳熟能详。很多地方逐渐形成了品牌农业产业集群，成为区域经济的重要力量，直接带动了农业增效和农民增收。

3. 加强品牌主体培育

安徽省农业委员会加强对农民合作社和“一村一品”的主体培育，支持重点龙头企业与农民合作社建立起紧密的利益联系，共同打造农业品牌。2015 年安徽省宁国市富民中药材专业合作社“春莲”牌宁前胡，砀山县二分水果种植专业合作社“二分”牌酥梨，望江县金穗种植专业合作社“亮晶香”牌大米荣获农业部全国百家合作社百个农产品品牌称号。

【工作措施】

1. 出台政策，稳步发展农业品牌

安徽省农业委员会制定了“三品一标”年度工作计划，出台了《关于印发加快发展农业“三品一标”实施意见的通知》，提出了 2 年、5 年发展目标任务，通过把“三品一标”年增长率和认证覆盖率纳入绩效考核指标体系，作为项目建设和示范创建活动实施的前提条件，作为省级龙头企业、专业合作社示范社、示范家庭农场、名优农产品品牌评定的考核指标等多项措施，使“三品一标”工作机制得到进一步完善。制定《关于开展五大示范行动扎实推进现代生态农业产业化的实施方案》，实施绿色增效、品牌建设、科技推广、主体培育、改革创新五大示范行动。在《关于调整优化农业结构加快发展现代生态农业产业化的实施意见》《安徽省畜牧业绿色低碳循环模式攻关实施方案》等 5 大示范行动方案等文件中，把发展“三品一标”作为重要内容进行规划安排。出台《“绿色皖农”品牌培育计划实施方案》，以区域公共品牌、行业品牌、产品品牌为重点，大力实施农业品牌化战略，健全农业品牌培育、保护和监管机制，打造“绿色皖农”品牌集群，厚植安徽省农业发展优势，促进农民稳定增收。

2. 开展专项监测，切实加强品牌保护

安徽省农业委员会制定下发了《安徽省省级农产品质量安全专项检测和风险评估工作的通知》，对全省 120 个无公害农产品、50 个绿色食品和 12 个有机农产品开展证后监督抽检。开展 31 个农产品质量安全创建试点县专项抽检，共抽检样品 461 个。实施检打联动，加强例行监测和监督抽检结果运用，做好分析会商研判。加强地理标志保护，2015 年年底国家质检总局批准筹建国家地理标志产品保护示范区（太平猴魁茶）。

3. 加大宣传力度，扩大品牌影响

通过“食品安全宣传周活动”“315 消费者权益日活动”“食品安全江淮行”“政风行风热线活动”“食品安全宣传月农业部门主题日活动”，大力开展农产品质量品牌科普宣传。据统计，全省各地共举办各类农产品质量安全培训班近 1 万场次，培训人数达 53.2 万人次；开展集中整治宣传咨询活动 3 万多场次，发放宣传手册、明白纸、挂图等宣传资料671万份；通过报纸、广播、电视、网络手机报等媒体宣传专项整治相关报道753次，信息传播近千篇（条），收到了很好效果。

4. 增加投入，加强对农产品品牌建设的扶持

安徽省工商管理局对每个获得中国驰名商标的企业奖励20万元，安徽省农业委员会对农产品获得驰名商标的企业再奖励10万元。

【大事记】

2015年3月，236个农产品荣获“安徽省著名商标”称号。

2015年6月，国家工商行政管理总局新认定一批驰名商标，其中我省17个与农业相关商标获此殊荣。

2015年11月，安徽省宁国市富民中药材专业合作社“春莲”牌宁前胡，砀山县二分水果种植专业合作社“二分”牌酥梨，望江县金穗种植专业合作社“亮晶香”牌大米荣获全国百家合作社百个农产品品牌称号。

【突出单位】

1. 同福碗粥股份有限公司

历史上，芜湖就是闻名全国的“四大米市”之一。芜湖地处长江中下游，土地肥沃，气候适宜，雨水充沛，水稻生产历久不衰，稻米优质产稳，是碗粥生产先天的可靠的原料基地。同福碗粥股份有限公司正是得益于此，发展飞速，驰名全国，为集粮食加工与食品研发、生产、销售于一体，现代化的碗粥生产企业，是八宝粥国家标准的主要起草单位之一。生产的产品种类多、品种全，有同福养生粥、红枣枸杞碗粥、桂圆莲子碗粥、红枣枸杞八宝粥、核桃八宝粥、同福桂圆莲子八宝粥、木糖醇八宝粥、同福罐粥系列等。公司已注册商标200多件。“同福”商标在全球20多个国家注册。同福碗粥为“安徽名牌产品”。2015年12月16日，同福碗粥股份有限公司在全国中小企业股份转让系统（新三板）正式挂牌上市。

同福公司以企业文化为引领，以科技为支撑，坚持技术、工艺、产品、设备、标准等创新，强化品牌的核心竞争力。公司聘请袁隆平院士为总顾问，致力打造同福原粮基地，扎实碗粥优质大米供给。

2. 安徽三只松鼠电子商务有限公司

说起电商三只松鼠，人们大脑中立即就会映出三只松鼠可爱的卡通形象：松鼠小美、松鼠小酷、松鼠小贱。安徽三只松鼠股份有限公司成立于2012年，是中国第一家定位于纯互联网食品品牌的企业，也是当前中国销售规模最大的食品电商企业。这家中国互联网食品企业自2012年6月19日上线，当年实现销售3 000多万元，到2015年销售突破25.1亿元，员工由5人发展至1 000多人。

三只松鼠在电商林立的互联网领地攻城略地、迅猛崛起，得益于其战略定位、消费群体，是年轻一代的品牌，得益于网络时代的高速发展，微博、微信等形式为三只松鼠进行的无边界化的口碑营销。互联网成就了三只松鼠电商的翘楚，成就了涉关排阻、勇往直前，写下了一串串骄人的数字，印下了互联网时代中国电商成长的样板和成功之道。

（安徽省农业委员会）

福建省品牌农业发展概况

【基本情况】 福建地处祖国东南沿海，依山面海，气候温和，雨量充沛，四季常青，物产丰富，交通便捷，港澳同胞和海外华人华侨众多，是中国与世界交流的重要门户。

多年来，福建农业蓬勃发展，各行各业欣欣向荣，农民安居乐业。2015年水果产量和人均占有量分别居全国第七位和第二位；茶叶产量和人均占有量居全国第一位，安溪铁观音、武夷岩茶、福州茉莉花茶等饮誉海内外；食用菌年产鲜品产量、产值和人均占

有量居全国第一位。畜牧业快速发展，肉类和蛋类的人均占有量均已超过世界平均水平。福建外向农业优势明显，全省农产品贸易总额居全国第五位。其中柑橘、食用菌、大葱出口居全国第一位，茶叶、蔬菜、花卉居第二位。

福建通过推行农业标准，创建农业标准化基地，实施农业产业化，推进农业结构战略性调整，积极打造农业品牌，以品牌促规模、以品牌拓市场，品牌农业建设取得了积极的成效。

福建省发挥农业产业资源优势，大力实施品牌战略，以市场为导向，以产业育品牌，以品牌拓市场，品牌农业呈现出良好的发展势头，基本建成较为完善的农业品牌培育、发展和保护机制，涌现出一批国内外著名的、具有明显竞争优势和影响力的品牌农业企业和农产品品牌，形成了有福建特色的品牌农业运作模式。2012—2015 年全省评选认定了 366 个“福建省名牌农产品”，品牌培育由过去重点发展种植业品牌，发展到现在的粮油、蔬菜、笋、水果、食用菌、茶叶、畜禽、水产、中药材、特色产品等 11 大类。2012—2015 年福建省获得 21 个中国著名区域公用农产品品牌，数量居全国前列。在品牌企业的带动下，有力地推进区域经济的增长，培育特色产业品牌集群。经工商部门认定的涉农类中国驰名商标 31 件，福建著名商标 174 件。经质检部门认定的涉农福建名牌 234 个。全省累计有效使用标志的“三品一标”企业总数达到1 958家，产品总数达2 840个。其中：无公害农产品产地1 495个，产品1 923 个；绿色食品企业 381 家，产品 743 个；有机食品企业 32 家，产品 124 个；地理标志农产品 50 个。

【主要措施】

（一）加大扶持，增加投入

各级政府成立了推进品牌农业发展的组织机构，组成专门工作班子，明确责任分工，配强工作力量，层层抓好落实，形成持续创新、持续推进的有效激励机制，调动基层和企业发展品牌农业的积极性，为共同发展品牌农业提供保障。各级财政部门安排专项资金奖励企业争创农产品品牌，对企业争创品牌予以重奖，对获得省级以上品牌的企业给予 5 万～100 万元的奖励。同时整合部门扶持品牌农业的项目资金，集中力量培育壮大一批重点企业和重点品牌，扶持一批为品牌农业服务的公共服务平台，如技术服务平台、营销服务平台、知识产权服务平台等，在全社会形成发展品牌农业的良好氛围。

（二）树立典型，推广示范

总结各地品牌农业发展的好经验好做法，树立一批典型，特别是总结、完善、推广安溪县大力发展安溪铁观音的“品牌带动，促进质量提升、产业集聚、市场营销、精深加工、综合开发、社会化服务”的成功经验。加大品牌农业的宣传力度，不仅在福建省的主流媒体加大系列报道、专题报道和典型报道的力度，营造全社会宣传品牌、保护品牌、消费品牌、发展品牌的良好舆论氛围；而且在国家级的主流媒体上加大对福建省实施品牌带动，发展现代农业的宣传，展示和提升福建省现代农业的良好形象。

（三）强化合作，加强交流

组织开展形式多样的科企合作，引导品牌农业企业与科研机构开展联合攻关和产品开发。鼓励仙芝楼、新美食品等品牌农业企业组建自己的研发机构，组建省级、国家级技术中心和博士后工作站，开发具有自主知识产权的产品。积极支持品牌农业企业引进、推广农业“五新”技术，保持品牌的名优品质和市场活力。推进福建—台湾、福建—香港农业交流合作。充分利用“6·18”“香港美食博览会”等合作交流平台，加大品牌农业展示、推介和宣传力度，全方位扩大品牌农业对外开放。充分挖掘、保护和开发文化资源，推进品牌文化建设，丰富品牌文化内涵，提升品牌文化品位，增加品牌附加值。

（四）扩大影响，强化营销

通过中国国际农产品交易会、香港美食博览会、全国荔枝龙眼交易会、绿博会、其他地区农产品博览会等大型会展活动的有效载体，举办和组织企业参加国内外各种类型的农产品展销会。仅2015年，福建省名牌农产品参展企业达到640家次，参展产品14大类2 000多个品种，贸易成交额91.9亿元。

（福建省农业厅市场信息处）

江西省品牌农业发展概况

【基本情况】 近年来，在农业部大力支持下，在江西省委省政府的正确领导下，江西省农业厅紧紧围绕打造“生态鄱阳湖、绿色农产品”品牌，按照“企业培育产品自主品牌、政府培育区域公用品牌”的思路，依据现有基础，加大扶持力度，创新工作思路、强化宣传推介，推动了农业品牌快速发展。

农产品品牌数量、发展水平直接反映了一个省农业整体实力，也是现代农业一个重要衡量指标。随着江西现代农业的不断发展，打造一批在全国乃至世界有影响力的江西农产品品牌成为发展现代农业、提升农产品竞争力、促进农民增收的战略选择。

2006年江西省农业厅就成立了江西省农业厅名牌农产品评选认定委员会，印发了《江西省名牌农产品评选认定管理办法》《江西省名牌农产品评选认定实施细则》《江西省名牌农产品评选认定产品目录（第一批）》，以名牌农产品认定为抓手，推动品牌农业发展。该项工作在2012年暂停，在2014年江西省农业厅权利清单制定过程中被清理，但在相当一段时间里为江西农业品牌的发展起到了非常大的促进作用，为江西农产品开拓市场增添了砝码。

2010年，为进一步树立“生态鄱阳湖，绿色农产品”品牌形象，积极营造全社会关心、支持农产品品牌发展的良好氛围，江西省农业厅与中国电信江西公司联合举办了首届“江西十大最受欢迎农产品”评选活动，当时有3万多人通过不同方式进行了投票。军山湖大闸蟹、子龙冻米糖、清心白莲、大观楼腐竹等产品获得了2010年度“江西十大最受欢迎农产品”称号。

2015年，江西省农业厅把农业品牌工作列为全厅重点工作，倾注了大量心血，在经深入调研、多方论证的基础上编制了《江西省农业品牌十三五发展规划》，为今后一段时间江西省农业品牌的发展指明了方向。同时，经江西省政府授权，江西省农业厅首次向各市、县（区）政府印发了《关于加强农产品品牌建设工作的意见》，对《规划》的实施提出了明确要求、工作任务和具体措施。

【工作思路】 以“突出重点、先易后难、行业协调、分级推动、政府引导、企业主导”为原则，突出“四个一批”：充分挖掘宣传一批老字号品牌、做大做强一批产业优势品牌、培育壮大一批企业自主品牌、整合扶强一批区域公用品牌。着力解决江西省农产品品牌存在的“散、小、弱”现象，克服农产品品牌发展中观念滞后、投入不足、扶持不够、组织化程度低等不利因素。力争用5年时间，着力打造出一批特色鲜明、信誉良好、带动力强、影响力大的农业品牌，使江西省农产品中国驰名商标达到40个、江西省著名商标300个、江西名牌产品30个，进入全国农产品区域公用品牌价值榜前100位的江西农业品牌达到5个，新发展无公害农产品1 000个以上、绿色食品600个以上、有机食品400个以上，“三品一标”农产品总量占全省农产品商品量的60%以上。

【发展举措】

（一）建立和完善标准体系，提供农产品品牌质量保障

江西省围绕主导、特色产业和优势农产品，制定了一批切实可行，又能与世界接轨

的优势农产品标准，为实现标准化生产、培育品牌奠定了基础。据统计，江西省现有地方农业标准近 400 项。特别是“赣南脐橙”“江西绿茶”“鄱阳湖”等品牌产品的生产、包装和质量控管标准的推广实施为树立品牌形象、提高市场竞争力起到了重要的推动作用。在有法可依、有标可依的基础上，江西省农业厅加大了农产品质量安全监管力度，建立了 4 个部省级、11 个地市级和 90 个县级农产品质检机构，基本实现了检测区域和品种的全覆盖，开展了农产品质量安全例行监测等工作。2015 年，全省农产品质量安全抽检合格率达到 98.5%，高于全国平均水平。

（二）推动农产品品牌整合，培育知名区域公用品牌

一是“赣南脐橙”品牌整合成效显著。为保护赣南脐橙品牌，赣州市向国家工商总局申请注册了赣南脐橙证明商标，并在全市大力推广赣南脐橙证明商标，要求所有果品加工企业统一使用赣南脐橙商标，唱响赣南脐橙品牌，维护赣南脐橙品牌。同时，赣州市联合有关部门在省内外积极开展打假维权行动，维护广大消费者的合法权益，保护果农的利益，促进赣南脐橙产业的健康发展。2015 年，赣南脐橙的品牌价值为 657.84 亿元，居全国农产品品牌价值榜榜首。

二是大力推进茶叶品牌整合。全省上下确立了“以市场为导向，以区域品牌整合为基础，以企业实施为主体，以品牌提升为目标，五年内打造 1～3 个全国茶叶知名品牌”的工作思路。江西省政府整合涉农资金，设立茶叶品牌整合专项资金，从 2015 年起，江西省财政连续 5 年每年整合资金 1 亿元，专项支持茶叶品牌整合。确立了“江西茶 香天下”主体广告语，策划制作了 15 秒广告宣传片，并从 2015 年 12 月 16 日开始在央视《朝闻天下》栏目和江西卫视《江西新闻联播》栏目开播。

三是“鄱阳湖”水产品牌培育进展顺利。江西省农业厅成立了“鄱阳湖”水产品牌推进工作领导小组，负责协调推进“鄱阳湖”水产品牌建设的各项工作。江西省渔业协会成功注册“鄱阳湖”商标，涵盖了清水大闸蟹、鳙鱼、冷冻食品等六大系列 40 余个产品，出台了《“鄱阳湖”注册商标授权管理办法》，进一步规范了“鄱阳湖”注册商标的授权和管理。着力推动“鄱阳湖大闸蟹”品牌专卖店营销体系建设，批准设立了“鄱阳湖大闸蟹”品牌专卖店 52 个。截止到 2015 年年底，共有 39 个“鄱阳湖大闸蟹”品牌专卖店进行了规范的店面招牌装修（饰），累计销售“鄱阳湖大闸蟹”达到3 120吨，销售收入达到42 840万元。

四是江西地方鸡品牌建设开局良好。强化了顶层设计，经江西省政府同意，出台了《江西省农业厅关于加强“泰和乌鸡、崇仁麻鸡、宁都黄鸡”等地方鸡品牌建设的指导意见》和《“泰和乌鸡、崇仁麻鸡、宁都黄鸡”等地方鸡品牌建设实施方案》。成立了由江西省农业厅牵头、省直 13 个单位组成的地方鸡品牌建设协调推进小组和省级技术专家组，加强地方鸡品牌建设的统筹协调和技术指导。落实了扶持资金。整合现有资金项目，将江西省财政现代农业水禽建设项目1 000万元列为地方鸡品牌建设扶持资金，还将通过畜禽养殖标准化项目、产业化扶持、惠农信贷通等，向地方鸡品牌建设倾斜。

（三）提供资金支持，鼓励龙头企业创建知名品牌

江西省农业厅从农业产业化专项中拿出部分资金，大力支持农业企业发展品牌，省级农业产业化龙头企业首次获得中国驰名商标、中国名牌产品的一次性奖励 20 万元；获得江西省著名商标、江西名牌产品一次性奖励 10 万元，获得有机食品、绿色食品、无公害农产品认证分别给予一次性奖励。

（四）搭建宣传促销平台，为农业品牌提

供市场支撑

一是举办农业会展活动，宣传促销江西名特优农产品。江西省农业厅在上海、深圳、中国香港等地举办了江西鄱阳湖绿色农产品系列展销会、鄱阳湖绿色农产品（香港）推介会，组织参加了中国国际农产品交易会、韩国首尔国际农产品展等多场国内外知名展会。赣南脐橙、南丰蜜桔、江西绿茶、弋阳年糕、鄱阳湖大闸蟹、春丝面条等一大批农产品通过展会平台成长为众所周知的知名品牌，成功扎根销地市场。

二是通过各类媒体、多种方式对江西名优农产品进行宣传。江西省农业厅扶持赣南脐橙、南丰蜜桔等江西省优势农产品在中央电视台进行广告宣传，扶持江西绿茶和鄱阳湖生态水产品在江西卫视等媒体进行广告宣传。与江西广播电视台重点打造农业电视栏目《稻花香里》，在江西人民广播电台、江西农业杂志上开设了“生态鄱阳湖，绿色农产品”专栏，宣传推介江西省名优农产品。帮助有关企业在上海、北京、义乌设立了专门经销江西名优农产品的窗口。

【工作成效】

（一）营造了全社会关心支持农业品牌发展的氛围

经过多年不懈努力，江西农业品牌工作越来越受到领导和社会各界的关心、重视和支持。近两年，江西省人大代表和政协委员加大了对农业品牌工作的研究，每年关于农业品牌的提案和建议 10 多条。

（二）夯实了发展农业品牌的基础

经过多年的培育创建，江西农业品牌逐步呈现向“全、广、高、好”发展的局面，为下一阶段的品牌打造打下了坚实基础。

一是品牌类型较全。全省农业品牌数量虽然不多，但各级品牌类型较全。目前，全省有中国驰名商标 38 个，中国名牌产品 8 个，中华老字号 14 个，江西省著名商标和江西名牌产品 258 个，各类农产品知名区域品牌 56 个，为今后做大做强和有序推出一批批江西农业品牌奠定了扎实的基础。

二是覆盖行业较广。目前，全省农业品牌产品覆盖种植业、畜牧业、渔业等多种业态和全省绝大多数设区市。例如，果业的南丰蜜桔、赣南脐橙等，茶叶的宁红茶、庐山云雾、遂川狗牯脑、婺源绿茶、浮梁茶等，家禽的泰和乌鸡、崇仁麻鸡、宁都黄鸡、皇禽酱鸭等，稻谷的万年贡米、金佳大米、香贡世家等，渔业的鄱阳湖水产品和军山湖水产品。

三是价值和收益较高。随着近几年江西省对农业品牌建设的重视，全省农业品牌价值呈现持续增长趋势。例如，赣南脐橙的品牌价值从 2009 年的 19.9 亿元增长到 2012 年的 43.22 亿元，品牌收益相应地从22 386.00万元增长到31 372.57万元；婺源绿茶的品牌价值从 2009 年的 4.43 亿元增长到 2012 年的 7.89 亿元，品牌收益相应地从4 088.50万元增长到5 783.09万元。

四是发展基础较好。截止到 2015 年，江西省“三品一标”产品已达2 416个，其中，无公害农产品1 401个、绿色食品 527 个、有机食品 423 个、农产品地理标志 65 个；全省农产品抽检总体合格率达 98.6%；全省获得“三品一标”认证的总面积达（含种植业和水产养殖）2 348.82万亩。

（江西省农业厅）

山东省品牌农业发展概况

【基本情况】 2015 年，按照中央关于加强品牌建设的有关部署，山东省坚持把农业品牌建设作为加快转变农业发展方式、促进农业转型升级的根本着力点，大力实施农业品牌引领战略，努力争创现代农业发展新优势，全省农业品牌建设呈现良好发展态势。

（一）加强顶层设计，营造品牌建设环境

2015 年以山东省政府办公厅名义出台了

《关于加快推进农产品品牌建设的意见》（鲁政办字〔2015〕80号），作为全省农产品品牌建设的指导性文件，确立了“打造一个在国内外享有较高知名度和影响力的山东农产品整体品牌形象、培育一批区域公用品牌和企业产品品牌、制定一个山东农产品品牌目录制度、建立一套实体店与网店相结合的山东品牌农产品营销体系”的“四个一”的目标任务，对全省农产品品牌建设作出顶层设计和整体规划。建立了由14家单位组成的农产品品牌建设联席会议制度，进一步增强了政府各职能部门加强品牌建设的能动性和协同性，形成了农产品品牌建设的合力。

（二）编制实施方案，细化工作措施

围绕“四个一”的目标任务，组织精干力量，经过深入专题调研，广泛征求浙江大学中国农业品牌研究中心、中国农业大学、山东大学等单位品牌专家和省农产品品牌建设联席会议成员单位和17地市农业局（农委）的意见和建议，精心编制了《全省农产品品牌建设实施方案》，提出了“实施山东农产品整体品牌形象塑造工程、建立健全品牌农产品标准体系、建立品牌农产品评价体系、建立线上线下品牌农产品营销推广体系、健全完善农产品品牌建设的政策扶持体系、夯实品牌农产品建设的基础”等六大实施路径，进一步细化了品牌建设的工作措施。

（三）开展征集活动，树立整体品牌形象

为进一步提升山东农产品的知名度、美誉度和市场竞争力，树立农产品整体品牌形象，2015年10月20日通过《大众日报》、新华网、凤凰网、大众网、山东农业信息网及“12316”农业信息平台向社会发布了“山东农产品整体品牌形象图案、卡通和广告语征集启事”，面向国内外公开征集设计方案，组织召开了应征作品评审会，对符合应征要求的来自国内外20个单位和个人设计的48套整体品牌形象图案、卡通作品以及56个单位和个人设计的630条广告语作品进行了评审。最终确定了一家设计单位，根据领导和专家意见建议反复对备选作品进行修改完善。一经确定后，立即召开发布会对外推出，多渠道、多视角开展宣传活动，全面展示和提升山东农产品整体品牌形象知名度和影响力。

（四）加强品牌建设宣传，积极扩大社会影响

2015年7月21日，与大众报业集团签署战略合作协议，正式启动了全省农产品品牌建设宣传活动。根据合作协议，大众报业集团通过旗下的《大众日报》《齐鲁晚报》《农村大众》等宣传载体，无偿提供2 000万元的公益版面对全省知名区域公用品牌、各地品牌建设经验等进行系列深入采访报道，在全省营造了重视、支持和参与农产品品牌建设的浓厚氛围。

（五）立足区域产业特色，推动品牌战略实施

在省里推动品牌建设的带动下，山东省各地都立足区域特色和优势产业，大力培育区域特色品牌。2015年，烟台市编制了《烟台苹果品牌战略规划》，重新提炼出了“中国第一个苹果，烟台苹果”品牌口号、“大拇指苹果”形象，并在中央电视台投放烟台苹果广告片。济宁以“孔孟之乡、长寿三宝（金乡大蒜、邹城蘑菇、泗水紫薯）”为引领，积极打造品牌农业。青岛、淄博等市分别以市政府名义印发关于推进农产品品牌建设的意见。潍坊市依托寿光菜博会平台和品牌效应，积极开展农产品品牌营销推介活动。

（六）壮大生产经营主体，积极培育产品品牌

积极引导支持龙头企业申报驰名商标、名牌产品、农产品地理标志。截止到2015年年底，全省“三品一标”有效使用标志企业单位数2 806家，产品6 705个。其中，无公害农产品企业数1 226家，产品数2 843个，居全国第五位；绿色食品企业数1 354家，产品数3 538个，居全国第一位；有机食品企业

数57家，产品数155个，居全国第三位；登记农产品地理标志单位、产品总数169个，居全国第一位。“三品一标”产地认定面积占主要食用农产品总面积比率达到42.7%。2015年共有20个区域公用品牌进入浙江大学CARD中国农业品牌研究中心发布的《2015中国农产品区域公用品牌价值排行》百强。其中，烟台苹果以品牌价值105.86亿元位列第二位，东阿阿胶、威海刺参、金乡大蒜、苍山大蒜、蒙阴蜜桃、微山湖等品牌价值均达40亿元以上。

（七）依托展会平台，大力开展品牌推介活动

积极组织举办大型农业展会，大力开展山东品牌农产品宣传推介活动，形成了泰山农博会、苍山菜博会、乐陵枣博会、寿光菜博会等一批国内外知名展会，进一步扩大了山东省名优农产品品牌知名度。积极实施农业“走出去”战略，大力开拓国际农产品市场，进一步加强农业对外交流与合作。2015年3月21～25日，组织40家企业参加了第十九届英国国际食品及饮料展览会，共签订合同18份，合同金额4 354万美元（合人民币2.7亿元）；签订协议及意向45个，协议金额2.78亿美元（合人民币17.25亿元）。2015年5月6～9日组织山东省70家企业参加了2015香港国际食品餐饮展览会，并同期举办山东名优农产品精品展。签订合同23份，合同金额10.23亿元；签订协议及意向72份，协议金额28.52亿元。

【大事记】

2015年5月，山东省人民政府办公厅印发了《关于加快推进农产品品牌建设的意见》（鲁政办字〔2015〕80号），就加快全省农产品品牌建设提出了目标要求和工作推进措施。

2015年7月，山东省农业厅与大众报业集团签署战略合作协议，正式启动了全省农产品品牌建设宣传活动。根据合作协议，大众报业集团通过旗下的《大众日报》《齐鲁晚报》《农村大众》等宣传载体，无偿提供2 000万元的公益版面对全省知名区域公用品牌、各地品牌建设经验等进行系列深入采访报道。

2015年8月，建立了由山东省农业厅牵头，山东省发展和改革委员会、山东省经济和信息化委员会、山东省科技厅、山东省财政厅、山东省海洋与渔业厅、山东省林业厅、山东省地方税务局、山东省工商局、山东省质量技术监督局、山东省食品药品监管局、山东省畜牧局、山东省农业科学院、山东省供销社等14个单位组成的农产品品牌建设联席会议制度。

2015年10月，通过《大众日报》、新华网、凤凰网发布征集启事，面向国内外公开征集山东农产品整体品牌形象图案、卡通和广告语。

【突出单位】 山东省烟台市制定《烟台苹果品牌战略规划》。2015年8月28日，烟台市召开烟台苹果品牌战略规划新闻发布会，正式公布《烟台苹果品牌战略规划》，推出“中国第一个苹果，烟台苹果”新品牌口号，将世界范围内普遍表示认可的大拇指形象及苹果自身形象进行了巧妙结合，勾勒出专属烟台的“大拇指苹果”形象，制作了烟台苹果广告片，并在央视进行投放，掀开了烟台苹果品牌打造新的历史篇章。

（山东省农业厅）

河南省品牌农业发展概况

【基本情况】

2015年，河南省坚持“认证与监管并重、数量与质量并举”的工作方针，进一步创新工作机制，转变工作方法，着力提高认证审核质量和稳步扩大产品总量规模，从提升农业标准化、品牌化和农产品质量安全水平出发，统筹协调发展速度、产品质量和综合效益，推进无公害农产品、绿色食品、有

机食品和农产品地理标志（简称“三品一标”）品牌建设取得了新进展。全年新认定无公害农产品产地 532 个，新上报无公害农产品 608 个，新认证绿色食品 193 个，续展认证绿色食品 108 个，新认证有机产品 5 个，再认证有机产品 16 个，新认证绿色食品生产资料产品 2 个，新登记农产品地理标志 5 个。截止到 2015 年年底，全省有效期内“三品一标”2 764个。

【主要做法】

一是始终严把入门关口。坚持“从严从紧、积极稳妥”的原则，进一步强化认证技术培训、认真落实现场检查制度、规范认证申报流程、提升材料审核质量效率，保持了认证工作健康发展。

二是坚持强化证后监管。坚持更加注重发展质量和生产效益，更加注重规范管理和质量监督，更加注重层层把关和证后监管，更加注重责任落实和责任追究，不断强化综合检查、专项检查、监督监测等监督。

三是着力人员能力提升。通过各种形式培训认证登记技术人员，全年共培训人员 240 余人次，培训企业内部检查员 925 人，实现了每个市（县）都至少有一名检查员和监管员、每个企业都有一名以上的内检员，进一步夯实了工作基础。

四是积极推进品牌宣传。利用各种媒体宣传“三品一标”品牌。在《河南省农产品质量安全网》官网上及时发布“三品一标”动态信息，在《河南农业》《农村、农民、农业》和《农家参谋》等刊物上开办农产品质量安全专栏，利用办理人大代表和政协委员的议案提案回复等途径宣传“三品一标”品牌农产品。组织河南省“三品一标”企业参加相关展会，让观众零距离、全方位感受了河南地理标志农产品的珍、奇、特和厚重的河南历史文化，增强了社会各界对河南品牌农产品的深入了解。

（河南省农产品质量安全检测中心）

湖北省品牌农业发展概况

【基本情况】 湖北自古以来有“千湖之省、鱼米之乡”和“湖广熟、天下足”的美誉。近年来，湖北省按照“创新、协调、绿色、开放、共享”的发展理念，着力转变农业发展方式，提高农业发展质量和效益，加快品牌农业建设步伐，努力实现让全国人民更多地“饮长江水、吃湖北粮、品荆楚味”的目标。

1. 品牌农业优势地位突出

湖北省是全国重要的农产品生产基地，主要农产品产量位居全国前列。其中粮食产量居全国第十位左右，水稻产量全国前五位；干香菇、小龙虾、蜂蜜、禽蛋、河蟹出口连续多年全国第一位；棉花、油料产量全国第三位；生猪出栏全国第五位，禽蛋全国第六位；蔬菜产量全国第六位；茶叶产量全国第三位；水果产量全国第 11 位。2015 年，湖北粮食总产量达到 540.66 亿斤，比历史高产的 1997 年增 13.78 亿斤，实现了“十二连增”。油菜籽总产 258.6 万吨，连续 20 年居全国第一位；淡水产品产量 455 万吨，连续 20 年居全国第一位。猪、禽、牛、羊出栏量分别达到4 363.2万头、5.12 亿只、159.9 万头和 550.6 万只；肉、蛋、奶产量分别达到 431.9 万吨、165.2 万吨、16.8 万吨。全省畜牧业产值突破1 508亿元，同比增长 4%。

2. 农产品品牌建设成效显著

“十二五”期间湖北省以“三品一标”为发展重点，着力培育农业精品名牌。2015 年新认证“三品一标”产品 610 个，截止到 2015 年年底，全省有效期内“三品一标”企业1 988家，品牌总数4 386个，总产量1 945 万吨，总产值 670 亿元，出口创汇 2.9 亿美元，总量规模持续位居全国前列。2015 年，新获得农业部登记保护的农产品地理标志品牌 16 个，全省农产品地理标志产品品牌总数达到94个，总生产规模达到49.5万公顷，570万只（头、羽），总产量427.7万吨，登记品牌数量位居全国前五位。潜江龙虾、麻城福白菊、房县香菇、房县黑木耳、宜都宜红茶等农产品地理标志品牌列入农业部首批推荐的中欧互认农产品地理标志目录，强势迈出国门。宜昌蜜桔、秭归脐橙、房县黑木耳、武当道茶、随州泡泡青等农产品地理标志品牌入选中国著名区域公用品牌“百强”。

3.“12316”农业品牌服务能力进一步提升

“12316”是全国农业系统的统一公益服务专用号码，湖北省自2010年开通服务以来，本着“面向三农、有问必答、有难必帮、有诉必查、优质快捷”的宗旨，积极推进“12316”服务功能的拓展延伸，目前已初步形成集网站、语音、短（彩）信、视频远程诊断、新媒体（微信、微博及手机移动客户端）“五位一体”和省、市、县、乡、村“五级联动”的三农综合服务体系，成为全省农业公益服务的第一品牌。

【工作举措】

1. 政策引导促进品牌农业发展

湖北省委、省政府高度重视农产品品牌创建与发展，把品牌建设作为提升农业产业化经营水平，提高产品市场竞争力的重要抓手。继2009年出台《关于实施农产品加工业“四个一批”工程的意见》，提出打造一批在全国有影响的知名品牌之后，2013年又出台《关于推进品牌强省建设的若干意见》，提出新培育和发展30个以上在全国有较高知名度的农产品加工产业品牌。同年9月，为实施农业品牌化发展战略，规范湖北名牌农产品的评选推介工作，湖北省农业产业化龙头企业协会印发了《湖北名牌农产品评选推介办法》，规定每两年组织开展一次“湖北十大农产品品牌”和30个“湖北优秀农产品品牌”评选活动。

2. 标准化生产提高品牌农业质量

质量安全是品牌农业的根本，是品牌农业不可动摇的根基，而标准化生产则是品牌农业质量安全的重要保障。“十二五”以来，按照“种植业建板块、畜牧业建小区、水产业建片带”的发展方针，湖北省级财政共投入板块专项资金9亿元，吸引100亿元社会资金参与现代农业板块建设，形成了优质稻、蔬菜、水产、桑茶药、油菜、水果、棉花等板块，基地覆盖率达到了45%。通过板块基地建设，带动了农业规模化、专业化、标准化、产业化。近年来湖北省着力从标准化生产基地抓起，扩大标准化生产经营规模，组织开展“三园两场”（标准化的果园、菜园、茶园和标准化畜禽养殖场、水产健康养殖场）标准化示范区建设，通过开展标准化示范区建设，健全生产全程控制和质量安全追溯体系，建立“三品一标”认证动态管理机制，有效提高了农产品质量安全水平。2011—2015年，农业部对湖北农产品质量安全监测总体合格率分别达到98.5%、98.8%、99.2%、98.5%、98.8%，一直位居全国前列。

3. 搭建平台扩大品牌农业影响

为大力宣传推介我省优质农产品，唱响荆楚品牌，湖北省连续13年组织参加农业部举办的中国国际农产品交易会，连续12年举办武汉农业博览会，连续两年举办汉江流域（襄阳）农业博览会，通过农交会和农博会等平台，大力宣传推介湖北省“三品一标”品牌产品及特色农产品。一大批农产品深受市场青睐，福娃稻米、奥星菜籽油、周黑鸭、小胡鸭、孝感米酒、洪湖藕带等一批农产品备受好评。展会期间，开展系列农产品促销和商贸洽谈活动，打造产销对接及信息交流平台，助力湖北农产品开拓国内外市场。在第十三届农交会期间，仅湖北星翔农产品专业合作社联合社“夷陵红”牌宜昌蜜桔就与经销商现场签约3.5亿元。近几年湖北省还在中国香港等地举办了“饮长江水、吃湖北粮、品荆楚味”美食名茶推介会等系列活动。

围绕油菜产业和茶产业品牌推广，组织了“湖北菜籽油品牌推广高峰论坛及鄂产菜籽油推广月”活动和重走“万里茶道”走进北京、走进俄罗斯等活动，各大媒体均进行了专题报道，引起了较大反响和广泛关注。同时注重挖掘品牌农产品文化内涵和内在特性，根据农产品品牌的历史、地理、传统、风俗等文化特色寻找农产品品牌传统文化与现代文化的结合点，讲好品牌故事，实现与消费者之间积极的情感沟通。如孝感“七仙红”桃主打中华孝文化牌，十堰市将中国道教文化融入到茶叶产品中。此外，大力发展电子商务、直销配送、农超对接、农校对接、农企对接、农批对接、农社对接等新型营销模式，拓展销售渠道，扩大品牌影响。总之通过参加农交会、博览会、招商会等活动，利用网络、广播电视、报刊等多种媒体，全方位展示了品牌创建主体形象，扩大了品牌农产品知名度，形成了政府重视、主体主动、消费者认知、多方合力推进品牌农业建设的良好氛围。

4. 整合资源形成品牌农业优势

近年来，湖北省充分挖掘农业自然资源，依托优势农产品产业带发展主导产业，大力培育区域公用品牌，形成具有竞争力的品牌集群，重点培育一些发展潜力大、生产数量多的特色农产品。全省整合茶叶、水产、油菜等优势特色农业资源要素，走抱团发展、联合闯市场之路，为区域公用品牌建设探索了一条切实可行之法。在茶叶品牌整合上，宜昌市依托采花毛尖——“湖北第一名茶”品牌，上下联运，整合资源，引导18家规模较大的茶叶企业与采花毛尖茶业有限公司进行合作联合，用现代工业化理念，培育大品牌，抢占大市场，带动大基地，推动茶业产业向纵深发展。在水产品牌整合上，按照成立一个协会、制定一个章程、规范一套程序、统一一个标准、注册一个商标的“五统一”模式，整合“一鱼一虾一蟹”三大公共品牌，成功打造了“楚江红”小龙虾、“梁子”牌梁子湖大河蟹和“洪湖渔家”生态鱼三大水产品牌，形成了较强的竞争优势，带动了全省名优水产品养殖生产、加工和出口创汇。“楚江红”小龙虾“蹦”过大洋，“跃”向国际市场，成为欧美超市里的畅销品。在菜籽油品牌整合上，组建了湖北油菜籽产业化战略联盟，打响“双低”菜籽油品牌，首个优质菜籽油品牌—湖北奥星粮油工业公司小包装食用油，推出后短短半年，销量增长120多倍。

5. 多措并举培育品牌农业主体

培育品牌创建主体，重点加强对龙头企业、合作社、行业协会等品牌创建主体的支持和培训。积极引导农业产业化龙头企业通过品牌经营、资本运作、产业延伸等方式进行联合重组，充分发挥龙头企业的引领和示范作用。支持龙头企业开发新技术、新产品、新工艺，发展品牌农产品加工流通业。围绕优势主导产业，建立农民专业合作社，发展“龙头企业＋合作社＋基地”模式，引导企业与农户之间建立更加稳定的产销合同和服务契约，实现小生产与大市场的有效对接。鼓励农民专业合作社以法人身份按产业链和品牌组建联合社，着力打造一批品牌农产品经营强社。鼓励一定规模的种养大户成立家庭农场和公司农场提升专业化、标准化水平，加入农产品品牌产业链条。引导、支持农业生产经营主体进行农产品商标注册和中国驰名商标申报。相关扶持资金和项目向新型经营主体适当倾斜。同时，培养一批懂得农业品牌和品牌经营的优秀企业家，以及从事品牌农业生产的具有品牌意识、懂技术、会经营的新型农民，发展壮大农业品牌建设的优秀人才队伍。

【大事记】

2015年6月12～13日，中俄“万里茶道”走进武当暨首届武当道茶博览会在十堰市举行。

2015年6月18日，湖北省农业厅主办

2015年武汉种业博览会。

2115年6月25日，组织专家论证会，推荐公安县“晶凉田”牌葡萄为“湖北名优葡萄”。

2015年6月30日，组织专家论证会，推荐孝感市“楚荷香”牌莲藕为“湖北名藕”。

2015年11月6～8日，2015年国际茶业大会在咸宁赤壁市隆重举行，湖北省农业厅首次参与组织举办国际性茶事活动，共组织省内50余家茶企参加，分“十大板块”（茶祖神农、茶使昭君、茶神诸葛亮、茶圣陆羽，万里茶道、有机茶种植、清洁化加工，武当道茶、恩施硒茶、英山云雾等）向全世界进行了多元素、全方位展示。

2015年9月19～22日，湖北省农业厅、襄阳市人民政府共同主办第二届汉江流域（襄阳）农业博览会。

2015年10月30～11月2日，湖北省农业厅与武汉市人民政府共同承办第十二届中国武汉农业博览会。

【突出单位】

1.“赤壁青砖茶”公共品牌简介

“赤壁青砖茶”为国家工商总局注册批准的区域公共品牌。在公共品牌下，已经批准了4个主力企业子品牌（“川”字牌、“羊楼洞”、“赵李桥”、“洞庄”），涵盖了赤壁茶业80%的青砖茶产品。

（1）“川”字牌。赵李桥茶厂原隶属于咸宁市供销社，是一个具有百年历史的“中华老字号”企业，其“川”字牌商标为中国驰名商标，青砖制作工艺技术已列为国家非物质文化遗产。“川”字牌青砖茶主要以鄂南山区当轮生长的优质老青茶为原料，经过发酵、精制、筛选、高温杀菌、蒸压、烘干等多道工序加工而成。其外形紧结平整、口味独特，富含多酚类、咖啡碱、氨基酸、维生素等多种有益于人体健康的物质。一直是我国西北高寒高脂肪少数民族地区的生活必需品，但是随着人们的生活水平提高，在我国东南沿海发达地区，也慢慢把砖茶作为减肥瘦身的健康饮品。

（2）“羊楼洞”牌。“羊楼洞”品牌源于万里茶道源头的羊楼洞小镇。它因茶兴盛、也因茶而闻名，曾有“小汉口”之称，其种茶、制茶的历史距今有1 300多年。尤其在17～19世纪时，从羊楼洞远销欧亚大陆地区的“青砖茶”“米砖茶”，几乎成为了当时万里茶道沿线人们近300年来生活的必需品之一。而羊楼洞茶业有限公司的前身是始建于1951年、由国家设立的中华茶叶公司羊楼洞松峰茶厂。公司旗下的“羊楼洞”品牌及产品曾获“国饮杯”一等奖、“中国驰名商标”等荣誉。“羊楼洞老青茶”时隔100年，再度在2015年巴拿马万国博览会上获得“金骆驼奖”。

（3）“赵李桥”牌。湖北赤壁赵李桥茶业有限公司，以湖北省茶叶示范基地为基础，以湖北省农业科学院为依托，将传统工艺与现代高新科技进行完美结合，把食品与艺术、经济与文化、生产与旅游融为一体，是湖北省地方特色经济重点培育企业。主导产品为“赵李桥”青砖茶为省级著名商标。

（4）“洞庄”牌。洞庄茶业有限公司总部坐落于湖北赤壁赵李桥洞庄茶生态文化产业园，是一家集茶产品研发、生产、加工、销售、茶楼经营、茶文化产业和生态旅游观光于一体的多元化发展的茶产业集团。羊楼洞商人雷中万于清乾隆元年（公元1736年）开办“羊楼洞茶庄”，后又将“羊楼洞茶庄”更名为“洞庄茶号”。至今，已有200余年历史。产品先后荣获“中国著名品牌”、中国国际农业博览会优质奖等茶行业大奖。

2. 武汉梁子湖水产品加工有限公司

武汉梁子湖水产品加工有限公司是中国农业发展集团成员企业。主营水产品综合深加工、销售、冷链仓储物流、进出口贸易、生物科技等，是国家产业政策重点支持企业，湖北省农产品加工业“四个一批”农产品加工龙头企业，是湖北省和武汉市重点支持的龙头企业。公司先后荣获武汉市十大科技创新示范企业、武汉市农业科技型企业、湖北省农业产业化重点龙头企业、武汉市循环型企业、农业部全国主食加工业示范企业、湖北省重点物流企业等荣誉。公司是华中地区最大的冷链专业物流市场之一，湖北出入境检验检疫局进出口农副产品和进出口食品的定检中转基地。

公司从基地建设、生产、研发、进出口贸易、冷链物流等五大方向全面发展，下属武汉初颜生物科技有限公司、湖北梁子兴隆进出口贸易有限公司、仙桃梁子湖水产品加工有限公司、武汉梁子湖冷链物流有限公司、科技研发技术服务公司等 5 家全资企业。公司主要产品包括胶原蛋白系列、名特优水产品系列、鱼糜及鱼糜制品系列、花色米面制品系列四大系列共 100 多种产品。胶原蛋白、鱼糜、小龙虾、冻生河蟹、冷冻鱼头和冷冻鲍鱼出口到美国、日本、欧盟、韩国、新西兰及东南亚、中国台湾、中国香港等国家和地区。其中冻生河蟹出口全国第一，胶原蛋白出口名列全国前茅。农产品加工出口创汇武汉市第一，全省名列前茅。“梁子”牌鱼糜制品、胶原蛋白粉、面膜、口服液在国内 20 多个省市建立了一级总代理、总经销共 102 个，二级代理商 500 多个。

公司先后通过了 ISO 9001 质量管理体系、ISO 22000 食品安全管理体系、HACCP 体系、国际 Halal 清真认证，实行从源头到餐桌全过程质量及食品安全管理，确保消费者餐桌安全。公司发展战略目标是实现水产品综合深加工和冷链物流“双百亿”项目，总投资 33 亿元，项目建成后，年加工淡水鱼 50 万吨，年产值 103 亿元，冷链仓储物流市场年交易额 100 亿元，实现年利税 18.5 亿元，出口创汇 10 亿美元。

（湖北省农业厅）

湖南省品牌农业发展概况

【基本概况】 经过多年发展，湖南省“三品一标”工作取得了明显成效，以粮、油、果、茶、菜、畜、禽、蛋、奶和水产品等为重点，以龙头企业、现代农业标准化示范园（区、场）、星级农庄、农民合作社、专业合作组织等为主体，在强化生产主体质量控制能力把关、保证产品质量安全的基础上积极推进大宗农产品及鲜活初级农产品的无公害农产品认证，全省共建立绿色食品原料基地 800 多万亩，有“三品一标”农产品品牌3 000余个，年产量1 500多万吨，“湘”字农产品市场竞争力明显增强，产业质量和效益不断提升。

【发展措施】

（一）大力开展基地创建

加强重要农产品生产基地的产地安全管理和产地环境治理，促进农田生态环境明显改善，为“三品一标”的生产奠定地力基础。以农业标准化建设为依托，大力推动规模化无公害农产品生产基地创建，稳步推动绿色食品原料标准化基地建设。以绿色食品、有机农产品龙头企业为依托，建设一批绿色（有机）食品示范基地，通过资金支持、政策引导、整体对外宣传、构建销售网络平台等措施，打造一批规模大、品质优、品牌响的绿色有机农产品企业，带动全省绿色食品和有机农产品认证。扎实推进以县域为基础的国家农产品地理标志登记保护示范创建，积极开展农产品地理标志登记保护优秀持有人和登记保护企业（合作社、家庭农场、种养大户）示范创建。

（二）严格认证审核和监管

严格产地环境监测、评估和产品认证检测，严把获证审查准入关。切实将无公害农产品标识与产地准出和市场准入有机结合，实施顺畅快捷产地准出和市场准入。严格规范“三品一标”标志管理，严查冒用和超范围使用“三品一标”标志等行为。健全淘汰退出机制，严肃查处不合格产品。推进规范化管理，建立健全认证管理、质量监管、风险评估、应急管理和责任追究等制度。强化获证单位产品质量“第一责任人”意识，指导生产企业建立完善过程管理、包装标识、检验检测、质量追溯、预警分析、内部培训与内部检查员等制度。

（三）加强品牌培育宣传

加强品牌培育，将“三品一标”作为农业品牌建设重中之重。督导获证产品正确和规范使用标识，不断提升市场影响力和知名度。积极组织“三品一标”企业参加绿博会、有机博览会、地标农产品专展等专业展会，支持“三品一标”产品参加全国性或区域性农产品展会。依托湖南日报、湖南广播电视台、湖南农业信息网等新闻媒体，加强“三品一标”品牌宣传、科普解读、生产指导和消费引导，加大公益宣传力度，进一步提高“三品一标”产品在消费者心中的认知度和公信力。办好湖南绿色食品网和湖南无公害绿色食品网上超市，加强“三品一标”产品的市场对接，为“三品一标”产品构建市场营销平台和产销联动合作机制。

（四）推动改革创新

结合国家现代农业示范区、农产品质量安全县等农业项目创建，开展“三品一标”标准化生产示范，辐射带动农产品质量安全整体水平提升。围绕国家化肥农药零增长行动和农业可持续发展要求，大力推广优质安全、生态环保型肥料农药等绿色生资，全面推行绿色、生态和环境友好型生产技术。在无公害农产品生产基地建设中，积极开展化肥、农药等农业投入品减量化施用和考核认定试点。加快推进“三品一标”信息化建设，鼓励“三品一标”生产经营主体采用信息化手段进行生产信息管理，实现生产经营电子化记录和精细化管理。推动“三品一标”产品率先建立全程质量安全控制体系，开展“三品一标”产品质量追溯试点。

（本文节选自湖南农业信息网《〈关于大力推进标准化生产，保障农产品质量安全提案〉的答复》）

广东省品牌农业发展概况

【基本情况】“十二五”时期，是广东省农产品品牌建设驶入快车道的关键五年，广东省农业厅围绕农产品品牌建设的核心目标，积极大力地为全省农产品品牌建设营造良好环境，开展了一系列的农产品品牌建设活动，取得一定的成效。同时通过网络化品牌管理、互联网品牌推介、信息化品牌测算等方面的创新性服务，发动全省农业经营主体及全社会媒体参与到农业品牌建设当中，从而提升广东省名牌农产品的市场竞争力，带动广大农户实现增收。

（一）名牌农产品培育工作常态化

2003 年，广东开始实施品牌带动战略，每年开展一次名牌产品评价工作，评选表彰一批质量处于省内同类产品领先水平、达到或接近国内国际同类产品先进水平，有一定的生产规模和经济效益，较高的市场占有率和知名度，消费者满意程度高的农业投入品、农林牧渔的产品及其加工品等农业类产品。13 年来，广东省农业厅及各级农业主管部门，在工作经费紧张的情况下，坚持不懈推动农产品品牌培育和宣传推广工作，截止到 2015 年，广东省有效期内的名牌产品（农业类）934 个，这些产品及其生产企业已成为推动广东省农业转型升级的中坚力量。值得一提的是，在广东省经济发展相对落后的粤东西北地区，不少地市农业主管部门常年积极争取市政府及财政对名牌产品生产企业给予资金扶持，数额从几万元至十几万元不等，为落后地区的农业企业争创品牌、推广品牌注入了巨大活力。

2012 年，广东省农业厅以信息化手段为抓手，告别传统的纸质申报、评审方式，引入社会公共服务力量，组织开发了广东省名牌产品（农业类）网和广东省名牌农产品管理系统，涵盖新闻中心、政策法规、通知公告、名品展示、名企之窗等主要栏目，开设名牌登记、名牌申报、名牌评审、宣传推介等功能窗口，为广东省名牌的宣传、培育、推介、评价等工作打造了实用、便捷、高效的统一平台，并构建品牌数据库和专家库。积极打造省级农业品牌专家库，涵盖粮食、蔬菜、水果、家禽、生猪、茶叶、加工品、农业投入品等类别，目前入库的行业专家有100多名，来自各高校和科研院所的专家团队成为名牌农产品评价、名牌农产品生产供应监测分析的智囊团。

（二）大型农产品评选推介持续化

为全面掀起全省各地农产品品牌建设的高潮，让普通老百姓也能参与到农产品品牌共建当中，2014年，广东省农业厅联合广东省经济和信息化委员会、科技厅、质量技术监督局、广东广播电视台、南方传媒集团等单位发起了广东省“十大名牌”系列农产品评选推介活动，从广东省名牌产品（农业类）中优中选优，评选推介“米、猪、鸡、鸭、鹅、菜、果、茶、鱼、虾”十大名牌系列农产品，旨在打造一批承载岭南文化、体现广东特色、展示现代农业科技成果、受到广大百姓信赖赞誉的农产品，立足于农业名牌，打造舌尖上的幸福。广东省农业厅精心协调成立权威评选委员会、发动各大主流媒体进行跟踪报道、动员广大民众积极参与，通过评选形式着重对名牌农产品进行全面宣传推荐，取得了较好的成绩。经过地市审核推荐、专家专业组评价、市场满意度调查、社会公众推选、专家委员会推选、评选委员会审定等六个环节，广聚民意，层层把关，共评选出首届广东省十大名牌系列农产品50个，分别命名为广东名米、广东名猪、广东名鸡、广东名鸭、广东名鹅、广东名果、广东名茶、广东名菜、广东名鱼和广东名虾。

同时，评选活动融入“互联网+”的理念，通过农产品品牌把电商加进来，通过互联网的非局限性，使广东的品牌辐射全国。整个活动，邀请了十多家从中央到地方的主流媒体参与活动报道，一时间，广东品牌农产品成为人们茶余饭后的话题，活动让参选的品牌农产品的知名度进一步打响。不少企业表示，参选之后，他们的销量呈翻倍增长。活动之后，还吸引一大批银行主动找上门，希望以信贷、融资等方式进入农业领域。农产品品牌建设成为广东农业转方式、调结构的一个重要牵引。

2015年，在全省十大名牌系列农产品评选推介活动余热未消的基础上，广东省接着展开了广东省名特优新农产品评选推介活动，活动评选推介了一批承载岭南文化、体现广东特色、展现现代农业科技成果的名特优新区域公用品牌和经营专用品牌，建立了1 000个广东省名特优新农产品目录。活动在全省21个地级市展开，伴随活动组织召开多种形式的线上、线下体验、品鉴活动，推动形成经营主体积极争创品牌、消费者信品牌用品牌、全社会保护品牌的良好氛围，逐渐探索出一条具有广东特色的农业品牌培育、保护和推广的路子。

经过13年的不懈努力，广东已初步构建了“两类三级”的农产品品牌发展架构（即区域公用品牌和经营专用品牌“两大类别”），广东省十大名牌系列农产品、广东省名牌产品、广东省名特优新农产品“三级品牌”。

（广东省农业厅市场信息处）

广西壮族自治区品牌农业发展概况

【基本情况】 据2015年统计，广西有机食品获得认证在有效期内的单位或企业共31家；绿色食品获证在有效期内的单位或企业104家，产品180个；无公害产品认证在有效期内的单位或企业共209家，产品637个；共受理8个农产品地理标志登记申报产品，实际审核报出6个，全区累计有44个农产品获农业部颁发的农产品地理标志登记证书。百色番茄、南宁香蕉等农产品地理标志产品，其登记的区域扩大到地级市范围，突破了县域界限，促进了广西特色农业大品牌的打造。同时，百色芒果农产品地理标志还被确定为为数不多的国家级农产品地理标志示范样板，已授权10家企业使用农产品地理标志，打造了“百色芒果”标准化品牌。

【工作举措】

（一）实施名牌带动战略，大力推进特色农业发展

为加快转变农业发展方式，推动现代特色农业转型、优化和升级，2015年广西壮族自治区党委、政府全面启动实施广西现代特色农业产业“10＋3”提升行动，突出品种品质品牌“三品”提升，出台了《广西现代特色农业产业品种品质品牌“10＋3”提升行动方案》，立足本地资源优势，确立具有本地特色和优势的主导产业和主导产品，通过重点培育和扶持主导产业的发展，为广西农业名牌产品的发展打下了坚实的基础。

（二）成立标准化工作机构，引领农产品品牌工作全面推进

为培育打造标准化的农业名牌产品，广西农业部门成立了农业标准化工作领导小组，组建了农业种植业标准化技术委员会，设立了农业标准化分技术委员会等组织机构，负责广西农业标准化工作的具体实施和监督管理。农业标准化工作领导小组等机构成立以来，严格履行职责，通过加强引导、扶持和监督，有力地推动了广西农业标准化生产，提高了农产品品质和市场竞争力，提高了农民的质量和品牌意识，促进了农民增收和农业增效。

（三）强化标准制定工作，推动农产品品牌全面提升

广西农业部门制定了一批推动“10＋3”产业发展的农业标准，使农产品生产过程、生产技术规程、管理措施以及产品的包装储运都有标准可依，提高了农产品的质量，为形成名牌产品创造了条件。比如：制定了优质常规稻高产栽培技术规程、早晚兼用型超级稻高产栽培技术规程、优异茶树品种快速选育技术规程、宿根甘蔗机械化地膜覆盖栽培技术规程等。2015年，广西农业厅共审定、发布广西地方（农业）标准34项，完成送审广西地方标准27项，正在征求意见63项，合计进入到征求意见阶段以上的广西地方（农业）标准达到124项。

（四）抓好国家级示范基地创建，实现品牌工作新突破

广西农业部门建设了一批农业标准化生产基地，截止到2015年年底，全区规模化“三品一标”标准化基地（面积500亩以上或年产量300吨以上）达198个，其中有5个为国家级标准化生产（示范）基地。同时，全面推进乐业县国家级有机农业示范基地建设，树立了有机农业示范基地的典范；圆满完成了西林国家级有机农业示范基地建设，实现有机产业规模6.4亿元以上。

（五）以品牌农产品评审为抓手，全面加大品牌推介力度

广西农业部门积极开展农业名牌申报、评定工作，每年通过收集审阅材料、深入调研、综合评审等程序，多角度全方位地促进名优农产品推介。如：发动全区各地做好名牌农产品申报工作，共评出2015年度广西名牌产品（农产品类）7个；积极组织广西的农民合作社参加农业部主办的全国百家合作社百个优质农产品品牌申报活动，桂林荔浦芋、容县沙田柚等4个区域品牌从全国4 013家农民合作社示范社、140多万家合作社知名品牌中脱颖而出，被评为全国百家合作社百个农产品品牌，享誉全国。

（六）加强检测体系建设，确保“三品一标”产品质量稳定可靠

2015年，广西农业部门共完成无公害农

产品产地监察 109 个，种植面积 655.53 万亩，占有效期种植面积的 30.24%；对 79 家绿色食品企业、3 个全国绿色食品原料标准化生产基地、2 家绿色食品生产资料企业进行年检，年检率 100%；在全区范围内共开展“三品一标”标志使用市场监察活动 4 次，配合农业部对“三品一标”产品进行抽检，目前没有发现不合格情况。全区将“三品一标”产品全部列入全区的例行监测范围，据广西农业厅汇总的监测情况，“三品一标”产品合格率在 99%以上。

【存在的主要问题】

一是各级政策支持力度不够。创建培育扶持农业品牌的政策还不够稳定完善，资金投入不足；信贷支农力度不够，贷款担保等制约因素较多，农业企业融资难；农业作为弱质产业的传统格局仍未改变，抗风险能力弱。

二是农业科技保障力度不够。农业企业科技开发投入不足，农产品精深加工少，高科技产品更少，科技含量及附加值不高。三是土地制约明显。农村土地分散到千家万户，整合难度大，效率低，不利于农产品基地集约化和规模化发展，存在传统经营无效益、集约经营无资源的两难境地。

（广西壮族自治区农业厅）

海南省品牌农业发展概况

【基本情况】在农业现代化、国际化提速的新阶段，海南热带特色农业从独特优势转化为比较优势。海南农业利用热带、生态资源优势，从一般性供给向高端特色供给转变。近年来，海南省政府专门设立品牌农业发展专项资金，琼中绿橙、陵水圣女果、白沙绿茶等一批区域品牌逐渐形成。

近年来，为了促进农业转型、农民增收，海南省大力实施品牌农业发展战略，品牌农业建设取得了一定成效，全省荣获中国驰名商标 8 件，国家地理标志证明商标 9 件，国家地理标志保护产品 8 件，“三品一标”（无公害产品、绿色食品、有机食品、农产品地理标志）农产品 589 个。

海南启动了产业结构转型升级战略。一方面大力培育本土品牌农产品，另一方面有选择的从岛外引进高效农产品。2014 年，海南省政府出台了《关于加快推进品牌农业发展的意见》，每年安排 1 亿元财政专项资金予以扶持。全省上下积极响应省委、省政府号召，在标准化基地创建、品牌标准、主体培育、营销体系等环节加大力度，实现了品牌农业的快速发展。2014 年至 2015 年年底，施行了 9 个海南名牌农产品标准，推出了海南区域公共品牌统一标识，创建国家级农产品质量安全县 3 个、热作园艺标准化示范园 45 个、畜禽养殖标准化示范场 47 个，认证无公害农产品生产基地 385 个。截止到 2014 年，全省“三品一标”农产品年销售额达到 42.7 亿元，全省涉农商标达到8 266件，比 2012 年增长了 1.24 倍，占全省商标总数的 27%。2015 年，海南省冬季瓜菜质量安全监督体系扩展至全部农产品，进一步加强了对农产品质量的监管。更结合时下火热的农产品电商，于 2013 年开设了淘宝特色中国·海南馆，逐步将其打造成为品牌农业对外宣传的一个窗口，极大地推广了海南地区产品及品牌，仅 2015 年上半年，入馆商家总成交额就达 3.2 亿元。

从全球来看，海南的热带特色并非唯一，境外热带农产品进口数量、品种日趋增多；从全国来看，内地设施农业兴盛，冬春季大众农产品的供应量大大提升；从海南自身来看，仍然存在低效规模过大、经营主体实力不强、加工能力低、抗风险能力弱等问题。尽管全国农产品供给总量基本平衡，但供给与消费的结构性矛盾突出，高端、生态、安全的农产品供给不足，海南农业要利用热带、生态资源优势，从一般性供给向高端特色供给转变。

（刘笑非　原载于《海南日报》）

重庆市品牌农业发展概况

【基本情况】 近年来，重庆充分发挥优势资源，打“特色牌”、走“生态路”，按照五大功能区划构建农业品牌培育体系，坚持市场导向，出台扶持奖补政策，加大宣传推介力度，坚持无公害农产品和绿色食品、有机食品认证，结合榨菜、柑橘、草食牲畜、生态渔、中药材、茶叶和调味品等七大特色效益产业，打造出涪陵榨菜、派森佰橙汁、丰都肉牛、荣昌猪、三峡有机鱼、永川秀芽、石柱红辣椒等一大批知名品牌。积极融入国家“一带一路”发展战略和长江经济带建设，努力推动农产品“走出去”。

（一）建设体系初步形成

一是形成了工作体系。重庆市农业委员会成立了重庆名牌农产品评选认定委员会，市场与经济信息处牵头开展全市农产品品牌建设工作。全市“三品一标”认证登记工作体系健全，区县农业部门基本落实了推进农产品品牌建设的相关机构和人员。二是制定了管理办法。重庆市于2001年在全国率先制定《重庆市名牌农产品认定管理办法》，于2006年、2010年、2015年三次修订完善，已在重庆市法制办公室备案。万州、南川等区县制定了本辖区名牌农产品认定管理办法，开展名牌农产品评定活动。三是建立了工作机制。按照农业部区域公用品牌、名特优新产品目录申报推荐工作要求，积极推进相关工作。重庆名牌农产品每年评选认定一次，并严格证后监管。

（二）扶持政策相继出台

自2011年起，重庆市市级财政对新认证登记的“三品一标”证书持有人给予适当补助。补助无公害农产品0.5万元/个，绿色食品1万元/个，有机食品2万元/个，农产品地理标志2万元/件，重庆名牌农产品尚未补助。截止到2015年年底，全市“三品一标”认证累计补助金额近1 500万元。铜梁、永川、江津、开县、忠县、云阳等区县相继出台了本地农产品品牌发展扶持政策。忠县每年品牌打造补助经费达100万元。

（三）品牌培育渠道多元

一是重庆市农业系统组织培育全国百家合作社百个农产品品牌5个（潼南“TUANJIE”生猪、云阳“青杠树”木耳、城口“光明岭”红心猕猴桃、璧山“渝璧·玉血”橙、北碚“诗进”葡萄）；知名区域公用品牌3个（涪陵榨菜、荣昌猪、涪陵青菜头），农业部授予的农产品区域公用品牌4个（万县红桔、垫江白柚、南川鸡、奉节脐橙），初步形成天生云阳、江津富硒农产品、金佛山、大观园、潼南绿、石柱红、永川秀芽、武陵遗风等地方区域公用品牌；农业部登记保护的农产品地理标志44件；农业部《2015年全国名特优新农产品目录》产品13个；有效期内重庆名牌农产品144个、“三品”产品2 614个。

（四）品牌效益初步显现

通过品牌带动，促进基地规模化、生产标准化、经营产业化，有效提升了农产品品质规格和市场竞争力，壮大了一批产业，经济效益明显。据测算，全市通过“三品一标”认证登记，每年新增农产品产值15亿元。有效期内重庆名牌农产品获证种植类企业，辐射带动标准化示范基地56个，示范规模140万亩。通过品牌培育，强化源头控制和全程监管，促进了农产品质量安全，近年来重庆市未发生一起较大的农产品质量安全事故。品牌农产品企业发展壮大为社会提供了更多就业机会。通过品牌倡导，遵循资源循环无害化利用，促进了绿色、减量、清洁化生产，生态效益明显。

【工作措施】

（一）坚持不懈地推进品牌农业标准化生产

品牌农业的基础是安全，而标准化生产

是保障农产品质量安全的治本之策。重庆市首先是完善标准的体系，抓农业标准的制定、修订工作。完成了 230 项农业地方标准。其次是抓农业标准的宣传示范。通过发放农产品生产操作小册子、多媒体光碟等，将农业标准转化为实用技术。同时，先后在重庆市万州、永川等地建立 10 余个国家级的农业标准化示范区，不断夯实品牌农业的产业基础。

（二）大力扶持优质安全农产品品牌的发展

从生产角度，我国优质安全农产品品牌主要有无公害农产品、绿色食品、有机食品和农产品地理标志。通过认证的“三品一标”生产企业都是严格按照国家行业标准进行标准化生产、规范化管理、全程化质量控制的企业。因而，重庆市政府早在 2011 年就出台了对“三品一标”企业实行直补的优惠政策。

（三）着力重庆名牌农产品长效机制建设

重庆市于 2000 年制定《重庆市名牌农产品评选认定管理办法》，并于 2001 年开展首批重庆名牌农产品评选认定工作。随着农业品牌的发展和消费者对农产品质量安全要求的日益提高，先后 3 次修订《重庆名牌农产品评选认定管理办法》。截止到 2015 年，共开展 14 次认定工作，累计认定重庆名牌农产品 678 个，有效期内产品 144 个。为加强对获证产品的监管，按产业编制了相关监管手册，对企业的生产管理、质量控制、标识使用、档案记录等情况开展监督检查，对产品进行监督抽样检测，督促企业诚信生产经营，保障了产品质量安全和品牌的美誉度。

（四）积极参与名特优新农产品及区域公用品牌打造

2011 年按照农业部要求，重庆农业委员会组织开展国家级区域公用品牌选拔推荐工作，重庆市万县红桔、垫江白柚、奉节脐橙和南川鸡等 4 个地标性农产品被评为“最具影响力中国农产品区域公用品牌”。2013 年、2015 年农业部征集种植业《全国名特优新农产品目录》，重庆万州古红桔、奉节脐橙、青杠树牌黑木耳等 13 个农产品列入农业部《2015 年度全国名特优新农产品目录》。

（五）大力开展农产品品牌宣传

先后开展品牌农产品生产企业与超市、批发市场对接会；在重庆农业农村信息网上设立专栏，对品牌农产品进行集中展示；组织品牌农产品企业参加北京、成都等市内外农产品博览会；制作品牌农产品台历、挂历等，向社会各界进行广泛宣传。尤其是在“互联网＋”新形势下，充分发挥新媒体的宣传作用，大力推进电子商务，将品牌农产品推出重庆、卖向全国。

（重庆市农业委员会）

四川省品牌农业发展概况

【基本情况】 近年来，四川省以“三品一标”（无公害农产品、绿色食品、有机农产品、农产品地理标志）为载体，以标准化为依托，以市场化为路径，不断挖掘培育和做大做强农产品品牌，取得显著成效。

（一）“三品一标”稳步推进

全省累计认定无公害农产品产地5 682.6万亩，无公害畜产品基地 763 个，无公害水产品基地 324 个，无公害水产品基地 298 个，建成绿色食品原料基地1 834万亩，有机农产品原料基地 167 万亩。遂宁、眉山、巴中、广元四个市认定为农产品产地无公害化市。累计认证登记“三品一标”农产品5 269个，其中无公害农产品3 691个、绿色食品1 305个、有机农产品 129 个、地理标志农产品 144 个，获证数量位居全国前列，西部第一。

二是实施标准化生产，推动品牌化发展。把农业标准化品牌化与发展优势主导产业有机结合，全方位、多层次、多角度推进农业产业发展和农业品牌提质增效。依托“三品一标”制度规范、技术标准等方面的突出优势，实施农业标准化生产，结合各地实际，着力培育以“三品一标”为主的农产品品牌。把发展“三品一标”与各类农业生产性项目和示范基地建设紧密结合，加速“三品一标”品牌化发展。截止到2015年，四川省建成国家农业标准化示范县23个，创建国家级畜禽养殖标准化示范小区（场）157个、水产健康养殖示范场206个，省级畜禽养殖标准化示范小区（场）444个，建设万亩亿元示范区1 000个。四川省已基本形成大凉山、川藏高原、大巴山、川中丘陵、成都平原、金沙江流域等“六大种植业特色区域”，以“四川泡菜”“峨眉山茶”“四川黑猪”等为代表的一批区域公共品牌效应凸显，四川泡菜、纳溪特早茶成为首批中国——欧盟地理标志互认产品，“川字号”农产品知名度和市场竞争力显著提升。

（二）工作机制日益完善

四川省农业厅高度重视农产品品牌建设，成立省级专家委员会，制定配套管理规范，保障工作有序开展。各地均落实工作机构，安排专职人员和专项经费，90%的县制定有农产品品牌发展规划，定期开展人员培训、质量监管、标志使用检查等工作。全省共有无公害农产品检查员942名、绿色食品检查员160名、有机食品检查员9名、农产品地理标志核查员162名，初步形成“上下一条线，全省一盘棋”的工作格局。

（三）产业区域特色明显

四川省农业厅制定出台《四川省农业品牌发展“十二五”规划》，按照自然环境、产品特色和文化内涵进行规划布局，培育打造“川茶”“川粮”“川菜”“川猪”“川烟”“川药”等“川”字号农业品牌。全省基本形成大凉山、川藏高原、大巴山、川中丘陵、成都平原、金沙江流域等“六大种植业特色区域”，四川盆地生猪主产区、秦巴山区草食牲畜主产区、川西北高原特色畜产品主产区和攀西肉羊主产区等“四大生态畜产品主产区”，成都平原、丘陵区、盆周山区、攀西地区“四大水产养殖特色区域”。

（四）品牌效益逐步凸显

在推进“三品一标”认证登记的同时，各级农业部门积极通过品牌创建、宣传推广等措施，推动产品效益由产品利润、加工利润向品牌利润的根本转变，大多数获证产品销售单价及营销额稳步增长，助农增收效应明显。2012年攀枝花芒果、凉山苦荞麦、蒙顶山茶等6个产品获得“中国农产品区域公用品牌百强”称号，2014年四川泡菜、纳溪特早茶成为首批中国—欧盟地理标志互认产品。以宜宾早茶、汶川甜樱桃、冕宁火腿、剑门关土鸡等为代表的一大批农产品品牌效应正日臻凸显。

【主要做法】

（一）坚持把农产品品牌建设融入“三农”工作全局

推进农产品品牌建设向纵深发展，提升产品市场竞争力，促进农业增效、农民增收，取得显著经济社会效益。

一是把保障农产品质量安全作为立足点。坚持认证登记和证后监管并重，实施产地跟踪检查和动态管理，督促获证单位严格按照质量控制技术规范组织生产经营，保证产地安全和产品质量。将无公害农产品纳入省级农产品质量安全监测范围，进一步扩大绿色食品抽检覆盖面，2014年无公害农产品抽检合格率为99.3%、绿色食品抽检合格率为98.7%、地理标志农产品抽检合格率为100%，均高于普通农产品。

二是把促进农民增收作为出发点。引导生产经营主体树立品牌意识和知识产权意识，加大商标注册力度，增强产品市场竞争力。广泛实施“合同订单”“利润返还”“收益分成”“股份合作”等模式，建立农民直接受益、充分受益、持续受益机制。据统计，“三品一标”产品均价比普通产品高5%～10%，农民平均纯收入增加 10%以上；其中汶川甜樱桃均价 60 元/千克，个别种植大户销售收入达 38 万元，全县甜樱桃产值 1.2 亿元；万源蜂桶蜂蜜获得农产品地理标志登记后，单价由 100 元/千克提高到 140 元/千克。

三是把推动农业发展方式转变作为着力点。建立以区域品牌为纽带、龙头企业为主体、基地建设为依托的发展模式，增强产品加工能力，实现农业生态、农业生产和农业经济的和谐统一。眉山结合打造“中国四川泡菜城”，全市无公害农产品、绿色食品、有机农产品生产基地认定面积占耕地面积的 95%以上；雅安发展绿色食品企业 20 家、有机食品企业 19 家，促进灾区农业产业提档升级。开江白鹅、开江麻鸭吸引龙头企业，形成产加销链条，快速推进水禽产业发展。

（二）坚持政府推动和市场拉动的发展机制

遵循市场经济规律，发挥政府的推动力功能，调动生产经营者的主力军作用，形成良性发展机制。

一是政策保障到位。四川省委、省政府高度重视农业品牌发展，先后出台《四川省绿色农业发展实施方案》《关于加强农产品质量安全监管工作的意见》，要求扩大农业品牌规模，提升农业品牌效应。各地给予政策和资金扶持，对成功申报“三品一标”予以奖励。凉山州建立政府推动、企业唱戏、政策扶持、开放合作的品牌建设机制，对创建中国驰名商标、四川名牌、四川省著名商标奖励 100 万元、20 万元、15 万元；攀枝花对成功申报农产品地理标志奖励 50 万元。2015 年四川省制定并下发了《农产品地理标志核心保护区建设与考评指导意见》。先后组织攀枝花芒果、蓬安锦橙、纳溪护国柚、金堂脐橙、广汉蚕丝兔、茂县李、简阳晚白桃、泸宁鸡等 8 个地理标志农产品开展保护区建设。总结发展经验，将保护区打造成窗口工程，形成可示范、可借鉴、可推广的成功模式，发挥其在品牌建设和产业发展中的示范、引领、带动作用。

二是宣传到位。利用电视、广播、报纸、网络等媒体，广泛开展农产品品牌相关法规和知识宣传，营造良好舆论氛围，扩大社会影响力。2014 年组织开展“走进农产品地理标志．蜀中行”年度系列宣传活动，召开新闻发布会 1 次，被省委、省政府信息刊物采纳信息 5 条，登载《四川日报》2 期，在四川电视台播放专栏节目 8 期，在四川航空《川行天下》杂志进行专题宣传 2 期。参与中国农产品地理标志大型纪录片《源味中国》拍摄，目前已完成长宁长裙竹荪的拍摄，接下来将对峨眉山藤椒、广汉缠丝兔、黑水中蜂蜜等开展拍摄。

三是营销推介到位。针对国内国际两大市场，积极搭建营销平台。2014 年组织 110 余家“三品一标”获证单位参加国际有机食品博览会、香港国际茶展和全国绿色食品博览会等展示展销活动。参展产品深受消费者和采购商青睐，产品贸易、产销对接成果丰硕，品牌知名度和影响力显著提升。宜宾早茶参加韩国首尔国际食品产业大展，接待采购商 50 多家，受到韩国农业部长、中国驻韩大使馆参赞高度评价。参加由中国品牌建设促进会、中央电视台、中国资产评估协会、中国国际贸促会等联合举办的“2015 年中国品牌价值评价”活动，四川泡菜、宜宾早茶分别以 114.34 亿元和 110.09 亿元的品牌价值位于“全国农产品地理标志品牌价值榜”第 8 和第 9 位。

（三）坚持以维护品牌公信力为核心的发展思路

公信力是农产品品牌的灵魂。为此，四川省牢牢抓住三个关键环节。

一是严把登记程序关。按照农业部有关要求，通过提高准入门槛、规范专家评审、严格检验检测等制度调整，进一步规范认证登记工作。将形式审查与现场核查有机结合，坚决退回不合要求的申请材料，严守安全闸门，切实做到“稍有不合，坚决不批”。

二是严把产品质量关。定期开展日常巡查监管，重点检查产地环境、投入品使用、质量控制措施、档案记录、包装标识和内检员职责落实等情况，对不符合要求的获证单位，要求限期整改。组织开展标志使用市场专项检查，严厉打击伪造、冒用证书和公共标识等行为。

三是严把质量追溯关。建成“四川省农产品质量安全追溯系统”，优先对“三品一标”农产品实施追溯管理，倒逼获证单位建立质量安全溯源追责机制，切实保障产品质量。目前，全省有 132 个县、512 家企业（专业合作社）的2 986个“三品一标”农产品纳入追溯系统，使用追溯码 1.03 亿张，接受网上查询 125 万人次。

（四川省农业厅）

贵州省品牌农业发展概况

【基本情况】 贵州省位于云贵高原东部，平均海拔1 100米左右。境内 92.5％为山地和丘陵，耕地面积6 816万亩。2015 年年末全省常住人口3 529.5万人，其中农村人口2 046.76万人，占比 58％；第一产业增加值1 640.62亿元，占地区生产总值的 15.6％。

贵州农业资源丰富，境内主要种植的粮食、油料、经济作物有 30 多种，蔬菜 130 多种，水果 120 余种，可食用的野生淀粉植物、油脂植物、维生素植物主要种类 500 多种，天然优良牧草 260 多种，畜禽品种 37 个，有享誉国内外“地道药材”32 种，是中国四大中药材产区之一，也是茶叶的原产地。

贵州省委、省政府高度重视品牌和质量工作，成立了“质量兴省”领导小组，农产品名牌培育和创建发展迅速，成效显著，经营主体品牌意识日益提升，品牌效应逐步显现。截止到 2015 年，贵州农产品商标累计注册数达16 654个（件），占全省商标注册总数的 20.9％。陶华碧老干妈、老干妈、“茅贡”牌大米、湄潭翠芽、兰馨、石阡苔茶、凤冈锌硒茶、“牛头”牌牛肉干、兴仁薏仁米、梵净山茶、正安白茶 11 个农产品荣获中国驰名商标称号，创建贵州省名牌农产品 180 个，获地理标志认证产品 66 个。打造农产品品牌，建设无公害绿色有机农产品大省，推动农业产业化成为贵州省的一项重要工作。

【主要工作措施】

（一）突出品牌引领，持续推进结构调整

近年来，贵州省立足资源禀赋，实施品牌带动，持续推进产业、产品及区域农业结构调整优化，大力发展生态畜牧业、蔬菜、茶叶、马铃薯、精品水果、大鲵等特色农产品，形成了一批有贵州山区农业特点的优势产业。一是加快果蔬产业发展，打造了一批果蔬知名品牌，通过优质安全果蔬品牌培育，全省特色生态蔬菜和特色精品水果整体竞争力得到全面提升。二是主打特色养殖牌，按照“五化”要求，持续推进畜禽养殖标准化示范场创建，推动扩大“三品一标”认证，持续支撑畜产品品牌发展，从江香猪、三穗鸭、长顺绿壳鸡蛋等一大批产品品牌影响力迅速提升。

（二）加强农业标准化，推进“三品一标”认证

围绕贵州省十大标准体系建设，贵州省质量技术监督局组织有关部门根据产业发展情况，加快完成了贵州省茶叶、辣椒全产业链技术标准体系建设，对促进贵州茶叶、辣椒两大重点优势产业持续健康快速发展起到了举足轻重的作用。贵州省农业委员会加大力度，积极开展标准化研究，加强标准化示范区创建，完善制度建设，稳步推进农业标准化和“三品一标”工作。截止到 2015 年，全省认定无公害农产品产地达3 270个，认证产品1 232个；25 个产品获得农业部农产品地理标志登记保护；绿色食品认证企业 49

家，认证产品 105 个，基地面积 379 万亩；有机农产品认证企业 2 家，产品 2 个。

（三）积极打造高效农业园区，培育品牌农业主体

积极发挥高效农业园区载体作用，通过资源集中整合、要素集聚保障、措施集合显效，不断提高农业科技含量和效益，推动产业产品升级，促进农业农村发展；积极培育龙头企业和职业农民，鼓励发展农民合作社、家庭农场和生产大户，品牌农业市场主体稳步发展。

（四）加快建设农产品质量安全追溯体系

依托贵州农产品质量安全可追溯平台及门户网站，落实农产品质量安全追溯有关制度，积极举办有关培训，2015 年共培训 75 个县农产品质量安全负责人和 300 家企业技术员，新增 112 个农产品质量安全追溯企业。

（五）积极推进农业科技示范园区建设

积极开展农业科技示范园区建设，以园区建设为依托，集聚农特产品种植（养殖）及加工企业，研究解决关键共性技术，为农产品品牌创建打下良好基础。截止到 2015 年年底，已建设国家级农业科技示范园区 10 家，省级农业科技示范园区 51 家。

（六）加强农产品宣传推介

一是成功举办了“中国·贵阳国际特色农产品交易会”“中国·贵州国际茶文化节暨茶产业博览会”“中国凉都喀斯特山区特色农交会”等大型农产品促销活动；二是积极组织省内名优特农产品参与“中国西部（重庆）国际农交会”“东北亚博览会”“广西名特优农产品交易会”等全国性、国际性大型展销会；三是组织赴南宁、长沙、重庆、桂林等地开展贵州蔬菜水果外销推介活动；四是积极推荐优强农民专业合作社参加全国百家合作社百个农产品品牌宣传，金沙隆喜辣椒专业合作社的“湾子”辣椒、湄潭县落花屯茶叶专业合作社的“雅眉”茶叶、都匀市螺丝壳河头茶叶农民合作社的“名黔”茶叶和三都交梨乡山野水晶葡萄农民专业合作社的“交梨山野”水晶葡萄 4 家入选全国百家合作社百家农产品品牌。通过系列展销活动，不断提升贵州省农产品整体品牌形象。

（贵州省农业委员会）

云南省品牌农业发展概况

【基本情况】 云南位于中国西南，国土面积 39.4 万平方千米，山区、半山区占国土面积的 94%，境内山川风光优美、民族特色浓郁、气候优势独特、生物资源丰富，高原特色优势农产品广受国内外欢迎。2015 年，全省农林牧渔业总产值达3 383.1亿元，较 2010 年增长 86.9%，年均递增长 13.3%。农林牧渔业增加值达2 098.2亿元，较 2010 年增长 89.3%，年均递增长 13.6%。

近年来，云南省各级农业部门围绕省委、省政府关于建设绿色经济强省的战略目标，按照“市场导向、企业主体、政府推动、社会参与”的总体思路，立足得天独厚的地理优势、地缘区位优势、气候优势、水资源优势、土地资源优势、物种资源优势、产地生态优势、人力资源优势等“八大优势”，以创基地、强监管、拓市场、搭平台为重点，通过差异化、凸显特色化，打高原牌、走特色路，培育了普洱茶、褚橙、云岭牛等一批高原特色农业品牌，取得了一定成绩。

一是形成了一批特色鲜明的农产品区域品牌。全省各地立足资源优势，选择最适宜本区域生产的农产品作为主导产业和产品进行培育和发展，积极推进“一村（乡或县）一品”产业模式，被农业部授予五批共 36 个全国“一村一品”示范村镇。精心组织各种以农产品为主题的旅游节、美食节或交易会等活动，如菜花节、杨梅节、芒果节、香蕉节等，通过差异化、凸显特色化，打高原牌、走特色路。云烟、云糖、云茶、云胶、云菜、云花、云粮、云咖、云果、云药、云畜、云

鱼等社会辨识度高、个性鲜明的“云系列”品牌形象已初步形成。同时各地组织对历史悠久、品质优良、规模影响力大的品种和产品进行了地理标志登记保护（截止到2015年年底全省累计通过农业部农产品地理标志登记产品59个），为区域性农业品牌的培育提供扎实的产业和地域支撑，形成了普洱茶、宣威火腿、文山三七、斗南花卉、昭通天麻、蒙自石榴、丘北辣椒、元谋蔬菜等一批区域性农产品公共品牌。

二是培育了一批有影响力的农产品品牌。各级农业部门立足地理、区位、产业、资源优势，把培育创建知名农业品牌作为转变农业发展方式、推进农业产业化、提高农业附加值、促进农业增效和农民增收的重要举措来抓，以创基地、强监管、拓市场、搭平台为重点，培育了一批有影响力的农产品品牌。截止到2015年年底，云南农产品有21个获中国驰名商标，全省累计认定云南名牌农产品503个。以龙头企业为主导的一大批产品品牌的影响力日益扩大，如“大益”“龙润”“后谷”“晨农”“华曦”“蝶泉”“斗南”“猫哆哩”等。

三是评选认定了一批云南特色品种资源品牌。以地方优势种质资源为核心，云南省农业厅自2011年陆续组织开展了“云南六大名猪、六大名牛、六大名羊、六大名鸡、六大名鱼、六大名米”的农业品牌评选活动，评选认定出大河乌猪、独龙牛、圭山山羊、武定鸡、滇池高背鲫及八宝米等36个地方优势种质资源品牌，打造了一批承载云南文化、体现云南高原特色、展现现代农业科技成果的“云系列”产业（产品）品牌，不仅创新了品牌培育模式，丰富了农业品牌创建内容，更加有力促进传统特色产业知名度和社会关注度的提升，为优质名牌农产品的生产和更多“云系列”农业品牌的打造孕育良好的基础。

四是通过开拓市场打造了一批农产品品牌。云南省农业坚持以市场为导向，大力开拓高原特色农产品国际国内市场。近几年来，组织农业龙头企业到上海、湖北、河南、河北、安徽、陕西、深圳、青岛、福建以及中国台湾、中国香港、迪拜、土耳其、俄罗斯等地参加展览展销，举办专场推介、产销对接和招商引资活动。近年来各类展会参展企业一万多家（次），参展产品20多个大类6 000多个品种，累计实现各类意向协议金额达870亿元。通过坚持不懈地开展形式多样、生动形象、感受直观的农产品推介活动，云南高原特色农产品在国内外市场的占有率持续快速提升。全省农产品出口已达100多个国家和地区，云南蔬菜已占供港蔬菜30%以上，供港蔬菜量全国第一位。农产品连续多年稳居全省第一大宗出口产品，直接出口额连续多年居西部省区第一，出口市场遍布全球110多个国家和地区。2015年，全省农产品出口额超40亿美元。云南农产品以生态优质、丰富多样的特性受到海内外消费者的热烈追捧，“选择云南就是选择健康、选择云南就是选择安全”的消费理念逐渐树立。云南省普洱茶，在各级政府和部门的重视下，主动抓住机遇，加强普洱茶的研究、生产、加工和市场开拓。普洱茶企业，通过参加国内外的展销活动，打造普洱茶品牌，促进了普洱茶产业发展壮大，提高云茶的市场竞争力，使云南省的普洱茶成为享益全国的知名品牌。

【主要做法】 云南省把“七抓”作为自己的品牌建设目标，打造一批享誉国内外的云南名牌产品。

（一）突出顶层设计抓品牌

一是制定农业品牌化综合规划。明确发展目标、清晰发展思路、突出发展重点、完善发展措施，使农业品牌化发展工作成体系、科学化，有一个总的方向和指针。二是制定产业品牌化发展规划。重点针对花卉、咖啡、茶叶、蔬菜、水果、野生菌、生物药等优势产业品牌的打造，从基地建设、龙头培育、生产加工、市场营销、形象推广等方面，建立涵盖农产品生产、流通、消费各环节的品牌塑造推广体系，形成一个优势产业、一个品牌规划的发展格局。三是制定农业品牌化发展区域规划，发展品牌创建示范区项目，开展品牌示范区创建项目 63 个。围绕宣威火腿、文山三七、斗南花卉、昭通天麻等已经形成一定知名度、信任度和美誉度的地方产品，以打造农产品区域公共品牌为载体，激发各地推动品牌发展的热情，形成各地你追我赶、比学赶超、竞相发展的良好态势。

（二）突出质量安全抓品牌

以质量安全作为高原特色农业品牌打造和推广的核心，把“生态环保、优质安全”两张名片推荐给全国全世界。云南省加强农产品监管，全省定量监测样品5 000个（批次），综合合格率达 99%，水平居全国前列，通过农产品质量安全流动检测车及县乡农产品检测机构共完成快速检测样品 30.9 万个以上，未检出三聚氰胺、瘦肉精等违禁物质，是未发生重特大质量事故的四个省之一。农产品质量安全水平不断提升，保障能力明显增强。通过“安全牌”打造，让云南农产品在当前食品安全信任危机中领先一步，率先突围。

（三）突出产品认证抓品牌

云南省紧紧围绕“推动发展、加强监管、打造品牌、提高效益”的目标，把发展“三品一标”作为推进农业标准化、打造农业品牌、促进农业增效、农民增收和提高农产品质量安全水平的具体措施来抓，有力地推进了全省“三品一标”持续、健康发展。一是抓好行业认证，让农产品首先具备农业部主导的“绿色、有机、无公害”等产品认证，特别要尽早实现全域无公害产地认定；二是抓好综合认证，争取更多的农产品进入质监、工商等部门主导的质量管理、生产规范、名牌产品、驰名商标等认证认定；三是抓好社会认证，根据农产品特点和市场定位，有针对性地选择信誉好、市场认可度高的社会机构开展认证；四是抓好国际认证，对有条件培养成国际品牌的产品要争取通过较高标准的西方国家有关农业认证，拿到国际市场的敲门砖和通行证。

（四）突出文化创意抓品牌

高原特色农业品牌要建立自己的品牌忠诚，形成一批非我不买的消费者，除了过硬的产品品质，对路的策划宣传外，最根本的就是要诠释自己的文化内涵、打出自己独特的文化标志、形成自己的文化体系。云南农业有着悠久的历史，我国被联合国粮农组织认可的 11 项世界重要农业遗产中，就有红河哈尼稻作梯田系统、普洱古茶园与茶文化系统两项属于云南。同时云南已经开始利用现代科学技术和组织方式来生产农产品。品味云南农产品，既是品尝传承千年的农耕文明，又是品尝现代科技从大自然萃取的精华。要像麦当劳宣称提供“清洁、方便、美味、家庭氛围”、沃尔玛声称“我们存在的目的是提供顾客物有所值的东西”一样，提炼出云南农业和云南农产品的文化概念，塑造鲜明的个性文化内涵，形成一种能深深打动消费者心灵深处认知与联想的影响力。

（五）突出主体培育抓品牌

龙头企业、农民专业合作社、行业协会等组织是农产品品牌创建的主体，是云南高原特色农业品牌打造的中坚力量。一是按照以大企业打造大品牌、大品牌带动大产业、以大产业促进大发展的思路，坚持高端引领发展，认真筛选有发展基础、市场前景好、竞争实力强的本土农业龙头企业予以重点扶持。例如玉溪新平金泰果品有限公司生产的“云冠”牌冰糖橙畅销全国，也获得“褚橙”的美誉，更有励志橙之称。随着公司口碑及影响力日益增强，公司逐年扩大生产规模，加强品牌的科技含量。现以网络为销售平台，同时整合现有线下渠道（O2O 模式）为消费者提供安全、放心、特色的产品，成为云南发展现代农业的典范。二是支持其创建基地、革新技术、改造装备，精深加工、推广品牌，促进其做强做大。

（六）突出管理服务抓品牌

一是提供平台支持。建立统一的农产品品牌创建发布平台，完善、规范和强化对农业品牌的推介、评选、推优等活动，鼓励农产品企业做好质量、做大品牌，杜绝各部门、各行业自行滥评“名牌”的现象。二是提供政策支持。发挥产业政策导向作用，聚焦各部门政策，强化对农业品牌发展的政策支持；完善品牌建设的激励机制，设立品牌建设专项扶持资金；加快推进金融产品和服务方式创新。三是提供环境支持。建立公开、公平、公正的市场环境，通过加快社会诚信体系建设，完善行政执法、行业自律、舆论监督、群众参与相结合的市场监督体系，为品牌建设和发展创造良好发展空间。

（七）突出科技创新抓品牌

一是引导企业把强化科技作为突破点，着力打造“没有围墙的研究院”，探索建立“政企联动、研发先行”的模式，研发对重点产业有重大支撑作用的关键核心技术，加快重大农业科技成果的转化应用。二是加强农业从规范种植到精深加工的技术创新，开发新型产品，引领和创造市场消费潮流。

（云南省农业厅）

西藏自治区品牌农业发展概况

【基本情况】“三品一标”是我国安全优质农产品的公共品牌，特别是绿色、有机食品对于保护生态环境，提升产品质量，增加企业效益和农民收入发挥了重要的作用，目前已形成“整体推进、各有侧重、协调发展”的工作格局，进一步提升了品牌的公信力。近年来，全区无公害农产品、绿色食品、有机食品和农产品地理标志登记保护（即“三品一标”）工作取得实质性进展。截止到2015年，共认定无公害农产品生产基地21家、认证无公害农产品105个、10家企业的10个产品通过绿色食品认证、6家企业的10个产品通过有机食品认证，同时完成10个农产品地理标志登记保护工作，已初步形成“圣鹿核桃油”“朗孜糌粑”“鑫赛瓜果”“晟园蔬菜”“圣绿蔬菜”“波密天麻”“嘎玛藏鸡、藏鸡蛋”“林芝灵芝”“易贡茶叶”“雪绒王”“金紫绒”“八宿荞麦”“类乌齐牦牛肉”“盐井葡萄”“索多西辣椒酱”等农产品品牌。在2015年第十三届中国国际农产品交易会上，拉萨市堆龙德庆县岗德林种植农民专业合作社的“岗德林”牌西红柿、山南乃东县贡桑禽类养殖专业合作社的“益西卓嘎”牌藏鸡蛋、林芝朗县朗敦辣椒专业合作社的“朗敦”牌辣椒被授予全国百家合作社百个农产品品牌。

【工作思路】为进一步推进品牌农业发展，西藏自治区将进一步贯彻落实中央第六次西藏工作座谈会精神和全区农村、农牧工作会议精神，以推进“三品一标”产品认证为抓手、以发展安全优质农产品，提升西藏自治区农产品质量安全水平和安全优质农产品品牌形象为目标，继续加大宣传和推进力度，努力提升西藏自治区农产品的品牌知名度和市场竞争力。

【发展举措】

（一）健全机构体系

西藏自治区将发展“三品一标”作为推动农业现代化、产业化、品牌化的基础工作，把“三品一标”工作融入到农产品质量安全整体工作中。加强地市县三级“三品一标”工作机构建设，完善工作程序和运行机制，明确地市县三级重点负责产品申报、现场检查、日常监管等工作。

（二）统一思想认识

为调动全区发展“三品一标”的积极性，西藏自治区每年的农牧业工作部署中，都把“三品一标”发展摆在突出位置，纳入重要日程，统一思想，明确目标，狠抓关键，扎实推进。为适应现代农业发展的新形势和农产品质量建设新要求，通过多种途径广泛宣传“三品一标”的含义、特点和优势，着力提高各级农技人员、农业龙头企业、农民专业合作社、规模生产基地负责人对发展“三品一标”重要意义的认识，打牢“三品一标”工作基础。

（三）强化政策落实

对取得认证证书的产品和单位，严格按照相关政策及文件规定，为“三品一标”发展提供强有力的政策保障和资金支持。

【工作成效】 近年来，西藏自治区紧紧围绕农牧业工作重点，以提高农产品质量安全水平，打造品牌农业为重点，积极推行标准化生产，创新工作方式，“三品一标”认证工作成绩显著。

一是品牌意识增强。经过对“三品一标”的大力宣传，形成了“三品一标”产地优良、标准严格、产品优质的品牌形象，扩大了“三品一标”的社会影响力，相关企业、合作社的品牌意识不断增强。

二是带动能力不断增强。比如西藏阿里地区以实施“绒山羊养殖示范户工程”、畜产品大户培养、紫绒山羊基地建设为抓手，从绒山羊示范户中优先收购羊绒，有效提高养殖户生产积极性和现金收入。

三是企业通过多种渠道、多种方式，解决社会青年就业，有效解决了社会就业难问题。

四是促进产业优化升级。企业以资本运行为纽带，以品牌建设为核心，大范围整合资源、资金、技术、人才等要素，通过扩大企业经营规模，扩大知名企业的合作交流，积极引进农牧业产业化龙头企业，促进产业优化升级。

【突出单位】

（一）西藏拉萨市堆龙德庆县岗德林蔬菜种植农民专业合作社

堆龙德庆县岗德林蔬菜种植农民专业合作社在堆龙德庆县县委、县政府的高度重视，区、市、县各有关部门的大力支持下，经过合作社社员多年的不懈努力，目前已初步形成以设施农业为主的蔬菜生产、加工、销售一体化的农民专业合作经济组织。

1. 合作社基本情况

堆龙德庆县岗德林蔬菜种植农民合作社位于堆龙德庆县岗德林村，紧临 318 国道，距堆龙德庆县县城 3 千米。合作社正式成立于 2008 年 6 月，由原堆龙德庆县蔬菜花卉农民营销协会发展而来，实质运作已达 15 年（2001—2015 年）。经历了从小到大、从弱到强的跨越式发展和量与质的大幅提升。

固定资产从 2005 年不足 300 万元发展到现在5 888万元，总资产净值6 000万元；资产负债率为 5.91%。设施（温室）从 2005 年的 35 栋发展到最大时1 260栋，建有蔬菜冷藏、保鲜、初加工、深加工生产区和生产设施。基地总面积1 600亩，其中获得无公害蔬菜标准化生产基地认证面积1 200亩；获得无公害蔬菜产品认证 8 个。合作社已申请无公害“岗德林”绿色蔬菜商标。

组织管理机构健全，管理规范有序，有行政、生产、经营、综合办、财务、蔬菜加工车间等职能部门和相关公司共 7 个。技术人员中级以上职称 5 个；初级职称 8 人。管理层面涵盖农学、经济、企管、机械、工程等多个领域，为合作社的可持续发展提供了有力保证。

2. 经营模式

合作社采取以蔬菜产业为主导，其他相关产业并举的经营机制，在蔬菜经营上采取支部＋合作社＋基地＋农户的运作模式。在花卉和蔬菜加工、多元经营上采取合作社＋基地＋公司＋农户运作模式。合作社大的决策须由合作社党支部和合作社理事会共同讨论表决通过，合作社监事会监督执行。合作社各职能部门履行各自职责，按职能目标完成情况进行业绩评定。

基地生产经营相关环节采取统一农资采购和供应，统一蔬菜种植标准，统计技术和培训服务，统一品牌和销售。农户按合作社（公司）订单生产，严格执行《农民专业合作社法》中有关法规，对农户按与合作社（公司）交易额大小返还利润。公司以蔬菜销售、加工及其他相关业务为经营主体，独立核算，与合作社按有关合约实行利益共享、风险共担的机制。

2015 年共完成蔬菜花卉生产 650 万千克，实现营业收入2 560万元。2015 年农户从种植、足底、固定务工、季节性务工、项目建设劳务等方面共获取收益1 663万元，直接带动 395 户以上农户增收。农户蔬菜总收入2 420万元，农户纯收益1 082万元。

合作社累计培训农民3 000人，产生 3 名党员致富带头人；17 名科技特派员；36 名科技明白人。

3. 效益情况

2015 年度生产经营总收入2 560万元，生产经营总盈余 989 万元，其中："农户订单蔬菜营业收入2 040万元，其中生产总成本1 090万元，利润 950 万元，合作社按订单营业收入返还农户2 040万元。"合作社自营蔬菜花卉及其他营业总收入为 520 万元，其中生产经营总成本 480.5 万元，年课分配盈余 39.5 万元。

近年来，合作社在实行订单、农贸市场直销的基础上，从 2008 年年底开始，按照国家商务部相关要求，试行"农超对接"，与拉萨市"乐百隆"超市紧密合作以来，取得了一定的经验及经济、社会效益。合作社基地目前已成为拉萨市"乐百隆"超市蔬菜直供基地，每年向超市供应 26 个蔬菜品种，每天向超市供应 3 000～5 000 千克新鲜蔬菜。2015 年度蔬菜超市销售额达 327 万元。

（二）西藏拉萨市堆龙德庆县古荣朗孜糌粑有限公司

堆龙古荣朗孜糌粑有限公司是青稞原材料收购、青稞加工、糌粑销售为一体的农业产业化企业，公司位于青藏路沿线的古荣乡嘎村境内，离县城约 22 千米，交通十分便利。堆龙古荣朗孜糌粑有限公司始建于 1993 年，2004 年 6 月公司正式挂牌，注册资本 14 万元，公司设有 9 个营销点，在拉萨、日喀则、山南、林芝、阿里等地开设了销售门市，还销往尼泊尔。公司生产厂区占地 18 亩，有生产设备 70 余台套，2015 年收购青稞 10 000吨实际生产6 500吨产品糌粑，年销售收入4 613万元，产品产销率 100%，现有总资产3 950万元，其中固定资产净值2 786万元，资产负债率 8%。

（三）西藏拉萨市曲水县南木乡"鑫赛"瓜果蔬菜种植农民专业合作社

"鑫赛"瓜果种植农民专业合作社位于南木乡江村 318 国道旁，成立于 2008 年 8 月，注册资金 250 万元，主要从事无公害礼品西瓜和各类蔬菜的种植、销售。目前社员 95 人，其中本地种植户占 76%，外地种植户占 24%，当地农牧民入社率 29.9%。合作社园区（拉萨净土健康瓜果蔬菜园区）在区、市、县各级党委、政府及相关业务部门的关心和支持下，经过近 7 年的建设，基础设施条件不断完善。现占地 605 亩，拥有高效日光温室 601 栋。园区以拉萨市净土健康产业发展为契机，充分利用"四不污染"的优势，始终把静土品牌作为市场通行证。获得了区农牧厅批准的无公害产地认证，西瓜、黄瓜、西红柿等 8 个瓜果蔬菜品种的农业部无公害产品认证。通过多年的市场品牌建设，生产的"鑫赛"品牌的瓜果蔬菜实现了产地营销、农校对接、拉萨批发市场对接等多形式营销模式，并在拉萨市场形成了一定的知名度。

2015 年合作社园区无公害西瓜年产量达 18.75 万千克，每栋温室年均纯收入8 000元以上，无公害蔬菜年产量达 189 万千克，每栋温室年均纯收入6 000元以上，实现年收入

545 万元。社员年均收入 2.5 万元以上；通过土地流转受益农户 192 户，占全村总户数的 58%以上，土地流转受益农户平均每年、每户流转土地收入2 830元以上；基地转移劳动力 100 人，占全村劳动力的 12%，就业人员年均收入 2 万元。

（四）西藏拉萨市曲水县达嘎乡优质马铃薯种植基地

达嘎乡位于曲水县以西 8 千米处，下辖 4 个行政村（达嘎村、色达村、其奴村、色谱村），32 个村民小组，2 002户（其中农业户数1 783），总人口8 315人（其中农业人口7 732人），总劳动力5 663人，总占地面积 336 平方千米，耕地面积 1.7 万亩。全乡优质马铃薯种植面积为 1 万亩，占全乡总耕地面积的 55%，全年销售收入达2 614.5万元，实现人均收入2 600元。

近几年来，曲水县始终坚持把扩大优质马铃薯种植作为西部乡镇农业发展的主打方向，通过不断地摸索、总结、推广，如今达嘎乡马铃薯产业已经走出一条从无到有、从小到大、从弱到强的致富之路。从 2005 年的 500 亩始试种面积发展到如今的 1 万亩，从当初的 180 户种植户扩大如今的1 300户，从人均纯收入 634 元增加到如今的2 600余元，马铃薯种植产业逐步成为农牧业群众增收的主要渠道。

（五）西藏阿里地区对外贸易总公司

阿里地区外贸公司是一家集畜产品购销、羊绒制品加工销售、药品批发零售的国有企业，公司资产总额达5 200万元，下设地区医药公司、雪绒王羊绒制品有限公司（子公司）。截止到 2015 年，公司共有职工 70 人，其中在职工 31 人、合同工 16 人、退休工 23 人。外贸公司自 2008 年被国家八部委评为“国家级农业产业化经营龙头企业”以来，坚持以科学发展观为指导、优势资源为依托、市场为导向、品牌建设为抓手，目前成功培育了“雪绒王”品牌，充分发挥龙头企业的主体作用，经多年蓬勃发展，公司已成为国家级、自治区级农牧业产业化重点龙头企业，成为阿里地区的支柱企业、纳税大户，为推动阿里经济快速发展、促进农牧民稳定增收作出了突出贡献。

（六）西藏金紫绒工贸有限公司

西藏金紫绒工贸有限公司坐落于被誉称阿里“紫绒”之乡的措勤县。西藏金紫绒工贸有限公司于 2011 年 12 月成立，公司是由措勤县贸易公司和自然人张百诺投资兴建的集收购、加工、销售于一体的有限公司。公司以措勤县独特的优质“紫绒”为原料，采用远程协同的方式，融入现代化、国际化的服装设计理念，引进国内先进的生产工艺及配套设施，进行“金紫绒”牌绒制品的开发及产业化的生产。西藏金紫绒工贸有限公司将“以人为本、不断创新、竭诚尽智、追求卓越”为企业理念，“以优质原料、先进工艺、时尚创意”为主旨。进行“金紫绒”品牌的生产、营销和推广，进一步做精做强羊绒产业，立民族之气、创自主品牌。

（西藏自治区农牧厅）

陕西省品牌农业发展概况

【基本情况】

（一）数量种类成长较快

自 2010 年起，陕西省每年新增农产品商标注册都在1 000件以上，呈现快速发展势头。先后累计认定陕西名牌农产品 100 多件，全国区域公用品牌百强 30 个，累计普查农产品地理标志登记资源 574 件。全省共认证无公害农产品1 400多个，有效期内绿色食品和有机食品各 100 个左右，登记地理标志产品 57 个。涌现出粮果畜菜茶等一大批地方优势特色品牌，为品牌发展夯实了基础。

（二）生产基地聚集度逐年提升

生产基地是企业开拓市场的基础和保证，

经过产业政策强力推进，目前陕西省各地建立了一批优质名牌农产品生产基地，推进了主导产业的区域化、规模化，促进优势产业集群加速形成。果业建成全国集中连片面积最大的渭北苹果基地、秦岭北麓猕猴桃基地、黄河沿岸红枣基地、渭北南沿葡萄基地、大中城市近郊时令特色水果基地。2015 年全省果园面积达到1 865万亩，总产量达到1 630万吨，居全国第一。畜牧业和粮食高产创建示范片区不断扩大，园区建设数量与“三品一标”认证基地数量与面积逐步提升，各基地呈现出与产业转型升级相匹配的发展路径。

（三）品牌效应初步显现

品牌农产品在扩大陕西省农产品知名度、提高农业经济效益、提高市场占有率等方面发挥着重要作用。“陕西苹果”是全国地理标志产品保护地域范围最大、受益农民最多的产品。地域品牌洛川苹果被延安市政府统一打造为“延安洛川苹果”，全市 300 万亩苹果产业迎来新的发展契机。汉中仙毫整合了区域内的午子仙毫、宁强雀舌、定军茗眉、汉水银梭 20 多个企业品牌，艰难应对竞争日益激烈的茶叶市场，寻找茶产业发展的突破口，寻求突破茶产业发展的出路，在做大产业、做优品质、做强品牌，用品牌来推动产业的发展上艰难前行。“眉县猕猴桃”入选中国农产品区域公用品牌果业品牌 20 强，品牌评估价值 91.50 亿元，农民人均增收3 000元。

【存在问题】 陕西省的农业品牌建设虽然取得了一定的成绩，但由于创建品牌时间短，基础条件差，仍然存在诸多问题。

（一）品牌建设缺乏有力支撑

政府在品牌建设方面缺乏必要的引导和政策支持，服务功能不到位，缺乏农业品牌化战略发展规划和系统的政策安排，农业品牌建设基本上处在市场机制作用下的一种自发发展状态。政府有关部门对区域名牌，尤其是对一些历史悠久的地方品牌未给予足够的重视，与之毗邻的新疆将品牌建设纳入政府重点建设工程，每年都拿出不低于3 000万元用于品牌推广，新疆农产品市场认可度逐年增加，陕西省在优势特色产业保护上开发力度明显滞后。

（二）大品牌仍然欠缺

龙头企业与农业专业合作组织，是提高农业生产组织化和集约化的载体，也是农业品牌建设的主体。龙头企业和农业专业合作组织的力量都相对较薄弱，呈现与农业生产大省尤其北方果业生产大省很多不相适应的地方。农业企业、合作社数量虽多，但缺乏统治市场和引领消费的大品牌带动。在农业标准化、行业发言权、资金和技术竞争上都处于弱势，且合作社与合作社之间、合作社与农户之间结构较松散，未真正形成利益共享、风险共担的机制。大产业无大品牌，难以发挥品牌作用，更难分享品牌溢价带来的利益分成。

（三）品牌培育营销不足

大多数经营主体只重视产品数量的提高，而不重视产品质量的提升。多数企业只注重推销农产品，标准化生产水平不高，不重视品牌的推广宣传，利用媒体广告、公共宣传等来全方位塑造品牌形象意识不强，对产品的外观设计及包装不够重视，缺乏对商标的持续维护和管理，对品牌建设缺乏长远打算，缺乏系统、整体的品牌建设理念，缺少品牌所特有的文化内涵，导致消费者认同度、市场美誉度、信誉度不高，限制了品牌知名度的提升。

（陕西省优质农产品开发服务中心）

甘肃省品牌农业发展概况

【基本情况】 近年来，各地各级政府、部门、行业协会、农业企业等相关主体顺应形势发展需要，积极探索农产品品牌发展路径，推动品牌农业发展。甘肃省农产品品牌建设呈现出起步晚，发展快的特点。

全省“三品一标”工作“十二五”期间，取得了明显成效，“三品一标”农产品生产规模占食用农产品规模的比重稳定保持在45%以上，为提升农产品质量安全水平、促进农业提质增效和农民增收等发挥了重要作用。主要表现在下面四个方面：

一是产品认证的数量和规模不断扩大。截止到2015年12月底，全省有效期内的“三品一标”获证主体达740多家，产品总数近1 500个，产量1 363万吨。其中：无公害农产品获证主体327家，认证产品669个，面积1 343万亩，产量384万吨；绿色食品获证主体320家，认证产品641个，面积429万亩，产量450万吨；有机食品获证主体30家，认证产品95个，面积116万亩，产量10万吨；地理标志产品63个，面积369万亩，产量307万吨。“三品一标”各项指标均比“十一五”末有了较大提高。

二是认证队伍和体系不断完善。全省14个市州、86个县（区）、576个乡镇建立了“三品一标”工作机构。“十二五”期间，共培训无公害农产品检查员446人，核查员117人，内检员667人；培训绿色食品注册检查员142人，监管员227人，企业内检员300多人。现有从事无公害和地标登记工作人员1 652人，从事绿色、有机食品工作人员670多人。

三是证后监管得到不断加强。全省“三品一标”组织管理、生产、农业投入品、技术服务、监督管理、基础设施体系逐步完善。通过落实“三品一标”品牌提升行动，依法履职、依规办事，严格认证程序，强化了证后监管，及时清理了不合格产品。在每年农业部组织的省份之间交叉抽查监测，复查换证、年检和专项整治产品抽检结果表明，全省“三品一标”产品合格率均保持在较高水平。2015年“三品一标”产品抽检合格率达99%，较2010年提高1.2个百分点，有机食品和地理标志农产品抽检合格率一直保持100%，充分证明了甘肃省“三品一标”产品质量是安全可靠的。

四是“三品一标”影响力进一步提升。陇南橄榄油、甘南牦牛肉、兰州百合、天水、平凉、庆阳苹果、张掖花寨小米等一批产品质量过硬、品牌知名度高、示范带动作用强绿色有机食品精品迅速进入国内外市场。天祝白牦牛地标产品入选中—欧互认清单。地标产品武都红芪在全国第一次估价中品牌估价达18亿元。消费者对“三品一标”的综合认知度已超过80%，其价格与普通农产品相比较占有一定优势。2015年甘肃省绿色食品年销售额近20亿元，年出口额达到2 543万美元，有机食品产值达到6亿元。

【主要措施】

一是积极推进品牌农业顶层设计，制定品牌发展规划。在战略层面上加强顶层设计，按照“统筹规划、明确责任、密切配合、全面推进”的原则，对农产品品牌发展做出科学规划，指导农产品品牌分类和分层发展。面对全省农产品品牌多、杂、小的现状，品牌建设会根据不同生产区域、经济条件和发展阶段等实际情况，将农产品品牌进行分类管理。同时，开发具有地区特色的农产品，通过技术创新，推广品牌，提高农产品附加值，打造名优特农产品品牌。

二是积极推进农业标准化建设，夯实品牌农业质量安全。首先强化生产基地监管，进一步加大农产品生产基地的检测力度和抽检频率。其次强化跟踪管理，加大对农产品生产过程中违法违规现象的查处力度，重点整治农业投入品市场环境。第三强化技术培训，通过集中授课、举办农民田间技术学校、现场指导观摩等形式，结合生产实际搞好农业科技培训，切实增强农民的标准化生产意识。

三是扩大“三品一标”认证规模，加大品牌培育与保护力度。进一步加大无公害农产品、绿色食品、有机食品和农产品地理标志的认定，提升农业标准化水平，2015年全省无公害、绿色、有机和国家地理保护标志农产品数量近1 500个，力争“十三五”末“三品一标”农产品生产规模占食用农产品规模的比重达到60%。

四是建设省级农产品质量追溯管理平台。建设省级农产品质量追溯管理平台，对农产品质量安全相关信息实行集中管理，确保农产品质量安全追溯信息及时、准确上传，实现全省农产品质量安全追溯体系与全省食品安全追溯系统、农业部农产品质量安全追溯系统实现有效对接，满足包括全省蔬菜、瓜果、食用菌、中药材等种植产品，牛、羊、猪、鸡、奶、蛋等畜禽产品以及水产品和种子产品实现追溯管理，确保追溯信息可查询、可监管，提升可追溯农产品市场竞争力。在全省建成覆盖14个市州、86个县级监管监测机构农产品质量安全追溯管理平台，提升各级农产品质量安全监管机构的监管手段，提高监管能力。

五是积极组织申报中国著名农产品区域品牌，提高农产品的知名度。指导各市州立足本地资源优势，培育具有地方特色的区域品牌。甘肃省已连续五年申报中国著名农产品区域公用品牌，培育出如甘肃高原夏菜、兰州百合、秦安花椒、静宁苹果、天水大樱桃、苦水玫瑰等一批特色鲜明的区域品牌。在此基础上，甘肃省将进一步申报临泽小枣、甘南藏羊、靖远枸杞等区域品牌，促进优势特色产业发展壮大，提高甘肃省农产品的知名度。

六是积极组织企业参与展会、推介会，扩大品牌影响力。坚持以市场为导向，大力开拓特色农产品国际国内市场。组织企业到北京、广东、上海、福建、河南、江苏以及俄罗斯、哈萨克斯坦、韩国、日本参加展示展销，举办专场推介、产销对接和招商引资活动。通过形式多样、形象直观的推介活动，扩大甘肃省特色农产品影响力，提高国内外市场占有率。

（甘肃省农牧厅）

青海省品牌农牧业发展概况

【基本情况】 青海省农畜产品生产立足省情、农情实际，紧紧围绕省委省政府提出的“生态立省”战略，把保护生态作为促进现代农牧业发展的重要原则和重要路径，稳步推进农畜产品品牌建设，倾力打造“生态、绿色、有机”牌，走出了一条具有高原特色、青海特点的现代农牧业发展之路，农畜产品品牌建设成效明显。

（一）品牌建设取得新进展

截止到2015年年底，青海省已注册农畜产品商标2 360件、获得中国驰名商标农畜产品17件、青海省著名商标农畜产品56件。全力打造“有机”牌，祁连、河南、泽库、甘德4县成为有机畜牧业县，有机畜产品认证监测面积达到4 500万亩。加强绿色食品原料标准化生产基地认证，诺木洪农场枸杞、门源浩门农场小油菜、湟源马牙蚕豆、湟中马铃薯、大通马铃薯及互助蚕豆和饲料等8个基地认定为全国绿色食品原料标准化生产基地，基地面积达到120万亩。

（二）“三品一标”认证取得新突破

通过抓认证、严监管、树品牌等措施，加大“三品一标”农畜产品认证力度，全面推进“三品一标”农畜产品发展进程，“三品一标”农畜产品品种不断增加、基地面积持续扩大、产品品质稳步提升。2015年年底青海省“三品一标”农畜产品认证总量为421个，认证企业超过182家。其中，无公害农畜产品182个、绿色食品112个、有机农畜产品74个、农畜产品地理标志登记保护产品41个，绿色生产资料12个。

（三）品牌效益日益明显

消费者品牌意识的逐步增强，激发了龙头企业和农牧民专业合作社的品牌意识和质量安全意识，农牧民的组织化程度有效提高。2015 年年底，全省 394 家农牧业产业化龙头企业中有 93 家省级以上龙头企业获得中国驰名商标 13 件、青海省著名商标 35 件，实现销售收入 55.5 亿元，品牌企业辐射带动农牧户 50.9 万户，带动农牧户增收总额 6.6 亿元；全省登记备案的6 719家农牧民专业合作社中，实行标准化生产的合作社 78 个，拥有注册商标的合作社 291 个，合作社成员达到 33 万人，带动农牧户 25 万户。

（四）品牌知名度不断提升

通过组织品牌企业参加青洽会、清食展、中国国际农产品交易会、全国绿色食品博览会及国有机食品博览会等省内外大型展会以及各类宣传推介活动，青海省特色名优农畜产品在全国知名度显著提升，市场认可度持续提高。“绿草源”牛羊肉、“江河源”菜籽油、“仙红”线椒等主导产业品牌在全国市场享有良好口碑，“八宝”祁连牛羊肉、“诺木洪枸杞”、“恩露”富硒农畜产品、“高原湖”三文鱼等一批特色品牌农畜产品多次获得全国绿色食品博览会等省内外大型展会奖项。

（青海省农牧厅市场信息处）

宁夏回族自治区品牌农业发展概况

【基本情况】 近年来，宁夏推动全区特色农产品名牌战略，鼓励和支持各类农业企业、农民专业合作社、家庭农场争创驰名、著名商标。不断加大扶持，做大做强，使宁夏的农业会展标志性产品打响国内外。

经过多年努力，宁夏培育农业商标、品牌 300 多个，其中中宁枸杞、盐池滩羊、西吉马铃薯、香山硒砂瓜等 21 个中国驰名商标，宁夏红、塞北雪、夏进、圣雪绒 4 个中国名牌产品，宣和牌鸡蛋、早康牌枸杞、穆和春牌清真羊肉、灵丹牌长枣等 4 个农产品被评为中国名牌农产品。宁夏红高端枸杞酒、厚生记“杞动力”功能饮料广告登陆央视，提升了“宁字号”品牌知名度。“中宁枸杞”“盐池滩羊”“厚生记”“宁夏红”“夏进”“西夏王”等一批具有全国影响的知名品牌，“加贝兰”等地产葡萄酒屡获国际大奖，宁夏贺兰山东麓产区连续三届获得了中国葡萄酒明星产区奖。同时，优质农产品实物总量迅速扩大，全区“三品一标”认证产品生产总量达到全区农产品生产总量的 40%，较全国平均水平高 10 个百分点，位居西部各省份前列，登记认证地理标志总量居全国首位。

【做法和成效】

（一）大力实施农业标准化生产，夯实农产品品牌基础

质量是农产品品牌的根本。以农产品质量安全检测体系和农业标准化推广应用为重点，着力抓好标准化种养基地建设。截止到 2015 年，全区累计认定无公害农产品产地 120 个、无公害农产品 841 个、绿色食品 190 个、有机食品 41 个、农产品地理标志 48 个，覆盖了全区 81%的种植面积、85%的畜禽养殖规模和 80%的水产养殖面积。建设国家级农业标准化示范园区 69 个、自治区级农业标准化示范园区 29 个。创建全国绿色食品原料标准化生产基地 16 个、全国有机农业示范基地 2 个，涉及全区 12 个市县 220 万亩土地。

（二）着力推进农业产业化经营，培育农产品品牌主体

龙头企业、农民专业合作社、农业协会是品牌培育经营的主体。坚持把培育壮大龙头企业、专业合作社作为推进农业特色优势产业发展、农产品品牌培育的关键环节抓紧、抓实、抓好。每年整合中央及自治区专项资金3 000万元以上，支持龙头企业发展壮大。全区农业产业化龙头企业达到 682 家，农民专业合作社4 820家。其中国家级 19 家、自治区级 289 家。销售收入 1 亿元以上龙头企业达 48 家、5 亿元以上的 14 家、10 亿元以上的 7 家。

（三）加大营销推介力度，提高宁夏农产

品品牌市场影响力

围绕国际国内市场需求，定位清真食品、枸杞、酿酒葡萄等方面，组织优秀农业企业走南闯北，参加了江西绿博会、上海有机食品博览会、内蒙古畜牧博览会、吉林农博会等国内知名品牌展会活动，贺兰山葡萄酒、宁夏枸杞、宁夏大米等产品成了各展会中的亮点，吸引汇源、中粮、中石化、法国轩尼诗等知名企业落户宁夏。连续举办六届的中国（宁夏）园艺博览会，每届签订的优质农产品销售合同近百亿元，宁夏品牌农产品市场公信力和公众美誉度显著提升。

【大事记】

2015 年 11 月，在农业部主办的第十三届中国国际农产品交易会上，宁夏展团获得最佳组织奖。

宁夏中卫市海原县鸿鑫马铃薯合作社“南月马铃薯”、宁夏中卫市中宁县健商堂枸杞专业合作社“健商堂宁夏枸杞”、宁夏银川市永宁县曹东现代农业专业合作社“望洪大米”、宁夏中卫香山硒砂瓜流通专业合作社“香山硒砂瓜”4 个农产品品牌被推选为“全国百家合作社百个农产品品牌”。

宁夏类人首葡萄酒业公司的葡萄酒、宁夏顺宝现代农业有限公司的鸡蛋、宁夏兴唐米业集团有限公司的大米、宁夏家道清真食品有限公司的米伴侣 4 个产品获金奖产品。

吴忠市扁担沟玉国苹果购销专业合作社“扁担沟苹果”、宁夏吴忠市利通区东塔寺乡“大青葡萄”被授予“第十三届中国国际农产品交易会有较强影响力的果品区域公用品牌”。

（宁夏回族自治区农牧厅）

大连市品牌农业发展概况

【基本情况】 在都市型现代农业建设中，大连市政府把加强农业品牌建设作为适应社会消费升级和转变农业发展方式的一项重要任务，以促进农业提质增效、农民增收致富、农村经济可持续发展为着力点，积极培育打造有规模优势的大连农业知名品牌。

（一）规划引领政策扶持，加大品牌培育力度

2010 年大连市政府制定《大连都市型现代农业发展规划纲要（2011—2020 年）》，将强化农业名牌建设，提高都市型现代农业综合竞争力纳入五大发展战略。大连市农村经济委员会与大连市财政局联合印发《大连市扶持农业产业化发展财政专项资金管理办法》，将“支持发展名牌农产品”纳入支农资金扶持范围，对获得国家和省名牌农产品的企业，一次性分别奖励 30 万元和 15 万元。按照大连市政府制定的《大连市名牌农产品认定管理办法》有关要求，大连市农村经济委员会建立了名牌农产品项目库，每年组织专家在纳入项目库管理的企业择优评审认定一批大连名牌农产品，同时在获得市名牌农产品称号 1 年以上的企业中，组织开展辽宁名牌农产品申报推荐工作。截止到 2015 年，全市有效期内的市名牌农产品达到 59 个、省名牌 35 个。2013—2015 年大连市对省名牌企业励资金分别达到 90 万元、105 万元和 135 万元，同时大连市农村经济委员会对省、市名牌农产品企业在品牌宣传、市场促销、展览展示等方面给予重点支持。为加大大连市地域优质特色产品的保护力度，市政府出台扶持政策对每个获得地理标志登记的证书持有人奖励 20 万元，大连市农村经济委员会对全市农产品地理标志资源进行了全面普查并制定登记保护计划，2010 年以来，全市先后有庄河蓝莓、旅顺大樱桃、瓦房店红富士苹果等 11 个农产品获得国家地理标志登记。为加强名牌农产品认定后的监督管理，大连市农村经济委员会将“名牌专项监测”纳入全市农产品质量安全专项监测和监督抽查计划之中，每年集中开展 1 次省市名牌农产品定量监测并通报检测结果，强化名牌企业的

质量管理意识，有效维护了大连名牌农产品的良好信誉和公信力。

（二）立足产业企业主体，夯实品牌发展基础

企业是品牌创建的主体，做大做强农业品牌离不开坚实的产业基础。近年来，大连市紧紧围绕五大优势产业，通过政府支持引导和创造公平有序的竞争环境，以标准化菜园、精品果园、一县一业和一村一品建设为载体，大力推行标准化生产、产业化经营和品牌化营销。截止到 2015 年，全市创建国家级标准化菜园 29 个、精品果园 5 个、一村一品示范村镇 32 个、产业化龙头企业 19 个，全市“三品”生产面积达到 548 万亩，占全市耕地果园面积 70%，为农业品牌培育发展奠定良好产业基础。

围绕主导产业，大连市每年都召开主要农产品产销形势座谈分析会，及时掌握和帮助企业解决实际困难，组织采购商、超市和电商企业深入大樱桃、蓝莓和苹果等优势农产品主产区进行产销对接。2014 年苹果收购季节，大连市农村经济委员会组织 20 多家重点苹果产销企业与市金融局和市农商银行、邮储银行、哈尔滨银行进行对接，为企业解决 1.9 亿元流动资金贷款，2015 年通过项目对接为重点企业及时协调 2 亿元流动资金贷款，同时与市财政共同制定《大连市农户及农业生产经营主体贷款贴息资金管理暂行办法》，对名优产品生产企业给予 400 多万元贷款贴息。为支持大连市名优农产品走向全国，大连市农村经济委员会与大连市邮政管理局联合印发《关于推动邮政快递与农产品物流协同发展的实施方案》，通过建立农邮对接机制，鼓励支持邮政企业下乡进村，为精品农产品提供面向全国的“次日达”“三日达”快递服务。

（三）政府搭台市场导向，强化品牌市场营销

为提升大连名优农产品的知名度和市场竞争力，2013 年以来，大连市农村经济委员会争取市财政资金支持，在大连电视台财经频道开办大连名牌农产品宣传栏目，先后采访 50 多家名优农产品生产企业，制作播放了 50 多期大连名牌农产品宣传节目，并先后在央视七频道播出宣传大连大樱桃、蓝莓、苹果、大骨鸡等名优产品专题片，2015 年还在农业部《农产品市场周刊》做了 1 期庄河 14 种名特优农产品宣传专辑。为促进产销衔接，积极开拓国内外市场，2013 年以来，连续三年以大连市政府名义由主管副市长带队，组织大连市大樱桃、苹果、蓝莓和棚桃等名牌产品生产企业，先后在广州、深圳、南京、杭州、上海、成都、满洲里、长春等地大型批发市场举办大连名优农产品推介活动，集中宣传和展示大连农业的优势产业、优秀企业、优质产品。每年一届在大连举办的东北地区绿色食品博览会，大连市都组织有销售需求的名优产品企业与来自全国各地的采购商进行宣传推介和洽谈对接，在 2015 年举办的大连国际农业博览会上，大连市农村经济委员会还专门制作了省、市名牌产品 logo 标志大型展板进行展示宣传，受到企业普遍好评。在市县两级通过举办“樱桃节”“草莓节”“蓝莓节”和“苹果节”等具有鲜明地方特色的农业节庆活动和组织参加国内重要展会的同时，2015 年大连市农村经济委员会还组织大连市名优农产品出口企业先后参加了韩国首尔国际食品产业大展、巴西国际食品展览会、日本纪川市蔬菜节等 5 次国外大型展会活动，多渠道多层面打造大连农业品牌的竞争优势。通过政府搭台和支持引导，企业闯市场的能力不断提升，绝大多数省市名牌企业都在国内大中城市建立了销售档口或专卖店，有的还在国外设立销售公司，大连大樱桃、蓝莓、苹果等一批省市名牌产品享誉国内外，并进入欧美高端市场。在 2015 年第十三届中国国际农产品博览会上获得全国百个农产品品牌称号的大连市东马屯果业有限公

司的“东马屯”苹果，自2007年以来，连续三届获得辽宁名牌农产品称号，产品畅销国内外市场，成为带动当地农业结构调整和农民增收的主导产业。品牌农业不断做大做强，一批优势企业逐渐崛起，促进了产品优质优价、市场与消费良性互动，对大连市都市型现代农业又好又快发展起到积极推动作用。

大连市农业品牌建设虽然取得一些成绩，但与发展现代农业的任务要求还有不少差距。一是品种数量多，知名品牌少；二是建设主体多，强强联合少；三是价值链低端初级产品多，精深加工增值产品少。加强农业品牌建设是转方式、调结构和提升产业竞争力的重要任务，大连市将坚持以特色、高品质为基础，以强农、富民为核心，着力培育品牌主体，重点打造知名品牌，做大做强区域公用品牌，进一步提升大连都市型现代农业的产业竞争力。

（大连市农村经济委员会）

青岛市品牌农业发展概况

【基本情况】 农业品牌化是现代农业发展的重要标志，是转方式、调结构的重要抓手。近年来，青岛市加快实施农业品牌战略，牢牢抓住“品牌农业”这个牛鼻子，通过抓规划、搞示范、建基地、创品牌、拓市场、增投入，使青岛市优质农产品品牌有了快速发展。“美丽青岛、品牌农业”已经成为全国现代农业发展的一张靓丽名片，农产品品牌已经成为青岛市区域农村经济发展的重要支撑，市场引导、企业主体、政府推动、社会参与的良好格局逐渐形成。

纵观青岛市品牌农业发展特点，概括起来为：基础牢、牌子响、特色强、质量好。

（一）基础牢

青岛是农业大市，农业资源非常丰富。全市粮食、蔬菜、果茶、肉蛋奶和水产品总产分别为323万吨、830万吨、105万吨、117万吨、109万吨，粮食、蔬菜、畜产品人均水平均高于全国，口粮自给率达到200%，是唯一实现主要农产品自给有余的计划单列市。全市“三品一标”农产品805个，注册农产品商标770个，全市农产品加工业产值超过1 300亿元，农产品出口50亿美元。

（二）牌子响

近年来，青岛农产品品牌良好形象深入人心，青岛农产品区域公用品牌和优质农产品品牌驰名业界，知名度、美誉度显著提高。截止到2015年，全市著名农业品牌166个，其中国家级名牌13个，省级名牌17个，市级名牌136个。拥有中国驰名商标10个，省市著名商标31个。马家沟芹菜、胶州湾蛤蜊、里岔黑猪等区域公用品牌以及佳沃蓝莓、九联肉鸡、龙盘参鲍等优质农产品享誉全国。第十三届中国农交会期间，大泽山葡萄被评为“有较强影响力的果品区域公用品牌50强”，晓阳春绿茶被评为金奖产品。

（三）特色强

青岛市腹地广阔、地缘条件多样，各区市自然禀赋和产业特色各不相同。黄岛区蓝莓、食用菌、茶叶和水产品四大特色产业齐头并举，发展蓝莓种植面积8.8万亩，成为全国种植面积最大、产业化程度最高的蓝莓生产基地。平度市以马家沟芹菜、大泽山葡萄为龙头品牌，强化产品认证，走出品牌城市之路，唱响了农产品节庆四季歌。莱西市以农业产业化龙头企业为强力支撑，建成畜产品、油料产品和果品产业加工聚集区。崂山区做大做强崂山茶，发展成为我国北方绿茶新秀。城阳区主打樱桃、草莓采摘牌，主推近郊型都市休闲农业。即墨市、胶州市全力发展“菜篮子”产品，建成青岛优质品牌农产品基地。

（四）质量好

青岛市大力实施标准化生产、规模化经营、品牌化营销，全市农产品质量安全水平得到明显提高。农业部和山东省农业厅抽检青岛市农产品质量合格率达到 99%以上，位居全国同类城市前列。全市 368 家生产单位、2 234个产品纳入质量追溯范围，基本实现“三品一标”基地、市级财政扶持的园区和合作社全覆盖。青岛市被评为“山东省出口农产品质量安全示范市”。

【主要做法】

（一）抓政策推动

近年来，青岛市委、市政府一直致力于农产品品牌的建设工作。2004 年制定了《青岛市农产品名牌评价管理办法》，规范农产品名牌评价管理工作。2006 年下发了《关于加强全市农产品品牌培育工作的意见》，明确青岛市农产品品牌培育工作重点，提出具体措施。2010 年市政府组织开展了青岛名特优农产品品牌创建活动，建立健全完善的农产品品牌培育、发展和保护体系，培育更多的具有较强市场竞争力的、影响力和辐射带动力的农产品品牌。2015 年 9 月，青岛市政府出台了《关于加快发展品牌农业的实施意见》，明确了“十三五”期间青岛市品牌农业发展思路和主要任务。

（二）抓主体培育

加强对企业或合作社等品牌建设主体培训，增强企业的品牌意识，强化品牌定位、品牌创意、品牌保护等方面能力。加大资金投入，支持企业、合作社建基地，以基地促品牌，以品牌带基地，建设了一批优势突出、特色鲜明的优质农产品基地园区和产业集群。截止到 2015 年，全市农民专业合作社8 779 家，其中，市级示范合作社 659 家，省级 79 家，国家级 23 家。全市“三品一标”产品产地面积占食用农产品产地总面积达 73.2%，成为孵化农业品牌的主要载体。

（三）抓认证监管

围绕创建国家食品安全城市，突出抓好农产品质量安全监管，坚持产出来、管出来、检出来、打出来、创出来“五位一体”。稳步推进“三品一标”认证管理，实施动态监督管理。全市“三品一标”产品达到 805 个，其中，2015 年新认证无公害农产品 61 个，绿色食品 9 个。修订《青岛市农产品区域公用品牌暨优质农产品品牌评选认定办法》，开展品牌评选认定。2013 年和 2015 年，青岛市农业委员会会同青岛市海洋与渔业局、青岛市畜牧兽医局先后评选认定了两届青岛市农产品区域公用品牌和优质农产品品牌，共评选出区域公用品牌 20 个、优质农产品品牌 60 个。此外，青岛市还组织评选了“十大渔业品牌”“十佳水产养殖品牌”和“十佳水产品加工品牌”。同时，对违规企业进行“摘牌”，以敢于亮丑揭短的勇气，狠抓农产品品牌监管，保证品牌农产品质量和市场信誉。

（青岛市农业委员会）

展览展示

- 第 80 届柏林国际绿色周
- 第六届余姚河姆渡农博会
- 第十六届中国（寿光）国际蔬菜科技博览会
- 第九届中国国际有机食品博览会
- 2015 发现中国好食材高峰论坛
- 第九届中国东北地区绿色食品博览会
- 2015 国际农商品牌发展（北京）论坛
- 第三届中国茶叶博览会
- 第十六届中国绿色食品博览会
- 第二十二届杨凌农业高新科技成果博览会
- 第十三届中国国际农产品交易会
- 2015 品牌农业论坛
- 第七届海峡两岸现代农业博览会暨第十七届海峡两岸花卉博览会
- 第七届全国优质农产品（北京）展销周

第80届柏林国际绿色周

【展会时间】 2015年1月16日～25日

【展会地点】 德国柏林国际展览中心

【展会概况】

从1926年创办至今，“柏林国际绿色周”在2015年隆重迎来第80届盛事。柏林国际绿色周（IGW）是一个集食品、农业及园艺为一体的国际性博览会，每年将与全球除德国外的一个国家作为主要贸易伙伴联合展示，2015年的伙伴国家为拉脱维亚。

据统计，2014年柏林国际绿色周共设展馆26个，展馆面积12.4万平方米，共有来自70个国家的1 650位参展商与来自70多个国家的农业部长出席，有超过41万名观众参与展会，展商销售总额约为4 700万欧元，专业观众人数在10万名左右。柏林绿色周为来自世界各地的参展商提供了销售和推介自己产品的良好机会，是我国相关企业开拓海外市场的最佳平台。

作为世界上最大的食品、园艺和农业博览会，本届绿色周吸引了全球68个国家和地区的1 658家展商参展，参展商数量为44年来最多。中国展团推出“丝路·茶语”主题展，重点推介“一带一路”上的中国特色农产品和农业文化，挖掘与相关国家农业交流与合作的潜力。“一带一路”沿线中国12个省区市的重要世界自然文化和历史文化遗产、农业文化遗产以及著名的农产品，通过图片和实物形式在绿色周上“集体亮相”：陕西秦兵马俑、甘肃敦煌莫高窟、长江三峡、广东开平碉楼；青海门源油菜、甘肃皋兰什川古梨园、福建安溪铁观音种植；新疆葡萄干、宁夏枸杞、重庆辣椒、广西柿饼、海南可可、广东蜜饯和福建茉莉花茶……

【展会内容】

农业、食品、饮料、鱼类、粮食、园艺用品、畜产品、肉制品、酒类等。

第六届余姚河姆渡农博会

【展会时间】 2015年2月5日～9日

【展会地点】 余姚中塑国际会展中心

【展会主题】 健康、精致、生态、高效

【组织机构】 中国优质农产品开发服务协会、中国渔业协会、浙江省农业厅、宁波市农业局、宁波市海洋与渔业局、余姚市人民政府

【展会概况】

河姆渡农博会作为全国唯一一个县级举办的国字号农业博览会，本届农博会展示展销的面积达到2.8万平方米，共分本市名优农产品展销区、国内优质农产品展销区、台湾及国际农产品展销区、传统小吃休闲区及甲鱼水产展销区等5个区块，设标准展位900余个。本届农博会参展企业600多家，分别来自国内20余个省份、15个国家和地区，参展农产品3 000余种，其中境外农产品超过500种，充分体现本届农博会国际性、开放性的特点。

为进一步丰富展会的内涵，第六届农博会暨第三届甲鱼节期间，还将首次开展农业专业人才招聘活动，并展示农业领域大中专毕业生创业成功案例，为青年大中专毕业生创业提供经验。同时，将组织开展2015品牌甲鱼产销战略论坛、“献爱心、送甲鱼”公益活动等一系列甲鱼文化宣传推介活动。

第十六届中国（寿光）国际蔬菜科技博览会

【展会时间】 2015年4月20日～5月30日

【展会地点】 山东省寿光国际会展中心

【组织机构】

主办单位：中华人民共和国农业部、中华人民共和国商务部、中华人民共和国科学

技术部、中华人民共和国环境保护部、国家质量监督检验检疫总局、中国国际贸易促进委员会、中华全国供销合作总社、国家外国专家局、中国农业科学院、国家标准化管理委员会、中国科学技术协会、中国农业大学、山东省人民政府

承办单位：山东省农业厅、山东省科学技术厅、山东省商务厅、山东省环境保护厅、山东省质量技术监督局、山东出入境检验检疫局、山东省贸促会、山东省供销合作社、山东省外国专家局、山东省农业科学院、山东省旅游局、山东省科学技术协会、潍坊市人民政府、寿光市人民政府

协办单位：部分外国驻华大使馆、国际组织、商协会、国内外涉农企业

【展会主题】 绿色·科技·未来

【展会概况】

中国（寿光）国际蔬菜科技博览会（简称菜博会）是经商务部批准、国务院备案的年度例会，认定为AAAAA级专业展会，每年4月20日～5月30日在AAAA级旅游景区——寿光市蔬菜高科技示范园内举办。

第十六届中国（寿光）国际蔬菜科技博览会2015年4月20日～5月30日在山东省寿光国际会展中心成功举办。本届菜博会吸引国内外1 160家企业、近万名客商前来参展参会、投资洽谈，参观人数达到219万人次，集中签约了30个重点项目，签约额222亿元，引资额190亿元，实现各类贸易额160亿元。

本届菜博会秉承“绿色·科技·未来”的办会主题，服务“三农”的办会宗旨，以现代科技为支撑，全面展示国内外蔬菜产业领域的新技术、新品种、新理念、新成果，成为前沿农业科技展览展示、推广应用、交流共享的重要平台。本届菜博会共设1个主展区和12个分展区，主展区总展览面积45万平方米，其中室内面积16万平方米，设有11个展馆（厅）和蔬菜博物馆、采摘园及广场展位区，共展示菜果品种2 000多个，新增品种200多个，新技术100多项，种植模式30多种。高端蔬菜品种和“中国造”寿光新研发的品种琳琅满目，尽显“新、特、珍、奇、优”特色。会上展示的新一代智能全自动水肥一体化技术、物联网信息远程控制技术、自动化播种育苗系统等国内外农业前沿技术和最新发展成就，预示着中国乃至世界农业科技前沿的最新动向及蔬菜产业的未来方向。厅内采用现场实地栽培与新技术成果和蔬菜文化有机结合，科技亮点多，示范功能性强。精心设计制作的210个蔬菜景点，全民展示了寿光独特的蔬菜文化艺术。本届菜博会期间，举办了第四届中国（寿光）国际园艺设施高层学术论坛、第六届中国农圣文化国际研讨会、第三届中国（寿光）文化产业博览会、第六届中华农圣文化节、第二届中国盆景精品邀请展，首次举办了航天育种产业成果展。

第九届中国国际有机食品博览会

【展会时间】 2015年5月28日～30日

【展会地点】 上海世博展览馆

【组织机构】

主办单位：中国绿色食品发展中心、德国纽伦堡展览集团

承办单位：中绿华夏有机食品认证中心、纽伦堡会展服务（上海）有限公司

支持单位：国际有机农业运动联盟

【展会概况】

由中国绿色食品发展中心与纽伦堡国际博览集团共同主办的中国国际有机食品博览会（BIOFACH CHINA）是亚洲最具影响力的有机产品贸易盛会，自2007年以来已成功举办九届。本届展会吸引了来自15个国家和地区的341家参展商参与此次盛会；观众数量达到了16 742名，分别来自于49个国家和地区；展览会得到了农业部、中国国家认证

认可监督管理委员会、国际有机农业运动联盟（IFOAM）的大力支持。

展会期间还举办了“2015中国有机食品市场与发展国际研讨会”。来自农业部、认监委、中绿华夏等有机认证机构以及有机产品生产和贸易企业的国内外专家到会演讲。研讨会分为新常态下的中国有机农业的发展、全球有机食品及市场发展趋势、有机食品贸易市场与拓展、有机产品、有机文化与有机生活四个主题。

【参展对象】

（一）依据中国国家标准、欧盟EEC、美国NOP或日本JAS有机产品标准认证的生产企业。参展产品包括：

1. 有机食品或有机转换食品；

2. 有机农药、肥料或土壤改良剂等生产资料类产品；

3. 有机纺织品；

4. 有机化妆品等。

（二）有机相关行业协会、团体。

（三）有机认证或咨询机构。

2015发现中国好食材高峰论坛

【展会时间】 2015年5月30日～31日

【展会地点】 北京国家会议中心

【组织机构】 中国土特产业创新发展联盟、新华社全媒体

【展会概况】

本届高峰论坛是落实2015年中央1号文件和《中共中央国务院关于深化供销合作社综合改革的决定》精神，切实推进中国农副土特产业发展，提高政府、企业、科研、机构的为农服务综合能力的具体行动。本届论坛由中华全国供销合作总社、中国产学研合作促进会为指导单位，亚洲餐饮联盟、中国农业经济学会等十余家行业协会深度参与。

（一）政府

党的十八大以来，在全面建成小康社会的总体要求下，中央及各级政府在增强为农服务能力、发掘地方特产品牌价值潜力和创新农产品加工方式及渠道建设方面做了大量有益的尝试。本次论坛针对营造地域性土特产品局部产业环境，配合地方政府主管部门建设为农服务体系制定了一系列产业培育、金融投资、政策解读、产销对接方案，助力地方土特产业发展。

1. 邀请中央农村工作领导小组、农业部、中华全国供销合作总社领导和专家深度解读中央最新农业产业政策；

2. 以本次高峰论坛为起始，陆续在各土特产品资源富集城市举办特色分论坛和专题研讨会；

3. 中国土特联盟解读针对地方政府服务的“桥计划”，开展服务对接、定制方案研讨；

4. 邀请城市主要领导成为高峰论坛圆桌会议上台嘉宾参与研讨；

5. 给予论坛展示区现场设立城市特产专区的机会；

6. 可签约成为首批“桥计划城市”，成为“桥城市俱乐部”创会成员；

7. 有机会入选首批“最具投资价值的中国特产城市”；

8. 可推举3家当地土特企业成为首批“中国最具投资价值的土特企业”；

（二）企业

随着国家经济结构优化调整的总体方针逐步落实，中国农业的体制、业态和外延范畴都正在发生根本性的变化。本次论坛针对涉农企业及上下游企业正确理解产业政策、产销精准互联、品牌影响提升、金融投资对接农业好项目等多个角度，设置适用务实的环节和议程，助力地方土特产业发展。

1. 邀请中央农村工作领导小组、农业部、中华全国供销合作总社领导和专家深度解读中央最新农业产业政策；

2. 中国土特产业创新发展联盟成立仪

式，土特产业投资基金投资方向解读；

3. “中国好食材”候选品牌公示及评选细则发布；

4. 中国土特联盟解读针对地方农业服务的“桥计划”，开展服务对接、定制方案研讨；

5. 食品安全示范项目第一批公示名单；

6. 最具投资价值餐饮品牌、土特品牌公式和解读；

7. 土特好食材与餐饮大集采对接晚宴；

8. 农业“互联网+”圆桌论坛；

9. 金融与农副土特产业投融资圆桌论坛；

10. 名优特产专门展区合作洽谈、优质农业项目微路演。

第九届中国东北地区绿色食品博览会

【展会时间】 2015 年 9 月 11 日～14 日

【展会地点】 大连星海会展中心

【组织机构】

主办单位：新华社辽宁分社、大连市农村经济委员会、中国国际贸易促进委员会大连市分会、大商集团

协办单位：黑龙江省绿色食品发展中心、黑龙江省农垦绿色食品办公室、吉林省绿色食品发展办公室、辽宁省绿色食品发展中心、内蒙古自治区绿色食品发展中心、大连市连锁经营协会

承办单位：大连市绿色食品发展中心、大商展览公司

支持单位：中国绿色食品发展中心

【展会概况】 中国东北地区绿色食品博览会（下文简称“绿博会”）于 2007 年由大商集团在大连创办，是大商集团精心打造的消费类专业展会，也是具备国际国内影响力的绿色食品展会，得到了中国绿色食品发展中心的认可与支持，将其列入年度展会计划，辽宁省、吉林省、黑龙江省及内蒙古自治区三省一区绿色食品发展中心、黑龙江省农垦绿色食品办公室是本会协办单位，每年都组织本地区绿色食品企业参加展会。中国东北地区绿色食品博览会曾荣获“全国综合性二类优秀农业展会”等荣誉，现已成为全国、特别是东北地区具有广泛影响力、知名度的专业食品展会。

绿博会以“发展绿色食品生产、促进绿色食品贸易、培育绿色食品市场、倡导绿色食品消费”为宗旨，大力宣传天然、绿色、安全、健康食品及品牌，推广绿色食品生产技术，促进绿色食品生产快速发展，为广大食品展商提供一个高层次的展示、交流、贸易平台，让广大消费者享受到更多的放心食品，满足百姓高品质的生活需求。东北绿博会在推动东北地区“三品一标”农产品企业发展和农产品品牌化建设方面发挥了积极作用。

【展会定位】 线上线下全渠道贸易推广平台：参展商通过参展展示、贸易对接实现线上线下全渠道贸易推广，既可与线下实体零售商开展贸易合作，有机会进入大商全国实体店铺全国市场分销，同时可以同步进入大商天狗网移动客户端线上全国分销。

稀缺优质商品采购交易平台：各国/各地优质、特色、稀缺商品生产商、制造商，通过展会线上线下宣传推广/信息交互、线下贸易对接洽谈、推介会大会推介、贸易对接会一对一洽谈实现产销对接交易。

名优特产品牌展示宣传平台：参展的名优特产老字号/新品牌/进口品牌，通过线下广告传媒（如大商自媒体集团报、超市 DM、X 展架，展场内外会刊、门票等）和线上新媒体（如天狗网绿博会专栏、绿博会官方网站、微信、微博平台等），向采购商、贸易商、观展消费者、大商全国实体店铺的顾客/会员、天狗网粉丝/网购人群等推广品牌、推介产品，提升品牌知名度、影响力。

【展览范围】 展品以优质商品为主，包

括三品一标（绿色食品、有机食品、无公害农产品和地理标志农产品）、各国进口商品、全国各地名优特产等。

2015 国际农商品牌发展（北京）论坛

【会议时间】 2015 年 9 月 19 日～20 日

【会议地点】 北京会议中心 9 号楼

【会议主题】 农商融合与发展

【组织机构】

主办单位：中国优质农产品开发服务协会、中国品牌建设促进会、中国农产品市场协会、中国农业产业化龙头企业协会

协办单位：新华社全媒体《发现中国创造力》组委会、《优质农产品》杂志

承办单位：中国品牌农业网

【主要议程】

议题一 开幕式及主旨演讲

开幕式将邀请相关部委领导、国际行业组织官员致词，解析在经济新常态背景下农业产业现代化、全球农商发展趋势、前沿农业技术等重大议题。

议题二 国际论坛——“一带一路”共融与发展

紧随习近平总书记提出的“一带一路”构想，结合现阶段更加紧密的农业产业区域间交流与合作，从农业产业化及产业全球化角度，通过区域公用品牌案例分析及国际品牌建设经验分享交流，共同探讨在新的经济形势下，如何通过创新品牌培育，发挥品牌国际化和全球化合作共融两大驱动力，带动区域特色农副产品以及民族特色品牌、文化品牌等实现产业升级和品牌增值，提升品牌竞争力。

议题三 双边论坛——大世界 大农业：中澳贸易新机遇

澳大利也是世界上农、畜牧业最为发达的国家之一，在农、畜牧业科研、生产、管理和商业化方面都处于世界领先地位。2015 年中国与澳大利也将正式签署中澳自由贸易协定，顺应协定为双边贸易带来的良好态势，中澳政府机构、行业协会及农业企业将围绕中澳两国在农业商业模式、农产品互补发展等议题进行交流与讨论。

议题四 专题讨论——商业模式新思维

伴随着经济结构的调整、现代农业产业化的加速、农业传统模式理念的转变，跨界资本活跃于农业产业链各个环节，大数据等创新理念不断涌现，农业企业所面临的经济及市场环境正在发生着深刻的变化。汇聚农业及商业各领域企业领袖及专家学者，切合自身实际的发展战略，探讨在当前经济新常态背景下，现代农业发展与商业模式创新的关系、方向、路径和机制，加快形成新的竞争优势。

议题五 圆桌论坛

食业正循环——餐饮企业与农业产业的融合发展。食材安全、重在溯源，食材溯源、重在监督，为打造从田间到餐桌的安全链，需整合生产、流通与供给每一个环节，建立“食业正循环”的生产供给体系，让优质食材成为社会消费主流。板块联合新华社全媒体《发现中国创造力》组委会，汇聚包括好食材生产者、餐饮企业等食材全产业链，共同推动建立食业产业联动的保障机制，分享最值得社会信任的优质食材品牌。

主食加工业发展论坛——“加工产业与‘大食物’消费理念”。结合农业部推动的主食加工业提升行动，引导消费者正确认识和看待农产品加工制品、现代加工食品，树立“大食物”消费理念和正确的食品行业发展理念，通过该板块倡导先进的农业食物加工产业发展理念，促进农业传统文化传承，帮助民族食品品牌振兴，推动农业加工产品走向成熟和品牌。

议题六 “互联网＋”下的产业链变革

随着现代农业概念的逐渐升温及制度、科技和品牌等不断提升，农业领域迎来了投

资的黄金时期。商业资本投向农业领域，推动了农业规模化经营、农业品牌打造和农产品附加值提升，是解决农业资金、人才、管理缺口，保证食品安全，提升现代农业水平的重要推动力。而“互联网＋”在打通流通渠道、建立质量体系、实现产品标准化等方面带来了巨大的变革，催生出很多农业产业变革方式与方法，该板块将就这些新模式进行探讨交流。

议题七　跨界合作：促进产销对接便利化

通过信任系统的溯源工程不断完善企业内部管理制度和品牌营销理念，通过推进品牌标准化培育国内和国际知名农业品牌企业，通过协助企业扩展销售渠道范围发展多样化的销售渠道，建立“以需定产”“以特定价”的先导模式，打造适应市场规律的产销对接模式，消除或减少农产品跨区域流动和配置的机制壁垒和技术障碍，提高产销对接的运作效率，从而全面带动、整合农业产业的发展，不断提高企业国内外竞争力和影响力。

第三届中国茶叶博览会

【展会时间】 2015 年 10 月 16 日～19 日

【展会地点】 济南高新国际会展中心

【组织机构】

批准单位：中华人民共和国农业部

主办单位：农业部优质农产品开发服务中心、中国优质农产品开发服务协会、中国农科院茶叶研究所、中国茶叶学会、海峡两岸茶业交流协会

承办单位：厦门市凤凰创意会展服务有限公司

【宗旨与主题】

宗旨：展示成果、促进交易、培育品牌

主题：品质、品牌、安全

【参展范围】

参展产品包括茶叶、茶制品、茶具、茶文化、茶机械等，参展企业和单位包括茶叶生产加工龙头企业、专业合作社、茶文化企业、茶叶科研机构以及茶产品经销企业等。

重点邀请茶叶主产省、市、县组团参展，重点邀请农业产业化国家级、省市级龙头企业和知名茶企参展，重点邀请全国名特优新农产品目录茶叶类产品参展。

【展会概况】

第三届中国茶叶博览会是农业部批准、农业系统主办的唯一的全国性茶叶类展会，本届茶博会将在上届成功举办的基础上，配合农业部目前开展的“三品”提升（品种改良、品质改进、品牌创建）行动的实施，通过展览，进一步加强引导、督促与宣传力度，加快培育一批具有竞争力的茶叶龙头企业，培育壮大中国茶叶品牌，大力推进茶叶标准化生产和规范化销售，促进我国茶产业的健康发展。

【主要活动】

茶产业发展高层论坛。邀请国内权威专家、茶叶主产区政府领导、知名企业负责人，围绕茶产业发展情况，分享发展经验，探讨发展方向，洞悉发展机遇。

产茶大市（县）推介活动。立足我国茶叶优势产区，面向参展市、县遴选一批“产茶大市”、“产茶大县”，重点加强区域公用品牌的宣传推介。

茶叶品牌遴选推荐活动。面向参展企业和产品开展“优秀品牌”和“极具发展潜力品牌”遴选推荐活动，促进茶叶品牌培育与建设。

品牌茶企与客商供需见面会。组织遴选推荐的品牌企业与全国知名经销企业、连锁超市、茶叶专卖店等采购商进行专场合作交流、贸易洽谈。

茗茶品鉴暨斗茶大赛。组织开展“老百姓喝得起的好茶”斗茶比赛，由知名茶叶专家、参赛企业代表组成评审委员会，现场品鉴、打分，为斗茶优胜者颁发证书。

"优质茶园"认定活动。中国优质农产品开发服务协会面向参展的会员企业开展"优质茶园"认定活动，为通过认定的企业生产基地颁发证牌。

第十六届中国绿色食品博览会

【展会时间】 2015年10月29日～11月1日

【展会地点】 中国西安曲江国际会展中心

【展会主题】 绿色生态、绿色生产、绿色消费

【组织机构】 主办单位：中国绿色食品发展中心、陕西省农业厅、西安市人民政府

协办单位：中国绿色食品协会、农业部农产品质量安全中心

承办单位：陕西省绿色食品办公室、西安市农业委员会、西安智泰会展服务有限公司

执行承办单位：南昌市人民政府会展工作管理办公室、南昌市商务局、南昌市人民政府农村工作办公室、中食恒信（北京）质量认证中心

【展会概况】 中国绿色食品博览会是绿色食品产业最具权威性和影响力的龙头展会和农业精品展会，由农业部中国绿色食品发展中心主办，是集商业洽谈、品牌展示、合作交流和知识普及为一体的专业展览平台。绿博会自1990年开始举办，已先后在北京、上海、天津、广州、昆明、福州、烟台、青岛等8个城市成功举办。绿博会的举办宗旨是展示成果、促进贸易、推动发展，自2009年开始从每两年一届改为每年举办一届。

第十六届绿博会选址在丝绸之路经济带起点的西安市，充分体现了在对外经济新格局下我国优质安全农产品及加工食品进一步增进贸易与合作，打造"绿色丝绸之路"的良好愿景。本届绿博会以"绿色生态、绿色生产、绿色消费"为主题，集中展示包括绿色食品在内的"三品一标"产品。同往届相比，2015年绿博会在展示"三品一标"产品的基础上，还增设了绿色食品原料标准化基地产品展区、绿色生资产品展区以及电子商务展区，各环节紧密衔接共同亮相，突出了绿色食品"全产业链"特征，既为参展商和采购商提供了产销对接、合作交流的平台，同时也促进了绿色食品生产资料、原料供应企业与绿色食品企业的对接。

本届绿博会租用展馆面积28 000平方米，设立了914个标准展位，共有35个地方和单位组团参展，举办了多场行业交流与商贸推介活动，吸引了众多采购商和大量市民，实现贸易成交额23.86亿元，签订购销合作意向金额37.54亿元，分别比上一届增长32.7%和49.16%。

第二十二届杨凌农业高新科技成果博览会

【展会时间】 2015年11月5日～9日

【展会地点】 陕西杨凌农业高新技术产业示范区

【组织机构】

主办单位：中华人民共和国商务部、科技部、农业部、国家林业局、国家知识产权局、中国科学院和陕西省人民政府

支持单位：教育部、水利部、国家外国专家局、中华全国供销合作总社、中国科学技术协会、海峡两岸关系协会

协办单位：中国农村技术开发中心、国家农业综合开发办公室、中国农村专业技术协会、中华全国工商联合会农业产业商会、中国农业发展集团有限公司、联合国粮农组织、联合国工发组织、荷兰农业食品与技术中心、加拿大农业与农业食品部、加拿大国际科学与技术合作中心

承办单位：陕西省人民政府

【展会主题】 创新引领特色现代农业

【展会概况】

中国杨凌农业高新科技成果博览会（简称农高会）创办于1994年，是由中华人民共和国科学技术部、商务部、教育部、财政部、住房和城乡建设部、农业部、水利部、国家环境保护部、海关总署、国家税务总局、国家质量监督检验检疫总局、国家林业局、国家知识产权局、中国科学院、国务院发展研究中心、中国证监会、国家外国专家局、中华全国供销合作总社、中国科学技术协会等19个部委与陕西省人民政府联合主办，由中国农村技术开发中心、国家农业综合开发办公室、中国农村专业技术协会、中华全国工商联合会农业产业商会、中国农业发展集团总公司、新西兰农业部、联合国教科文组织、联合国工发组织、奥地利农业部、以色列农业与乡村发展部、加拿大农业与农业食品部、澳大利亚贸易委员会、泰国农业与合作社部、加拿大国际科学与技术合作中心等单位协办的国际性农业科技盛会，每年秋季在陕西杨凌农业高新技术产业示范区举办。

近几届农高会，都有来自全国各省、自治区、直辖市和美国、澳大利亚、巴西、日本、韩国、加拿大、法国、以色列等20多个国家（地区）1 000多家参展商；参观参会观众超过150万人次，从事农业产业、科研、农产品贸易的专业人士及国外客商达5万人次；新华社、中央电视台等100多家媒体现场报道。农高会是全国5A级农业展会，是中国政府重点支持的四大科技展会之一，被誉为中国农业科技领域的奥林匹克盛会。

【主要活动】

本届农高会主要包括新丝绸之路创新品牌行动国家农业科技园区联展、国际农业合作交流、现代农业理论研讨、展览展示、科技成果信息发布、农业技术咨询培训、项目招商与技术交易、评奖选优等活动。

（一）新丝绸之路创新品牌行动国家农业科技园区联展

邀请全国160多个农业科技园区，集中展示农业科技创新、示范带动、电子商务、智慧农业以及体制机制创新等方面的新成果。

（二）国际农业合作交流

继续举办“杨凌国际合作周”活动，以“一带一路：起点与终点对话”为主题，举办以荷兰、哈萨克斯坦为主宾国，丝绸之路经济带国家广泛参与的多层次国际交流活动。邀请国内外政府及国际组织官员、专家学者、企业管理人员、优秀家庭农场主和农村创业发展带头人，围绕农业可持续发展、跨境投资环境、旱区现代农业发展、农庄经济、生态文明建设等，举办杨凌现代农业高端论坛、国际农业科技论坛、丝绸之路经济带跨境投资环境推介洽谈会、发展中国家旱作农业经济管理部级官员研讨班、中外农民创业论坛、国际生态农业高峰会议等活动。同时举办“一带一路”国家农业发展成果展，邀请外国政府、有关国际组织、国际知名涉农企业参展。

（三）现代农业理论研讨

邀请政府官员、专家学者和企业负责人，通过主旨演讲、主题沙龙、业务培训等方式，围绕海峡两岸农业互动、农村电子商务、农业专业服务等主题，举办海峡两岸现代农业研讨会、农村电子商务大会、全国农业与气象研讨会等活动。

（四）展览展示

本届农高会共设三个室内展馆、四个室外展区（场），其中室内标准展位1 750个。

1. 专业洽谈与国际馆（A馆）：展览面积12 000平方米，标准展位350个，以国内外农业高新技术成果展示和交易洽谈为主。展馆一层举办新丝绸之路创新品牌行动国家农业科技园区联展、互联网＋农业展、食品安全展、生态农产品产业展、牡丹产业展，展馆二层举办“一带一路”国家农业成果展。

2. 现代农业馆（B馆）：展览面积20 000

平方米，标准展位750个，举办光伏农业展、农庄经济展、农业服务业展、农业创业展、农作物种业展、设施农业展、果蔬机械展等。

3. 特色精品农业馆（C馆）：展览面积15 000平方米，标准展位450个，举办陕西农业发展成果展、农业科普图书展、水利新技术展、农产品电子商务展、乡村旅游展、妇女手工艺品展以及涉农技术和产品展示、推介活动。

4. 农业机械展区（D区）：展览面积40 000平方米，举办农业和工程机械展览交易会、国家农机购置补贴产品专题展。

5. 现代农业示范园区（E区）：以杨凌现代农业示范园区创新园为主，展览面积55 000平方米。同时开放设施蔬菜、林果花卉、食用菌、标准化养殖等示范基地，展示推广国内外现代农业领域的优良品种和高端技术。

6. 苗木展区（F区）：展览面积2 000平方米，设标准展位200个，展销林果、花卉等。

7. 农产品自产自销区（G区）：面积10 000平方米，展销名特优农副产品及日用品等。

8. 专业展区：举办牛、羊、猪、兔等活体动物展等。

（五）科技成果信息发布

面向涉农高校、科研机构和农业企业，征集农业最新科研成果及专利，向各参展商、风险投资机构、涉农企业发布信息并推介交易。由农业部有关机构专场发布植物新品种、国家种子产业发展政策等信息，普及植物新品种保护知识，促进植物新品种推广使用。

（六）农业技术咨询培训

组织百名农业科技专家、基层农技推广与科技致富优秀代表，组成专家咨询服务团，面向广大农村参会群众，开展生产技术与经营管理咨询、培训讲座等。

（七）项目招商与技术交易

以国内外参展团和参展商为主体，组织大会重点项目集中签约。举办农业新技术、新品种推介活动，邀请涉农科研单位、企业参加。以农业大数据中心和网上农高会为平台，开展农业技术及植物品种权交易活动。

（八）评奖选优

邀请专家评选参展项目“后稷奖”和“后稷特别奖”。举办“鉴宝农高会”活动，推广实用技术、致富项目，帮助广大农民群众创业致富。

第十三届中国国际农产品交易会

【展会时间】 2015年11月7日～10日

【展会地点】 福州海峡国际会展中心

【组织机构】 主办单位：农业部和福建省人民政府

协办单位：国家发展改革委、财政部、海关总署、国家质检总局、中国证监会、全国供销合作总社和中国贸促会

承办单位：福州市人民政府、福建省农业厅、全国农业展览馆、中国农业展览协会、中国贸促会农业行业分会

【展会概况】 中国国际农产品交易会（以下简称“农交会”）是农业部唯一主办、商务部重点引导支持的大型综合性农业盛会，已连续成功举办12届，在宣传我国农业农村经济发展成就、推动农业合作与交流、促进农产品流通和品牌建设等方面发挥了重要作用，成为国内外具有重大影响的大型农业行业盛会。

【宗旨、原则和主题】 本届农交会继续秉承“展示成果、推动交流、促进贸易”的办展宗旨和“精品、开放、务实”的办展原则，以“调结构转方式，发展现代农业”为主题，加快推进农交会“专业化、市场化、品牌化”建设。

【规模和布局】 本届农交会室内外展出面积约8万平方米，包括33个省级综合展区

（含台湾和新疆兵团）和国际展区，以及国家现代农业示范区展区、海峡两岸农业合作展区、名优果品展区、农产品地理标志展区、兽医用品及兽药展区、水产展区、农垦展区、绿色农药展区、土传病虫害防控展区、畜产品展区、茶叶展区和室外现代农业装备展区等专业展区。

本届农交会省级综合展区由各省（自治区、直辖市）和新疆生产建设兵团农业行政主管部门负责组织，台湾展区由部台办负责组织，国际展区由部贸促中心负责组织。国家现代农业示范区展区由部计划司负责组织，海峡两岸农业合作展区由部台办负责组织，名优果品展区由部优农中心负责组织，农产品地理标志展区由部农产品质量安全中心负责组织，兽医用品及兽药展区由中国兽医协会负责组织，水产展区由中国水产流通与加工协会负责组织，农垦展区由中国农垦经济发展中心负责组织，绿色农药展区由中国农药发展与应用协会负责组织，土传病虫害防控展区由部农业生态与资源保护总站负责组织，畜产品展区由济南富山会展服务有限公司负责组织，茶叶展区由深圳无限国际展览有限公司负责组织，室外现代农业装备展区由武汉励展伟业展览策划有限公司负责组织。

【企业和产品】 本届农交会继续邀请国家级和省级农业龙头企业、“三品一标”企业以及大中型农产品出口、外资合资和境内外知名农业企业参展，同时鼓励具有良好发展前景、生产名特优新农产品的中小企业、示范区、合作社及科研单位参加。

2015 品牌农业论坛

【会议时间】 2015 年 11 月 7 日下午（14：00—17：30）

【会议地点】 福州海峡国际会展中心 109 会议室

【会议主题】 品牌创新：变革推动产业发展

【组织机构】

主办单位：第十三届中国国际农产品交易会组委会

支持单位：联合国粮农组织驻华代表处、农业部国际合作司

承办单位：中国优质农产品开发服务协会，农民日报

【参会人员】 会议拟邀请农业部领导，市场司领导、农交会各展团单位负责人，部分市县地理标志农产品管理部门负责人和证明商标授权使用企业负责人，国内外农业和品牌专家，知名农产品批发市场、生鲜农产品网上销售网站负责人、部分参展企业、部分国家级农业产业化龙头企业负责人和新闻媒体等，会议规模约 150 人。

【会议内容】

议题一：开幕式及主题演讲

开幕式将邀请有关领导讲话致词。主题演讲将邀请农业部市场司领导、农业品牌专家围绕品牌创新培育、品牌价值评价、品牌商业模式在经济新常态背景下的品牌管理、趋势和发展作演讲。

议题二：品牌管理与模式创新

汇聚走在全国及国际前列的农产品公用品牌，通过其在品牌创设培育方面的实践和探索，就农业标准化建设发展趋势及潜在价值以及区域公用品牌建设促进农业标准化、增强农产品市场竞争力与国际影响力的方式方法、所取得的成效及实际问题进行研究探讨，通过企业案例分享、专家点评论道、现场交流互动等方式，提出相应的创新解决之道，为我国农产品标准化及特色优质农产品进入全球化竞争时代树立先进发展模式和推进策略。

议题三：“2015 最具投资价值的中国农产品区域公用品牌”颁奖活动

为推进我国农业品牌战略的实施，加快区域优质特色农产品发展，提高区域公用品

牌的影响力及竞争力，大会将联合新华社全媒体、中国品牌农业网、《优质农产品》杂志、《农民日报品牌农业周刊》及农业金融投资机构，在“2015最受消费者喜爱的中国农产品区域公用品牌”调查活动的基础上，结合2015中国农业品牌价值评价活动，遴选出30家“2015最具投资价值的中国农产品区域公用品牌”在本次品牌大会上进行颁奖和发布。

第七届海峡两岸现代农业博览会暨第十七届海峡两岸花卉博览会

【展会时间】 2015年11月18日～22日

【展会地点】 漳州东南花都花博园

【组织机构】

主办单位：农业部、国台办、国家林业局、中国贸促会、中国食品工业协会、福建省人民政府

承办单位：省农业厅、林业厅、海洋与渔业厅、台办、商务厅、旅游局、供销社、农科院、贸促会，中国食品土畜进出口商会，漳州市人民政府

联办单位：中国花卉协会、台湾省农会、台湾省渔会、中华全国台湾同胞联谊会、全国台湾同胞投资企业联谊会、省花卉协会、省食品工业协会、超大现代农业集团、台湾区农业合作社联合社、台湾兰花产销发展协会、中国海峡两岸农业协会、福建农林大学、福建省农产品市场协会

执行单位：福建海峡花博会展有限公司

【展会主题】 花开两岸，合作双赢

【展会概况】20世纪90年代，为推动全省花卉产业发展，促进对台农业交流合作，福建省省委、省政府决定在漳州市举办海峡两岸花卉博览会。首届“花博会”于1999年举行，此后一年一届。从第六届开始，主办单位增加国台办、国家林业局，从第七届开始，主办单位新增农业部。2009年，考虑到漳州市独特的对台优势、发达的现代农业和良好的会展基础，福建省省委、省政府决定在办好“花博会”的同时，拓展举办海峡两岸现代农业博览会，着力打造中国南方最大农业展会。

本届农博会·花博会共设11个展馆，馆内面积达5万多平方米，还有28万平方米的室外展区；1 200多家企业参展，其中台湾参展企业280多家，将展示展销农林牧渔业产品及其加工品12 000多种；来自20多个国家和地区，以及20个多省份的3 000多名客商、专家学者应邀参会。为突出台湾特色，本届农博会·花博会专门设置了台湾精品展区，邀请近百家台湾本土食品企业，展示展销近千种台湾原产农特产品。届时还将举办第九届中国蘑菇节、海峡两岸（漳州）休闲农业项目对接会、第二届海峡两岸（漳州）工业设计创新大赛暨众创·漳州制造2025对接推进会等系列活动。

第七届全国优质农产品（北京）展销周

【展会时间】 2015年12月11日～14日

【展会地点】 全国农业展览馆1、3号馆

【组织机构】 主办单位：中国农业展览协会、全国农业展览馆

承办单位：全国农业展览馆农业会展促进中心

协办单位：浙江省农业厅、四川省农业厅、山西省农业厅、河南省农业厅、北京市农业局、山东省农业厅、北京首都农业集团有限公司

【展会主题】 优质食品与健康生活

【展会概况】 全国优质农产品展销周是经农业部批准，由中国农业展览协会和全国农业展览馆牵头举办的农业展会，展会的主要宗旨是推介全国优质农产品开拓北京以及华北市场，满足北京市民元旦、春节前采购，已连续举办七届。展会组织国内优秀的农业

企业和优质特色农产品、食品等参展，整个活动集“产品热卖、农超对接、合作洽谈、现场品尝、信息发布”为一体，邀请农产品经销商、代理商、分销商、应用商、配送公司、绿色食品专供中心以及农业部定点农贸批发市场、大型超市、绿色食品连锁店和经营专柜、社区连锁超市和便利店、专业市场等；酒店、宾馆、餐厅、各大俱乐部、度假村等重要团购单位；行业协会、各大院校与科研机构等到会采购。努力让每个参展参会企业都有较大的收获。第六届全国优质农产品（北京）展销周吸引了来自全国21个省份的500多家企业参展，集中展出全国各地优质特色的绿色、有机、无公害产品近万种，包括粮油、茶叶、禽肉蛋奶、酒水饮料、调味品、休闲食品、罐头食品、水果、水产品、保健食品等各种名特优新产品，展览面积13 000平方米，参观人数近10万人。

【展会范围】 种植业产品：粮食作物产品、经济作物产品、瓜果蔬菜、食用菌类、种子油料作物、干果及坚果。水产品：渔业产品、水产加工品。食品：传统食品、方便食品、冷冻食品、罐装食品、肉类食品、糖果点心、饮料、调味品、酒类饮品。

领导讲话

- 韩长赋："产出来""管出来"两手抓提升农产品质量安全水平
- 韩长赋：辉煌"十二五"系列报告会
  ——农业改革发展成就报告
- 陈晓华在全国农产品质量安全监管工作会议上的讲话
- 陈晓华在2015年全国农资打假专项治理行动电视电话会议上的讲话
- 陈晓华在"生态农业与绿色生产"座谈会上的讲话
- 屈冬玉在全国农业市场与信息化工作会议上的讲话
- 实施品牌战略发展现代农业
- 朱保成在2015国际农商品牌发展（北京）论坛上的主旨演讲
- 刘平均在2015国际农商品牌发展（北京）论坛上的讲话
- 马爱国在全国"三品一标"工作会上的讲话
- 张红宇在2015国际农商品牌发展（北京）论坛上的讲话
- 刘新录在全国"三品一标"工作会上的讲话
- 王运浩在全国"三品一标"工作会议上的讲话
- 深入研究务求实效，进一步提升绿色食品品牌影响力

韩长赋："产出来""管出来"两手抓 提升农产品质量安全水平

（2015 年 6 月 15 日）

新修订的食品安全法将于今年 10 月 1 日起实施，这是关系我国食品安全和人民群众身体健康的一件大事。各级农业部门一定要高度重视，充分认识依法加强农产品质量安全监管工作的重要意义，组织搞好法律学习宣传，准确把握法律规定要求，认真履行法律赋予的职责任务，采取措施切实把法律精神落到实处。

习近平总书记指出，食品安全源头在农产品，基础在农业。李克强总理强调，要坚持不懈地抓好农产品质量和食品安全监管。各级农业部门要按照党中央、国务院的要求和食品安全法的规定，切实做到"产出来"和"管出来"两手抓、两手硬。"产出来"，就是要加快转变农业发展方式，推进标准化、绿色化、规模化、品牌化生产，实现生产源头可控制；"管出来"，就是要依法严管、全程监管，实现"从田头到餐桌"可追溯。力争到"十三五"末主要农产品监测合格率达到 97%以上，努力确保不发生重大农产品质量安全事件。

一是加快标准制定，推进标准化生产。实施农业标准制修订 5 年行动计划，每年新制定1 000项标准，力争到 2020 年农兽药残留标准达到 1 万项，基本与国际食品法典同步。开展标准化生产创建活动，创建一批果菜茶标准园、畜禽标准化示范场、水产健康养殖场，力争 5 年内全国"菜篮子"主产县生产基地基本实现按标生产。

二是强化投入品管控，推进绿色化生产。实施化肥农药零增长行动，再禁用一批高毒农药，探索建立高效低毒农药补贴制度，推行高毒农药定点经营和实名购买制度，力争到 2020 年主要农作物统防统治覆盖率达到 50%，测土配方施肥覆盖率达到 90%。开展产地环境污染治理，集中解决土壤重金属污染，在污染较重地区改种非食用农作物。

三是落实生产者责任，推进规模化生产。发挥新型经营主体引领作用，率先在合作社、龙头企业推行生产记录台账制度，力争 5 年内基本实现全覆盖。通过发展"公司＋农户""合作社＋农户"等多种形式的规模经营，将千家万户纳入安全生产轨道。

四是建立追溯体系，推进品牌化生产。以生猪等"菜篮子"产品为重点开展追溯试点，推行产地准出和市场准入，推广"耳标"和"二维码"，力争 5 年内大部分合作社、龙头企业实现可追溯。稳步发展无公害、绿色和有机农产品，打造一批优质农产品品牌。

五是加强执法监管，推进专项整治。推动修订农产品质量安全法等法律法规，与食品药品监管部门无缝对接，共同形成生产、流通、加工、消费全程监管链条。深化突出问题整治，严打非法添加、制假售假、私屠滥宰等行为。加强基层监管队伍建设，推进综合执法，着力提升执法能力，坚决惩治不作为、乱作为。

六是创新监管模式，推进社会共治。开展国家农产品质量安全县创建活动，强化属地管理责任，鼓励基层探索有效监管模式。建立农产品质量安全信用体系，鼓励社会监督，加强科普解读。

农业部门将认真贯彻李克强总理、张高丽副总理重要批示和汪洋副总理重要讲话精神，全力以赴抓好落实，从源头上保障食品安全，为全面建成小康社会作出应有贡献。

（本文作者系农业部部长）

韩长赋：辉煌“十二五”系列报告会

——农业改革发展成就报告

（2015 年 10 月 13 日）

同志们：

大家上午好！今年是“十二五”收官之年，也是“十三五”谋划之年，在这个重要节点上跟大家交流一下“十二五”以来农业农村发展成就，展望一下“十三五”发展前景，我感到很有意义。现在是金秋十月，丰收时节，春种秋收，春华秋实，丰收的时候谈谈农业也是一件很高兴的事情，我想给大家先报告一下，今年还是一个丰收年。

今天上午我重点向大家介绍三方面情况：一是“十二五”以来农业农村发展成就，二是“十二五”农业农村发展经验，三是“十三五”农业农村发展展望。我重点讲第一部分内容。

一、“十二五”以来农业农村发展成就

总的一个判断，一个评价，就是“十二五”以来，农业农村发展成就巨大。“十二五”以来，特别是党的十八大以来，应该说整个宏观经济形势以及农业农村发展面临的条件很复杂。面对错综复杂的国内外经济环境、多发频发的自然灾害，以习近平同志为总书记的党中央高度重视农业，重视“三农”发展，采取了一系列的政策措施，有的是“十一五”政策措施的发展强化，有的是出台了新的政策措施。各级党委政府也高度重视“三农”工作，广大农民群众为农业丰收辛勤劳作，“十二五”我们开创了农业生产连年丰收、农民生活显著改善、农村社会和谐稳定的新局面。归纳起来主要有五大成就：

第一大成就，粮食生产实现历史性的“十一连增”，连续登上两个千亿斤新台阶。粮食问题在中国有特别重要的意义，因为我们有十几亿人口，十几亿张嘴，所以说，悠悠万事吃饭第一，民以食为天。有专家做过一个形象化的比喻，他说，如果把 13 亿 6 千多万张嘴合在一起有多大呢？超过两个足球场那么大。每天吃多少食物？要 40 万吨以上。所以说，在中国粮食是战略物资，当然，任何国家、任何政府的首要任务都是解决人民的吃饭问题，手中有粮，心中不慌。小汽车可以几天不开，饭一天不吃也不行。对于我们这样一个拥有 13 亿多人口的大国，没有粮食安全就没有一切。

“十二五”以来，我们始终把千方百计保障粮食等重要农产品有效供给作为农业农村工作的首要任务，加大政策支持力度，加大财政和全社会的投入，充分调动各级政府重农抓粮和亿万农民群众务农种粮积极性，使我们的粮食生产在“十一五”较高起点上再上新台阶。2011 年粮食达到11 424亿斤，首次突破11 000亿斤大关；2013 年达到12 039亿斤，突破12 000亿斤大关；2014 年达到12 142亿斤。今年丰收已成定局，据农业部农情调度以及粮食局、气象局的监测和测算，还是稳定在12 000亿斤以上。说这个数字大家不一定有清晰的概念，我们回顾一下历史就比较清楚了。新中国成立之初，粮食产量是2 000多亿斤。1952 年是3 000亿斤，1966 年达到了4 000亿斤，用了 14 年。1978 年

(改革开放之初）粮食产量6 000亿斤，农村改革、家庭承包释放了农业生产力，激发了农民积极性，1984年达到8 000亿斤，6年间登上两个千亿斤台阶，粮食增产是比较快的；1993年突破9 000亿斤，这个千亿斤台阶用了9年，此后14年间曾三次达到10 000亿斤又下来，直到2007年才站稳10 000亿斤台阶。“十二五”期间粮食产量连续5年超过11 000亿斤，连续3年超过12 000亿斤，连跨两个千亿斤台阶，高点爬坡，来之不易，这是建国以来没有过的。

特别值得一提的是，自2004年以来，我国粮食已连续十一年增产。这么长时期的连续增产，不仅历史罕见，也是世界罕见。据我们了解，世界排名前六位的主要产粮国中只有美国、印度曾经出现过五连增。建国以来，我国只有五十年代曾经出现过九连增，六十年代出现过七连增。一般说，我们粮食生产的规律是4～5年一个周期，大体表现为“两丰一平一歉”的周期循环。远的不说，改革开放以来，我国粮食生产就经历过两次大的波动，一次是在20世纪80年代后期，家庭承包以后连年丰收，出现卖粮难问题，农民积极性受挫，粮食生产出现较大波动；再一次是20世纪90年代后期，1998年，我们判断粮食生产“总量基本平衡、丰年有余”，随后几年又开始出现波动，这个局面一直持续到2004年才得以扭转。我国作为全球人口数量第一、粮食产量第一的大国，粮食连续十一年增产，打破了过去的“怪圈”，创造了世人称叹的中国奇迹，不仅增强了我们把中国人的饭碗牢牢端在自己手中的信心，也彰显了中国特色社会主义制度的独特优势。

目前，我国水稻、小麦、玉米三大谷物自给率保持在98%以上，粮食人均占有量达到450公斤，已经高于世界平均水平。我国实现了粮食基本自给，有效满足了消费需求，为应对各种风险挑战、保持经济社会平稳较快发展奠定了坚实的物质基础。习近平总书记讲，农业丰收，粮食保障是“定海神针”。我说明两点。第一，就是经过我们的努力和奋斗，中国人的吃饭问题得到了较好的解决。第二，经过我们的建设和发展，我们国家粮食生产水平有了长足的进步，中国的粮食生产为全世界粮食安全做出了重要贡献，我们用不到世界1/10的耕地生产了世界1/4的粮食，养活了占世界近1/5的人口。自2006年起，我国不再接受联合国世界粮食计划署的粮食援助，不仅如此，还逐步成为重要的粮食援助捐赠国。联合国粮农组织前任总干事迪乌夫（他当了18年总干事，也是我的老朋友）说，中国在解决温饱方面所取得的成就至少解决了我20%的问题。

“十二五”期间，值得一提的还不只粮食，中国人种地像绣花，全世界可以说没有哪个国家像我们这样品种丰富。我们不仅粮食连年增产，“菜篮子”产品也丰产丰收、供应充足、价格稳定。2014年，我国生产了616万吨棉花、3 517万吨油料、1 332万吨食糖、7.6亿吨蔬菜、1.5亿吨水果、8 707万吨肉类、2 894万吨禽蛋、3 725万吨牛奶和6 450万吨水产品，肉类、禽蛋、蔬菜、水果和水产品等产量稳居世界第一。形象地说，世界上三条鱼就有两条是中国养的，两个苹果就有一个是中国产的。现在人均占有880斤粮、130斤肉、1 100斤菜、60斤牛奶、40斤禽蛋和94斤水产品，除牛奶外其他均超过世界平均水平。不仅总量充足，而且品种丰富，可以说全世界没有哪个国家像我们的品种这么丰富。你到新疆市场看一看，全国各地的农产品新鲜蔬菜水果应有尽有。我是黑龙江人，在吉林也工作过，像东北，过去到了冬天基本上就是土豆白菜大萝卜，蔬菜很少，现在东北冬天都可以吃到广东海南的新鲜蔬菜水果，要什么有什么。“地不分南北、时无论冬夏”，只要有需求，就能有供应，老百姓想吃啥就有啥。这些农产品的快速发展，丰富了城乡居民的“菜篮子”“果盘子”，成就了“舌尖上的中国”。有人感叹，过去一天到晚忙，大干干到二十九，吃完饺子就动手，地还种不好，饭还不够吃，现在没那么忙，人比过去多了那么多，还吃得饱、吃得好，这反映了我们国家农产品生产的实力和成就。

第二大成就，农民收入持续较快增长，生活水平明显改善。过上好日子、富日子、体面生活，是中国农民千百年来最大的梦想。党的十八大提出，到2020年城乡居民收入要比2010年翻一番。习近平总书记多次强调，小康不小康，关键看老乡；检验农村工作成效的一个重要尺度，就是看农民的“钱袋子”鼓起来没有。我们讲，全面建成小康社会，最艰巨最繁重的任务在农村，最困难的群体是农民。农民增收关系“两个一百年”奋斗目标的实现。中央把千方百计促进农民持续较快增收作为农业农村工作的中心任务，采取了多种措施，广辟农民增收渠道，取得了新的成效。有三大标志：

第一个标志，农民收入持续较快增长。2014年我国农民人均纯收入达到9 892元，差108块就到一万块钱，比2010年增加近4 000元。“十二五”以来年均增长10.1%，上两位数了，这样说大家可能还没有概念，我们做个比较：“十二五”期间农民收入的增幅连续实现了“两个高于”，高于GDP增长，高于城镇居民的收入增长，连续十一年保持较快增长。城乡居民收入差距连续五年缩小，由2009年的3.33：1下降到2014年的2.92：1，如按可支配收入计算是2.75：1。今年农民人均纯收入将突破万元大关，增速将继续保持“两个高于”的态势。可能在座的同志觉得1万块钱不算什么事，但对于农民来讲却是了不起的进步。改革开放初期的1978年，全国农民人均纯收入只有134元，从134元到1万元，名义增长70多倍，为什么叫名义增长，因为有个物价问题，这可是历史性的跨越。

第二个标志，农民生活水平明显改善。2014年，我国农民人均生活消费支出将近7 000元，这个数据比2010年增长了近3 000元。农村居民家庭恩格尔系数（所谓恩格尔系数是指吃的支出占全部支出的比重）从2010年的41.1%下降到2013年的37.7%，2014年数字还没有出来，食品消费支出比重明显降低，每年降一个百分点，这是不太容易的。相应的文教娱乐、交通通讯、医疗保健等消费支出不断增长。农业部的同志经常下去调研，我在基层调研时，希望到老乡家里看看，看看家里有什么，了解农民怎么过日子，现在绝大多数农村家庭已经拥有电视、冰箱、洗衣机等家用电器，摩托车、电动车也已经成为农民比较普遍的代步工具，有不少农民还开上了小汽车，当然档次低一点；2012年数据，全国农村居民家庭平均每百户拥有彩电117台、洗衣机67台、摩托车62辆、手机198部，平均每家差不多两个手机。农民住房条件大为改善，许多农民盖起了两三层的小楼，安装了太阳能热水器和空调。农民辛苦一天，日晒雨淋，晚上能洗个热水澡，在生活质量上就是很大一个提升。大型超市已经开到农村，外出旅游、网购成为农民的时尚生活方式之一。

第三个标志，农村扶贫事业加快发展。扶贫本来可以单独作为一大成就，鉴于脱贫的问题主要是收入问题，所以放在一起讲了。全国贫困人口由2011年的1.22亿人减少到2014年的7 017万人，5 000多万人在“十二五”期间摘掉了“穷帽子”，实现了“两不愁、三保障”，就是不愁吃、不愁穿，义务教育、基本医疗和住房有保障。在座的不少是大学生，过去贫困地区首先是基础教育差，所以很多孩子虽然先天很聪慧，但是考不上大学，还有些孩子家庭困难，考上大学也念不起，放弃了，通知书揣到口袋里还是去打工了；现在应该说没有因为家庭困难上不起学的，这主要是得益于国家对贫困家庭大学生建立了比较完善的资助政策，现在不都绿色通道吗，不管有没有学费，一律先办理入学手续，然后再根据核实后的情况，分别予以学费“缓、减、免”的资助。医疗条件也改善了，还有贫困地区小孩搞营养餐，每天一杯牛奶、一个鸡蛋，应该说贫困地区的状况有很大改善。中央动员各方力量，采取定点扶贫、对口扶贫、精准扶贫、产业扶贫这些政策措施，帮助贫困地区农民脱贫致富。现在全国定了11个集中连片的地方定点扶贫攻关，我们农业部从1986年开始定点帮扶武陵山区的湖北恩施、湖南湘西两个民族自治州，近三十年来，先后派了120余名干部在州县挂职，支持每个县发展1～2个特色产业，比如恩施茶叶、湘西椪柑、猕猴桃都已经成了支柱产业，成了农民增收的“摇钱树”。据统计，2010年以来，恩施农民人均可支配收入年均增长了16%，高于10.1%的全国平均水平。这只是全国扶贫开发的一个缩影。改革开放之初有五亿多人处于贫困线以下，现在只有七千万人，而且水平还提高了，基本上与国际接轨了。联合国开发计划署认为，中国在全球“千年发展目标”中所作的贡献，给予再高的评价都不过分，中国反贫困成就已成为世界的典范。

第三大成就，农业现代化加快推进，物质技术装备水平大幅提升。农业现代化是农业发展的根本方向，完善的基础设施、先进的科技和农机装备是农业现代化的重要标志。“十二五”以来，我们按照中央“四化同步”的战略部署，以农业现代化为主攻方向，把改善农业设施装备条件和提升农业科技水平作为着力点，推动传统农业加速向现代农业转变，农业的综合生产能力、公共服务能力、可持续发展能力明显增强。我前面讲了，粮也多了，钱也多了，现在农业本身发展到了什么水平？我在这里向大家报告5个数字，我觉得很有代表性。

第一个数字，农田有效灌溉面积占比超过52%。这表明全国一半以上的农田可以实现旱涝保收，农业靠天吃饭的局面正在逐步改变。主要是中央和地方继续加大农业农村基础设施建设投入，建成了一大批重大水利骨干工程和现代种养基地，到2014年底，全国农田有效灌溉面积9.86亿亩。土地是财富之母，“建设高产田，留予子孙耕”，这是利在当代，功在千秋的大事。这几年，国家集中力量建设4亿亩以上旱涝保收高产稳产农田，基本实现了旱能灌、涝能排、田成方、路成行、渠相连、路相通，每亩可增产50～100公斤。去年河南许昌、平顶山部分地区发生严重旱灾，我去指导抗旱救灾时，发现已建成的高标准农田，由于灌溉设施比较完备，加上光照足，玉米长势比不旱的地方还好。

第二个数字，农业科技进步贡献率已达到56%。所谓农业科技进步贡献率，就是科技因素在农业增产中的贡献份额。这标志着我国农业发展已从过去主要依靠增加资源要素投入进入到主要依靠科技进步的新时期，过去增产得靠物质投入，现在靠科技进步了。习近平总书记提出，要给农业插上科技的翅膀。这几年我们加大农业科技研发力度，加快基层农技推广体系建设，推动现代信息技术在农业生产经营领域的广泛运用，集中力量“强科技”。中央财政也增加了投入，我们现在推广深耕深松、保护性耕作、旱作节水等先进实用农业技术，中央补助投资近60亿元，为全国所有乡镇农技推广机构配备仪器设备。同时，这些年来开展测土配方施肥，通过对土壤有机质、氮磷钾含量进行分析检测，为科学施肥和改良土壤提供依据。开方子嘛，我前段时间到吉林去看，农民站在田里打开手机，按一个数字就会告诉你，你那块地在什么地方、有多大面积、氮磷钾含量多少，你要种玉米应该施多少氮肥、磷肥、钾肥。

2010年测土配方施肥面积11亿亩，2014年达到15亿亩，主要粮食作物基本实现全覆盖。创建了一大批高产高效示范区，主产区万亩方、10 万亩方非常壮观，实行了农机农艺结合、良种良法配套，我们现在农业技术推广实现了由单一技术突破向多技术、多因素集成创新推广的转变，比如像甘肃。我们国家搞农业的自然条件在世界上农业大国里是比较差的，甚至是最差的国家之一。前不久总书记到美国访问，我也去了，我跟美国农业部的同事谈，我说上帝对你们美国人太照顾了，你这个农业农田要风有风，要雨有雨，还都是大平原。到我们农田里看，沟渠纵横，灌溉纵深，到他那里找不着，也不需要，他们三日风，五日雨；我们都是小规模，他是一个农场上万亩，甚至几万亩地，没有像我们精耕细作，涝排旱灌。我们国家有的地方有土没水，有的地方有水没土，最典型的甘肃是有土无水，贵州是有水无土，不匹配。但是甘肃这些年虽然有土无水，十年九旱，但是推广全膜双垄沟播技术，使用地膜，使旱地玉米单产由每亩不足 500 斤提高到1 000斤以上。现在“智慧农业”已成为农业发展新热点，电子商务蓬勃发展。2014 年涉农电商企业已经达到 3.1 万家，在线销售额突破1 000亿元，这在五年前是难以想象的。现在一些搞得好的地方农民说，“鼠标一点”“手机一划”就能买全国、卖全国；城里人只要在网上下订单，全国各地质优价廉、名优特新的农产品都能直接送货上门。

第三个数字，农作物良种覆盖率已稳定在 96%以上。这标志着我国农业生产用种已全部实现了更新换代。粮食作物等重要产品基本上都是优良品种。大家都知道超级稻，去年，袁隆平院士主持的第四期“超级稻”攻关，实现了百亩连片平均亩产1 026.7公斤的新纪录，这只是一季，标志着我国杂交水稻研究又攀上新的世界高峰。在养殖业方面，比如说大恒肉鸡，是我国自主培育的一种黄羽肉鸡配套系，目前已推广到 18 个省，为打破白羽肉鸡独大的局面做出了积极贡献。我们畜牧业的品种国外来的多，但我们也有自己的品种。还有对虾，我们有“黄海 1 号”“黄海 2 号”等抗病能力强、成活率高、生长速度快、饵料系数低的对虾新品种。目前，我国对虾精养高产技术已经达到世界先进水平。2014 年，我国对虾养殖产量 175 万吨，比“十一五”末增加 37 万吨，增长 27%；对外出口 18 万吨，远销美国、欧盟、日本等国家，占国际对虾市场总份额的 15%左右。

第四个数字，主要农作物耕种收综合机械化水平超过 61%。这标志着我国农业生产方式已由千百年来以人畜力为主转到以机械作业为主的新阶段，农民“面朝黄土背朝天”正在成为历史。2014 年，全国农机总动力达到 10.8 亿千瓦，小麦基本实现全程机械化，玉米、水稻耕种收综合机械化水平均超过 75%。种过水稻的人都知道，干农活最累的就是插秧，特别是种晚稻，或者是麦稻两熟，过去基本都是顶着烈日、弯着腰用手插，一个青壮年劳力一天只能插一亩多一点，需要弯几千次腰，一天下来腰酸背疼直不起身。现在，使用高速插秧机一天能插秧 50 亩左右，相当于二三十个插秧好手。在麦稻两熟区，使用机械化可以在一天之内收了小麦插上秧，做到“早上一片黄，晚上一片绿”。过去每逢“三夏”，机关支农、工厂停工、学校放假、农民工返乡开展抢收抢种的景象已经成为历史；现在是数十万农机手，驾驶收割机纵横千里、长途作业，参与“三夏”“三秋”大会战，收获时间由过去一两个月缩短到十来天，避过了烂场雨等灾害，实现了“龙口夺粮”。

再如大家都说东北大米好吃，我在东北生活，小的时候东北除了辽宁以外，特别是黑龙江，很少有能种水稻的，因为积温不够，当时只能种一点亚麻田看看，6 月份光着脚进去插秧，那个水都冰骨头，现在东北接近7 000万亩水稻，靠的就是机械化插秧。所以我们才能吃到米质好、口感佳的大米，这些都得益于农机化的发展，可以说，农业机械化是“十二五”现代农业发展的突出亮点。为什么发展这么快？很重要一个措施，就是中央的农机购置补贴政策。2011—2014年中央财政累计安排补贴资金845亿元，带动农民投入1 900多亿元，你买农机30%～40%是政府给你付的钱，“十二五”期间，购置各类农机具2 000多万台套，不仅促进了农业机械化大发展，还壮大了农机工业，目前我国已成为全球农机制造第一大国，当然很大一块是引进的外资。

第五个数字，主要农产品加工转化率超过60%。这标志着我国已经从卖原字号农产品进入到了卖制成品的新阶段。2014年，农产品加工业总产值超过23万亿元，加工品与农业总产值比值达到2.2∶1（农业发达国家约为4∶1），与“十一五”末的1.7∶1相比有较大提升，提高0.5个百分点，农业当中农产品加工制成品的产值和农业产值的比值是现代农业发展的一个标志性数据，现在黑龙江、吉林、河南这些省的农产品加工业产值位居工业的前三，成为当地经济发展的重要力量。2014年我国方便食品制造业主营业务收入达到3 500亿元，是2010年的2.1倍。这既反映了农产品加工水平的提高，也反映了人们消费水平以及人口流动水平的提高。

第四大成就，新农村建设取得重大进展，农村面貌得到显著改善。习近平总书记多次指出，全面建成小康社会，不能丢了农村这一头。目前按照常住人口算的话，我国仍有6亿多人口常年居住在农村，如果把农民工算上，有2亿7 000万农民工。把广大农村建设成农民幸福生活的美好家园，是农业农村发展的重要任务。中国人口多，主要是农民多；农民要进城，但不可能都进城，更不可能都进大城市；城镇化要加快推进，但新农村建设也不能忽视。我也算了一下，即使到2030年，当然现在要实行新的人口政策，人口峰值会适当推迟几年，到人口峰值的时候，我国城镇化率达到70%，按届时总人口15亿人计算，仍有4.5亿人生活在农村。这就是中国的国情！“十二五”以来，各地各部门按照中央“生产发展、生活宽裕、乡风文明、村容整洁、管理民主”的20字总体要求，加强社会主义新农村建设，村容村貌发生了可喜的变化。我经常到农村调研，给我印象深刻的有五点：

一是农村人居环境整治力度大。国务院召开农村人居环境整治专题会议，部署开展以垃圾、污水治理为重点的整治工作。通过努力，许多村庄清理了乱堆乱放，配上了垃圾桶，修建了排水沟，疏浚了坑塘河道，基本实现了垃圾统一收集、污水有序排放，基本告别了“垃圾靠风刮，污水靠蒸发”的时代。全国30%的村庄开展了规划建设试点，加强农村水电路等基础设施建设，用电更方便了，道路更畅通了，房子更整齐了，全国出现了一批路畅灯明、水清塘净、村容整洁的新农村。“十一五”期间，2.21亿农村居民解决了饮水安全问题，“十二五”这一数字将达到2.98亿。“水电路气房”改造已成为新农村建设的标准模式。

二是农村危房改造力度大。“十二五”期间，累计改造农村危房近1 300万户，定居游牧民38.8万户，绝大多数农牧户住上了结构牢靠的安全房。国家累计投入157亿元、改造农垦职工危房160万户，投资170亿元、改造林业棚户区110万户，并同步改善了供热、排水、排污、小区道路等配套设施，居住条件极大改善。我去调研，东北农场林场职工高兴地讲，“现在吃喝拉撒都可以在屋里了”。在东北可不是个简单的事，冬天寒风呼啸上厕所是一件很痛苦的事情。

三是休闲农业与乡村旅游蓬勃发展。顺应人们“农家乐、吃鲜活”的需求，农业部和国家旅游局大力发展乡村旅游业，创建了一批全国休闲农业与乡村旅游示范县。2014年全国休闲农业营业收入3 000亿元，比

2010 年增长近 1.5 倍，各类休闲农业经营主体超过 180 万家，主要是农家乐，特别是大城市郊区，年接待人数达 10 亿人次，带动 3 000万农民就业增收。现在北京、上海、成都等大中城市周边农民，已经不是单纯的从事农业生产了，而是结合生产发展休闲农业、乡村旅游，很受城市居民欢迎。休闲农业成了农民增收致富的新亮点、城市居民旅游度假的新去处、传承农耕文明的新载体。

四是农村社会事业和社会保险制度基本建立。这个可以说是从无到有、从少到多、史无前例的。实现了真正的农村义务教育，就是学杂费、课本费免了、寄宿给补助，困难给救助。过去农村的义务教育成了农民的教育义务，到现在还没处置完的乡村债务中很大一块是用于集资办学、农民自己办学。新农合、合作医疗实现全覆盖，并且不断提高标准，还建立了大病救治制度。农村养老，过去是养儿防老，现在也实现了养老制度全覆盖，虽然钱不多，但也是破天荒了。我们从“十一五”彻底免除农业税，到对农业生产实行补贴，再到给农民建立社保，用老乡的话说，从种地不交皇粮国税到种地补贴和给农民搞社保，体现了党和国家对农民实行多予少取的方针，现在城乡制度相同，虽然标准不一样，差距很大，但是从无到有，从低到高，这是破天荒的，农民是很高兴的。

五是农村社会管理扎实推进。全国建制村基本建设了村级组织活动场所，很多村修建了体育小广场，农村妇女也都跳起了广场舞。我的基层联系点是贵州省毕节市威宁县小海镇松山村，这几年我每年都去。有一次，在村民家吃完晚饭后，在村里走一走看看贫困户，就听到音乐响起，看见村民都在村委会附近的小广场跳广场舞，整齐的队伍、流行的音乐、优美的舞姿，也不亚于城市居民。后来我们问，是不是因为我们来了你们才跳的，他说，不是，一到晚上就放喇叭，就过来跳舞，现在他们都很安定。

第五大成就，农村改革深入推进，适应现代农业发展的体制机制初步形成。农村改革具有基础性、全局性，向来广受关注。我国改革率先从农村发起，农村是从家庭承包开始的，并以磅礴之势推向全国。一路走来，我们用改革的方法破解了发展中的许多难题，可以说每一次改革都带来质的飞跃。讲“十二五”改革，我想先回顾一下农村改革历程，农村改革从 80 年代初期开始到现在大体经历了三个阶段。第一阶段，实行以家庭承包经营为基础、统分结合的双层经营体制，主要是改革农村经营体制，特别是土地的经营体制，侧重处理好农民与集体的关系。第二个阶段，减免、取消农业税费，实行农业补贴，主要是改革农村税费制度，多予少取放活，建立农村公共服务，侧重处理好农民与国家的关系。第三个阶段，主要是推进农村土地制度改革，构建新型农业经营体系，建立健全城乡发展一体化制度，侧重处理好工农城乡关系。党的十八届三中全会再次吹响了全面深化农村改革的号角，全面部署了新时期农村改革的各项任务。

贯彻落实中央的决策部署，我们坚持市场化改革方向，按照现代农业发展要求，在稳定和完善农村基本经营制度的基础上，以深化农村土地制度改革、培育新型农业经营主体、发展多种形式的适度规模经营为重点，推动农村改革取得积极进展。这些改革有三大亮点：

第一个亮点，农村土地产权关系进一步明晰。农户承包地制度改革主要是解决好权能的分置问题，也就是习近平总书记强调的“三权分置”，即落实集体所有权，稳定农户承包权，放活土地经营权，这是农户承包耕地制度的一项重大改革，我们说农村三块地，即集体建设用地，农村承包地和农户宅基地。习近平总书记指出，改革开放搞家庭联产承包责任制，把土地所有权和承包经营权分开，所有权归集体，承包经营权归农户，这是一次重大创新。现在，顺应农民保留土地承包权、流转土地经营权的意愿，把农民土地承包经营权分为承包权和经营权，实现承包权和经营权分置并行，这是我国农村改革的又一次重大创新。分置以后，农民承包户想自己种就自己种，想打工不自己种了，就留给别人种，为了把“三权分置”落到实处，我们开展了土地承包经营权确权登记颁证试点，目前已有12个省开展整省推进试点，有2 160个县开展了整县推进试点。截至今年6月底，全国已完成实测承包地面积3.5亿亩，确权面积2.6亿亩。为承包地确实权、颁铁证，让现有土地承包关系保持稳定并长久不变，给农民吃上了一颗长效定心丸，他可以在土地上投入，也可以放心流转。同时，积极引导土地有序流转，按照依法自愿有偿原则，鼓励农民以转包、出租、互换、转让、股份合作等形式流转承包地，让承包地经营权真正活起来，发展多种形式的适度规模经营。截至2014年底，全国农村家庭承包耕地流转总面积超过4亿亩，比2010年增加了2亿多亩，流转面积占比超过30%，我们并不追求这个数量，有一些不流转，通过合作社托管照样可以实现规模经营。

第二个亮点，新型农业经营体系加快构建。这几年，我们着力培育种养大户、家庭农场、农民合作社、农业产业化龙头企业等新型农业经营主体。截至今年6月，全国家庭农场超过87万家，农民合作社超过140万家，农业产业化龙头企业超过12万家，新型农业经营主体已逐步成为现代农业建设的生力军。像黑龙江克山县仁发现代农机合作社，以土地入社为核心，以现代农机为载体，以生产合作为纽带，不仅全村带动了，周边村也带动了，目前有社员2 700多户，入社土地5.6万亩，大型农机具130多台套，辐射作业面积50万亩，搞得有声有色，普遍增产增收。另外，农业社会化服务也快速发展了，既解决了一家一户办不了办不好的事情，又以服务的规模化带动经营规模化，降低了生产成本、增加了经营收益。还有农机代耕，半托全托，全托我保你这一亩地最低产多少粮食，多的部分咱俩分，这是社会化服务。现在“新型经营主体+社会化服务+适度规模经营”是发展现代农业的重要路径。

第三个亮点，新型职业农民不断涌现。青壮年进城打工了，谁来种地，地怎么种？这些年我们欣喜地看到一些有文化的青年人开始留在农村了，而且越来越多的农民工、大中专毕业生和退伍军人开始返乡从事农业创业。这些新农民带来了互联网思维，利用微信、微博等社交媒体和淘宝等电商平台，创新性地销售各类特色农产品，并将各种文化创意引入到农业生产中，确实给古老的农业产业注入了崭新的生机和活力。我们在开展新型职业农民培育计划，可以让农民从身份称谓回归职业称谓，再使农业成为体面、有尊严的职业，这是我们的追求。

总之，“十二五”以来我国农产品稳定增产、农民收入较快增长、农村保持和谐稳定，现在农民高兴、农村干群关系好，这表明“十二五”是我国农业农村发展的历史最好时期。习近平总书记指出，农业向好，全局主动。农业农村发展取得的巨大成就，为稳定经济社会发展大局提供了有力支撑，为全面建成小康社会、加快推进社会主义现代化奠定了坚实基础。特别是在经济下行压力加大的背景下，我们工业建设、房地产、进出口都面临着新的困难，农业丰收、农村发展，为保就业兜了底，为稳物价托了底，为促增长保了底，成为经济社会发展的“稳定器”和“压舱石”。农业基础在“十二五”得到了进一步的巩固，为整个国民经济以及社会发展提供了重要的支撑，这是我讲的第一个问题，也是我今天讲的重点。

二、“十二五”农业农村发展经验弥足珍贵

回顾“十二五”以来的发展历程，“三

农”事业之所以取得辉煌成就，有三项本质的原因，我想在这里介绍一下。

一是始终坚持把“三农”作为全党工作“重中之重”不动摇。根本的一条，是以习近平同志为总书记的党中央高瞻远瞩、总揽全局，持之以恒强化农业、建设农村、富裕农民。党中央国务院审时度势，始终坚持把解决好“三农”问题作为全党工作的重中之重，新世纪以来连续出台了 12 个指导“三农”工作的 1 号文件，特别是党的十八大以来，以习近平同志为总书记的党中央，提出了一系列新理念、新论断、新举措，深刻回答了新的历史条件下“三农”发展的一系列重大理论和现实问题，丰富和发展了党的“三农”政策理论，进一步明确了农业和农村工作在经济社会发展全局中的定位。

2011 年中央财政“三农”投入首次突破 1 万亿元，2013 年达 1.38 万亿元，“十二五”前三年投入就超过了“十一五”的总和。2014 年种粮直补、良种补贴、农机购置补贴、农资综合补贴“四补贴”资金已达到 1 681亿元，比 2010 年增加了 455 亿元。农业保险补贴从无到有，2014 年中央保费补贴已达 145 亿元。这些政策为促进农业增产、农民增收、农村稳定发挥了重要作用。始终把解决好“三农”问题作为全党工作重中之重，是我们党执政兴国的重要经验，必须长期坚持、毫不动摇。

二是始终注重保护和调动农民的积极性。“三农”问题的核心是农民问题，农民问题的核心是利益问题。农民是农业农村发展的主体，长期以来，我们党始终把实现好、维护好、发展好广大农民的根本利益作为农业农村工作的出发点和落脚点。新世纪以来，中央出台了一系列强农惠农富农政策，取消农业税，建立农业补贴制度和价格支持政策，极大调动了农民的积极性主动性。“十二五”期间，坚持实行小麦、水稻最低收购价政策，稳定和完善玉米临时收储政策，2014 年水稻、小麦最低收购价分别比 2010 年提高 45%和 37%。价格是非常重要的指挥棒，它为稳定粮食播种面积和农民持续增收发挥了重要作用。农民利益问题的集中表现是政策问题，现在农业形势好，农民日子好，最根本的还是党的“三农”政策保护和调动了农民积极性。习近平总书记讲，到村里看看，到农民家里聊聊，感到农民心里高兴，对党的“三农”政策是满意的。习总书记还进一步说，农民同我们党的感情没有疏远，这是共产党执政合法性的依据和基础。习总书记还讲，党中央的政策好不好，要看乡亲们是笑还是哭，如果乡亲们笑就是好政策，就要坚持，如果有人哭，说明政策还要完善和调整。我以为，这是我们新时期做好农业农村工作的重要遵循。

三是始终坚持把改革创新作为根本动力。农业农村发展两大动力：一是改革，二是创新。还是那句老话，一靠政策，二靠科技。“十二五”以来，通过体制改革和制度创新，向改革要红利，向创新要动力。党的十八届三中全会以来，中央先后出台了《关于引导农村土地经营权有序流转发展农业适度规模经营的意见》《农民股份合作和农村集体资产股份权能改革试点方案》《关于农村土地征收、集体经营建设用地入市、宅基地制度改革试点工作的意见》《国有林场改革方案》和《国有林区改革指导意见》，国务院印发了《关于金融服务“三农”发展的若干意见》《关于开展农村承包土地的经营权和农民住房财产权抵押贷款试点的指导意见》，正在研究制定农垦改革和农村集体产权制度改革意见，这一系列文件都是对全面深化农村改革做出的顶层设计和战略部署。通过这些改革，使农业经营方式、农村集体资产有效实现形式、农村公共服务供给方式不断创新，有效激发了农业农村发展活力。

农业科技是农业发展的第一生产力，是实施创新驱动战略的重要内容。实现农业农村持续稳定发展、确保农产品有效供给，确保农业效益提高和农民增收根本出路还得靠科技，2012 年中央 1 号文件以加快推进农业科技创新为主题，实践证明，改革创新始终是推进农业农村发展的利器和制胜法宝，只有进行时没有完成时。今后发展还要依靠这两件法宝。

三、"十三五"农业农村发展前景广阔

"十三五"时期是全面建成小康社会最后冲刺的五年，也是加快推进农业现代化、实现"四化同步"的关键五年。在"十一五""十二五"农业生产连续丰收、农民收入持续快速增长的高起点上，"十三五"农业农村发展有了很好的基础，但也面临更加复杂的形势，更加严峻的挑战，更加艰巨的任务。

一方面，农业农村发展有了很好的基础。今年，我国农业有望再获丰收，农民收入将继续保持较快增长，可以为"十二五"画上一个圆满的句号，也为"十三五"农业农村加快发展奠定更加坚实的基础。从农业自身看，现在农业基础设施能力、科技创新能力、机械装备能力、流通加工能力经过长期积累，取得了长足进步，和过去已经不可同日而语了。从宏观方面看，我国已经成为世界第二大经济体，经济实力大幅提升，财力物力充裕，有能力为加速传统农业向现代农业转型升级提供更多支撑；全面深化改革深入推进，改革红利加速释放，也将为农业农村经济发展注入新的活力；新型城镇化、京津冀协同发展、长江经济带、"一带一路"等发展战略的实施，有利于形成农业农村经济发展新的"增长极"；其他行业方面，比如中国制造2025，有一条就是农机装备；"互联网+"，以及信息技术、生物技术、新材料、新能源等领域科技创新引发新一轮产业革命，将引领农业农村持续发展。

另一方面，农业农村发展面临很大的挑战。我们也要保持清醒头脑，未来五年，农业农村发展的内外部环境都将发生深刻变化，各种新老矛盾相互交织、叠加，困难和挑战不容小视。从外部看，世界经济复苏缓慢曲折，国内经济进入新常态，对农产品需求、价格、生产和农民就业增收的不利影响正在逐步显现。从内部看，农业资源条件和生态环境两道"紧箍咒"的双重约束，农产品成本"地板"和市场价格"天花板"的双重挤压，人民群众对农产品多样化需求和质量安全的要求越来越高，在保供给的同时，又得保安全，还要保生态，压力越来越大；农业小规模，高成本，竞争力弱，国际市场竞争形势越来越严峻，只能知难而进，克难前进。

2020 年实现全面建成小康社会的战略目标，短腿在农业，短板在农村，难点在农民，特别是还没有脱贫的农民，所以农业农村发展任务仍很艰巨。目前，我们正在按照中央的统一部署和要求，紧锣密鼓地研究和谋划"十三五"如何推进农业农村持续健康发展。总的来说，"十三五"发展方向是推进农业现代化，转变农业发展方式，继续保障粮食安全和主要农产品供给，以保供给、保收入、保生态为主要任务，继续深化改革、开拓创新、完善政策，进一步巩固农业基础地位，保持农业农村稳定发展好势头，为经济社会发展提供有力的基础支撑和保障。具体而言，要着力在六个方面下功夫。

一是稳定和提升粮食产能，确保国家粮食安全。民以食为天，粮食安全是永恒主题。"十三五"时期，我国人口还将继续增加、城镇化快速推进、消费结构进一步升级，带动粮食需求继续刚性增长，保障粮食供给安全仍是农业农村发展的首要任务。我们算了一下，到 2020 年粮食消费要在14 000亿斤以上，现在生产能力在11 000斤以上，"十三五"在12 000斤左右，还有约2 000亿斤缺口，包括大豆要靠进口来弥补。所以"十三五"我们不追求粮食连续增产，但是今年很有可能"十二连增"，增产是好事，粮食多了

问题少，粮食少了问题多。粮食多了会增加一点财政收储保管的支出，粮食少了那可能就是物价问题，物价问题可能是社会问题。总的来说，根据现在的供求关系，我们不追求一直连增，但是要保持粮食产量总体稳定，特别是要巩固和提升粮食产能。我们有这个能力在，年度产量可以根据需求进行调节，只要有需要我们就有能力产出，确保中国人的饭碗牢牢端在自己手里，并且主要装中国粮。所以我们考虑“十三五”谷物自给率保持在95%以上，水稻、小麦等口粮自给能力达到100%。

二是拓宽农民增收渠道，促进农民收入持续较快增长。农民增收是农业农村发展的中心目标。“十三五”要实现农民收入比2010年翻一番的目标，使农民特别是老少边穷地区贫困人口同步实现小康，“小康不小康，关键看老乡”，现在我们农民收入有四个组成部分，家庭经营收入、工资性收入、转移性收入，还有财产性收入。家庭经营收入和工资性收入是农民收入中最大的两块，占比都超过40%。但受成本“地板”抬升和价格“天花板”限制，以及经济增速回落和出口下降的影响，这“两大支柱”的增长动力都不乐观。必须千方百计提高农业经营效益，广开农民就业门路，使农民收入年均增幅继续保持“两个高于”的好势头。同时要大力推进精准扶贫，打好扶贫开发攻坚战。

三是坚持“产出来”和“管出来”两手抓，确保农产品质量安全。农产品质量安全是近年来社会高度关注的热点和焦点。过去，我们粮食短缺、供给不足，大家就一个目标——吃饱肚子，顾不上质量安全问题。但是现在生活水平高了，我们开始进入小康了，不仅要吃得饱，还要吃得好、吃得安全，作为农业生产者、作为农业生产管理者、作为农业部门有责任把这项工作做好。现在供给形势好了，可以说社会对农产品，包括食品加工品质量安全关注度越来越高，容忍度越来越低，我们没有别的选择，只有把工作做好。习近平总书记多次强调，保证人民群众能吃上放心安全的农产品是对我们执政能力的基本考验。“十三五”期间，要坚持“产出来”和“管出来”两手抓、两手硬，一手抓农业标准化生产，健全标准体系，实现生产源头可控制；一手抓农产品质量安全监管，建立从田头到餐桌的全程可追溯体系，开展全过程监管。对于农产品质量安全问题，即使只有1%的问题，我们也要付出100%的努力，确保“舌尖上的安全”。这几年我们农产品质量安全水平是上升的，我们抽检蔬菜、水果和肉类合格率都在96%以上。现在首先从两件事抓起，一个抓农药残留，我们已经禁用了34种高毒农药，现在正在大力推广低毒农药，开展生物防治，推广统防统治。第二个重点抓奶源，中国奶业发展市场广阔，人民群众生活水平提高，有很大的需求，中国的奶业有责任、有使命，为国人提供安全的鲜奶和奶粉，恢复国人对中国奶业的信心。现在我们不少人到国外去抢购奶粉，发生这种问题是我们中国奶业人的耻辱，一定要振兴民族奶业，最重要的是保证质量安全。前不久我们搞了个中国奶业D20行动，前20家最大奶业企业向全世界郑重公开承诺，重要核心问题就是质量安全，汪洋副总理亲自去给他们鼓劲，他们占我们国家牛奶生产量、收购量和加工量50%以上。

四是加强农业资源环境保护，促进农业可持续发展。我们用十分有限的水土资源养活了十几亿人，支撑了国民经济快速发展，我们城镇化率每年提高一个百分点，就是一千多万人进城，靠什么支撑？解决吃饭靠农业，我们在20世纪50年代后期大办工业，大跃进，到处大办到处下马，有个口号，“我们也有两只手不在城里吃闲饭”。那个时候没有户口限制，我们的户口制度是1958年以后才有的，农村人不能进城了，农业没过关你就不能进城，因为进城没饭吃，应该说这是了不起的成就，是巨大的贡献，但同时也付出了很大的资源环境代价。客观地讲，土地负荷很重，过度地开发，水资源也是过度利用，当然我也说，近十年来，特别“十二五”时期，我们农田灌溉面积大幅增加，而农业用水量没有增加，就是靠节水。“十三五”还要搞4亿亩旱涝保收的农田，农业用水已经从占全社会用水量73%降到了63%，但我们还是要节水。在吃饭还成问题的年代，是很难顾得上资源环境问题的，欣赏风景的人一定是吃饱了的人。九寨沟、张家界不是当地人发现的，是城里人发现的，人们对广西巴马长寿之乡趋之若鹜，北京人到那里去疗养、养生、治疗，那是个最贫困的地方，我们外边人一去看这个地方这么漂亮，但是当地老乡怎么说呀，他说我们这个地方是“山清水秀人不秀，鸟语花香饭不香”，他能顾得上保护环境吗？他得先解决肚皮问题。所以我们也得历史地看过去农业所谓的过度开发，现在必须把这个问题提到重要议程上来，因为我们有这么大生产能力，保供给能力很强了，要给环境和资源留点空间，要保持他们可持续发展。

我搞了大半辈子农业，最近突然有点困惑，老想一个问题，搞农业主要是搞什么呢，为什么要搞农业啊？以前可能很多人讲，农业主要搞饭，搞吃的，搞粮食。是这样的，搞农业第一位是搞粮食，农业部门第一位任务是保证供给，你得给全国人民开饭，这是你第一个任务，任何时候不能动摇。但是我仔细想一下农业有三大功能，搞农业其实是“三搞”：为全国人民搞饭、为农民搞钱、为城里人搞绿。为全国人民搞饭，就是要解决全国人民吃饭问题；为农民搞钱，核心就是收入问题，种地农民不存在粮食安全问题，粮食安全问题是城里人的问题，是政府的问题，农民的地种一种就够自己吃了，他的问题是收入，农民是什么收入好、什么价值高他种什么。为城里人搞绿，农村是不缺绿的，城里到处是钢筋水泥，为什么大城市郊区要保留农田，它也是一种绿色。现在，我们的经济发展了，人民的生活水平提高了，农产品供给充裕，我们才有条件、有能力考虑和解决生态环境问题。

“十三五”要把农业可持续发展作为农业农村发展的基本要求，更加重视农业生态环境保护和资源合理利用，我们已经制定了全国农业可持续发展规划和农业面源污染环境治理方案，化肥用得过多，农药用得不科学，这些问题要解决，但是也不能回到另外一个极端。如果不用化肥，我们粮食可能从12 000亿回到6 000亿，搞有机大米，但是你不可能都吃有机大米，不上化肥，一亩地能搞到600斤就很了不起，搞到800斤更了不起。我也鼓励有机食品，但是讲实在话，我们还得从国情出发，而且化肥它也是氮磷钾，本身也是植物的粮食，用化肥是重大的科技革命。我当过村干部大队书记，我工作的大队是七个自然村，十个生产队，2 400多人口，12 000多亩地，一年能有个五六吨化肥就不错，那个时候亩产400斤就可以得奖状、挂红旗了，现在随便产量就是800斤，一般玉米过千斤。我的意思是说，讲重点论就是要解决用得多、用得不科学、效率低的问题。要抓好《全国农业可持续发展规划》的落实，加强农业环境突出问题治理，打好农业面源污染治理攻坚战，大力发展节水农业，开展化肥、农药零增长行动，推进农业废弃物资源化利用，力争到2020年实现“一控两减三基本”的目标（即：农业灌溉用水总量得到有效控制，化肥、农药使用量实现零增长并逐步减少，农作物秸秆、畜禽粪便和农用地膜基本得到回收利用）。过去邻居因为柴火吵架，现在都不用了，原料替代了，怎么办？南方有的省说你不能烧秸秆，飞机落不下来。重大活动时，村干部、乡干部下村看着，不让他们烧，县长给村里开会，“老乡，你能不能不烧，一亩地我给你20块钱”。老乡说了，

“县长，我不要你 20 块钱，我给你 20 块钱，你把我这玉米秆子给我弄走”。因为要下很大工夫，他要花人工成本。

五是推进农业转方式、调结构，加快农业现代化步伐。在“四化同步”中，农业现代化还是短腿，明显滞后于工业化、信息化和城镇化，成为现代化建设的瓶颈。没有农业的现代化，就没有国家的现代化。“十三五”时期，必须加快农业现代化步伐，努力走出一条产出高效、产品安全、资源节约、环境友好的中国特色现代农业发展道路。但是中国国家大，发展水平很不一致，中国农业现代化不可能齐步走，所以我们的方略是什么？搞现代农业示范区。我们在东部沿海、大城市郊区、大型垦区、农产品主产区等具备条件的地区创建了 283 个国家现代农业示范区，力争率先实现农业现代化，通过他们的示范引领，梯度推进全国的农业现代化进程。

六是统筹城乡发展，推进农民工有序市民化。中国发展不平衡不协调，最大的还是城乡发展不平衡不协调。现在到了有能力和条件实行工业反哺农业、城市支持农村、推进城乡一体化发展的历史阶段。过去计划经济时期，很长时期我们通过工农产品的剪刀差，让农民、农业做贡献，改革开放市场经济条件下，工农产品剪刀差逐步缩小了、消除了，但是城乡要素的剪刀差凸显出来了，拿农民的地还是便宜，一开发再一转让就不是那个价了，差额巨大。农民工工资在不断增加，但是跟城市职工在工资水平上、社保水平上还是有差距的，同工不同酬。农村的金融资产本来就少，所有的农业县都是贷差县，融资难、贷款难。通过要素剪刀差在支撑城市化，我在地方也工作过，我们说经营城市主要是经营农民的土地，城市大广场、宽马路、市政建设很多，管网很多，都是靠土地来解决的。“十三五”要在以城带乡、补齐农村“短板”上有更大进展。同时加强新农村建设，统筹推进新型城镇化与新农村建设，使城乡相映成趣、协调发展，像总书记讲的“望得见山、看得见水、记得住乡愁”。富裕农民，就要减少农民，这是看得清楚的，农民工转移是解决这一问题的有效途径，2.7 亿农民常年在外打工，要真正地打开城门，以包容的胸怀和积极的态度来接纳农民工，使其能够逐步有序地转为市民，最近一些地方公布了城市户口改革的方案，中央也出台了改革的意见，就是让具备条件的农民工，在他就业的地方逐步安家落户、实现市民化，使他们工作融入企业、子女融入学校、家庭融入社区、心理融入社会。

同志们，我们坚信，在以习近平同志为总书记的党中央坚强领导下，在社会各界的大力支持下，通过亿万农民群众的共同努力，我们一定会克服前进道路上的各种艰难险阻，开创“十三五”农业农村发展的美好明天，谢谢大家！

（本文作者系农业部部长）

陈晓华在全国农产品质量安全监管工作会议上的讲话

（2015 年 1 月 22 日）

同志们：

这次会议的主要任务是，贯彻落实党的十八大、十八届三中、四中全会和中央经济工作会议、中央农村工作会议、全国农业工作会议精神，总结2014年农产品质量安全监管工作，分析当前形势，部署2015年重点任务。下面，我讲三点意见。

一、充分肯定2014年农产品质量安全监管工作成效

2014年，各级农业部门认真贯彻习近平总书记在中央农村工作会议上的重要讲话精神，紧紧围绕“两个千方百计、两个努力确保、两个持续提高”目标，依法履职，扎实工作，坚持“产”“管”并重，深入开展农产品质量安全监管年活动，落实强化监管八项措施，取得了难得的好成绩。全年未发生重大农产品质量安全事件。在范围扩大、参数增加的情况下，蔬菜、畜禽和水产品监测合格率分别达到96.3%、99.2%和93.6%。农产品质量安全形势总体平稳向好，为农业农村经济实现稳中有进、稳中提质、稳中增效做出了应有的贡献。概括一年的工作，主要在五个方面有了新的进展。

一是专项整治取得阶段性成效。全年共出动执法人员417.7万人次，检查生产经营单位233.3万家，整顿农资市场26.2万个，行政处罚5 799件。种植业方面，开展农药及农药使用专项整治，在“菜篮子”主产区推行高毒农药定点经营和实名购买制度，推进病虫害统防统治和绿色防控，实施低毒生物农药示范补贴。山东、海南等地严格管控高毒农药，推行定点经营、附码贴标，实现全省覆盖。畜牧业方面，开展“瘦肉精”、生鲜乳违禁物质、兽用抗菌药和畜禽屠宰专项整治，落实六项婴幼儿配方乳粉奶源监管措施，现场检查奶站1.3万个、生鲜奶运输车7 000辆，奶站检查达标率99.8%，运输车全部达标。发布兽药违法案件从重处理公告。集中开展屠宰执法行动，严厉打击生猪私屠滥宰、收购和屠宰病死猪、注水或注入其他物质等违法行为。加快与商务部相关职责的划转交接，推动国办印发《关于建立病死畜禽无害化处理机制的意见》，联合五部门开展病死动物无害化处理试点。渔业方面，开展水产品违禁药物专项整治，加强产地水产品监督抽查，实施贝类产品、海捕水产品和主要渔用投入品质量安全风险隐患排查。山东、江苏、浙江、广东等地渔业部门加强产地水产品检打联动，有力打击违法违规行为。在农资打假方面，在春耕、三夏和秋冬种等重点时节，会同公安、工商、质监等部门开展专项行动，加大案件查办力度。全年共查获假劣农资2.6万吨，为农民挽回直接经济损失4.7亿元，向社会公布典型案例23个。湖北、陕西等省组织力量，开展暗访巡查，加大农资市场整治力度，严惩违法生产企业。

二是农业标准化稳步推进。不断完善标准体系，加快推进标准实施示范和“三品一标”认证。加强标准制修订，会同国家卫计委发布了2014版农药残留国家标准，规定了387种农药在284种食品中的3 650项最大残留限量，基本覆盖我国常用农药品种和常见农产品和食品种类。组织制定《加快完善我国农药残留标准体系工作方案（2014—2020）》，启动农药残留补充试验计划。推动我国6项农药残留限量标准转化为国际食品法典标准，研究采用CAC标准1 000项，积极开展官方评议工作。加大标准实施示范力度，新建“三园两场”1 600个，创建标准化示范县48个，争取6亿元专项资金用于开展菜果茶标准化生产，开展农资统购统销、病虫害统防统治等“五统一”服务。山东、河北等地大力推广标准化生态防控技术，提高“三园两场”质量安全水平。强化“三品一标”认证和监管，新认证“三品一标”产品2.3万个，“三品一标”总数达到10.7万个。规范认证程序，严格证后监管，“三品一标”跟踪抽检合格率达到99%以上。内蒙古、山东、江苏、广西、黑龙江、重庆等地出台奖励扶持政策，黑龙江、江苏、四川、新疆、大连等地开展“三品一标”专项监测和标志

使用检查，该整改的整改，该注销的注销，有力推动了“三品一标”健康发展。

三是监测评估力度加大。监测预警能力大幅度提升，为执法监管和防控区域性、系统性风险提供有力支撑。加强监测预警，将例行监测范围扩大到151个大中城市、117个品种、94项指标，基本涵盖主要城市、产区和品种、参数。黑龙江、北京、浙江、湖南等地把产地环境、农产品和投入品纳入统一监测计划，加大资金投入，为监管工作提供了有力支撑。扎实推进风险评估，新增风险评估实验室10家，认定风险评估实验站145个，把“菜篮子”和大宗粮油等12类农产品纳入风险评估范围，着力从生产全过程摸清危害因子种类、范围、危害程度及产生原因，提出全程控制措施和技术规范。湖北、江苏、山东、河南等地启动省级风险评估工作。天津、辽宁、河北、山东、浙江、河南、四川等地专门组建专家委员会，提高决策咨询和风险评估工作水平。完善应急处置机制，加强舆情监测，每天编发舆情快报，及时掌握农产品质量安全舆情动态。制定舆情应对工作预案，对发现的问题及时调查处置，实行跟踪评估；对虚假信息和不实报道，依托专家进行正面解读，消除负面影响。修订《农产品质量安全突发事件应急预案》，进一步明确了各部门、各地方的责任分工和应对程序。江苏、山东、江西、四川、青岛等省市完善应急机制，加强督导检查，有效保障了南京青奥会等活动的成功举办。安徽、湖南、甘肃、新疆、青海等地举办突发事件应急演练活动，提高了应急处置操作能力。营造良好舆论氛围，充分利用新闻发布会和在线访谈等平台，及时回应社会关切，给出正面引导。深入开展食品安全宣传周活动，北京、天津、吉林、上海、浙江、宁波等地举办了各式各样的主题日活动，效果都很好。

四是监管体系不断完善。加快健全监管体系，全国已有86%的地市、71%的县市、97%的乡镇建立了监管机构，落实专兼职监管人员11.7万人。内蒙古、山西、山东、甘肃、江西、四川等近20多个省（区、市）政府或政府办公厅印发了加强监管的意见，明确提出加快建立地、县、乡镇监管机构，落实属地责任。湖北、浙江、陕西、广西、吉林、辽宁等省将监管体系建设作为政府绩效考核的重要指标，协调编办出台指导性意见，与市县政府层层签订责任书。江苏、福建、广西等地为基层配备车辆和速测设备，山东、湖南、海南、重庆、广东等省市探索建立村级监管员队伍，有效提升了基层监管能力。加强质检机构建设管理，协调落实质检体系建设投资17亿元，建设项目398个，将市辖农业大区补充纳入建设范围，有效弥补布局上的缺陷。印发《农业部关于加强农产品质检体系建设与管理的意见》，推进质检机构能力验证和机构考核，已竣工验收项目的地县质检机构有50%通过了计量认证，近三分之一通过了机构考核。提高人员队伍素质，组织举办监管、检测、应急方面培训20余期，将质量安全纳入了农村实用人才和大学生村官培训内容，共培训各类人员1.2万人，向全国农业系统发放检测技术培训光盘7 500套，基层队伍业务能力有了新提高。辽宁、陕西、湖南、内蒙古、重庆、云南等地积极组织县级农产品质检站技术人员跟班实习，有效解决基层检测人员操作能力不强问题。

五是制度机制构建取得突破性进展。推动修法工作，积极参与《食品安全法》修订，做好《农产品质量安全法》修订前期准备工作，努力确保《食品安全法》和《农产品质量安全法》两法并行、相互衔接。明确职能分工，按照职责要求，与食品药品监管总局签订合作框架协议，联合印发加强全程监管的指导意见，进一步厘清监管职责，建立联动机制，形成监管合力。推动质量安全县创建，制定国家农产品质量安全县试点创建方案及考核办法，汪洋副总理在全国治理“餐桌污染”现场会上亲自部署启动，部里正在组织首批100个县和4个市的遴选工作。山东、四川、江苏、浙江、陕西、广东、上海等省市也积极开展省级质量安全县的创建，加大了示范投入。加强改革创新，积极开展检验检测认证机构整合工作，制定农业系统整合方案和指导意见。推进农产品质量安全信用体系建设，成立了专门的工作小组，出台了指导意见，加强了对各地工作的指导。北京、上海、浙江、贵州等地注重发挥行业协会作用和媒体监督作用，着力构建社会共治格局。加大政策创设力度，国家农产品质量安全追溯信息平台建设可研报告已获发改委批复，即将进入正式建设阶段。推动将高效低毒农兽药补贴、质量追溯补助、质量安全县奖励等项目纳入政策扶持范围。陕西、福建、广西、河南、贵州等地投入专门资金，积极推进追溯体系建设。

2014年的工作成效明显，大家尽心尽力，尽职尽责，付出了艰辛的努力。在此，我代表农业部向同志们表示感谢和敬意！

二、进一步认识做好农产品质量安全监管工作的重要性和紧迫性

随着我国经济进入新常态、改革进入深水区、经济社会发展进入新阶段，农产品质量安全工作面临着新的形势、新的任务，前不久召开的中央经济工作会、中央农村工作会议对此做出了许多新部署，提出了许多新要求。我们一定要站在全局的高度，充分认识做好这项工作的重要性和紧迫性，切实增强责任感和紧迫感，下更大决心、想更多办法、用更严措施，全面加强监管，切实保障好农产品质量安全。

*（一）加强农产品质量安全监管工作是全面建成小康社会的必然要求。*民以食为天。保证民众吃得饱、吃得安全放心是最基本的民生问题，是小康生活应有之义。随着生活水平的不断提高，人们对数量感受不是很深了，买啥都能买到，而对质量和安全的要求却更高，也更敏感。尽管近年我国质量安全状况总体平稳向好，但风险隐患仍然存在，在一些地区、行业、品种上还比较突出，人们对此还不太满意，加上一些舆论过度炒作，搞得老百姓吃啥都不放心，直接影响群众安全感、生活质量和幸福指数。如果到2020年实现全面建成小康社会目标时，连这些问题都解决不好，老百姓吃得还是不放心，那么我们的小康就是不全面、名不符实的。我们绝不能在质量安全问题上拖全面小康的后腿，一定要牢固树立以人为本的理念，坚持消费导向，进一步增强责任感和紧迫感，下决心逐步解决这些问题，给老百姓一个实实在在的交代。

*（二）加强农产品质量安全监管工作是促进农业转型升级的重要抓手。*转型升级是当前和今后一个时期农业主攻方向，也就是要按照总书记提出的“产出高效、产品安全、资源节约、环境友好”的要求建设现代农业。现代农业较之传统农业，更加注重数量、质量、效益的统一，更加注重经济效益、社会效益、生态效益的统一。长期以来我国农业的首要任务是保供给，不得不把产量放在第一位，生态和安全一直是农业全面发展的一个短板。当前，我国农业正处在传统农业向现代农业转变的关键时期，靠过去消耗资源的粗放型发展方式已难以为继，那种只求速度、不讲质量的增长方式已难以为继，必须切实转变发展思路。转方式、调结构，一定程度也是倒逼出来的，在目前农产品价格下行压力大、滞销卖难多的背景下，只有质量安全的产品，才能创出品牌，卖出好价钱。以质量效益为中心，是新一轮农业结构调整的重要特征。我们一定要牢固树立抓产业必须抓安全的理念，坚持“产”“管”并举，大力推广控肥控药控添加剂等减量化生产技术，推进绿色生产，提升农业产业素质，从源头上确保农产品质量安全。

（三）加强农产品质量安全监管工作是依法履行职责的紧迫任务。党的十八届四中全会对全面推进依法治国进行了部署。对我们来讲，学习贯彻四中全会精神，就是要认真履行法定职责，深入推进农产品质量安全执法监管工作。当前农产品质量安全法律规定是明确的，标准也是在不断健全的，可以讲基本实现了有法可依、有标可循，目前要解决的突出问题是执法不严、违法难究。由于基层执法能力滞后、执法工作尚未完全到位等问题比较突出，农产品质量安全领域诚信缺失、违法犯罪、制假售假问题比较普遍，一些不法分子见利忘义、以身试法，不仅扰乱了市场秩序，而且破坏公平竞争法则，损害法律的严肃性。这些问题不解决，如何体现履职尽责，如何取信于民，又如何维护法治的权威、构建法治社会呢？农产品质量安全执法监管不是可抓可不抓的小事，而是非抓不可、必须抓好的大事。我们要切实增强法治思维，瞄准薄弱环节，千方百计把基层执法能力武装起来，把责任落实下去，把各项执法监管工作迅速开展起来，始终保持高压严打态势，推进农产品质量安全治理体系和治理能力现代化。

总而言之，农产品质量安全已处于攻坚克难的关键阶段，我们一方面要看到监管工作的难度更大，要求更高，问责更严，容不得半点懈怠，另一方面也要看到，各级党委政府更加重视农产品质量安全，工作基础越来越好，生产经营者质量安全意识也越来越强，社会共治的氛围正在形成。只要我们坚定信心，迎难而上，勇于担当，开拓创新，就一定能把农产品质量安全监管工作做好。

三、2015 年工作思路和重点任务

2015 年总的要求是，认真贯彻落实中央的决策部署，围绕“努力确保不发生重大农产品质量安全事件”目标，以深入推进农产品质量安全执法年活动为总的抓手，以农产品质量安全县创建为重要载体，坚持“产出来”和“管出来”两手抓，强化突出问题治理和执法监管，大力推行标准化生产和全程控制，推进监管能力和制度机制建设，切实保障农产品消费安全，促进农业提质增效和可持续发展。重点抓好以下 10 个方面工作。

（一）深入推进专项整治。坚持问题导向，突出关键环节，重点抓住农兽药隐性添加、高毒限用农药违规使用、抗生素滥用、非法使用“瘦肉精”和孔雀石绿等有毒有害物质、非法收购屠宰病死畜禽和制售假劣农资等违法违规行为，强化执法查处，集中整治一批突出问题和隐患，消除行业“潜规则”生存空间。加大高风险农产品监督抽查，推行综合执法，实施检打联动。加强行政执法与刑事司法衔接，凡达到移交标准的坚决移送司法机关追究刑事责任。集中曝光一批典型案例，充分发挥舆论震慑作用。建立大案要案查处协作机制，对屠宰病死畜禽行为等问题实施跨部门跨区域联合整治。农资打假要抓住重点农时和重点产品，按照“五不放过”原则，加大案件查办力度，维护好广大农民的切身利益，为农业生产保驾护航。

（二）抓好质量安全县创建。这是今年工作的重要任务。要切实推动质量安全县落实属地责任，加强全程监管，强化能力提升，推进社会共治，打造为标准化生产和依法监管的样板区，通过示范带动，整体提升市县农产品质量安全监管能力和水平。各省要抓紧组织创建，指导市县制定创建实施方案，确保各项创建措施件件落实、条条到位，切不可为了“创建”而“创建”，搞成“花架子”。严格开展考核，尽快制定质量安全县考核管理办法，坚持群众说了算，客观公正，宁缺毋滥，确保首批 100 个质量安全县和 4 个质量安全市个个过硬。强化政策扶持，落实国家农产品质量安全县创建经费，推动涉农相关项目和资金向质量安全县集中和倾斜。要大胆创新，各地可因地制宜开展省级质量

安全县创建，积极鼓励市县政府和农业部门探索创建独具地域特色的质量安全监管模式。要总结推广有效的监管机制和监管模式，部里将适时召开质量安全县创建活动现场会，总结交流各地创建工作中的典型经验做法，带动面上整体提升。

（三）加快标准制修订进程。坚持以科学数据为支撑，以风险评估为依据，以农兽药残留为重点，加快农产品农兽药残留标准制修订进程，加快清理与农兽药残留标准相配套的检测方法标准。加大对农兽药残留标准制修订工作的支持力度。加快转化一批国际食品法典标准，力争 5 年左右的时间，使农兽残标准达到10 000项，与国际食品法典标准基本同步。加紧已登记农药的残留补充试验，推进蔬菜等小宗作物和特色农产品农药残留限量标准的制定，加快兽药残留标准的制定和修订。

（四）稳步发展“三品一标”。不断扩大果菜茶标准园、畜禽水产标准化养殖示范场规模，新创建一批标准化的示范基地、示范农场、示范企业和示范合作社，推广标准化生产技术，严格管控化肥、农兽药、添加剂等投入品使用，推动病虫害绿色防控和病死畜禽无害化处理，提高产地农产品标准化生产水平。稳步发展无公害、绿色、有机和地理标志农产品，加强证后监管和标志使用管理。无公害农产品要着力强化安全考核，绿色食品要突出全程控制，有机农产品要坚持因地制宜和生态安全，地标农产品要着力彰显地域特色。要充分发挥“三品一标”在产地管理、过程管控、标准化生产、品牌引领、消费认知、市场增值等方面的示范带动作用，通过认证培育品牌，以品牌化引领农业标准化，打造一批安全优质的知名农产品品牌和生产基地，增强公众信心，推进产业升级。

（五）强化监测评估预警。加快制定全国农产品质量安全监测规划和计划，明确各级农业部门依法监测的重点，防止出现上下一般粗、监测指标重叠、监测对象重复现象。对例行监测没有覆盖到的粮食、薯类、油料作物等产品，开展专项监测，摸清问题隐患。加强监测结果会商分析，深入研究变化趋势和问题原因，为专项整治和执法监管提供技术支撑。制定实施农产品质量安全风险评估工作规划，全面摸清“米袋子”“菜篮子”产品危害因子的种类、范围和危害程度，提出全程监管的关键点和技术措施，最大限度发挥风险评估在标准制定、应急处置、生产指导、消费引导等方面的支撑作用。对一些老大难问题，深入进行评估，跟进科研攻关，尽快拿出解决问题的风险评估报告和全程管控方案。完善风险评估相关的制度规范，充分发挥风险评估专家委员会和专家组的作用。加强风险交流，组织专家多“站出来”，为公众解疑释惑，普及农产品质量安全知识。

（六）加快推动追溯体系建设。对质量追溯，各地都很重视，做了许多有益的探索，也取得了一些积极的进展，部里已有明确的思路和总体的规划。今年重点建设国家农产品质量安全追溯管理信息平台，抓紧制定质量追溯制度、管理规范和技术标准，选择部分省市县和“三品一标”获证单位开展追溯试点，待取得经验后向全国推广。积极推动省、市、县三级农产品质量安全信息化建设，尽可能把纵向和横向的监管信息串联起来，贯通检测、认证、预警、评估、执法、追溯、标准化等全要素，不断提升农产品质量安全监管的信息化水平。

（七）探索构建产地准出市场准入机制。按照农业、食药两部门合作协议，尽快打通农产品质量安全全程监管链条，着力构建产地准出和市场准入衔接机制。出台准出准入指导意见，明确准出要求和准入条件，选择部分品种、部分市县和部分市场开展试点。探索建立产地质量证明制度，抓紧制定农产品产地质量证明管理办法和技术规范，将农产品生产企业、专业合作社、家庭农场、销售企业纳入试点范围，通过市场准入倒逼生产管理，全面落实生产经营者在质量安全方面的主体责任。要将准出准入、产地质量证明试点与企业自律结合起来，推进农产品质量安全信用体系建设，积极构建守信激励、失信惩戒机制。充分发挥社会监督作用，推动各地建立举报奖励制度，鼓励社会力量参与农产品质量安全监管和协同共治，形成全社会共同推进农产品质量安全的良好氛围。

（八）认真做好应急处置。目前，我国农产品质量安全问题仍处于高发、多发期，应急处置这根弦要时刻绷紧，绝不能放松。要完善各层级、各行业应急预案，加强应急培训演练，提高全系统的应急处置技能。强化舆情监测，对突发事件一定要早发现、早控制、早做工作，做到耳聪目明。对突发问题，要第一时间掌握情况、报告情况，迅速启动应急机制，实施果断处置。强化协调联动，坚持全国“一盘棋”，做到上下互动和部门联动，尽最大努力将可能产生的负面影响降到最低，维护公众生命安全，保护产业健康发展。坚持举一反三，善于化危为机，出了问题要吸取教训，把问题解决掉，把工作抓上去，把机制建起来。

（九）加强基层监管队伍能力建设。目前全国还有14%的地市、30%的县市没有建立监管机构，乡镇站所虽然都挂了牌，但大部分还难以实质性开展工作，加上运行经费缺乏、执法装备落后，基层监管能力弱的问题仍十分突出。今年是“十二五”收官之年。部里正在组织编制“十三五”农产品质量安全提升规划和农业执法监管能力建设规划，力争为各级争取一些必要支持政策和执法装备。各地也要抓住机遇，加强与发改、财政等部门沟通协调，将农产品质量安全纳入当地经济社会发展“十三五”规划。要加快推动地县监管机构建设，充实监管人员，落实监管经费，改善监管条件。推进乡镇监管机构的标准化建设和规范化运行，通过“特岗计划”为乡镇监管机构充实一批专业化的技术人员，鼓励有条件的地方配备村级协管员，切实解决监管“最后一公里”问题。做好农产品质检体系二期规划收尾工作，加强质检机构建设管理、计量认证和资质认可，确保“建得全、管得好、用得了、检得准”。按照大农业的架构和综合建设的思路，稳妥推进农业系统内检测机构整合，贯通产前、产中、产后全过程。探索建立农业检测联盟，加强技术协作交流和协同配合，做大做强农业检测机构。加强基层监管人员培训，建立农产品质检人员国家职业资格证书制度，提升基层监管、检测、执法人员的能力素质和业务水平。

（十）加强制度建设和机制创新。按照与《食品安全法》并行衔接的原则，加快推动修订《农产品质量安全法》。深入开展调查研究，总结提炼各地好的经验做法，尽可能将其上升为制度纳入《农产品质量安全法》。加快农药、肥料、畜禽屠宰、转基因等相关法规的修订进程，跟进制定相关的配套规章，力求实现农产品质量安全全程监管有法可依、有章可循。创新农产品质量安全监管机制，加强内部协调，种植、畜牧、渔业等各行业间要心往一处想，劲往一处用。推进部门合作，食品安全监管体制改革后，直接的监管部门虽然少了，但从“农田到餐桌”涉及的方面一个也没有少，必须树立“一盘棋”的思想，该履职的认真履职，该向前的主动向前，该配合的全力配合，确保形成监管合力。建立联动机制，中央和地方要加强联动，地区和地区之间要加强协作，防止信息不沟通，各行其是。农技推广与质量安全监管、执法与检测、质量安全执法与综合执法间要加强有机衔接，形成良好的协调配合机制。

最后，我再谈谈生猪屠宰问题。2014年，各级农业部门一手抓监管职责调整，一手抓屠宰行业监管，取得明显成效。全国有31个省份完成省级职责调整，省级屠宰监管体系基本建立。全年共出动执法人员36万人次，清理关闭不符合条件的生猪定点屠宰场1 387个，查处屠宰违法案件3 386件，畜禽屠宰监管执法得到明显加强。2015年，各级农业部门要继续高度重视畜禽屠宰监管工作，深入推进市县级畜禽屠宰监管职责调整，继续抓好生猪定点屠宰场清理整顿，按照9部委文件的要求，扎实做好屠宰企业资格审核工作，不符合条件的限期整改，整改后仍不达标的坚决予以取缔。要持续开展生猪屠宰专项整治，严查私屠滥宰窝点、严打注水行为，要保持高压态势，敢于“亮剑”、善于执法，对生猪屠宰违法行为，发现一起、惩处一起，决不手软。

农产品质量安全监管任务十分艰巨，我们要进一步强化责任意识，勇于担当，再接再厉，坚持“一张蓝图绘到底”，以“钉钉子”的精神扭住不放，增强创新思维，采取更加有力措施，推动农产品质量安全工作再上新台阶，给党和人民交上一份满意的答卷。春节将至，年前部里对保“两节”农产品质量安全已做了专门部署，希望大家高度重视，确保节日农产品供应充足和质量安全，让全国老百姓过一个欢乐、祥和的春节。也借此机会，给大家拜个早年！祝大家羊年顺意！工作愉快！

（本文作者系农业部副部长）

陈晓华在2015年全国农资打假专项治理行动电视电话会议上的讲话

（2015年2月28日）

春节刚过，全国农资打假专项斗争部际协调小组八个成员单位就联合召开电视电话会议，主要任务是动员各地、各有关部门迅速行动起来，深入开展农资打假专项治理行动，保障春耕生产，维护农民权益，为夺取今年农业好收成保驾护航。刚才，福建、江西、湖北、山东4省的同志作了典型发言，工商总局刘俊臣副局长、质检总局陈钢副局长和公安部治安局华敬锋副局长作了讲话，讲得很好，我们要认真贯彻落实。下面，我讲三点意见：

一、长抓不懈，农资打假专项治理行动成效显著

2014年，在党中央、国务院的坚强领导下，最高人民法院、最高人民检察院、工业和信息化部、公安部、工商总局、质检总局、供销合作总社和农业部等部际协调小组成员单位，认真履行职责，指导和督促各地深入开展农资打假专项治理行动，取得了积极进展和成效。

——农资质量水平稳中有升。2014年杂交玉米、杂交稻种子质量合格率为98.7%，比上年提高0.8个百分点。复混肥料、兽药、饲料产品抽检合格率分别为92.6%、95.5%和96.2%，分别比上年提高1.5、1.6和0.2个百分点。2014年中消协受理农资类投诉5 554件，占各类投诉的0.9%，较2013年下降0.5个百分点。农资质量水平不断提升，为我国粮食生产“十一连增”、农民增收“十一连快”提供了重要保障。

——农资打假力度持续加强。各地、各有关部门密切配合，全面加强农资监管，始终保持高压态势，严厉打击假劣农资制售行为。农业部门开展了春季、夏季百日和秋冬种专项行动，工商部门开展了“红盾护农”行动，质监部门开展了“质检利剑”农资打假战役，三部门共检查农资企业92.2万余

家，整顿农资市场 26.2 万个，查处假劣农资案件 6.1 万余件，捣毁制假窝点 68 个。公安机关深化“打四黑、除四害”专项行动，共破获制售假劣农资案件 628 件，抓获犯罪嫌疑人 952 人。各级检察院共受理假劣农资案件 36 件 44 人，起诉 58 件 113 人。各级法院共审理假劣农资案件 71 件，审结 52 件，生效判决 84 人。农业部、质检总局还向社会公布了 28 起制售假劣农资典型案例，有效震慑了不法分子。

——农资监管机制不断创新。各地、各有关部门积极探索创新，不断提升农资监管水平。农业部出台《农业行政处罚案件信息公开管理办法》，农资案件全部实现网络化公开，推行高毒农药定点经营和实名购买制度，发布兽药违法案件从重处罚公告，开展兽药产品电子追溯码标识试点。最高检推动各地开展“两法衔接”信息共享平台建设并有效运行。工信部建立农药生产企业资质查询库。工商总局加强农资市场监管信息化建设和应用。供销总社开展农资物联网技术研发和应用示范。北京、江苏、陕西等地建立农资生产经营企业定期巡查制度，积极推进信用体系建设。福建、湖北、浙江等地建立农资监管信息平台，及时发布假劣农资预警信息。山东威海等地推行农资“一卡通”，既服务于农民，又实现了农资质量可追溯。

——农民利益得到更好维护。各地、各有关部门坚持以农民利益为根本出发点，加强宣传培训，为农民提供指导服务。农业部门组织开展放心农资下乡进村宣传周活动，共出动科技人员 21.5 万人次，举办现场培训咨询活动 1.9 万场次，发放宣传资料2 235余万份。工信部开展互联网农药销售监管宣传，加强网络销售知识培训。工商、质检部门利用“12315”和“12365”等投诉举报系统，建立农资案件处置快速通道，为农民质量维权搭建了桥梁。一年来，农业、质检等部门共受理农民投诉举报7 663件，为农民挽回直接经济损失 5.4 亿元。

这些成果来之不易，是各地、各部门协同作战、共同努力的结果，在此，我代表牵头的农业部，向辛苦奋战在基层一线的全体同志表示诚挚慰问，向关心支持农业农村经济工作的各部门表示衷心感谢！

二、把握形势，扎实做好 2015 年农资打假和监管重点工作

农资打假专项治理行动已连续开展了 14 年，整治力度持续加大，农资市场不断净化，农资质量状况呈现稳中趋好的态势。但是我们也要清醒地看到，农资制假售假行为尚未彻底根除，坑农害农事件还时有发生，农资市场仍存在不少的问题。从品种看，种子主要是套牌侵权和“未审先推”问题，据 2014 年暗访，套牌侵权比例同比虽有所下降，但仍处于高发态势，个别地区套牌侵权比例高达 50%以上，部分省际交界地“未审先推”问题仍较为普遍。农药、兽药、饲料和肥料主要是存在违法添加禁限用药物或物质的现象。肥料有效成分不足、未经登记、一证多用、假冒伪造登记证等问题也较为突出。从犯罪行为看，近年来查办的大案要案，最突出的是“黑窝点”制假售假问题，而且犯罪行为呈现区域化、隐蔽化、专业化趋势。有的违法添加隐性成分逃避监管，有的走街串巷流动经营，有的甚至用游击战术对付执法人员，特别是利用“电话推销”“电子商务”“物流配送”等新型经营方式和渠道销售假劣农资，给传统市场监管方式带来挑战。有些案件还呈现较高的组织化程度，2014 年查处的河南假肥料案，有人组织推销，有人组织专家讲课，有人组织现场考察，环环相扣，形成犯罪链条。从消费情况看，广大农民群众识假辨假能力还比较弱，法律意识比较淡薄，依法维权意识和能力还不强，有的甚至贪图便宜，专门从流动商贩手中购买农资，让违法分子有可乘之机。从执法状况看，基

层农业执法在人员配置、办案经费和技术装备等方面还不能满足实际需要，给证据收集、案件查处等造成了诸多困难。也有一些执法不到位、执法不深入的问题在部分地区还比较突出，有的领域执法不规范、不公正、不作为、甚至乱作为的现象还时有发生。

农资是农业生产的重要物资保障，其质量的好坏直接关系到农业发展的数量、质量和效益。加强农资打假和监管工作，是发展现代农业的必然要求，是农业"转方式、调结构"的重要保障，是依法履行职责的紧迫任务。随着我国经济发展进入新常态，农业发展进入新阶段，更需要我们把握农资打假和监管工作面临的新形势和新任务，切实增强责任感和紧迫感。2015 年农资打假和监管工作要坚持问题导向、依法行政、打防结合、标本兼治，进一步加大农资监管力度，严厉打击违法违规行为，健全完善长效监管机制，努力营造公平竞争的市场环境和安全放心的消费环境，重点要抓好以下几个方面：

（一）明确工作重点。在时间上，要以春耕、三夏、秋冬种为重要节点，严防购销旺季假劣农资流入市场，让农民用上放心农资。在地域上，要围绕农资主产区、小规模经营聚集区、区域交界处等重点区域，重点整治农资批发市场、专业市场、集散地、运销大户和乡村流动商贩。在品种上，要突出种子、农药、肥料、兽药、饲料及饲料添加剂、农机具等产品，针对突出问题，对症下药。在环节上，要抓住审批、生产和销售三个环节。审批环节要严把准入关口，严格执行有关条件、程序和标准。生产环节要完善日常监管制度，对区域内生产企业实施全覆盖检查，坚决打击无证照生产的"黑作坊、黑工厂、黑窝点"。销售环节要建立日常巡查和监督检查制度，严肃查处经营假劣农资、超范围经营等违法违规行为，特别要加强农资网络销售监管，采取有力措施，推动农资电商的健康发展。

（二）突出案件查办。这是农资打假最强大的武器。各地要积极拓展案件线索，认真研究违法行为的新特征和新方式，准确把握违法分子的特点和规律，做好线索的排查梳理。对于巡查检查、监督抽查、群众举报等发现的违法违规行为，要重拳出击、露头就打，要深挖假劣农资制售源头，不查到水落石出决不放过。对于制假售假涉及面广、数额巨大、危害严重、影响恶劣的大要案及社会关注的重点案件，要采取挂牌督办、联合办案等形式，加大案件查办力度。要进一步加强行政执法与刑事司法衔接，凡达到移交标准的，坚决移送司法机关追究刑事责任，坚决杜绝有案不移、有案难移、以罚代刑等现象，严惩重处违法犯罪分子。要查办一批大案要案，端掉一批黑窝点，严惩一批违法犯罪分子，加大案件曝光力度，充分发挥司法震慑作用。

（三）完善长效机制。一是健全规章制度。加快《种子法》、《农药管理条例》等法律法规的修订步伐，在已有工作基础上，进一步落实信息公开、省际协调、大要案查办等工作机制，为农资打假提供制度保障。二是不断创新监管手段。加强农资监管信息平台建设，实现农资产品信息可查询、流向可追溯、质量可控制，责任可追究，充分利用现代化的监管手段，切实提升监管效能。同时要借助各大网络销售平台数据量大的特点，深入挖掘分析，使其成为农资打假的好帮手。三是大力开展社会化服务。要推动现代农资经营服务体系的健康发展，鼓励农资连锁经营、农资合作社、企业直销直供等新兴模式，支持"放心农资店"建设，拓宽农资销售主渠道。要利用社会化资源，加强对农民群众、家庭农场、种养大户、农民专业合作社等新型农业经营主体的服务指导，引导其理性购买、科学使用农资。

（四）强化社会共治。推进信用体系建设，综合利用监督抽查、执法检查、投诉举报、群众调查等信息，全面开展农资经营企业诚信评价，建立并完善信息披露、守信激励、失信惩戒、信用监督等信用体系运行机制。充分发挥行业协会、公益组织、新闻媒体的作用，构建行政监管、行业自律、社会监督、公众参与的农资社会治理体系。加大行政处罚案件信息公开力度，符合标准的一律公开。不断完善农资打假举报奖励机制，为社会各方参与创造有利条件。

三、落实责任，确保农资打假专项治理行动取得实效

春耕备耕在即，各级农业部门要会同有关部门，迅速行动起来，全力以赴，强化各项工作措施，确保今年农资打假专项治理行动取得新实效。

一是严格监管责任。各级农业部门要在当地政府的统一领导下，把农资打假和监管作为本地、本部门的重要工作任务来抓，要落实好工作经费，为农资打假提供有力保障。大力推行行政执法责任制，全面落实日常巡查和监督检查工作记录制度、农资打假岗位责任和主体责任制度。

二是强化能力建设。各级农业部门要以县级农业综合执法队伍建设为重点，加强农资打假执法体系建设，全面推进农业综合执法，消除多层执法、多头执法。要加大投入，不断改善基层执法条件和执法手段。要发挥乡镇农产品质量安全监管机构协查、预报的作用，扩大农业执法的覆盖面和快速反应能力。加强基层农资打假执法培训，提升一线执法人员的素质和能力，不断提高执法办案水平。

三是突出协调配合。加强各部门联动，强化区域协作，健全农资打假部门联席会议制度，完善联合打假工作机制。要落实好部门间、地区间的线索通报、案件协办、联动执法、定期会商机制，切实增强打击效果。

四是严格依法行政。各级农业部门要进一步增强法治思维和法治意识，勇于履职，勇于担当，严格依法办事、依法行政。对于工作中选择执法、变通执法、不作为甚至乱作为、慢作为、消极作为的，以及推诿扯皮、敷衍塞责、地方保护、参与违法经营等违法违规行为，要会同纪检监察机关实施行政问责。

同志们，深入开展农资打假专项治理行动，责任重大、任务艰巨，我们一定要履行职责，扎实开展工作，为推动现代农业发展、开创“三农”工作新局面做出新的更大贡献！

（本文作者系农业部副部长）

陈晓华在“生态农业与绿色生产”座谈会上的讲话

（2015 年 10 月 29 日）

同志们：

中国绿色食品发展中心和中国绿色食品协会在绿博会期间，举办以“生态农业与绿色生产”为主题的座谈会，总结绿色食品事业发展 25 年的经验，谋划事业未来发展的美好愿景，很有意义。下面，我谈两点意见。

一、充分肯定绿色食品事业发展取得的成绩

绿色食品事业是一项开创性事业，是改革开放的必然产物，是经济社会发展的必然选择。早在 20 世纪 90 年代初，我国城乡人民生活在解决温饱问题的基础上开始向小康水平迈进，对农产品质量提出了新要求，对农业生态环境有了新期待，推动农业开始向高产、优质、高效方向转变。适应新的形势，农业部提出了绿色食品的概念，并利用我国农垦系统生态环境、组织管理、技术条件等优势，在部分国营农场先行开发实践。此举立即得到了国务院领导的高度重视，要求“要坚持不懈地抓好这项开创性的工作”。

绿色食品事业发展到现在，已 25 年了。25 年来，在各级政府的积极推动下，在社会各界的大力支持下，有了长足发展，走出了一条标准化、品牌化、产业化相结合，经济效益、生态效益、社会效益协调发展的新路子，为保护农业生态环境，提高农产品质量安全水平，增强农产品市场竞争力，促进农业增效和农民增收发挥了积极的引领作用。

（一）打造了一个精品品牌。品牌是绿色食品事业发展的核心竞争力。25 年来，通过不断完善标准体系，严谨规范审核把关，切实加强证后监管，积淀了绿色食品品牌的公信力，赢得了消费者的口碑。多年以来，绿色食品产品质量抽检合格率一直保持在较高水平，2014 年达到 99.5%。据有关行业部门和专业机构市场调查，目前消费者对绿色食品的认知度超过 80%，在各类认证农产品中位居第一。绿色食品品牌影响力已从国内扩大到国外，绿色食品商标已在欧美日等 10 个国家和地区注册，知识产权依法受到保护，成为我国农产品具有国际竞争力的重要战略资源。澳大利亚、加拿大、丹麦等国家的 5 个全球知名企业还申请获得我国颁发的绿色食品证书，产量超过 100 万吨。

（二）创建了一项新兴产业。目前，绿色食品企业已达9 500多家，产品超过 2.3 万个，分别是创立之初的 150 倍和 170 倍，年均分别增长 19.3%和 23.8%。主要产品已覆盖农林、畜禽、水产、饮品等多个类别，市场占有率不断提高，已成为中高端市场准入的一个重要条件。在绿色食品企业中，已有近 300 家国家级农业产业化龙头企业，1 300 多家省级龙头企业。全国已创建绿色食品原料标准化基地 635 个，面积 1.6 亿亩，总产量 1 亿吨。此外，还发展绿色食品生产资料企业 100 余家、产品 250 多个。

（三）开辟了一条增收道路。依托品牌的影响力和竞争力，在优质优价市场机制作用下，绿色食品提质增效。2014 年，绿色食品产品国内年销售额已达 5 480 亿元，带动 2 000多万农户实现了增收。我国加入 WTO 以后，绿色食品出口额由 4 亿美元增长到 24.8 亿美元，年均增长 16.4%。目前，我国已有 3.4 亿亩的农田、林地、草场、水域受到监控和保护，绿色食品所倡导的绿色生产、可持续发展的生产方式，以及安全、优质、环保的消费理念，已经得到全社会的普遍认同和广泛赞誉。

25 年来，绿色食品事业在开拓中发展，在创新中前行。注册了中国第一例证明商标，探索出了质量审核与标志管理相结合的成功模式，创立了第一个安全优质公共品牌，并推动我国农产品形成了以无公害农产品、绿色食品、有机食品和地理标志农产品为主导的“三品一标”品牌发展战略格局。形成了“从农田到餐桌”全程控制的技术路线，创建了一套既在国内领先，又与发达国家接轨的标准体系。率先推行了从环境评估、投入品管控、产品检验、包装标识到证后监管的全过程质量保障模式，推进了我国农业标准化生产进程。构建了政府与市场合力发展优质品牌农产品的有效机制。一方面，各级政府将发展绿色食品作为促进农业增效、农民增收的一个重要抓手，加大扶持和推进力度，充分体现事业的公益性；另一方面，又面向市场，以品牌为载体，配置优质资源，拉动消费需求，增强了绿色食品的市场竞争力。

可以讲，绿色食品事业25年的发展，从一个视角见证了我国城乡居民食品消费的不断变革与升级，以及与之相适应的农业发展方式的调整与转型；从一个平台印证了农业生态环境的市场价值，农产品质量安全的经济效益；也从一个侧面彰显了公共品牌的力量，技术标准的贡献，产业化经营发展的方向。

对绿色食品事业25年取得的成就应当充分肯定。在此，我代表农业部向长期以来关心和支持绿色食品事业的有关部门和社会各界表示感谢！向为绿色食品事业发展做出贡献的单位和个人表示敬意！

二、努力开创绿色食品事业发展的新局面

当前，我国经济发展正处在转型升级的紧要关口，今年以来，国务院发布了《关于加快推进生态文明建设的意见》，强调要把经济社会发展建立在资源高效循环利用、生态环境严格保护的基础上，大力实现绿色发展、循环发展、低碳发展。出台了《关于加快转变农业发展方式的意见》，明确提出农业要走“产出高效、产品安全、资源节约、环境友好”的发展道路，强调要全面推进农业标准化生产，推进农业品牌建设，提升农产品质量安全水平，确保人民群众“舌尖上的安全”。国家8部委局也联合印发了《全国可持续农业发展规划》（2015—2030年），确立了“一控、两减、三基本”的目标，促进农业可持续发展。

应当看到，全面建成小康社会，满足城乡人民更高水准的消费需求，发展安全、优质、营养、健康食品不可或缺；促进生态文明发展，建设“美丽中国”，践行“绿色生产、绿色消费”任重道远；加快农业现代化进程，实现农业提质增效，转变农业发展方式势在必行。生态文明建设的主旋律，现代农业发展的主战场，农产品质量安全的主攻方向，都为绿色食品事业带来了新的机遇和挑战。

在新的形势下，按照十八大和十八届三中、四中、五中全会要求，紧紧围绕做强做大绿色食品产业、放大品牌效应的目标，坚持数量、质量与效益并重，稳步推进标准化、减量化生产，带动我国农产品质量向更高水平迈进，不断满足城乡居民的健康消费需求，使绿色食品成为生态文明建设的“助推器”，促进农业发展方式转变的“排头兵”，引领我国安全优质农产品消费的“风向标”。为此，需要着力抓好以下工作：

（一）*切实维护品牌的公信力*。按照“四个最严”的要求，明确责任清单，全程把好质量关。企业要做到诚信自律，把标准化生产落到实处。各级农业部门和绿色食品工作机构要从严从紧，依法履责，依规办事，用标准说话。要增强品牌安全风险管控能力，特别是要强化淘汰退出机制，及时清理不合格产品，严肃查处假冒产品，确保绿色食品是一块“干净”的品牌，没有“杂质”的品牌，没有“水分”的品牌。

（二）*不断提升产业发展水平*。绿色食品已有了一定的规模和基础，下一步要打造产业发展的“升级版”。要搞好规划，科学指导，有序推进。要坚持精品定位，瞄准发达国家水平，结合国情，进一步完善标准体系，始终保持标准的先进性。要突出重点，再建设一批高质量、高水平的标准化基地，发展一批规模大、实力强、品牌响的标杆企业，推广一批安全、优质、环保的绿色食品生产资料，培育一批管理规范、业态新颖的绿色食品专业营销平台。

（三）*努力搞好公共服务*。精心组织开展各类专业培训，加强对生产企业、基地农户的技术指导和服务。加快建设专业化、网络化的信息平台，为全社会提供优质、高效的产业信息服务。强化商贸服务，促进产销对接。深入开展国际交流与合作，扩大国际影

响力，帮助更多的绿色食品企业走出国门，参与国际竞争，扩大出口贸易。

（四）持续抓好队伍建设。经过多年来的努力，绿色食品已经建立了一个较为完整的工作体系，培育了一支有凝聚力、战斗力和创造力的队伍，有力地保障了事业发展，也为农产品质量安全监管工作发挥了重要的作用。适应新形势和新任务，要按照“三严三实”的要求抓好队伍建设，着力强化服务意识，锤炼工作作风，提升业务能力，进一步增强以管理机构为基础的工作力量，以检测机构为支撑的技术力量，以中国绿色食品协会为桥梁和纽带的专家力量。

同志们，回顾过去，绿色食品事业25年来，从一概念，到一个品牌，再到一个产业，十分不易，我们要倍加珍惜。展望未来，绿色食品事业充满希望。我们要继续进取，不断开创绿色食品事业发展的新局面，续写新篇章。

（本文作者系农业部副部长）

屈冬玉在全国农业市场与信息化工作会议上的讲话

（2015年9月8日）

同志们：

这次会议的主题是总结“十二五”以来农业市场与信息化工作，深入分析新阶段面临的新形势与新要求，研究部署“十三五”的总体思路和重点工作。

这次会议选择在重庆召开很有意义。重庆承担着国家现代农业示范区和农业改革试点县建设的重要任务。近年来，重庆市委、市政府顺应形势发展需要，把农业市场与信息化工作摆在突出位置，创新发展思路和举措，取得了显著成效。荣昌国家级生猪交易市场引入电子竞拍机制，实现了生猪活体网上交易。今年6月12日，重庆市委市政府专门研究制定“信息化助推农业农村发展机制改革方案”，围绕农村信息化基础设施、数据资源、农村电商、生产经营等八个方面，探索适应“四化同步”的农村信息化体制机制，在全国树立了典型和样板。重庆市委、市政府对此次会议高度重视，刘强副市长亲自出席并作了重要讲话。刚才八个省份代表进行了发言，介绍了各自推进工作的成效和经验，讲得都很好，值得相互学习借鉴。下面，我讲三个方面的意见。

一、客观分析新形势新要求，把农业市场与信息化工作摆在“三农”工作的重要位置

当前我国进入“四化同步”发展的新阶段，全面深化改革进入攻坚期，宏观经济发展步入新常态。在中央支农惠农政策推动、经济社会发展带动、长期积蓄内在力量驱动和新技术革命引领下，现代农业建设的环境、条件、任务发生了重大而深刻的变化。我们应当客观认识这种新形势、新要求，与时俱进做好农业市场与信息化工作，应势利导促进农业转型升级，顺势而为推动现代农业发展。一是全面建成小康社会，要求农业市场与信息化工作切实加快推进。全面建成小康社会是新时期党和国家“四个全面”战略布局的重要组成部分。习近平总书记指出：“小康不小康，关键看老乡”。农村是全面小康建设的重点，农民是实现全面小康的难点。现在距离2020年还有不到5年时间，实现全面小康的很多问题还没有解决，特别是城乡协

调发展和农民持续增收的难度越来越大。农业市场与信息化工作要在国家发展战略总体布局下谋划、为国家战略服务，着力解决城乡数字鸿沟和农民面向市场增收问题，单靠点上推进不行，步子慢了不行，拖了小康社会建设的后腿更不行。必须要全面发展、加快发展，在依靠信息促进城乡要素平等配置上、让农民共享信息化发展成果上更加有所作为，在促进实现 2020 年农民收入翻番的战略目标上更加有所作为。二是全球配置农业资源，要求农业市场与信息化工作积极主动作为。加入世界贸易组织 14 年来，多哈回合谈判进展缓慢，近年来双边、多边贸易协定不断发展，国内外市场日益融合。党和国家关于统筹利用国际国内两个市场两种资源的战略部署早已明确，工业、服务业等产业积极主动调整发展战略并取得明显成效，但农业面向全球配置资源才刚刚起步。我国签订的一系列自贸协定已经生效，国际市场对国内农业发展的影响越来越突出，特别是在农产品贸易保护程度低、国内外农产品价格严重倒挂的情况下，面对粮食等主要农产品“三量俱增（生产量增加、进口量增加、库存量增加）”的态势，单靠“保”和“守”已很难满足发展需要，必须要在保住一定粮食自给率、农民合理收入和主要农产品市场供求稳定的基础上，更加积极主动作为，尽快增强国际市场话语权、国际贸易主动权、农业国际合作主导权，提升全球配置农业资源的能力和水平。三是适应经济发展新常态，要求农业市场与信息化工作担当创新引擎。在经济发展新常态下，经济增长由高速转向中高速，对农产品需求拉动将有所回落；经济发展方式由粗放转向集约，对农业拼资源、拼消耗的发展方式容忍度将明显收窄；发展动力由要素和投资转向创新驱动，对农业内涵式增长的资源配置要求明显提高。中央要求适应新常态、引领新常态，全面引领目前农业可能还做不到，现阶段主要是适应问题。农业市场与信息化工作在这方面能发挥革命性作用，信息技术应用可以改变传统要素组合方式实现节本增效，信息资源开发可以创新传统农业管理方式实现以销定产，信息服务拓展可以整合传统农业分散环节实现链条延伸。抓好农业市场与信息化工作，就能够并行推进农业优化、调整、转型、升级，实现从生产方式、管理方式到发展方式的重大转变，成为农业适应新常态、引领新常态的创新引擎。四是农业转方式调结构，要求农业市场与信息化工作发挥助推作用。目前我们正在推进新一轮的农业结构调整，加快转变农业发展方式的意见也已经国办印发。在粮食生产“十一连增”、农民增收“十一连快”的高起点上，农业可持续发展日益面临两个“天花板”、两道“紧箍咒”的约束，农业转方式调结构必须生产和市场两手抓、两手都要有新办法。农业生产要实现“一控两减三基本”，市场调控要实现总量和结构平衡。离开了市场这个“导航灯”、信息技术这个“推进器”，农业转方式调结构转不顺也调不好。农业市场与信息化工作必须要围绕中心、服务大局，通过信息技术应用实现农业生产函数质的飞跃，通过完善产销衔接机制实现农户营销能力质的提升。

发达国家普遍将农产品市场调控体系建设和农业信息技术应用作为国家战略，农产品市场调控实现了前瞻、协同、未雨绸缪，农业信息技术应用实现了精准化、数字化，城乡发展迈入智慧管理新阶段。我国整体发展水平与发达国家差距较大，农业市场化还没有成为现代农业建设的决定性主战场，农业市场调控还没有成为现代农业发展的主要依靠手段，农业信息技术应用还没有成为现代农业推进的重要动力引擎，市场化、信息化还没有成为农业部门的主要思维模式，农业市场与信息化工作在农业农村经济工作全局中的重要地位还没有得到应有体现，我们的工作还有很大努力空间。一是在国家战略层面上还需要与时俱进地谋划。在新形势下推进农业农村经济工作，以往凭借历史数据搞决策、依靠行政命令推工作、就生产抓生产已经越来越不合时宜，必须要加快转变将搞农业简单理解为种地养猪、将市场化简单理解为建设市场、将信息化简单理解为电脑上网等观念，加快转变批发市场、信息网络、调查体系、信息服务各自为战的格局，运用大市场的理念、互联网的思维、大数据的手段，与时俱进地在国家战略层面系统谋划。二是工作基础还需要与时俱进地加强。前瞻研究的智力团队、落实有力的工作队伍、系统完整的数据体系、凝聚资源的重大项目，还没有对农业市场化、信息化形成完整支撑。智力团队亟待向健全学科和交叉融合推进，工作队伍亟待向健全机构和强化职能推进，数据体系亟待向标准规范和开放共享推进，重大项目亟待向战略设计和系统集成推进。三是体制机制还需要与时俱进地完善。部门条块分割的体制，投资分散管理的机制，是制约我国农业市场化、信息化事业发展的现实障碍。克服条块分割的体制因素，要以目标任务为纽带推进部门协作与联合，解决职能交叉和管理缺位的问题；克服投资分散的机制影响，要以资源整合为手段实现共享共建；完善体制机制要以打破壁垒为导向，依靠市场化、信息化实现现代农业的弯道超车。四是工作格局还需要与时俱进地创新。我国农业市场化、信息化面向全球、面向未来的谋划刚刚开始，需要瞄准与发达国家的同一起跑线，瞄准“互联网＋”发展的时代潮流，未雨绸缪、超前布局；面向全局、面向市场的进程起步不久，需要立足服务全面小康社会建设目标，立足充分发挥市场配置资源决定性作用，大胆实践、大胆创新；面向农村、面向产业的工作还在试点，需要立足促进城乡协调发展，立足助推农业转型升级，加强协作、加强联合。

党中央、国务院历来高度重视农业市场化与信息化。近年几个中央1号文件都对加强农业监测预警、推进信息进村入户、创新农产品流通方式、发展农业电子商务等作出明确部署。习近平总书记多次强调，没有信息化就没有现代化，农业结构调整要以市场需求为导航灯。今年，国务院连续出台“推进‘互联网＋’行动”“发展电子商务”“大数据发展行动纲要”等文件，都将农业市场化与信息化作为重要内容，我们面临难得历史机遇，必须要顺势而为，把农业市场与信息化工作摆在“三农”工作重要位置，问题导向强化攻坚，服务大局继续突破。

二、明确工作思路和任务，加快形成大联合大协作推动事业发展的大格局

在国家层面系统谋划和推进农业市场与信息化工作，自1994年农业部市场与经济信息司成立以来，已有21年的历史。这期间大致经历了三个发展阶段：从1994年到2002年，主要是按照建立社会主义市场经济体制的要求，推动完善农产品市场流通体系；从2003年到2008年，主要是顺应加入WTO和信息化发展浪潮，构建农业信息监测预警体系，推动农业管理和服务的信息化；从2009年至今，适应农业市场化、信息化、国际化发展需要，农业信息监测预警体系建设迈向制度化、规范化，农产品流通体系建设迈向专业化、现代化，农业信息技术应用迈向智能化、网络化。特别是“十二五”以来，各地区各部门贯彻落实中央“四化同步”的战略部署，立足“三农”发展全局，积极探索中国特色的农业市场化、信息化发展道路，加强顶层设计研究，整合资源推进信息进村入户试点、农业物联网试验示范、国家级农产品产地市场建设，推动完善目标价格改革、最低收购价和临时收储等重大政策，启动中国农业展望、国家农业品牌战略、“菜篮子”市长负责制等重大制度建设，农业市场化、信息化、品牌化同步推进的格局初步形成，

为农业农村经济持续健康发展提供了有力支撑。

当前和今后一个时期，在新起点上加快农业市场化、信息化发展要坚持战略思维和问题导向，与时俱进地创新理念、创新思路、创新举措，总体思路和目标是：以全面提升农产品市场调控、农户面向市场增收致富、信息技术改造传统农业“三个能力”为主要目标，以完善顶层设计、加强基础建设、强化工作手段、健全工作体系为主要任务，推动农业市场与信息化工作实现新跨越，成为城乡协调发展、农业转方式调结构的重要支撑力量。到“十三五”末，以农业信息监测预警体系为核心的农产品市场调控制度基本形成，以农户营销能力建设为核心的现代农业市场体系基本建立，以农业信息技术应用为核心的农业信息化综合水平达到51%。按照这个思路，要着力完成以下重点任务。

（一）编制好“十三五”规划，完善顶层设计。农业市场与信息化工作需要谋定而后动，加强顶层设计、做好发展规划至关重要。顶层设计要坚持科学引领，围绕发展需要形成系统的学科群，界定好学科边界，明确学科任务。在学科建设基础上，将研究与实践紧密结合起来，编制好未来五年的发展规划。当前推动农业农村信息化“十三五”发展规划和工程建设规划是首要任务，农产品产地市场体系建设规划也要纳入到农业部及各地的农业专项规划之中，抓紧编制及时发布；同时，积极推进农产品批发市场立法工作。农业市场与信息化工作现在到了抢时间的时候，编规划的同时要想到实施，“规划规划墙上挂挂”不行，“前人挖坑后人埋”不行，要“一张蓝图绘到底”。

（二）整合好现有资源，夯实工作基础。当前我们面临的缺关键数据、缺实用技术、缺有效模式等问题，不能等国家有了专项支持后再去解决，现在就要把数据共享的机制建立起来，把能用的项目资源整合到试点示范上来。农业部这几年推进的中国农业展望、信息进村入户、物联网试验示范、田头市场建设等试点，就是这个思路。今后几年，数据资源共享的力度要继续加大，部内有关司局首先要做好配合，部门间数据共享要有阶段性成果，各级农业部门也要积极推进横向和纵向数据共享；项目资源整合的力度也要继续加大，不仅相关项目资源要往农业市场与信息化上靠，农业市场与信息化项目更要为行业发展服务。只要按这个路子坚持几年，我相信肯定会有明显成效。

（三）谋划一批重大项目，强化工作手段。农业市场化、信息化事业总体来讲还是公益事业，政府应该担当主推角色，需要国家专项支持。从业务板块来看，农业信息监测预警、农户营销服务能力和农业信息化都可以分别包装成大项目，信息进村入户补贴可以设计成“三农”投资新渠道，争取国家财政支持。农业信息监测预警项目设计，要面向全球、支撑决策、服务农民，建成我们自己的全球农业数据调查分析系统。农户营销服务能力项目设计，要着眼大流通、对接大市场、打造大品牌，建成帮助农民面向市场增收致富的大平台。农业信息化项目设计，要顺应“互联网＋”、运用大数据、发展物联网，建成助推农业转型升级的新引擎。

（四）继续完善工作机制，健全支撑体系。工作机制建设的核心是联合与协作。部门间应该协作，这是工作导向问题，上面差一寸、下面偏一丈，中央部委间拧不成一股绳，地方厅局很难有序推进。部省间应该联动，这是工作落实问题，上面拍脑袋决策、下面敷衍塞责，部省各干各的，事业发展很难取得实效。政企间、产学间、行业间也应该联动，这是工作动力问题，政府强行推动、企业退避三舍、管理研究脱节、行业各自为战，目标再好也很难实现。把这些关系都理顺了，需要一个过程，也需要加强创新。农业部门是为“三农”服务的，只要有利于工作推进、有利于事业发展，我们都欢迎、都要积极配合做好工作，形成千言万语协调、千军万马合作的态势。同时，我们还要在千头万绪的工作中找到创新的切入点，构建一些实实在在的合作平台，研究建立全国农业信息化联盟和国际农业研究院，加快形成大协作大联合的大格局。

三、加大工作落实力度，确保“十三五”农业市场与信息化工作开好局、起好步

当前正处于“十二五”收官、“十三五”开局交接期。能不能收好尾、开好局，直接关系到下个五年计划能否取得决定性成果。农业部参与制定了国家“互联网＋”行动、大数据发展行动纲要、电子商务发展指导意见等重大信息化战略，每个战略都有配套的工程包。各级农业部门和相关科研院所要按照总体工作思路，积极争取各级党委政府的重视和各有关部门的支持，把握良机、乘势而上，突出重点、狠抓落实，全力以赴抓好以下七项重点工作：

（一）*加强农业统计监测预警，准确把握市场运行态势*。近年来，我国农产品市场运行总体平稳，但发展环境越来越复杂，国内与国际市场间、产品与要素市场间、上游与下游市场间联动性日益增强，农业信息监测预警的任务越来越重。农业部正在推进信息资源共建共享、全产业链信息分析预警试点、生猪玉米消费调查等工作，2016年中国农业展望大会也要如期召开，目的就是为了把握当前复杂的市场形势，保障农业农村经济平稳发展。部内有关司局要按既定工作方案，主动协调有关部门配合，密切协作形成工作合力，环环相扣抓好工作落实。地方各级农业部门要强化农业统计这项基础性职能，加强工作条件建设，加大资金投入力度，充实工作人员力量，上下形成紧密对接关系，分工合作把农产品市场形势把握好、分析透。特别是要抓住国务院推进农业农村大数据和“全国第三次农业普查”这一机遇，主动提出支撑农业农村经济运行决策的数据需求，面向现代农业管理服务创新统计机制。

（二）*推动价格政策改革，完善市场形成价格机制*。现在正处于农产品价格支持政策改革的关键时期，对农业发展全局都将产生深远影响。农业部门不能置身事外，要围绕确保国家粮食安全、保障农民基本收益、稳步提升农业竞争力的目标，积极参与最低收购价、临时收储、目标价格试点等重要政策的制定、完善、实施、评估。当前的主要任务是，系统评估油菜籽临储制度改革效果，研究玉米收储政策改革方案，抓好棉花、大豆目标价格改革试点，推动糖料产业保护政策措施，完善生猪市场调控预案，建立蔬菜市场调控目录。部内有关司局和地方农业部门，要围绕这些改革任务加强研究，做好政策储备，推动政策创设，加快政策落实。

（三）*加快信息进村入户，提升农户信息运用能力*。信息进村入户在全国10个省份22个县开展试点一年来，取得了阶段性成效，探索出一批具有推广价值的建设模式，但个别地方也存在推动力度不够、资金投入不足、进展速度缓慢等问题。今年信息进村入户试点在原有基础上增加10个省份，明年要覆盖到所有省份。今年重点是全国统一平台上线运行、接入所有村级信息服务站；运营模式市场化探索、完善“羊毛出在牛身上”的社会投融资机制要贯穿始终、不断推进；服务内容也要在现有基础上继续拓展、集聚更多部门和行业资源，加强风险防控、规范建设标准、健全管理制度。各地要切实把这项工作重视起来，严格按照整县推进的要求，积极争取配套资金支持，加大推进力度，加快建设速度，确保各项建设任务如期保质完成。下午，我们还要套开农业物联网试验示范工作交流会，展示节本增效物联网应用模式，大家要认真研讨交流，力争把信息进村入户打造成“互联网＋”行动在农村落地的

示范工程。

（四）贯彻国家决策部署，推进农业大数据应用。8月31日，国务院正式印发了“促进大数据发展行动纲要的通知”，农业农村大数据是重要内容。这是我们农业市场化、信息化的重大历史机遇。农业部正在按照国务院文件精神，谋划国家农业大数据建设，构建国家涉农大数据中心。各级农业部门要紧密结合地方实际，全面加强农业农村经济大数据能力建设，加快推进历史资料的数据化、数据采集的自动化、数据运用的智能化、数据共享的便捷化；加快农业大数据关键技术研发，加大示范力度，提升生产智能化、经营网络化、管理高效化、服务便捷化水平，联通产业链、价值链、供应链，驱动缩小城乡数字鸿沟。

（五）推进农业品牌建设，促进农业会展经济发展。培育农业品牌、发展农业会展经济，是市场经济条件下促进农业产销对接、提升农业竞争力的重要方式。国务院对于打造一批有影响力、有文化内涵的农业品牌提出了明确要求。农业部正在统筹规划农业品牌建设工作，重点是编制好《中国农业品牌发展纲要》，尽快打造品牌推介平台。各级农业部门也要按照这个思路编制好本地的品牌发展规划，部省联动，形成推动合力。今年，国务院提出了展会“市场化、专业化、品牌化、信息化、国际化”改革方向和创新农业营销服务的要求。农业展会要以国内外两个市场为导向，打造中央与地方相补充、国内与国外相衔接、专业与综合相配套的会展经济体系；创新农业营销服务要以农产品经销商和经纪人培育为抓手，开展诚信经销商和惠农经纪人队伍建设，提升小农户与大市场的对接能力。第十三届农交会将在11月上旬举办，各地要按照部署做好参展工作。各级农业部门要积极推动农业会展经济健康发展，将定期的展会与临时性的营销促销结合起来，针对集中上市期可能发生的卖难问题，提前制定应急预案，提前联系落实销路，确保产销顺畅。

（六）完善产地市场体系，提高农户营销服务能力。产地市场是农业市场体系的重要组成部分，具有价格发现、信息传播、物流集散、科技交流、会展贸易“五大功能”。农业部已与10个省（直辖市）人民政府共同启动了11个国家级大市场建设，在6个省（直辖市）开始建设22个田头市场示范点。今年农业部发布了《全国农产品产地市场发展纲要》，明确了发展目标、区域布局和重点任务。下一步，我们将在现有基础上，进一步加大国家级专业产地市场推进力度，带动区域性农产品产地市场和田头市场发展。各地要按照《纲要》要求，加快已签约市场建设步伐，积极推动本省区域性产地市场和田头市场建设，确保按期完成建设任务。推进都市农业发展，是现代农业建设任务的重要组成部分，明年我们将在北京召开都市现代农业现场交流会，进行专题部署，请各地提前做好准备。

（七）落实重大工程项目，积极争取各类资金支持。农业部正在牵头设计“互联网+”现代农业、农业农村大数据发展、农业电子商务等配套项目，农业信息监测预警体系工程立项也取得一定进展。这些都将是未来一段时期我们推进工作的有力抓手，部内有关司局要切实抓住机遇、加大协调力度、做好项目方案、明确建设任务。各级农业部门、有关科研教学单位、相关市场主体，要围绕这些方面进行深入研究、大胆实践、大胆探索、大胆创新，积极争取各级财政支持，积极引导社会资本投入；要及时总结经验，凝练有效模式，让地方的好做法、市场的新创造、研究的新成果源源不断充实到项目设计方案中来，形成规划设计与实践探索相互促进的良性格局，推动农业市场化、信息化跨越式发展。

同志们，农业市场与信息化工作任务艰巨、责任重大、使命光荣。我们一定要全面贯彻党的十八大和十八届三中、四中全会精神，以坚定的信心、昂扬的状态、扎实的举措，抓住机遇、锐意进取，不断开创工作新局面，为促进农业农村经济平稳较快发展做出更大贡献。

谢谢大家！

（本文作者系农业部副部长）

实施品牌战略发展现代农业

朱保成在全国政协十二届三次会议第二次全体会议上的发言

（2015年3月9日）

习近平总书记对品牌建设高度重视，先后提出，“品牌是信誉的凝结”，“要大力培育食品品牌，用品牌保证人们对产品质量的信心”，“推动中国产品向中国品牌转变”。今年中央1号文件对大力发展名特优新农产品，培育知名品牌作出重要部署。实施农业品牌战略，已经成为推动农业转方式、调结构，加快推进农业现代化的一项紧迫任务。

近年来，我国农业品牌建设有一定进展，但仍面临不少问题和制约因素：一是对品牌农业的认识还不到位。管理部门、经营主体、农民还没有充分认识品牌建设在现代农业发展中的战略地位和作用，促进品牌化发展的新思维、新办法和新手段不足。二是品牌培育保护制度体系缺失。农产品生产和加工标准化程度低、质量参差不齐，品牌培育和保护投入不够，品牌发展缺少统一、系统的规划组织和引导。三是品牌影响力亟须扩大。农产品品牌影响力仅停留在局部地域，跨省跨区域的不多，品牌的社会信任度不高，国际知名品牌少，农业品牌状况与农产品大国的地位不相称。四是区域公用品牌理念有待普及。区域公用品牌建设尚未整体规划，品牌资源未能得到很好整合，公用品牌制度体系尚未建立，代表国家形象的农产品民族品牌尚未形成。

上述情况反映出我国农产品品牌建设相对滞后，发展的空间和潜力巨大。为此，提出以下建议：一是制定农业品牌发展规划。根据不同生产区域、经济条件和发展阶段等，对农产品进行分类和分层，将农业品牌发展的目标和措施列入“十三五”规划。把技术含量高、市场容量大、高附加值、低能耗的产品列入战略规划，建立和完善品牌农业的产业链、价值链、供给链，提升品牌农业的影响力，引导其做大做强。

二是建立健全扶持保护机制。建立农业品牌化支持政策。建立健全农业品牌认证、推广、识别、延伸与国内外评价发布等关键环节的规则和机制，形成农业品牌全程管理体系。健全“三品一标”和名牌农产品在工商、税收、质检等方面的优惠政策，加大品牌产品生产和流通的支持力度，运用法律手段，强化品牌保护，形成良好政策环境。

三是建立和完善品牌标准体系。把产前、产中和产后各环节纳入标准化管理，逐步形成与国际、国家、行业相衔接的标准体系；按市场准入标准、名优农产品标准、出口标准形成细分市场的质量标准体系，强化对相关主体的行为监督。夯实农产品品牌发展的基础，推广“龙头企业＋标准化＋农户”生产经营模式，实现优质农产品规模化生产。

四是探索建立农产品品牌目录制度。研究建立农产品品牌、区域品牌的征集制度、审核推荐制度、价值评价制度，将农产品品牌按品种、目标市场等分类，定期发布目录，动态管理，完善、规范和强化对农产品品牌的推介、评选、推优等活动，逐步建立第三方评价机制，鼓励农产品企业做优质量，做好品牌。

五是推进特色农产品区域品牌建设。保护优势品种资源和环境，传承地方传统生产、加工工艺，开发历史文化民俗资源，扩大传统产地声誉，创新新兴产业集群，加强品牌经营资源整合。强化对获得农产品地理标志产品的管理和保护，建立地理标志产品品牌质量追溯体系。挖掘品牌资源潜力，打造具有国际竞争力的农产品品牌。

（本文作者系全国政协委员、中国优质农产品开发服务协会会长）

朱保成在 2015 国际农商品牌发展（北京）论坛的主旨演讲

（2015 年 9 月 19 日）

女士们、先生们、朋友们：

金秋送爽，瓜果飘香。经历了炎热的夏季，9 月的北京更显舒适宜人。在 2015 国际农商品牌发展（北京）论坛召开之际，首先请允许我代表大会主办方，向各位来宾表示热烈欢迎，向长期关注、支持中国“三农”发展的国际组织及国际友人表示衷心感谢！

去年这个时节，我们鲜明提出了中国现代农业品牌战略构想，展示了推进现代农业发展的坚定决心，受到国内外广泛关注。今天，我们站在一年来实践发展和理论创新的起点上，围绕加快转变农业发展方式，从推进农业品牌战略实施出发，共同探讨新常态下农商融合模式创新的问题。当前，全球经济形势复杂多变，保持经济平稳增长、实现经济再平衡，中国表现尤其受到关注。过去 30 多年来，中国的农业农村经济在改革和发展两个方面都取得了举世瞩目的伟大成就。但与此同时，我们也要看到，进入新时期，我国农业也日益面临农产品价格“天花板”封顶、生产成本“地板”抬升、资源环境“硬约束”趋紧、国际竞争加剧等新挑战。可以说，中国农业在国民经济新常态的背景下发展形势并不宽松，“四化”同步发展中农业仍然是“短板”，这迫切需要通过加快转变农业发展方式来加以应对，这是当前和今后一个时期加快推进农业现代化的根本途径。需要指出的是，我们今天发展的现代农业，不仅仅是指农业生产自身要素的集合、规模的扩大、管理和组织方式的完善，更为重要的是，它在产业形态上形成与商业的融合。从一定意义上讲，就是把“重农主义”与“重商主义”结合起来，实现农商经营一体化，把农业产品的品质提升起来，把商业的品牌优势发挥出来，把农业产业的竞争力凸显出来，进而全面提高农业现代化水平。近年来，各种新理念、新技术、新模式、新业态层出不穷，深刻影响着农业生产经营方式的转变，也影响着我们这些农业人的思维方式。我们深刻感受到，随着产业转型升级进程的加快，农商创新融合正成为一种大趋势，成为农业品牌战略实施的必由之路。当前农商深度融合发展面临着良好的机遇。

——渐趋成熟的农业产业为农商深度融合奠定了基础。主要表现在，近年来包括工商资本在内的新型农业经营主体持续多元化，新型农业经营体系逐步建立，对农业生产及流通模式产生重大影响，为一二三产业融合发展、农业及商业跨界联合融动创造了更多机会。新型农业经营主体正在重新定义农业生产和农产品，农业附加值的深度挖掘和产业价值链延伸，为开发农业多功能性提供了更多想象，为寻求投资机会提供了广阔空间，特别是在高端食品加工、电商、冷链物流等领域。随着农业产业的成熟以及信息化技术的广泛应用，农商领域不断涌现新的运营模式和增值服务。

——“互联网＋”和日益发达的物流体系为农商深度融合插上翅膀。互联网的广泛普及，让世界更加扁平化，拉近了人与人之间的距离，也密切了产业与产业之间的联系。无论哪个产业、哪个行业，不是用不用互联网的问题，而是如何用好的问题。中国政府提出的“互联网＋”战略，正是看到了这一新技术所引发的新一轮产业革命的大趋势。互联网与农业的融合发展，推进了现代要素在农业生产中的应用，拉近了生产与市场的距离，提高了效率，降低了成本，大大拓展了农业发展空间。现在的农业，从生产、经营、管理到服务，各个环节都逐渐被互联网渗透和改造着。因此，在实践过程中，工商企业应当增强互联网思维，在进军农业中主动拥抱互联网，大胆进行商业模式的设计和创新，在逐鹿“红海”中打造核心竞争力，在发掘“蓝海”中开拓新的市场空间。

——农业全球化及品牌国际化呼唤农商深度融合。企业是农业“走出去”的主体，培育具有全球配置资源能力的优势企业是当务之急。目前，中国农业在国际产业分工中处于产业链低端，竞争力不强，高端研发、服务等环节尤为薄弱，需要我们农业企业壮大实力，抱团“出海”。随着消费结构升级及市场竞争加剧，品牌、创意、科技等现代要素和要素结构对贸易利益分配的影响会更显著。农产品市场竞争已从价格竞争、质量竞争和服务竞争转向品牌竞争，而中国农业品牌的数量和品牌价值，都还有很大潜力。因此，推动农业产业链升级，引入先进的商业运作理念和方式，创新农商模式，是提高中国农业竞争力的紧迫任务。

——政策环境有利于农商深度融合。当前，中国正在大力推进城乡统筹发展、建设社会主义新农村、推进城镇化和农业现代化，制定出台了有关农村土地、金融、产业化、信息化等一系列方针政策，国务院还出台了大力发展电子商务加快培育经济新动力的意见，以及积极推进“互联网＋”行动的指导意见，这些都为推进农商融合创造了良好的政策环境，为提升农业生产、经营、管理和服务水平不断注入新的动力。伴随政策的落实，新的农商模式也会不断涌现出来。尤其是围绕土地这一最重要的生产要素的新商业模式将会越来越多，农业生产经营模式也会随之产生新的改变。北京嘉博文生物科技有限公司凭借自身生物腐殖酸专利金奖技术和产品，融入商业模式，将有机质高效循环利用、有机肥料生产使用、健康土壤培育、土壤大数据、小型机械化应用，引入电商平台以及生产综合服务保障进行有机组合，与四川省蒲江县共同创建了“5＋1”耕地质量提升综合服务模式，被农业部总结推广，就是这样一个范例。这次论坛还举办了科技成果展览，展示了科研院所土壤治理的科研成果及北京威业源生物科技有限公司等企业运用生物技术修复土壤的自主创新成果。

女士们、先生们、朋友们：

中国实施创新驱动发展战略，其中一个重要内容就是商业模式创新。实践表明：农业现代化程度越高的国家，农商融合发展就越充分，商业模式的创新能力就越强。农商融合的本质在于“你中有我”“我中有你”，这一理念不仅仅是一种生产、流通的顺序连接，而是产业链条的升级、价值链条的放大。在实现优质农产品产业化、市场化、品牌化的过程中，在确保食品安全、培育食品品牌过程中，这种融合功能显现了放大效应。习近平总书记指出，“以满足吃得好吃得安全为导向，大力发展优质安全农产品”“要大力培育食品品牌，用品牌保证人们对产品质量的信心”。这些目标的实现，靠农业“产出来”

“管出来”，也要靠商业“卖出去”。

农商融合的主体是新型农业经营体和从事农产品经营的企业。过去，中国农业龙头企业快速发展得益于市场扩容和要素投入，现在市场环境和产业融合度都已不同，企业必须从根本上提升竞争力，由主要依靠要素驱动转向依靠创新驱动，由要素扩张转向要素优化组合。如何通过农商融合、模式创新把农业资源优势、生产优势，转化为质量优势、品牌优势和效益优势，提高优质农产品和品牌食品的市场竞争力和供给能力？我认为以下几个角度可以给出答案：

一是通过农商模式创新，提升品牌建设水平，增强产业竞争力。中国农业品牌历史悠久、资源丰富，但市场价值远未发挥。美国、法国等发达国家较早进入农业产业化和品牌化时代，以品牌为标志，其农产品牢牢占据国际市场。而中国尽管农产品品种数量世界第一，但在国际市场上具有明显竞争力和影响力的知名品牌屈指可数。为了彻底扭转这种局面，近几年来，中国不少地区都以市场培育和龙头带动为突破口，依靠创新农商模式带动品牌农业升级发展。比如，云南省普洱市充分发挥“一市连三国、一江通五邻”的独特区位优势，着力推进普洱茶交易中心和咖啡交易中心建设，努力形成以普洱为支点，面向全省、服务全国、辐射南亚与东南亚的特色农产品交易中心；积极引进并培育壮大一大批国内外知名企业和本土龙头企业，推动优势产品向优势企业集中，优势企业向优势产业聚集。如今，普洱不仅以茶品牌名扬世界，也以新的产业模式和品牌格局，带给人们许多启示。

二是通过农商模式创新，实现资源利用、科技应用、市场拓展和抵御风险等方面的规模整合。对于依然以分散家庭经营为主的中国农业来说，科技应用、市场拓展和抵御风险等，具有较强的“外部性”，也就是说单个农户对此缺乏参与的动力或者能力明显欠缺，“搭便车”的行为普遍存在，农民组织化成本较高。许多地方在推广原产地保护和农产品质量安全追溯体系建设，以及推进农产品优质化、标准化和品牌化经营时，也往往困难重重。近年一些实践表明，不断创新农产品产销对接流通模式，开发跨界合作，提高农业产业链的分工协作水平和纵向一体化程度，是走出上述困境的一条出路。中国优农协会构建的“优质农产品信任系统”，即是一个以互联网技术为基础、整合各地优质农产品基地、质量追溯、品牌推广、销售渠道、金融服务等多环节的商业模式创新项目，实施后效果不错。最近该项目又在尝试采用防伪保真技术，使品牌保护手段获得重大突破。

三是通过农商模式创新，整合、重构现代农业产业链。现代农业的竞争不仅仅是产品竞争，也正日益转化为产业链竞争。当前，优质农产品和食品消费市场已经出现了这种趋势，现代农业产业链的服务环节日益成为农业产业链或价值链的主导者，成为产业链资源整合、优势集成的组织者，农业产业链的利润重心也逐步向服务环节转移。农商融合正是发生在这个过程中，它是整合、重构农业产业链的重要途径。比如，中国优农协会与中国农科院农产品加工所共同成立的农产品加工分会，其实就是一个推动以农产品加工为核心的商业融合创新的平台。在马铃薯主食产品开发中，成功推动了优质原料、技术研发、产品加工、品牌塑造的有机结合，成为科研院所、行业协会、市场主体之间“众筹”的商业新模式，这是把科研成果转化为实实在在的产业活动的积极探索。

四是通过农商模式创新，推动农业需求结构、要素投入结构和产业组织结构的战略调整。传统农业生产经营由于组织化程度低、信息技术不对称等原因，导致市场需求信息不能有效传导给生产者，加大了农产品供求协调和价格实现的困难，难以有效实现市场需求结构优化升级对农业产业结构优化升级的引擎作用。农商融合有利于理顺这一关系，使得优质农产品生产真正实现消费导向，进而转化为市场价值。北京康鑫源与中国农大、中国农科院、北京农科院等进行技术合作，打造了一整套科学种养方式，将消费者需求精准地转化为生产理念和产品，从而推动了优质农产品的高效化。

女士们、先生们、朋友们：

农业全球化及品牌国际化发展对中国农业竞争力提出了更高要求，国内农业产业链、价值链的优化升级正面临新考验。这些都需要农商融合理念的普及以及具体模式的创新。中国优农协会始终致力于农商融合新战略、新技术、新模式的研究和实践。今天，我们会同各主办方搭建这样一个高端对话平台，就是为了大家更好地探讨如何构建资源集约、优势互补、价值提升的新型农业商业融合模式，从而开拓中国农业品牌战略之路。希望中国农商领域的新思想、新理念、新观点在这里竞相迸发！希望农业和商业领域的企业家、科学家以及专业工作者在这里牵手合作！祝愿各位嘉宾能够享受一场农商思维变革的盛宴！

谢谢大家！

（本文作者系全国政协委员、中国优质农产品开发服务协会会长）

刘平均在2015国际农商品牌发展（北京）论坛上的讲话

（2015年9月19日）

尊敬的各位来宾，女士们、先生们：

非常高兴出席国际农商品牌发展（北京）论坛！

俗话说，民以食为天。中国作为一个农业大国，经过几十年的努力，解决了十三亿人口的吃饭问题。除了吃得饱，还要吃得好、吃得安全和放心，而这恰恰需要借助品牌的力量。

品牌体现着消费者对企业和产品的认可和信任程度，好的品牌具有巨大的市场价值及感召力。当今国际市场已经从“商品消费”进入“品牌消费”阶段，市场竞争越来越体现为品牌之间的高端竞争，在全球的市场上，20%的强势品牌占据了80%的市场份额。品牌是企业及产品国内外市场的通行证，已经成为全球经济和科技竞争的制高点。

中国政府高度重视品牌建设工作。习近平主席去年强调：推动中国制造向中国创造转变、中国速度向中国质量转变、中国产品向中国品牌转变，其落脚点是向中国品牌转变，它深刻揭示了我国在新常态的宏观经济形势下推进品牌战略的重要性。今年政府工作报告中，李克强总理也提出，要“加强质量、标准和品牌建设”。

品牌价值是品牌竞争力的综合体现，科学的品牌价值评价不仅能够引领消费，而且能够挖掘影响品牌价值的关键因素，推动企业加强品牌培育。世界各国对品牌价值评价都给予了高度关注。美国、英国等发达国家每年都在发布自己主导的企业品牌排行榜，奥地利等国家在开展城市品牌的价值评价和发布，韩国在评价发布国家品牌……

我国在品牌价值评价方面也已经开展了多年的探索和实践。2012年，我国对419家企业进行了品牌价值评价试发布；2013年对520家制造业企业品牌价值进行了分类评价发布，2014年进行了面向农业、制造业、服务业全行业以及企业品牌、产品品牌和区域品牌的评价发布，获得了社会一致好评。在实践的同时，我国进行了品牌评价标准的研制工作，截至目前已制定发布了 21 项品牌评价国家标准。

经过四年的探索和实践，在品牌价值评价领域，我们形成了以下几个方面的创新：

第一个创新就是品牌价值评价要素的科学化。如前所说，当前世界范围内品牌评价百花齐放，百家争鸣。为此，中国建议在国际标准化组织（ISO）建立、推行一套全球公认的、科学、公正的品牌价值评价标准体系，促进国际品牌评价有序、健康发展，推动建立品牌评价国际新秩序。

2012 年中国率先提出，除有形资产之外，品牌价值还应包含质量和服务要素。这个建议获得美国、德国的支持。同时美国提出还应包括无形资产要素，德国提出应包括技术创新要素。在 2012 年底，中、美、德三个国家对品牌评价要素达成共识，品牌价值的评价形成五个要素：有形资产、无形资产、质量、服务和技术创新。在此基础上，中美联合向 ISO 提出成立“品牌价值评价国际标准化技术委员会”的提案，中国申请担任秘书国。ISO 在世界范围内进行投票，世界各国以 95.6%赞成票予以支持；ISO 技术局成员国以 100%赞成票全力支持。法国认为，这是对已有的 ISO10668《品牌评估－品牌货币价值评估要求》的很好补充。ISO 于 2014 年 1 月批准成立了 ISO/TC289，即品牌价值评价标准化技术委员会，由中国担任秘书国。该委员会秘书处设在中国品牌建设促进会，12 个国家成为正式成员即 P 成员，24 个国家成为观察员即 O 成员。同年 9 月在中国召开了 ISO/TC289 的首次全体会议，今年 6 月又在英国伦敦召开了第二次全体会议。会议形成了一个主导国际标准、若干个分类评价国际标准的共识。同时确定，中国、奥地利会同另外 10 个成员国，研究制定以五要素为基础的品牌价值评价国际标准，今年 11 月在深圳召开工作组会议，形成标准草案。这些成果的取得，为推动品牌评价国际标准体系的建立迈出了坚实的一步。

第二个创新是分类评价企业品牌。目前，国际上的品牌价值评价不分行业，不分类别，各行各业放在一个锅里煮，缺乏一定的合理性，不能科学地体现不同行业的品牌优势。2014 年中国率先进行分类评价，并分十类分别发布品牌价值评价结果，受到社会充分肯定。

第三个创新是产品品牌评价。企业品牌往往包含许多经济板块，主导产品，合作生产的产品，跨界经营的产品等等。而消费者更关心所消费的产品的性能、质量、服务以及在同类产品中的先进性等等。2014 年中国首次发布产品品牌评价结果，贵州茅台酒以 860 亿元人民币位居榜首，它也是全世界酒类产品品牌的老大。消费者直接面对的是产品，因此产品品牌的评价更具有引导消费的深远意义。

第四个创新是区域品牌评价。在区域品牌方面有三个切入点：第一是以地理标志保护的农副产品为切入点。七百里太平猴魁 1.3 万亩的茶园，但却拥有 2 万多亩山林的核心保护区，20 平方公里的生态保护区。科学评价太平猴魁的区域品牌价值，应该考虑地质资源、森林资源、历史文化传承等方面因素。目前我国按国际知识产权保护惯例获得地理标志保护的产品已经有2 000多个，超过世界其他国家总和。其中 95%以上都是农副产品，是好食材，管好食材才能有好食品。第二是以制造业知名品牌示范区为切入点，这是总结打假治劣长效机制所带来的成果。如当年深圳手机产业，打假打掉8 600个假冒伪劣的工商户，但设立了知名品牌示范区，时隔两年手机产业的产值由当年的2 000亿元上升为4 000亿元。第三是以服务业、旅游业为切入点。举例来说，黄山有160平方公里的地质资源、98%覆盖的森林资源、150种珍稀物种资源，又是联合国批准的世界自然和文化遗产以及世界地质公园，用每年22亿元的门票收入来评价黄山旅游品牌价值是不科学的。要充分考虑上述资源形成的品牌价值，引导全人类的自然生态保护和人类社会可持续发展。这也是品牌建设的宗旨。

为了鼓励企业加强自主创新，中国还开展了以发明专利为切入点的中小微企业自主创新品牌价值评价，旨在增强保护知识产权意识，调动企业自主创新的积极性。

为了保障品牌评价工作持久的生命力，我们始终坚持"科学、公正、公开、公认"的工作原则。"科学"，即以国家标准、国际标准为依据，以质量、服务、技术创新、有形资产、无形资产五大要素来评价品牌价值。"公正"，就是作为国家公益项目，品牌评价和发布全过程免费。在评价时，还要请监督员全程监督。这个原则我们要永远坚持下去，确保品牌价值评价工作的公正性。"公开"，就是公开评价方法、评价要求和条件、评价结果，接受社会监督。原则上确定在每年的12月12日，通过中国中央电视台向社会发布。品牌评价信息发布后，还要跟踪社会各界的反应，听取消费者的意见。不论是企业品牌，还是产品品牌、区域品牌，对出现重大质量问题的，严格实施一票否决，并重新评价品牌价值。欢迎社会各界进行监督。"公认"，就是评价结果社会公认、国际公认。我们正在研究制定国际标准，形成一套完整的国际标准体系还有漫长的路要走，有大量国际协调工作要做。中国品牌建设促进会将以承担ISO品牌评价技术委员会秘书处为契机，推动我国的品牌评价标准化工作，同时为建立科学公正的品牌评价国际标准体系发挥积极作用。

女士们、先生们！

品牌是全社会的共同财富，是推动经济繁荣增长的新动力。品牌建设牵一发而动全身，具有很强的带动作用，打造品牌的过程实际上就是质量提升的过程，服务改善的过程，技术创新的过程，有形资产和无形资产增值的过程。培育一批拥有核心竞争力的知名品牌，是我们共同的目标。中国具有历史悠久的农耕文明，拥有丰富的地域自然条件，孕育了众多极具特色的优质农产品。对于很多地区来说，农产品往往是当地支柱性产业和民生产业。我们大力呼吁社会各界增强品牌意识，共同关注品牌、培育品牌、保护品牌，营造品牌发展的良好氛围，提升品牌农产品竞争力，共同促进农商产业做大做强。

预祝国际农商品牌发展论坛圆满成功！

（本文作者系全国政协委员、中国品牌建设促进会理事长、原国家质量监督检验检疫总局副局长）

马爱国在全国"三品一标"工作会上的讲话

（2015年3月19日）

同志们：

这次会议是继全国农产品质量安全监管工作会议之后召开的又一次重要工作部署会，具体工作新录、运浩同志还将系统部署。下面，我讲三点意见：

一、认清形势，进一步强化对新时期"三品一标"工作重要性的认识

"三品一标"是我国在不同发展阶段、针对特定形势、立足各自侧重点发展起来的国

家安全优质农产品公共品牌。这些年来，在大家的共同努力下，“三品一标”工作取得了令人瞩目的成绩，制度体系日益完善，数量质量协调发展，综合效益稳步提高，国际合作成果斐然。“三品一标”事业的发展，也为实现“努力确保不发生重大农产品质量安全事件”的目标做出了重要贡献。这些成绩的取得，与整个系统高度负责、开拓进取和辛勤付出密不可分。在此，我代表农业部监管局向大家表示衷心的感谢！

近年来，农产品质量安全工作越来越受到关注，中央已将其上升到了关乎执政能力的高度。“三品一标”工作作为农产品质量安全监管的重要内容，在适应经济发展新形势、促进农业转型升级、提高人们生活水平等方面，具有不可替代的作用。在新的历史时期，大家一定要进一步提高认识，把“三品一标”工作置于农业农村经济发展的大背景下来考虑、来推进。

首先，要把发展“三品一标”作为适应经济新常态、满足消费需求的重点工作来抓。最近，中央提出了经济发展进入新常态的重要判断。从农产品质量安全领域看，新常态的一个重要表现，就是消费者对产品质量安全的要求明显提高，个性化、多样化消费渐成主流。顺应这一变化，我国农产品生产也开始由“生产导向”向“消费导向”转变，未来安全、优质、生态农产品市场更加广阔、潜力巨大。“三品一标”产品定位于安全、优质、生态和特色文化，涵盖了各个层面的价值元素，能有效满足消费者对农产品日益多样化的消费需求，应该成为农业适应经济新常态的发展重点。我们要抢抓机遇，乘势而上，努力把“三品一标”打造成为消费者追求的主导品牌。

其次，要把发展“三品一标”作为加快建设现代农业、实现转方式调结构的重要举措来抓。当前我国农业发展，既受资源环境和生产成本上升的双重约束，也受国内外农产品价差拉大和“黄箱”支持政策空间不大的双重制约。中央强调农业发展要走“产出高效、产品安全、资源节约、环境友好”的现代农业发展道路，部里提出“稳粮增收调结构、提质增效转方式”的要求，应该说“三品一标”发展的核心要素与这些要求高度契合。“三品一标”的生产，强调过程管控，减少农业投入品不合理使用对环境造成的负面影响，推动绿色可持续发展，就是“转方式”；“三品一标”的发展，注重发挥区域资源禀赋优势，提高产品核心竞争力，促进农业增效和农民增收，就是“调结构”。我们要紧紧围绕“转方式、调结构”的目标，进一步扩大“三品一标”发展规模，为推进现代农业发展做出积极贡献。

第三，要把发展“三品一标”作为提升农产品质量安全水平和监管能力的重要手段来抓。农产品质量安全要“产”“管”齐抓，“产出来”是前提。“三品一标”推行全程质量控制和规范生产，让农产品质量安全工作在标准化、品牌化、准入管理、示范创建等很多方面有了抓手、落了地。去年底，部里与食药总局联合印发的加强食用农产品质量安全监管工作的意见，也将“三品一标”列为市场准入、追溯体系建设的基础。今年一月，韩部长特意到部质量安全中心和绿色食品中心，就农产品质量安全及“三品一标”工作进行调研，嘱托我们严格标准、加强监管、打造品牌，做好标准化的“望远镜”和执法监管的“放大镜”，这是对我们工作的高度肯定和期望。我们务必要用实际行动来回报中央、部党组对这项工作的关心、支持和厚爱。

应当说，“三品一标”工作的重要性是不言而喻的，而且随着农业农村经济的发展，还在不断被赋予新的内涵，承载更大的责任。这个基本判断，应该是没有错的。希望大家坚定信心，振奋精神，再接再厉！

二、开拓创新，推动“三品一标”工作再上新台阶

“三品一标”事业有今天这样的良好发展

局面和态势，实属不易，需要我们倍加珍惜和爱护，更需要我们在此基础上，进一步强化监管，提升其公信力和影响力。在此，我提三点意见：

一要把握重点，进一步提升品牌影响力。今年的监管工作会对“三品一标”工作的各自侧重点提出了具体要求。无公害农产品重点要强化质量安全考核，政府主导的安全品牌不能有大的风险，下一步还要按照准出准入管理的目标来谋篇布局；绿色食品要突出全程控制，体现优质产品形象，抓好品牌引领工作；有机食品要坚持因地制宜和生态安全，推进有机农业基地建设；地理标志农产品要彰显地域特色，强化精品培育，促进区域经济发展。大家要按照这个要求，进一步推进相关工作。同时，要强化品牌宣传和市场推介。在继续打好全国绿色食品和有机食品博览会这两张牌的同时，积极拓展其他渠道，搞活宣传推介，提升品牌影响力。今年在部领导的高度重视下，农产品地理标志将纳入全国农交会总体考虑，增设地标产品专展。希望大家把这件事当成今年的一项重点和亮点工作，做出效果。此外，近年来农产品电子商务发展迅猛，一些大的电商平台，都在探索开设安全优质农产品专区，有些还在积极与部里对接，谋求合作。这是大趋势，也是好的机遇，我们要主动适应和研究，找好切入点，借力电子商务，打好品牌，拓展市场，更好地促进“三品一标”的发展。

二要履职尽责，进一步落实监管责任。部领导对“三品一标”监管工作高度重视，在各种场合多次强调，要“严”字当头，确保不出大的问题。韩部长提出了“严格审核、严格监管，稍有不合、坚决不批”的明确要求，陈部长强调，衡量“三品一标”工作成绩，除了认证登记情况外，还要建立科学的退出机制，要把工作的重点放在严格审核特别是证后监管方面。“三品一标”的认证登记和监管，采取的是逐级审查、逐级负责的方式，各环节有各环节的责任，只有每个环节的责任都尽到了，才能确保整体工作没问题、有底气。因此，希望大家按照部领导的要求和属地管理的原则，对审查、监管等重点工作要抓得紧而又紧，做到严格把关、严格监管。尤其要强化对问题多、易反复、风险隐患大的地区及产品的监管，完善巡查检查制度和问题产品退出机制，这是对工作负责，更是对自己的保护。此外，还要强化问题导向，加强对事业发展中一些问题的研究和思考。比如，可以通过跟踪一些易出问题的产品（如 4 棵菜、两条鱼等），查找风险隐患，拿出有效办法，解决长期存在的问题或隐患，等等。

三要完善制度，进一步强化法制理念。要将依法管理、依规办事作为我们工作的重要指导原则，从上到下都要对“三品一标”工作的各类管理制度、工作规范、相关标准等进行认真梳理，该补的补、该修的修、该废的废，确保工作有规可依、有规必依。今年是部里确定的农产品质量安全执法年，部里启动了《农产品质量安全法》的修订研究工作，这是一个契机，大家要抓住机遇，进一步完善“三品一标”工作的法律法规依据。同时，要抓好“十三五”规划的研究和编制，将“三品一标”工作融入各地农业农村经济发展的重点，争取出台一些对促进事业发展有重大影响的政策和项目。

三、积极作为，充分发挥“三品一标”队伍在农产品质量安全工作中的重要作用

去年 9 月，韩部长主持召开部常务会，重点研究加强监管体系建设的问题，之后陈部长又专门召开监管体系建设专题会议，从责任落实、机构人员、条件保障、制度机制等方面提出了十几项重点措施及分工安排。由此可以看出，部领导对这项工作是多么重视。应该说“三品一标”工作体系和队伍，历来是我们工作得以有效开展的坚强保障，

也是农产品质量安全监管的一支重要力量。现在国家对农产品质量安全工作越来越重视，工作要求越来越高，任务也越来越艰巨。客观地讲，有许多工作有赖于我们这个体系和队伍去承担、去落实，有许多问题有赖于这个体系和队伍去研究、去探索，还有一些工作也必须依靠这个体系和队伍去推进、去完善。这个问题尽管这几年都在讲，但我认为还要强调。对此，提出三点希望：

第一，要加强协调，形成合力。陈部长在今年的监管工作会议上，再次向各省监管部门的同志强调，行政和事业单位大家分工侧重不同，但都是质量安全管理方面不可或缺的重要力量，要树立“一盘棋”的思想，充分用好“三品一标”这支工作队伍，充分发挥这个系统在促进农产品质量安全监管方面的重要作用。这是对行政监管部门讲的，但只有行政部门的努力是远远不够的，还需要我们这支队伍主动、积极地与行政部门协调配合，争取他们更多的支持和帮助，首先要在我们正在做的一些工作方面形成强大合力，同时，多为推进农产品质量安全监管工作出谋划策、提供建议。这既是事业发展的客观要求，也是我们做好工作的基础。当前，要力争在标准化推进、检验检测、督导检查、基地建设、品牌宣传等工作方面通力合作，形成 1＋1＞2 的良性格局，为农产品质量安全工作提供有力支撑和保障。

第二，要勇于担当，主动作为。当前农产品质量安全监管的任务很重，单纯依靠有限的行政力量是很难全面、顺利地完成的。随着监管工作的不断深入，很多新的工作需要尽快展开，有大量的工作需要大家去积极研究、主动承担。在这方面，希望大家发挥优势、超前谋划，既要上下联动、共同发力，也要横向协作、勇于担当。要结合本地实际，主动与行政主管部门沟通，认真研究提出拓展职能、强化支撑的意见建议。“三品一标”工作体系要按照农产品质量安全监管工作的整体布局，在做好已有认证登记等主体工作的基础上，尽快跟进或牵头落实一些重点工作，承担起包括生产流通主体管理、投入品管理、包装标识管理和执法监管等工作，尽快将这支队伍打造成农产品质量安全监管的主体支撑力量。

第三，要充实力量，提升能力。要紧紧抓住机构改革的机遇，充实人员、改善条件。在这方面，各地务必要发挥主观能动作用，进一步加大与行政部门特别是机构编制部门的协调力度，争取更大支持。省级机构要在现有基础上，力争调整强化职能，充实人员和条件；地市级和县级要进一步健全完善专职机构，强化专职人员的配备；乡镇级机构也要真正发挥起应有的作用。同时，要切实加强人员及岗位培训，全力练好内功，为承接更多的农产品质量安全管理工作打好基础。

另外，前不久部里已印发了 2015 年质量安全监管工作要点，对全年的重点工作进行了部署，这其中，有两项重要工作需要大家全力配合：

一是追溯体系的建设工作。这是新时期、新形势下农产品质量安全监管领域的一项重点工作。今年的主要任务是建设国家平台和开展试点。国家平台的建设和管理由部质量安全中心负责，平台建成后，将首先把“三品一标”获证单位及产品全部纳入追溯范畴。这项工作要求高、链条长、范围广，具有一定的挑战性，各地和我们一样都在探索和推进。从地方平台的建设情况看，也都是优先把“三品一标”作为追溯重点。所以，希望我们这个体系积极主动地参与并力争承担地方追溯体系建设的重任，全力做好建设、试点、组织、推动和服务工作。

二是质量安全县的创建工作。这项工作部里已经部署了，今年先在全国“菜篮子”产品主产县市中选择有基础、有条件、有积极性的 100 个县和 4 个地市进行创建，整个创建工作以地方政府和农业主管部门为主。

需要指出的是，创建验收指标中，有很多涉及我们这个体系的主体工作，比如“三品一标”占创建县市农产品总量的比重等，这就需要我们这支队伍全力参与和配合。希望大家把整个创建工作作为自身分内的事情，力争通过创建，进一步落实地方政府属地管理责任和企业主体责任，为我们自身的工作创造一个良好的氛围，最终探索出一条适合我国国情的农产品质量安全监管路子，形成一批长效机制，建成强有力的质量安全监管体系和队伍。

同志们，“三品一标”工作意义重大，当前的新形势给我们提供了广阔发展空间，也提出了更高要求，大家要深刻领会有关精神，进一步明确发展方向，突出工作重点，积极主动作为，扎实推动“三品一标”事业持续健康发展，为全面提升农产品质量安全水平、推进农业现代化做出更大的贡献。

（本文作者系农业部农产品质量安全监管局局长）

张红宇在2015国际农商品牌发展（北京）论坛上的讲话

（2015年9月19日）

各位领导、各位嘉宾、各位同志：

大家上午好。非常高兴有机会参加2015国际农商品牌北京论坛，刚才听了几位领导的讲话很受启发。农业部经管司是主管农业产业化的职能部门，我想结合会议的主题，以中国农业企业发展方向为题，讲三点意见。

第一，中国农业企业发展形势出现新变化。这些变化主要来自四个方面：一是需求结构发生重大变化。近年来，消费者对农产品的需求逐步由低端向高端迈进。随着人们对农产品的数量需求得到满足，开始更加关注农产品质量、更加关注农产品安全，现在还开始重视农产品的品牌。与此同时，农产品供给与工业产品一样，逐步由卖方市场转向买方市场，农产品一生产出来就能卖出去的时代正在结束，农业企业必须顺应农产品需求结构变化的趋势，以消费为导向，生产适销对路、安全优质、品牌响亮的农产品。二是竞争空间发生重大变化。在全球经济一体化背景下，中国农产品供给模式正由过去的“一种资源、一个市场”转变为“两种资源、两个市场”。农业企业不仅面临国内竞争，也需要面对国外竞争。从国内看，要思考与家庭农场、农民合作社等其他经营主体相比，农业企业的优势在什么地方，怎样成为现代农业的领军者。从国际看，要考虑如何走出去，如何像中国工业产品一样在全球具有竞争力。三是政府行为发生重大变化。农业作为基础产业，受到世界各国政府高度重视。特别是发达国家前些年对农业保护体现在方方面面，直接补贴力度比较大。但近年来发达国家更加重视提升农业自身的竞争力，农业的政策也随之发生变化。一方面，减少了对农业的直接补贴，更加注重对品种研发、市场建设、品牌培育等产业发展基础方面的支持。另外一方面，更加重视利用财政杠杆撬动金融资本和社会资本支持农业。顺应这一趋势，中国的农业政策也在发生类似变化，在继续坚持并强化已有的强农惠农富农政策的同时，也更加强调提高农业的竞争力，发挥财政资金的导向和杠杆作用。四是运行环境发生重大变化。在全球经济低迷、国际经济增速放缓的背景下，必然对农业企业健康运行形成一定压力。面对经济下行压力，如何在农业生产成本高企的情况下做到人无我有、人有我多、人多我优、人优我有品牌，是农业企业需要下功夫的重大课题。同时也要看到，机会往往孕育在危险之中，农业企业如果能够主动求变，顺利跨越经济下行周期，必将在经济回暖后迎来新的更大的发展机遇。

第二，中国农业企业加快发展面临新要求。与工业企业类似，农业企业自身也有做大做强做长久的内在要求。但最大的不同在于农业企业联系千家万户农民，还需要密切与农民的利益联结关系，要在带动农民与发展自身这两个方面做好文章。一是更好地促进农民与市场对接。在传统农业发展阶段，农业企业联系农民的方式更多表现为订单农业，两者是简单的合同关系。随着现代农业的推进，这种合同关系越来越多地演变为农业企业和农民间合作的关系。近年来，在合同式、合作式的基础上，又逐步演变为各种要素资源折股量化、各个经营主体融合发展的入股式关系。要推进这种混合所有制经济的模式，优化资源要素配置，使农业企业与农民的利益联结关系更加紧密。二是更好地促进农业企业做大做强做长久。从目前情况看，农业企业已经有比较好的发展基础。全国农业产业化经营组织大约有 35 万家，其中龙头企业有 12 万家，国家级龙头企业1 245 家，年销售额过亿元的龙头企业 2 万家，超过 100 亿元的龙头企业有 70 家。其中，既有中粮、北大荒这样的国有企业，也有新希望、蒙牛这样的民营企业。农业企业做大做强做长久，要在纵向一体化和横向一体化上下功夫。纵向上，要形成完整的产业链。农业已经成为从田间到餐桌、从种子到筷子的全产业链，农业企业更需要向农业的全产业链特别是产品研发等前端和品牌打造等后端环节延伸，获取更多利益。横向上，要拓宽发展领域。农业已经从传统的农林牧渔产品生产发展成为包括食物生产供应、生态环境保护、观光旅游休闲、农耕文化传承在内的多元产业体系，农业企业要拓宽业务领域，发展新型业态，在一二三产业融合中获得产业拓展、技术融合带来的红利。

第三，促进中国农业企业发展要有新作为。中国农业发展到今天，已经逐步进入需求导向阶段，要顺应消费者吃饱吃好、吃安全、吃健康、吃品牌的要求，充分发挥市场和政府的作用，促进农业企业发展。一是要更加注重市场在资源配置中的决定性作用。在这方面，有三个着力点需要牢牢把握。首先，充分发挥各个地方各个产业不同的比较优势。相对于美国、加拿大、澳大利亚这样的资源性国家和日本、韩国这样的资源小国，中国农业的多元化、多样性特征非常明显。应立足各区域各产业的资源禀赋和发展基础，充分发挥比较优势，因地制宜提高农业产业竞争力，提升农业企业发展的产业依托。其次，要千方百计激励各类农业企业创新发展理念、创新运行方式，激发释放企业自身的活力和创造力，构建做大做强做长久的内生机制。再次，鼓励农业企业密切与农民群体的利益联结关系，让农民通过分享产业发展成果实现持久经营、稳定受益，夯实农业企业持续发展的产品原料基础。二是要更好地发挥政府行为导向作用。要有效发挥政府弥补市场失灵的作用，提供有效扶持，加强市场监管，维护市场秩序。一方面，要提高扶持政策的针对性。针对制约农业企业发展的用地难、贷款难等问题，落实已有政策，谋划新的办法，在基础设施建设、设备更新换代、日常经营运行等方面提供有效支持。另一方面，要强化相关监管。加强检查监督，严厉查处生产过程中影响产品质量安全、违反国家有关法律法规规定的行为，维护市场秩序，促进公平竞争。

有政府的有效支持，有广阔的消费市场，

中国农业企业正处在大有可为的重要机遇期。只要乘势而上、有所作为，发展的方向就一定会更加明确、前景就一定会更加光明，就一定会做大做强做的更长久！谢谢。

（本文作者系农业部农村经济体制与经营管理司司长）

刘新录在全国“三品一标”工作会上的讲话

（2015 年 3 月 19 日）

同志们：

这次会议，是贯彻落实党的十八届三中、四中全会和中央农村工作会议、全国农业工作会议、全国农产品质量安全监管工作会议精神的一次重要会议。会议的主要任务是总结去年工作，分析当前形势，部署今年工作。刚才，马爱国局长作了重要讲话，充分肯定了“三品一标”工作成效，系统阐述了新常态、新形势对“三品一标”工作的新要求，要求我们抢抓机遇、乘势而为，推进新时期“三品一标”工作再上新台阶，同时，就把握发展重点、落实监管责任、完善有关制度、推进体系建设、形成监管合力等提出了明确要求。讲话具有很强的指导性、针对性和操作性，为我们指明了方向，我们要认真学习、深刻领会、全面贯彻。下面，我结合会议主题和马局长讲话精神，重点就无公害农产品和农产品地理标志工作，讲三点意见。

一、关于 2014 年工作

2014 年 3 月，我们在武汉会议上强调，要正确处理发展速度与质量的关系、数量规模与可持续发展的关系，继续推进工作重心的转移，不断为推进农业标准化、保障农产品质量安全发挥示范引领作用。一年来，整个系统认真落实工作部署，积极谋划、锐意进取，无公害农产品和农产品地理标志发展呈现了“稳步推进、稳中提质”的良好局面。去年无公害农产品产地认定和产品认证数量均保持在 1 万个以上，公示农产品地理标志 229 个，公告颁证 213 个。产品质量安全抽检合格率继续高于全国平均水平，其中无公害农产品合格率 99.2%，地标产品安全合格率继续保持 100%。到 2014 年年底，全国有效期内的无公害农产品有 7.9 万个，涉及 3.3 万个主体，地理标志产品1 588个。一年来，我们主要抓了五项工作：

（一）严格无公害农产品审核把关。通过提高准入门槛、规范专家评审、强化现场检查、严格检验检测等制度调整，进一步规范认证行为，提升工作质量。一是严格准入条件。主要从生产规模和主体资质两个方面重点审查把关。黑龙江、山西、河南、上海、广东、宁波等地高标准设定生产规模要求，严格限定申请主体条件，提高了认证准入门槛。二是规范专家评审。新组建第五届无公害农产品评审委员会，制定《无公害农产品专家评审技术规范》，进一步规范专家评审工作，提高终审工作的科学性。三是严格现场检查和产品检验。细化现场检查报告填写要求，实行一品一检制度，坚决退回不合要求的申请材料，严守两道安全闸门（2014 年评审退回不合要求申请材料共4 625份）。四是开展省级初审质量督导。组织 5 个督导检查组对浙江、江苏等 10 个省份的初审工作开展质量督导检查，督促落实属地管理责任。五是推进信息管理系统的建设应用。建成无公害农产品信息管理系统，将其延伸到省级工作机构，大幅提高了审查工作质量和效率。

（二）稳步推进地标产品登记。一是规范产品登记。坚持和完善分行业、分专业的独立评审方式和申报单位汇报答辩制度，印发《农产品地理标志登记审查若干问题的说明》，完成《全国地域特色农产品普查备案名录》，收录资源近七千个。二是开展示范创建。首批创建6个国家级农产品地理标志示范样板，强化地标知识产权宣传，开展农产品地理标志品牌评价推荐工作。北京、山东、湖北、四川、陕西、青海等地结合实际，开展了形式多样的宣传推介和示范创建活动，取得良好效果。三是推进国际交流。参与中欧、中美、中澳等有关谈判，开展中欧地标国际合作研究和产品互认清单的筛选等工作。

（三）加强质量监管和标志管理。在标志管理方面，组织开展标志使用市场专项检查，各地共出动检查人员3.6万人次，检查农产品批发市场（超市）19 210个，发放宣传材料172万余份。推进“以产品类别为定标单元”的标识征订试点，北京、黑龙江、江苏、上海4省市526家获证单位的5 333个产品参与试点。在质量抽检方面，开展无公害农产品年度跟踪监测、元旦春节期间重点检测和农产品地理标志监测工作。依法对16个（包括地方报送要求取消证书的）不合格无公害农产品进行了处理，其中15个产品撤销证书、取消标志使用权并在媒体曝光。去年部中心抽检无公害农产品824个，抽检合格率99.2%；各地共组织抽检产品11 538个，合格率99.7%。在日常巡查监管方面，重点检查产地环境、投入品使用、质量控制措施、档案记录、包装标识和内检员职责落实等情况。各地共检查巡查3 762家获证单位，天津、河南、广西等工作机构对不符合要求的获证单位，该整改的整改、该撤证的撤证。此外，我们制定出台《无公害农产品获证主体诚信管理办法（试行）》，建立监管信息数据库，启动了韭菜、鸡蛋等6个产品的风险防范与预警试点研究。

（四）推进农产品质量安全追溯体系建设。一是加快国家追溯平台的建设。在总结借鉴内蒙古、四川、江苏等地追溯管理经验的基础上，组织编写国家追溯平台建设项目可行性研究报告，现已通过国家发改委评审，进入立项批复阶段。二是研究制定建设方案和管理制度。起草《建立健全农产品质量安全可追溯体系工作方案》和追溯管理办法（草案），初步形成追溯管理制度总体框架。地方层面，甘肃等地率先出台了地方追溯管理办法，推动追溯管理规范开展。三是启动追溯技术标准研究。研究提出追溯平台配套制度及标准制定方案，增设追溯管理处，为推进追溯体系建设提供了组织保障。

（五）强化技术支撑和工作保障。一是健全完善标准体系。牵头组织制定了13个无公害农产品生产过程质量控制标准和3个产品检测目录，修订了1个产地环境评价准则。对已实施的55类无公害农产品检测目录开展技术评估，组织开展小品种检测目录认证风险调查监测，形成58类无公害农产品检测目录。二是强化检测机构管理。组织定点检测机构参加部里组织的能力验证考核，举办定点检测机构培训班。目前无公害农产品定点检测机构有158家，产地环境检测机构有184家。三是加强人员队伍培训。修订完善检查员和内检员培训教材，组织开展相关培训。全年共组织或协助地方培训无公害农产品检查员5 000余人、内检员2万余人、无公害农产品师资118人、无公害农产品检测机构业务骨干167人，培训农产品地理标志核查员526人。福建、江苏等地组织专家深入区县，结合当地主导产业开展专题培训，取得了良好效果。

此外，在农产品质量安全突发事件应急管理培训、地标产品质量管控和应急处置机制研究、农产品质量安全问题申投诉受理、质量安全县及乡镇监管体系建设管理等方面，也做了相关工作。

总的看，2014 年工作要求严、任务重、头绪多，大家积极努力，认真履职尽责，取得了良好成效，在此，我代表农业部农产品质量安全中心向同志们表示衷心的感谢！

二、关于提升发展质量和能力问题

今年的中央 1 号文件明确提出，做强农业必须尽快从主要追求产量和依赖资源消耗的粗放经营，转到数量质量效益并重、注重提高竞争力、注重农业技术创新、注重可持续的集约发展上来，走产出高效、产品安全、资源节约、环境友好的现代农业发展道路。韩部长在全国农业工作会上指出，现代农业首先是质量安全的农业，要坚持产出来、管出来两手抓，一方面大力推进标准化生产，着力打造一大批农业标准化生产基地和农产品知名品牌，另一方面，不断强化监管，建设追溯管理信息平台，完善监管机构和监管机制。陈部长在农产品质量安全监管工作会上强调，要用质量安全战略引领标准化、品牌化发展，倒逼农业发展方式转变和农业结构调整，实现转方式和保安全充分融合、调结构与提质量相互促进。

应当说，中央、国务院和部党组对质量安全工作非常重视，对转方式调结构、发展现代农业的要求十分明确，尽快适应新常态和新形势发展要求，通过转方式调结构提升发展质量，发挥无公害农产品和农产品地理标志在推进农业标准化、品牌化中的示范引领作用和保障农产品质量安全的支撑作用，是摆在我们面前的重要课题。我们应该坚持问题导向，抢抓发展机遇，进一步研究解决制约事业发展的一些重点、难点问题。在此，我重点强调三个问题：

第一，关于提高复查换证率、促进事业可持续发展问题。这些年，无公害农产品事业有了较好发展，但复查换证率低的问题仍然没有得到有效解决。近三年复查换证率连续低于 50%，2014 年也只有 36%。各地的情况会上也发给大家了。应该说，复查换证率是衡量无公害农产品事业是否良性发展的核心指标，复查换证率高说明动力足、可持续性好，反之则表示动机偶然、持续性差。复查换证率低的原因可能主要有三点：一是多年来无公害农产品发展主要依靠各级政府政策和资金扶持，但由于存在重“新”轻“旧”的思想，一些地方对复查换证还缺乏推动措施。二是市场效益是企业申请认证的重要内在动力，但由于目前安全优质农产品市场环境还不十分理想，申请主体有时得不到更多效益，导致复查换证积极性不高。三是当前认证审查和监管的新要求使得一些获证产品、获证主体，无法继续满足相应条件而选择退出。而因前两个原因不复查换证的可能要占多数。

我想不论什么原因，复查换证率低说明我们在可持续发展方面存在一定的问题。因此，必须调整一味追求发展增量的政策支持导向，进一步研究提高复查换证率的有效办法，采取综合措施，尽快消除“猴子掰棒子”式的做法，改变“申请认证的多、到期退出的也多”的状况，千方百计稳定存量、积极稳妥扩大增量，着力提高有效期内无公害农产品占当地农产品总量的比重。在这方面，我们务必要上下努力、共同发力。特别是复查换证率低的地方，要对这个问题系统研究、整体谋划，在加强政策资金扶持、强化安全目标考核、建立市场准入制度、打造安全优质产品市场环境等方面多想办法，着力提高复查换证率。现在国家现代农业示范区建设、质量安全县创建和“三园两场”建设等，都将“三品一标”占当地农产品总量的比重作为重要衡量指标，我们要抓住机遇，优先在这些地方探索提高复查换证率的有效办法和途径，力争通过持续不懈地努力，大幅度提高有效期内无公害农产品总量，推动事业可持续发展。

第二，关于严格审核监管、依法落实属

地管理责任问题。无公害农产品认证实行的是产地认定和产品认证相结合的制度，产地认定是产品认证的前提和基础，具体工作中采取的是分级审查、逐级负责的制度，产地环境和生产过程的质量把关主要由省级及以下环节负责，可以说整个认证80%以上的工作都在地方，省级及以下工作机构对无公害农产品产地和产品质量安全的把关起决定性作用。但这些年，一些地方在这方面存在认识误区，做法上也有不规范之处。有的单纯将产地认定等同于环境检测，有的对审核把关和证后监管责任理解不到位，属地管理责任没有完全落实。从2014年情况看，终审退回的申请材料数量依然较多，少数地方对已认定的产地和认证的产品甚至缺乏检查和抽检。为此，必须按照中央关于地方政府要履行农产品质量安全属地管理责任的要求，进一步落实产地认定和产品审核及监管责任。在产地认定方面，必须切实抓好环境检测评价、生产过程质量控制、生产规划、专业技术人员培训等工作，细化和落实责任。在产品初审方面，必须牢牢抓住检验检测、现场检查两道闸门，确保产品质量安全。在证后监管方面，必须强化产品抽检和日常巡查工作，对三年有效期内产品，至少要确保检查或抽检一次并登记在案。需要重申的是，我们发展无公害农产品，就是要通过产地认定解决产地筛选、生产过程的质量控制和生产主体的质量管理问题，通过产品认证解决放心消费和市场准入问题。实事求是地讲，我们每年新认证上万个无公害农产品，有效期内的产品也有近八万个，审核把关和证后监管问题单靠部中心是不现实的、也是不符合要求的，主要还得靠大家、靠各地，每一个环节都要把自身当作最后一道关来严格要求，认真落实管理责任。在这个问题上，各地一定要认识到位、工作到位、责任到位。

第三，关于强化精品意识、提升农产品地理标志品牌公信力问题。近年来，农产品地理标志事业发展很快，但也出现了一些新情况和新问题，目前比较突出的有两个问题：一是关于公示异议和工作效率的问题。现在地标产品登记中，主体资质和地域范围的确认，只要地方政府和农业主管部门以文件认可就行，公示只在终点进行。这种做法目前看会产生两方面问题，一方面因受公示时间或地域等限制，相关方面有时来不及提出异议，另一方面即使提出异议，前面已做了大量工作，再回头重新核实，既浪费时间和精力，也影响工作效率和权威性。随着地标产品效益的日益体现，这方面问题逐渐暴露，因扩大登记范围、变更登记名称带来的异议也越来越多，相信相关省份也深有感触。为此，要进一步完善登记流程，抓紧研究公示关口前移等问题，探索从单一的终点公示，过渡到起点受理公示和最终评审公示相结合的操作办法，同时建立查重机制，确保问题早发现、早处置。二是关于品质保持和产品抽样科学性问题。去年地标产品抽检中，虽然安全指标全部合格，但品质指标符合率较低（不符合率达42.5%）。这可能有两方面原因：一方面是样品原因。品质指标与样品新鲜度和成熟度紧密相关，长距离运输或保存条件不当可导致部分样品品质发生改变，不同成熟期采摘的样品品质检测值也不相同。另一方面是指标设置原因。申报时可能没有进行多点、不同阶段的综合鉴定，造成样品代表性不够。当然，也不排除气候原因和个别地方人为更换品种的可能性。虽然2014年抽检的产品多是较早时期登记的产品，当时品质鉴定制度和经验都相对缺乏，但发现的问题应该引起高度重视。我们已要求相关省级工作机构认真研究，尤其是对品质指标不符合的产品，要连续跟踪，确定具体原因，提出针对性解决方案。下一步我们将依托相关单位，加强对地标产品品质鉴定指标及参照系的研究，建立产品品质数据库，强化品质检测工作。品质是地标产品的核心价值，在此提醒各地，对新申报产品务必要严格按照要求，科学、规范地做好产品抽样和品质鉴定工作。对已登记产品，务必要加强监管，确保产品品质稳定。

另外，要主动作为，进一步推进体系和队伍建设。刚才马局长重点强调了这一问题，从发展趋势看，我们整个系统不仅要做好当前的认证登记工作，将来还将承担更多的执法监管等任务。为此，各地要积极做好准备，既要充实力量、明确职责、强化考核，也要加强培训、苦练内功、拓展职能，不断提高体系队伍的业务能力。

三、关于 2015 年重点工作

2015 年无公害农产品和农产品地理标志工作的总体思路是：围绕“稳步发展，加强监管”的总要求，推进整体工作向依法做事和依规办事转变、向更多借助信息化手段提高工作质量和效率转变、向研究解决制约事业发展的问题和隐患转变，突出材料审查、证后监管和追溯管理三个重点，加强制度建设、规范办事行为，创新工作机制、狠抓工作落实，促进事业持续健康发展。关于今年的工作，部中心已印发了《2015 年无公害农产品和农产品地理标志工作要点》，提出了 5 个方面 18 项工作，各地要结合实际、认真落实。下面，我重点强调六项工作：

（一）关于认证登记审核工作。整个系统要继续按照“稍有不合，坚决不批”的要求，进一步加强审查制度和规范建设，严格审核把关。无公害农产品认证方面，重点是严把现场检查和检验检测两大关口，落实产地环境、生产过程质量控制和产品质量把关责任。今年部中心将以复审、终审发现的突出问题为导向，开展常态化的审查工作质量督导。各地要积极主动做好本行业、本辖区内督导检查和自查整改工作。地标产品登记保护方面，要确保精品门槛，将产品申报与资源普查结果结合起来，对达不到标准的一律整改完善，对材料出现明显错误或错误较多、工作不尽责的坚决退回，对品质检测中出现质量问题的产品，要重点跟踪监测。

（二）关于证后监管工作。重点是加大巡查检测力度、健全诚信管理制度、做好标志管理工作。在证后监测方面，各地尤其要强化检查抽检、产地监测工作，认真落实不合格无公害农产品和产地退出机制。这方面工作比较薄弱甚至缺乏证后检测信息的地区，务必要想方设法予以弥补和加强。在诚信制度建设方面，各地要对监督抽查、巡查检查等工作中获得的信息，记录在案并认真研判，及时将有关情况报部中心。同时，继续强化标志使用指导、宣传和管理，提高生产及消费者对无公害和地标这个安全优质农产品“身份证”的认知度和公信度。

（三）关于信息化管理工作。主要是加大无公害农产品和农产品地理标志这两个信息管理系统的开发应用力度。无公害农产品信息管理系统将在强化省级产地认定终审和产品认证初审网上管理功能的基础上，延伸到全国所有县级机构和有条件的生产主体，初步实现认证信息的网上申报和审查。农产品地理标志信息管理系统建设的重点是，组织完善各类基础数据库，适时启动纸质材料与电子信息同步申报制度。需要强调的是，做好这项工作对提高整个系统工作质量和效率、更好地服务生产主体意义重大，各地要提高认识、强化措施，切实解决设施不完善、人员操作水平达不到要求等问题，保证系统在全国同步启用并顺利运行。

（四）关于品牌宣传工作。主要是创建地标示范样板、推进产品品牌宣传、做好地标产品专展。2015 年将再组织创建 6～7 个国家级农产品地理标志示范样板，各地务必要以中欧互认产品清单为重点，大力推进省级示范样板的创建。要采取多种途径、多种方式，广泛宣传无公害农产品和地标产品，积极借助电子商务平台，加强获证产品的产销对接。这里特别需要强调的是，组织全国地标产品专展的事情，2015 年是首次举办，时间地点已确定，就放在 11 月份准备在福州举办的中国国际农产品交易会上，我们希望能将这个专展，办成一个让我们这个系统出彩的展会，部中心将制定有关方案，请各地尽早谋划、积极筛选，全力做好参展工作。

另外，还要向大家通报一个情况，就是在国家清理行政审批项目中，大家都很关心的地标产品登记属于哪类的问题已经解决。经过部里与国务院审改办的沟通，已明确将地标产品的登记定性为“行政确认”事项。

（五）关于追溯体系建设工作。主要是以平台建设、制度制定和标准研究为重点，健全完善追溯管理顶层设计，加快国家追溯平台建设，强化对地方追溯管理的指导，适时选择部分省市县和“三品一标”获证单位开展追溯试点，推进建立“责任主体有备案、生产经营有记录、主体责任可溯源、产品流向可追踪、风险隐患可识别、监管信息可共享”的农产品质量安全全过程追溯管理体系。各地在这方面可以先行探索，积累经验，为将来全面参与国家平台的应用打好基础。另外，做好《农产品质量安全法》的修订工作，重点是开展生产经营主体及相关利益方责任义务等方面内容的研究修订。这项工作事关各级工作机构的职责定位，大家要积极配合，多出谋划策。

（六）关于能力建设和考评工作。重点是强化检查员、内检员的培训管理和定点检测机构的能力验证。各地要结合实际，制定检查员、内检员培训计划，有重点、分步骤地强化认证业务和质量管理技术的再培训，尤其要通过培训，确保每位检查员熟悉规则、掌握方法，切实履行职责。要进一步组织做好定点检测机构的能力验证工作，力争通过验证，充实力量、提升能力。未通过能力验证的检测机构要认真分析原因，逐项落实整改措施，确保检验检测工作过硬、结论可信。从今年开始，我们将适时启动对省级工作机构的工作考评，对审查质量、产品安全、复查换证、数量规模、信息报送等方面工作突出的机构和个人，予以通报表彰。请各地切实抓好相关工作。

同志们，农产品质量安全工作责任重大、任务艰巨，我们要以十八届三中、四中全会精神为指引，围绕中心、突出重点，抢抓机遇、奋发有为，以求真务实的作风和改革创新的精神，推动事业持续健康发展，为确保农产品质量安全、推进现代农业建设做出更大贡献！

谢谢大家！

（本文作者时任农业部农产品质量安全中心主任）

王运浩在全国“三品一标”工作会议上的讲话

（2015 年 3 月 19 日）

同志们：

这次“三品一标”工作会议是在新形势下召开的一次十分重要的会议。刚才，部农产品质量安全监管局马爱国局长做了重要讲话，对下一阶段的“三品一标”工作提出了明确要求。下面，我对去年绿色食品、有机食品工作做一个简要的总结，并就贯彻落实马爱国局长的讲话精神，做好今年的工作讲几点具体意见。

一、2014 年绿色食品、有机食品工作推进情况

2014 年，绿色食品工作系统按照农业部

农产品质量安全工作的总体部署，坚持“稳中求进”的指导思想，齐心协力，扎实有效地开展质量审核、证后监管、基地建设、品牌宣传等工作，推动绿色食品、有机食品保持了稳步健康发展。

全国绿色食品企业总数达到8 700家，产品总数达到21 153个，分别比2013年增长13.1%和10.9%。中绿华夏有机食品认证中心认证的有机食品企业达到814家，产品3 342个，同比分别增长11.4%和8.5%。全国已创建635个绿色食品原料标准化生产基地，面积达1.6亿亩。创建全国有机农业示范基地17个，面积达1 000万亩。绿色食品生产资料获证企业达到97家，产品243个。绿色食品产品抽检合格率达99.5%，有机食品产品抽检合格率为98.4%，均保持在较高水平，全年绿色食品、有机食品没有发生重大质量安全事件。

2014年，整个工作系统重点推进了以下几个方面的工作：

（一）全面推进制度建设

去年，在各地绿办的积极配合下，中心依据《绿色食品标志管理办法》，结合多年的工作实际，全面系统地补充、修订了有关基本制度，形成了较为完善的制度体系。标志许可审查工作，修订了绿色食品标志许可审查程序、检查员注册管理办法，制定了标志许可审查工作规范、现场检查工作规范和省级工作机构续展审核工作实施办法，为把好申报产品质量关，提高审查工作的有效性、规范性打下了更加坚实的基础。颁证工作，制定了颁证程序，修订了证书管理办法，强化了标志许可工作的权威性、严肃性和规范性。证后监管工作，修订了企业年度检查工作规范、产品质量年度抽检工作管理办法和标志市场监察实施办法等3项基本监管制度，进一步明确了监管工作职责。标准制修订工作，改进了标准制定的程序和执行规范，落实了首席专家责任制和龙头企业参与制，增加了标准制定预评审环节，提高了标准的科学性和可操作性。标准化基地建设，修订了基地监管办法，强化了对基地创建规模的计划管理，严格了基地续展和验收工作。

（二）着力提高标志许可工作的质量和效率

去年，中心和各地绿办对农民专业合作社等组织模式，蔬菜、水产品、畜产品等高风险产品，加大了产地环境、组织模式、管理体系、风险防控能力评估，保证了标志许可审查的有效性和产品质量。在总结20个省经验的基础上，继续扩大续展审核放权，进一步将北京、山西、吉林、湖南、陕西、广东、广西7个省份纳入改革范围。围绕提高续报及时率和续展工作效率，在整个系统明确了续展时限要求。推行检查员绩效考评制度，促进了现场检查和材料审核工作质量和效率的提高。完成了对8家检测机构的现场考核工作，进一步强化了检测机构质量把关能力。从保证企业及时领证用标出发，巩固颁证改革成果，强化省级工作机构职责，增强工作的互动性，促进了颁证率和颁证工作效率的提高，企业平均领证时间由原来的59天缩短为37天，缩短了1/3。

（三）狠抓证后各项监管制度的落实

全面推广企业年检“三联单”制度，完成了对江苏、山西和宁夏等地企业年检工作的督导检查。2014年，中心对因年检不合格的18家企业的26个产品取消了标志使用权。中心和省级工作机构共抽检绿色食品产品3 940个，占2013年底有效用标产品总数的20.7%，对检出的17个不合格产品取消了标志使用权。各地对160个市场进行了监察，共抽取样品2 172个，对发现的175个不规范用标产品、19个假冒产品进行了处理。中心配合工商、质检和农业执法部门对168件各类举报、投诉、查询案件进行了处理，有效清理整顿了绿色食品市场。为了增强绿色食品质量安全预警的科学评估和应急处置能力，中心成立了质量安全预警管理专家组，聘请了13位专家，分别开展了对绿色食品畜禽饲料以及蔬菜的预警抽检工作，根据抽检结果及时进行了调研和综合评估，采取了相应的防范措施。

（四）持续推进市场培育和品牌宣传

一是成功举办了第十五届中国绿色食品博览会和第八届有机食品博览会，更加突出了产品推介、厂商对接等商贸活动。支持齐齐哈尔、扎兰屯、大连等地发挥自身优势，继续举办区域性绿色食品展会。二是开展了绿色食品宣传工作和新闻作品评比活动，表彰了先进单位、个人和优秀作品，树立了宣传工作典型，有效激励了工作系统持续开展宣传工作的积极性。三是围绕品牌效应，充分利用各种媒体开展宣传报道和知识普及，提升了绿色食品、有机食品的知名度和影响力。四是加强与意大利、法国、瑞典、丹麦、台湾海峡两岸商务协调会、联合国国际贸易中心（ITC）等国家、地区、国际组织有关部门的交流与合作，积极组织企业参加境外展会，进一步扩大了绿色食品、有机食品的国际影响。

（五）规范高效地开展有机食品认证工作

2014年，面对竞争日益激烈的市场环境，农业系统有机食品以严格规范的认证和良好的品牌信誉，巩固了竞争优势，获得了健康发展。一是认证工作质量和效率显著提高。认证材料的规范性明显好于往年。全年共颁发有机产品证书1 457张，比去年同期增长15.7%，占全国有机产品证书颁发总数的1/8，颁证数量在全国25家有机食品认证机构中位居第二。企业再认证率达88.6%，继续保持历史高位。二是境外认证大幅增长。境外认证企业已达22家，产品166个，分别比去年同期增长了57%和93%，为历史最好水平。三是部分地区工作推动力度大。黑龙江、湖北、四川、山东、广西、江西、甘肃等地因地制宜推动有机食品发展，2014年新认证企业占所有新认证企业总数的53%。

2014年，各地结合实际，开拓创新，探索出了许多好经验、好做法。江西把“三品”作为产业化龙头企业、农民合作社示范社申报的必备条件，省财政还安排170万元资金对申报企业予以扶持。黑龙江、山东、新疆、陕西、河南等地深入开展产业调研，精心谋划“十三五”发展。山东、甘肃、重庆、广西等地不仅产品增速快、企业素质好，而且检查审核工作质量高。湖北、江苏等省发挥基层绿办作用，将企业年检现场检查工作落实到位。云南加强市场监察，及时清理了65个到期未续展产品。上海强化生产过程监督检查，形成了企业自查、区县监查和绿办督查与交叉检查相结合的“3＋1”机制。内蒙古将绿色食品、有机食品纳入监管追溯平台进行管理，四川已建设139个县级绿色食品质量安全追溯平台。黑龙江、甘肃、四川、浙江等省始终抓紧做好宣传工作，北京还创新形式，制作了绿色食品动漫宣传片。浙江发动企业构建诚信体系，发挥协会作用推动行业自律。宁波纵深推进信息化工作，将功能拓展到审查许可、证书管理、地理位置、队伍管理、巡查管理、黑名单和统计查询等7个子系统。

2014年绿色食品、有机食品发展取得的成效，是整个绿色食品工作系统共同努力的结果，在此，我代表农业部绿色食品管理办公室、中国绿色食品发展中心向大家表示衷心的感谢！

二、扎实做好2015年绿色食品、有机食品各项重点工作

当前，我国经济发展进入新常态，走可持续发展道路势在必行，绿色生产、绿色消费日益成为主流，农业农村工作确立了“转方式、调结构”的战略任务，将更加注重生

态环境，更加注重质量安全，更加注重市场需求，绿色食品、有机食品迎来了新的发展机遇。在新的形势下，整个工作系统要继续开拓进取，扎实工作，推动绿色食品、有机食品持续健康发展，为促进生态文明和现代农业建设发挥更加积极的作用。

今年工作的基本思路是：严格落实全程监控，持续维护品牌形象；全面加大宣传力度，不断扩大品牌影响；加快完善产业体系，稳步提升品牌价值。不久前，中心印发了今年的工作计划，明确了全年工作的目标任务和推进措施，整个绿色食品工作系统要着力做好以下 5 个方面的工作：

（一）严谨规范高效地做好标志许可工作

整个系统要认真贯彻实施“一程序、两规范”，稳步推进绿色食品标志许可审查工作。加大现场检查力度，探讨建立初审质量评价机制，大力淘汰不能持续稳定保证产品质量的弱质主体，最大限度防范风险。继续推行会审、评审常态化工作机制，完善专家评审制度，开展专业化评审，充分发挥专家的审查把关作用。对检查、审核、评审中不符合要求以及不续展的企业、产品及时予以清除。今年进一步扩大续展审查放权范围，实现全国 75%省份续展放权的目标。与此同时，要认真宣贯落实绿色食品颁证程序、证书管理办法，充分发挥地方绿办的职能作用，共同提高颁证工作的质量和效率，确保企业及时领证用标。

（二）持续加大证后监管工作力度

一是加强企业年检工作督导，及时解决企业年检工作中的问题，进一步增强年检工作的真实性和有效性。二是加强产品抽检，实行例行抽检、专项抽检和突击抽检三结合，继续针对瓜果蔬菜等重点行业、合作社等重点主体开展产品抽检。全年计划抽检绿色食品产品2 050个，对抽检中发现的不合格产品，及时取消标志使用权。三是加强市场监察，完善违规企业处理机制。各省绿办要全面完成本地标志监察固定市场网点和自选流动市场网点标志监察工作。加大打击假冒力度，抓住典型案例，与公安、工商行政执法部门联合行动，组织媒体深度曝光。四是加强风险预警工作组织部署，进一步加强预警信息员队伍建设，重点开展对茶叶、稻米等产品风险隐患的排查。五是加强内检员队伍建设。各地要继续加强绿色食品企业内检员管理与培训，同时中心今年拟在山东、江苏两省组织开展内检员培训，探索建立内检员考核奖励机制，强化内检员责任，切实发挥内检员在质量保障方面的作用。六是按照部里的统一部署，着手开展调研工作，加快推进绿色食品质量追溯信息平台建设步伐。

（三）全方位深度开展品牌宣传

宣传工作要润物无声，长期坚持，深入人心。中心今年将在宣传方面策划几个大的活动，现正抓紧准备，各地要在积极跟进的同时，根据本地实际，采取灵活有效的方式，组织开展有深度和广度的宣传。一是展会宣传。继续组织筹办好第十六届中国绿色食品博览会、第九届中国国际有机食品博览会，支持和指导各地举办区域性展会，突出展会实效，注重商务推介和产品促销。二是现场宣传。通过建设绿色食品示范基地，宣传展示绿色食品的理念、标准、生产方式与管理制度，为绿色食品树立更直观的品牌形象。各地要主动与商家配合，支持开展绿色食品进社区、进超市的现场宣传。三是公益宣传。全面开展《中国绿色食品》宣传片及公益广告片的拍摄制作工作，举办网上绿色食品知识竞赛，鼓励、引导和发动大型知名企业开展宣传，探索面向消费者的宣传推广活动。四是对外宣传。继续开展与有关国家、地区和国际组织的交流与合作，扩大绿色食品和中绿华夏有机食品品牌的国际影响力。

（四）不断打牢产业发展基础

一是不断完善标准体系。建立并实施以检测机构为主、绿办和企业共同参与的标准起草工作机制。组织完成农业部和中心立项的 29 项标准制修订工作，修改完善《绿色食品标准适用产品目录》，力争绿色食品产品标准 100%覆盖。二是逐步优化产业结构。各地要树立精品意识，积极转变工作方式，化被动受理为主动出击，积极鼓励和引导大企业、好产品申报绿色食品，好中选优。针对目前存在的用标主体结构和产品结构不理想等突出问题，组织开展产业专题调研，摸清情况，找准原因，寻求对策。三是继续稳步推进基地建设。加强计划，强化管理，稳步扩大基地建设规模。开展对部分地区重点原料产品的基地年检督导，指导地方加强对基地生产行为的规范管理，着力提高基地标准化生产水平。四是加快市场流通体系建设。继续办好绿博会和有机博览会，支持地方绿办或专业营销机构开设绿色食品专区专柜，提高品牌的市场集中度。鼓励、引导和发动企业开展营销体系建设，特别是网上营销体系，探索营销模式的新突破，全面增强市场拉动力。五是继续推进信息化建设。完成“金农工程——绿色食品网上审核与管理系统”一期项目的建设与运行，同时通过项目的二期开发，进一步拓展功能，将系统向基层绿办、监测机构、申报企业延伸，加快实现网上申报和审核，全面推动标志许可审查、颁证、监管、统计等工作的信息化、网络化、电子化进程，不断提高工作效率、质量和服务水平。

为增强对绿色食品产业发展的科学指导，加强战略研究和系统谋划，中心已启动《全国绿色食品产业发展纲要（2016—2025）》的制定工作，研究提出今后 10 年绿色食品产业发展的目标任务、总体思路和保障措施，希望各地绿办积极献计献策，同时结合当地实际，研究制订本地区绿色食品产业发展规划。

（五）继续推动有机食品稳健发展

今年的有机食品工作继续以提升品牌的认知度和美誉度、竞争力和影响力为目标，重点推进以下五项工作：一是规范产品认证。修订现场检查、审核、产品风险检测规范，有针对性地开展交流检查和材料集中审核，确保认证质量和效率。实现认证企业和产品稳步增长，认证企业数量达到 880 家，产品 3 700个，再认证率 85%以上。二是强化质量监管。结合部农产品质量安全监管专项，抽检有机产品 150 个；在风险评估的基础上对 42 家获证企业进行不通知现场检查，力争产品抽检合格率 98%以上。三是推进有机农业示范基地建设。对已建成基地进行复查和监督检查，加强对基地的监管，新创建全国有机农业示范基地 5 个，积极争取有机农业示范基地相关政策支持。四是扩大境外认证。拓展与境外其他机构的交流与合作，抓好境外大项目认证，促进国际贸易发展。五是提高认证工作效率。严格执行认证进程计划管理和再认证工作时限要求，高效开展检查审核工作。

此外，各地要积极支持和配合中国绿色食品协会重点做好两项工作：一是落实《关于推动绿色食品生产资料加快发展的意见》，积极推动绿色生资发展，为绿色食品产品生产和基地建设提供丰富的投入品。鼓励绿色食品企业积极应用绿色生资，带动绿色生资实现较快发展。二是推动绿色食品行业诚信体系建设，制定相关管理制度、评价标准、工作机制，指导 10～20 家绿色食品试点企业建立诚信管理体系，搭建诚信信息公共服务平台。

在新的形势下，为全面完成绿色食品、有机食品工作的各项目标和任务，整个工作系统要切实加强体系队伍建设。一是增强法治观念。“依法办事、依规办事”已成为全社会遵循的基本准则，整个工作系统要强化“依规履责、照章办事”的意识。要在《绿色食品标志管理办法》的框架下，严格做到“坚持标准、执行程序、落实制度、遵守时限”，办事要坚持公正、公开、透明的原则，接受社会监督。要紧紧围绕事业发展和重大工作推进，依法合规用好各项业务工作经费。二是增强服务意识。要牢固树立服务企业的思想，既要坚持标准和原则，按规定办事，又要高度重视和理性对待企业的诉求，及时回应，努力帮助企业解决实际问题。三是增强业务能力。要按照《绿色食品检查员、标志监督管理员培训大纲》，结合工作实际，持续开展培训工作，不断更新业务知识，提高业务技能，以适应事业发展的需要。

同志们，今年是绿色食品事业发展 25 周年，我们要以此为新的起点，立足“三农”工作大局，按照农业部农产品质量安全监管工作的总体部署和要求，增强责任感和使命感，扎实工作，努力开创绿色食品事业发展的新局面，为加快实现农业现代化、促进生态文明建设做出更大的贡献！

（本文作者系中国绿色食品发展中心主任）

深入研究务求实效，进一步提升绿色食品品牌影响力

王运浩在 2015 年绿办主任座谈会上的讲话

（2015 年 7 月 7 日）

同志们：

大家好！今天上午，7 个省级绿办负责同志分别侧重几项重点工作进行了经验交流，中心和各地绿办的同志分成 3 个组，围绕品牌提升、结构优化等事关绿色食品发展的重点问题分别进行了座谈讨论，大家反映的问题和提出的措施、意见很重要，很有针对性。年初召开的全国农产品质量安全监管工作会议和“三品一标”工作会议要求我们严格落实全程质量安全控制，强化品牌宣传和市场推介，这次座谈会的主要目的，就是讨论分析在推进以上工作的过程中遇到的问题，研究提出解决办法和措施。下面，我谈几点意见。

一、上半年绿色食品有机食品发展和主要工作推进情况

今年上半年，绿色食品工作系统按照农业部农产品质量安全工作的总体要求，坚持“稳中求进”的指导思想，齐心协力，扎实有效地开展质量审核、证后监管、基地建设、品牌宣传等工作，推动绿色食品、有机食品保持了稳步发展。截至 6 月 30 日，新批绿色食品企业2 083家，产品4 839个。绿色食品企业总数达到9 319家，产品总数达到22 623个，同比分别增长 12.1%和 9.9%。中绿华夏有机食品认证中心认证的有机食品企业达到 926 家，产品 3 649 个，同比分别增长 6.3%和 6.2%。

上半年绿色食品、有机食品的平稳推进，得益于整个工作系统团结一心、开拓进取、同甘共苦、共同努力，特别是在以下重点工作上取得不少新进展：

（一）标志许可与管理工作持续从严

——标志许可审查工作：各地绿办认真贯彻执行“一程序两规范”，强化制度落实，部分职能进一步下放到市县级绿办，进一步明晰了基层绿办办事流程和责任目标，明显提高了审核时效性和有效性；强化续展下放工作，目前共委托 27 个省级机构承担续展工作，各地结合工作开展情况，明确分管领导和负责人，强化抽查，有效地提高了续展率，

黑龙江、湖北等地企业产品续展率保持在75%以上，实现良性发展；深入一线企业调研解决实际问题，积极推进绿色食品产品和主体结构优化调整；在审查把关工作中强化风险防控意识。一是继续强化现场检查在审核把关中的作用。二是常态化、专业化、制度化、标准化专家评审；三是加强检查员注册管理，提升检查员素质，通过绩效考评提高检查员的责任意识。今年以来，重庆、新疆、甘肃等地组织力量、积极推进，增速较快。内蒙古、四川等地有机食品和有机农业呈现良好的发展势头。

——颁证与管理工作：中心和各地绿办认真贯彻落实《绿色食品颁证程序》《绿色食品标志使用证管理办法》，以服务企业为宗旨，严格按照程序、制度、职责和时限要求，全面完成了通过审核企业和产品的颁证工作，保证了企业及时领证用标。充分利用金农系统网络平台，进一步提高了颁证工作的质量和效率。绿色食品颁证率保持在90%以上。根据第一季度随机抽样统计，企业平均领证时间为36.1天，缩短31.2%。

——证后监管工作：一是切实开展企业年检、产品抽检、市场监察等监督管理基本制度。证后监管将企业年检作为重点，中心完成了对吉林和上海两地的年检督导，开展对青岛市有机食品用标检查。今年抽检工作力度加大、提前布置，目前来看，各地积极配合，执行很好。今年通过“绿色食品网上审核与管理系统”开展市场监察，多数绿办能够按照时限完成上报工作。二是加大处罚力度，查处了一批年检不合格、用标不规范以及假冒产品。截至6月30日，查处了因年检不合格的2家企业5个产品，抽检不合格产品9个。上半年共收到并处置了各地工商部门、市场监督部门、农业综合执法部门、企业与个人协查函、信息公开件125件。三是在去年蔬菜预警工作取得初步成效的基础上，今年在全国布置开展了绿色食品茶叶产品预警抽检工作。四是质量追溯工作稳步推进。四川、内蒙古绿色食品质量追溯电子信息平台已经投入运行，目前进展良好。

（二）基地建设与标准化工作有序开展

推进标准化生产是确保绿色食品优质、安全的基础，同时被列为中心绩效管理的核心指标。在这方面，今年以来重点做了几件事：一是继续推进基地创建工作。中心受理了17个绿色食品原料标准化生产基地的创建申请，修订了《有机农业示范基地管理办法》。建成内蒙古扎赉特旗等3个有机农业示范基地。宁夏、贵州、云南等地绿办，以发展特色资源产品为依托，采取多种方式争取当地政府支持，积极创建标准化基地，示范带动效果较为显著。今年，中心还与军队合作发布了《军队绿色食品生产技术达标基地管理办法》，明确了达标基地条件、验收依据、验收程序等，积极推进军队农副业生产基地绿色食品标准化。二是积极开展标准化宣贯工作。黑龙江、新疆、青海等地举办了10期绿色食品检查员、监管员培训班，共培训1 200多人，积极推进标准宣贯，效果突出，有效改善了因标准落实不及时、不到位给工作带来的被动局面。三是组织制修订相关标准。启动了29项标准制修订工作，弥补了一些特产作物缺失标准的不足。同时，在各地绿办的积极组织下，完成了农药清单征询工作，针对农药适用性问题重新梳理了农药清单，正在按程序进行评审和报批。

（三）品牌宣传与市场推介力度加大

推进品牌宣传是中心去年确立的“打基础、管长远”重点工作之一。今年以来，中心采取了一系列措施，扎实推进品牌提升。绿色食品统一宣传片征集素材和初稿已经基本完成，下半年有望与公众见面。面向社会公众开展的绿色食品网上知识竞赛活动正在抓紧策划。前不久，中心与二炮合作建设的“绿色食品教育培训示范基地”正式挂牌，把绿色食品的标志、理念、标准、制度和工作要求等体现在田间地头，形象直观，对提升绿色食品品牌影响力产生了积极的效果。此外，一些常规性的宣传工作仍在有效推进。青海、新疆等地绿办利用当地媒体，围绕绿色食品、有机食品活动进行报道。江西、宁夏等地绿办通过专题宣传、公益宣传等形式，向广大消费者进一步强化绿色食品、有机食品的品牌形象。

市场推介是拉动绿色食品持续发展的重点工作。在各地的积极参与下，五月底在上海成功举办了第九届中国国际有机食品博览会。今年第16届全国绿博会筹备工作已经拉开帷幕，绿博会将进一步强化商务促销和产品推介。此外，中心支持吉利时公司在北京多个超市设立了绿色食品销售专区，与邮乐网、中绿生活网等合作推进绿色食品电商发展。北京绿办积极搭建营销平台，帮助企业拓展销路，海南绿办通过淘宝网搭建特色中国海南馆电子商务平台，强化展示和宣传的效果，加强了绿色食品的市场开拓。

（四）发展的基础进一步打牢

一是组织开展产业调研和产业发展规划编制。在各地绿办积极配合下，绿色食品产业发展调研第一阶段实地调研和网上调查顺利完成。通过调研，基本摸清了有关情况，在此基础上，中心对各方面反映的问题、意见与建议逐一进行了研究分析，目前正在抓紧研究提出相应的对策与措施。根据绿色食品事业发展所处的背景与形势，中心组织力量编制《绿色食品产业发展规划纲要（2016—2020）》，目前初稿已经完成，并组织了专家讨论，正在进一步修改完善阶段，计划报农业部批准后印发，以强化行业指导。

二是不断加强队伍体系能力建设。中心和各地持续抓好队伍体系建设工作，江苏、上海、重庆等多数地区已经基本实现了工作体系全覆盖。上半年开展了全国两员培训，举办首期内检员培训班，开展了绿色食品检查员、全国农业系统有机产品认证检查员工作绩效考评，还组织了绿色食品定点检测机构能力验证活动。中心就是要通过持续地开展“三员”培训、有机检查员培训、优秀表彰、征文活动等形式，进一步提高工作队伍能力和素质，进一步团结和激励工作队伍，不断推动事业发展。

三是深入推进信息化建设。绿色食品审核与管理信息化工作已经进入二期建设阶段，下半年将进一步延伸到基层绿办和企业。网上审核与管理系统的建设和运行，对于提高整个系统工作效率和质量，加速信息化进程有重要意义。目前，该系统正与国家农药登记公告数据库对接，力争实现标志许可审核农药自动比对判断功能，提升审核质量与效率。

四是加强绿色食品标志证明商标注册与保护工作。中心启动了商标的国内外续展工作，根据标准建设、标志许可以及企业产品包装用标等实际情况，适当调整了商标注册的产品类别和类型，扩大了商标注册保护范围。

五是推动绿色生资发展。制定印发了《关于推进绿色生资加快发展的意见》，启动了绿色生资推广应用项目，相关工作得到加强。目前绿色生资已经发展到92家企业，234个产品，影响力稳步扩大。

二、绿色食品发展面临的问题和今后的工作思路

当前和今后一个时期，绿色食品有机食品的发展要以党的十八大精神为指导，按照依规办事、稳中求进总要求，在保证产品质量的基础上，更加注重可持续发展能力建设，客观分析现阶段事业发展形势，着重明确以下4个问题：

一是关于事业总体定位。十八大将生态建设纳入国家战略形成“五位一体”总布局，在这一形势下，我们要牢牢把握绿色食品事业是引领品牌化，带动标准化的重要抓手，

是提升农产品质量安全水平的重要手段，促进农业经营方式调整，带动农业增效、农民增收的有效途径这一事业的根本定位。绿色食品要通过持续健康发展，为消费者提供安全、优质的食品。“安全”“优质”就是绿色食品产品的定位，“安全”体现在绿色食品产品的标准严于普通产品，“优质”体现在绿色食品生产和加工过程更为关注食品的营养健康。明确了这个定位，才能清楚辨别绿色食品与普通农产品的区别，为绿色食品拓展合适的发展空间，引导公众健康消费。

二是关于发展动力。绿色食品诞生于20世纪90年代初，是经国务院批准的由农业部推出的农产品公共品牌，绿色食品事业是一项公益性事业，是我国农产品质量安全工作的重要组成部分。25年来，各地各级政府长期坚持，在开展现代农业示范区、农业产业化龙头企业、标准化示范县等认定中，将绿色食品作为一项重要的评价指标。这决定了绿色食品必须紧紧依靠政府推动来实施和发展，所以要始终积极争取各级政府的支持，为绿色食品持续健康发展创造良好的社会环境和政策条件。但是，依靠及争取政府的推动并不等于完全依赖政府的力量，在经济领域必须遵循市场规律，加快培育市场拉动，实现“两轮驱动”，也就是说，今后我们绿色食品的发展既要争取政府推动，也要加快培育市场拉动。从长远来看，品牌的市场竞争力将是我们事业发展成败的关键，因此，某种程度上，市场更是我们要培育、要关注的方面，通过不断提升品牌影响力和竞争力，形成优质优价，形成事业持续发展、良性发展的局面。

三是关于品牌提升。品牌提升是绿色食品发展的必然要求。事业发展的成败关键是看绿色食品品牌的影响力。品牌影响力首先是做出来的，要通过严格标准、严格审核、严格监管，练好内功。立足绿色食品理念，符合精品定位，确保这块牌子的公信力。其次是亮出来的，要强化面向普通公众的宣传，通过系统合力开展绿色食品宣传推广和品牌建设活动。通过积极有效的宣传，使各级政府、企业单位和广大消费者真正了解绿色食品，在全社会扩大绿色食品的品牌影响力，提高认知度。绿色食品教育培训示范基地形式较好，可看可体验，下一步可以尝试在各地推广；电商、“互联网+”以及公众微信号等众多新媒体也为绿色有机食品品牌提升提供了多种渠道，要探讨、创新各种宣传形式，润物无声，长期坚持。

四是关于结构优化。当前绿色食品产品和企业结构不合理，种植类产品多，畜牧水产类产品少；初级产品比例较高，加工、深加工产品比例低。绿色食品企业中，龙头企业在绿色食品企业中所在的比例也不高，导致绿色食品产品在超市中不多见，绿色食品品牌影响力竞争力不强。这既有我们自己收紧了标准的原因，也有因打假导致企业放弃用标的原因。如何实现引领、示范和带动，只有优化结构才能推动发展，“调结构”将是我们面临的一项紧迫任务。我们要以合理性为原则，调整标准、基地制度，提供更多的引导和服务。同时，各地结合自身工作条件和资源优势，积极发挥作用，关注加工企业动态，推动企业产品结构趋向合理化。中心将对在产业结构调整中做出成绩的绿办给予表彰及奖励，并总结推广这方面的经验。

三、关于下半年工作

同志们，发展绿色食品、有机食品已成为各地推进产业提升、改善生态条件的重要抓手。不少大企业坚持续展，仍保持着较高的忠诚度和信任度。为适应新常态、新形势、新期待，整个工作系统必须把握有利机遇，积极争取支持，进一步将各项工作落实到位。

一是强化制度落实，确保审查到位。标志许可审查要全面落实“一程序两规范”，加强对企业的指导和服务。要严格遵守办理时限，发现问题及时纠正，确保审核材料的质量；获得续展审批权的机构要充分发挥地市级机构的作用，在条件具备的情况下逐级下放，进一步调动基层绿办人员的积极性；进一步强化现场检查在标志许可审查中的主要作用，既要坚守原则，又要防范风险，要强调来自核查现场的真实情况，及时交流总结。

二是强化内检员责任，确保监管到位。多年来绿色食品证后监管工作实践表明，实施绿色食品企业内检员制度对于加强企业质量管控，保证产品质量安全水平是一项行之有效的措施。加强内检员素质和能力的提升，充分发挥内检员“明白人”的作用，是解决绿色食品质量标准和管理制度“最后一公里”的关键。因此，各地对此要高度重视，创新工作思路和工作方式，采取有效措施，切实加强企业内检员队伍建设，发挥他们的作用。

三是强化队伍建设，确保执行到位。不断健全队伍体系的同时充分发挥绿色食品检查员、监管员力量。鼓励“两员”钻研业务知识，强化素质、提高本领，确保及时、准确掌握相关标准、制度和规范。有针对性地开展培训，实现体系队伍业务知识和能力传递机制。创新激励形式，开展竞赛、绩效考核等方式，提升队伍体系的学习能力和责任意识。绿色食品今年迎来了成立25周年，中心将通过协会开展纪念活动，通过回顾与展望、表彰先进等，进一步提升绿色食品队伍的凝聚力。本着“因地制宜、适度发展”的原则，各地要增强对有机食品认证和有机农业工作重要性的认识，设立有机农业分委员会或中绿华夏有机食品认证分中心，做好有机食品认证管理、基地申报、检查员考评等工作。

四是强化提升品牌，确保宣传到位。积极拓展新的途径和方式，加大力度开展绿色食品品牌形象宣传与推介，努力扩大社会影响和市场效应。要借助政府、行业、社会等搭建的各种平台，做好全方位宣传。要组织好今年的西安绿博会，这既是商务平台，也是宣传平台。今年绿博会将增设基地展区和绿色食品生资展区，请各地高度重视、广泛宣传动员，积极组织参展，扩大品牌宣传，拓展企业销路。今年还将开展“2015年全国绿色食品百家示范企业推荐评选”，调动广大企业的积极性。市场是品牌提升的根本动力，要多形式积极拓展市场，鼓励举办绿色有机专业化展会或在综合展会中开辟绿色有机专业展区，引导营销企业设立绿色有机食品营销专柜、专区，支持绿色食品电子商务发展，千方百计挖掘市场潜力，发挥好市场对品牌的引导作用。

五是强化基础性工作，确保支撑到位。在中心编制《绿色食品产业发展规划纲要》的同时，各地要结合当地农业农村经济发展总体规划、当地资源特色和企业主体条件，精心谋划本地绿色食品产业发展。标准是绿色食品工作的基础，中心开展的农药清单评估、畜产品标准制修订等工作，请各地予以配合。充分运用金农系统，要依托金农系统网络平台，做好统计工作，加强统计分析，更好地服务于事业发展。

同志们，实现绿色食品事业持续健康发展任重道远、知易行难。当前，整个工作系统以党的十八大精神为指导，按照习总书记“三严三实”的要求，在绿色食品工作中要始终具备大局意识、创新意识、责任意识和服务意识。绿色食品产业发展调研工作仍要进一步深入，希望大家共谋发展、多献良策。在探寻绿色食品事业发展过程中，注重发挥体系队伍的首创精神，合理调配资源，不断破除体制机制障碍，调整和优化内部条件，为进一步提升绿色食品品牌影响力，实现绿色食品事业持续健康发展贡献力量！

（本文作者系中国绿色食品发展中心主任）

法律法规与规范性文件

- 中华人民共和国食品安全法
- 中华人民共和国国家安全法（摘编）
- 中共中央　国务院关于深化供销合作社综合改革的决定
- 中共中央　国务院关于进一步推进农垦改革发展的意见
- 国务院办公厅关于加快转变农业发展方式的意见
- 农业部　国家发展改革委　科技部　财政部　国土资源部　环境保护部　水利部　国家林业局关于印发《全国农业可持续发展规划（2015—2030年）》的通知
- 农业部关于进一步调整优化农业结构的指导意见
- 农业部关于大力开展粮食绿色增产模式攻关的意见
- 农业部关于促进草食畜牧业加快发展的指导意见
- 农业部关于印发《全国农产品产地市场发展纲要》的通知
- 关于印发《国家农产品质量安全县管理办法（暂行）》的通知
- 农业部关于认定国家农产品质量安全县（市）创建试点单位的通知
- 国家食品药品监督管理总局令
- 关于调整和完善农业综合开发扶持农业产业化发展相关政策的通知

中华人民共和国食品安全法

（2009 年 2 月 28 日第十一届全国人民代表大会常务委员会第七次会议通过
2015 年 4 月 24 日第十二届全国人民代表大会常务委员会第十四次会议修订）

目录

第一章　总　　则

第一条　为了保证食品安全，保障公众身体健康和生命安全，制定本法。

第二条　在中华人民共和国境内从事下列活动，应当遵守本法：

（一）食品生产和加工（以下称食品生产），食品销售和餐饮服务（以下称食品经营）；

（二）食品添加剂的生产经营；

（三）用于食品的包装材料、容器、洗涤剂、消毒剂和用于食品生产经营的工具、设备（以下称食品相关产品）的生产经营；

（四）食品生产经营者使用食品添加剂、食品相关产品；

（五）食品的贮存和运输；

（六）对食品、食品添加剂、食品相关产品的安全管理。

供食用的源于农业的初级产品（以下称食用农产品）的质量安全管理，遵守《中华人民共和国农产品质量安全法》的规定。但是，食用农产品的市场销售、有关质量安全标准的制定、有关安全信息的公布和本法对农业投入品作出规定的，应当遵守本法的规定。

第三条　食品安全工作实行预防为主、风险管理、全程控制、社会共治，建立科学、严格的监督管理制度。

第四条　食品生产经营者对其生产经营食品的安全负责。

食品生产经营者应当依照法律、法规和食品安全标准从事生产经营活动，保证食品安全，诚信自律，对社会和公众负责，接受社会监督，承担社会责任。

第五条　国务院设立食品安全委员会，其职责由国务院规定。

国务院食品药品监督管理部门依照本法和国务院规定的职责，对食品生产经营活动实施监督管理。

国务院卫生行政部门依照本法和国务院规定的职责，组织开展食品安全风险监测和风险评估，会同国务院食品药品监督管理部门制定并公布食品安全国家标准。

国务院其他有关部门依照本法和国务院规定的职责，承担有关食品安全工作。

第六条　县级以上地方人民政府对本行政区域的食品安全监督管理工作负责，统一领导、组织、协调本行政区域的食品安全监督管理工作以及食品安全突发事件应对工作，建立健全食品安全全程监督管理工作机制和信息共享机制。

县级以上地方人民政府依照本法和国务院的规定，确定本级食品药品监督管理、卫生行政部门和其他有关部门的职责。有关部门在各自职责范围内负责本行政区域的食品安全监督管理工作。

县级人民政府食品药品监督管理部门可以在乡镇或者特定区域设立派出机构。

第七条 县级以上地方人民政府实行食品安全监督管理责任制。上级人民政府负责对下一级人民政府的食品安全监督管理工作进行评议、考核。县级以上地方人民政府负责对本级食品药品监督管理部门和其他有关部门的食品安全监督管理工作进行评议、考核。

第八条 县级以上人民政府应当将食品安全工作纳入本级国民经济和社会发展规划，将食品安全工作经费列入本级政府财政预算，加强食品安全监督管理能力建设，为食品安全工作提供保障。

县级以上人民政府食品药品监督管理部门和其他有关部门应当加强沟通、密切配合，按照各自职责分工，依法行使职权，承担责任。

第九条 食品行业协会应当加强行业自律，按照章程建立健全行业规范和奖惩机制，提供食品安全信息、技术等服务，引导和督促食品生产经营者依法生产经营，推动行业诚信建设，宣传、普及食品安全知识。

消费者协会和其他消费者组织对违反本法规定，损害消费者合法权益的行为，依法进行社会监督。

第十条 各级人民政府应当加强食品安全的宣传教育，普及食品安全知识，鼓励社会组织、基层群众性自治组织、食品生产经营者开展食品安全法律、法规以及食品安全标准和知识的普及工作，倡导健康的饮食方式，增强消费者食品安全意识和自我保护能力。

新闻媒体应当开展食品安全法律、法规以及食品安全标准和知识的公益宣传，并对食品安全违法行为进行舆论监督。有关食品安全的宣传报道应当真实、公正。

第十一条 国家鼓励和支持开展与食品安全有关的基础研究、应用研究，鼓励和支持食品生产经营者为提高食品安全水平采用先进技术和先进管理规范。

国家对农药的使用实行严格的管理制度，加快淘汰剧毒、高毒、高残留农药，推动替代产品的研发和应用，鼓励使用高效低毒低残留农药。

第十二条 任何组织或者个人有权举报食品安全违法行为，依法向有关部门了解食品安全信息，对食品安全监督管理工作提出意见和建议。

第十三条 对在食品安全工作中做出突出贡献的单位和个人，按照国家有关规定给予表彰、奖励。

第二章 食品安全风险监测和评估

第十四条 国家建立食品安全风险监测制度，对食源性疾病、食品污染以及食品中的有害因素进行监测。

国务院卫生行政部门会同国务院食品药品监督管理、质量监督等部门，制定、实施国家食品安全风险监测计划。

国务院食品药品监督管理部门和其他有关部门获知有关食品安全风险信息后，应当立即核实并向国务院卫生行政部门通报。对有关部门通报的食品安全风险信息以及医疗机构报告的食源性疾病等有关疾病信息，国务院卫生行政部门应当会同国务院有关部门分析研究，认为必要的，及时调整国家食品安全风险监测计划。

省、自治区、直辖市人民政府卫生行政部门会同同级食品药品监督管理、质量监督等部门，根据国家食品安全风险监测计划，结合本行政区域的具体情况，制定、调整本行政区域的食品安全风险监测方案，报国务院卫生行政部门备案并实施。

第十五条　承担食品安全风险监测工作的技术机构应当根据食品安全风险监测计划和监测方案开展监测工作，保证监测数据真实、准确，并按照食品安全风险监测计划和监测方案的要求报送监测数据和分析结果。

食品安全风险监测工作人员有权进入相关食用农产品种植养殖、食品生产经营场所采集样品、收集相关数据。采集样品应当按照市场价格支付费用。

第十六条　食品安全风险监测结果表明可能存在食品安全隐患的，县级以上人民政府卫生行政部门应当及时将相关信息通报同级食品药品监督管理等部门，并报告本级人民政府和上级人民政府卫生行政部门。食品药品监督管理等部门应当组织开展进一步调查。

第十七条　国家建立食品安全风险评估制度，运用科学方法，根据食品安全风险监测信息、科学数据以及有关信息，对食品、食品添加剂、食品相关产品中生物性、化学性和物理性危害因素进行风险评估。

国务院卫生行政部门负责组织食品安全风险评估工作，成立由医学、农业、食品、营养、生物、环境等方面的专家组成的食品安全风险评估专家委员会进行食品安全风险评估。食品安全风险评估结果由国务院卫生行政部门公布。

对农药、肥料、兽药、饲料和饲料添加剂等的安全性评估，应当有食品安全风险评估专家委员会的专家参加。

食品安全风险评估不得向生产经营者收取费用，采集样品应当按照市场价格支付费用。

第十八条　有下列情形之一的，应当进行食品安全风险评估：

（一）通过食品安全风险监测或者接到举报发现食品、食品添加剂、食品相关产品可能存在安全隐患的；

（二）为制定或者修订食品安全国家标准提供科学依据需要进行风险评估的；

（三）为确定监督管理的重点领域、重点品种需要进行风险评估的；

（四）发现新的可能危害食品安全因素的；

（五）需要判断某一因素是否构成食品安全隐患的；

（六）国务院卫生行政部门认为需要进行风险评估的其他情形。

第十九条　国务院食品药品监督管理、质量监督、农业行政等部门在监督管理工作中发现需要进行食品安全风险评估的，应当向国务院卫生行政部门提出食品安全风险评估的建议，并提供风险来源、相关检验数据和结论等信息、资料。属于本法第十八条规定情形的，国务院卫生行政部门应当及时进行食品安全风险评估，并向国务院有关部门通报评估结果。

第二十条　省级以上人民政府卫生行政、农业行政部门应当及时相互通报食品、食用农产品安全风险监测信息。

国务院卫生行政、农业行政部门应当及时相互通报食品、食用农产品安全风险评估结果等信息。

第二十一条　食品安全风险评估结果是制定、修订食品安全标准和实施食品安全监督管理的科学依据。

经食品安全风险评估，得出食品、食品添加剂、食品相关产品不安全结论的，国务院食品药品监督管理、质量监督等部门应当依据各自职责立即向社会公告，告知消费者停止食用或者使用，并采取相应措施，确保该食品、食品添加剂、食品相关产品停止生产经营；需要制定、修订相关食品安全国家标准的，国务院卫生行政部门应当会同国务院食品药品监督管理部门立即制定、修订。

第二十二条　国务院食品药品监督管理部门应当会同国务院有关部门，根据食品安全风险评估结果、食品安全监督管理信息，对食品安全状况进行综合分析。对经综合分析表明可能具有较高程度安全风险的食品，国务院食品药品监督管理部门应当及时提出食品安全风险警示，并向社会公布。

第二十三条　县级以上人民政府食品药品监督管理部门和其他有关部门、食品安全风险评估专家委员会及其技术机构，应当按照科学、客观、及时、公开的原则，组织食品生产经营者、食品检验机构、认证机构、食品行业协会、消费者协会以及新闻媒体等，就食品安全风险评估信息和食品安全监督管理信息进行交流沟通。

第三章　食品安全标准

第二十四条　制定食品安全标准，应当以保障公众身体健康为宗旨，做到科学合理、安全可靠。

第二十五条　食品安全标准是强制执行的标准。除食品安全标准外，不得制定其他食品强制性标准。

第二十六条　食品安全标准应当包括下列内容：

（一）食品、食品添加剂、食品相关产品中的致病性微生物，农药残留、兽药残留、生物毒素、重金属等污染物质以及其他危害人体健康物质的限量规定；

（二）食品添加剂的品种、使用范围、用量；

（三）专供婴幼儿和其他特定人群的主辅食品的营养成分要求；

（四）对与卫生、营养等食品安全要求有关的标签、标志、说明书的要求；

（五）食品生产经营过程的卫生要求；

（六）与食品安全有关的质量要求；

（七）与食品安全有关的食品检验方法与规程；

（八）其他需要制定为食品安全标准的内容。

第二十七条　食品安全国家标准由国务院卫生行政部门会同国务院食品药品监督管理部门制定、公布，国务院标准化行政部门提供国家标准编号。

食品中农药残留、兽药残留的限量规定及其检验方法与规程由国务院卫生行政部门、国务院农业行政部门会同国务院食品药品监督管理部门制定。

屠宰畜、禽的检验规程由国务院农业行政部门会同国务院卫生行政部门制定。

第二十八条　制定食品安全国家标准，应当依据食品安全风险评估结果并充分考虑食用农产品安全风险评估结果，参照相关的国际标准和国际食品安全风险评估结果，并将食品安全国家标准草案向社会公布，广泛听取食品生产经营者、消费者、有关部门等方面的意见。

食品安全国家标准应当经国务院卫生行政部门组织的食品安全国家标准审评委员会审查通过。食品安全国家标准审评委员会由医学、农业、食品、营养、生物、环境等方面的专家以及国务院有关部门、食品行业协会、消费者协会的代表组成，对食品安全国家标准草案的科学性和实用性等进行审查。

第二十九条　对地方特色食品，没有食品安全国家标准的，省、自治区、直辖市人民政府卫生行政部门可以制定并公布食品安全地方标准，报国务院卫生行政部门备案。食品安全国家标准制定后，该地方标准即行废止。

第三十条　国家鼓励食品生产企业制定严于食品安全国家标准或者地方标准的企业标准，在本企业适用，并报省、自治区、直辖市人民政府卫生行政部门备案。

第三十一条　省级以上人民政府卫生行政部门应当在其网站上公布制定和备案的食品安全国家标准、地方标准和企业标准，供公众免费查阅、下载。

对食品安全标准执行过程中的问题，县级以上人民政府卫生行政部门应当会同有关部门及时给予指导、解答。

第三十二条　省级以上人民政府卫生行政部门应当会同同级食品药品监督管理、质量监督、农业行政等部门，分别对食品安全国家标准和地方标准的执行情况进行跟踪评价，并根据评价结果及时修订食品安全标准。

省级以上人民政府食品药品监督管理、质量监督、农业行政等部门应当对食品安全标准执行中存在的问题进行收集、汇总，并及时向同级卫生行政部门通报。

食品生产经营者、食品行业协会发现食品安全标准在执行中存在问题的，应当立即向卫生行政部门报告。

第四章　食品生产经营

第一节　一般规定

第三十三条　食品生产经营应当符合食品安全标准，并符合下列要求：

（一）具有与生产经营的食品品种、数量相适应的食品原料处理和食品加工、包装、贮存等场所，保持该场所环境整洁，并与有毒、有害场所以及其他污染源保持规定的距离；

（二）具有与生产经营的食品品种、数量相适应的生产经营设备或者设施，有相应的消毒、更衣、盥洗、采光、照明、通风、防腐、防尘、防蝇、防鼠、防虫、洗涤以及处理废水、存放垃圾和废弃物的设备或者设施；

（三）有专职或者兼职的食品安全专业技术人员、食品安全管理人员和保证食品安全的规章制度；

（四）具有合理的设备布局和工艺流程，防止待加工食品与直接入口食品、原料与成品交叉污染，避免食品接触有毒物、不洁物；

（五）餐具、饮具和盛放直接入口食品的容器，使用前应当洗净、消毒，炊具、用具用后应当洗净，保持清洁；

（六）贮存、运输和装卸食品的容器、工具和设备应当安全、无害，保持清洁，防止食品污染，并符合保证食品安全所需的温度、湿度等特殊要求，不得将食品与有毒、有害物品一同贮存、运输；

（七）直接入口的食品应当使用无毒、清洁的包装材料、餐具、饮具和容器；

（八）食品生产经营人员应当保持个人卫生，生产经营食品时，应当将手洗净，穿戴清洁的工作衣、帽等；销售无包装的直接入口食品时，应当使用无毒、清洁的容器、售货工具和设备；

（九）用水应当符合国家规定的生活饮用水卫生标准；

（十）使用的洗涤剂、消毒剂应当对人体安全、无害；

（十一）法律、法规规定的其他要求。

非食品生产经营者从事食品贮存、运输和装卸的，应当符合前款第六项的规定。

第三十四条　禁止生产经营下列食品、食品添加剂、食品相关产品：

（一）用非食品原料生产的食品或者添加食品添加剂以外的化学物质和其他可能危害人体健康物质的食品，或者用回收食品作为原料生产的食品；

（二）致病性微生物，农药残留、兽药残留、生物毒素、重金属等污染物质以及其他危害人体健康的物质含量超过食品安全标准限量的食品、食品添加剂、食品相关产品；

（三）用超过保质期的食品原料、食品添加剂生产的食品、食品添加剂；

（四）超范围、超限量使用食品添加剂的食品；

（五）营养成分不符合食品安全标准的专供婴幼儿和其他特定人群的主辅食品；

（六）腐败变质、油脂酸败、霉变生虫、污秽不洁、混有异物、掺假掺杂或者感官性状异常的食品、食品添加剂；

（七）病死、毒死或者死因不明的禽、畜、兽、水产动物肉类及其制品；

（八）未按规定进行检疫或者检疫不合格的肉类，或者未经检验或者检验不合格的肉类制品；

（九）被包装材料、容器、运输工具等污染的食品、食品添加剂；

（十）标注虚假生产日期、保质期或者超过保质期的食品、食品添加剂；

（十一）无标签的预包装食品、食品添加剂；

（十二）国家为防病等特殊需要明令禁止生产经营的食品；

（十三）其他不符合法律、法规或者食品安全标准的食品、食品添加剂、食品相关产品。

第三十五条　国家对食品生产经营实行许可制度。从事食品生产、食品销售、餐饮服务，应当依法取得许可。但是，销售食用农产品，不需要取得许可。

县级以上地方人民政府食品药品监督管理部门应当依照《中华人民共和国行政许可法》的规定，审核申请人提交的本法第三十三条第一款第一项至第四项规定要求的相关资料，必要时对申请人的生产经营场所进行现场核查；对符合规定条件的，准予许可；对不符合规定条件的，不予许可并书面说明理由。

第三十六条　食品生产加工小作坊和食品摊贩等从事食品生产经营活动，应当符合本法规定的与其生产经营规模、条件相适应的食品安全要求，保证所生产经营的食品卫生、无毒、无害，食品药品监督管理部门应当对其加强监督管理。

县级以上地方人民政府应当对食品生产加工小作坊、食品摊贩等进行综合治理，加强服务和统一规划，改善其生产经营环境，鼓励和支持其改进生产经营条件，进入集中交易市场、店铺等固定场所经营，或者在指定的临时经营区域、时段经营。

食品生产加工小作坊和食品摊贩等的具体管理办法由省、自治区、直辖市制定。

第三十七条　利用新的食品原料生产食品，或者生产食品添加剂新品种、食品相关产品新品种，应当向国务院卫生行政部门提交相关产品的安全性评估材料。国务院卫生行政部门应当自收到申请之日起六十日内组织审查；对符合食品安全要求的，准予许可并公布；对不符合食品安全要求的，不予许可并书面说明理由。

第三十八条　生产经营的食品中不得添加药品，但是可以添加按照传统既是食品又是中药材的物质。按照传统既是食品又是中药材的物质目录由国务院卫生行政部门会同国务院食品药品监督管理部门制定、公布。

第三十九条　国家对食品添加剂生产实行许可制度。从事食品添加剂生产，应当具有与所生产食品添加剂品种相适应的场所、生产设备或者设施、专业技术人员和管理制度，并依照本法第三十五条第二款规定的程序，取得食品添加剂生产许可。

生产食品添加剂应当符合法律、法规和食品安全国家标准。

第四十条　食品添加剂应当在技术上确有必要且经过风险评估证明安全可靠，方可列入允许使用的范围；有关食品安全国家标准应当根据技术必要性和食品安全风险评估结果及时修订。

食品生产经营者应当按照食品安全国家标准使用食品添加剂。

第四十一条　生产食品相关产品应当符合法律、法规和食品安全国家标准。对直接接触食品的包装材料等具有较高风险的食品相关产品，按照国家有关工业产品生产许可证管理的规定实施生产许可。质量监督部门应当加强对食品相关产品生产活动的监督管理。

第四十二条　国家建立食品安全全程追

溯制度。

食品生产经营者应当依照本法的规定，建立食品安全追溯体系，保证食品可追溯。国家鼓励食品生产经营者采用信息化手段采集、留存生产经营信息，建立食品安全追溯体系。

国务院食品药品监督管理部门会同国务院农业行政等有关部门建立食品安全全程追溯协作机制。

第四十三条　地方各级人民政府应当采取措施鼓励食品规模化生产和连锁经营、配送。

国家鼓励食品生产经营企业参加食品安全责任保险。

第二节　生产经营过程控制

第四十四条　食品生产经营企业应当建立健全食品安全管理制度，对职工进行食品安全知识培训，加强食品检验工作，依法从事生产经营活动。

食品生产经营企业的主要负责人应当落实企业食品安全管理制度，对本企业的食品安全工作全面负责。

食品生产经营企业应当配备食品安全管理人员，加强对其培训和考核。经考核不具备食品安全管理能力的，不得上岗。食品药品监督管理部门应当对企业食品安全管理人员随机进行监督抽查考核并公布考核情况。监督抽查考核不得收取费用。

第四十五条　食品生产经营者应当建立并执行从业人员健康管理制度。患有国务院卫生行政部门规定的有碍食品安全疾病的人员，不得从事接触直接入口食品的工作。

从事接触直接入口食品工作的食品生产经营人员应当每年进行健康检查，取得健康证明后方可上岗工作。

第四十六条　食品生产企业应当就下列事项制定并实施控制要求，保证所生产的食品符合食品安全标准：

（一）原料采购、原料验收、投料等原料控制；

（二）生产工序、设备、贮存、包装等生产关键环节控制；

（三）原料检验、半成品检验、成品出厂检验等检验控制；

（四）运输和交付控制。

第四十七条　食品生产经营者应当建立食品安全自查制度，定期对食品安全状况进行检查评价。生产经营条件发生变化，不再符合食品安全要求的，食品生产经营者应当立即采取整改措施；有发生食品安全事故潜在风险的，应当立即停止食品生产经营活动，并向所在地县级人民政府食品药品监督管理部门报告。

第四十八条　国家鼓励食品生产经营企业符合良好生产规范要求，实施危害分析与关键控制点体系，提高食品安全管理水平。

对通过良好生产规范、危害分析与关键控制点体系认证的食品生产经营企业，认证机构应当依法实施跟踪调查；对不再符合认证要求的企业，应当依法撤销认证，及时向县级以上人民政府食品药品监督管理部门通报，并向社会公布。认证机构实施跟踪调查不得收取费用。

第四十九条　食用农产品生产者应当按照食品安全标准和国家有关规定使用农药、肥料、兽药、饲料和饲料添加剂等农业投入品，严格执行农业投入品使用安全间隔期或者休药期的规定，不得使用国家明令禁止的农业投入品。禁止将剧毒、高毒农药用于蔬菜、瓜果、茶叶和中草药材等国家规定的农作物。

食用农产品的生产企业和农民专业合作经济组织应当建立农业投入品使用记录制度。

县级以上人民政府农业行政部门应当加强对农业投入品使用的监督管理和指导，建立健全农业投入品安全使用制度。

第五十条　食品生产者采购食品原料、食品添加剂、食品相关产品，应当查验供货者的许可证和产品合格证明；对无法提供合格证明的食品原料，应当按照食品安全标准进行检验；不得采购或者使用不符合食品安全标准的食品原料、食品添加剂、食品相关产品。

食品生产企业应当建立食品原料、食品添加剂、食品相关产品进货查验记录制度，如实记录食品原料、食品添加剂、食品相关产品的名称、规格、数量、生产日期或者生产批号、保质期、进货日期以及供货者名称、地址、联系方式等内容，并保存相关凭证。记录和凭证保存期限不得少于产品保质期满后六个月；没有明确保质期的，保存期限不得少于二年。

第五十一条　食品生产企业应当建立食品出厂检验记录制度，查验出厂食品的检验合格证和安全状况，如实记录食品的名称、规格、数量、生产日期或者生产批号、保质期、检验合格证号、销售日期以及购货者名称、地址、联系方式等内容，并保存相关凭证。记录和凭证保存期限应当符合本法第五十条第二款的规定。

第五十二条　食品、食品添加剂、食品相关产品的生产者，应当按照食品安全标准对所生产的食品、食品添加剂、食品相关产品进行检验，检验合格后方可出厂或者销售。

第五十三条　食品经营者采购食品，应当查验供货者的许可证和食品出厂检验合格证或者其他合格证明（以下称合格证明文件）。

食品经营企业应当建立食品进货查验记录制度，如实记录食品的名称、规格、数量、生产日期或者生产批号、保质期、进货日期以及供货者名称、地址、联系方式等内容，并保存相关凭证。记录和凭证保存期限应当符合本法第五十条第二款的规定。

实行统一配送经营方式的食品经营企业，可以由企业总部统一查验供货者的许可证和食品合格证明文件，进行食品进货查验记录。

从事食品批发业务的经营企业应当建立食品销售记录制度，如实记录批发食品的名称、规格、数量、生产日期或者生产批号、保质期、销售日期以及购货者名称、地址、联系方式等内容，并保存相关凭证。记录和凭证保存期限应当符合本法第五十条第二款的规定。

第五十四条　食品经营者应当按照保证食品安全的要求贮存食品，定期检查库存食品，及时清理变质或者超过保质期的食品。

食品经营者贮存散装食品，应当在贮存位置标明食品的名称、生产日期或者生产批号、保质期、生产者名称及联系方式等内容。

第五十五条　餐饮服务提供者应当制定并实施原料控制要求，不得采购不符合食品安全标准的食品原料。倡导餐饮服务提供者公开加工过程，公示食品原料及其来源等信息。

餐饮服务提供者在加工过程中应当检查待加工的食品及原料，发现有本法第三十四条第六项规定情形的，不得加工或者使用。

第五十六条　餐饮服务提供者应当定期维护食品加工、贮存、陈列等设施、设备；定期清洗、校验保温设施及冷藏、冷冻设施。

餐饮服务提供者应当按照要求对餐具、饮具进行清洗消毒，不得使用未经清洗消毒的餐具、饮具；餐饮服务提供者委托清洗消毒餐具、饮具的，应当委托符合本法规定条件的餐具、饮具集中消毒服务单位。

第五十七条　学校、托幼机构、养老机构、建筑工地等集中用餐单位的食堂应当严格遵守法律、法规和食品安全标准；从供餐单位订餐的，应当从取得食品生产经营许可的企业订购，并按照要求对订购的食品进行查验。供餐单位应当严格遵守法律、法规和食品安全标准，当餐加工，确保食品安全。

学校、托幼机构、养老机构、建筑工地等集中用餐单位的主管部门应当加强对集中用餐单位的食品安全教育和日常管理，降低食品安全风险，及时消除食品安全隐患。

第五十八条　餐具、饮具集中消毒服务单位应当具备相应的作业场所、清洗消毒设备或者设施，用水和使用的洗涤剂、消毒剂应当符合相关食品安全国家标准和其他国家标准、卫生规范。

餐具、饮具集中消毒服务单位应当对消毒餐具、饮具进行逐批检验，检验合格后方可出厂，并应当随附消毒合格证明。消毒后的餐具、饮具应当在独立包装上标注单位名称、地址、联系方式、消毒日期以及使用期限等内容。

第五十九条　食品添加剂生产者应当建立食品添加剂出厂检验记录制度，查验出厂产品的检验合格证和安全状况，如实记录食品添加剂的名称、规格、数量、生产日期或者生产批号、保质期、检验合格证号、销售日期以及购货者名称、地址、联系方式等相关内容，并保存相关凭证。记录和凭证保存期限应当符合本法第五十条第二款的规定。

第六十条　食品添加剂经营者采购食品添加剂，应当依法查验供货者的许可证和产品合格证明文件，如实记录食品添加剂的名称、规格、数量、生产日期或者生产批号、保质期、进货日期以及供货者名称、地址、联系方式等内容，并保存相关凭证。记录和凭证保存期限应当符合本法第五十条第二款的规定。

第六十一条　集中交易市场的开办者、柜台出租者和展销会举办者，应当依法审查入场食品经营者的许可证，明确其食品安全管理责任，定期对其经营环境和条件进行检查，发现其有违反本法规定行为的，应当及时制止并立即报告所在地县级人民政府食品药品监督管理部门。

第六十二条　网络食品交易第三方平台提供者应当对入网食品经营者进行实名登记，明确其食品安全管理责任；依法应当取得许可证的，还应当审查其许可证。

网络食品交易第三方平台提供者发现入网食品经营者有违反本法规定行为的，应当及时制止并立即报告所在地县级人民政府食品药品监督管理部门；发现严重违法行为的，应当立即停止提供网络交易平台服务。

第六十三条　国家建立食品召回制度。食品生产者发现其生产的食品不符合食品安全标准或者有证据证明可能危害人体健康的，应当立即停止生产，召回已经上市销售的食品，通知相关生产经营者和消费者，并记录召回和通知情况。

食品经营者发现其经营的食品有前款规定情形的，应当立即停止经营，通知相关生产经营者和消费者，并记录停止经营和通知情况。食品生产者认为应当召回的，应当立即召回。由于食品经营者的原因造成其经营的食品有前款规定情形的，食品经营者应当召回。

食品生产经营者应当对召回的食品采取无害化处理、销毁等措施，防止其再次流入市场。但是，对因标签、标志或者说明书不符合食品安全标准而被召回的食品，食品生产者在采取补救措施且能保证食品安全的情况下可以继续销售；销售时应当向消费者明示补救措施。

食品生产经营者应当将食品召回和处理情况向所在地县级人民政府食品药品监督管理部门报告；需要对召回的食品进行无害化处理、销毁的，应当提前报告时间、地点。食品药品监督管理部门认为必要的，可以实施现场监督。

食品生产经营者未依照本条规定召回或者停止经营的，县级以上人民政府食品药品监督管理部门可以责令其召回或者停止经营。

第六十四条　食用农产品批发市场应当配备检验设备和检验人员或者委托符合本法规定的食品检验机构，对进入该批发市场销售的食用农产品进行抽样检验；发现不符合食品安全标准的，应当要求销售者立即停止销售，并向食品药品监督管理部门报告。

第六十五条　食用农产品销售者应当建立食用农产品进货查验记录制度，如实记录食用农产品的名称、数量、进货日期以及供货者名称、地址、联系方式等内容，并保存相关凭证。记录和凭证保存期限不得少于六个月。

第六十六条　进入市场销售的食用农产品在包装、保鲜、贮存、运输中使用保鲜剂、防腐剂等食品添加剂和包装材料等食品相关产品，应当符合食品安全国家标准。

第三节　标签、说明书和广告

第六十七条　预包装食品的包装上应当有标签。标签应当标明下列事项：

（一）名称、规格、净含量、生产日期；

（二）成分或者配料表；

（三）生产者的名称、地址、联系方式；

（四）保质期；

（五）产品标准代号；

（六）贮存条件；

（七）所使用的食品添加剂在国家标准中的通用名称；

（八）生产许可证编号；

（九）法律、法规或者食品安全标准规定应当标明的其他事项。

专供婴幼儿和其他特定人群的主辅食品，其标签还应当标明主要营养成分及其含量。

食品安全国家标准对标签标注事项另有规定的，从其规定。

第六十八条　食品经营者销售散装食品，应当在散装食品的容器、外包装上标明食品的名称、生产日期或者生产批号、保质期以及生产经营者名称、地址、联系方式等内容。

第六十九条　生产经营转基因食品应当按照规定显著标示。

第七十条　食品添加剂应当有标签、说明书和包装。标签、说明书应当载明本法第六十七条第一款第一项至第六项、第八项、第九项规定的事项，以及食品添加剂的使用范围、用量、使用方法，并在标签上载明“食品添加剂”字样。

第七十一条　食品和食品添加剂的标签、说明书，不得含有虚假内容，不得涉及疾病预防、治疗功能。生产经营者对其提供的标签、说明书的内容负责。

食品和食品添加剂的标签、说明书应当清楚、明显，生产日期、保质期等事项应当显著标注，容易辨识。

食品和食品添加剂与其标签、说明书的内容不符的，不得上市销售。

第七十二条　食品经营者应当按照食品标签标示的警示标志、警示说明或者注意事项的要求销售食品。

第七十三条　食品广告的内容应当真实合法，不得含有虚假内容，不得涉及疾病预防、治疗功能。食品生产经营者对食品广告内容的真实性、合法性负责。

县级以上人民政府食品药品监督管理部门和其他有关部门以及食品检验机构、食品行业协会不得以广告或者其他形式向消费者推荐食品。消费者组织不得以收取费用或者其他牟取利益的方式向消费者推荐食品。

第四节　特殊食品

第七十四条　国家对保健食品、特殊医学用途配方食品和婴幼儿配方食品等特殊食品实行严格监督管理。

第七十五条　保健食品声称保健功能，应当具有科学依据，不得对人体产生急性、亚急性或者慢性危害。

保健食品原料目录和允许保健食品声称的保健功能目录，由国务院食品药品监督管理部门会同国务院卫生行政部门、国家中医药管理部门制定、调整并公布。

保健食品原料目录应当包括原料名称、用量及其对应的功效；列入保健食品原料目录的原料只能用于保健食品生产，不得用于其他食品生产。

第七十六条　使用保健食品原料目录以

外原料的保健食品和首次进口的保健食品应当经国务院食品药品监督管理部门注册。但是，首次进口的保健食品中属于补充维生素、矿物质等营养物质的，应当报国务院食品药品监督管理部门备案。其他保健食品应当报省、自治区、直辖市人民政府食品药品监督管理部门备案。

进口的保健食品应当是出口国（地区）主管部门准许上市销售的产品。

第七十七条　依法应当注册的保健食品，注册时应当提交保健食品的研发报告、产品配方、生产工艺、安全性和保健功能评价、标签、说明书等材料及样品，并提供相关证明文件。国务院食品药品监督管理部门经组织技术审评，对符合安全和功能声称要求的，准予注册；对不符合要求的，不予注册并书面说明理由。对使用保健食品原料目录以外原料的保健食品作出准予注册决定的，应当及时将该原料纳入保健食品原料目录。

依法应当备案的保健食品，备案时应当提交产品配方、生产工艺、标签、说明书以及表明产品安全性和保健功能的材料。

第七十八条　保健食品的标签、说明书不得涉及疾病预防、治疗功能，内容应当真实，与注册或者备案的内容相一致，载明适宜人群、不适宜人群、功效成分或者标志性成分及其含量等，并声明“本品不能代替药物”。保健食品的功能和成分应当与标签、说明书相一致。

第七十九条　保健食品广告除应当符合本法第七十三条第一款的规定外，还应当声明“本品不能代替药物”；其内容应当经生产企业所在地省、自治区、直辖市人民政府食品药品监督管理部门审查批准，取得保健食品广告批准文件。省、自治区、直辖市人民政府食品药品监督管理部门应当公布并及时更新已经批准的保健食品广告目录以及批准的广告内容。

第八十条　特殊医学用途配方食品应当经国务院食品药品监督管理部门注册。注册时，应当提交产品配方、生产工艺、标签、说明书以及表明产品安全性、营养充足性和特殊医学用途临床效果的材料。

特殊医学用途配方食品广告适用《中华人民共和国广告法》和其他法律、行政法规关于药品广告管理的规定。

第八十一条　婴幼儿配方食品生产企业应当实施从原料进厂到成品出厂的全过程质量控制，对出厂的婴幼儿配方食品实施逐批检验，保证食品安全。

生产婴幼儿配方食品使用的生鲜乳、辅料等食品原料、食品添加剂等，应当符合法律、行政法规的规定和食品安全国家标准，保证婴幼儿生长发育所需的营养成分。

婴幼儿配方食品生产企业应当将食品原料、食品添加剂、产品配方及标签等事项向省、自治区、直辖市人民政府食品药品监督管理部门备案。

婴幼儿配方乳粉的产品配方应当经国务院食品药品监督管理部门注册。注册时，应当提交配方研发报告和其他表明配方科学性、安全性的材料。

不得以分装方式生产婴幼儿配方乳粉，同一企业不得用同一配方生产不同品牌的婴幼儿配方乳粉。

第八十二条　保健食品、特殊医学用途配方食品、婴幼儿配方乳粉的注册人或者备案人应当对其提交材料的真实性负责。

省级以上人民政府食品药品监督管理部门应当及时公布注册或者备案的保健食品、特殊医学用途配方食品、婴幼儿配方乳粉目录，并对注册或者备案中获知的企业商业秘密予以保密。

保健食品、特殊医学用途配方食品、婴幼儿配方乳粉生产企业应当按照注册或者备案的产品配方、生产工艺等技术要求组织生产。

第八十三条　生产保健食品，特殊医学

用途配方食品、婴幼儿配方食品和其他专供特定人群的主辅食品的企业，应当按照良好生产规范的要求建立与所生产食品相适应的生产质量管理体系，定期对该体系的运行情况进行自查，保证其有效运行，并向所在地县级人民政府食品药品监督管理部门提交自查报告。

第五章 食品检验

第八十四条 食品检验机构按照国家有关认证认可的规定取得资质认定后，方可从事食品检验活动。但是，法律另有规定的除外。

食品检验机构的资质认定条件和检验规范，由国务院食品药品监督管理部门规定。

符合本法规定的食品检验机构出具的检验报告具有同等效力。

县级以上人民政府应当整合食品检验资源，实现资源共享。

第八十五条 食品检验由食品检验机构指定的检验人独立进行。

检验人应当依照有关法律、法规的规定，并按照食品安全标准和检验规范对食品进行检验，尊重科学，恪守职业道德，保证出具的检验数据和结论客观、公正，不得出具虚假检验报告。

第八十六条 食品检验实行食品检验机构与检验人负责制。食品检验报告应当加盖食品检验机构公章，并有检验人的签名或者盖章。食品检验机构和检验人对出具的食品检验报告负责。

第八十七条 县级以上人民政府食品药品监督管理部门应当对食品进行定期或者不定期的抽样检验，并依据有关规定公布检验结果，不得免检。进行抽样检验，应当购买抽取的样品，委托符合本法规定的食品检验机构进行检验，并支付相关费用；不得向食品生产经营者收取检验费和其他费用。

第八十八条 对依照本法规定实施的检验结论有异议的，食品生产经营者可以自收到检验结论之日起七个工作日内向实施抽样检验的食品药品监督管理部门或者其上一级食品药品监督管理部门提出复检申请，由受理复检申请的食品药品监督管理部门在公布的复检机构名录中随机确定复检机构进行复检。复检机构出具的复检结论为最终检验结论。复检机构与初检机构不得为同一机构。复检机构名录由国务院认证认可监督管理、食品药品监督管理、卫生行政、农业行政等部门共同公布。

采用国家规定的快速检测方法对食用农产品进行抽查检测，被抽查人对检测结果有异议的，可以自收到检测结果时起四小时内申请复检。复检不得采用快速检测方法。

第八十九条 食品生产企业可以自行对所生产的食品进行检验，也可以委托符合本法规定的食品检验机构进行检验。

食品行业协会和消费者协会等组织、消费者需要委托食品检验机构对食品进行检验的，应当委托符合本法规定的食品检验机构进行。

第九十条 食品添加剂的检验，适用本法有关食品检验的规定。

第六章 食品进出口

第九十一条 国家出入境检验检疫部门对进出口食品安全实施监督管理。

第九十二条 进口的食品、食品添加剂、食品相关产品应当符合我国食品安全国家标准。

进口的食品、食品添加剂应当经出入境检验检疫机构依照进出口商品检验相关法律、行政法规的规定检验合格。

进口的食品、食品添加剂应当按照国家出入境检验检疫部门的要求随附合格证明材料。

第九十三条 进口尚无食品安全国家标准的食品，由境外出口商、境外生产企业或者其委托的进口商向国务院卫生行政部门提交所执行的相关国家（地区）标准或者国际标准。国务院卫生行政部门对相关标准进行审查，认为符合食品安全要求的，决定暂予适用，并及时制定相应的食品安全国家标准。进口利用新的食品原料生产的食品或者进口食品添加剂新品种、食品相关产品新品种，依照本法第三十七条的规定办理。

出入境检验检疫机构按照国务院卫生行政部门的要求，对前款规定的食品、食品添加剂、食品相关产品进行检验。检验结果应当公开。

第九十四条　境外出口商、境外生产企业应当保证向我国出口的食品、食品添加剂、食品相关产品符合本法以及我国其他有关法律、行政法规的规定和食品安全国家标准的要求，并对标签、说明书的内容负责。

进口商应当建立境外出口商、境外生产企业审核制度，重点审核前款规定的内容；审核不合格的，不得进口。

发现进口食品不符合我国食品安全国家标准或者有证据证明可能危害人体健康的，进口商应当立即停止进口，并依照本法第六十三条的规定召回。

第九十五条　境外发生的食品安全事件可能对我国境内造成影响，或者在进口食品、食品添加剂、食品相关产品中发现严重食品安全问题的，国家出入境检验检疫部门应当及时采取风险预警或者控制措施，并向国务院食品药品监督管理、卫生行政、农业行政部门通报。接到通报的部门应当及时采取相应措施。

县级以上人民政府食品药品监督管理部门对国内市场上销售的进口食品、食品添加剂实施监督管理。发现存在严重食品安全问题的，国务院食品药品监督管理部门应当及时向国家出入境检验检疫部门通报。国家出入境检验检疫部门应当及时采取相应措施。

第九十六条　向我国境内出口食品的境外出口商或者代理商、进口食品的进口商应当向国家出入境检验检疫部门备案。向我国境内出口食品的境外食品生产企业应当经国家出入境检验检疫部门注册。已经注册的境外食品生产企业提供虚假材料，或者因其自身的原因致使进口食品发生重大食品安全事故的，国家出入境检验检疫部门应当撤销注册并公告。

国家出入境检验检疫部门应当定期公布已经备案的境外出口商、代理商、进口商和已经注册的境外食品生产企业名单。

第九十七条　进口的预包装食品、食品添加剂应当有中文标签；依法应当有说明书的，还应当有中文说明书。标签、说明书应当符合本法以及我国其他有关法律、行政法规的规定和食品安全国家标准的要求，并载明食品的原产地以及境内代理商的名称、地址、联系方式。预包装食品没有中文标签、中文说明书或者标签、说明书不符合本条规定的，不得进口。

第九十八条　进口商应当建立食品、食品添加剂进口和销售记录制度，如实记录食品、食品添加剂的名称、规格、数量、生产日期、生产或者进口批号、保质期、境外出口商和购货者名称、地址及联系方式、交货日期等内容，并保存相关凭证。记录和凭证保存期限应当符合本法第五十条第二款的规定。

第九十九条　出口食品生产企业应当保证其出口食品符合进口国（地区）的标准或者合同要求。

出口食品生产企业和出口食品原料种植、养殖场应当向国家出入境检验检疫部门备案。

第一百条　国家出入境检验检疫部门应当收集、汇总下列进出口食品安全信息，并及时通报相关部门、机构和企业：

（一）出入境检验检疫机构对进出口食品实施检验检疫发现的食品安全信息；

（二）食品行业协会和消费者协会等组

织、消费者反映的进口食品安全信息；

（三）国际组织、境外政府机构发布的风险预警信息及其他食品安全信息，以及境外食品行业协会等组织、消费者反映的食品安全信息；

（四）其他食品安全信息。

国家出入境检验检疫部门应当对进出口食品的进口商、出口商和出口食品生产企业实施信用管理，建立信用记录，并依法向社会公布。对有不良记录的进口商、出口商和出口食品生产企业，应当加强对其进出口食品的检验检疫。

第一百零一条　国家出入境检验检疫部门可以对向我国境内出口食品的国家（地区）的食品安全管理体系和食品安全状况进行评估和审查，并根据评估和审查结果，确定相应检验检疫要求。

第七章　食品安全事故处置

第一百零二条　国务院组织制定国家食品安全事故应急预案。

县级以上地方人民政府应当根据有关法律、法规的规定和上级人民政府的食品安全事故应急预案以及本行政区域的实际情况，制定本行政区域的食品安全事故应急预案，并报上一级人民政府备案。

食品安全事故应急预案应当对食品安全事故分级、事故处置组织指挥体系与职责、预防预警机制、处置程序、应急保障措施等作出规定。

食品生产经营企业应当制定食品安全事故处置方案，定期检查本企业各项食品安全防范措施的落实情况，及时消除事故隐患。

第一百零三条　发生食品安全事故的单位应当立即采取措施，防止事故扩大。事故单位和接收病人进行治疗的单位应当及时向事故发生地县级人民政府食品药品监督管理、卫生行政部门报告。

县级以上人民政府质量监督、农业行政等部门在日常监督管理中发现食品安全事故或者接到事故举报，应当立即向同级食品药品监督管理部门通报。

发生食品安全事故，接到报告的县级人民政府食品药品监督管理部门应当按照应急预案的规定向本级人民政府和上级人民政府食品药品监督管理部门报告。县级人民政府和上级人民政府食品药品监督管理部门应当按照应急预案的规定上报。

任何单位和个人不得对食品安全事故隐瞒、谎报、缓报，不得隐匿、伪造、毁灭有关证据。

第一百零四条　医疗机构发现其接收的病人属于食源性疾病病人或者疑似病人的，应当按照规定及时将相关信息向所在地县级人民政府卫生行政部门报告。县级人民政府卫生行政部门认为与食品安全有关的，应当及时通报同级食品药品监督管理部门。

县级以上人民政府卫生行政部门在调查处理传染病或者其他突发公共卫生事件中发现与食品安全相关的信息，应当及时通报同级食品药品监督管理部门。

第一百零五条　县级以上人民政府食品药品监督管理部门接到食品安全事故的报告后，应当立即会同同级卫生行政、质量监督、农业行政等部门进行调查处理，并采取下列措施，防止或者减轻社会危害：

（一）开展应急救援工作，组织救治因食品安全事故导致人身伤害的人员；

（二）封存可能导致食品安全事故的食品及其原料，并立即进行检验；对确认属于被污染的食品及其原料，责令食品生产经营者依照本法第六十三条的规定召回或者停止经营；

（三）封存被污染的食品相关产品，并责令进行清洗消毒；

（四）做好信息发布工作，依法对食品安全事故及其处理情况进行发布，并对可能产生的危害加以解释、说明。

发生食品安全事故需要启动应急预案的，县级以上人民政府应当立即成立事故处置指挥机构，启动应急预案，依照前款和应急预案的规定进行处置。

发生食品安全事故，县级以上疾病预防控制机构应当对事故现场进行卫生处理，并对与事故有关的因素开展流行病学调查，有关部门应当予以协助。县级以上疾病预防控制机构应当向同级食品药品监督管理、卫生行政部门提交流行病学调查报告。

第一百零六条　发生食品安全事故，设区的市级以上人民政府食品药品监督管理部门应当立即会同有关部门进行事故责任调查，督促有关部门履行职责，向本级人民政府和上一级人民政府食品药品监督管理部门提出事故责任调查处理报告。

涉及两个以上省、自治区、直辖市的重大食品安全事故由国务院食品药品监督管理部门依照前款规定组织事故责任调查。

第一百零七条　调查食品安全事故，应当坚持实事求是、尊重科学的原则，及时、准确查清事故性质和原因，认定事故责任，提出整改措施。

调查食品安全事故，除了查明事故单位的责任，还应当查明有关监督管理部门、食品检验机构、认证机构及其工作人员的责任。

第一百零八条　食品安全事故调查部门有权向有关单位和个人了解与事故有关的情况，并要求提供相关资料和样品。有关单位和个人应当予以配合，按照要求提供相关资料和样品，不得拒绝。

任何单位和个人不得阻挠、干涉食品安全事故的调查处理。

第八章　监督管理

第一百零九条　县级以上人民政府食品药品监督管理、质量监督部门根据食品安全风险监测、风险评估结果和食品安全状况等，确定监督管理的重点、方式和频次，实施风险分级管理。

县级以上地方人民政府组织本级食品药品监督管理、质量监督、农业行政等部门制定本行政区域的食品安全年度监督管理计划，向社会公布并组织实施。

食品安全年度监督管理计划应当将下列事项作为监督管理的重点：

（一）专供婴幼儿和其他特定人群的主辅食品；

（二）保健食品生产过程中的添加行为和按照注册或者备案的技术要求组织生产的情况，保健食品标签、说明书以及宣传材料中有关功能宣传的情况；

（三）发生食品安全事故风险较高的食品生产经营者；

（四）食品安全风险监测结果表明可能存在食品安全隐患的事项。

第一百一十条　县级以上人民政府食品药品监督管理、质量监督部门履行各自食品安全监督管理职责，有权采取下列措施，对生产经营者遵守本法的情况进行监督检查：

（一）进入生产经营场所实施现场检查；

（二）对生产经营的食品、食品添加剂、食品相关产品进行抽样检验；

（三）查阅、复制有关合同、票据、账簿以及其他有关资料；

（四）查封、扣押有证据证明不符合食品安全标准或者有证据证明存在安全隐患以及用于违法生产经营的食品、食品添加剂、食品相关产品；

（五）查封违法从事生产经营活动的场所。

第一百一十一条　对食品安全风险评估结果证明食品存在安全隐患，需要制定、修订食品安全标准的，在制定、修订食品安全标准前，国务院卫生行政部门应当及时会同国务院有关部门规定食品中有害物质的临时限量值和临时检验方法，作为生产经营和监督管理的依据。

第一百一十二条　县级以上人民政府食品药品监督管理部门在食品安全监督管理工作中可以采用国家规定的快速检测方法对食品进行抽查检测。

对抽查检测结果表明可能不符合食品安全标准的食品，应当依照本法第八十七条的规定进行检验。抽查检测结果确定有关食品不符合食品安全标准的，可以作为行政处罚的依据。

第一百一十三条　县级以上人民政府食品药品监督管理部门应当建立食品生产经营者食品安全信用档案，记录许可颁发、日常监督检查结果、违法行为查处等情况，依法向社会公布并实时更新；对有不良信用记录的食品生产经营者增加监督检查频次，对违法行为情节严重的食品生产经营者，可以通报投资主管部门、证券监督管理机构和有关的金融机构。

第一百一十四条　食品生产经营过程中存在食品安全隐患，未及时采取措施消除的，县级以上人民政府食品药品监督管理部门可以对食品生产经营者的法定代表人或者主要负责人进行责任约谈。食品生产经营者应当立即采取措施，进行整改，消除隐患。责任约谈情况和整改情况应当纳入食品生产经营者食品安全信用档案。

第一百一十五条　县级以上人民政府食品药品监督管理、质量监督等部门应当公布本部门的电子邮件地址或者电话，接受咨询、投诉、举报。接到咨询、投诉、举报，对属于本部门职责的，应当受理并在法定期限内及时答复、核实、处理；对不属于本部门职责的，应当移交有权处理的部门并书面通知咨询、投诉、举报人。有权处理的部门应当在法定期限内及时处理，不得推诿。对查证属实的举报，给予举报人奖励。

有关部门应当对举报人的信息予以保密，保护举报人的合法权益。举报人举报所在企业的，该企业不得以解除、变更劳动合同或者其他方式对举报人进行打击报复。

第一百一十六条　县级以上人民政府食品药品监督管理、质量监督等部门应当加强对执法人员食品安全法律、法规、标准和专业知识与执法能力等的培训，并组织考核。不具备相应知识和能力的，不得从事食品安全执法工作。

食品生产经营者、食品行业协会、消费者协会等发现食品安全执法人员在执法过程中有违反法律、法规规定的行为以及不规范执法行为的，可以向本级或者上级人民政府食品药品监督管理、质量监督等部门或者监察机关投诉、举报。接到投诉、举报的部门或者机关应当进行核实，并将经核实的情况向食品安全执法人员所在部门通报；涉嫌违法违纪的，按照本法和有关规定处理。

第一百一十七条　县级以上人民政府食品药品监督管理等部门未及时发现食品安全系统性风险，未及时消除监督管理区域内的食品安全隐患的，本级人民政府可以对其主要负责人进行责任约谈。

地方人民政府未履行食品安全职责，未及时消除区域性重大食品安全隐患的，上级人民政府可以对其主要负责人进行责任约谈。

被约谈的食品药品监督管理等部门、地方人民政府应当立即采取措施，对食品安全监督管理工作进行整改。

责任约谈情况和整改情况应当纳入地方人民政府和有关部门食品安全监督管理工作评议、考核记录。

第一百一十八条　国家建立统一的食品安全信息平台，实行食品安全信息统一公布制度。国家食品安全总体情况、食品安全风险警示信息、重大食品安全事故及其调查处理信息和国务院确定需要统一公布的其他信息由国务院食品药品监督管理部门统一公布。食品安全风险警示信息和重大食品安全事故及其调查处理信息的影响限于特定区域的，也可以由有关省、自治区、直辖市人民政府食品药品监督管理部门公布。未经授权不得发布上述信息。

县级以上人民政府食品药品监督管理、质量监督、农业行政部门依据各自职责公布食品安全日常监督管理信息。

公布食品安全信息，应当做到准确、及时，并进行必要的解释说明，避免误导消费者和社会舆论。

第一百一十九条　县级以上地方人民政府食品药品监督管理、卫生行政、质量监督、农业行政部门获知本法规定需要统一公布的信息，应当向上级主管部门报告，由上级主管部门立即报告国务院食品药品监督管理部门；必要时，可以直接向国务院食品药品监督管理部门报告。

县级以上人民政府食品药品监督管理、卫生行政、质量监督、农业行政部门应当相互通报获知的食品安全信息。

第一百二十条　任何单位和个人不得编造、散布虚假食品安全信息。

县级以上人民政府食品药品监督管理部门发现可能误导消费者和社会舆论的食品安全信息，应当立即组织有关部门、专业机构、相关食品生产经营者等进行核实、分析，并及时公布结果。

第一百二十一条　县级以上人民政府食品药品监督管理、质量监督等部门发现涉嫌食品安全犯罪的，应当按照有关规定及时将案件移送公安机关。对移送的案件，公安机关应当及时审查；认为有犯罪事实需要追究刑事责任的，应当立案侦查。

公安机关在食品安全犯罪案件侦查过程中认为没有犯罪事实，或者犯罪事实显著轻微，不需要追究刑事责任，但依法应当追究行政责任的，应当及时将案件移送食品药品监督管理、质量监督等部门和监察机关，有关部门应当依法处理。

公安机关商请食品药品监督管理、质量监督、环境保护等部门提供检验结论、认定意见以及对涉案物品进行无害化处理等协助的，有关部门应当及时提供，予以协助。

第九章　法律责任

第一百二十二条　违反本法规定，未取得食品生产经营许可从事食品生产经营活动，或者未取得食品添加剂生产许可从事食品添加剂生产活动的，由县级以上人民政府食品药品监督管理部门没收违法所得和违法生产经营的食品、食品添加剂以及用于违法生产经营的工具、设备、原料等物品；违法生产经营的食品、食品添加剂货值金额不足一万元的，并处五万元以上十万元以下罚款；货值金额一万元以上的，并处货值金额十倍以上二十倍以下罚款。

明知从事前款规定的违法行为，仍为其提供生产经营场所或者其他条件的，由县级以上人民政府食品药品监督管理部门责令停止违法行为，没收违法所得，并处五万元以上十万元以下罚款；使消费者的合法权益受到损害的，应当与食品、食品添加剂生产经营者承担连带责任。

第一百二十三条　违反本法规定，有下列情形之一，尚不构成犯罪的，由县级以上人民政府食品药品监督管理部门没收违法所得和违法生产经营的食品，并可以没收用于违法生产经营的工具、设备、原料等物品；违法生产经营的食品货值金额不足一万元的，并处十万元以上十五万元以下罚款；货值金额一万元以上的，并处货值金额十五倍以上三十倍以下罚款；情节严重的，吊销许可证，并可以由公安机关对其直接负责的主管人员和其他直接责任人员处五日以上十五日以下拘留：

（一）用非食品原料生产食品、在食品中添加食品添加剂以外的化学物质和其他可能危害人体健康的物质，或者用回收食品作为原料生产食品，或者经营上述食品；

（二）生产经营营养成分不符合食品安全

标准的专供婴幼儿和其他特定人群的主辅食品；

（三）经营病死、毒死或者死因不明的禽、畜、兽、水产动物肉类，或者生产经营其制品；

（四）经营未按规定进行检疫或者检疫不合格的肉类，或者生产经营未经检验或者检验不合格的肉类制品；

（五）生产经营国家为防病等特殊需要明令禁止生产经营的食品；

（六）生产经营添加药品的食品。

明知从事前款规定的违法行为，仍为其提供生产经营场所或者其他条件的，由县级以上人民政府食品药品监督管理部门责令停止违法行为，没收违法所得，并处十万元以上二十万元以下罚款；使消费者的合法权益受到损害的，应当与食品生产经营者承担连带责任。

违法使用剧毒、高毒农药的，除依照有关法律、法规规定给予处罚外，可以由公安机关依照第一款规定给予拘留。

第一百二十四条　违反本法规定，有下列情形之一，尚不构成犯罪的，由县级以上人民政府食品药品监督管理部门没收违法所得和违法生产经营的食品、食品添加剂，并可以没收用于违法生产经营的工具、设备、原料等物品；违法生产经营的食品、食品添加剂货值金额不足一万元的，并处五万元以上十万元以下罚款；货值金额一万元以上的，并处货值金额十倍以上二十倍以下罚款；情节严重的，吊销许可证：

（一）生产经营致病性微生物，农药残留、兽药残留、生物毒素、重金属等污染物质以及其他危害人体健康的物质含量超过食品安全标准限量的食品、食品添加剂；

（二）用超过保质期的食品原料、食品添加剂生产食品、食品添加剂，或者经营上述食品、食品添加剂；

（三）生产经营超范围、超限量使用食品添加剂的食品；

（四）生产经营腐败变质、油脂酸败、霉变生虫、污秽不洁、混有异物、掺假掺杂或者感官性状异常的食品、食品添加剂；

（五）生产经营标注虚假生产日期、保质期或者超过保质期的食品、食品添加剂；

（六）生产经营未按规定注册的保健食品、特殊医学用途配方食品、婴幼儿配方乳粉，或者未按注册的产品配方、生产工艺等技术要求组织生产；

（七）以分装方式生产婴幼儿配方乳粉，或者同一企业以同一配方生产不同品牌的婴幼儿配方乳粉；

（八）利用新的食品原料生产食品，或者生产食品添加剂新品种，未通过安全性评估；

（九）食品生产经营者在食品药品监督管理部门责令其召回或者停止经营后，仍拒不召回或者停止经营。

除前款和本法第一百二十三条、第一百二十五条规定的情形外，生产经营不符合法律、法规或者食品安全标准的食品、食品添加剂的，依照前款规定给予处罚。

生产食品相关产品新品种，未通过安全性评估，或者生产不符合食品安全标准的食品相关产品的，由县级以上人民政府质量监督部门依照第一款规定给予处罚。

第一百二十五条　违反本法规定，有下列情形之一的，由县级以上人民政府食品药品监督管理部门没收违法所得和违法生产经营的食品、食品添加剂，并可以没收用于违法生产经营的工具、设备、原料等物品；违法生产经营的食品、食品添加剂货值金额不足一万元的，并处五千元以上五万元以下罚款；货值金额一万元以上的，并处货值金额五倍以上十倍以下罚款；情节严重的，责令停产停业，直至吊销许可证：

（一）生产经营被包装材料、容器、运输工具等污染的食品、食品添加剂；

（二）生产经营无标签的预包装食品、食

品添加剂或者标签、说明书不符合本法规定的食品、食品添加剂；

（三）生产经营转基因食品未按规定进行标示；

（四）食品生产经营者采购或者使用不符合食品安全标准的食品原料、食品添加剂、食品相关产品。

生产经营的食品、食品添加剂的标签、说明书存在瑕疵但不影响食品安全且不会对消费者造成误导的，由县级以上人民政府食品药品监督管理部门责令改正；拒不改正的，处二千元以下罚款。

第一百二十六条 违反本法规定，有下列情形之一的，由县级以上人民政府食品药品监督管理部门责令改正，给予警告；拒不改正的，处五千元以上五万元以下罚款；情节严重的，责令停产停业，直至吊销许可证：

（一）食品、食品添加剂生产者未按规定对采购的食品原料和生产的食品、食品添加剂进行检验；

（二）食品生产经营企业未按规定建立食品安全管理制度，或者未按规定配备或者培训、考核食品安全管理人员；

（三）食品、食品添加剂生产经营者进货时未查验许可证和相关证明文件，或者未按规定建立并遵守进货查验记录、出厂检验记录和销售记录制度；

（四）食品生产经营企业未制定食品安全事故处置方案；

（五）餐具、饮具和盛放直接入口食品的容器，使用前未经洗净、消毒或者清洗消毒不合格，或者餐饮服务设施、设备未按规定定期维护、清洗、校验；

（六）食品生产经营者安排未取得健康证明或者患有国务院卫生行政部门规定的有碍食品安全疾病的人员从事接触直接入口食品的工作；

（七）食品经营者未按规定要求销售食品；

（八）保健食品生产企业未按规定向食品药品监督管理部门备案，或者未按备案的产品配方、生产工艺等技术要求组织生产；

（九）婴幼儿配方食品生产企业未将食品原料、食品添加剂、产品配方、标签等向食品药品监督管理部门备案；

（十）特殊食品生产企业未按规定建立生产质量管理体系并有效运行，或者未定期提交自查报告；

（十一）食品生产经营者未定期对食品安全状况进行检查评价，或者生产经营条件发生变化，未按规定处理；

（十二）学校、托幼机构、养老机构、建筑工地等集中用餐单位未按规定履行食品安全管理责任；

（十三）食品生产企业、餐饮服务提供者未按规定制定、实施生产经营过程控制要求。

餐具、饮具集中消毒服务单位违反本法规定用水，使用洗涤剂、消毒剂，或者出厂的餐具、饮具未按规定检验合格并随附消毒合格证明，或者未按规定在独立包装上标注相关内容的，由县级以上人民政府卫生行政部门依照前款规定给予处罚。

食品相关产品生产者未按规定对生产的食品相关产品进行检验的，由县级以上人民政府质量监督部门依照第一款规定给予处罚。

食用农产品销售者违反本法第六十五条规定的，由县级以上人民政府食品药品监督管理部门依照第一款规定给予处罚。

第一百二十七条 对食品生产加工小作坊、食品摊贩等的违法行为的处罚，依照省、自治区、直辖市制定的具体管理办法执行。

第一百二十八条 违反本法规定，事故单位在发生食品安全事故后未进行处置、报告的，由有关主管部门按照各自职责分工责令改正，给予警告；隐匿、伪造、毁灭有关证据的，责令停产停业，没收违法所得，并处十万元以上五十万元以下罚款；造成严重后果的，吊销许可证。

第一百二十九条 违反本法规定，有下列情形之一的，由出入境检验检疫机构依照本法第一百二十四条的规定给予处罚：

（一）提供虚假材料，进口不符合我国食品安全国家标准的食品、食品添加剂、食品相关产品；

（二）进口尚无食品安全国家标准的食品，未提交所执行的标准并经国务院卫生行政部门审查，或者进口利用新的食品原料生产的食品或者进口食品添加剂新品种、食品相关产品新品种，未通过安全性评估；

（三）未遵守本法的规定出口食品；

（四）进口商在有关主管部门责令其依照本法规定召回进口的食品后，仍拒不召回。

违反本法规定，进口商未建立并遵守食品、食品添加剂进口和销售记录制度、境外出口商或者生产企业审核制度的，由出入境检验检疫机构依照本法第一百二十六条的规定给予处罚。

第一百三十条 违反本法规定，集中交易市场的开办者、柜台出租者、展销会的举办者允许未依法取得许可的食品经营者进入市场销售食品，或者未履行检查、报告等义务的，由县级以上人民政府食品药品监督管理部门责令改正，没收违法所得，并处五万元以上二十万元以下罚款；造成严重后果的，责令停业，直至由原发证部门吊销许可证；使消费者的合法权益受到损害的，应当与食品经营者承担连带责任。

食用农产品批发市场违反本法第六十四条规定的，依照前款规定承担责任。

第一百三十一条 违反本法规定，网络食品交易第三方平台提供者未对入网食品经营者进行实名登记、审查许可证，或者未履行报告、停止提供网络交易平台服务等义务的，由县级以上人民政府食品药品监督管理部门责令改正，没收违法所得，并处五万元以上二十万元以下罚款；造成严重后果的，责令停业，直至由原发证部门吊销许可证；使消费者的合法权益受到损害的，应当与食品经营者承担连带责任。

消费者通过网络食品交易第三方平台购买食品，其合法权益受到损害的，可以向入网食品经营者或者食品生产者要求赔偿。网络食品交易第三方平台提供者不能提供入网食品经营者的真实名称、地址和有效联系方式的，由网络食品交易第三方平台提供者赔偿。网络食品交易第三方平台提供者赔偿后，有权向入网食品经营者或者食品生产者追偿。网络食品交易第三方平台提供者作出更有利于消费者承诺的，应当履行其承诺。

第一百三十二条 违反本法规定，未按要求进行食品贮存、运输和装卸的，由县级以上人民政府食品药品监督管理等部门按照各自职责分工责令改正，给予警告；拒不改正的，责令停产停业，并处一万元以上五万元以下罚款；情节严重的，吊销许可证。

第一百三十三条 违反本法规定，拒绝、阻挠、干涉有关部门、机构及其工作人员依法开展食品安全监督检查、事故调查处理、风险监测和风险评估的，由有关主管部门按照各自职责分工责令停产停业，并处二千元以上五万元以下罚款；情节严重的，吊销许可证；构成违反治安管理行为的，由公安机关依法给予治安管理处罚。

违反本法规定，对举报人以解除、变更劳动合同或者其他方式打击报复的，应当依照有关法律的规定承担责任。

第一百三十四条 食品生产经营者在一年内累计三次因违反本法规定受到责令停产停业、吊销许可证以外处罚的，由食品药品监督管理部门责令停产停业，直至吊销许可证。

第一百三十五条 被吊销许可证的食品生产经营者及其法定代表人、直接负责的主管人员和其他直接责任人员自处罚决定作出之日起五年内不得申请食品生产经营许可，或者从事食品生产经营管理工作、担任食品生产经营企业食品安全管理人员。

因食品安全犯罪被判处有期徒刑以上刑罚的，终身不得从事食品生产经营管理工作，也不得担任食品生产经营企业食品安全管理人员。

食品生产经营者聘用人员违反前两款规定的，由县级以上人民政府食品药品监督管理部门吊销许可证。

第一百三十六条　食品经营者履行了本法规定的进货查验等义务，有充分证据证明其不知道所采购的食品不符合食品安全标准，并能如实说明其进货来源的，可以免予处罚，但应当依法没收其不符合食品安全标准的食品；造成人身、财产或者其他损害的，依法承担赔偿责任。

第一百三十七条　违反本法规定，承担食品安全风险监测、风险评估工作的技术机构、技术人员提供虚假监测、评估信息的，依法对技术机构直接负责的主管人员和技术人员给予撤职、开除处分；有执业资格的，由授予其资格的主管部门吊销执业证书。

第一百三十八条　违反本法规定，食品检验机构、食品检验人员出具虚假检验报告的，由授予其资质的主管部门或者机构撤销该食品检验机构的检验资质，没收所收取的检验费用，并处检验费用五倍以上十倍以下罚款，检验费用不足一万元的，并处五万元以上十万元以下罚款；依法对食品检验机构直接负责的主管人员和食品检验人员给予撤职或者开除处分；导致发生重大食品安全事故的，对直接负责的主管人员和食品检验人员给予开除处分。

违反本法规定，受到开除处分的食品检验机构人员，自处分决定作出之日起十年内不得从事食品检验工作；因食品安全违法行为受到刑事处罚或者因出具虚假检验报告导致发生重大食品安全事故受到开除处分的食品检验机构人员，终身不得从事食品检验工作。食品检验机构聘用不得从事食品检验工作的人员的，由授予其资质的主管部门或者机构撤销该食品检验机构的检验资质。

食品检验机构出具虚假检验报告，使消费者的合法权益受到损害的，应当与食品生产经营者承担连带责任。

第一百三十九条　违反本法规定，认证机构出具虚假认证结论，由认证认可监督管理部门没收所收取的认证费用，并处认证费用五倍以上十倍以下罚款，认证费用不足一万元的，并处五万元以上十万元以下罚款；情节严重的，责令停业，直至撤销认证机构批准文件，并向社会公布；对直接负责的主管人员和负有直接责任的认证人员，撤销其执业资格。

认证机构出具虚假认证结论，使消费者的合法权益受到损害的，应当与食品生产经营者承担连带责任。

第一百四十条　违反本法规定，在广告中对食品作虚假宣传，欺骗消费者，或者发布未取得批准文件、广告内容与批准文件不一致的保健食品广告的，依照《中华人民共和国广告法》的规定给予处罚。

广告经营者、发布者设计、制作、发布虚假食品广告，使消费者的合法权益受到损害的，应当与食品生产经营者承担连带责任。

社会团体或者其他组织、个人在虚假广告或者其他虚假宣传中向消费者推荐食品，使消费者的合法权益受到损害的，应当与食品生产经营者承担连带责任。

违反本法规定，食品药品监督管理等部门、食品检验机构、食品行业协会以广告或者其他形式向消费者推荐食品，消费者组织以收取费用或者其他牟取利益的方式向消费者推荐食品的，由有关主管部门没收违法所得，依法对直接负责的主管人员和其他直接责任人员给予记大过、降级或者撤职处分；情节严重的，给予开除处分。

对食品作虚假宣传且情节严重的，由省级以上人民政府食品药品监督管理部门决定暂停销售该食品，并向社会公布；仍然销售该食品的，由县级以上人民政府食品药品监督管理部门没收违法所得和违法销售的食品，并处二万元以上五万元以下罚款。

第一百四十一条 违反本法规定，编造、散布虚假食品安全信息，构成违反治安管理行为的，由公安机关依法给予治安管理处罚。

媒体编造、散布虚假食品安全信息的，由有关主管部门依法给予处罚，并对直接负责的主管人员和其他直接责任人员给予处分；使公民、法人或者其他组织的合法权益受到损害的，依法承担消除影响、恢复名誉、赔偿损失、赔礼道歉等民事责任。

第一百四十二条 违反本法规定，县级以上地方人民政府有下列行为之一的，对直接负责的主管人员和其他直接责任人员给予记大过处分；情节较重的，给予降级或者撤职处分；情节严重的，给予开除处分；造成严重后果的，其主要负责人还应当引咎辞职：

（一）对发生在本行政区域内的食品安全事故，未及时组织协调有关部门开展有效处置，造成不良影响或者损失；

（二）对本行政区域内涉及多环节的区域性食品安全问题，未及时组织整治，造成不良影响或者损失；

（三）隐瞒、谎报、缓报食品安全事故；

（四）本行政区域内发生特别重大食品安全事故，或者连续发生重大食品安全事故。

第一百四十三条 违反本法规定，县级以上地方人民政府有下列行为之一的，对直接负责的主管人员和其他直接责任人员给予警告、记过或者记大过处分；造成严重后果的，给予降级或者撤职处分：

（一）未确定有关部门的食品安全监督管理职责，未建立健全食品安全全程监督管理工作机制和信息共享机制，未落实食品安全监督管理责任制；

（二）未制定本行政区域的食品安全事故应急预案，或者发生食品安全事故后未按规定立即成立事故处置指挥机构、启动应急预案。

第一百四十四条 违反本法规定，县级以上人民政府食品药品监督管理、卫生行政、质量监督、农业行政等部门有下列行为之一的，对直接负责的主管人员和其他直接责任人员给予记大过处分；情节较重的，给予降级或者撤职处分；情节严重的，给予开除处分；造成严重后果的，其主要负责人还应当引咎辞职：

（一）隐瞒、谎报、缓报食品安全事故；

（二）未按规定查处食品安全事故，或者接到食品安全事故报告未及时处理，造成事故扩大或者蔓延；

（三）经食品安全风险评估得出食品、食品添加剂、食品相关产品不安全结论后，未及时采取相应措施，造成食品安全事故或者不良社会影响；

（四）对不符合条件的申请人准予许可，或者超越法定职权准予许可；

（五）不履行食品安全监督管理职责，导致发生食品安全事故。

第一百四十五条 违反本法规定，县级以上人民政府食品药品监督管理、卫生行政、质量监督、农业行政等部门有下列行为之一，造成不良后果的，对直接负责的主管人员和其他直接责任人员给予警告、记过或者记大过处分；情节较重的，给予降级或者撤职处分；情节严重的，给予开除处分：

（一）在获知有关食品安全信息后，未按规定向上级主管部门和本级人民政府报告，或者未按规定相互通报；

（二）未按规定公布食品安全信息；

（三）不履行法定职责，对查处食品安全违法行为不配合，或者滥用职权、玩忽职守、徇私舞弊。

第一百四十六条 食品药品监督管理、质量监督等部门在履行食品安全监督管理职责过程中，违法实施检查、强制等执法措施，给生产经营者造成损失的，应当依法予以赔偿，对直接负责的主管人员和其他直接责任人员依法给予处分。

第一百四十七条　违反本法规定，造成人身、财产或者其他损害的，依法承担赔偿责任。生产经营者财产不足以同时承担民事赔偿责任和缴纳罚款、罚金时，先承担民事赔偿责任。

第一百四十八条　消费者因不符合食品安全标准的食品受到损害的，可以向经营者要求赔偿损失，也可以向生产者要求赔偿损失。接到消费者赔偿要求的生产经营者，应当实行首负责任制，先行赔付，不得推诿；属于生产者责任的，经营者赔偿后有权向生产者追偿；属于经营者责任的，生产者赔偿后有权向经营者追偿。

生产不符合食品安全标准的食品或者经营明知是不符合食品安全标准的食品，消费者除要求赔偿损失外，还可以向生产者或者经营者要求支付价款十倍或者损失三倍的赔偿金；增加赔偿的金额不足一千元的，为一千元。但是，食品的标签、说明书存在不影响食品安全且不会对消费者造成误导的瑕疵的除外。

第一百四十九条　违反本法规定，构成犯罪的，依法追究刑事责任。

第十章　附　　则

第一百五十条　本法下列用语的含义：

食品，指各种供人食用或者饮用的成品和原料以及按照传统既是食品又是中药材的物品，但是不包括以治疗为目的的物品。

食品安全，指食品无毒、无害，符合应当有的营养要求，对人体健康不造成任何急性、亚急性或者慢性危害。

预包装食品，指预先定量包装或者制作在包装材料、容器中的食品。

食品添加剂，指为改善食品品质和色、香、味以及为防腐、保鲜和加工工艺的需要而加入食品中的人工合成或者天然物质，包括营养强化剂。

用于食品的包装材料和容器，指包装、盛放食品或者食品添加剂用的纸、竹、木、金属、搪瓷、陶瓷、塑料、橡胶、天然纤维、化学纤维、玻璃等制品和直接接触食品或者食品添加剂的涂料。

用于食品生产经营的工具、设备，指在食品或者食品添加剂生产、销售、使用过程中直接接触食品或者食品添加剂的机械、管道、传送带、容器、用具、餐具等。

用于食品的洗涤剂、消毒剂，指直接用于洗涤或者消毒食品、餐具、饮具以及直接接触食品的工具、设备或者食品包装材料和容器的物质。

食品保质期，指食品在标明的贮存条件下保持品质的期限。

食源性疾病，指食品中致病因素进入人体引起的感染性、中毒性等疾病，包括食物中毒。

食品安全事故，指食源性疾病、食品污染等源于食品，对人体健康有危害或者可能有危害的事故。

第一百五十一条　转基因食品和食盐的食品安全管理，本法未作规定的，适用其他法律、行政法规的规定。

第一百五十二条　铁路、民航运营中食品安全的管理办法由国务院食品药品监督管理部门会同国务院有关部门依照本法制定。

保健食品的具体管理办法由国务院食品药品监督管理部门依照本法制定。

食品相关产品生产活动的具体管理办法由国务院质量监督部门依照本法制定。

国境口岸食品的监督管理由出入境检验检疫机构依照本法以及有关法律、行政法规的规定实施。

军队专用食品和自供食品的食品安全管理办法由中央军事委员会依照本法制定。

第一百五十三条　国务院根据实际需要，可以对食品安全监督管理体制作出调整。

第一百五十四条 本法自 2015 年 10 月 1 日起施行。

中华人民共和国国家安全法（摘编）

（2015 年 7 月 1 日第十二届全国人民代表大会常务委员会第十五次会议通过）

……

第二十二条 国家健全粮食安全保障体系，保护和提高粮食综合生产能力，完善粮食储备制度、流通体系和市场调控机制，健全粮食安全预警制度，保障粮食供给和质量安全。

……

中共中央 国务院关于深化供销合作社综合改革的决定

中发〔2015〕11 号

供销合作社是为农服务的合作经济组织，是党和政府做好“三农”工作的重要载体。为深入贯彻落实党的十八大和十八届二中、三中、四中全会精神，加快推进农业现代化，促进农民增收致富，推动农村全面小康社会建设，现就深化供销合作社综合改革作出如下决定。

一、深化供销合作社综合改革的总体要求

（一）充分认识深化供销合作社综合改革的紧迫性重要性。当前，我国工业化信息化城镇化快速发展，农业现代化深入推进，农村经济社会发展进入新阶段。农业生产经营方式深刻变化，适度规模经营稳步发展，迫切要求发展覆盖全程、综合配套、便捷高效的农业社会化服务；农民生活需求加快升级，迫切要求提供多层次、多样化、便利实惠的生活服务。新形势下加强农业、服务农民，迫切需要打造中国特色为农服务的综合性组织。长期以来，供销合作社扎根农村、贴近农民，组织体系比较完整，经营网络比较健全，服务功能比较完备，完全有条件成为党和政府抓得住、用得上的为农服务骨干力量，要充分用好这支力量。同时必须看到，目前供销合作社与农民合作关系不够紧密，综合服务实力不强，层级联系比较松散，体制没有完全理顺，必须通过深化综合改革，进一步激发内生动力和发展活力，在发展现代农业、促进农民致富、繁荣城乡经济中更好发挥独特优势，担当起更大责任。

（二）指导思想和目标任务。深化供销合作社综合改革，必须贯彻落实党的十八大和十八届二中、三中、四中全会精神，以邓小平理论、“三个代表”重要思想、科学发展观为指导，深入贯彻习近平总书记系列重要讲话精神，紧紧围绕“三农”工作大局，以密切与农民利益联结为核心，以提升为农服务能力为根本，以强化基层社和创新联合社治理机制为重点，按照政事分开、社企分开的方向，因地制宜推进体制改革和机制创新，加快建成适应社会主义市场经济需要、适应

城乡发展一体化需要、适应中国特色农业现代化需要的组织体系和服务机制，努力开创中国特色供销合作事业新局面。

到2020年，把供销合作社系统打造成为与农民联结更紧密、为农服务功能更完备、市场化运行更高效的合作经济组织体系，成为服务农民生产生活的生力军和综合平台，成为党和政府密切联系农民群众的桥梁纽带，切实在农业现代化建设中更好地发挥作用。

（三）基本原则

——坚持为农服务根本宗旨。始终把服务“三农”作为供销合作社的立身之本、生存之基，把为农服务成效作为衡量工作的首要标准，做到为农、务农、姓农。

——坚持合作经济基本属性。按照合作制要求，充分尊重农民意愿，推动多种形式的联合与合作，实行民主管理、互助互利。

——坚持社会主义市场经济改革方向。发挥市场在资源配置中的决定性作用，顺应市场经济规律，更多运用经济手段开展经营服务，逐步探索联合社社企分开的途径，增强经济实力和市场竞争能力。同时，服务“三农”工作大局，体现党和政府的政策导向，履行好社会责任。

——坚持因地制宜、分类指导。鼓励大胆探索、试点先行，允许从实际出发采取差异性、过渡性的制度和政策安排，给基层更多的选择权，不搞“一刀切”，不追求一步到位，确保改革积极稳妥、有序推进。

二、拓展供销合作社经营服务领域，更好履行为农服务职责

供销合作社要把为农服务放在首位。面向农业现代化、面向农民生产生活，推动供销合作社由流通服务向全程农业社会化服务延伸、向全方位城乡社区服务拓展，加快形成综合性、规模化、可持续的为农服务体系，在农资供应、农产品流通、农村服务等重点领域和环节为农民提供便利实惠、安全优质的服务。

（四）创新农业生产服务方式和手段。围绕破解“谁来种地”“地怎么种”等问题，供销合作社要采取大田托管、代耕代种、股份合作、以销定产等多种方式，为农民和各类新型农业经营主体提供农资供应、配方施肥、农机作业、统防统治、收储加工等系列化服务，推动农业适度规模经营。创新农资服务方式，推动农资销售与技术服务有机结合，加快农资物联网应用与示范项目建设。充分发挥供销合作社科研院所、庄稼医院、职业院校在农业技术推广和农民技能培训中的积极作用。积极承担政府向社会力量购买的公共服务。

（五）提升农产品流通服务水平。加强供销合作社农产品流通网络建设，创新流通方式，推进多种形式的产销对接。将供销合作社农产品市场建设纳入全国农产品市场发展规划，在集散地建设大型农产品批发市场和现代物流中心，在产地建设农产品收集市场和仓储设施，在城市社区建设生鲜超市等零售终端，形成布局合理、联结产地到消费终端的农产品市场网络。积极参与公益性农产品批发市场建设试点，有条件的地区，政府控股的农产品批发市场可交由供销合作社建设、运营、管护。继续实施新农村现代流通服务网络工程建设，健全农资、农副产品、日用消费品、再生资源回收等网络，加快形成连锁化、规模化、品牌化经营服务新格局。顺应商业模式和消费方式深刻变革的新趋势，加快发展供销合作社电子商务，形成网上交易、仓储物流、终端配送一体化经营，实现线上线下融合发展。

（六）打造城乡社区综合服务平台。适应新型城镇化和新农村建设要求，加快建设农村综合服务社和城乡社区服务中心（站），为城乡居民提供日用消费品、文体娱乐、养老幼教、就业培训等多样化服务。统筹整合城乡供销合作社资源，发展城市商贸中心和经

营服务综合体，提升城市供销合作社沟通城乡、服务“三农”的辐射带动能力。发挥供销合作社优势，大力发展生态养生、休闲观光、乡村旅游等新兴服务业。积极参与美丽乡村建设，规范建设再生资源回收网点，促进资源循环和高效利用，改善城乡生态环境。

（七）稳步开展农村合作金融服务。发展农村合作金融，是解决农民融资难问题的重要途径，是合作经济组织增强服务功能、提升服务实力的现实需要。有条件的供销合作社要按照社员制、封闭性原则，在不对外吸储放贷、不支付固定回报的前提下，发展农村资金互助合作。有条件的供销合作社可依法设立农村互助合作保险组织，开展互助保险业务。允许符合条件的供销合作社企业依照法定程序开展发起设立中小型银行试点，增强为农服务能力。鼓励有条件的供销合作社设立融资租赁公司、小额贷款公司、融资性担保公司，与地方财政共同出资设立担保公司。供销合作社联合社、金融监管部门和地方政府要按照职责分工，承担起监管职责和风险处置责任，切实防范和化解金融风险。

三、推进供销合作社基层社改造，密切与农民的利益联结

基层社是供销合作社在县以下直接面向农民的综合性经营服务组织，是供销合作社服务“三农”的主要载体。要按照强化合作、农民参与、为农服务的要求，因地制宜推进基层社改造，逐步办成规范的、以农民社员为主体的合作社，实现农民得实惠、基层社得发展的双赢。

（八）强化基层社合作经济组织属性。通过劳动合作、资本合作、土地合作等多种途径，采取合作制、股份合作制等多种形式，广泛吸纳农民和各类新型农业经营主体入社，不断强化基层社与农民在组织上和经济上的联结。按照合作制原则加快完善治理结构，落实基层社社员代表大会、理事会、监事会制度，强化民主管理、民主监督，提高农民社员在经营管理事务中的参与度和话语权。拓宽基层社负责人选任渠道，鼓励村“两委”负责人、农村能人等入社参选。规范基层社和农民社员的利益分配关系，建立健全按交易额返利和按股分红相结合的分配制度，切实做到农民出资、农民参与、农民受益。

（九）加快推进基层社改造。经济实力较强的基层社要扩大服务领域，积极发展生产合作、供销合作、消费合作、信用合作，加快办成以农民为主体的综合性合作社。对经济实力较弱的基层社，要采取政策引导、联合社帮扶、社有企业带动等多种方式，着力提升服务能力，通过服务密切与农民的联系，不断强化与农民的联合与合作。根据农民需求和供销合作社实际，逐步将已经承包或租赁的基层社网点纳入供销合作社经营服务体系；在没有基层社的地区加快经营服务网点建设，新建基层社要按照合作制原则规范创办。

（十）领办创办农民专业合作社。通过共同出资、共创品牌、共享利益等方式，创办一批管理民主、制度健全、产权清晰、带动力强的农民专业合作社。在自愿的前提下，引导发展农民专业合作社联合社，充分发挥供销合作社综合服务平台作用，带动农民专业合作社围绕当地优势产业开展系列化服务。加强基层社与农村集体经济组织、基层农技推广机构、龙头企业等合作，形成服务农民生产生活的合力。

（十一）加强对基层社发展的扶持。国家扶持供销合作社的政策要向基层社倾斜，各级联合社资源要更多投向基层社。支持基层社作为相关涉农政策和项目的实施主体，承担公益性服务。支持符合条件的基层社作为农民专业合作社进行工商登记注册，允许财政项目资金直接投向注册后的基层社，允许财政补助形成的资产转交注册后的基层社持有和管护。

四、创新供销合作社联合社治理机制，增强服务“三农”的综合实力

联合社是供销合作社的联合组织，肩负着领导供销合作事业发展的重要职责。各级联合社要深化体制改革，创新运行机制，理顺社企关系，密切层级联系，着力构建联合社机关主导的行业指导体系和社有企业支撑的经营服务体系，形成社企分开、上下贯通、整体协调运转的双线运行机制。

（十二）构建联合社主导的行业指导体系。中华全国供销合作总社要充分发挥领导全国供销合作事业发展的作用，贯彻落实党中央、国务院“三农”工作方针政策，研究制定发展战略和规划，指导服务全系统改革发展，代表中国合作社参与国际合作社联盟事务。省级和市地级联合社要加强本区域内供销合作社的行业管理、政策协调、资产监管、教育培训，贯彻落实好上级社和地方党委、政府的决策部署。县级联合社要组织实施好基层社改造，强化市场运营，搞好直接面向农民的生产生活服务网点建设。

加强联合社层级间的联合合作，强化联合社为成员社服务、为基层社服务的工作导向。落实县级以上联合社对成员社的资产监管职责，建立成员社对联合社的工作评价机制，完善联合社对成员社的工作考核机制。做实供销合作社合作发展基金，各级联合社当年社有资产收益，按不低于20%的比例注入本级供销合作社合作发展基金。省、市地、县级联合社在自愿的基础上，将本级合作发展基金的一部分上缴上一级联合社合作发展基金，统筹用于基层社建设和为农服务。抓紧制定合作发展基金运行和管理办法，确保出资成员权责明确，基金运行公开透明、规范高效。

（十三）构建社有企业支撑的经营服务体系。深化社有企业改革，规范治理结构，增强社有企业发展活力和为农服务实力。加快完善现代企业制度，健全法人治理结构，建立与绩效挂钩的激励约束机制。加强各层级社有企业间的产权、资本和业务联结，推进社有企业相互参股，建立共同出资的投资平台，推动跨区域横向联合和跨层级纵向整合，促进资源共享，实现共同发展。推进社有企业并购重组，在农资、棉花、粮油、鲜活农产品等重要涉农领域和再生资源行业，培育一批大型企业集团。社有企业改革要公开透明、规范操作，要有“防火墙”“隔离带”，切实防止社有资产流失。允许上级社争取的同级财政扶持资金依法以股权形式投入下级社。支持社有企业承担化肥、农药等国家储备任务，鼓励符合条件的社有企业参与大宗农产品政策性收储。

（十四）理顺联合社与社有企业的关系。联合社机关要切实把握好社有企业为农服务方向，加强社有资产监管，促进社有资产保值增值；社有企业要面向市场自主经营、自负盈亏。各级供销合作社理事会是本级社属资产和所属企事业单位资产的所有权代表和管理者，理事会要落实社有资产出资人代表职责，监事会要强化监督职能。联合社机关成立社有资产管理委员会，按照理事会授权，建立社有资本经营预算制度，并接受审计机关和同级财政部门的监督，以管资本为主加强对社有资产的监管。采取委派法人代表管理和特殊管理股股权管理等办法，探索联合社机关对社有企业的多种管理方式。探索组建社有资本投资公司，优化社有资本布局，重点投向为农服务领域。在改革过渡期内，联合社机关参照公务员法管理的人员确因工作需要，经有关机关批准可到本级社有企业兼职，但不得在企业领取报酬。

（十五）创新联合社治理结构。按照建设合作经济联合组织的要求，优化各级联合社机关机构设置、职能配置，更好运用市场经济的手段推进工作，切实履行加强行业指导、落实为农服务职责、承担宏观调控的任务。

稳定县及县以上联合社机关参照公务员法管理。对参照公务员法管理的联合社机关新进的相关工作人员，按照公务员法有关规定，经批准可探索实行聘任制。允许不同发展水平的联合社机关选择参公管理模式或企业化管理模式。对实行企业化运营的，应该进行不再纳入编制管理的试点。管理模式的选择和开展试点要积极稳妥，严密程序，经批准后实施。大力发展行业协会，实现协会与联合社融合互补、协同发展。

着力推进县级联合社民主办社、开放办社，逐步把县级联合社办成基层社共同出资、各类合作经济组织广泛参与、实行民主管理的经济联合组织。创新县级联合社运行机制，逐步建立市场化的管理体制、经营机制、用人制度，选择有条件的县级联合社进行实体性合作经济组织改革试点。统筹运营县域内供销合作社资源，打造县域范围内服务农民生产生活的综合平台，着力培育规模化服务优势。

五、加强对供销合作社综合改革的领导

重视和加强供销合作事业，是党和政府做好"三农"工作的传统和优势。要站在加快推进中国特色农业现代化、巩固党在农村执政基础的战略高度，树立重视供销合作社就是重视农业、扶持供销合作社就是扶持农民的理念，加快推进供销合作社综合改革，继续办好供销合作社。

（十六）各级党委、政府要落实领导责任。把深化供销合作社综合改革纳入全面深化改革大局统筹谋划、协调推进，把握好节奏和力度，精心组织，抓好落实。深入开展调查研究，及时发现和解决改革过程中的苗头性、倾向性问题，确保供销合作社通过综合改革进一步得到加强。积极稳妥推进供销合作社综合改革试点，努力形成可复制、可推广的经验做法，各级财政要给予必要支持。各省（自治区、直辖市）改革试点方案要履行报批手续，中央农村工作领导小组统筹协调把关供销合作社综合改革工作。重视和加强供销合作社领导班子建设，选拔素质高、能力强的干部充实到各级联合社领导班子，特别是选好配强县级联合社领导班子。探索具有合作经济组织特点的干部人事管理制度。

（十七）加大对供销合作社综合改革的支持力度。有关部门要关心支持供销合作社改革发展，按照职能分工，落实好相关配套措施，形成推进供销合作社综合改革的合力。对已出台的扶持政策，要逐项梳理，加强督促检查，确保落实到位。中央财政要继续支持新农村现代流通服务网络工程建设，通过现有资金渠道支持供销合作社组织实施农业社会化服务惠农工程。加大国家农业综合开发对供销合作社新型农业社会化服务体系和产销对接等项目建设的支持力度。加强对财政投入资金的管理和审计监督。各级地方政府要按照有关规定，抓紧落实处理供销合作社财务挂账、金融债务、社有企业职工社会保障等历史遗留问题。保持供销合作社组织体系和社有资产完整性，任何部门和单位不得违法违规平调、侵占供销合作社财产，不得将社有资产纳入地方政府融资平台，不得改变供销合作社及其所属企事业单位的隶属关系。

（十八）确立供销合作社的特定法律地位。在长期的为农服务实践中，供销合作社形成了独具中国特色的组织和服务体系，组织成分多元，资产构成多样，地位性质特殊，既体现党和政府政策导向，又承担政府委托的公益性服务，既有事业单位和社团组织的特点，又履行管理社有企业的职责，既要办成以农民为基础的合作经济组织，又要开展市场化经营和农业社会化服务，是党和政府以合作经济组织形式推动"三农"工作的重要载体，是新形势下推动农村经济社会发展不可替代、不可或缺的重要力量。为更好发挥供销合作社独特优势和重要作用，必须确

立其特定法律地位，抓紧制定供销合作社条例，适时启动供销合作社法立法工作。

（十九）加强供销合作社自身建设。各级供销合作社要切实增强深化综合改革的自觉性主动性，转变行政化的思维方式和工作方法，用改革的思路和市场的办法不断破解体制机制难题，着力在关键环节和重点领域取得突破。加强供销合作社人才队伍建设，广泛吸引各类经营管理和专业技术人才，着力培养一批懂市场、会管理的优秀企业家，造就一支对农民群众有感情、对合作事业有热情、对干事创业有激情的高素质干部职工队伍。巩固供销合作社系统党的群众路线教育实践活动成果，切实加强和改进作风。大力弘扬“扁担精神”“背篓精神”等优良传统，推进供销合作社文化建设，汇聚起推动供销合作事业发展的强大精神力量。

2015 年 3 月 23 日

中共中央　国务院
关于进一步推进农垦改革发展的意见

中发〔2015〕33 号

农垦是国有农业经济的骨干和代表，是推进中国特色新型农业现代化的重要力量。为发展壮大农垦事业，充分发挥农垦在农业现代化建设和经济社会发展全局中的重要作用，现就进一步推进农垦改革发展提出如下意见。

一、深刻认识新时期农垦的特殊地位和重要作用

（一）农垦为我国经济社会发展作出了重大贡献。农垦是在特定历史条件下为承担国家使命而建立的，经过 60 多年的艰苦创业，建设了一批现代化的国有农场和重要农产品生产基地，形成了组织化程度高、规模化特征突出、产业体系健全的独特优势，锤炼出“艰苦奋斗、勇于开拓”的农垦精神，为保障国家粮食安全、支援国家建设、维护边疆稳定作出了重大贡献。特别是近年来，农垦改革稳步推进，现代农业快速发展，大型农业企业迅速成长，整体经济实力显著提升，成为国家在关键时刻抓得住、用得上的重要力量。但同时也要看到，农垦还存在管理体制尚未完全理顺、经营机制不活、社会负担重、政策支持体系不健全、部分国有农场生产经营困难等问题，迫切需要进一步深化改革，促进农垦事业持续健康发展。

（二）农垦是中国特色农业经济体系不可或缺的重要组成部分。经过多年的改革发展，农垦与农村集体经济、农户家庭经济、农民合作经济等共同构成中国特色农业经济体系。这是我国以公有制为主体、多种所有制经济共同发展的基本经济制度在农业农村领域的重要体现，是农业农村发展不断取得巨大成就的基本保障，符合我国国情农情和市场经济发展要求，必须长期坚持并不断完善。农垦农业生产力先进，在现代农业建设中具有独特优势，大力发展农垦经济，对于带动农业农村多种所有制经济共同发展、坚持和完善我国基本经济制度、巩固党的执政基础，具有重要意义。

（三）新形势下农垦承担着更加重要的历史使命。当前和今后一个时期，我国农业发展资源环境约束不断加大，国际农业竞争日趋激烈，保障国家粮食安全和重要农产品有效供给的任务更加艰巨，维护边疆和谐稳定的形势更加复杂。农垦农业生产经营规模化

水平较高，综合生产能力强，农产品商品率高，科技成果推广应用、物质装备条件、农产品质量安全水平、农业对外合作等走在全国前列，一些国有农场位于边境地区，在国家全局中的战略作用更加突出。必须适应新形势新要求推进农垦改革发展，努力把农垦建设成为保障国家粮食安全和重要农产品有效供给的国家队、中国特色新型农业现代化的示范区、农业对外合作的排头兵、安边固疆的稳定器。

二、明确新时期农垦改革发展的总体要求

（四）指导思想。全面贯彻党的十八大和十八届二中、三中、四中、五中全会精神，以邓小平理论、“三个代表”重要思想、科学发展观为指导，深入贯彻习近平总书记系列重要讲话精神，按照党中央、国务院决策部署，坚持社会主义市场经济改革方向，以保障国家粮食安全和重要农产品有效供给为核心，以推进垦区集团化、农场企业化改革为主线，依靠创新驱动，加快转变发展方式，推进资源资产整合、产业优化升级，建设现代农业的大基地、大企业、大产业，全面增强农垦内生动力、发展活力、整体实力，切实发挥农垦在现代农业建设中的骨干引领作用，为协同推进新型工业化、信息化、城镇化、农业现代化提供有力支撑。

（五）基本原则

坚持国有属性，服务大局。围绕发挥国有经济主导作用，完善国有农业经济实现形式，以农业生产经营为主，走规模化发展道路，构建现代农业经营体系，促进一二三产业融合发展，做大做强农垦经济，更好服务国家战略需要。

坚持市场导向，政府支持。着力深化农垦市场化改革，推进政企分开、社企分开，确立国有农场的市场主体地位。切实保障农垦平等享受国家普惠性政策，完善与农垦履行使命相适应的支持政策，解决国有农场实际困难，提升可持续发展能力。

坚持分类指导，分级负责。注重不同垦区和国有农场管理体制、资源禀赋、发展水平的差异性，不搞“一刀切”和“齐步走”，采取有针对性的改革举措，促进多样化发展。中央直属垦区的改革发展由国家有关部门和所在地省级政府共同负责，地方垦区的改革发展由地方政府负责。

坚持统筹兼顾，稳步推进。把握好改革的节奏和力度，鼓励大胆探索、试点先行，从各地实际出发平稳有序推进农垦改革，不简单照搬农村集体经济或一般国有企业的改革办法，着力解决突出矛盾，处理好国家、企业和职工利益关系，确保干部职工队伍稳定、生产稳定和社会稳定。

（六）主要目标。围绕垦区率先基本实现农业现代化、率先全面建成小康社会，加快改革发展。到 2020 年，实现以下目标：

——建立健全适应市场经济要求、充满活力、富有效率的管理体制和经营机制，打造一批具有国际竞争力的现代农业企业集团。

——建成一批稳定可靠的大型粮食、棉花、糖料、天然橡胶、牛奶、肉类、种子、油料等重要农产品生产加工基地，形成完善的现代农业产业体系。

——垦区民生建设取得显著进展，职工收入大幅提高，基础设施和公共服务进一步健全，农场社区服务功能不断完善，新型城镇化水平明显提升。

三、深化农垦管理体制和经营机制改革

（七）继续推进垦区集团化改革。集团化是垦区改革的主导方向。有条件的垦区要整建制转换体制机制，建设大型现代农业企业集团。已组建集团公司的垦区，要加快推进直属企业整合重组，推动国有农场公司化改造，建设农业产业公司，构建以资本为纽带的母子公司管理体制。完善现代企业制度，

明晰产权关系，健全法人治理结构，不断提高内部管理水平和市场竞争力。在确保国有资本控股前提下，积极引进战略投资者，依法推进集团公司股权多元化改革试点。国有农场归属市县管理的垦区，要着力增强国有农场经济实力，积极探索推进集团化改革，有条件的要组建区域性现代农业企业集团，产业特色明显的可以联合组建农业产业公司，规模较小的可以合并重组。创新农垦行业指导管理体制。在改革过渡期内，整建制实行集团化改革的垦区可保留省级农垦管理机构牌子，实行一个机构、两个牌子，同时要尽快过渡到集团化企业管理；农垦管理机关人员经批准允许到农垦企业兼职，但应从严掌握，且须严格执行兼职不兼薪的政策。改革过渡期后，不再加挂省级农垦管理机构牌子。

（八）改革国有农场办社会职能。坚持社企分开改革方向，推进国有农场生产经营企业化和社会管理属地化。用 3 年左右时间，将国有农场承担的社会管理和公共服务职能纳入地方政府统一管理，妥善解决其机构编制、人员安置、所需经费等问题，确保工作有序衔接、职能履行到位。总结推广国有农场办社会职能改革试点经验，中央财政予以适当补助。积极推进国有农场公检法、基础教育、基本医疗和公共卫生等办社会职能一次性移交地方政府管理，暂不具备条件的要在一定过渡期内分步分项移交。远离中心城镇等不具备社会职能移交条件的国有农场，探索推进办社会职能内部分开、管办分离，地方政府可采取授权委托、购买服务等方式赋予相应管理权限和提供公共服务，同时加强工作指导。对国有农场办社会职能形成的债务进行甄别，凡属于政府应当偿还的债务纳入政府债务统一管理，符合呆坏账核销条件的按照相关规定予以处理。

（九）创新农业经营管理体制。坚持和完善以职工家庭经营为基础、大农场统筹小农场的农业双层经营体制，积极推进多种形式的农业适度规模经营。强化国有农场农业统一经营管理和服务职能，建立健全农场与职工间合理的利益分享和风险共担机制。积极培育新型农业经营主体，发展股份制、公司制等农业经营形式，既要防止土地碎片化，又要防止土地过度集中。构建权利义务关系清晰的国有土地经营制度，改革完善职工承包租赁经营管理制度，建立经营面积、收费标准、承包租赁期限等与职工身份相适应的衔接机制。职工承包租赁期限不得超过其退休年限，防止简单固化承包租赁关系。职工退休时，在同等条件下其承包租赁土地可由其在农场务农的子女优先租赁经营。对租赁经营国有农场土地的，要严格依照合同法规范管理。加强承包和租赁收费管理，全面推行收支公开，强化审计监督。

（十）构建新型劳动用工制度。健全职工招录、培训和考核体系，逐步建立以劳动合同制为核心的市场化用工制度。除已签订劳动合同的职工外，对长期在农场从事农业生产经营的职工子女、外来落户人员等从业人员，结合国有农场改革发展进程，依法签订劳动合同。鼓励和引导职工子女扎根农场务农兴业。加强技能培训和就业服务，加大政策扶持力度，拓展就业渠道。对符合条件的农垦企业失业人员及时进行失业登记，并按规定享受失业保险待遇。对符合就业困难人员条件的农垦企业人员，按规定纳入就业援助范围。

（十一）完善社会保障机制。按照属地管理原则，将农垦职工和垦区居民纳入相应的社会保险、社会救助等社会保障体系。与国有农场签订劳动合同的农业从业人员，可以执行当地统一的企业职工社会保障政策，也可以实行符合农业生产特点的参保缴费办法。强化农垦企业及其职工按时足额缴费义务和地方政府主体责任，将未参加养老和医疗保险或中途断保的职工，按规定纳入参保范围。各级财政要进一步加大社会保障投入力度，支持落实好农垦职工和垦区居民的社会保障政策。统筹研究中央直属垦区养老保险缺口问题。

（十二）健全国有资产监管体制。农垦国有资产数量大、分布广、类型多，必须切实加强监督和管理。按照完善国有资产管理体制的总要求，明晰农垦国有资产权属关系，建立符合农垦特点、以管资本为主的监管体制。农垦管理部门要加强和改进对农垦企业的监管，全面开展包括土地在内的国有资产清产核资工作，加大对国有资本投向的专项监督力度，促进国有资产保值增值，放大国有资本功能，提升国有资本运行效率和效益。开展改组组建农垦国有资本投资、运营公司试点。农垦企业改革要依法依规、严格程序、公开公正，切实加强监督，严格责任追究，杜绝国有资产流失。

（十三）创新土地管理方式。土地是农垦最重要的生产资料，是农垦存在与发展的基础。要从强化农业基础地位、切实保护国有土地资源、实现可持续发展的高度，深化农垦土地管理制度改革。严禁擅自收回农垦国有土地使用权，确需收回的要经原批准用地的政府批准，并按照有关规定予以补偿，妥善解决职工生产生活困难，依法安排社会保障费用。加强土地利用总体规划及年度计划管理，严格执行土地用途管制制度，对农垦土地严格实行分类管理，禁止擅自将农用地转为建设用地。切实落实耕地占补平衡制度，加快划定永久基本农田。强化农垦土地权益保护，严肃查处擅自改变农垦土地用途和非法侵占农垦土地行为。用 3 年左右时间，基本完成农垦国有土地使用权确权登记发证任务，工作经费由中央财政、地方财政和国有农场共同负担。推进农垦土地资源资产化和资本化，创新农垦土地资产配置方式。对农垦企业改革改制中涉及的国有划拨建设用地和农用地，可按需要采取国有土地使用权出让、租赁、作价出资（入股）和保留划拨用地等方式处置。省级以上政府批准实行国有资产授权经营的国有独资企业、国有独资公司等农垦企业，其使用的原生产经营性国有划拨建设用地和农用地，经批准可以采取作价出资（入股）、授权经营方式处置。有序开展农垦国有农用地使用权抵押、担保试点。保障农垦产业发展和城镇化建设合理用地需求。农垦现有划拨建设用地，经批准办理有偿使用手续后，可以转让、出租、抵押或改变用途，需办理出让手续的，可以采取协议方式。农垦土地被依法收回后再出让的，其出让收入实行收支两条线管理，市县分成的相应土地出让收入要按规定积极用于农垦农业土地开发、农田水利建设以及公益性基础设施建设。

四、加快推进农垦现代农业发展

（十四）建设大型农产品生产基地。鼓励农垦企业通过土地托管、代耕代种代收、股份合作等方式，与农户形成紧密型利益联结机制，提高规模经营效益。结合实施全国高标准农田建设总体规划，积极推进农垦高标准农田建设。加强垦区大中型灌区和节水灌溉工程建设，加快实施地表水置换地下水工程，增加小型农田水利设施建设补助。加大对土地资源富集和比较优势突出垦区的支持力度，将黑龙江和内蒙古等垦区建设成为国家大型商品粮和优质奶源基地，新疆生产建设兵团建设成为国家大型优质棉花和特色农牧产品基地，北京、上海、天津、重庆等城郊型垦区建设成为都市型现代农业示范和优质鲜活农产品供应基地，广东、广西、海南、云南垦区建设成为国家天然橡胶和糖料基地，其他垦区也要根据区域比较优势建设特色农产品生产基地。

（十五）大力发展农产品加工流通业。发挥农垦企业集团优势，建设国家大型优质安全食品生产供应基地，打造农业全产业链，率先推动一二三产业融合发展，实现农业持续增值增效。推进农业生产全程标准化，严格农业投入品准入，强化水土治理和环境监测，建立从田间到餐桌的农产品质量安全追溯体系。鼓励农垦企业加快粮食晾晒、烘干、仓储设施和现代物流中心建设，大力发展大宗农产品产地初加工和精深加工，建设食品、饲料等专用原料基地和加工产业园区，辐射带动周边农民增收致富。推进农垦农产品流通网络优化布局，促进与全国流通体系对接融合，加快发展冷链物流、电子商务、连锁经营等流通业态。推进农垦企业品牌建设。支持农垦企业按照有关规定参与国家大宗农产品政策性收储。以政府性资金为引导，鼓励符合条件的金融机构和农垦企业集团等投入，设立农垦产业发展股权投资基金。

（十六）提升科技创新能力。农垦要在良种化、机械化、信息化等科技创新和农业技术推广方面继续走在全国前列。加强农垦科技创新能力建设，不断加大研发投入力度，强化农业科技攻关，着力解决重大共性关键技术和产品、设施装备难题，培育战略性新兴产业。统筹人才、项目和基地建设，推动农垦企业发展方式转变，推进协同创新组织模式，组建以企业为主体的农业产业技术创新联盟，搭建农业科技创新和成果转化推广平台，加快科技成果转化。整合种业基地和科研资源，实施联合联盟联营，做大做强育繁推一体化种子企业。加大农机购置补贴支持力度，优先支持农垦购置大型农业机械，提高装备水平，扩大农用航空作业范围，建设标准化机务区。积极推进生产经营管理全程信息化，开展农业物联网等信息技术集成应用和试验示范。加强农垦农业技术推广服务体系建设，重点开展高产高效技术集成示范，加强示范基地建设，推动绿色、高效、可持续现代农业发展。

（十七）示范带动现代农业和区域新型城镇化发展。加强农垦现代农业示范区建设，试验示范农业新技术、新装备和生产经营新模式，为推进中国特色新型农业现代化积累经验。引导农垦企业开展多种形式的垦地合作，为周边农民提供大型农机作业、农业投入品供应、农产品加工和购销等社会化服务，增强对周边区域辐射带动能力。推进垦区新型城镇化，远离中心城镇的国有农场要逐步发展成为功能设施齐全、公共服务配套的新型小城镇。毗邻城镇的国有农场，要加大区域资源共享共建力度，与地方政府合作开展城镇开发建设，防止互相隔离和重复建设，推动垦地城镇融合发展。鼓励社会资本参与国有农场公共服务和基础设施建设。

（十八）发挥农垦在农业对外合作中的引领作用。农垦是开展农业对外合作和提高我国农业国际竞争力的重要载体。适应国家对外开放新战略，立足国内产业基础，统筹规划农垦对外合作的目标区域和发展重点。鼓励农垦企业联合，以合资合作和并购重组等方式开展境外农业合作，建立生产、加工、仓储、运销体系。农业对外合作支持政策优先向符合条件的农垦企业倾斜。积极支持农垦承担国家农业援外项目，鼓励农垦企业扩大优势特色农产品出口。加强国际先进技术设备的引进、消化、利用，不断提高农垦企业技术装备和管理水平。

（十九）加强薄弱地区农场建设。制定专门规划和政策措施，加强边境农场、贫困农场和生态脆弱区农场的基础设施及公共服务体系建设，切实改善生产生活条件。支持边境农场加快发展特色产业、边境贸易和边境旅游，多渠道增加职工收入。加大对贫困农场扶持力度，帮助解决实际困难，增强其自我发展能力。生态脆弱区农场的水土流失治理和生态环境保护，纳入地方政府统一政策实施范围。

五、加强对农垦改革发展的领导

（二十）加强党的领导和建设。充分发挥农垦党组织的政治核心作用，切实加强基层党组织建设，坚持农垦改革发展方向，保证和监督各项政策的贯彻实施。农垦各级党组织要严格落实党建工作责任制，切实履行从严治党责任。把农垦改革与党的建设紧密结合起来，保证党组织机构健全、党务工作者队伍稳定、党组织和党员作用得到有效发挥。

把加强党的领导和完善农垦企业公司治理统一起来，创新党组织发挥政治核心作用的途径和形式。加强农垦各级领导班子思想作风和反腐倡廉建设，强化对农垦企业领导人员履职行权的监督。深入细致地开展思想政治工作，及时研究解决农垦改革发展的新情况新问题，保障农垦职工合法权益，确保农垦改革稳步有序推进。

（二十一）落实地方和部门责任。各级地方党委和政府要把推进农垦改革发展放在重要位置，加强组织领导，坚持问题导向和底线思维，强化统筹协调，切实抓好落实，确保垦区经济持续健康发展和社会和谐稳定。在依法编制经济社会发展规划、城乡规划、土地利用总体规划、新型城镇化发展规划及公共服务体系等规划时，要将农垦纳入其中并同步组织实施。各省（自治区、直辖市）党委和政府要按照本意见精神，结合当地实际，研究制定推进农垦改革发展的具体实施方案。国家有关部门要积极支持在若干垦区先行试点，总结经验，加快推进。国家发展改革委要做好规划衔接，安排相关建设项目时对农垦加大支持力度；财政部要根据农垦管理体制和改革发展需要，稳步加大对农垦投入，将农垦全面纳入国家强农惠农富农和改善民生政策覆盖范围；金融等有关部门要支持符合条件的农垦企业上市融资，并积极鼓励农垦企业通过债券市场筹集资金；其他部门要按照职责分工，落实有关政策措施。

（二十二）切实转变农垦管理职能。适应推进农垦改革发展需要，加强农垦管理部门能力建设，落实国家赋予农垦系统的任务。农垦管理部门要进一步简政放权，转变工作职能，创新工作方式，切实履行行业指导管理、国有资产监管等职责，按组织程序推荐任命农垦企业负责人，加强企业负责人薪酬和业务费管理。不得擅自解散、下放、撤销国有农场，国有农场合并、分设、调整等体制变动，须征求上级农垦管理部门意见。完善中央直属垦区现行“部省双重领导、以省为主”的管理体制，制定管理办法，厘清国家有关部门和省级政府职责，建立权责统一、管理规范、决策民主的制度体系，有效落实党风廉政建设主体责任和监督责任，完善权力运行约束监督机制。中央直属垦区主要领导干部任免、管理机构设置及人员编制、重大体制改革、资产处置等事项，须按照职责分工，征求国家有关部门意见。国家支持农垦改革发展的相关政策同样适用于新疆生产建设兵团。

（二十三）大力弘扬农垦精神。推进农垦改革发展，根本上要靠农垦自身努力。农垦各级领导干部要率先垂范、廉洁奉公、敢于担当，团结带领广大干部职工积极投身农垦改革发展。农垦干部职工要以主人翁精神，克服“等靠要”思想，发扬农垦优良传统作风，牢固树立开拓创新和市场竞争意识，增强推进农垦改革发展的自觉性主动性。加强农垦经营管理人才引进和培训，着力培养一批懂市场、善经营、会管理的优秀企业家，造就一支热爱农垦、献身农垦的高素质干部职工队伍。大力弘扬“艰苦奋斗、勇于开拓”的农垦精神，推进农垦文化建设，汇聚起推动农垦改革发展的强大精神力量。

2015 年 11 月 27 日

国务院办公厅关于加快转变农业发展方式的意见

国办发〔2015〕59 号

各省、自治区、直辖市人民政府，国务院各部委、各直属机构：

近年来，我国粮食生产“十一连增”，农民收入持续较快增长，农业农村经济发展取得巨大成绩，为经济社会持续健康发展提供了有力支撑。当前，我国经济发展进入新常态，农业发展面临农产品价格“天花板”封顶、生产成本“地板”抬升、资源环境“硬约束”加剧等新挑战，迫切需要加快转变农业发展方式。经国务院同意，现提出以下意见。

一、总体要求

（一）指导思想。全面贯彻落实党的十八大和十八届二中、三中、四中全会精神，按照党中央、国务院决策部署，把转变农业发展方式作为当前和今后一个时期加快推进农业现代化的根本途径，以发展多种形式农业适度规模经营为核心，以构建现代农业经营体系、生产体系和产业体系为重点，着力转变农业经营方式、生产方式、资源利用方式和管理方式，推动农业发展由数量增长为主转到数量质量效益并重上来，由主要依靠物质要素投入转到依靠科技创新和提高劳动者素质上来，由依赖资源消耗的粗放经营转到可持续发展上来，走产出高效、产品安全、资源节约、环境友好的现代农业发展道路。

（二）基本原则。

坚持把增强粮食生产能力作为首要前提。坚守耕地红线，做到面积不减少、质量不下降、用途不改变，稳定提升粮食产能，确保饭碗任何时候都牢牢端在自己手中，夯实转变农业发展方式的基础。

坚持把提高质量效益作为主攻方向。以市场需求为导向，适应居民消费结构变化，调整优化农业结构，向规模经营要效率、向一二三产业融合要效益、向品牌经营要利润，全面推进节本降耗、提质增效。

坚持把促进可持续发展作为重要内容。以资源环境承载能力为依据，优化农业生产力布局，加强农业环境突出问题治理，促进资源永续利用。

坚持把推进改革创新作为根本动力。打破传统农业发展路径依赖，全面深化农村改革，加快农业科技创新和制度创新，完善粮食等重要农产品价格形成机制，激活各类农业生产要素。

坚持把尊重农民主体地位作为基本遵循。尊重农民意愿，维护农民权益，在充分发挥市场机制作用的基础上，更好发挥政府作用，保护和调动农民积极性。

（三）主要目标。

到 2020 年，转变农业发展方式取得积极进展。多种形式的农业适度规模经营加快发展，农业综合生产能力稳步提升，产业结构逐步优化，农业资源利用和生态环境保护水平不断提高，物质技术装备条件显著改善，农民收入持续增加，为全面建成小康社会提供重要支撑。

到 2030 年，转变农业发展方式取得显著成效。产品优质安全，农业资源利用高效，产地生态环境良好，产业发展有机融合，农业质量和效益明显提升，竞争力显著增强。

二、增强粮食生产能力，提高粮食安全保障水平

（四）加快建设高标准农田。以高标准农田建设为平台，整合新增建设用地土地有偿使用费、农业综合开发资金、现代农业生产发展资金、农田水利设施建设补助资金、测土配方施肥资金、大型灌区续建配套与节水改造投资、新增千亿斤粮食生产能力规划投资等，统筹使用资金，集中力量开展土地平整、农田水利、土壤改良、机耕道路、配套电网林网等建设，统一上图入库，到 2020 年建成 8 亿亩高标准农田。有计划分片推进中低产田改造，改善农业生产条件，增强抵御自然灾害能力。探索建立有效机制，鼓励金融机构支持高标准农田建设和中低产田改造，引导各类新型农业经营主体积极参与。按照

"谁受益、谁管护"的原则，明确责任主体，建立奖惩机制，落实管护措施。

（五）切实加强耕地保护。落实最严格耕地保护制度，加快划定永久基本农田，确保基本农田落地到户、上图入库、信息共享。完善耕地质量保护法律制度，研究制定耕地质量等级国家标准。完善耕地保护补偿机制。充分发挥国家土地督察作用，坚持数量与质量并重，加强土地督察队伍建设，落实监督责任，重点加强东北等区域耕地质量保护。实施耕地质量保护与提升行动，分区域开展退化耕地综合治理、污染耕地阻控修复、土壤肥力保护提升、耕地质量监测等建设，开展东北黑土地保护利用试点，逐步扩大重金属污染耕地治理与种植结构调整试点，全面推进建设占用耕地耕作层土壤剥离再利用。

（六）积极推进粮食生产基地建设。结合永久基本农田划定，探索建立粮食生产功能区，优先在东北、黄淮海和长江中下游等水稻、小麦主产区，建成一批优质高效的粮食生产基地，将口粮生产能力落实到田块地头。加大财政均衡性转移支付力度，涉农项目资金要向粮食主产区倾斜。大力开展粮食高产创建活动，推广绿色增产模式，提高单产水平。引导企业积极参与粮食生产基地建设，发展产前、产中、产后等环节的生产和流通服务。加强粮食烘干、仓储设施建设。

三、创新农业经营方式，延伸农业产业链

（七）培育壮大新型农业经营主体。逐步扩大新型农业经营主体承担农业综合开发、中央基建投资等涉农项目规模。支持农民合作社建设农产品加工仓储冷链物流设施，允许财政补助形成的资产转交农民合作社持有和管护。鼓励引导粮食等大宗农产品收储加工企业为新型农业经营主体提供订单收购、代烘代储等服务。落实好新型农业经营主体生产用地政策。研究改革农业补贴制度，使补贴资金向种粮农民以及家庭农场等新型农业经营主体倾斜。支持粮食生产规模经营主体开展营销贷款试点。创新金融服务，把新型农业经营主体纳入银行业金融机构客户信用评定范围，对信用等级较高的在同等条件下实行贷款优先等激励措施，对符合条件的进行综合授信；探索开展农村承包土地经营权抵押贷款、大型农机具融资租赁试点，积极推动厂房、渔船抵押和生产订单、农业保单质押等业务，拓宽抵质押物范围；支持新型农业经营主体利用期货、期权等衍生工具进行风险管理；在全国范围内引导建立健全由财政支持的农业信贷担保体系，为粮食生产规模经营主体贷款提供信用担保和风险补偿；鼓励商业保险机构开发适应新型农业经营主体需求的多档次、高保障保险产品，探索开展产值保险、目标价格保险等试点。

（八）推进多种形式的农业适度规模经营。稳步开展农村土地承包经营权确权登记颁证工作。各地要采取财政奖补等措施，扶持多种形式的农业适度规模经营发展，引导农户依法采取转包、出租、互换、转让、入股等方式流转承包地。有条件的地方在坚持农地农用和坚决防止"非农化"的前提下，可以根据农民意愿统一连片整理耕地，尽量减少田埂，扩大耕地面积，提高机械化作业水平。采取财政扶持、信贷支持等措施，加快培育农业经营性服务组织，开展政府购买农业公益性服务试点，积极推广合作式、托管式、订单式等服务形式。支持供销合作社开展农业社会化服务，加快形成综合性、规模化、可持续的为农服务体系。总结推广多种形式农业适度规模经营的典型案例，充分发挥其示范带动作用。在坚持农村土地集体所有和充分尊重农民意愿的基础上，在农村改革试验区稳妥开展农户承包地有偿退出试点，引导有稳定非农就业收入、长期在城镇居住生活的农户自愿退出土地承包经营权。

（九）大力开展农业产业化经营。把发展

多种形式农业适度规模经营与延伸农业产业链有机结合起来，立足资源优势，鼓励农民通过合作与联合的方式发展规模种养业、农产品加工业和农村服务业，开展农民以土地经营权入股农民合作社、农业产业化龙头企业试点，让农民分享产业链增值收益。充实和完善龙头企业联农带农的财政激励机制，鼓励龙头企业为农户提供技术培训、贷款担保、农业保险资助等服务，大力发展一村一品、村企互动的产销对接模式；创建农业产业化示范基地，推进原料生产、加工物流、市场营销等一二三产业融合发展，促进产业链增值收益更多留在产地、留给农民。支持农业产业化示范基地开展技术研发、质量检测、物流信息等公共服务平台建设。从国家技改资金项目中划定一定比例支持龙头企业转型升级。

（十）加快发展农产品加工业。扩大农产品初加工补助资金规模、实施区域和品种范围。深入实施主食加工提升行动，推动马铃薯等主食产品开发。支持精深加工装备改造升级，建设一批农产品加工技术集成基地，提升农产品精深加工水平。支持粮油加工企业节粮技术改造，开展副产品综合利用试点。加大标准化生猪屠宰体系建设力度，支持屠宰加工企业一体化经营。

（十一）创新农业营销服务。加强全国性和区域性农产品产地市场建设，加大农产品促销扶持力度，提升农户营销能力。培育新型流通业态，大力发展农业电子商务，制定实施农业电子商务应用技术培训计划，引导各类农业经营主体与电商企业对接，促进物流配送、冷链设施设备等发展。加快发展供销合作社电子商务。积极推广农产品拍卖交易方式。

（十二）积极开发农业多种功能。加强规划引导，研究制定促进休闲农业与乡村旅游发展的用地、财政、金融等扶持政策，加大配套公共设施建设支持力度，加强从业人员培训，强化体验活动创意、农事景观设计、乡土文化开发，提升服务能力。保持传统乡村风貌，传承农耕文化，加强重要农业文化遗产发掘和保护，扶持建设一批具有历史、地域、民族特点的特色景观旅游村镇。提升休闲农业与乡村旅游示范创建水平，加大美丽乡村推介力度。

四、深入推进农业结构调整，促进种养业协调发展

（十三）大力推广轮作和间作套作。支持因地制宜开展生态型复合种植，科学合理利用耕地资源，促进种地养地结合。重点在东北地区推广玉米/大豆（花生）轮作，在黄淮海地区推广玉米/花生（大豆）间作套作，在长江中下游地区推广双季稻—绿肥或水稻—油菜种植，在西南地区推广玉米/大豆间作套作，在西北地区推广玉米/马铃薯（大豆）轮作。

（十四）鼓励发展种养结合循环农业。面向市场需求，加快建设现代饲草料产业体系，开展优质饲草料种植推广补贴试点，引导发展青贮玉米、苜蓿等优质饲草料，提高种植比较效益。加大对粮食作物改种饲草料作物的扶持力度，支持在干旱地区、高寒高纬度玉米种植区域和华北地下水超采漏斗区、南方石漠化地区率先开展试点。统筹考虑种养规模和环境消纳能力，积极开展种养结合循环农业试点示范。发展现代渔业，开展稻田综合种养技术示范，推广稻渔共生、鱼菜共生等综合种养技术新模式。

（十五）积极发展草食畜牧业。针对居民膳食结构和营养需求变化，促进安全、绿色畜产品生产。分区域开展现代草食畜牧业发展试点试验，在种养结构调整、适度规模经营培育、金融信贷支持、草原承包经营制度完善等方面开展先行探索。大力推进草食家畜标准化规模养殖，突出抓好疫病防控，加快推广先进适用技术模式，重点支持生态循

环畜牧业发展，引导形成牧区繁育、农区育肥的新型产业结构。实施牛羊养殖大县财政奖励补助政策。

五、提高资源利用效率，打好农业面源污染治理攻坚战

（十六）大力发展节水农业。落实最严格水资源管理制度，逐步建立农业灌溉用水量控制和定额管理制度。进一步完善农田灌排设施，加快大中型灌区续建配套与节水改造、大中型灌排泵站更新改造，推进新建灌区和小型农田水利工程建设，扩大农田有效灌溉面积。大力发展节水灌溉，全面实施区域规模化高效节水灌溉行动。分区开展节水农业示范，改善田间节水设施设备，积极推广抗旱节水品种和喷灌滴灌、水肥一体化、深耕深松、循环水养殖等技术。积极推进农业水价综合改革，合理调整农业水价，建立精准补贴机制。开展渔业资源环境调查，加大增殖放流力度，加强海洋牧场建设。统筹推进流域水生态保护与治理，加大对农业面源污染综合治理的支持力度，开展太湖、洱海、巢湖、洞庭湖和三峡库区等湖库农业面源污染综合防治示范。

（十七）实施化肥和农药零增长行动。坚持化肥减量提效、农药减量控害，建立健全激励机制，力争到 2020 年，化肥、农药使用量实现零增长，利用率提高到 40%以上。深入实施测土配方施肥，扩大配方肥使用范围，鼓励农业社会化服务组织向农民提供配方施肥服务，支持新型农业经营主体使用配方肥。探索实施有机肥和化肥合理配比计划，鼓励农民增施有机肥，支持发展高效缓（控）释肥等新型肥料，提高有机肥施用比例和肥料利用效率。加强对农药使用的管理，强化源头治理，规范农民使用农药的行为。全面推行高毒农药定点经营，建立高毒农药可追溯体系。开展低毒低残留农药使用试点，加大高效大中型药械补贴力度，推行精准施药和科学用药。鼓励农业社会化服务组织对农民使用农药提供指导和服务。

（十八）推进农业废弃物资源化利用。落实畜禽规模养殖环境影响评价制度。启动实施农业废弃物资源化利用示范工程。推广畜禽规模化养殖、沼气生产、农家肥积造一体化发展模式，支持规模化养殖场（区）开展畜禽粪污综合利用，配套建设畜禽粪污治理设施；推进农村沼气工程转型升级，开展规模化生物天然气生产试点；引导和鼓励农民利用畜禽粪便积造农家肥。支持秸秆收集机械还田、青黄贮饲料化、微生物腐化和固化炭化等新技术示范，加快秸秆收储运体系建设。扩大旱作农业技术应用，支持使用加厚或可降解农膜；开展区域性残膜回收与综合利用，扶持建设一批废旧农膜回收加工网点，鼓励企业回收废旧农膜。加快可降解农膜研发和应用。加快建成农药包装废弃物收集处理系统。

六、强化农业科技创新，提升科技装备水平和劳动者素质

（十九）加强农业科技自主创新。按照深化科技体制改革的总体要求，深入推进农业科技管理体制改革，提高创新效率。推进农业科技协同创新联盟建设。加快农业科技创新能力条件建设，按程序启动农业领域重点科研项目，加强农业科技国际交流与合作，着力突破农业资源高效利用、生态环境修复等共性关键技术。探索完善科研成果权益分配激励机制。建设农业科技服务云平台，提升农技推广服务效能。深入推进科技特派员农村科技创业行动，加快科技进村入户，让农民掌握更多的农业科技知识。

（二十）深化种业体制改革。在总结完善种业科研成果权益分配改革试点工作的基础上，逐步扩大试点范围；完善成果完成人分享制度，健全种业科技资源、人才向企业流

动机制，做大做强育繁推一体化种子企业。国家财政科研经费加大用于基础性公益性研究的投入，逐步减少用于农业科研院所和高等院校开展商业化育种的投入。实施现代种业提升工程，加强国家种质资源体系、植物新品种测试体系和品种区域试验体系建设，加大种质资源保护力度，完善植物品种数据库。实施粮食作物制种大县财政奖励补助政策，积极推进海南、甘肃、四川三大国家级育种制种基地建设，规划建设一批区域级育种制种基地。

（二十一）推进农业生产机械化。适当扩大农机深松整地作业补助试点，大力推广保护性耕作技术，开展粮棉油糖生产全程机械化示范，构建主要农作物全程机械化生产技术体系。完善适合我国国情的农业机械化技术与装备研发支持政策，主攻薄弱环节机械化，推进农机农艺融合，促进工程、生物、信息、环境等技术集成应用。探索完善农机报废更新补贴实施办法。

（二十二）加快发展农业信息化。开展"互联网+"现代农业行动。鼓励互联网企业建立农业服务平台，加强产销衔接。推广成熟可复制的农业物联网应用模式，发展精准化生产方式。大力实施农业物联网区域试验工程，加快推进设施园艺、畜禽水产养殖、质量安全追溯等领域物联网示范应用。加强粮食储运监管领域物联网建设。支持研发推广一批实用信息技术和产品，提高农业智能化和精准化水平。强化农业综合信息服务能力，提升农业生产要素、资源环境、供给需求、成本收益等监测预警水平，推进农业大数据应用，完善农业信息发布制度。大力实施信息进村入户工程，研究制定农业信息化扶持政策。加快国家农村信息化示范省建设。

（二十三）大力培育新型职业农民。加快建立教育培训、规范管理和政策扶持"三位一体"的新型职业农民培育体系。建立公益性农民培养培训制度，深入实施新型职业农民培育工程，推进农民继续教育工程。加强农民教育培训体系条件能力建设，深化产教融合、校企合作和集团化办学，促进学历、技能和创业培养相互衔接。鼓励进城农民工和职业院校毕业生等人员返乡创业，实施现代青年农场主计划和农村实用人才培养计划。

七、提升农产品质量安全水平，确保"舌尖上的安全"

（二十四）全面推行农业标准化生产。加强农业标准化工作，健全推广和服务体系。加快制修订农兽药残留标准，制定推广一批简明易懂的生产技术操作规程，继续推进农业标准化示范区、园艺作物标准园、畜禽标准化示范场和水产健康养殖示范场建设，扶持新型农业经营主体率先开展标准化生产，实现生产设施、过程和产品标准化。积极推行减量化生产和清洁生产技术，规范生产行为，控制农兽药残留，净化产地环境。

（二十五）推进农业品牌化建设。加强政策引导，营造公平有序的市场竞争环境，开展农业品牌塑造培育、推介营销和社会宣传，着力打造一批有影响力、有文化内涵的农业品牌，提升增值空间。鼓励企业在国际市场注册商标，加大商标海外保护和品牌培育力度。发挥有关行业协会作用，加强行业自律，规范企业行为。

（二十六）提高农产品质量安全监管能力。开展农产品质量安全县创建活动，探索建立有效的监管机制和模式。依法加强对农业投入品的监管，打击各类非法添加行为。开展农产品质量安全追溯试点，优先将新型农业经营主体纳入试点范围，探索建立产地质量证明和质量安全追溯制度，推进产地准出和市场准入。构建农产品质量安全监管追溯信息体系，促进各类追溯平台互联互通和监管信息共享。加强农产品产地环境监测和农业面源污染监测，强化产地安全管理。支持病死畜禽无害化处理设施建设，加快建立运行长效机制。加强农业执法监管能力建设，改善农业综合执法条件，稳定增加经费支持。

八、加强农业国际合作，统筹国际国内两个市场两种资源

（二十七）推进国际产能合作。拓展与“一带一路”沿线国家和重点区域的农业合作，带动农业装备、生产资料等优势产能对外合作。健全农业对外合作部际联席会议制度。在充分利用现有政策渠道的同时，研究农业对外合作支持政策，加快培育具有国际竞争力的农业企业集团。积极引导外商投资现代农业。

（二十八）加强农产品贸易调控。积极支持优势农产品出口。健全农产品进口调控机制，完善重要农产品国营贸易和关税配额管理，把握好进口规模、节奏，合理有效利用国际市场。加快构建全球重要农产品监测、预警和分析体系，建设基础数据平台，建立中长期预测模型和分级预警与响应机制。

九、强化组织领导

（二十九）落实地方责任。各省（区、市）人民政府要提高对转变农业发展方式重要性、复杂性和长期性的认识，增强紧迫感和自觉性，加强组织领导和统筹协调，落实工作责任，健全工作机制，切实把各项任务措施落到实处；要按照本意见要求，结合当地实际，制定具体实施方案。

（三十）加强部门协作。农业部要强化对转变农业发展方式工作的组织指导，密切跟踪工作进展，及时总结和推广经验。发展改革委、财政部要强化对重大政策、重大工程和重大项目的扶持。人民银行、银监会、证监会、保监会要积极落实金融支持政策。教育部、科技部、工业和信息化部、国土资源部、环境保护部、水利部、商务部、质检总局等部门要按照职责分工，抓紧出台相关配套政策。

国务院办公厅

2015 年 7 月 30 日

农业部　国家发展改革委　科技部　财政部　国土资源部　环境保护部　水利部　国家林业局　关于印发《全国农业可持续发展规划（2015—2030 年）》的通知

农计发〔2015〕145 号

各省、自治区、直辖市、计划单列市人民政府，新疆生产建设兵团：

《全国农业可持续发展规划（2015—2030）》已经国务院同意，现印发你们，请认真贯彻执行。

农业部　国家发展改革委　科技部

财政部　国土资源部　环境保护部

水利部　国家林业局

2015 年 5 月 20 日

抄送：国务院办公厅，各省、自治区、直辖市、计划单列市、新疆生产建设兵团农业（农牧）厅（局、委、办）

全国农业可持续发展规划
（2015—2030 年）

农业关乎国家食物安全、资源安全和生态安全。大力推动农业可持续发展，是实现

"五位一体"战略布局、建设美丽中国的必然选择，是中国特色新型农业现代化道路的内在要求。为指导全国农业可持续发展，编制本规划。

一、发展形势

（一）主要成就。

新世纪以来，我国农业农村经济发展成就显著，现代农业加快发展，物质技术装备水平不断提高，农业资源环境保护与生态建设支持力度不断加大，农业可持续发展取得了积极进展。

农业综合生产能力和农民收入持续增长。我国粮食生产实现历史性的"十一连增"，连续8年稳定在5亿吨以上，连续2年超过6亿吨。棉油糖、肉蛋奶、果菜鱼等农产品稳定增长，市场供应充足，农产品质量安全水平不断提高。农民收入持续较快增长，增速连续5年超过同期城镇居民收入增长。

农业资源利用水平稳步提高。严格控制耕地占用和水资源开发利用，推广实施了一批资源保护及高效利用新技术、新产品、新项目，水土资源利用效率不断提高。农田灌溉水用量占总用水比重由2002年的61.4%下降到2013年的55%，有效利用系数由0.44提高到2013年的0.52，粮食亩产由293公斤提高到2014年的359公斤。在地少水缺的条件下，资源利用水平的提高，为保证粮食等主要农产品有效供给作出了重要贡献。

农业生态保护建设力度不断加大。国家先后启动实施水土保持、退耕还林还草、退牧还草、防沙治沙、石漠化治理、草原生态保护补助奖励等一批重大工程和补助政策，加强农田、森林、草原、海洋生态系统保护与建设，强化外来物种入侵预防控制，全国农业生态恶化趋势初步得到遏制、局部地区出现好转。2013年全国森林覆盖率达到21.6%，全国草原综合植被盖度达54.2%。

农村人居环境逐步改善。积极推进农村危房改造、游牧民定居、农村环境连片整治、标准化规模养殖、秸秆综合利用、农村沼气和农村饮水安全工程建设，加强生态村镇、美丽乡村创建和农村传统文化保护，发展休闲农业，农村人居环境逐步得到改善。截至2014年底，改造农村危房1 565万户，定居游牧民24.6万户；5.9万个村庄开展了环境整治，直接受益人口约1.1亿。

（二）面临挑战。

在我国农业农村经济取得巨大成就的同时，农业资源过度开发、农业投入品过量使用、地下水超采以及农业内外源污染相互叠加等带来的一系列问题日益凸显，农业可持续发展面临重大挑战。

资源硬约束日益加剧，保障粮食等主要农产品供给的任务更加艰巨。人多地少水缺是我国基本国情。全国新增建设用地占用耕地年均约480万亩，被占用耕地的土壤耕作层资源浪费严重，占补平衡补充耕地质量不高，守住18亿亩耕地红线的压力越来越大。耕地质量下降，黑土层变薄、土壤酸化、耕作层变浅等问题凸显。农田灌溉水有效利用系数比发达国家平均水平低0.2，华北地下水超采严重。我国粮食等主要农产品需求刚性增长，水土资源越绷越紧，确保国家粮食安全和主要农产品有效供给与资源约束的矛盾日益尖锐。

环境污染问题突出，确保农产品质量安全的任务更加艰巨。工业"三废"和城市生活等外源污染向农业农村扩散，镉、汞、砷等重金属不断向农产品产地环境渗透，全国土壤主要污染物点位超标率为16.1%。农业内源性污染严重，化肥、农药利用率不足三分之一，农膜回收率不足三分之二，畜禽粪污有效处理率不到一半，秸秆焚烧现象严重。海洋富营养化问题突出，赤潮、绿潮时有发生，渔业水域生态恶化。农村垃圾、污水处理严重不足。农业农村环境污染加重的态势，直接影响了农产品质量安全。

生态系统退化明显，建设生态保育型农业的任务更加艰巨。全国水土流失面积达295万平方公里，年均土壤侵蚀量45亿吨，沙化土地173万平方公里，石漠化面积12万平方公里。高强度、粗放式生产方式导致农田生态系统结构失衡、功能退化，农林、农牧复合生态系统亟待建立。草原超载过牧问题依然突出，草原生态总体恶化局面尚未根本扭转。湖泊、湿地面积萎缩，生态服务功能弱化。生物多样性受到严重威胁，濒危物种增多。生态系统退化，生态保育型农业发展面临诸多挑战。

体制机制尚不健全，构建农业可持续发展制度体系的任务更加艰巨。水土等资源资产管理体制机制尚未建立，山水林田湖等缺乏统一保护和修复。农业资源市场化配置机制尚未建立，特别是反映水资源稀缺程度的价格机制没有形成。循环农业发展激励机制不完善，种养业发展不协调，农业废弃物资源化利用率较低。农业生态补偿机制尚不健全。农业污染责任主体不明确，监管机制缺失，污染成本过低。全面反映经济社会价值的农业资源定价机制、利益补偿机制和奖惩机制的缺失和不健全，制约了农业资源合理利用和生态环境保护。

（三）发展机遇。

当前和今后一个时期，推进农业可持续发展面临前所未有的历史机遇。一是农业可持续发展的共识日益广泛。党的十八大将生态文明建设纳入“五位一体”的总体布局，为农业可持续发展指明了方向。全社会对资源安全、生态安全和农产品质量安全高度关注，绿色发展、循环发展、低碳发展理念深入人心，为农业可持续发展集聚了社会共识。二是农业可持续发展的物质基础日益雄厚。我国综合国力和财政实力不断增强，强农惠农富农政策力度持续加大，粮食等主要农产品连年增产，利用“两种资源、两个市场”、弥补国内农业资源不足的能力不断提高，为农业转方式、调结构提供了战略空间和物质保障。三是农业可持续发展的科技支撑日益坚实。传统农业技术精华广泛传承，现代生物技术、信息技术、新材料和先进装备等日新月异、广泛应用，生态农业、循环农业等技术模式不断集成创新，为农业可持续发展提供有力的技术支撑。四是农业可持续发展的制度保障日益完善。随着农村改革和生态文明体制改革稳步推进，法律法规体系不断健全，治理能力不断提升，将为农业可持续发展注入活力、提供保障。

“三农”是国家稳定和安全的重要基础。我们必须立足世情、国情、农情，抢抓机遇，应对挑战，全面实施农业可持续发展战略，努力实现农业强、农民富、农村美。

二、总体要求

（一）指导思想。

以邓小平理论、“三个代表”重要思想、科学发展观为指导，深入贯彻习近平总书记系列重要讲话精神，全面落实党的十八大和十八届二中、三中、四中全会精神，按照党中央、国务院各项决策部署，牢固树立生态文明理念，坚持产能为本、保育优先、创新驱动、依法治理、惠及民生、保障安全的指导方针，加快发展资源节约型、环境友好型和生态保育型农业，切实转变农业发展方式，从依靠拼资源消耗、拼农资投入、拼生态环境的粗放经营，尽快转到注重提高质量和效益的集约经营上来，确保国家粮食安全、农产品质量安全、生态安全和农民持续增收，努力走出一条中国特色农业可持续发展道路，为“四化同步”发展和全面建成小康社会提供坚实保障。

（二）基本原则。

坚持生产发展与资源环境承载力相匹配。坚守耕地红线、水资源红线和生态保护红线，优化农业生产力布局，提高规模化集约化水平，确保国家粮食安全和主要农产品有效供给。因地制宜，分区施策，妥善处理好农业生产与环境治理、生态修复的关系，适度有序开展农业资源休养生息，加快推进农业环境问题治理，不断加强农业生态保护与建设，促进资源永续利用，增强农业综合生产能力和防灾减灾能力，提升与资源承载能力和环境容量的匹配度。

坚持创新驱动与依法治理相协同。大力推进农业科技创新和体制机制创新，释放改革新红利，推进科学种养，着力增强创新驱动发展新动力，促进农业发展方式转变。强化法治观念和思维，完善农业资源环境与生态保护法律法规体系，实行最严格的制度、最严密的法治，依法促进创新、保护资源、治理环境，构建创新驱动和法治保障相得益彰的农业可持续发展支撑体系。

坚持当前治理与长期保护相统一。牢固树立保护生态环境就是保护生产力、改善生态环境就是发展生产力的理念，把生态建设与管理放在更加突出的位置，从当前突出问题入手，统筹利用国际国内两种资源，兼顾农业内源外源污染控制，加大保护治理力度，推动构建农业可持续发展长效机制，在发展中保护、在保护中发展，促进农业资源永续利用，农业环境保护水平持续提高，农业生态系统自我修复能力持续提升。

坚持试点先行与示范推广相统筹。充分认识农业可持续发展的综合性和系统性，统筹考虑不同区域不同类型的资源禀赋和生态环境，围绕存在的突出问题开展试点工作，着力解决制约农业可持续发展的技术难题，着力构建有利于促进农业可持续发展的运行机制，探索总结可复制、可推广的成功模式，因地制宜、循序渐进地扩大示范推广范围，稳步推进全国农业可持续发展。

坚持市场机制与政府引导相结合。按照“谁污染、谁治理”“谁受益、谁付费”的要求，着力构建公平公正、诚实守信的市场环境，积极引导鼓励各类社会资源参与农业资源保护、环境治理和生态修复，着力调动农民、企业和社会各方面积极性，努力形成推进农业可持续发展的强大合力。政府在推动农业可持续发展中具有不可替代的作用，要切实履行好顶层设计、政策引导、投入支持、执法监管等方面的职责。

（三）发展目标。

到2020年，农业可持续发展取得初步成效，经济、社会、生态效益明显。农业发展方式转变取得积极进展，农业综合生产能力稳步提升，农业结构更加优化，农产品质量安全水平不断提高，农业资源保护水平与利用效率显著提高，农业环境突出问题治理取得阶段性成效，森林、草原、湖泊、湿地等生态系统功能得到有效恢复和增强，生物多样性衰减速度逐步减缓。

到2030年，农业可持续发展取得显著成效。供给保障有力、资源利用高效、产地环境良好、生态系统稳定、农民生活富裕、田园风光优美的农业可持续发展新格局基本确立。

三、重点任务

（一）优化发展布局，稳定提升农业产能。

优化农业生产布局。按照“谷物基本自给、口粮绝对安全”的要求，坚持因地制宜，宜农则农、宜牧则牧、宜林则林，逐步建立起农业生产力与资源环境承载力相匹配的农业生产新格局。在农业生产与水土资源匹配较好地区，稳定发展有比较优势、区域性特色农业；在资源过度利用和环境问题突出地区，适度休养，调整结构，治理污染；在生态脆弱区，实施退耕还林还草、退牧还草等措施，加大农业生态建设力度，修复农业生态系统功能。

加强农业生产能力建设。充分发挥科技创新驱动作用，实施科教兴农战略，加强农业科技自主创新、集成创新与推广应用，力争在种业和资源高效利用等技术领域率先突破，大力推广良种良法，到2020年农业科技进步贡献率达到60%以上，着力提高农业资源利用率和产出水平。大力发展农机装备，推进农机农艺融合，到2020年主要农作物耕种收综合机械化水平达到68%以上，加快实现粮棉油糖等大田作物生产全程机械化。着力加强农业基础设施建设，提高农业抗御自然灾害的能力。加强粮食仓储和转运设施建设，改善粮食仓储条件。发挥种养大户、家庭农场、农民合作社等新型经营主体的主力军作用，发展多种形式的适度规模经营，加强农业社会化服务，提高规模经营产出水平。

推进生态循环农业发展。优化调整种养业结构，促进种养循环、农牧结合、农林结合。支持粮食主产区发展畜牧业，推进“过腹还田”。积极发展草牧业，支持苜蓿和青贮玉米等饲草料种植，开展粮改饲和种养结合型循环农业试点。因地制宜推广节水、节肥、节药等节约型农业技术，以及“稻鱼共生”、“猪沼果”、林下经济等生态循环农业模式。到2020年国家现代农业示范区和粮食主产县基本实现区域内农业资源循环利用，到2030年全国基本实现农业废弃物趋零排放。

（二）保护耕地资源，促进农田永续利用。

稳定耕地面积。实行最严格的耕地保护制度，稳定粮食播种面积，严控新增建设占用耕地，确保耕地保有量在18亿亩以上，确保基本农田不低于15.6亿亩。划定永久基本农田，按照保护优先的原则，将城镇周边、交通沿线、粮棉油生产基地的优质耕地优先划为永久基本农田，实行永久保护。坚持耕地占补平衡数量与质量并重，全面推进建设占用耕地耕作层土壤剥离再利用。

提升耕地质量。采取深耕深松、保护性耕作、秸秆还田、增施有机肥、种植绿肥等土壤改良方式，增加土壤有机质，提升土壤肥力。恢复和培育土壤微生物群落，构建养分健康循环通道，促进农业废弃物和环境有机物分解。加强东北黑土地保护，减缓黑土层流失。开展土地整治、中低产田改造、农田水利设施建设，加大高标准农田建设力度，到2020年建成集中连片、旱涝保收的8亿亩高标准农田。到2020年和2030年全国耕地基础地力提升0.5个等级和1个等级以上，粮食产出率稳步提高。严格控制工矿企业排放和城市垃圾、污水等农业外源性污染。防治耕地重金属污染和有机污染，建立农产品产地土壤分级管理利用制度。

适度退减耕地。依据国务院批准的新一轮退耕还林还草总体方案，实施退耕还林还草，宜乔则乔、宜灌则灌、宜草则草，有条件的地方实行林草结合，增加植被盖度。

（三）节约高效用水，保障农业用水安全。

实施水资源红线管理。确立水资源开发利用控制红线，到2020年和2030年全国农业灌溉用水量分别保持在3 720亿立方米和3 730亿立方米。确立用水效率控制红线，到2020年和2030年农田灌溉水有效利用系数分别达到0.55和0.6以上。推进地表水过度利用和地下水超采区综合治理，适度退减灌溉面积。

推广节水灌溉。分区域规模化推进高效节水灌溉，加快农业高效节水体系建设，到2020年和2030年，农田有效灌溉率分别达到55%和57%，节水灌溉率分别达到64%和75%。发展节水农业，加大粮食主产区、严重缺水区和生态脆弱地区的节水灌溉工程建设力度，推广渠道防渗、管道输水、喷灌、微灌等节水灌溉技术，完善灌溉用水计量设施，到2020年发展高效节水灌溉面积2.88亿亩。加强现有大中型灌区骨干工程续建配套节水改造，强化小型农田水利工程建设和大中型灌区田间工程配套，增强农业抗旱能力和综合生产能力。积极推行农艺节水保墒技术，改进耕作方式，调整种植结构，推广抗旱品种。

发展雨养农业。在半干旱、半湿润偏旱区建设农田集雨、集雨窖等设施，推广地膜覆盖技术，开展粮草轮作、带状种植，推进种养结合。优化农作物种植结构，改良耕作制度，扩大优质耐旱高产品种种植面积，严格限制高耗水农作物种植面积，鼓励种植耗水少、附加值高的农作物。在水土流失易发地区，扩大保护性耕作面积。

（四）治理环境污染，改善农业农村环境。

防治农田污染。全面加强农业面源污染防控，科学合理使用农业投入品，提高使用效率，减少农业内源性污染。普及和深化测土配方施肥，改进施肥方式，鼓励使用有机肥、生物肥料和绿肥种植，到2020年全国测土配方施肥技术推广覆盖率达到90%以上，化肥利用率提高到40%，努力实现化肥施用量零增长。推广高效、低毒、低残留农药、生物农药和先进施药机械，推进病虫害统防统治和绿色防控，到2020年全国农作物病虫害统防统治覆盖率达到40%，努力实现农药施用量零增长；京津冀、长三角、珠三角等区域提前一年完成。建设农田生态沟渠、污水净化塘等设施，净化农田排水及地表径流。综合治理地膜污染，推广加厚地膜，开展废旧地膜机械化捡拾示范推广和回收利用，加快可降解地膜研发，到2030年农业主产区农膜和农药包装废弃物实现基本回收利用。开展农产品产地环境监测与风险评估，实施重度污染耕地用途管制，建立健全全国农业环境监测体系。

综合治理养殖污染。支持规模化畜禽养殖场（小区）开展标准化改造和建设，提高畜禽粪污收集和处理机械化水平，实施雨污分流、粪污资源化利用，控制畜禽养殖污染排放。到2020年和2030年养殖废弃物综合利用率分别达到75%和90%以上，规模化养殖场畜禽粪污基本资源化利用，实现生态消纳或达标排放。在饮用水水源保护区、风景名胜区等区域划定禁养区、限养区，全面完善污染治理设施建设。2017年底前，依法关闭或搬迁禁养区内的畜禽养殖场（小区）和养殖专业户，京津冀、长三角、珠三角等区域提前一年完成。建设病死畜禽无害化处理设施，严格规范兽药、饲料添加剂生产和使用，健全兽药质量安全监管体系。严格控制近海、江河、湖泊、水库等水域的养殖容量和养殖密度，开展水产养殖池塘标准化改造和生态修复，推广高效安全复合饲料，逐步减少使用冰鲜杂鱼饵料。

改善农村环境。科学编制村庄整治规划，加快农村环境综合整治，保护饮用水水源，加强生活污水、垃圾处理，加快构建农村清洁能源体系。推进规模化畜禽养殖区和居民生活区的科学分离。禁止秸秆露天焚烧，推进秸秆全量化利用，到2030年农业主产区农作物秸秆得到全面利用。开展生态村镇、美丽乡村创建，保护和修复自然景观和田园景观，开展农户及院落风貌整治和村庄绿化美化，整乡整村推进农村河道综合治理。注重农耕文化、民俗风情的挖掘展示和传承保护，推进休闲农业持续健康发展。

（五）修复农业生态，提升生态功能。

增强林业生态功能。按照“西治、东扩、北休、南提”的思路，加快西部防沙治沙步伐，扩展东部林业发展的空间和内涵，开展北方天然林休养生息，提高南方林业质量和效益，全面提升林业综合生产能力和生态功能，到2020年森林覆盖率达到23%以上。加强天然林资源保护特别是公益林建设和后备森林资源培育。建立比较完善的平原农田防护林体系，到2020年和2030年全国农田林网控制率分别达到90%和95%以上。

保护草原生态。全面落实草原生态保护补助奖励机制，推进退牧还草、京津风沙源治理和草原防灾减灾。坚持基本草原保护制度，开展禁牧休牧、划区轮牧，推进草原改良和人工种草，促进草畜平衡，推动牧区草原畜牧业由传统的游牧向现代畜牧业转变。加快农牧交错带已垦草原治理，恢复草地生态。强化草原自然保护区建设。合理利用南方草地，保护和恢复南方高山草甸生态。到2020年和2030年全国草原综合植被盖度分别达到56%和60%。

恢复水生生态系统。采取流域内节水、适度引水和调水、利用再生水等措施，增加重要湿地和河湖生态水量，实现河湖生态修复与综合治理。加强水生生物自然保护区和水产种质资源保护区建设，继续实施增殖放流，推进水产养殖生态系统修复，到2020年全国水产健康养殖面积占水产养殖面积的65%，到2030年达到90%。加大海洋渔业生态保护力度，严格控制捕捞强度，继续实施海洋捕捞渔船减船转产，更新淘汰高耗能渔船。加强自然海岸线保护，适度开发利用沿海滩涂，重要渔业海域禁止实施围填海，积极开展以人工鱼礁建设为载体的海洋牧场建设。严格实施海洋捕捞准用渔具和过度渔具最小网目尺寸制度。

保护生物多样性。加强畜禽遗传资源和农业野生植物资源保护，加大野生动植物自然保护区建设力度，开展濒危动植物物种专项救护，完善野生动植物资源监测预警体系，遏制生物多样性减退速度。建立农业外来入侵生物监测预警体系、风险性分析和远程诊断系统，建设综合防治和利用示范基地，严格防范外来物种入侵。构建国家边境动植物检验检疫安全屏障，有效防范动植物疫病。

四、区域布局

针对各地农业可持续发展面临的问题，综合考虑各地农业资源承载力、环境容量、生态类型和发展基础等因素，将全国划分为优化发展区、适度发展区和保护发展区。按照因地制宜、梯次推进、分类施策的原则，确定不同区域的农业可持续发展方向和重点。

（一）优化发展区。

包括东北区、黄淮海区、长江中下游区和华南区，是我国大宗农产品主产区，农业生产条件好、潜力大，但也存在水土资源过度消耗、环境污染、农业投入品过量使用、资源循环利用程度不高等问题。要坚持生产优先、兼顾生态、种养结合，在确保粮食等主要农产品综合生产能力稳步提高的前提下，保护好农业资源和生态环境，实现生产稳定发展、资源永续利用、生态环境友好。

——东北区。以保护黑土地、综合利用水资源、推进农牧结合为重点，建设资源永续利用、种养产业融合、生态系统良性循环的现代粮畜产品生产基地。在典型黑土带，综合治理水土流失，实施保护性耕作，增施有机肥，推行粮豆轮作。到2020年，适宜地区深耕深松全覆盖，土壤有机质恢复提升，土壤保水保肥能力显著提高。在三江平原等水稻主产区，控制水田面积，限制地下水开采，改井灌为渠灌，到2020年渠灌比重提高到50%，到2030年实现以渠灌为主。在农牧交错地带，积极推广农牧结合、粮草兼顾、生态循环的种养模式，种植青贮玉米和苜蓿，大力发展优质高产奶业和肉牛产业。推动适度规模化畜禽养殖，加大动物疫病区域化管理力度，推进“免疫无疫区”建设。在大小兴安岭等地区，加大森林草原保护建设力度，发挥其生态安全屏障作用，保护和改善农田生态系统。

——黄淮海区。以治理地下水超采、控肥控药和废弃物资源化利用为重点，构建与资源环境承载力相适应、粮食和“菜篮子”产品稳定发展的现代农业生产体系。在华北地下水严重超采区，因地制宜调整种植结构，适度压减高度依赖灌溉的作物种植；大力发展水肥一体化等高效节水灌溉，实行灌溉定额制度，加强灌溉用水水质管理，推行农艺节水和深耕深松、保护性耕作，到2020年地下水超采问题得到有效缓解。在淮河流域等面源污染较重地区，大力推广配方施肥、绿色防控技术，推行秸秆肥料化、饲料化利用；调整优化畜禽养殖布局，稳定生猪、肉禽和蛋禽生产规模，加强畜禽粪污处理设施建设，提高循环利用水平。在沿黄滩区因地制宜发展水产健康养殖。全面加强区域高标准农田建设，改造中低产田和盐碱地，配套完善农田林网。

——长江中下游区。以治理农业面源污染和耕地重金属污染为重点，建立水稻、生猪、水产健康安全生产模式，确保农产品质量，巩固农产品主产区供给地位，改善农业农村环境。科学施用化肥农药，通过建设拦截坝、种植绿肥等措施，减少化肥、农药对农田和水域的污染；推进畜禽养殖适度规模化，在人口密集区域适当减少生猪养殖规模，加快畜禽粪污资源化利用和无害化处理，推进农村垃圾和污水治理。加强渔业资源保护，大力发展滤食性、草食性净水鱼类和名优水产品生产，加大标准化池塘改造，推广水产健康养殖，积极开展增殖放流，发展稻田养鱼。严控工矿业污染排放，从源头上控制水体污染，确保农业用水水质。加强耕地重金属污染治理，增施有机肥，实施秸秆还田，施用钝化剂，建立缓冲带，优化种植结构，减轻重金属污染对农业生产的影响。到2020年，污染治理区食用农产品达标生产，农业面源污染扩大的趋势得到有效遏制。

——华南区。以减量施肥用药、红壤改良、水土流失治理为重点，发展生态农业、特色农业和高效农业，构建优质安全的热带亚热带农产品生产体系。大力开展专业化统防统治和绿色防控，推进化肥农药减量施用，治理水土流失，加大红壤改良力度，建设生态绿色的热带水果、冬季瓜菜生产基地。恢复林草植被，发展水源涵养林、用材林和经济林，减少地表径流，防止土壤侵蚀；改良山地草场，加快发展地方特色畜禽养殖。加强天然渔业资源养护、水产原种保护和良种培育，扩大增殖放流规模，推广水产健康养殖。到2020年，农业资源高效利用，生态农业建设取得实质性进展。

（二）适度发展区。

包括西北及长城沿线区、西南区，农业生产特色鲜明，但生态脆弱，水土配置错位，资源性和工程性缺水严重，资源环境承载力有限，农业基础设施相对薄弱。要坚持保护与发展并重，立足资源环境禀赋，发挥优势、扬长避短，适度挖掘潜力、集约节约、有序利用，提高资源利用率。

——西北及长城沿线区。以水资源高效利用、草畜平衡为核心，突出生态屏障、特色产区、稳农增收三大功能，大力发展旱作节水农业、草食畜牧业、循环农业和生态农业，加强中低产田改造和盐碱地治理，实现生产、生活、生态互利共赢。在雨养农业区，实施压夏扩秋，调减小麦种植面积，提高小麦单产，扩大玉米、马铃薯和牧草种植面积，推广地膜覆盖等旱作农业技术，建立农膜回收利用机制，逐步实现基本回收利用。修建防护林带，增强水源涵养功能。在绿洲农业区，大力发展高效节水灌溉，实施续建配套与节水改造，完善田间灌排渠系，增加节水灌溉面积，到2020年实现节水灌溉全覆盖，并在严重缺水地区实行退地减水，严格控制地下水开采。在农牧交错区，推进粮草兼顾型农业结构调整，通过坡耕地退耕还草、粮草轮作、种植结构调整、已垦草原恢复等形式，挖掘饲草料生产潜力，推进草食畜牧业发展。在草原牧区，继续实施退牧还草工程，保护天然草原，实行划区轮牧、禁牧、舍饲圈养，控制草原鼠虫害，恢复草原生态。

——西南区。突出小流域综合治理、草

地资源开发利用和解决工程性缺水，在生态保护中发展特色农业，实现生态效益和经济效益相统一。通过修筑梯田、客土改良、建设集雨池，防止水土流失，推进沙漠化综合治理，到2020年治理沙漠化面积40%以上。加强林草植被的保护和建设，发展水土保持林、水源涵养林和经济林，开展退耕还林还草，鼓励人工种草，合理开发利用草地资源，发展生态畜牧业。严格保护平坝水田，稳定水稻、玉米面积，扩大马铃薯种植，发展高山夏秋冷凉特色农作物生产。

（三）保护发展区。

包括青藏区和海洋渔业区，在生态保护与建设方面具有特殊重要的战略地位。青藏区是我国大江大河的发源地和重要的生态安全屏障，高原特色农业资源丰富，但生态十分脆弱。海洋渔业区发展较快，也存在着渔业资源衰退、污染突出的问题。要坚持保护优先、限制开发，适度发展生态产业和特色产业，让草原、海洋等资源得到休养生息，促进生态系统良性循环。

——青藏区。突出三江源头自然保护区和三江并流区的生态保护，实现草原生态整体好转，构建稳固的国家生态安全屏障。保护基本口粮田，稳定青稞等高原特色粮油作物种植面积，确保区域口粮安全，适度发展马铃薯、油菜、设施蔬菜等产品生产。继续实施退牧还草工程和草原生态保护补助奖励机制，保护天然草场，积极推行舍饲半舍饲养殖，以草定畜，实现草畜平衡，有效治理鼠虫害、毒草，遏制草原退化趋势。适度发展牦牛、绒山羊、藏系绵羊为主的高原生态畜牧业，加强动物防疫体系建设，保护高原特有鱼类。

——海洋渔业区。严格控制海洋渔业捕捞强度，限制海洋捕捞机动渔船数量和功率，加强禁渔期监管。稳定海水养殖面积，改善近海水域生态质量，大力开展水生生物资源增殖和环境修复，提升渔业发展水平。积极发展海洋牧场，保护海洋渔业生态。到2020年，海洋捕捞机动渔船数量和总功率明显下降。

五、重大工程

围绕重点建设任务，以最急需、最关键、最薄弱的环节和领域为重点，统筹安排中央预算内投资和财政资金，调整盘活财政支农存量资金，安排增量资金，积极引导带动地方和社会投入，组织实施一批重大工程，全面夯实农业可持续发展的物质基础。

（一）水土资源保护工程。

高标准农田建设项目。以粮食主产区、非主产区产粮大县为重点，兼顾棉花、油料、糖料等重要农产品优势产区，开展土地平整，建设田间灌排沟渠及机井、节水灌溉、小型集雨蓄水、积肥设施等基础设施，修建农田道路、农田防护林、输配电设施，推广应用先进适用耕作技术。

耕地质量保护与提升项目。在全国范围内分区开展土壤改良、地力培肥和养分平衡，防止耕地退化，提高耕地基础地力和产出能力。在东北区开展黑土地保护，实施深耕深松、秸秆还田、培肥地力，配套有机肥堆沤场，推广粮豆轮作；防治水土流失，实施改垄、修建等高地埂植物带、推进等高种植和建设防护林带等措施。在黄淮海区开展秸秆还田、深耕深松、砂礓黑土改良、水肥一体化、种植结构调整和土壤盐渍化治理。在长江中下游区及华南区开展绿肥种植、增施有机肥、秸秆还田、冬耕翻土晒田、施用石灰深耕改土等。开展建设占用耕地的耕作层剥离试点，剥离的耕作层重点用于土地开发复垦、中低产田改造等。

耕地重金属污染治理项目。在南方水稻产区等重金属污染突出区域，改造现有灌溉沟渠，修建植物隔离带或人工湿地缓冲带，减低灌溉水源中重金属含量；在轻中度污染区实施以农艺技术为主的修复治理，改种低积累水稻、玉米等粮食作物和经济作物，在重度污染区改种非食用作物或高富集树种；完善土壤改良配套设施，建设有机肥、钝化剂等野外配制场所，配备重度污染区农作物秸秆综合利用设施设备。

水土保持与坡耕地改造项目。以小流域为单元，以水源保护为中心，配套修建塘坝窖池，配合实施沟道整治和小型蓄水保土工程，加强生态清洁小流域建设。在水土流失严重、人口密度大、坡耕地集中地区，尤其是关中盆地、四川盆地以及南方部分地区，建设坡改梯及其配套工程。

高效节水项目。加强大中型灌区续建配套节水改造建设，改善灌溉条件。在西北地区改造升级现有滴灌设施，新建一批玉米、林果等喷灌、滴灌设施，推广全膜双垄沟播等旱作节水技术。在东北地区西部推行滴灌等高效节水灌溉，水稻区推广控制灌溉等节水措施。在黄淮海区重点发展井灌区管道输水灌溉，推广喷灌、微灌、集雨节灌和水肥一体化技术。在南方地区发展管道输水灌溉，加快水稻节水防污型灌区建设。

地表水过度开发和地下水超采区治理项目。在地表水源有保障、基础条件较好地区积极发展水肥一体化等高效节水灌溉。在地表水和地下水资源过度开发地区，退减灌溉面积，调整种植结构，减少高耗水作物种植面积，进一步加大节水力度，实施地下水开采井封填、地表水取水口调整处置和用水监测、监控措施。在具备条件的地区，可适度采取地表水替代地下水灌溉。

农业资源监测项目。充分利用现有资源，建设和完善遥感、固定观测和移动监测等一体化的农业资源监测体系，建立耕地质量和土壤墒情、重金属污染、农业面源污染、土壤环境监测网点，建立土壤样品库、信息中心和耕地质量数据平台，健全农业灌溉用水、地表水和地下水监测监管体系，建设农业资源环境大数据中心，推动农业资源数据共建共享。

（二）农业农村环境治理工程。

畜禽粪污综合治理项目。在污染严重的规模化生猪、奶牛、肉牛养殖场和养殖密集区，按照干湿分离、雨污分流、种养结合的思路，建设一批畜禽粪污原地收集储存转运、固体粪便集中堆肥或能源化利用、污水高效生物处理等设施和有机肥加工厂。在畜禽养殖优势省区，以县为单位建设一批规模化畜禽养殖场废弃物处理与资源化利用示范点、养殖密集区畜禽粪污处理和有机肥生产设施。

化肥农药氮磷控源治理项目。在典型流域，推广测土配方施肥技术，增施有机肥，推广高效肥和化肥深施、种肥同播等技术；实施平缓型农田氮磷净化，开展沟渠整理，清挖淤泥，加固边坡，合理配置水生植物群落，配置格栅和透水坝；实施坡耕地氮磷拦截再利用，建设坡耕地生物拦截带和径流集蓄再利用设施。实施农药减量控害，推进病虫害专业化统防统治和绿色防控，推广高效低毒农药和高效植保机械。

农膜和农药包装物回收利用项目。在农膜覆盖量大、残膜问题突出的地区，加快推广使用加厚地膜和可降解农膜，集成示范推广农田残膜捡拾、回收相关技术，建设废旧地膜回收网点和再利用加工厂，建设一批农田残膜回收与再利用示范县。在农药使用量大的农产品优势区，建设一批农药包装废弃物回收站和无害化处理站，建立农药包装废弃物处置和危害管理平台。

秸秆综合利用项目。实施秸秆机械还田、青黄贮饲料化利用，实施秸秆气化集中供气、供电和秸秆固化成型燃料供热、材料化致密成型等项目。配置秸秆还田深翻、秸秆粉碎、捡拾、打包等机械，建立健全秸秆收储运体系。

农村环境综合整治项目。采取连片整治的推进方式，综合治理农村环境，建立村庄保洁制度，建设生活污水、垃圾、粪便等处理和利用设施设备，保护农村饮用水水源地。实施沼气集中供气，推进农村省柴节煤炉灶炕升级换代，推广清洁炉灶、可再生能源和产品。

（三）农业生态保护修复工程。

新一轮退耕还林还草项目。在符合条件的25度以上坡耕地、严重沙化耕地和重要水源地15～25度坡耕地，实施新一轮退耕还林还草，在农民自愿的前提下植树种草。按照适地适树的原则，积极发展木本粮油。

草原保护与建设项目。继续实施天然草原退牧还草、京津风沙源草地治理、三江源生态保护与建设等工程，开展草原自然保护区建设和南方草地综合治理，建设草原灾害监测预警、防灾物资保障及指挥体系等基础设施。到2020年，改良草原9亿亩，人工种草4.5亿亩。在农牧交错带开展已垦草原治理，平整弃耕地，建设旱作优质饲草基地，恢复草原植被。开展防沙治沙建设，保护现有植被，合理调配生态用水，固定流动和半流动沙丘。

石漠化治理项目。在西南地区，重点开展封山育林育草、人工造林和草地建设，建设和改造坡耕地，配套相应水利水保设施。在石漠化严重地区，开展农村能源建设和易地扶贫搬迁，控制人为因素产生新的石漠化现象。

湿地保护项目。继续强化湿地保护与管理，建设国际重要湿地、国家重要湿地、湿地自然保护区、湿地公园以及湿地多用途管理区。通过退耕还湿、湿地植被恢复、栖息地修复、生态补水等措施，对已垦湿地以及周边退化湿地进行治理。

水域生态修复项目。在淡水渔业区，推进水产养殖污染减排，升级改造养殖池塘，改扩建工厂化循环水养殖设施，对湖泊水库的规模化网箱养殖配备环保网箱、养殖废水废物收集处理设施。在海洋渔业区，配置海洋渔业资源调查船，建设人工鱼礁、海藻场、海草床等基础设施，发展深水网箱养殖。继续实施渔业转产转业及渔船更新改造项目，加大减船转产力度。在水源涵养区，综合运用截污治污、河湖清淤、生物控制等，整治生态河道和农村沟塘，改造渠化河道，推进水生态修复。开展水生生物资源环境调查监测和增殖放流。

农业生物资源保护项目。建设一批农业野生植物原生境保护区、国家级畜禽种质资源保护区、水产种质资源保护区、水生生物自然保护区和外来入侵物种综合防控区，建立农业野生生物资源监测预警中心、基因资源鉴定评价中心和外来入侵物种监测网点，强化农业野生生物资源保护。

（四）试验示范工程。

农业可持续发展试验示范区建设项目。选择不同农业发展基础、资源禀赋、环境承载能力的区域，建设东北黑土地保护、西北旱作区农牧业可持续发展、黄淮海地下水超采综合治理、长江中下游耕地重金属污染综合治理、西南华南石漠化治理、西北农牧交错带草食畜牧业发展、青藏高原草地生态畜牧业发展、水产养殖区渔业资源生态修复、畜禽污染治理、农业废弃物循环利用等10个类型的农业可持续发展试验示范区。加强相关农业园区之间的衔接，优先在具备条件的国家现代农业示范区、国家农业科技园区内开展农业可持续发展试验示范工作。通过集成示范农业资源高效利用、环境综合治理、生态有效保护等领域先进适用技术，探索适合不同区域的农业可持续发展管理与运行机制，形成可复制、可推广的农业可持续发展典型模式，打造可持续发展农业的样板。

六、保障措施

（一）强化法律法规。

完善相关法律法规和标准。研究制修订

土壤污染防治法以及耕地质量保护、黑土地保护、农药管理、肥料管理、基本草原保护、农业环境监测、农田废旧地膜综合治理、农产品产地安全管理、农业野生植物保护等法规规章，强化法制保障。完善农业和农村节能减排法规体系，健全农业各产业节能规范、节能减排标准体系。制修订耕地质量、土壤环境质量、农用地膜、饲料添加剂重金属含量等标准，为生态环境保护与建设提供依据。

加大执法与监督力度。健全执法队伍，整合执法力量，改善执法条件。落实农业资源保护、环境治理和生态保护等各类法律法规，加强跨行政区资源环境合作执法和部门联动执法，依法严惩农业资源环境违法行为。开展相关法律法规执行效果的监测与督察，健全重大环境事件和污染事故责任追究制度及损害赔偿制度。

（二）完善扶持政策。

加大投入力度。健全农业可持续发展投入保障体系，推动投资方向由生产领域向生产与生态并重转变，投资重点向保障国家粮食安全和主要农产品供给、推进农业可持续发展倾斜。充分发挥市场配置资源的决定性作用，鼓励引导金融资本、社会资本投向农业资源利用、环境治理和生态保护等领域，构建多元化投入机制。完善财政等激励政策，落实税收政策，推行第三方运行管理、政府购买服务、成立农村环保合作社等方式，引导各方力量投向农村资源环境保护领域。将农业环境问题治理列入利用外资、发行企业债券的重点领域，扩大资金来源渠道。切实提高资金管理和使用效益，健全完善监督检查、绩效评价和问责机制。

健全完善扶持政策。继续实施并健全完善草原生态保护补助奖励、测土配方施肥、耕地质量保护与提升、农作物病虫害专业化统防统治和绿色防控、农机具购置补贴、动物疫病防控、病死畜禽无害化处理补助、农产品产地初加工补助等政策。研究实施精准补贴等措施，推进农业水价综合改革。建立健全农业资源生态修复保护政策。支持优化粮饲种植结构，开展青贮玉米和苜蓿种植、粮豆粮草轮作；支持秸秆还田、深耕深松、生物炭改良土壤、积造施用有机肥、种植绿肥；支持推广使用高标准农膜，开展农膜和农药包装废弃物回收再利用。继续开展渔业增殖放流，落实好公益林补偿政策，完善森林、湿地、水土保持等生态补偿制度。建立健全江河源头区、重要水源地、重要水生态修复治理区和蓄滞洪区生态补偿机制。完善优质安全农产品认证和农产品质量安全检验制度，推进农产品质量安全信息追溯平台建设。

（三）强化科技和人才支撑。

加强科技体制机制创新。加强农业可持续发展的科技工作，在种业创新、耕地地力提升、化学肥料农药减施、高效节水、农田生态、农业废弃物资源化利用、环境治理、气候变化、草原生态保护、渔业水域生态环境修复等方面推动协同攻关，组织实施好相关重大科技项目和重大工程。创新农业科研组织方式，建立全国农业科技协同创新联盟，依托国家农业科技园区及其联盟，进一步整合科研院所、高校、企业的资源和力量。健全农业科技创新的绩效评价和激励机制。充分利用市场机制，吸引社会资本、资源参与农业可持续发展科技创新。

促进成果转化。建立科技成果转化交易平台，按照利益共享、风险共担的原则，积极探索"项目＋基地＋企业"、"科研院所＋高校＋生产单位＋龙头企业"等现代农业技术集成与示范转化模式。进一步加大基层农技推广体系改革与建设力度。创新科技成果评价机制，按照规定对于在农业可持续发展领域有突出贡献的技术人才给予奖励。

强化人才培养。依托农业科研、推广项目和人才培训工程，加强资源环境保护领域农业科技人才队伍建设。充分利用农业高等教育、农民职业教育等培训渠道，培养农村环境监测、生态修复等方面的技能型人才。在新型职业农民培育及农村实用人才带头人示范培训中，强化农业可持续发展的理念和实用技术培训，为农业可持续发展提供坚实的人才保障。

加强国际技术交流与合作。借助多双边和区域合作机制，加强国内农业资源环境与生态等方面的农业科技交流合作，加大国外先进环境治理技术的引进、消化、吸收和再创新力度。

（四）深化改革创新。

推进农业适度规模经营。坚持和完善农村基本经营制度，坚持农民家庭经营主体地位，引导土地经营权规范有序流转，支持种养大户、家庭农场、农民合作社、产业化龙头企业等新型经营主体发展，推进多种形式适度规模经营。现阶段，对土地经营规模相当于当地户均承包地面积10～15倍，务农收入相当于当地二、三产业务工收入的给予重点支持。积极稳妥地推进农村土地制度改革，允许农民以土地经营权入股发展农业产业化经营。

健全市场化资源配置机制。建立健全农业资源有偿使用和生态补偿机制。推进农业水价改革，制定水权转让、交易制度，建立合理的农业水价形成机制，推行阶梯水价，引导节约用水。建立农业碳汇交易制度，促进低碳发展。培育从事农业废弃物资源化利用和农业环境污染治理的专业化企业和组织，探索建立第三方治理模式，实现市场化有偿服务。

树立节能减排理念。引导全社会树立勤俭节约、保护生态环境的观念，改变不合理的消费和生活方式。发展低碳经济，践行科学发展。加大宣传力度，倡导科学健康的膳食结构，减少食物浪费。鼓励企业和农户增强节能减排意识，按照减量化和资源化的要求，降低能源消耗，减少污染排放，充分利用农业废弃物，自觉履行绿色发展、建设节约型社会的责任。

建立社会监督机制。发挥新闻媒体的宣传和监督作用，保障对农业生态环境的知情权、参与权和监督权，广泛动员公众、非政府组织参与保护与监督。逐步推行农业生态环境公告制度，健全农业环境污染举报制度，广泛接受社会公众的监督。

（五）用好国际市场和资源。

合理利用国际市场。依据国内资源环境承载力、生产潜能和农产品需求，确定合理的自给率目标和农产品进口优先序，合理安排进口品种和数量，把握好进口节奏，保持国内市场稳定，缓解国内资源环境压力。加强进口农产品检验检疫和质量监督管理，完善农业产业损害风险评估机制，积极参与国际与区域农业政策以及农业国际标准制定。

提升对外开放质量。引导企业投资境外农业，提高国际影响力。培育具有国际竞争力的粮棉油等大型企业，支持到境外特别是与周边国家开展互利共赢的农业生产和贸易合作，完善相关政策支持体系。

（六）加强组织领导。

建立部门协调机制。建立由有关部门参加的农业可持续发展部门协调机制，加强组织领导和沟通协调，明确工作职责和任务分工，形成部门合力。省级人民政府要围绕规划目标任务，统筹谋划，强化配合，抓紧制定地方农业可持续发展规划，积极推动重大政策和重点工程项目的实施，确保规划落到实处。

完善政绩考核评价体系。创建农业可持续发展的评价指标体系，将耕地红线、资源利用与节约、环境治理、生态保护纳入地方各级政府绩效考核范围。对领导干部实行自然资源资产离任审计，建立生态破坏和环境污染责任终身追究制度和目标责任制，为农业可持续发展提供保障。

附图

附表　农业可持续发展分区情况表

分区		区域范围
优化发展区	东北区	黑龙江、吉林、辽宁，内蒙古东部
	黄淮海区	北京、天津，河北中南部，河南、山东，安徽、江苏北部
	长江中下游区	江西、浙江、上海，江苏、安徽中南部，湖北、湖南大部
	华南区	福建、广东、海南
适度发展区	西北及长城沿线区	新疆、宁夏，甘肃大部，山西，陕西中北部，内蒙古中西部，河北北部
	西南区	广西、贵州、重庆，陕西南部，四川东部，云南大部，湖北、湖南西部
保护发展区	青藏区	西藏、青海，甘肃藏区，四川西部，云南西北部
	海洋渔业区	我国管辖海域

农业部关于进一步调整优化农业结构的指导意见

农发〔2015〕2号

为全面贯彻落实中央经济工作会议、中央农村工作会议和中央1号文件精神，深入贯彻习近平总书记关于“三农”工作重要论述，加快转变农业发展方式，努力在优化农业结构上开辟新途径，推动农业发展挖潜力、提质量、增效益，开创中国特色农业发展新局面，现就进一步调整优化农业结构提出如下意见。

一、切实增强对进一步调整优化农业结构的认识

2004 年以来，我国粮棉油糖、肉蛋奶、果菜茶、水产品等主要农产品生产全面发展、供给充裕、品种不断改善、品质不断提升，农业区域、产业结构更趋合理，农民收入持续较快增长。2014 年，粮食生产实现历史性的“十一连增”，连续四年超过 1.1 万亿斤；农民增收实现“十一连快”，连续五年超过国内生产总值和城镇居民收入增幅，农业农村经济发展继续保持良好势头。在新的历史时期，进一步调整优化农业结构是高起点上的主动作为、主动调优。

（一）进一步调整优化农业结构是提高农业发展质量和效益的现实选择。当前，我国农业发展数量与质量、总量与结构、成本与效益、生产与环境等方面问题依然比较突出。资源环境硬约束与生产发展矛盾日益凸显。多年来资源条件已经绷得很紧，东北黑土地质量下降、部分地区耕地重金属超标、地下水超采、“北粮南运”与水资源时空分布不匹配等问题突出。农产品品种品质结构与居民消费快速升级不相适应矛盾日益凸显。优质化、多样化和专用化的农产品发展依然滞后，高品质的牛羊肉、奶类、果菜等农产品生产与消费需求尚有一定差距。种养结合不紧、循环不畅问题日益凸显。粮经饲结构不合理，种植业与养殖业配套衔接不够，地力下降与养殖业粪污未能有效利用并存，农作物秸秆综合利用程度较低。一二三产融合不足，农业比较效益低，市场竞争力不强的问题日益凸显。农产品加工水平和转化增值率依然偏低，农业的生态、社会、文化等功能挖掘不足，产业链条短、附加值不高，带动农民增收能力弱。这些情况表明，我国农业发展已经到了转型升级的重要节点，进一步调整优化农业结构势在必行。

（二）进一步调整优化农业结构面临难得历史机遇。农业连年丰收后，主要农产品供给充足；国内经济进入新常态，农产品消费、加工需求增长可能有所减弱，为进一步调整优化农业结构提供了有利时机。国家粮食安全新战略全面实施，使农业生产的保障重点将更加突出，为进一步调整优化农业结构提供了更为宽松的政策环境和资源空间。居民消费结构加快升级，未来优质安全农产品需求潜力巨大，人们不仅要求吃饱吃好，而且要求吃得安全营养健康，为进一步调整优化农业结构带来了市场动力。国际农产品市场供给充足，大宗农产品库存消费比均处于历史高点，为进一步调整优化农业结构提供了更多回旋余地。这些表明，进一步调整优化农业结构正面临着难得机遇，推动农业发展由注重数量增长向数量质量效益并重转变恰逢其时。

（三）进一步调整优化农业结构绝不意味放松粮食生产。我国是人口大国，解决好吃饭问题始终是头等大事。近年来我国粮食生产取得了巨大成就，但随着人口增长、城镇化快速推进、工业用途拓展和消费结构升级，未来粮食需求将继续刚性增长，确保国家粮食安全的任务仍十分艰巨。因此，进一步调整优化农业结构绝不意味着放松粮食生产，必须跳出粮食生产与农业结构调整非此即彼的思维定势，把稳定粮食产量作为前提，把提升粮食产能作为根本，构筑稳固牢靠的国家粮食安全保障体系，确保中国人的饭碗任何时候都牢牢端在自己手上，走出一条二者协调发展、相互促进的新路来。

各级农业部门要切实提高对进一步调整优化农业结构重要性的认识，切实把思想和行动统一到党中央、国务院的决策部署上来，切实增强紧迫感、责任感和使命感，抢抓机遇、主动入位，积极稳妥推进农业结构调优调精调深，努力实现我国农业发展在高起点上再登新台阶。

二、明确进一步调整优化农业结构的总体思路

（一）指导思想

深入贯彻党的十八大、十八届三中、四中全会、中央1号文件和习近平总书记系列重要讲话精神，以确保国家粮食安全为前提，以数量质量效益并重、竞争力增强、可持续发展为主攻方向，以布局优化、产业融合、品质提升、循环利用为重点，科学确定主要农产品自给水平和产业发展优先序，更加注重市场导向和政策支持、更加注重深化改革和科技驱动、更加注重服务和法治保障，加快构建粮经饲统筹、种养加一体、农牧渔结合的现代农业结构，走产出高效、产品安全、资源节约、环境友好的现代农业发展道路，为全面建成小康社会奠定坚实基础。

（二）基本原则

——坚持底线思维，确保国家粮食安全。牢牢守住粮食生产不滑坡、耕地不搞农转非的底线，将耕地面积稳定在18亿亩以上，粮食播种面积稳定在16亿亩以上，谷物播种面积稳定在14亿亩以上，确保谷物基本自给，口粮自给能力达到100%。

——坚持理念创新，拓展农业发展的广度深度。拓展视野、创新思维，牢固树立大生态理念，促进可持续发展；树立大食物理念，面向整个国土全方位、多途径开发食物资源；树立大市场理念，统筹利用两个市场、两种资源；树立大农业理念，开发农业多种功能；树立大科技理念，推进种机技配套、产学研协同。以新理念引领农业向广度、深度进军，引导农民念好“山海经”、唱好“林草戏”、打好“果蔬牌”，促进农业结构不断优化升级。

——坚持突出重点，有所为有所不为。根据主要农产品自给水平和生产优先序，突出重点品种、重点区域。在品种上，主要保谷物、重点保口粮，统筹兼顾棉油糖、蔬菜等其他农产品生产。在区域上，重点促进粮食主产区提升产能、农牧结合、粮经饲兼顾，努力提升大中城市的“菜篮子”产品自给能力，解决好资源过度利用和生态环境突出地区的生态修复、污染治理和资源保护问题。

——坚持因地制宜，突出特色。综合考虑产业基础、区位优势、市场条件、资源禀赋等各方面因素，优先发展比较优势突出的产业或产品，做大做强、做优做精，培育壮大具有区域特色的农业主导产品、支柱产业和特色品牌，防止盲目跟风现象，避免产业同构、同质竞争，将比较优势转化为产业优势、产品优势、竞争优势。

——坚持市场导向，尊重农民意愿。遵循经济规律，以市场需求为导向，利用市场信息和市场办法引导、指导农业生产，尊重农民意愿和经营自主权，发挥市场配置资源决定性作用。政府重点是做好规划引导和服务、总结推广先进经验、加大政策扶持和创造良好市场环境，充分调动各类生产经营主体积极性，不搞强迫命令和行政瞎指挥，不搞一刀切和大跃进。

（三）主要目标

进一步调整优化农业结构的主要目标是实现“两稳两增两提”。“两稳”，即稳定粮食产量和粮食产能，实现谷物基本自给、口粮绝对安全。“两增”，即农业增效、农民增收，实现农业整体素质提升和农民收入持续较快增长。“两提”，即提高农业市场竞争力和可持续发展能力，使农业发展由数量增长为主真正转到数量质量效益并重上来，由依靠资源和物质投入真正转到依靠科技进步和提高劳动者素质上来。

三、准确把握进一步调整优化农业结构的重点任务

（一）以“藏粮于地、藏粮于技、藏粮于民”为着力点，调整优化确保国家粮食安全的实现路径。着眼于稳定面积和提高地力，加快划定永久基本农田，大规模建设旱涝保

收、高产稳产的高标准农田，大幅度提升耕地质量，将粮食产能落实到田头地块，实现“藏粮于地”。着眼于提高单产和提升品质，加快新品种繁育，大规模开展高产创建和绿色增产模式攻关，集成推广应用综合技术，健全农业科技创新、农技推广的激励机制，力争在种业等关键领域取得突破，实现“藏粮于技”。着眼于调动农民种粮储粮积极性和提升农民素质，完善粮食生产支持保护政策体系，保证农民种粮合理收益；改善生产经营者的储粮条件，保持和扩大新型农业经营主体粮食烘干和储备规模，减少粮食产后损失；加快培育新型农业经营主体，造就一支适应现代农业发展的高素质职业农民队伍，实现“藏粮于民”。

（二）以构建与资源环境承载力相匹配的农业生产新格局为目标，调整优化区域生产力布局。在综合考虑自然条件、经济发展水平、市场需求等因素的基础上，以农业资源环境承载力为基准，因地制宜，宜粮则粮、宜经则经、宜草则草、宜牧则牧、宜渔则渔，构建优势区域布局和专业生产格局，提高农业生产与资源环境匹配度。东北地区要提升口粮生产能力，在地下水开采较重的三江平原地区合理控制水稻种植面积，加强节水灌溉设施建设和节水技术推广，与水库和灌渠建设相配套，改井灌为渠灌，保护地下水资源；推广粮豆轮作，适当减少高纬度区玉米种植面积，扩大大豆种植面积；在农牧交错带，积极推广农牧结合、粮草兼顾、生态循环种养模式，大力发展优质高产奶业和肉牛肉羊产业，推广种养专业户和家庭牧场繁育、规模场标准化育肥。华北地区要按照京津冀协同发展总体要求，稳定粮食生产能力，适度调减地下水严重超采地区的小麦种植，选育推广耐旱节水作物，调整种植制度，适度发展粮草轮作、粮肥轮作。稳定生猪、肉禽、蛋禽、牛羊养殖规模。长江中下游地区要贯彻落实国务院关于依托黄金水道推动长江经济带发展的指导意见，稳定粮油生产能力。退减重金属重度污染区的水稻种植面积，发展棉麻、花卉等非食用农产品，调整重金属中轻度污染区水稻种植、发展低积累品种作物和豆科牧草等培肥地力作物种植；推进畜禽养殖适度规模化，在人口密集区适当减少生猪养殖规模，发挥水资源优势大力发展名优水产品生产。华南地区要巩固农业综合生产能力，稳定水稻、甘蔗、蔬菜面积和大宗畜产品生产，加快发展现代畜禽水产种业和热带水果产业，发展具有出口优势的水产品养殖。西北地区要保护生态环境，在年降水量 300mm 以下的旱作地区继续实施压夏扩秋，适度调减小麦种植面积，扩大马铃薯、牧草种植面积；在绿洲农业区稳定棉花、瓜果种植面积，发展设施蔬菜和特色园艺产业；在农牧交错区通过坡耕地退耕还草、粮草轮作，积极发展草牧业；在草原牧区要推进草畜平衡，推广划区轮牧、舍饲半舍饲，恢复草原生态。西南地区要促进农民增收，严格保护平坝水田，稳定水稻、玉米面积，扩大马铃薯种植，大力发展园艺作物、中草药等特色农作物生产，合理开发利用草地资源和水资源，发展生态畜牧业和特色渔业，加快农业生态环境修复与治理。

（三）以“保、调、稳、扩”为重点，调整优化粮经作物生产结构。在稳定粮食综合生产能力基础上，坚决保住水稻、小麦口粮生产，确保 8 亿亩的口粮种植面积。大力发展优质专用小麦，稳定北方粳稻和南方双季稻种植面积。适度调整主产区玉米生产结构，因地制宜发展饲用玉米、青贮玉米和优质牧草。稳定发展棉油糖生产，巩固新疆棉花、广西和云南甘蔗、长江流域油菜等传统优势区域生产能力，确保一定的自给水平。积极扩大大豆、杂粮、薯类等其他作物生产面积，推进马铃薯主食开发和产业化，发展北方城市冬季设施蔬菜，巩固提升南菜北运冬季瓜菜生产能力，发展西部特色高原蔬菜，保证区域和季节均衡供应。

（四）以“粮草兼顾、农牧结合、循环发展”为导向，调整优化种养结构。充分挖掘饲草料生产潜力，大力发展草牧业，形成粮草兼顾、农牧结合、循环发展的新型种养结构。积极推进饲用粮生产，在粮食主产区，按照“以养定种”的要求，积极发展饲用玉米、青贮玉米等，发展苜蓿等优质牧草种植，进一步挖掘秸秆饲料化潜力，开展粮改饲和种养结合模式试点，促进粮食、经济作物、饲草料三元种植结构协调发展。拓展优质牧草发展空间，合理利用“四荒地”、退耕地、南方草山草坡和冬闲田，种植优质牧草，加快建设人工草地，加快研发适合南方山区、丘陵地区的牧草收割、加工、青贮机械，大力发展肉牛肉羊生产，实施南方现代草地畜牧业推进行动，优化畜产品供给结构。加快发展循环农业，根据资源承载力和农业废弃物消纳半径，合理布局规模化养殖场，配套建设有机肥生产设施，积极发展资源利用节约化、生产过程清洁化、废弃物利用资源化等生态循环农业模式，大力推广绿肥种植，因地制宜推广稻田养鱼（虾、蟹）、鱼菜共生等技术。

（五）以“做强一产、做优二产、做活三产”为途径，调整优化产业结构。大力发展农业产业化，培育壮大龙头企业，推进龙头企业集群集聚，拓展农业多功能，依托龙头企业将产业链、价值链与现代产业发展理念和组织方式引入农业，延伸产业链、打造供应链、形成全产业链，促进一二三产融合互动。加快发展农产品加工业，大力开展加工业示范县、示范园区、示范企业创建活动，引导农产品加工业向主产区、优势产区、特色产区、重点销区及关键物流节点梯度转移，打造农业产业集群，形成加工引导生产、加工促进消费的格局。建设一批专业化、规模化、标准化的原料生产基地，完善利益联结机制，促进专用原料基地与龙头企业、农产品加工园区、物流配送营销体系紧密衔接。积极发展农产品产地初加工，提升农产品加工产品副产物综合利用水平，推动主食加工业和农产品精深加工发展。加快推进市场流通体系与储运加工布局的有机衔接，改造升级农产品产地市场，大力发展电子商务与实体流通相结合的物流体系，促进线上线下融合发展。大力发展都市现代农业，引导发展传承农耕牧渔文化、科学普及体验的休闲农业、观光农业；大力挖掘农村文化资源，强化农业产品、农事景观、乡土文化的创意设计，提高农业整体效益。

（六）以“改进品种、提升质量、创建品牌”为抓手，调整优化产品结构。瞄准市场需求，增加市场紧缺和适销对路产品生产，大力发展绿色农业、特色农业和品牌农业，把产品结构调优调高调安全，满足居民消费结构升级需要。加强优质农产品品种研发、推广，着力选育引进一批有竞争力的名特新优农产品，促进农作物品种的升级换代。大力推进标准化生产，继续推进园艺作物标准园、畜禽标准化规模养殖场和水产健康养殖场建设，积极发展“三品一标”农产品。抓紧完善农产品质量安全标准体系建设，加快建设农产品质量安全监管体系，强化源头治理、过程管控和质量追溯，提升农产品质量安全水平。加强农产品品牌营销推介，建立农产品品牌目录制度，大力发展会展经济，培育一批知名农产品品牌，加大知识产权保护力度，不断扩大品牌影响力和美誉度。推进特色农产品区域布局规划实施，大力发展一乡（县）一业、一村一品。

四、强化进一步调整优化农业结构的政策措施

（一）强化政策扶持，完善调整优化农业结构的政策支撑体系。完善农业补贴政策。在继续落实好各项现有补贴政策的基础上，推动新增补贴向农业结构调整优化倾斜，支持重金属污染治理区、地下水超采区调整种

植结构，支持粮改饲和种养结合型循环农业试点，探索开展粮豆轮作、粮肥轮作、退耕种草补贴试点。大力推广生物有机肥、低毒低残留农药，开展秸秆、畜禽粪便资源化利用和农用残膜回收区域性示范。完善价格调控政策。推动完善粮食最低收购价和临时收储政策，探索建立农产品目标价格制度。因地制宜，积极推动健全蔬菜、水果、水产品、重要畜产品等“菜篮子”产品分类调控制度。完善金融支持政策。加强与各类金融机构的沟通合作，积极创新农业金融产品和服务，引导和激励金融资本参与农业结构调整优化，支持优质特色农产品生产、农产品加工流通和产业化经营。扩大农业政策性保险覆盖面、提高保费补贴标准，积极发展商业性、互助性农业保险，探索将区域主要特色农产品纳入保险保费补贴范围，提升风险保障水平。完善试点示范政策。支持引导国家现代农业示范区和农村改革试验区、大型垦区率先调整优化农业结构，选择重点区域建立示范基地，发挥其先行先试作用。

（二）强化基础设施建设，提升调整优化农业结构的物质装备条件。协同国土部门用3年时间，从特大城市、计划单列市和省会城市着手，重点将城镇周边、交通沿线地区优质耕地划为永久基本农田。按照全国高标准农田建设总体规划，编制本地区高标准农田建设方案，推动整合各类资金，集中连片开展建设，确保建设质量。探索建立粮食生产功能区，将口粮生产能力落实到田块地头，保障措施落实到具体项目。实施好海南、甘肃、四川三大种业基地建设。用好奶牛、肉牛、肉羊标准化规模养殖场建设资金，示范建设一批农牧渔结合、循环生态的园艺作物标准园和标准化规模养殖场，引导循环农业发展。开展农业环境突出问题治理，推进农业面源污染综合治理、耕地重金属污染治理、东北黑土地保护、地表水过度开发和地下水超采综合治理试点，实施新一轮退耕还林还草工程。开展国家农产品质量安全县创建活动，加强县乡农产品质量安全监管能力建设，建立全程可追溯、互联共享的农产品质量安全追溯管理信息平台。加快推进农产品初加工设施建设，继续实施产地初加工补助政策；建设优势农产品产地初加工和加工技术集成基地，扶持加工专用原料基地建设。继续开展公益性农产品批发市场试点，着力加强设施建设和配套服务。

（三）强化科技创新驱动，激发调整优化农业结构的现代要素活力。发挥全国农业科技协同创新联盟作用，开展重大农业科技协同攻关，推动在生物育种、智能农业、农机装备、加工技术、生态环保和粮食绿色增产模式等领域取得重大突破。积极发挥种业创新在农业结构调整优化中的先导作用，以做大做强育繁推一体化种业企业为抓手，加大对种质创新、新品种选育等的支持力度，尽快培育一批高产、稳产、优质、抗逆、适应机械化生产的突破性新品种。以主产区、产粮大县和粮食生产功能区为重点，继续加大高产创建支持力度。开展分区域、分作物标准化的高产高效、绿色可持续技术模式攻关，加大各区域主导品种和主推技术遴选支持，加强稳产增产、抗灾减灾、农业机械化关键技术的集成应用。实施主要农作物生产全程机械化推进行动，强化农机与农艺融合，创建一批全程机械化示范区。强化信息服务，推进信息进村入户试点，加快村级信息服务站（员）建设。开展农产品电子商务示范，支持电商、物流、商贸、金融等企业参与农产品电子商务平台建设。实施每年万名现代青年农场主和农村实用人才培养计划，示范带动农业结构调整优化。

（四）加快构建新型农业经营体系，发挥新型农业经营主体在调整优化农业结构中的示范带动作用。加强新型农业经营主体培育，通过贴息贷款、项目支持等方式，支持种养大户、家庭农场、农民合作社、龙头企业等发展适度规模种养业、生态循环农业。深入推进农民合作社示范社创建行动，鼓励合作社兴办加工流通实体，大力发展农社对接。引导农民以土地经营权入股农民合作社和龙头企业。鼓励工商资本发展适合企业化经营的现代种养业、农产品加工流通和农业社会化服务。推进农业产业化示范基地建设和龙头企业转型升级，增强开拓市场和带动农户的能力，加快培育具有国际竞争力的现代农业产业集团。按照有关规定，在合理界定设施农用地范围、严格设施农业用地管理的前提下，落实生产设施用地、附属设施用地和配套设施用地政策。积极开展政府向经营性服务组织购买农业公益性服务机制创新试点，重点支持代耕代收、统防统治、烘干储藏等专业化、社会化服务。

（五）加强组织领导，形成调整优化农业结构的强大合力。各级农业部门要站在全局高度，把进一步调整优化农业结构列入重要议事日程，落实工作责任，科学制定规划和具体实施方案。积极争取当地政府重视和支持，加强与有关部门沟通协调，加大投入力度，强化政策和资金保障。坚持试点先行，结合本地实际、产业特征和市场需求，稳步开展试点工作，及时总结先进经验，宣传推广典型做法，通过以点带面，带动农业结构调整的深入推进。推动完善相关法律法规，加大农业综合执法力度，确保调整优化农业结构有法可依、依法推进。

2015 年 1 月 30 日

农业部关于大力开展粮食绿色增产模式攻关的意见

农农发〔2015〕1 号

各省、自治区、直辖市农业（农牧、农村经济）厅（委、局），新疆生产建设兵团农业局，黑龙江省农垦总局：

为全面贯彻落实中央农村工作会议和中央一号文件精神，努力在粮食生产能力上挖掘新潜力、在转变农业发展方式上寻求新突破，农业部决定组织开展粮食绿色增产模式攻关，创新思路、集中力量、攻克难点，集成推广高产高效、资源节约、环境友好的技术模式，促进生产与生态协调发展，探索有中国特色的粮食可持续发展之路，切实保障国家粮食安全。现就开展粮食绿色增产模式攻关提出如下意见。

一、充分认识开展粮食绿色增产模式攻关的重要性和紧迫性

粮食产量“十一连增”，为稳定经济社会发展大局发挥了重要作用。但应看到，粮食连年增产，各种资源要素绷得很紧、环境承载压力不断增大，促进粮食和农业可持续发展是现实而紧迫的任务。在这样的背景下，组织开展粮食绿色增产模式攻关十分必要。

（一）开展粮食绿色增产模式攻关，是实施新形势下国家粮食安全战略的必然选择。党中央提出构建新形势下国家粮食安全战略，核心要义是端牢中国人的饭碗、饭碗里主要装中国粮。从国内看，工业化城镇化快速推进，经济的发展和城镇人口的增加，助推消费结构升级，粮食需求仍呈刚性增长的趋势。从国际看，粮食贸易量有限，国际环境复杂多变，我国大国效应明显，必须立足国内解决 13 多亿人的吃饭问题。通过开展粮食绿色增产模式攻关，依靠科技创新，挖掘生产潜力，国家粮食安全才有可靠的保障。

（二）开展粮食绿色增产模式攻关，是促进农业可持续发展的迫切要求。粮食需求量“超大”，人均资源占有量“超小”，这是国情农情的显著特点。粮食连年增产，资源过度消耗，生态环境受损，农业发展面临生态环境束缚和资源制约两道“紧箍咒”，使得拼资源、拼投入品、拼生态环境的传统发展方式难以为继，必须走资源节约、生态友好的农业可持续发展之路。通过开展粮食绿色增产模式攻关，集约节约利用资源，推广清洁环保技术，实现生产持续发展与生态环境保护协同推进。

（三）开展粮食绿色增产模式攻关，是增强农业竞争力的重要途径。近几年，国家出台一系列强农惠农富农政策，促进了粮食稳定增产和农民持续增收，但粮食效益偏低的问题仍然突出。更应看到，粮食生产面临价格和补贴政策的“天花板”，还面临生产成本上升的“地板”。“两板”挤压，使粮食生产效益提升空间收窄，农业的竞争力减弱。通过开展粮食绿色增产模式攻关，推广高产高效的技术模式，实现增产增效、节本增效、提质增效，不断提升农业竞争力。

二、开展粮食绿色增产模式攻关的思路原则和目标任务

（一）总体思路。深入贯彻习近平总书记系列重要讲话精神，全面贯彻落实党的十八大和三中、四中全会及中央农村工作会议精神，落实新形势下国家粮食安全战略要求，以转变农业发展方式为主线，以农业科技创新为驱动，以增加粮食有效供给为目标，牢固树立增产理念、效益理念、绿色理念，坚持生产生态并重的需求导向、行政科研推广联动的协作导向、循序渐进的梯次导向，推进资源要素高效利用、农机农艺深度融合、生产生态相互协调，促进粮食生产持续稳定发展。

（二）基本原则。努力做到“五个结合”：坚持粮食增产与资源节约相结合。既要攻关技术瓶颈、集成推广高产高效技术，又要推进节水、节肥、节药。坚持农机与农艺相结合。实现农艺的农机化和农机的农艺化，真正把栽培技术物化与机械技术融合为一体。坚持试点先行与面上推进相结合。既要针对技术瓶颈开展科技攻关，率先在点上试验示范，又要对关键技术进行组装配套，形成可复制、可持续的高产高效技术模式。坚持集成创新与机制创新相结合。增产模式攻关是在高产创建平台上打造的升级版，要把集成创新与机制创新协同推进，创新服务方式，提升科技生产水平和社会化组织程度。坚持高产更高产与低产变中产、中产变高产相结合。加强中低产田改造，配套推广高产高效技术，实现均衡增产。

（三）目标任务。努力实现“三个提高”，提高土地产出率，力争到 2020 年粮食单产平均每年提高 1 个百分点；提高劳动生产率，力争到 2020 年重点粮食作物耕种收综合机械化率提高 10 个百分点；提高投入品利用率，力争到 2020 年化肥、农药利用率提高到 40%以上，农田废旧地膜回收率达到 80%以上。努力实现“两个零增长”，力争到 2020 年，实现粮食和农业生产的化肥、农药使用量零增长。

三、开展粮食绿色增产模式攻关的技术路径

开展粮食绿色增产模式攻关，要在“三推”（推广高产高效多抗新品种、推广规模化标准化机械化的栽培技术、推进耕地质量建设）和“三控”（控肥、控药、控水）上下功夫，实现科技水平和可持续发展能力的提升。

适应可持续发展的需要，要把“绿色”的内涵和要求贯穿于增产模式攻关全过程。突出“五个优先”：一是良种良法配套优先。根据不同区域、不同作物和生产需求，科学确定育种目标。重点选育高产优质、多抗广

适、熟期适宜、宜于机械化的新品种。同时，集成配套相应的栽培技术，发挥良种的增产潜力。二是农机农艺融合优先。以三大谷物为重点，以全程机械化为目标，加快开发多功能、智能化、经济型农业装备设施，重点在深松整地、秸秆还田、化肥深施、机播机插、现代高效植保、机械收获等环节取得突破，实现农机农艺深度融合。三是安全投入品优先。重点是推广优质商品有机肥、高效缓释肥料、生物肥、水溶性肥料等新型肥料，减少和替代传统化学肥料。研发推广高效低毒低残留、环境相容性好的农药。四是物理技术优先。重点是采取种子磁化、声波助长、电子杀虫等系列新型物理技术，减少化肥、农药的施用量，提高农作物抗病能力，实现高产、优质、高效和环境友好。五是信息技术优先。利用遥感技术、地理信息系统、全球定位系统，以及农业物联网技术，建立完善苗情监测系统、墒情监测系统、病虫害监测系统，指导平衡施肥、精准施药、定量灌溉、激光整地、车载土壤养分快速检测等，实现智能化、精准化农业生产过程管理。

四、开展粮食绿色增产模式攻关的重点任务

从 2015 年开始，重点开展“十二大行动”。

（一）耕地质量保护与提升行动。实施区域是新建成的高标准农田、耕地污染重点区域、占补平衡补充耕地等。力争到 2020 年，耕地基础地力提高 0.5 个等级，土壤有机质含量提高 0.2 个百分点以上，畜禽粪便等有机肥养分还田率达到 60%、提高 10 个百分点，农作物秸秆直接还田率达到 60%、提高 25 个百分点，绿肥面积稳定恢复发展。重点是有机肥积造利用，实施土壤深松深耕，改良盐渍化、酸化等障碍性土壤，治理侵蚀土壤等。

（二）东北地区水稻节水灌溉推进行动。实施区域是东北四省（区）的8 000万亩优质粳稻产区。力争到 2020 年，自流灌溉面积达到 50%以上、提高 20 个百分点，灌溉水利用率提高 10 个百分点，新基质育秧面积1 000万亩以上、节约育秧成本 20%，亩产提高 50 公斤。重点是加快渠首工程建设，完善农田水利设施，减少井灌面积。推广高产优质、耐低温、抗稻瘟病的品种，推广智能催芽、基质育秧、钵育摆栽等技术，推广定量灌溉、间歇灌溉、浅湿干交替灌溉等节水技术。

（三）东北地区玉米生物防治推进行动。实施区域是东北四省（区）的玉米集中产区。力争到 2020 年，推广玉米病虫害生物防治 1 亿亩，农药使用量减少 10%以上，控制病虫损失，改善农田生态环境。重点是推广秸秆粉碎还田，减少玉米螟越冬基数。设置早播诱虫田或诱虫带，消灭幼虫、成虫。大田释放赤眼蜂，防治玉米螟。推广白僵菌喷粉、喷雾封垛技术，控制玉米螟幼虫。

（四）华北西北地区小麦玉米节水灌溉推进行动。实施区域是北京、天津、河北、山西、陕西、内蒙古、新疆等省（区、市）的5 000万亩小麦、玉米产区。力争到 2020 年，该区域小麦、玉米全生育期用水量减少 30%以上。重点是通过品种节水、设施节水、农艺节水、机制节水等措施，实现节水保粮的目标。

（五）黄淮海地区砂姜黑土改良提升行动。实施区域是黄淮南部和江淮北部（包括河南、安徽、江苏、山东四省）的5 000万亩砂姜黑土区。力争到 2020 年，该区域基础地力提高 1 个等级，化肥和灌溉水利用率提高 10 个百分点，粮食单产提高 15%以上。针对砂姜黑土“旱、涝、僵、瘦”等问题，重点采取工程和农艺措施。通过完善田间水利设施，解决易旱易涝问题；开展深松深耕、秸秆还田、掺沙土、掺粉煤灰、掺生物质碳和增施有机肥等措施改良土壤物理性状，提高土壤保水保肥能力；研究建立适应砂姜黑土特点的作物全程机械化栽培体系，提高土壤

综合生产能力。

（六）黄淮海地区盐碱地低产变中高产提升行动。实施区域是淮河以北、燕山以南，东至海滨，西至太行、伏牛山麓的广大平原地区，重点是渤海湾和黄河三角洲地区，涉及山东、河北、天津、江苏、辽宁等省 60 多个县5 000万亩盐碱地。力争到 2020 年，将盐碱地 1 米厚土层内全盐含量控制在 0.4%以下，节水效率提高 20%以上，粮食亩产提高 100 公斤。重点是选育推广耐盐品种，改善土壤团聚体结构，推广深耕深翻控盐、土壤蒸发抑制、秸秆粉碎覆盖抑盐、微咸水安全灌溉、抗盐生物和微生物抑制剂，以及明暗沟结合高效灌溉技术。

（七）江淮地区稻麦连作产能提升行动。实施区域是江淮南部地区（包括江苏、安徽、湖北三省）5 000万亩稻麦连作区。力争到 2020 年，该区域5 000万亩水稻、小麦亩产各提高 30 公斤。针对该区域渍害偏重、茬口偏紧等问题，重点是加强排灌设施建设，选育适期抗性品种，合理布局搭配品种，推广集中育秧、机播机插、稻麦周年均衡增产技术，推进种养结合、循环利用。

（八）南方地区水稻控药推进行动。实施区域是江西、湖南、湖北、安徽、江苏、浙江、广东、广西、福建、云南等省（区）2 亿亩水稻产区。力争到 2020 年，该区域水稻重大病虫害化学药剂使用量减少 10%，病虫损失控制在 5%以内。重点是推广抗病虫品种，推行统防统治，优选生物农药，保育天敌昆虫，推行理化诱控等。

（九）西南地区粮食单产提升行动。实施区域是四川、云南、贵州、重庆等四省（市）的轮作和间套种区。力争到 2020 年，小麦亩产提高 30 公斤，水稻亩产提高 30 公斤，玉米亩产提高 30 公斤，马铃薯亩产提高 100 公斤。重点是推广高产、耐密、中晚熟品种，推广地膜覆盖和间套种，推广小麦覆盖栽培、玉米地膜覆盖、水稻集中育秧、马铃薯种薯脱毒等技术，因地制宜扩大再生稻种植。

（十）西北地区废旧地膜回收推进行动。实施区域是陕西、甘肃、宁夏、山西、新疆、内蒙古等省（区）3 000万亩旱作地膜玉米。力争到 2020 年，废旧地膜回收率达到 80%以上。重点是改薄膜为厚膜（0.006 或 0.008 毫米膜改 0.01 毫米膜），耐候期达到 18 个月以上，推广一膜两年用技术，推广生物可降解膜、新型覆盖材料，实施机械覆膜，研发新型残膜回收技术和配套机械。

（十一）农牧交错区种养循环推进行动。实施区域是辽宁、吉林、黑龙江、内蒙古、河北、陕西、甘肃、青海等省（区）。力争到 2020 年，该区域农田土壤含水量提高 10%，减少扬尘 30%，农药用量减少 30%，化肥用量零增长，生物产量提高 10%以上，粗蛋白含量提高 20%。重点是推广高产优质良种，推行粮草轮作培肥地力，加快收获机械研发，推广秸秆青贮、微贮技术。

（十二）马铃薯主食产品及产业开发行动。实施区域是西北、西南马铃薯优势产区及华北、长江中下游、华南等潜力产区。力争到 2020 年，马铃薯主食加工专用品种覆盖率达到 50%，马铃薯主食产品中全粉和淀粉占比达到 50%。重点是开展适宜加工主食的马铃薯品种及种植模式攻关，大力推广脱毒种薯，加快选育一批优质、高产、抗逆、综合性状优良、适宜加工主食的专用品种，集成配套以全程机械化为主的高产高效技术模式。完善主食产品加工工艺，加快研发适宜马铃薯主食产品开发的加工机械。加强舆论宣传，科学引导主食产品消费。

五、开展粮食绿色增产模式攻关的保障措施

开展好粮食绿色增产模式攻关，是一项战略性、长期性的重大工程，需要统筹安排，突出重点，集中力量，稳步推进。

（一）强化组织领导。各地要把开展粮食

绿色增产模式攻关作为促进粮食生产稳定发展的重大举措，抓紧制定绿色增产模式攻关推进落实方案，建立健全协调指导机构，加强沟通协调，强化指导服务，主要领导亲自抓、负总责，协调各方力量，形成攻关合力。牵头省农业部门要勇于担当，主动协调本区域其他省和有关科研、推广机构共同开展攻关工作，确保任务到省、措施到县、责任到人。

（二）上下联动推进。将粮食绿色增产模式攻关的重点行动纳入农业部稳定粮食生产发展延伸绩效考核的内容，建立上下联动、多方协作的工作机制，强化责任、整合力量、加强督查。重点实施区域要建立协作机制，相互交流、共同促进。充分发挥教学科研机构和行业协会技术和信息优势，鼓励开展技术推广、政策宣传、技术培训、服务指导等工作。

（三）加大政策支持。新增千亿斤粮食生产能力建设、农业综合开发、现代农业发展资金等项目资金，要向重点行动实施区域倾斜；扶持粮食生产和重大技术补助财政项目资金，要优先支持开展重点行动；增加信贷、保险等扶持政策，撬动社会资金开展重点行动。各地要争取发改、财政等部门支持，加大资金投入，推进各项行动顺利开展。

（四）发挥专家作用。各地要根据粮食绿色增产模式攻关要求，充实专家指导组力量，组织育种、栽培、农机、植保、土肥、农药、生态保护等方面专家联合开展技术瓶颈和集成技术攻关。每个行动设立首席专家，加强协调，分工协作，充分发挥不同行业、不同学科的专家优势，科学指导粮食绿色增产模式攻关。

（五）强化宣传引导。制定粮食绿色增产模式攻关宣传方案，及时总结各地的好做法、好经验，充分利用电视、广播、报刊杂志、网站等媒体，开展主题突出、形式多样的宣传报道。在关键农时季节，组织开展现场观摩活动，充分发挥试点县市的辐射带动作用。各地要强化信息报送，每省确定 1 名信息联络员，做好对上报送和对外宣传工作，为绿色增产模式攻关营造良好氛围。

2015 年 2 月 4 日

农业部关于促进草食畜牧业加快发展的指导意见

农牧发〔2015〕7 号

各省、自治区、直辖市及计划单列市畜牧兽医（农业、农牧）局（厅、委、办），新疆生产建设兵团畜牧兽医局：

草食畜牧业是现代畜牧业和现代农业的重要组成部分。近年来，在市场拉动和政策驱动下，我国草食畜牧业呈现出加快发展的良好势头，综合生产能力持续提升，标准化规模养殖稳步推进，有效保障了牛羊肉、乳制品等草食畜产品市场供给。但是，草食畜牧业生产基础比较薄弱，发展方式相对落后，资源环境约束不断加剧，产业发展面临诸多制约和挑战。为适应农业“转方式、调结构”的需要，促进草食畜牧业持续健康发展，现提出以下意见。

一、充分认识发展草食畜牧业的重要意义

（一）发展草食畜牧业是推进农业结构调整的必然要求。发展草食畜牧业是优化农业结构的重要着力点，既有利于促进粮经饲三元种植结构协调发展，形成粮草兼顾、农牧结合、循环发展的新型种养结构，又能解决地力持续下降和草食畜禽养殖饲草料资源不足的问题，促进种植业和养殖业有效配套衔

接，延长产业链，提升产业素质，提高综合效益。

（二）发展草食畜牧业是适应消费结构升级的战略选择。草食畜产品是重要的“菜篮子”产品，牛羊肉更是国内穆斯林群众的生活必需品。随着人口增长、城镇化进程加快、城乡居民畜产品消费结构升级，草食畜产品消费需求仍将保持较快增长。缓解草食畜产品供需矛盾，必须大力发展草食畜牧业。

（三）发展草食畜牧业是实现资源综合利用和农牧业可持续发展的客观需要。发展草食畜牧业，不仅有助于充分利用我国丰富的农作物秸秆资源和其他农副产品，减少资源浪费和环境污染，而且是实现草原生态保护、牧业生产发展、牧民生活改善的有效途径。

二、总体要求

（四）指导思想

全面贯彻落实党中央、国务院加快农业“转方式、调结构”的决策部署，以肉牛、肉羊、奶牛为重点，兼顾其他特色草食畜禽，以转变发展方式为主线，以提高产业效益和素质为核心，坚持种养结合，优化区域布局，加大政策扶持，强化科技人才支撑，推动草食畜牧业可持续集约发展，不断提高草食畜牧业综合生产能力和市场竞争能力，切实保障畜产品市场有效供给。

（五）基本原则

——坚持因地制宜，分区施策。遵循产业发展规律，结合农区、牧区、半农半牧区和垦区的特点，统筹考虑资源、环境、消费等因素，科学确定主导品种、空间布局和养殖规模，大力发展适度规模标准化养殖，探索各具特色的草食畜牧业可持续发展模式。

——坚持农牧结合，良性循环。实施国家粮食安全战略，在抓好粮食安全保障能力建设的基础上，合理调整种植结构，优化土地资源配置，发展青贮饲料作物和优质牧草，培肥地力，增草增畜，促进种养业协调发展。

——坚持市场主导，政策助力。发挥市场在资源配置中的决定性作用，激发各类市场主体发展活力。加大良种繁育体系建设、适度规模标准化养殖、基础母畜扩群、农牧结合模式创新等关键环节的政策扶持，更好发挥政府引导作用。

——坚持机制创新，示范引领。完善草食畜牧业各环节利益联结机制，建立合作互助、风险共担、利益共赢的长效发展机制。加大对养殖大县和优势产业集聚区、加工企业的支持力度，形成龙头企业带动、养殖基地支撑、全产业链发展的良性机制，更好发挥产业集聚效应。

——坚持国内为主，进口补充。落实地方政府保障草食畜产品供应的责任，牛羊肉应立足国内，确保牧区基本自给和全国市场有效供给；奶类应稳定奶源供给，适当进口，满足市场多元化需求。

（六）主要目标

到2020年，草食畜牧业综合生产能力进一步增强，牛羊肉总产量达到1 300万吨以上，奶类总产量达到4 100万吨以上；生产方式加快转变，多种形式的新型经营主体加快发展，肉牛年出栏50头以上、肉羊年出栏100只以上规模养殖比重达到45%以上，奶牛年存栏100头以上规模养殖比重达到60%以上；饲草料供应体系和抗灾保畜体系基本建立，秸秆饲用量达到2.4亿吨以上，青贮玉米收获面积达到3 500万亩以上，保留种草面积达到3.5亿亩，其中苜蓿等优质牧草面积达到60%以上。

三、优化种养结构

（七）完善农牧结合的养殖模式。贯彻《全国牛羊肉生产发展规划（2013—2020年）》，以优势区域为重点，形成资源高效利用、生产成本可控的养殖模式。在草原牧区坚持生态优先，推行草畜平衡制度，发展人工种草，建设标准化暖棚，推行半舍饲养殖；

在农牧交错带实施草原改良、退耕还草、草田轮作，建立“牧繁农育”和“户繁企育”为主的养殖模式；在传统农区优化调整农业结构，发展青贮玉米和优质饲草种植，建立“自繁自育”为主的养殖模式，提升标准化规模养殖水平；在南方草山草坡地区，推进天然草地改良，利用冬闲田种草，发展地方特色养殖。实施牛羊养殖大县奖励补助政策，调动地方发展草食畜产品生产积极性，建成一批养殖规模适度、生产水平高、综合竞争力强的养殖基地。

（八）建立资源高效利用的饲草料生产体系。推进良种良法配套，大力发展饲草料生产。支持青贮玉米、苜蓿、燕麦、甜高粱等优质饲草料种植，鼓励干旱半干旱区开展粮草轮作、退耕种草。继续实施振兴奶业苜蓿发展行动，保障苜蓿等优质饲草料供应。加大南方地区草山草坡开发利用力度，推行节水高效人工种草，推广冬闲田种草和草田轮作。加快青贮专用玉米品种培育推广，加强粮食和经济作物加工副产品等饲料化处理和利用，扩大饲料资源来源。在农区、牧区以及垦区和现代农业示范区、农村改革试验区，开展草牧业发展试验试点。在玉米、小麦种植优势带，开展秸秆高效利用示范，支持建设标准化青贮窖，推广青贮、黄贮和微贮等处理技术，提高秸秆饲料利用率。在东北黑土区等粮食主产区和雁北、陕北、甘肃等农牧交错带开展粮改饲草食畜牧业发展试点，建立资源综合利用的循环发展模式，促进农牧业协调发展。

（九）积极发展地方特色产业。加强市场规律和消费趋势研究，积极发展地方特色优势草食畜产品。实施差异化发展战略，加大市场开拓力度，降低价格大幅波动风险。加大地方品种资源保护支持力度，选择性能突出、适应性强、推广潜力大的品种持续开展本品种选育，提高地方品种生产性能。支持地方优势特色资源开发利用，鼓励打造具有独特风味的高端牛羊肉和乳制品品牌。积极发展兔、鹅、绒毛用羊、马、驴等优势特色畜禽生产，加强品种繁育、规模养殖和产品加工先进技术研发、集成和推广，提升产业化发展水平，增强产业竞争力。

四、推进发展方式转变

（十）大力发展标准化规模养殖。扩大肉牛肉羊标准化规模养殖项目实施范围，支持适度规模养殖场改造升级，逐步推进标准化规模养殖。加大对中小规模奶牛标准化规模养殖场改造升级，促进小区向牧场转变。扩大肉牛基础母牛扩群增量项目实施范围，发展农户适度规模母牛养殖，支持龙头企业提高母牛养殖比重，积极推进奶公犊育肥，逐步突破母畜养殖的瓶颈制约，稳固肉牛产业基础。鼓励和支持企业收购、自建养殖场，养殖企业自建加工生产线，增强市场竞争能力和抗风险能力。继续深入开展标准化示范创建活动，完善技术标准和规范，推广具有一定经济效益的养殖模式，提高标准化养殖整体水平。研发肉牛肉羊舍饲养殖先进实用技术和工艺，加强配套集成，形成区域主导技术模式，推动牛羊由散养向适度规模转变。

（十一）加快草食家畜种业建设。深入实施全国肉牛、肉羊遗传改良计划，优化草食种畜禽布局，以核心育种场为载体，支持开展品种登记、生产性能测定、遗传评估等基础工作，加快优良品种培育进程，提升自主供种能力。加强奶牛遗传改良工作，补贴优质胚胎引进，提升种公牛自主培育能力，建设一批高产奶牛核心群，逐步改变良种奶牛依靠进口的局面。健全良种繁育体系，加大畜禽良种工程项目支持力度，加强种公牛站、种畜场、生产性能测定中心建设，提高良种供应能力。继续实施畜牧良种补贴项目，推动育种场母畜补贴，有计划地组织开展杂交改良，提高商品牛羊肉用性能。

（十二）加快草种保育扩繁推一体化进程。加强野生牧草种质资源的收集保存，筛选培育一批优良牧草新品种。组织开展牧草品种区域试验，对新品种的适应性、稳定性、抗逆性等进行评定，完善牧草新品种评价测试体系。加强牧草种子繁育基地建设，扶持一批育种能力强、生产加工技术先进、技术服务到位的草种企业，着力建设一批专业化、标准化、集约化的优势牧草种子繁育推广基地，不断提升牧草良种覆盖率和自育草种市场占有率。加强草种质量安全监管，规范草种市场秩序，保障草种质量安全。

（十三）着力培育新型经营主体。支持专业大户、家庭牧场等建立农牧结合的养殖模式，合理确定养殖规模和数量，提高养殖水平和效益，促进农牧循环发展。鼓励养殖户成立专业合作组织，采取多种形式入股，形成利益共同体，提高组织化程度和市场议价能力。推动一、二、三产业深度融合发展。引导产业化龙头企业发展，整合优势资源，创新发展模式，发挥带动作用，推进精深加工，提高产品附加值。完善企业与农户的利益联结机制，通过订单生产、合同养殖、品牌运营、统一销售等方式延伸产业链条，实现生产与市场的有效对接，推进全产业链发展。鼓励电商等新型业态与草食畜产品实体流通相结合，构建新型经营体系。

（十四）提高物质装备水平。加大对饲草料加工、畜牧饲养、废弃物处理、畜产品采集初加工等草畜产业农机具的补贴力度。研发推广适合专业大户和家庭牧场使用的标准化设施养殖工程技术与配套装备，降低劳动强度，提高养殖效益。积极开展畜牧业机械化技术培训，支持开展相关农机社会化服务。重点推广天然草原改良复壮机械化、人工草场生态种植及精密播种机械化、高质饲料收获干燥及制备机械化等技术，提高饲草料质量和利用效率。在大型标准化规模养殖企业推广智能化环境调控、精准化饲喂、资源化粪污利用、无害化病死动物处理等技术，提高劳动生产率。

（十五）促进粪污资源化利用。综合考虑土地、水等环境承载能力，指导地方科学规划草食畜禽养殖结构和布局，大力发展生态养殖，推动建设资源节约、环境友好的新型草食畜牧业。贯彻落实《畜禽规模养殖污染防治条例》，加强草食畜禽养殖废弃物资源化利用的技术指导和服务，因地制宜、分畜种指导推广投资少、处理效果好、运行费用低的粪污处理与利用模式。实施农村沼气工程项目，支持大型畜禽养殖企业建设沼气工程和规模化生物天然气工程。继续实施畜禽粪污等农业农村废弃物综合利用项目，支持草食畜禽规模养殖场粪污处理利用设施建设。积极开展有机肥使用试验示范和宣传培训，大力推广有机肥还田利用。

五、提升支撑能力

（十六）强化金融保险支持。构建支持草食畜牧业发展的政策框架体系，在积极发挥财政资金引导作用的基础上，探索采用信贷担保、贴息等方式引导和撬动金融资本支持草食畜牧业发展。适当加大畜禽标准化养殖项目资金，并逐步将直接补贴调整为贷款担保奖补和贴息，推动解决规模养殖场户贷款难题。积极争取金融机构的信贷支持，合理确定贷款利率，引导社会资本进入，为草食畜牧业发展注入强大活力。建立多元化投融资机制，创新信用担保方式，完善农户小额信贷和联保贷款等制度，支持适度扩大养殖规模，提高抵御市场风险的能力。继续实施奶牛政策性保险，探索建立肉牛肉羊保险制度，逐步扩大保险覆盖面，提高风险保障水平。

（十七）加强科技人才支撑服务。整合国家产业技术体系和科研院所力量，以安全高效养殖、良种繁育、饲草料种植等核心技术为重点，加强联合攻关和先进技术研发。加快培养草食畜牧业科技领军人才和创新团队，开展技能服务型和生产经营型农村实用人才培训。完善激励机制，鼓励科研教学人员深入生产一线从事技术推广服务，促进科技成果转化。加强基层畜牧草原推广体系和检验检测能力建设，发挥龙头企业和专业合作组织的辐射带动作用，推广人工授精、早期断奶、阶段育肥、疫病防控等先进实用技术，提高生产水平。加快精料补充料和开食料等牛羊专用饲料的研发，降低饲喂成本，提高饲料转化效率。加强对基层技术推广骨干和新型经营主体饲养管理技术的培训，提升科学养畜水平。

（十八）加大疫病防控力度。围绕实施国家中长期规划，切实加强口蹄疫等重大动物疫病防控，落实免疫、监测、检疫监管等各项关键措施。加强布鲁氏菌病、结核病、包虫病等主要人畜共患病防控。指导开展种牛、种羊场疫病监测净化工作。统筹做好奶牛乳房炎等常见病的防治，加强养殖场综合防疫管理，健全卫生防疫制度，强化环境消毒和病死畜禽无害化处理，不断提高生物安全水平，降低发病率和死亡率。加强肉牛肉羊屠宰管理，强化检疫监管。加强养殖用药监管，督促、指导养殖者规范用药，严格执行休药期等安全用药规定。

（十九）营造良好市场环境。加强生产监测和信息服务，及时发布产销信息，引导养殖场户适时调整生产规模，优化畜群结构。加强消费引导和品牌推介，支持开展无公害畜产品、绿色食品、有机畜产品和地理标志产品认证，打造草食畜产品优势品牌，提升优势产品的市场占有率。支持屠宰加工龙头企业建立稳定的养殖基地，加强冷链设施建设，开展网络营销，降低流通成本。鼓励地方建立原料奶定价机制和第三方检测体系，完善购销合同，探索种、养、加一体化发展路径。支持建设区域性活畜交易市场和畜产品专业市场，鼓励经纪人和各类营销组织参与畜产品流通，推动实现畜产品优质优价。支持行业协会发展，发挥其在行业自律、权益保障、市场开拓等方面的作用。

（二十）统筹利用两个市场两种资源。加强草食畜产品国际市场调研分析，在确保质量安全并满足国内检疫规定的前提下，逐步实现进口市场多元化，满足不同层次的消费需求。加强草食畜产品进口监测预警，研究制定草食畜产品国际贸易调控策略和预案，推动建立草食畜产品进口贸易损害补偿制度，维护国内生产者利益。支持企业到境外建设牛羊肉生产、加工基地和奶源基地，推动与周边重点国家合作建设无规定疫病区。

当前，我国草食畜牧业发展迎来了难得的历史机遇。各地要把思想和行动统一到中央关于农业发展“转方式、调结构”的要求上来，乘势而上，主动作为，创新发展机制，突破瓶颈制约，努力促进草食畜牧业持续健康发展。

2015 年 5 月 4 日

农业部关于印发《全国农产品产地市场发展纲要》的通知

农市发〔2015〕2 号

各省（自治区、直辖市）及计划单列市农业（农牧、农村经济）、农机、畜牧、兽医、农垦、农产品加工、渔业厅（委、局、办），新疆生产建设兵团农业局：

现将《全国农产品产地市场发展纲要》印发你们，请参照执行。

农业部

2015 年 5 月 22 日

全国农产品产地市场发展纲要

农产品产地市场是我国现代农业产业体系和农产品市场体系的重要组成部分，是在农业市场化改革不断深入和农产品专业化、区域化、规模化生产不断发展的基础上兴起的，是指具有较高商品率的农产品主产区为了快速、大批量集散当地农产品，稳定农产品供应而兴建的市场，其市场交易量 60％以上是本地农产品。为加快推进农产品产地市场体系建设，在抓好生产的同时抓好市场，大力推动农产品流通和营销，充分发挥农产品产地市场对农业产业的带动作用，着力解决农产品卖难、卖不出去、卖不上好价等问题，特制定本纲要。纲要中农产品产地市场指蔬菜、果品、畜禽、水产品和特色农产品市场。

一、产地市场发展状况

（一）发展现状

1. 农产品批发市场体系初步形成。经过多年的建设和发展，我国已初步形成专业性与综合性相结合，产地、集散地与销地相衔接的农产品批发市场体系。目前，我国农产品批发市场4 469家。年交易额亿元以上的农产品批发市场1 790家，其中专业性市场1 101家，占 61.5％，年交易总额占 67.3％。在专业市场中蔬菜、干鲜果品、畜禽、水产品和特色农产品市场数量约占 89.9％。

2. 产地市场管理水平不断提升。在农产品流通业快速发展的形势下，产地市场经营者管理水平不断提高。一批实力较强的产地市场开始应用现代信息技术，实现了经营管理的信息化，并建立产地市场信息收集发布平台，实时发布农产品价格信息、交易信息和供求信息。同时，在传统的对手交易、现金结算的基础上，有些产地市场开始采用电子结算；一些产地市场建立了电子商务交易平台；有的产地市场还尝试推行了电子拍卖交易。

3. 产地市场功能逐步完善。产地市场从初期的集散交易不断拓展商品化处理、信息服务、品牌培育等功能。依托产地市场，经销商对农产品进行预冷、分级分选、包装等商品化处理，不仅能减少农产品流通损失，也有利于形成产地农产品品牌，提高了农产品附加值和市场竞争力。作为农产品需求信息和价格信息的交汇平台，产地市场能够反馈信息引导农民生产，推动了农业生产结构优化调整。

（二）存在的问题

1. 市场布局不够合理。目前，我国东部地区产地市场数量多、规模大，对产业带动和农产品流通的促进作用明显，而中、西部地区的产地市场数量少、建设标准低，特别是有些优势农产品生产区域产地市场建设严重滞后，制约了产业的发展。

2. 基础设施建设薄弱。产地市场已成为农产品流通领域最薄弱的环节，大多数产地市场只是一个简易的交易场所，设施简陋、环境差，缺少预冷库、保鲜库、冷藏车、污水处理、垃圾处理、电子结算等基础设施，分级、分选、包装和装卸多由人工完成，甚至有些产地市场只是季节性临时设点，几乎没有任何配套基础设施。

3. 信息服务功能不全。大部分产地市场信息服务设施建设滞后，生产、交易信息采集不全面、不准确，缺乏数据分析处理的方法和手段；信息发布渠道少，多数市场信息未通过网络、手机、电视等媒介进行传播，信息服务的针对性、及时性不强，不能满足广大生产者、经营者、消费者及各级政府的信息需求。

4. 交易方式总体落后。目前，我国产地市场基本都采用现货对手交易，只有少数市场采用了公开拍卖的交易方式，鲜活农产品网上交易和期货交易还处于起步阶段，现金结算仍然是主要方式。产地市场交易与结算方式比较落后、效率低、风险大，且难以形成公开、公正的交易价格。

5. 主体经营能力不强。农民合作社、家庭农场、种养大户、农村经纪人等流通主体，经营规模小、标准化程度低、信息获取渠道少、商品化处理水平低、议价和应对市场风险的能力差。绝大多数流通主体缺乏专业系统的经营管理知识与职业技能，营销能力和契约意识不强。

（三）发展机遇

1. 国家高度重视产地市场的发展。2012年发布的《国务院关于深化流通体制改革加快流通产业发展的意见》要求“统筹农产品集散地、销地、产地市场建设，构建农产品产销一体化流通链条”。2015年中央1号文件《关于加大改革创新力度加快农业现代化建设的若干意见》明确提出“加强农产品产地市场建设，加快构建跨区域冷链物流体系，继续开展公益性农产品批发市场建设试点”。农业部认真落实中央有关要求，大力推进农产品产地市场建设，目前已与地方政府联合启动建设了一批全国性农产品产地市场和田头市场，在促进主产区农产品价格形成、信息服务、科技交流、物流集散及品牌培育等方面发挥了重要作用。

2. 产业发展对产地市场需求迫切。优势农产品区域布局规划自实施以来，成效显著，我国农产品生产的区域化、规模化、专业化水平显著提升，一批新的优势产业区稳步发展壮大。随着“菜篮子”工程的不断推进，我国生鲜农产品市场均衡供给能力大幅提升，蔬菜、水果、肉类、禽蛋、水产品等“菜篮子”产品产量已连续多年位居世界首位，生产结构更加优化，产业布局更加合理。与此同时，农产品生产集中度的提高也增加了“滞销卖难”的风险，迫切需要专门的集散场所对农产品进行集中、商品化处理和批发交易。产地市场作为生产者出售农产品的重要场所，具有交易、商品化处理、信息服务、检验检测、仓储物流等功能，通过建立完善的农产品产地市场体系，可有效解决农产品销售难题，并带动农业产业结构调整和农产品规模化、标准化的发展。

近年来国家支持农产品产地市场发展的相关政策

2000年发布的《中共中央、国务院关于做好农业和农村工作的意见》：各地要把产地批发市场纳入农业基础设施建设规划，增加投入，重点搞好场地、道路、通讯和农药检测等公用设施建设。

2009年中央1号文件《促进农业稳定发展农民持续增收的若干意见》：加大力度支持重点产区和集散地农产品批发市场等流通基础设施建设。…推进在全国范围内免收整车合法装载鲜活农产品的车辆通行费。

2011年国务院办公厅《关于加强鲜活农产品流通体系建设的意见》：以加强产销衔接为重点，加强鲜活农产品流通基础设施建设。

2012年中央1号文件《关于加快推进农业科技创新持续增强农产品供给保障能力的若干意见》：免除蔬菜批发和零售环节增值税，落实和完善鲜活农产品运输绿色通道政策，清理和降低农产品批发市场、城市社区菜市场、乡镇集贸市场和超市的收费。

2012年《国务院关于深化流通体制改革加快流通产业发展的意见》：统筹农产品集散地、销地、产地批发市场建设，构建农产品产销一体化流通链条。

2013年国家发展改革委办公厅《关于进一步降低农产品生产流通环节电价有关问题的

通知》：降低农产品批发市场、农贸市场用电、农产品冷链物流的冷库用电价格。

2013 年中央 1 号文件《中共中央国务院关于加快发展现代农业进一步增强农村发展活力的若干意见》：统筹规划农产品市场流通网络布局，重点支持重要农产品集散地、优势农产品产地市场建设。

2013 年《国务院办公厅深化流通体制改革加快流通产业发展重点工作部门分工方案》：支持建设和改造一批具有公益性质的农产品批发市场、…以及重要商品储备设施、大型物流配送中心、农产品冷链物流设施等。

2014 年中央 1 号文件《关于全面深化农村改革加快推进农业现代化的若干意见》：支持产地小型农产品收集市场、集配中心建设。

2014 年商务部联合农业部等 13 部委发布《商务部等 13 部门关于进一步加强农产品市场体系建设的指导意见》：在我国优势农产品产业带和集中生产基地，规划建设一批全国性、区域性和农村田头等产地市场。

2015 年 1 月，中央 1 号文件《关于加大改革创新力度加快农业现代化建设的若干意见》提出：加强农产品产地市场建设，继续开展公益性农产品批发市场建设试点。

3. 电子商务给产地市场带来机遇。随着我国农业现代化的加快发展和农产品消费市场的快速成长，农产品流通模式不断创新，农产品直供直销、电子商务等新兴流通业态蓬勃发展，这些新兴流通业态都需要依托产地市场进行农产品的分级、分选、预冷、包装等商品化处理以及货物的组配。与此同时，拍卖、网上交易、电子结算等新型交易及结算方式不断涌现；云计算、大数据等信息收集、处理技术快速发展；信息化、现代结算方式等不断推进使农产品价格形成越来越透明。现代技术的发展为产地市场建设创造了条件。

二、产地市场发展布局

（一）产地市场发展

全面贯彻党的十八大和十八届三中、四中全会精神，深入贯彻落实中央 1 号文件和中央农村工作会议精神，以提高农产品流通效率、保障农产品有效供给、促进农民增收为宗旨，以市场需求为导向，以转方式、调结构为抓手，以机制创新为突破，通过政府引导、企业主体、社会投入，培育壮大流通主体、强化产销信息服务、推广公平交易方式、发展农业电子商务、创建国家农业品牌、构建利益连接纽带、完善基础设施建设，积极构建现代农产品产地市场体系，推进农业产业发展和城乡繁荣，为新型工业化、信息化、城镇化和农业现代化同步发展提供有力支撑。

1. 与现代农业产业体系发展衔接。产地市场是现代农业产业体系重要组成部分，建设产地市场，有利于把分散农户生产的农产品汇集起来，形成商品批量，通过快速集散和扩大流通范围，促进农产品顺畅销售，实现小规模生产与大市场需求的有效对接。布局产地市场，完善主产区市场体系，搭建产销信息服务平台，能够提升农户与市场对接能力，提高农产品流通效率，促进农业产业发展。

2. 与农产品优势区域布局规划一致。产地市场建设要与全国优势农产品区域布局规划和特色农产品区域布局规划衔接，因地制宜、分类推进。在优势农产品集中区域建设全国性农产品产地市场、区域性农产品产地市场和田头市场，做好产地市场与生产基地的对接，紧密联接农户和消费者，以市场需求和消费驱动为导向，最大限度提高产地市场辐射带动农业生产的能力，推动主产区优势产业协调可持续发展。

3. 促进一二三产业融合发展。产地市场

具备产业关联效应大的特点，建设产地市场，能够有效带动加工、包装、储藏、保鲜、运输、餐饮、住宿、农资供应等相关产业发展，实现农产品生产、加工流通、消费有效对接。通过产地市场建设，推动农产品由数量增长向质量提升、从分散布局向产业集聚转变，使得农村一二三产业之间紧密相连、协同发展，最终实现农业产业延伸、产业范围扩展和农民增加收入。

4. 推进农业品牌战略实施。农业品牌化是农业调结构转方式的重要抓手，也是农业规模化、标准化、产业化和市场化的重要手段。品牌化是农业现代化的核心标志，通过产地市场建设，充分利用农业优势资源，挖掘文化内涵，完善产地市场商品化处理和包装等功能，实现产品统一标准、统一处理和统一包装，有助于建立良好的品牌和信誉，提升产品价值和市场竞争力，带动产业规模化、标准化发展。

（二）产地市场布局

农产品产地市场体系是沟通农产品生产与消费的桥梁与纽带，是现代农业发展的重要支撑体系之一。依据《全国优势农产品区域布局规划（2008—2015 年）》和《特色农产品区域布局规划（2013—2020 年）》等相关文件，借鉴日本、韩国农产品市场体系建设的经验，到 2020 年，在优势产区和特色产区建成一批直接服务农户营销的产地市场，其中全国性产地示范市场 30 个，区域性产地示范市场 300 个，田头示范市场1 000个，通过示范带动和政策引导，形成布局合理、分工明确、优势互补的全国性、区域性和田头市场的三级产地市场体系。

日本农产品市场体系

日本 1921 年颁布第 1 部《中央批发市场法》，1971 年修订为《批发市场法》，明确了农产品批发市场的法定地位。目前，日本的市场体系由中央批发市场、地方批发市场、小型批发市场和产地集货中心等构成，其中中央批发市场 87 个，产地集货中心3 000多个。经批发市场流通的蔬菜和果品分别占各自流通总量的 80.8%和 56.8%。

韩国农产品市场体系

韩国 1951 年颁布了《中央批发市场法》，明确了农产品批发市场的法定地位。经过 60 多年的发展，形成了由公营批发市场、一般法定市场和农产品加工中心构成的市场体系。目前，韩国有公营批发市场 33 个（其中，中央批发市场 11 个，地方批发市场 22 个），一般法定市场 19 个，产地农产品加工中心 350 个。全部水产品和 50%以上的果蔬都通过批发市场流通，其中 22%的水产品采用拍卖方式进行交易。

1. 全国性农产品产地市场。全国性农产品产地市场是在优势农产品区域，由农业部和省政府共同支持建设，能够辐射带动本区域乃至全国优势农产品产业发展的大型农产品专业批发市场。全国性农产品产地市场是农产品产业体系的“航空母舰”和引领国内产业发展的龙头，是全国价格形成中心、产业信息中心、物流集散中心、科技交流中心和会展贸易中心。

全国性产地市场“五大中心”功能

价格形成中心是指市场采用公开、公平的交易方式，形成主营农产品交易价格，通过发布交易价格和价格指数，指导全国同类农产品市场交易。

产业信息中心是指市场通过对生产信息、供求信息、价格信息的采集和发布，构筑产业信息汇集、交换、传播的平台，解决现有信息不对称问题。

物流集散中心是指依托市场对农产品进行收集、交易、商品化处理、储藏和运输，确保农产品及时、有效地聚集疏散。

科技交流中心是指充分利用市场所在区域农业科技资源，通过资源整合，依托市场开展农产品新品种研发、新技术推广以及流通标准化等相关研究、推广、展示和交流活动，促进标准化生产，推广新技术和新方法。

会展贸易中心是指市场通过举办各类农产品贸易活动，形成生产者、经销商、贸易商集中交流、沟通的平台，展示农产品品牌，促进农产品销售。

（1）布局条件

市场所在地在优势产区中地位突出或位居全国前列，有一批带动能力强的专业合作社、骨干龙头企业，在国内外具有较高的品牌知名度和文化底蕴，科技、会展等相关产业较为发达，产业发展空间和潜力大。

全国性水果产地市场辐射带动集中连片种植面积50万亩以上，市场交易量占市场所在优势区同种水果产量的30%以上，市场年交易额达100亿元以上。全国性蔬菜产地市场辐射带动集中连片种植面积100万亩以上，市场交易量占市场所在优势区蔬菜产量的30%以上，市场年交易额达80亿元以上。全国性畜禽产品产地市场禽蛋年交易量在50万吨以上、肉类年交易量15万吨以上，市场交易量占市场所在优势区畜禽产品产量的10%以上，市场年交易额达50亿元以上。全国性水产品产地市场水产品年交易量在20万吨以上，市场交易量占市场所在优势区水产品产量的20%以上，市场年交易额达50亿元以上。特色农产品产地市场辐射范围内特色农产品集中连片生产规模大，市场交易量占市场所在优势区同种特色农产品产量的30%以上，市场年交易额达80亿元以上。

（2）布局

按照对优势农产品区域乃至全国同类产品流通具有较强影响力的要求，在黄土高原苹果优势区、华北白梨优势区、赣南—湘南—桂北柑橘优势区、粤桂热带水果优势区、西北葡萄优势区、陕西关中猕猴桃优势区等水果优势区建设全国性水果产地市场。在华南冬春蔬菜优势区、长江上中游冬春蔬菜优势区、黄土高原夏秋蔬菜优势区、云贵高原夏秋蔬菜优势区、黄淮海与环渤海设施蔬菜优势区和西北鲜食用、加工用和种用马铃薯及蔬菜优势区等建设全国性专业产地市场。在黄渤海海产品优势区、东海海产品优势区、南海海产品优势区、长江流域淡水产品优势养殖区等水产品优势区建设全国性水产品产地市场。在中原禽蛋优势区、西南生猪优势区、西北清真牛羊肉优势区等畜禽产品优势区建设全国性畜禽产品产地市场。在东北黑木耳优势区、云南中部鲜切花卉优势区、河南绿茶优势区等特色农产品优势区建设全国性特色农产品产地市场。

柑橘产地市场区域选择依据

根据《柑橘优势区域布局规划（2009—2015年）》，我国柑橘优势区包括长江上中游柑橘优势区、赣南-湘南-桂北柑橘优势区、浙-闽-粤柑橘优势区、鄂西-湘西柑橘优势区和特色柑橘优势区。其中，长江上中游柑橘优势区位于湖北秭归以西、四川宜宾以东，以重庆三峡库区为核心的长江上中游沿江区域，预计 2015 年，柑橘种植面积 400 万亩，产量 550 万吨，鲜食加工兼用。赣南-湘南-桂北柑橘优势区包括江西赣州、湖南郴州、永州、邵阳和广西桂林、贺州等地，具有发展甜橙生产的优越自然生态条件和丰富的土地资源，该区域脐橙品质好，在国内外市场上具有明显的质量优势，预计 2015 年，柑橘种植面积 500 万亩左右，总产量 550 万吨，产品主要满足国内对鲜食脐橙的需求。浙-闽-粤柑橘优势区位于北纬 21°～30°，东经 110°～122°之间的东南沿海地区，具有发展宽皮柑橘、柚类、杂柑类生产的优越自然生态条件，预计 2015 年，柑橘种植面积 500 万亩左右，产量 600 万吨，鲜食加工兼用。鄂西-湘西柑橘优势区位于东经 111°左右，北纬 27°～31°之间，海拔60～300 米。预计 2015 年，柑橘种植面积稳定在 400 万亩，产量 430 万吨，鲜果主要供应北方市场。特色柑橘优势区包括南丰蜜橘基地、岭南晚熟宽皮橘基地、云南特早熟柑橘基地、丹江库区北缘柑橘基地和柠檬基地，预计 2015 年种植面积 245.6 万亩，总产量 97.9 万吨。

热带水果产地市场区域选择依据

根据《特色农产品区域布局规划（2013—2020 年）》，我国热带水果优势区集中在粤桂南部、闽东沿海、海南、滇南干热河谷、四川等地。其中，广东和广西的香蕉、菠萝、荔枝、龙眼的总产量分别是 679.3 万吨和 358.6 万吨，分别占全国总产量的 37.6%和 19.7%。

葡萄产地市场区域选择依据

根据《特色农产品区域布局规划（2013—2020 年）》，我国葡萄优势区包括华北区、东北区、华东区、中南区、西南区和西北区。其中，西北地区的新疆鲜食葡萄总产量最高，年产量达 209.1 万吨，占全国总产量的 19.8%。

猕猴桃产地市场区域选择依据

根据《特色农产品区域布局规划（2013—2020 年）》，我国猕猴桃优势区包括陕西关中、甘肃、渝湘黔区、江西、江苏等地。其中，陕西和河南的猕猴桃的总产量分别是 82.3 万吨和 34.4 万吨，分别占全国总产量的 56.6%和 23.7%。陕西省眉县猕猴桃产量占全国的 28.3%，眉县已形成美味猕猴桃和中华猕猴桃两大类近 20 个品种，产品畅销北京、上海、广东、台湾等 20 多个省、市和地区，高端产品出口北美、中东等 10 多个国家和地区。

蔬菜产地市场区域选择依据—华南

根据《全国蔬菜重点区域发展规划（2009—2015 年）》，华南冬春蔬菜优势区蔬菜生产重点县 74 个，主栽品种包括豆类、瓜类、茄果类、西甜瓜等喜温瓜菜，蔬菜销往“三北”、长江流域、港澳地区以及日、韩等国冬淡市场，上市期为 12 月～次年 2 月。预计 2015 年本重点区域基地县蔬菜播种面积稳定在2 100万亩左右、总产量超过4 000万吨，调出比例达到 55%以上，产品安全质量达到无公害食品要求，商品化处理程度达到 80%以上。

蔬菜产地市场区域选择依据—长江上中游

根据《全国蔬菜重点区域发展规划（2009—2015 年）》，长江上中游冬春蔬菜优势区蔬菜生产重点县 92 个，主栽品种包括花椰菜、结球甘蓝、莴笋、芹菜、蒜薹等喜凉蔬菜，蔬菜销往“三北”地区和珠江三角洲地区冬春淡季市场，上市期为 11 月～次年 4 月。预计到 2015 年，92 个基地县蔬菜播种面积达到3 000万亩，产量超过7 000万吨，调出比例超过55%，产品安全质量达到无公害食品要求，商品化处理程度达到 65%以上。

蔬菜产地市场区域选择依据—黄土高原

根据《全国蔬菜重点区域发展规划（2009—2015 年）》，黄土高原夏秋蔬菜优势区包括陕西、甘肃、宁夏、青海、内蒙古、山西、河北等 7 省区，88 个蔬菜生产重点县，主栽品种包括洋葱、萝卜、胡萝卜、花椰菜、白菜、芹菜、生菜等喜凉蔬菜以及茄果类、豆类、瓜类、西甜瓜等喜温瓜菜，蔬菜销往华北地区、长江下游、华南夏秋淡季市场以及东欧、中亚、西亚等国际市场，上市期为 7～9 月。预计到 2015 年，88 个基地县蔬菜播种面积达到1 700万亩，产量超过6 000万吨，调出比例达到 65%，产品安全质量达到无公害食品要求，商品化处理率达到 70%以上。

蔬菜产地市场区域选择依据—黄淮海及环渤海

根据《全国蔬菜重点区域发展规划（2009—2015 年）》，黄淮海及环渤海设施蔬菜优势区包括辽宁、北京、天津、河北、山东、河南、江苏、安徽等 8 省市，177 个蔬菜生产重点县，主栽品种包括日光温室种植茄果类、瓜类、豆类、西甜瓜等喜温瓜菜以及芹菜、韭菜等喜凉蔬菜，大中棚种植茄果类、瓜类、豆类和叶菜类等，蔬菜销往“三北”地区和长江流域冬春淡季市场，上市期为 11 月～次年 6 月。预计到 2015 年，日光温室和大中棚面积达到2 200万亩，产量超过 1.3 亿吨。其中日光温室面积 800 万亩，产量超过5 300万吨；大中棚1 400万亩，产量超过7 700万吨。

海产品产地市场区域选择依据—黄渤海

根据《2012 年全国农业统计提要》，我国黄渤海海产品优势区包括天津、河北、辽宁、江苏和山东等 5 省市，海产品产量分别是 4.2 万吨、63.5 万吨、389.3 万吨、148.5 万吨和 686 万吨，分别占全国海产品总产量的 0.1%、2.0 %、12.8%、4.9%和 22.6%。

海产品产地市场区域选择依据—东海

根据《2012 年全国农业统计提要》，我国东海海产品优势区主要包括上海、浙江和福建 3 省市，海产品产量分别是 13 万吨、431.2 万吨和 546.6 万吨，分别占全国海产品总产量的 0.4%、14.2%和 18.0%。

海产品产地市场区域选择依据—南海

根据《2012 年全国农业统计提要》，我国南海海产品优势区主要包括广东、广西和海南 3 省，海产品产量分别是 432.3 万吨、168.4 万吨和 132.5 万吨，分别占全国海产品总产量的 14.3%、5.6%和 4.4%。

淡水产品产地市场区域选择依据

根据《全国优势农产品区域布局规划（2008—2015 年）》，我国淡水产品优势区包括黄渤海、东南沿海和长江流域。其中，黄渤海优势区涉及山东、辽宁、河北、天津 4 省市，2012 年该优势区淡水产品产量为 330.3 万吨，占全国淡水产品总产量的 11.5%；东南沿海优势区涉及浙江、福建、广东、广西、海南 5 省（区），2012 年该优势区水产品产量为 707 万吨，占全国淡水产品总产量的 24.6%；长江流域优势区涉及江苏、安徽、江西、湖北、湖南、重庆、四川 7 省（市），2012 年该优势区水产品产量为1 651.9万吨，占全国淡水产品总产量的 57.5%。

禽蛋产地市场区域选择依据

根据《中国农业统计资料 2011》，我国禽蛋总产量在2 811.4万吨。其中，年产量超过 100 万吨的省份有 9 个，分别是山东、河南、河北、辽宁、江苏、四川、湖北、安徽和黑龙江，总产量为2 110.7万吨，占全国禽蛋总产量的 75%。各省产量分别是 401.2 万吨、390.5 万吨、339.8 万吨、277.4 万吨、194.9 万吨、144.9 万吨、137.0 万吨、119.7 万吨和 105.4 万吨，分别占全国禽蛋总产量的 14.3%、13.9%、12.1%、9.9%、6.9%、5.2%、4.9%、4.3%和 3.8%。

生猪产地市场区域选择依据

根据《生猪优势区域布局规划（2008—2015 年）》，我国生猪优势产区包括沿海地区、东北地区、中部地区和西南地区。其中，沿海优势区涉及江苏、浙江、广东和福建 4 省，2011 年该优势区生猪存栏量6 625.8万头，占全国存栏量的 14.2%，猪肉产量 769.3 万吨，占全部总产量的 15.2%；东北优势区的辽宁、吉林、黑龙江 3 省，2011 年该优势区生猪存栏量3 942.6万头，占全国存栏量的 8.4%，猪肉产量 464.8 万吨，占全部总产量的 9.2%；中部优势区的河北、山东、安徽、江西、河南、湖北和湖南 7 省，2011 年该优势区生猪存栏量19 020.4万头，占全国存栏量的 40.7%，猪肉产量2 153.7万吨，占全部总产量的 42.6%，其中河南省存栏量最多，占全国 9.8%；西南优势区的广西、四川、重庆、云南和贵州 5 省（区市），2011 年该优势区生猪存栏量13 265.8万头，占全国存栏量的 28.4%，猪肉产量1 265.3万吨，占全部总产量的 25.0%，其中四川生猪出栏量最高，占全国 10.9%，猪肉产量 484.8 万吨，占 9.6%。

清真牛羊肉产地市场区域选择依据

根据《全国肉羊优势区域布局规划（2008—2015 年）》和《全国肉牛优势区域布局规划（2008—2015 年）》，我国肉牛和肉羊优势产区包括中原地区、东北地区、西北地区和西南地区。其中，中原优势区涉及山东、河南、河北、安徽、江苏、湖北、山西等地，2011 年该优势区牛（肉牛）羊存栏量7 685.3万头，占全国存栏量的 22.0%，牛羊肉产量 297.01 万吨，占全部总产量的 28.6%；东北优势区涉及吉林、黑龙江、辽宁、内蒙古、山西、河北北部等地，2011 年该优势区牛（肉牛）羊存栏量9 888.6万头，占全国存栏量的 28.4%，牛羊肉产量 329.5 万吨，占全部总产量的 31.7%；西北优势区涉及新疆、甘肃、陕西、宁夏 4 省区，2011 年该优势区牛（肉牛）羊存栏量6 554.2万头，占全国存栏量的 18.8%，牛羊肉产量 141.2 万吨，占全部总产量的 13.6%；西南优势区涉及四川、重庆、云南、贵州、广西和湖南 6 省（区市），2011 年该优势区牛（肉牛）羊存栏量5 118.8万头，占全国存栏量的 14.7%，牛羊肉产量 145.7 万吨，占全部总产量的 14%。

黑木耳产地市场区域选择依据

根据《特色农产品区域布局规划（2013—2020 年）》，我国黑木耳优势区包括东北区、浙闽区、秦巴伏牛山区、长江中上游地区和广西。其中，东北区涉及内蒙古、辽宁、吉林、黑龙江 4 省区，2012 年该优势区黑木耳（干品）产量 33.7 万吨，占全国总产量 54.4%；浙闽区涉及浙江和福建 2 省，2012 年该优势区黑木耳（干品）产量 5.3 万吨，占全国总产量 8.49%；秦巴伏牛山区涉及甘肃、四川、陕西 3 省，2012 年该优势区黑木耳（干品）产量 3.1 万吨，占全国总产量 5%；长江中上游地区涉及河南、湖北 2 省，2012 年该优势区黑木耳（干品）产量 12.9 万吨，占全国总产量 20.8%；广西壮族自治区 2012 年黑木耳（干品）产量 0.45 万吨，占全国总产量 0.7%。

茶叶产地市场区域选择依据

根据《特色农产品区域布局规划（2013—2020 年）》，我国绿茶优势区包括四川、浙江、湖北、福建、安徽、贵州、湖南、河南、陕西、江西、重庆、江苏等地。根据《2012 年全国农业统计提要》，优势区绿茶产量 97.3 万吨，占全国总产量的 78%，优势区内各省的绿茶产量分别是 17.2 万吨、16.9 万吨、16.5 万吨、11.0 万吨、8.9 万吨、6.3 万吨、5.8 万吨、4.5 万吨、3.5 万吨、2.9 万吨、2.4 万吨和 1.3 万吨，分别占全国总产量的 13.8%、13.5%、13.2%、8.8%、7.2%、5.1%、4.7%、3.6%、2.8%、2.3%、1.9% 和 1.0%。其中河南省信阳市能辐射带动鄂豫皖 3 省大别山地区茶叶产业发展，2012 年，茶叶销售量达 12 万吨，其中 50%来自外地，信阳市茶叶市场的发展基础好，辐射带动能力强。

鲜切花产地市场区域选择依据

根据《特色农产品区域布局规划（2013—2020 年）》，我国鲜切花优势区域位于云南中部和浙江东北部，其中昆明斗南国际花卉产业园区是全国最大的花卉交易市场和集散地，云南省 80%以上的鲜切花，周边省份的花卉、亚洲及南太平洋等地十余个国家花卉入场交易，在全国 80 多个大中城市中占据 70%的市场份额，出口 46 个国家和地区。

人参、枸杞产地市场区域选择依据

《特色农产品区域布局规划（2013—2020 年）》中指出了规划期内重点发展的 25 种道地中药材，其中人参和枸杞作为药食两用中药材，消费需求较高，发展空间巨大。吉林省人参产量占全国人参产量的 85%以上，占世界人参产量的 70%多。我国枸杞优势产区主要位于宁蒙河套地区、新疆精河、青海区，其中宁蒙河套地区枸杞产量占全国枸杞产量的 50%以上。

2. 区域性农产品产地市场。区域性农产品产地市场是建在农产品优势产区，能够辐射带动市场所在县及周边县优势产业发展的农产品批发市场。区域性农产品产地市场是引领区域主导产业发展的“桥头堡”，是区域内农产品的价格形成中心、产业信息中心和物流集散中心，是连接产销市场的重要纽带。

（1）布局条件

市场所在区域属于农产品优势产区，区域内已形成产业规模，商品量较大。市场建设符合本地区市政发展规划，交通区位条件好，五年内无变迁计划，市场连续三年稳定性和成长性良好，对当地优势或特色农业产业发展发挥龙头带动作用。

区域性水果产地市场辐射带动集中连片种植面积 20 万亩以上，本地农产品交易量达到市场交易总量的 50%以上，市场年交易额在 10 亿元以上。区域性蔬菜产地市场辐射带动集中连片种植面积 30 万亩以上，本地农产品交易量达到市场交易总量的 60%以上，市场年交易额在 8 亿元以上。区域性畜禽市场年交易量在 15 万吨以上、肉类年交易量 5 万吨以上，本地农产品交易量达到市场交易总量的 85%以上，市场年交易额在 15 亿元以上。区域性水产品市场年交易量在 5 万吨以上，本地农产品交易量达到市场交易总量的 60%，市场年交易额在 10 亿元以上。特色农产品市场辐射范围内，农产品生产集中连片，具有一定规模，产业可延伸性强，本地农产品交易量达到市场交易总量的 60%，市场年交易额在 10 亿元以上。

（2）布局

区域性水果产地市场分布在苹果优势产区（渤海湾产区与黄土高原产区）、柑橘优势产区（长江上中游产区、赣南-湘南-桂北产区、浙-闽-粤产区和湘西-鄂西产区）、产区（华北白梨区、长江中下游砂梨区、西北白梨区和特色梨区）以及《特色农产品区域布局规划（2013—2020 年）》中热带水果、猕猴桃、葡萄、桃等特色果品的优势产区；区域性蔬菜产地市场分布在华南冬春蔬菜优势区、长江上中游冬春蔬菜优势区、黄土高原夏秋蔬菜优势区、云贵高原夏秋蔬菜优势区、黄淮海与环渤海设施蔬菜优势区；区域性畜禽产地市场分布在生猪优势产区（沿海地区、东北地区、中部地区和西南地区）、肉羊和肉牛优势产区（中原地区、东北地区、西北地区和西南地区）、禽蛋优势产区（东北地区、渤海湾地区、中部地区）；区域性水产品产地市场分布在黄渤海优势区、东南沿海优势区和长江流域优势区；建设区域性特色农产品产地市场分布在《特色农产品区域布局规划（2013—2020 年）》中特色蔬菜、特色饮料、特色花卉等特色产品优势产区。

3. 田头（村头、码头）市场。田头市场是建在农产品生产基地，辐射带动市场所在村镇及周边村镇农产品流通的小型农产品产地市场，主要开展预冷、分级、包装、干制等商品化处理及交易活动。田头市场是农民家门口的市场，属于典型的公益性流通基础设施，是提高农户营销能力，实现农产品产后“存得住、运得出、卖得掉”，发展农产品直销和电子商务等新兴流通业态的重要支撑。

日本农产品集货中心和韩国农产品加工中心

日本产地市场体系中，农产品集货中心是农产品产地商品化处理的重要场所，一般由基层农协组建，负责本农协成员产品的分选、包装、冷藏、销售，同时也将批发市场的农产品交易信息反馈给农户。韩国农产品加工中心（APC）是果蔬产品上市前进行商品化处理的场所，由农协或永农组织投资建设，其中，农协投资的 APC 占总数的 70%。二者运作模式不同，农协的 APC 受农民委托进行水果和蔬菜商品化处理和销售，向农民收取服务费，金额不超过销售价格的 7%。永农组织从农民手中购买水果和蔬菜，进行商品化处理后再销售。

（1）布局条件

田头市场主要经营水果、蔬菜和特色农产品等对产地商品化处理、储存或加工需求明显的农产品。市场所在村或镇内生产集中度高、已形成良好的市场基础、生产主体组织化程度相对较高。

水果田头市场辐射半径 20 公里以上，辐射带动水果种植面积5 000亩以上。蔬菜田头市场辐射半径 10 公里以上，辐射带动蔬菜种植面积3 000亩以上。特色农产品田头市场辐射半径 20 公里以上，辐射带动特色农产品种植面积3 000亩以上。水产品田头市场辐射半径 20 公里以上，辐射带动水产品养殖面积3 000亩以上或渔船 600～1 000艘以上。

（2）布局

按照东中西均衡发展，适度向西部倾斜的原则，水果田头市场示范点分布在苹果、柑橘、梨、葡萄、桃等果品优势产区；蔬菜田头市场分布在华南冬春蔬菜优势区、长江上中游冬春蔬菜优势区、黄土高原夏秋蔬菜优势区、云贵高原夏秋蔬菜优势区、黄淮海与环渤海设施蔬菜优势区、东南沿海出口蔬菜优势区、西北内陆出口蔬菜优势区和东北沿边出口蔬菜优势区；特色农产品分布在《特色农产品区域布局规划（2013—2020 年）》中特色蔬菜、特色饮料、特色花卉等特色产品优势产区；水产品田头市场分布在《全国优势农产品区域布局规划（2008—2015 年）》中水产品优势产区及中心渔港以及渔港所在地。

三、产地市场发展重点任务

（一）培育壮大流通主体

近些年，农产品流通主体格局发生了深刻变革，多元化趋势日益明显，为数众多的农民合作社、经纪人、批发商、龙头企业、行业协会等构成的农产品流通主体，覆盖了鲜活农产品收集、运输、批发的各个环节，将千家万户的小生产与千变万化的大市场紧密连接起来，形成有效合理的市场分工。

农产品流通主体在农产品流通中非常活跃，但还存在诸多问题。流通主体结构复杂、规模较小、组织管理效率低，市场谈判能力弱，各主体之间竞争多于协同，难以形成流通规模效益。流通主体组织化程度低与鲜活农产品流通快速发展之间的矛盾越来越突出。此外，流通主体营销能力差，大多数产地市场流通主体从农业生产领域分化而来，不具备法人资格，缺乏市场营销知识，难以适应现代农产品流通的要求。产地市场经营管理者缺乏大型市场经营与管理的经验，农产品流通的专业背景和经营管理经验不足。

流通主体培育是提高流通主体营销能力的有效途径。一是通过对农民合作社、种养大户、家庭农场、经纪人等流通主体培育，提高农产品生产运销主体的规模化、专业化和组织化程度，有利于解决流通主体实力普遍不强的问题，实现"小生产"与"大市场"的有效对接，促进现代经营方式和流通业态的发展。二是从提高从业人员素质入手，对农民合作社、种养大户、家庭农场、经纪人等流通主体进行培育，解决农产品流通主体整体文化素质低，在市场对接、信息获取以及市场营销等方面能力差的问题，提高农产品流通主体的规模组织能力、信息获取能力、田头贮藏能力和产品直销能力。

坚持与引导规范经营相结合、与政策支持相结合的原则，发展壮大适应产地市场发展需要的农产品流通主体队伍，提升流通服务水平，提高我国农产品流通效率。一是建立农产品流通主体培训体系。支持编写发行农产品流通业务培训教材，建设培训网站，举办培训班，定期组织理论学习、专题研讨、经验交流、经营管理知识培训等活动，培养一批有文化、素质高、业务能力强的农产品流通专业人才。二是建立流通主体评价体系。开展流通主体筛选、评价和注册备案，通过建立从业人员准入、信用评价等多种机制，形成农产品流通主体的"大数据库"，根据流通主体的经营管理状况和诚信情况，对主体进行评价和归类。三是扶持流通企业成长。支持专业合作组织及产地市场个体经营户发展壮大，成长为流通企业；鼓励生产与加工企业延长产业链，进入农产品流通领域，开展流通服务；通过资金补助、保障用地、税费优惠、创新金融服务等政策扶持企业做大做强。四是发挥行业协会作用。鼓励成立行业协会并指导其健全各项自律性管理制度，引导行业协会在产前、产中、产后环节为农户提供免费技术服务和信息服务，支持行业协会参与产销衔接、公共信息服务以及市场监督管理等工作，将行业协会作为加强和改善农产品流通行业管理的重要支撑。

（二）强化产销信息服务

目前，我国少数产地建立了面向社会公众的市场信息收集发布平台，收集与发布农产品价格信息、成交量信息和供求信息。总体而言，我国农产品产销信息服务仍处于初级阶段，主要体现在三个方面。一是农产品产地市场收集信息类型单一、信息数量少。产地市场多是开展价格信息的抽样采集，极少涉及行业动态、科技发展、会展贸易等信息，信息量少、信息结构不合理，不能满足广大生产者、经营者、消费者各级政府的信息需求。二是信息处理能力低，多数产地市场缺乏及处理大规模信息的硬件设施及软件技术，多数信息未经加工就直接发布。三是信息发布渠道不畅，绝大多数产地市场只通过市场的电子屏幕发布信息，未建立其他渠道，信息传播速度和范围受到影响。四是缺少专业人才，农业信息服务人才培养滞后，人才严重短缺，大部分产地市场信息人员为兼职人员，专业培训机会少，工作的标准化、规范化程度低，整体服务能力不强。

随着社会经济发展，农产品流通主体和各级政府对农产品价格、市场供求等信息的要求越来越高，农产品产地市场必须迅速提升信息服务能力。提高信息服务水平有助于产销有效衔接。完善产地市场的价格信息采收、分析和发布功能，为进入市场交易的农户和采购商提供及时、全面、准确的产销信息，有利于解决信息不对称问题，实现产销对接。提高信息服务水平有助于产业结构的调整。建立农产品产地市场信息收集制度，完善市场收集信息的类型，可为全国性农产品信息服务平台、农产品生产和流通管理部门进行产销数据汇集、信息分析和监测预警提供数据支撑，从而发挥指导农业生产，调整农业农村经济结构的作用。提高信息服务水平有助于新型交易方式的推广。通过普及电子结算、建立数据分析系统，可促进价格形成机制的建立，为进一步开展电子商务、挂牌交易，尝试期货、拍卖等现代化交易模式提供前提。

遵循技术先进、经济实用，信息共享、互联互通原则，提升农产品产地市场产销信息服务水平。一是制定农产品产销信息采集发布标准、规范和制度。农业部和各级地方政府组织专家制定生产、流通相关信息采集标准和规范，完善信息发布制度，建立信息发布长效机制，促进信息采集、发布工作规范化、法制化。二是完善产地市场信息收集、处理和发布功能。推广电子结算系统，获取及时、准确的价格信息；购置信息抓取系统，从互联网获得全面的生产、加工、流通、供求等方面的信息；开发信息分析软件，提高信息挖掘和利用能力；充分利用电视、报纸、广播、网站、微博、微信等多种媒体形式发布信息，扩大信息辐射范围。三是培养产地市场信息化专业人才。充分利用现有的农业信息基础设施和农业信息资源，通过开展宣传、教育、培训等工作，对市场管理者、农产品生产者、批发商、经纪人等进行理论知识与基本技能培训，培养一批产地市场信息化管理人才和技术人才。

（三）推广公平交易方式

农产品产地市场公平交易是指通过合理的渠道、有效的手段，使交易双方进行公平合理的买卖。实现公平交易的核心是实现交易价格的公开化，一对多和多对多交易可有效解决交易价格公开化问题。农产品市场公平交易方式主要包括拍卖交易和期货交易，对于传统的对手交易方式，通过电子结算、数据统计分析和交易数据公开化，也可以间接实现交易价格的公开化，从而促进公平交易。

目前，我国鲜活农产品产地市场的公平交易刚刚起步，主要表现在两个方面。一是电子结算尚未发挥效用。由于市场和批发商对国家免税制度的不信任，以及农民对电子结算的安全性和便捷性认识不够、不会使用等原因，我国大部分农产品产地市场尤其是田头市场没有建设电子统一结算设施设备，有的市场即使有电子统一结算设备也不使用。另外，实施电子结算的市场，其电子结算信息也很少对农民和经销商公开，未能发挥电子结算对公平交易的促进作用。二是公平交易方式难以推广。从上个世纪 90 年代开始，我国就在积极尝试鲜活农产品电子拍卖交易，但因农产品品种繁多、标准化困难，工程技术不匹配，缺少农产品拍卖法律法规等因素，绝大多数农产品产地市场仍采取对手交易方式，只有云南斗南花卉、大连辽渔水产品等个别市场开展了拍卖交易，大连期货交易所开展了鸡蛋期货交易。

在产地市场开展公平交易有利于促进价格机制的形成，在一对多、多对多的集中竞价交易中，交易的价格取决于当日产品的供求关系以及商品的质量，是各地市场上供求关系在拍卖市场的集中反映，更趋近于农产品的真实价格，具备权威性。在产地市场推广公平交易有利于稳定农产品价格，中远期交易、期货交易都是对未来某一时间的交易预先达成的契约，此类交易可以帮助生产者了解未来一段时间内的供应和需求行情，在一定程度上锁定农产品生产风险，提前安排生产，防止农产品价格大起大落。在产地市场开展公平交易有利于保护农民利益，采用电子统一结算，获得准确的交易价格信息，通过数据分析处理和发布价格行情，使农户了解不同品种不同等级农产品的成交价格，指导农户定价，电子统一结算还可避免“打白条”“跑单”等拖欠、不支付货款现象的发生。

因此，要在农产品产地市场积极推进公平交易，有条件的市场应在推进农产品质量等级化、包装规格化、标识规范化的基础上，探索、创新适用于市场所经营农产品的一对多、多对多交易方式，尝试拍卖、中远期、期货等多种集中竞价交易方式，促进公平交易的同时，完善农产品价格形成机制，分析形成价格指数，指导农产品生产。尚不具备发展拍卖和期货交易的产地市场，应完善电子结算系统、信息处理和发布系统，通过建设硬件设施、健全保障制度，逐步推进结算信息公开化，为推广公平交易提供基础。

（四）发展农业电子商务

近年来，随着信息化技术的不断普及推广，农产品电子商务已成为一种新型的流通业态，涌现出政府信息服务、B2B、B2C、O2O、第三方电子商务平台及农产品网上竞价等多种电子商务模式。目前，全国农产品电商平台已达4 000家。

农产品电子商务快速发展过程中还存在一些问题。一是电子商务基础设施建设滞后。由于计算机、互联网等电子商务必需的硬件设施在农村地区应用普及率还不高，我国的信息网络在管理、技术、安全保密、电子货币等方面还不完善，直接影响到电子商务的开展和普及。二是农产品冷链物流标准不配套。生鲜农产品不易保存，消费者要求产品新鲜且安全，这些对冷链物流提出了较高要求，流通标准缺乏、物流成本高企、设施装备不足已成为制约生鲜农产品电子商务发展的瓶颈。三是农业电商人才缺乏。现阶段我国农业电子商务从业人员素质不高，缺少掌握计算机技术、金融、管理、商务等多种技能的复合型人才。

电子商务是产地市场的重要组成部分，是农产品流通发展的必然趋势之一。一是电子商务能有效实现产销衔接。电子商务改变了传统流通模式中农户和采购商地位不对等的状态，有利于生产者直接和消费者进行交流，迅速地了解市场信息，自主地进行交易，增强了生产者信息获取能力、产品自销能力和风险抵抗能力，实现产销的有效衔接。二是电子商务能缩短流通链条。电子商务拉近了田头和餐桌的距离，减少摊位费、产品陈列成本、信息搜寻成本、环节利润和时间成本，避免因无效物流和产品过剩带来的运输、储藏及损耗成本，让农民和市民都从中受益。三是电子商务有利于健全农产品市场机制和功能。电子商务可以打破信息闭塞、市场割据的局面，有利于构建规模大、信息流畅、透明度高、竞争充分的农产品市场。

遵循统筹兼顾、虚实结合、鼓励发展、规范管理原则，重点推动鲜活农产品电子商务的发展。一是建立农产品电子商务法规体系。制定相关法律法规，规范订单、商品标准、退换货等农产品电子商务行为，为流通主体开展农产品电子商务提供法制保障。二是加强电子商务宣传，通过印发常识图册、拍摄宣传短片、开展宣讲培训等活动，提高农户对电子商务的认识水平和操作应用能力。三是提升农产品冷链物流能力。加强产地农产品冷藏、冷链运输基础设施建设，提高农产品冷藏运输能力，减少流通损失；在农产品产地建立第三方物流集散中心，降低农产品物流成本，实现农产品快速流通。四是引导产地市场开展电子商务。加强产地市场，特别是田头市场与电商企业的战略合作，不断创新农产品电子商务模式和运营机制。

（五）创建农业优质品牌

随着市场经济发展水平的不断提高，各级政府越来越重视农产品品牌的建设工作，农产品品牌数量急剧增加，政府、企业都加强了农产品品牌的宣传力度，培育出一批质量佳、具有市场竞争力的农产品品牌，品牌效益逐步显现。

农产品品牌建设虽然取得了一定成效，但仍有不足。一是知名品牌少。我国农产品品牌杂、乱、小的现象仍然存在，具有国际影响力的知名品牌非常极少，绝大部分农产品品牌的经营只进行到了初期阶段，品牌的发展与价值提升后劲不足。二是缺少顶层设计。缺少指导全国农产品品牌发展的规划和相关制度，导致品牌建设目标不统一，资源得不到很好的整合，甚至恶性竞争，难以形成合力，制约了农产品品牌的健康发展。三是品牌宣传推介力度不够。农产品品牌宣传存在后期跟踪与宣传报道工作不到位的问题，导致品牌知名度始终不高，竞争力不强。

开展农业品牌建设，是提高我国农业综合生产能力、科技创新能力、市场竞争能力、企业发展能力和农民综合素质的必然要求。一是品牌化是以农产品为原点，以农产品生产的区域特质、工艺特点为原生动力，进行产业链创新、资源价值集聚、产业融合实现的过程，品牌化与发展现代农业有高度的一致性。二是农产品品牌化的过程，就是实现区域化布局、专业化生产、规模化种养、标准化控制、产业化经营的过程，有利于促进农业升级，实现由数量型、粗放型增长向质量型、效益型增长的转变。

遵循市场为主、政府推动、各方参与原则，按照“定位、塑造、宣传、监管和保护”的思路，加快培育一批具有较高知名度、认知度、美誉度和较强市场竞争力的农产品品牌，进一步增强我国农业的国际竞争力。一是提升品牌塑造培育能力。严格农产品质量控制，包括环境保护、基地认证、标准化生产、农产品质量认证等，完善生产、加工、包装、储藏、运输等流通环节标准的制定，夯实品牌建设的基础。在农产品品牌的设计中，强化浓厚的人文、地域、风土气息，对自然优势、地理优势、历史文化等进行深度挖掘，突出品牌特色。加强地方政府在农业区域公用品牌的基础研究、规划编制、政策制定等方面的服务与推动作用。二是加强品牌营销推介。充分发挥政府引导作用，以农产品产地市场为依托，利用会展贸易、科技交流、信息系统，电视、网络、报纸等媒体，构筑全方位、多渠道的品牌宣传和推介系统，进行品牌的整合宣传，提高公众对品牌的认知度和美誉度。定期开展品牌评选与价值评估活动，扩大产品知名度。三是做好品牌监管保护。明确品牌责任主体和营销主体，引导龙头企业、农民合作社等生产经营主体按照“标准化生产、产业化经营、品牌化营销、市场化运作”的要求，通过品牌注册、标识设计、标准控制、使用授权等措施，依法依规，强化品牌保护。

（六）创新市场建设机制

由于产地市场经营收入较低，具有显著的季节性特点，资产利用不充分，市场的经营利润较薄。产地市场的以上特点，导致市场建设方的投资意愿不高，市场建设水准普遍较低，市场功能不健全等。因此，遵循“用市场的力量建市场”的原则，创新市场建设机制，提升产地市场的技术、装备和管理水平。

全国性农产品产地市场采取“省部共建”的建设机制，由各省、市、自治区提出建设全国性产地市场规划，农业部组织专家对市场建设情况进行考察评估后，由农业部和市场所在地的省级人民政府签署共同支持市场建设的合作备忘录，确定“国家级农产品（品牌名称）市场”名称，明确市场建设的思路、目标任务和主要内容。全国性产地市场建设过程中，农业部负责协调相关部门支持电子结算、信息服务网络平台、冷链系统等公益性基础设施建设，营造良好的政策环境。地方政府要做好推动落实工作，明确市场建设运营主体，调动社会资本力量参与市场建设。

区域性农产品产地市场由市场所在地方政府提出规划，省级农业部门依据运营测评和专家考核情况报农业部认定为“全国农产品（品牌名称）产销示范中心”。建设区域性产地市场要充分发挥地方政府的能动性，由省级农业部门联合相关地市级政府共同制定区域性产地市场的数量和布局；地方政府要鼓励社会资本以独资、入股等多种形式参与区域性市场建设，对区域性农产品产地市场中的公益性设施装备，地方政府安排一定比例的资金扶持。

田头市场由市场所在地农业部门向省级农业部门提出田头市场示范点建设规划，省级农业部门按照农业部制定的评价参考指标和建设数量组织专家考察，考察合格的认定为“全国（地方或农产品品牌名称）田头市场示范点”，并报农业部备案。鼓励建立多元化投资机制建设田头市场，根据建设和运营主体不同，田头市场的建设机制可分为三种，分别是“公建公营”“公建民营”和“民建民营”。政府应积极鼓励“公建公营”和“公建民营”田头市场的发展，重点突出田头市场的公益性特点，由地方政府主导田头市场建设，并充分调动社会资本投入。对建设运营水平高的市场，国家和地方政府政府可在场区工程、信息服务系统、冷链等公益性基础设施建设方面给予资金扶持。

（七）构建利益连接纽带

我国产地市场与农民合作社、家庭农场、种养大户等新型经营主体和采购商尚未建立直接的利益关系，市场功能作用没有充分发挥，一是多数产地市场只为农户提供交易的场所，市场收入与农民销售价格没有直接关系，市场主动为农民建立产销渠道的积极性不强。二是产地市场的商业模式传统单一，市场多以出租摊位、收取入场费为主要收入来源，此种方式市场与经销商之间的关系相对松散。三是采购商是否到市场采购全凭主观意愿，市场客源数量不稳定。

建立产地市场与新型经营主体及采购商之间的利益连接机制，有利于发挥产销平台作用。一是农户分享流通利润，提高农产品附加值。通过建立利益连接机制，实现市场与农户共享收益，将市场与农户紧密相连，市场为了提高自身收益，为农户销售农产品出谋划策，农户又从市场收益中获得额外收入，实现双向促进、利益共赢。二是减少农产品流通环节，畅通流通渠道，缓解农产品卖难。通过建立利益连接机制，可将产地市场的农产品采购商汇集到市场，使农户直接与采购商进行对接，减少中间流通环节，降低流通成本。

构建产地市场利益连接机制，一是鼓励农民合作社、家庭农场、种养大户等新型经营主体发展成为企业或联合成立产业协会，以协会或企业的方式参与产地市场建设与运营管理，使新型经营主体成为市场的股东。二是积极发展会员制，根据新型经营主体及采购商的需求，免收相关手续费，提供定制信息服务、小额贷款或贷款担保等差异化服务，吸引各类流通主体成为产地市场会员，进而形成以产地市场为核心，产地的农户和经纪人、销地的采购商紧紧围绕的有机整体，建立顺畅的流通渠道。三是探索采购商激励机制，如当采购商在产地市场内的农产品交易量达到规定数额时给予一定的奖励，从而吸引采购商将市场作为其产地直购的重要渠道，与进入市场销售农产品的农户直接达成供货协议，实现产销对接。

（八）完善基础设施建设

随着农产品流通需求的增长，原有自发形成的农产品产地市场逐步发展成为稳定交易场所，并开始投资建设交易棚（厅）、地面硬化、水电配套、电话通讯等基础设施，有条件的大型产地市场开始清洗、分级、打蜡、包装等农产品商品化处理设施，冷库、冷藏车等冷链物流设施装备建设。

农产品产地市场与集散地、销地市场相比，基础建设水平较低。一是交易设施建设水平低，大多数产地市场基础设施建设还停留在交易大棚和门店建设阶段，只是一个简易交易场所。二是商品化处理方式简易，设施设备数量不足，许多市场仍然采用人工方式进行商品化处理，有的产地市场建有农产品清洗、干燥、分级、包装等商品化处理设施设备，但数量少，处理能力不能满足需求。三是冷链设施严重缺乏，受技术落后、投资运营成本高等因素影响，产地预冷专用设施缺失、机械冷库与产地需求量不匹配、冷藏车数量不足等在产地市场及农产品主产区普遍存在。四是场区工程建设水平低，多数产地市场特别是田头市场在垃圾处理、道路硬化、污水排放等场区工程建设上投入不够，市场交易环境脏、乱、差的局面尚未改善。五是市场内部管理信息系统处于初级阶段，电子监控系统、物流配送系统、车辆管理系统等软硬件设施建设滞后。

基础设施建设有利于改善市场的交易环境，规范场内车流走向、避免场区内的交通拥堵现象，缓解恶劣天气对市场交易的影响，维持市场正常交易秩序。建设分级分选、包装等商品化处理设施，储藏设施，冷链物流系统，可以实现加工增值、提高物流效益，降低农产品产后损失，减少资源浪费。此外，加强基础设施建设还有利于提高市场管理水平，通过市场综合管理信息系统建设，能快速提升市场内人员、商品、服务、设施、资金管理的现代化水平，提高市场工作效率，降低市场运营成本。

积极开展全国性、区域性和田头市场的基础设施建设和升级改造工作。一是完善市场交易设施。全国性和区域性农产品市场全部进棚（厅）交易，除新建项目外，应根据交易需求及相关市场建设要求，对市场内交易设施和交易结算设备进行升级改造。二是强化商品化处理设施建设。根据经营农产品特点、运输距离长短、买方需求等因素，配备预冷库，清洗、分级、包装、烘干等商品化处理设施装备，以最大限度地减少农产品采后损失，稳定或提高其商品性，提高经济效益。三是鼓励各级产地市场开展冷链物流设施建设。因地制宜地开展适度规模的经济适用型冷链仓储设施建设，配备节能、环保的长短途冷链运输车辆，有条件的市场还可改善农产品商品化处理环节的温控设施，从而全面提升市场内农产品流通链条的控温能力。四是提升市场辅助工程建设。提升各级产地市场尤其是田头市场内场地平整、道路和交易场地硬化、污染物处理设施等方面建设工作。完善场内供电、给排水、网络通讯、污水处理、垃圾分类回收、消防、生活服务等场区工程建设，切实改善市场交易条件。五是加强管理信息化系统建设。开展市场综合管理系统建设，通过完善市场管理的电子信息系统，实现市场人、财、物、车辆集成化管理。

四、推进产地市场发展的工作措施

产地市场是农产品产销衔接的基础环节，是农民走向市场的第一窗口、销售农产品的第一场所、获取市场信息的第一渠道，在促进农业稳定发展、推动农民持续增收、满足城乡消费需求方面发挥着不可替代的作用。

（一）明确职责分工，指导纲要实施

近几年的中央 1 号文件以及商务部、农业部等 13 部委共同印发的《关于进一步加强农产品市场体系建设的指导意见》中都提出重点支持农产品产地市场体系建设，要求把产地市场建设作为农产品市场流通的重要工作抓紧抓好。农业部及地方各级农业主管部门要围绕纲要发展目标和任务，切实承担责任，创造实施条件，认真落实各项工作。农业部负责全国农产品产地市场体系的统筹规划和宏观管理，制定产地市场发展战略和农业品牌发展战略，做好指导、推动、示范和引导工作。地方各级农业部门根据纲要要求，组织好全国性、区域性和田头市场的建设工作，结合本地区优势条件和生产布局，制定好本区域内农产品产地市场发展规划，抓好本地区产地市场工作。

（二）建立投入机制，推动产业发展

建立“政府引导、企业主体、社会投入”的产地市场建设多元化的投入机制。采取财政补助、贷款贴息、以奖代补、政府投资入股或资本金注入等方式，增加对市场公益性设施建设的投入，引导市场主体通过资本金注入、股份制改造、企业兼并重组等多种途径筹集建设资金，加大对市场基础设施的投入，吸引社会资本和金融机构投入产地市场建设。鼓励市场主体建立多种形式的担保质押制度，为经销商、经纪人提供担保、抵押和小额短期贷款，帮助扩大经营范围，提高营销能力。同时，通过市场建设，延伸农业产业链条，推进一二三产业深度融合，完善现代农业产业体系。

（三）做好试点示范，探索商业模式

全国性产地市场示范重点是打造两个平台，一是国家级产销平台，重点建设价格形成、产业信息服务、物流集散、科技交流和会展贸易中心；二是国家级品牌培育平台，按照“定位、塑造、宣传、监管、保护”思路，提升农产品市场影响力和竞争力，逐步打造区域公用品牌。区域性产地市场示范重点建设全国农产品产销对接示范中心。完善价格形成、信息服务和物流集散功能。田头市场示范重点在于强化市场信息服务和商品化处理等公益性职能。通过三级产地市场建设，探索政府投入、授权经营，企业投入、自主经营，联合投入、企业经营，集体投入、企业经营等多种商业模式，总结成功经验，并加以推广应用。支持中国农产品市场协会按品种分类发展专业分支机构。

（四）搭建信息平台，建立监测体系

搭建统一的农产品产地市场信息服务平台。重点开发农产品产地市场“信息监测系统”，采集全国性产地市场、区域性产地市场和田头市场示范点的建设运行信息、农产品交易信息和电子商务服务信息，明确监测范围和内容，制定采集标准，确定信息采集方法和规范，对采集信息进行分类、整理、分析和发布，掌握全国农产品产地市场农产品交易品种、交易价格、交易量和产品流向等信息，提升农产品产销对接效率。开设农产品流通政策文件解读、专题研究和工作交流等栏目，介绍与宣传农产品产地市场体系建设工作，引导和服务产业发展。

（五）开展跟踪评价，引导市场建设

为指导全国性、区域性和田头市场建设，农业部制定统一的全国性、区域性和田头市场的建设运营评价参考指标体系，建立“跟踪评价、动态管理”机制。全国性农产品产地市场建设运营评价内容包括总体运营管理水平、价格形成水平、产业信息服务水平、科技交流水平、会展贸易水平和物流集散水平 6 个方面。区域性农产品产地市场和田头市场建设运营评价内容包括市场总体运营管理水平、价格形成水平、产业信息服务水平和物流集散水平 4 个方面。跟踪评价采用第三方评价，每两年对产地市场评价一次。农业部和地方政府定期公布评价结果，并根据结果引导产地市场完善建设和运营管理。

附件 1

全国性农产品产地市场建设运营评价参考指标体系

一级指标	序号	二级指标
1. 总体运营管理	(1)	管理制度是否健全
	(2)	主营农产品是否形成知名的公共品牌
	(3)	是否与新型经营主体、采购商建立利益联结机制
	(4)	交易额年增长率（%）

（续）

一级指标	序号	二级指标
2. 价格形成	（5）	是否发布主营农产品价格指数
	（6）	价格信息发布是否及时
	（7）	电子结算占比（%）
	（8）	电子交易及拍卖占比（%）
3. 产业信息服务	（9）	发布农产品供求信息条数（条）
	（10）	发布行业综合资讯条数（条）
	（11）	是否发布主营农产品市场形势分析报告
4. 物流集散	（12）	辐射带动能力（%）
5. 科技交流	（13）	建立合作关系的科研单位数量（个）
	（14）	是否有标准化生产示范基地
6. 会展贸易	（15）	举办会展、对接等促销活动的次数（次）
	（16）	组织参加会展、对接等促销活动的次数（次）

全国性农产品产地市场建设运营评价参考指标说明

一、总体运营管理

1. 管理制度是否健全

指市场交易管理制度、经纪人与经销商管理制度、市场交易结算流程、设施使用制度、安全管理制度、考勤管理制度等各项管理制度是否完整。

2. 主营农产品是否形成知名的公共品牌

根据市场主营农产品的种类，考察是否其形成公共品牌以及品牌的知名度。

3. 是否与新型经营主体、采购商建立利益联结机制

指市场与农民合作社、家庭农场、种养大户等生产者以及销地批发商、畜禽屠宰场、分销商等采购商的利益关联程度，是否建立合作制、股份制、会员制等联谊联结机制。

4. 交易额年增长率

指市场当年交易额的同比增长率（%）。计算公式：

交易额年增长率（%）＝（市场当年交易额－市场上一年交易额）（亿元）/上一年交易额（亿元）×100%。

二、价格形成水平

5. 是否发布主营农产品价格指数

指市场是否分析并发布主营农产品价格指数。

6. 价格信息发布是否及时

指价格信息动态更新的频次，比如实时更新、次日更新、每周更新等。

7. 电子结算占比

指市场电子结算额占当年总交易额的百分比（%）。计算公式：

电子结算占比（%）＝市场当年通过电子结算的交易额（万元）/市场当年总交易额（万元）×100%。

8. 电子交易及拍卖交易占比

指市场电子交易及拍卖交易额占当年总交易额的百分比（%）。计算公式：

电子交易及拍卖交易占比（%）＝市场当年通过电子交易和拍卖交易的交易额（万元）/市场当年总交易额（万元）×100%。

三、产业信息服务水平

9. 发布市场供求信息条数

指市场全年累计提供的主营农产品供应

信息、求购信息和中介服务信息条数。

10. 发布行业综合资讯条数

指市场提供的相关产业政策、重大事件、会议、法规等信息条数（条）。

11. 是否发布主营农产品市场形势分析报告

指市场是否发布对主营农产品生产、销售具有指导、预警作用的市场分析报告。

四、物流集散水平

12. 辐射带动能力

指市场主营农产品流通量占市场所在省总产量的百分比（%）。计算公式：

辐射带动能力＝市场主营农产品当年累计流通量（万吨）/当年市场所在省同类农产品总产量（万吨）×100%。

五、科技交流水平

13. 建立合作关系科研单位数量

指当年与市场合作的科研单位数量（个）。该指标无需计算，但要提供合作科研单位清单，包括单位名称、所在地、合作内容、联系人等信息。

14. 是否有标准化生产基地规模

指市场是否有配套的标准化生产基地。

六、会展贸易水平

15. 举办会展、对接等促销活动次数

指市场当年累计举办农产品会展、对接等促销活动的次数。该指标无需计算，但需提供市场举办各类营销活动的清单，包括名称、地点、内容、规模等信息。

16. 组织参加会展、对接等促销活动次数

指当年市场组织参加会展、对接等促销活动的次数。该指标无需计算，但需提供组织参加各类促销活动的清单，包括名称、地点、内容、规模等信息。

附件 2

区域性农产品产地市场建设运营评价参考指标体系

一级指标	序号	二级指标
1. 总体运营管理	(1)	管理制度是否健全
	(2)	是否与新型经营主体、采购商建立利益联结机制
	(3)	交易额年增长率（%）
2. 价格形成	(4)	价格信息发布是否及时
	(5)	电子结算占比（%）
	(6)	电子交易及拍卖占比（%）
3. 产业信息服务	(7)	发布农产品供求信息条数（条）
	(8)	发布行业综合资讯条数（条）
4. 物流集散	(9)	辐射带动能力（%）

区域性农产品产地市场建设运营评价参考指标说明

一、总体运营管理

1. 管理制度是否健全

指市场交易管理制度、经纪人与经销商管理制度、市场交易结算流程、设施使用制度、安全管理制度、考勤管理制度等各项管理制度是否完整。

2. 是否与新型经营主体、采购商建立利益联结机制

指市场与农民合作社、家庭农场、种养大户等生产者以及销地批发商、畜禽屠宰

场、分销商等采购商的利益关联程度，是否建立合作制、股份制、会员制等联谊联结机制。

3. 交易额年增长率

指市场当年交易额的同比增长率（%）。计算公式：

交易额年增长率（%）＝（市场当年交易额－市场上一年交易额）（亿元）/上一年交易额（亿元）×100%。

二、价格形成水平

4. 价格信息发布是否及时

指价格信息动态更新的频次，比如实时更新、次日更新、每周更新等。

5. 电子结算占比

指市场电子结算额占当年总交易额的百分比（%）。计算公式：

电子结算占比（%）＝市场当年通过电子结算的交易额（万元）/市场当年总交易额（万元）×100%。

6. 电子交易及拍卖交易占比

指市场电子交易及拍卖交易额占当年总交易额的百分比（%）。计算公式：

电子交易及拍卖交易占比（%）＝市场当年通过电子交易和拍卖交易的交易额（万元）/市场当年总交易额（万元）×100%。

三、产业信息服务水平

7. 发布市场供求信息条数

指市场全年累计提供的主营农产品供应信息、求购信息和中介服务信息条数。

8. 发布行业综合资讯条数

指市场提供的相关产业政策、重大事件、会议、法规等信息条数（条）。

四、物流集散水平

9. 辐射带动能力

指市场主营农产品流通量占市场所在地市总产量的百分比（%）。计算公式：

辐射带动能力＝市场主营农产品当年累计流通量（万吨）/当年市场所在地市同类农产品总产量（万吨）×100%。

附件 3

田头市场建设运营评价参考指标体系

一级指标	序号	二级指标
1. 总体运营管理	(1)	管理制度是否健全
	(2)	是否与新型经营主体、采购商建立利益联结机制
	(3)	交易额年增长率（%）
2. 价格形成	(4)	价格信息发布是否及时
	(5)	电子结算占比（%）
	(6)	电子交易及拍卖占比（%）
3. 产业信息服务	(7)	发布农产品供求信息条数（条）
4. 物流集散	(8)	辐射带动能力（%）

田头市场建设运营评价参考指标说明

一、总体运营管理

1. 管理制度是否健全

指市场交易管理制度、经纪人与经销商管理制度、市场交易结算流程、设施使用制度、安全管理制度、考勤管理制度等各项管理制度是否完整。

2. 是否与新型经营主体、采购商建立利益联结机制

指市场与农民合作社、家庭农场、种养

大户等生产者以及销地批发商、畜禽屠宰场、分销商等采购商的利益关联程度，是否建立合作制、股份制、会员制等联谊联结机制。

3. 交易额年增长率

指市场当年交易额的同比增长率（%）。计算公式：

交易额年增长率（%）=（市场当年交易额－市场上一年交易额）（亿元）/上一年交易额（亿元）×100%。

二、价格形成水平

4. 价格信息发布是否及时

指价格信息动态更新的频次，比如实时更新、次日更新、每周更新等。

5. 电子结算占比

指市场电子结算额占当年总交易额的百分比（%）。计算公式：

电子结算占比（%）=市场当年通过电子结算的交易额（万元）/市场当年总交易额（万元）×100%。

6. 电子交易占比

指市场电子交易额占当年总交易额的百分比（%）。计算公式：

电子交易占比（%）=市场当年通过电子交易的交易额（万元）/市场当年总交易额（万元）×100%。

三、产业信息服务水平

7. 发布市场供求信息条数

指市场全年累计提供的主营农产品供应信息、求购信息和中介服务信息条数。

四、物流集散水平

8. 辐射带动能力

指市场主营农产品流通量占市场所在乡镇总产量的百分比（%）。计算公式：

辐射带动能力=市场主营农产品当年累计流通量（万吨）/当年市场所在乡镇同类农产品总产量（万吨）×100%。

关于印发《国家农产品质量安全县管理办法（暂行）》的通知

农质发〔2015〕8号

各省、自治区、直辖市及计划单列市农业（农牧、农村经济）、畜牧兽医、渔业厅（局、委、办），新疆生产建设兵团农业（水产）局：

根据《国家农产品质量安全县创建活动方案》的要求，为严格规范国家农产品质量安全县创建、申报、考评、命名、监督管理等工作，我部制定了《国家农产品质量安全县管理办法（暂行）》，现印发给你们，请遵照执行。

农业部

2015年7月31日

附件：

国家农产品质量安全县管理办法（暂行）

第一章 总 则

第一条 为规范国家农产品质量安全县（以下简称“质量安全县”，包含县级建制的区、市、团场）创建、申报、考评、命名等工作，加强监督管理，根据《国家农产品质量安全县创建活动方案》，制定本办法。

第二条　质量安全县创建，重点突出责任落实、全程监管、能力提升、社会共治，探索建立行之有效的农产品质量安全监管模式，引导和带动地方全面提升农产品质量安全监管能力和水平。

第三条　质量安全县创建活动采取县创建、省考评、部公布征询意见并命名的方式进行。活动初期，设置两年试点期，并认定国家农产品质量安全县创建试点单位。

第四条　农业部负责质量安全县创建工作的规划部署、标准规范制定、监督管理等工作。省级农业行政主管部门负责本省（区、市）质量安全县的考核评价、择优推荐、日常监管等工作。省级农业、畜牧、渔业行政主管部门分设的，由农业厅（局、委）牵头，联合组织开展相关工作。县级人民政府负责质量安全县创建的组织实施工作。

第二章　创建与申报

第五条　有条件的"菜篮子"产品主产县，围绕创建目标要求，组织自主创建活动。县级人民政府是创建工作的责任主体，创建内容主要包括：

（一）《国家农产品质量安全县创建活动方案》明确的重点任务。

（二）县域内主要农产品的监测合格率达到98%以上，禁用药物和违法添加物质的监测合格率达到100%。

（三）群众对县域内农产品质量安全监管工作、质量安全保障能力和水平等方面的满意度达到70%以上。

第六条　符合《国家农产品质量安全县考核办法》要求的，县级人民政府可向省级农业行政主管部门提出申请，申请材料包括：

（一）书面申请；

（二）创建工作开展情况；

（三）自评报告。

申请材料需纸质文本一式二份及电子文本。

第三章　考评与命名

第七条　考核评价依据《国家农产品质量安全县考核办法》开展，主要包括工作考核、质量安全水平监测、群众满意度测评三个方面，可组织专家组或委托第三方机构具体实施。

（一）工作考核采取材料审查和现场核查相结合的方式，实施综合测评。

（二）质量安全水平监测由省级农业行政主管部门组织，监测范围应包括县域内的主要农产品、影响质量安全的重要参数，监测要有一定的代表性和科学性。

（三）群众满意度测评由省级农业行政主管部门委托具有较高公信力的第三方机构开展，应包括产地环境监控、投入品监管、生产过程管控、专项整治、监管工作、科普宣传、投诉举报受理、突发问题处置和质量安全状况等方面的内容。

第八条　质量安全县考核评价总分值为100分，其中工作考核占60%，质量安全水平占20%，群众满意度占20%，国家农产品质量安全县要求总分值在90分（含）以上，且所有关键项均符合要求。

第九条　考核评价要客观公正、公平公开，严禁弄虚作假、严禁违规操作、严禁以任何形式干扰考核评价工作，严把考评关口，保证考核结果真实可信，确保创建任务落到实处。

第十条　按照农业部的部署，省级农业行政主管部门负责质量安全县的择优推荐工作，报送材料包括：

（一）推荐名单；

（二）推荐县创建工作开展情况；

（三）推荐县农产品质量安全工作的典型经验做法；

（四）省级农业行政主管部门考核评价报告。

报送材料需纸质文本一式二份及电子文本。

第十一条　农业部委托第三方机构向社会公开征询意见，期限为7个工作日。有异议的，由第三方机构复核确认，并向农业部报送复核结果。公示无异议的和复核确认没有问题的，经审定由农业部命名为“国家农产品质量安全县”。

第四章　监督管理

第十二条　质量安全县监督管理实行“定期考核、动态管理”的工作机制。

第十三条　省级农业行政主管部门每年开展一次监督检查，农业部不定期地组织开展交叉检查和督查。

第十四条　定期考核由省级农业行政主管部门依据《国家农产品质量安全县考核办法》组织开展，采取书面考核与现场考评相结合的方式进行，每2～3年开展一次，考核结果应及时报送农业部。

第十五条　质量安全县有下列情形之一的，由省级农业行政主管部门下发整改通知书，责令限期整改，同时报送农业部。

（一）发生Ⅲ级、Ⅳ级农产品质量安全事件的；

（二）群众举报或媒体曝光经核实后确有问题的；

（三）定期考核总分值在80～90分之间或关键项不符合要求的；

（四）工作巡查、检查、督查、监测中发现有问题的；

（五）有其他违法违规行为的。

第十六条　整改期限为3个月，县级人民政府按期组织整改，对存在问题整改到位后，向省级农业行政主管部门提交整改情况报告及相关证明材料。省级农业行政主管部门对整改情况组织开展核查，核查结果应及时报送农业部。

第十七条　质量安全县有下列情形之一的，农业部撤销其“国家农产品质量安全县”称号。

（一）发生Ⅰ级、Ⅱ级农产品质量安全事件的；

（二）群众举报或媒体曝光问题突出，经核实后确实存在严重质量安全隐患或造成严重影响的；

（三）定期考核总分值未达到80分的；

（四）限期整改后质量安全水平仍未达到98%的；

（五）限期整改后群众满意度仍未达到70%的；

（六）整改后关键项仍不符合要求或总分值仍未达到90分的；

（七）有其他严重违法违规行为的。

第十八条　对具有第十七条所列撤销情形之一的，经审定由农业部发文撤销其“国家农产品质量安全县”称号。撤销县三年内不得再次申请，其名额保留在该省。

第十九条　农业部设立并公布质量安全县监督举报电话（010-62131998），鼓励社会公众监督。省级农业行政主管部门应设立并公布本省监督举报电话和邮箱，及时收集、处置群众举报。

第二十条　获得“国家农产品质量安全县”称号的，各级农业部门应在有关项目和资金安排上予以倾斜和重点支持。

第五章　附　　则

第二十一条　地市内80%的县都符合条件的，可以由地市级人民政府向省级农业行政主管部门申报国家农产品质量安全市。质量安全市的创建、申报、考评、命名和监督管理等参照本办法执行。

第二十二条　鼓励各省（区、市）分层次、分步骤组织开展质量安全县创建工作，形成良好的创建氛围。鼓励地（市、州、盟）积极参与质量安全创建活动，具体形式由省级农业行政主管部门确定。

第二十三条　本办法自公布之日起实施。

第二十四条　本办法由农业部负责解释。

农业部关于认定国家农产品质量安全县（市）创建试点单位的通知

农质发〔2015〕9号

各省、自治区、直辖市及计划单列市农业（农牧、农村经济）、畜牧兽医、渔业厅（局、委、办），新疆生产建设兵团农业（水产）局：

根据《国家农产品质量安全县创建活动方案》和《国家农产品质量安全县考核办法》的要求，各地积极开展质量安全县创建活动，在严格考评、征询意见和公开公示的基础上，经农业部第6次常务会议审议，现认定房山区等103个县、威海市等4个市为“国家农产品质量安全县（市）”创建试点单位，具体名单见附件。

各创建试点单位人民政府，要进一步加大创建力度，落实属地管理责任，努力探索有效的质量安全监管机制和模式，切实提高农产品质量安全监管能力和水平，让群众满意。要把已有的创建成果巩固好、发展好，为基层农产品质量安全工作树立样板，充分发挥引领带动作用。

各省（区、市）农业行政主管部门要加大对质量安全县（市）创建试点单位的扶持力度，推动创建工作持续深入开展。要加强创建试点单位典型经验做法的总结推广，推动整体提升，确保广大人民群众“舌尖上的安全”。要按照《国家农产品质量安全县管理办法（暂行）》要求，进一步加强创建试点单位的监督管理，严格开展定期考核和监督检查，实行动态管理。鼓励分层次、分步骤组织开展质量安全创建工作，形成良好的创建氛围。

附件：国家农产品质量安全县（市）创建试点单位名单

农业部

2015年7月31日

附件：

国家农产品质量安全县创建试点单位名单

省（区、市）	质量安全县（市、区）
北京市	房山区、平谷区
天津市	静海县、武清区
河北省	滦平县、玉田县、曹妃甸区、围场县
山西省	新绛县、太谷县、怀仁县
内蒙古自治区	喀喇沁旗、阿荣旗、扎赉特旗
辽宁省	法库县、大洼县、朝阳县、东港市
吉林省	敦化市、榆树市、公主岭市
黑龙江省	阿城区、宁安市、龙江县
上海市	浦东新区、金山区
江苏省	张家港市、建湖县、姜堰区、海门市

（续）

省（区、市）	质量安全县（市、区）
浙江省	余杭区、衢江区、嘉善县、德清县
安徽省	太湖县、宣州区、金寨县、和县、长丰县
福建省	尤溪县、云霄县、福清市、福鼎市
江西省	永修县、新干县、新建县
山东省	商河县、广饶县、寿光市、沂南县、成武县
河南省	内黄县、新野县、汝州市、修武县
湖北省	江夏区、五峰县、云梦县、潜江市、松滋市
湖南省	东安县、常宁市、君山区、浏阳市
广东省	高明区、翁源县、梅县区、陆丰市
广西壮族自治区	富川县、武鸣区、平乐县
海南省	琼海市、澄迈县
重庆市	荣昌县、潼南县、垫江县
四川省	安县、苍溪县、西充县、邻水县
贵州省	遵义县、印江县、罗甸县
云南省	凤庆县、元谋县、砚山县
西藏自治区	白朗县
陕西省	阎良区、洛川县、富县
甘肃省	永昌县、靖远县
青海省	湟中县、互助县
宁夏回族自治区	永宁县、利通区
新疆维吾尔自治区	昌吉市、伊宁县、疏附县
新疆生产建设兵团	一师十团
大连市	瓦房店市
青岛市	胶州市
宁波市	奉化市

国家农产品质量安全市创建试点单位名单

省（区、市）	质量安全市
山东省	威海市
广东省	云浮市
四川省	成都市
陕西省	商洛市

国家食品药品监督管理总局令

第 20 号

《食用农产品市场销售质量安全监督管理办法》已于 2015 年 12 月 8 日经国家食品药品监督管理总局局务会议审议通过，现予公布，自 2016 年 3 月 1 日起施行。

食用农产品市场销售质量安全监督管理办法

第一章 总 则

第一条 为规范食用农产品市场销售行为，加强食用农产品市场销售质量安全监督管理，保证食用农产品质量安全，根据《中华人民共和国食品安全法》等法律法规，制定本办法。

第二条 食用农产品市场销售质量安全及其监督管理适用本办法。

本办法所称食用农产品市场销售，是指通过集中交易市场、商场、超市、便利店等销售食用农产品的活动。

本办法所称集中交易市场，是指销售食用农产品的批发市场和零售市场（含农贸市场）。

第三条 国家食品药品监督管理总局负责监督指导全国食用农产品市场销售质量安全的监督管理工作。

省、自治区、直辖市食品药品监督管理部门负责监督指导本行政区域食用农产品市场销售质量安全的监督管理工作。

市、县级食品药品监督管理部门负责本行政区域食用农产品市场销售质量安全的监督管理工作。

第四条 食用农产品市场销售质量安全及其监督管理工作坚持预防为主、风险管理原则，推进产地准出与市场准入衔接，保证市场销售的食用农产品可追溯。

第五条 县级以上食品药品监督管理部门应当与相关部门建立健全食用农产品市场销售质量安全监督管理协作机制。

第六条 集中交易市场开办者应当依法对入场销售者履行管理义务，保障市场规范运行。

食用农产品销售者（以下简称销售者）应当依照法律法规和食品安全标准从事销售活动，保证食用农产品质量安全。

第七条 县级以上食品药品监督管理部门应当加强信息化建设，汇总分析食用农产品质量安全信息，加强监督管理，防范食品安全风险。

集中交易市场开办者和销售者应当按照食品药品监督管理部门的要求提供并公开食用农产品质量安全数据信息。

鼓励集中交易市场开办者和销售者建立食品安全追溯体系，利用信息化手段采集和记录所销售的食用农产品信息。

第八条 集中交易市场开办者相关行业协会和食用农产品相关行业协会应当加强行业自律，督促集中交易市场开办者和销售者履行法律义务。

第二章 集中交易市场开办者义务

第九条 集中交易市场开办者应当建立健全食品安全管理制度，督促销售者履行义务，加强食用农产品质量安全风险防控。

集中交易市场开办者主要负责人应当落实食品安全管理制度，对本市场的食用农产品质量安全工作全面负责。

集中交易市场开办者应当配备专职或者兼职食品安全管理人员、专业技术人员，明确入场销售者的食品安全管理责任，组织食品安全知识培训。

集中交易市场开办者应当制定食品安全事故处置方案，根据食用农产品风险程度确定检查重点、方式、频次等，定期检查食品安全事故防范措施落实情况，及时消除食用农产品质量安全隐患。

第十条 集中交易市场开办者应当按照食用农产品类别实行分区销售。

集中交易市场开办者销售和贮存食用农产品的环境、设施、设备等应当符合食用农产品质量安全的要求。

第十一条 集中交易市场开办者应当建立入场销售者档案，如实记录销售者名称或者姓名、社会信用代码或者身份证号码、联系方式、住所、食用农产品主要品种、进货渠道、产地等信息。

销售者档案信息保存期限不少于销售者停止销售后 6 个月。集中交易市场开办者应当对销售者档案及时更新，保证其准确性、真实性和完整性。

集中交易市场开办者应当如实向所在地县级食品药品监督管理部门报告市场名称、住所、类型、法定代表人或者负责人姓名、食品安全管理制度、食用农产品主要种类、摊位数量等信息。

第十二条 集中交易市场开办者应当查验并留存入场销售者的社会信用代码或者身份证复印件，食用农产品产地证明或者购货凭证、合格证明文件。

销售者无法提供食用农产品产地证明或者购货凭证、合格证明文件的，集中交易市场开办者应当进行抽样检验或者快速检测；抽样检验或者快速检测合格的，方可进入市场销售。

第十三条 食用农产品生产企业或者农民专业合作经济组织及其成员生产的食用农产品，由本单位出具产地证明；其他食用农产品生产者或者个人生产的食用农产品，由村民委员会、乡镇政府等出具产地证明；无公害农产品、绿色食品、有机农产品以及农产品地理标志等食用农产品标志上所标注的产地信息，可以作为产地证明。

第十四条 供货者提供的销售凭证、销售者与供货者签订的食用农产品采购协议，可以作为食用农产品购货凭证。

第十五条 有关部门出具的食用农产品质量安全合格证明或者销售者自检合格证明等可以作为合格证明文件。

销售按照有关规定需要检疫、检验的肉类，应当提供检疫合格证明、肉类检验合格证明等证明文件。

销售进口食用农产品，应当提供出入境检验检疫部门出具的入境货物检验检疫证明等证明文件。

第十六条 集中交易市场开办者应当建立食用农产品检查制度，对销售者的销售环境和条件以及食用农产品质量安全状况进行检查。

集中交易市场开办者发现存在食用农产品不符合食品安全标准等违法行为的，应当要求销售者立即停止销售，依照集中交易市场管理规定或者与销售者签订的协议进行处理，并向所在地县级食品药品监督管理部门报告。

第十七条 集中交易市场开办者应当在醒目位置及时公布食品安全管理制度、食品安全管理人员、食用农产品抽样检验结果以及不合格食用农产品处理结果、投诉举报电话等信息。

第十八条 批发市场开办者应当与入场销售者签订食用农产品质量安全协议，明确双方食用农产品质量安全权利义务；未签订食用农产品质量安全协议的，不得进入批发市场进行销售。

鼓励零售市场开办者与销售者签订食用

农产品质量安全协议，明确双方食用农产品质量安全权利义务。

第十九条 批发市场开办者应当配备检验设备和检验人员，或者委托具有资质的食品检验机构，开展食用农产品抽样检验或者快速检测，并根据食用农产品种类和风险等级确定抽样检验或者快速检测频次。

鼓励零售市场开办者配备检验设备和检验人员，或者委托具有资质的食品检验机构，开展食用农产品抽样检验或者快速检测。

第二十条 批发市场开办者应当印制统一格式的销售凭证，载明食用农产品名称、产地、数量、销售日期以及销售者名称、地址、联系方式等项目。销售凭证可以作为销售者的销售记录和其他购货者的进货查验记录凭证。

销售者应当按照销售凭证的要求如实记录。记录和销售凭证保存期限不得少于 6 个月。

第二十一条 与屠宰厂（场）、食用农产品种植养殖基地签订协议的批发市场开办者应当对屠宰厂（场）和食用农产品种植养殖基地进行实地考察，了解食用农产品生产过程以及相关信息，查验种植养殖基地食用农产品相关证明材料以及票据等。

第二十二条 鼓励食用农产品批发市场开办者改造升级，更新设施、设备和场所，提高食品安全保障能力和水平。

鼓励批发市场开办者与取得无公害农产品、绿色食品、有机农产品、农产品地理标志等认证的食用农产品种植养殖基地或者生产加工企业签订食用农产品质量安全合作协议。

第三章 销售者义务

第二十三条 销售者应当具有与其销售的食用农产品品种、数量相适应的销售和贮存场所，保持场所环境整洁，并与有毒、有害场所以及其他污染源保持适当的距离。

第二十四条 销售者应当具有与其销售的食用农产品品种、数量相适应的销售设备或者设施。

销售冷藏、冷冻食用农产品的，应当配备与销售品种相适应的冷藏、冷冻设施，并符合保证食用农产品质量安全所需要的温度、湿度和环境等特殊要求。

鼓励采用冷链、净菜上市、畜禽产品冷鲜上市等方式销售食用农产品。

第二十五条 禁止销售下列食用农产品：

（一）使用国家禁止的兽药和剧毒、高毒农药，或者添加食品添加剂以外的化学物质和其他可能危害人体健康的物质的；

（二）致病性微生物、农药残留、兽药残留、生物毒素、重金属等污染物质以及其他危害人体健康的物质含量超过食品安全标准限量的；

（三）超范围、超限量使用食品添加剂的；

（四）腐败变质、油脂酸败、霉变生虫、污秽不洁、混有异物、掺假掺杂或者感官性状异常的；

（五）病死、毒死或者死因不明的禽、畜、兽、水产动物肉类；

（六）未按规定进行检疫或者检疫不合格的肉类；

（七）未按规定进行检验或者检验不合格的肉类；

（八）使用的保鲜剂、防腐剂等食品添加剂和包装材料等食品相关产品不符合食品安全国家标准的；

（九）被包装材料、容器、运输工具等污染的；

（十）标注虚假生产日期、保质期或者超过保质期的；

（十一）国家为防病等特殊需要明令禁止销售的；

（十二）标注虚假的食用农产品产地、生产者名称、生产者地址，或者标注伪造、冒用的认证标志等质量标志的；

（十三）其他不符合法律、法规或者食品安全标准的。

第二十六条　销售者采购食用农产品，应当按照规定查验相关证明材料，不符合要求的，不得采购和销售。

销售者应当建立食用农产品进货查验记录制度，如实记录食用农产品名称、数量、进货日期以及供货者名称、地址、联系方式等内容，并保存相关凭证。记录和凭证保存期限不得少于 6 个月。

实行统一配送销售方式的食用农产品销售企业，可以由企业总部统一建立进货查验记录制度；所属各销售门店应当保存总部的配送清单以及相应的合格证明文件。配送清单和合格证明文件保存期限不得少于 6 个月。

从事食用农产品批发业务的销售企业，应当建立食用农产品销售记录制度，如实记录批发食用农产品名称、数量、销售日期以及购货者名称、地址、联系方式等内容，并保存相关凭证。记录和凭证保存期限不得少于 6 个月。

鼓励和引导有条件的销售企业采用扫描、拍照、数据交换、电子表格等方式，建立食用农产品进货查验记录制度。

第二十七条　销售者贮存食用农产品，应当定期检查库存，及时清理腐败变质、油脂酸败、霉变生虫、污秽不洁或者感官性状异常的食用农产品。

销售者贮存食用农产品，应当如实记录食用农产品名称、产地、贮存日期、生产者或者供货者名称或者姓名、联系方式等内容，并在贮存场所保存记录。记录和凭证保存期限不得少于 6 个月。

第二十八条　销售者租赁仓库的，应当选择能够保障食用农产品质量安全的食用农产品贮存服务提供者。

贮存服务提供者应当按照食用农产品质量安全的要求贮存食用农产品，履行下列义务：

（一）如实向所在地县级食品药品监督管理部门报告其名称、地址、法定代表人或者负责人姓名、社会信用代码或者身份证号码、联系方式以及所提供服务的销售者名称、贮存的食用农产品品种、数量等信息；

（二）查验所提供服务的销售者的营业执照或者身份证明和食用农产品产地或者来源证明、合格证明文件，并建立进出货台账，记录食用农产品名称、产地、贮存日期、出货日期、销售者名称或者姓名、联系方式等。进出货台账和相关证明材料保存期限不得少于 6 个月；

（三）保证贮存食用农产品的容器、工具和设备安全无害，保持清洁，防止污染，保证食用农产品质量安全所需的温度、湿度和环境等特殊要求，不得将食用农产品与有毒、有害物品一同贮存；

（四）贮存肉类冻品应当查验并留存检疫合格证明、肉类检验合格证明等证明文件；

（五）贮存进口食用农产品，应当查验并记录出入境检验检疫部门出具的入境货物检验检疫证明等证明文件；

（六）定期检查库存食用农产品，发现销售者有违法行为的，应当及时制止并立即报告所在地县级食品药品监督管理部门；

（七）法律、法规规定的其他义务。

第二十九条　销售者自行运输或者委托承运人运输食用农产品的，运输容器、工具和设备应当安全无害，保持清洁，防止污染，并符合保证食用农产品质量安全所需的温度、湿度和环境等特殊要求，不得将食用农产品与有毒、有害物品一同运输。

承运人应当按照有关部门的规定履行相关食品安全义务。

第三十条　销售企业应当建立健全食用农产品质量安全管理制度，配备必要的食品安全管理人员，对职工进行食品安全知识培训，制定食品安全事故处置方案，依法从事食用农产品销售活动。

鼓励销售企业配备相应的检验设备和检验人员，加强食用农产品检验工作。

第三十一条　销售者应当建立食用农产品质量安全自查制度，定期对食用农产品质量安全情况进行检查，发现不符合食用农产品质量安全要求的，应当立即停止销售并采取整改措施；有发生食品安全事故潜在风险的，应当立即停止销售并向所在地县级食品药品监督管理部门报告。

第三十二条　销售按照规定应当包装或者附加标签的食用农产品，在包装或者附加标签后方可销售。包装或者标签上应当按照规定标注食用农产品名称、产地、生产者、生产日期等内容；对保质期有要求的，应当标注保质期；保质期与贮藏条件有关的，应当予以标明；有分级标准或者使用食品添加剂的，应当标明产品质量等级或者食品添加剂名称。

食用农产品标签所用文字应当使用规范的中文，标注的内容应当清楚、明显，不得含有虚假、错误或者其他误导性内容。

第三十三条　销售获得无公害农产品、绿色食品、有机农产品等认证的食用农产品以及省级以上农业行政部门规定的其他需要包装销售的食用农产品应当包装，并标注相应标志和发证机构，鲜活畜、禽、水产品等除外。

第三十四条　销售未包装的食用农产品，应当在摊位（柜台）明显位置如实公布食用农产品名称、产地、生产者或者销售者名称或者姓名等信息。

鼓励采取附加标签、标示带、说明书等方式标明食用农产品名称、产地、生产者或者销售者名称或者姓名、保存条件以及最佳食用期等内容。

第三十五条　进口食用农产品的包装或者标签应当符合我国法律、行政法规的规定和食品安全国家标准的要求，并载明原产地，境内代理商的名称、地址、联系方式。

进口鲜冻肉类产品的包装应当标明产品名称、原产国（地区）、生产企业名称、地址以及企业注册号、生产批号；外包装上应当以中文标明规格、产地、目的地、生产日期、保质期、储存温度等内容。

分装销售的进口食用农产品，应当在包装上保留原进口食用农产品全部信息以及分装企业、分装时间、地点、保质期等信息。

第三十六条　销售者发现其销售的食用农产品不符合食品安全标准或者有证据证明可能危害人体健康的，应当立即停止销售，通知相关生产经营者、消费者，并记录停止销售和通知情况。

由于销售者的原因造成其销售的食用农产品不符合食品安全标准或者有证据证明可能危害人体健康的，销售者应当召回。

对于停止销售的食用农产品，销售者应当按照要求采取无害化处理、销毁等措施，防止其再次流入市场。但是，因标签、标志或者说明书不符合食品安全标准而被召回的食用农产品，在采取补救措施且能保证食用农产品质量安全的情况下可以继续销售；销售时应当向消费者明示补救措施。

集中交易市场开办者、销售者应当将食用农产品停止销售、召回和处理情况向所在地县级食品药品监督管理部门报告，配合政府有关部门根据有关法律法规进行处理，并记录相关情况。

集中交易市场开办者、销售者未依照本办法停止销售或者召回的，县级以上地方食品药品监督管理部门可以责令其停止销售或者召回。

第四章　监督管理

第三十七条　县级以上地方食品药品监督管理部门应当按照当地人民政府制定的本

行政区域食品安全年度监督管理计划，开展食用农产品市场销售质量安全监督管理工作。

市、县级食品药品监督管理部门应当根据年度监督检查计划、食用农产品风险程度等，确定监督检查的重点、方式和频次，对本行政区域的集中交易市场开办者、销售者、贮存服务提供者进行日常监督检查。

第三十八条 市、县级食品药品监督管理部门按照地方政府属地管理要求，可以依法采取下列措施，对集中交易市场开办者、销售者、贮存服务提供者遵守本办法情况进行日常监督检查：

（一）对食用农产品销售、贮存和运输等场所进行现场检查；

（二）对食用农产品进行抽样检验；

（三）向当事人和其他有关人员调查了解与食用农产品销售活动和质量安全有关的情况；

（四）检查食用农产品进货查验记录制度落实情况，查阅、复制与食用农产品质量安全有关的记录、协议、发票以及其他资料；

（五）对有证据证明不符合食品安全标准或者有证据证明存在质量安全隐患以及用于违法生产经营的食用农产品，有权查封、扣押、监督销毁；

（六）查封违法从事食用农产品销售活动的场所。

集中交易市场开办者、销售者、贮存服务提供者对食品药品监督管理部门实施的监督检查应当予以配合，不得拒绝、阻挠、干涉。

第三十九条 市、县级食品药品监督管理部门应当建立本行政区域集中交易市场开办者、销售者、贮存服务提供者食品安全信用档案，如实记录日常监督检查结果、违法行为查处等情况，依法向社会公布并实时更新。对有不良信用记录的集中交易市场开办者、销售者、贮存服务提供者增加监督检查频次；将违法行为情节严重的集中交易市场开办者、销售者、贮存服务提供者及其主要负责人和其他直接责任人的相关信息，列入严重违法者名单，并予以公布。

市、县级食品药品监督管理部门应当逐步建立销售者市场准入前信用承诺制度，要求销售者以规范格式向社会作出公开承诺，如存在违法失信销售行为将自愿接受信用惩戒。信用承诺纳入销售者信用档案，接受社会监督，并作为事中事后监督管理的参考。

第四十条 食用农产品在销售过程中存在质量安全隐患，未及时采取有效措施消除的，市、县级食品药品监督管理部门可以对集中交易市场开办者、销售者、贮存服务提供者的法定代表人或者主要负责人进行责任约谈。

被约谈者无正当理由拒不按时参加约谈或者未按要求落实整改的，食品药品监督管理部门应当记入集中交易市场开办者、销售者、贮存服务提供者食品安全信用档案。

第四十一条 县级以上地方食品药品监督管理部门应当将食用农产品监督抽检纳入年度检验检测工作计划，对食用农产品进行定期或者不定期抽样检验，并依据有关规定公布检验结果。

市、县级食品药品监督管理部门可以采用国家规定的快速检测方法对食用农产品质量安全进行抽查检测，抽查检测结果表明食用农产品可能存在质量安全隐患的，销售者应当暂停销售；抽查检测结果确定食用农产品不符合食品安全标准的，可以作为行政处罚的依据。

被抽查人对快速检测结果有异议的，可以自收到检测结果时起 4 小时内申请复检。复检结论仍不合格的，复检费用由申请人承担。复检不得采用快速检测方法。

第四十二条 市、县级食品药品监督管理部门应当依据职责公布食用农产品监督管理信息。

公布食用农产品监督管理信息，应当做到准确、及时、客观，并进行必要的解释说明，避免误导消费者和社会舆论。

第四十三条 市、县级食品药品监督管理部门发现批发市场有本办法禁止销售的食用农产品，在依法处理的同时，应当及时追查食用农产品来源和流向，查明原因、控制风险并报告上级食品药品监督管理部门，同时通报所涉地同级食品药品监督管理部门；涉及种植养殖和进出口环节的，还应当通报相关农业行政部门和出入境检验检疫部门。

第四十四条 市、县级食品药品监督管理部门发现超出其管辖范围的食用农产品质量安全案件线索，应当及时移送有管辖权的食品药品监督管理部门。

第四十五条 县级以上地方食品药品监督管理部门在监督管理中发现食用农产品质量安全事故，或者接到有关食用农产品质量安全事故的举报，应当立即会同相关部门进行调查处理，采取措施防止或者减少社会危害，按照应急预案的规定报告当地人民政府和上级食品药品监督管理部门，并在当地人民政府统一领导下及时开展调查处理。

第五章 法律责任

第四十六条 食用农产品市场销售质量安全的违法行为，食品安全法等法律法规已有规定的，依照其规定。

第四十七条 集中交易市场开办者违反本办法第九条至第十二条、第十六条第二款、第十七条规定，有下列情形之一的，由县级以上食品药品监督管理部门责令改正，给予警告；拒不改正的，处5 000元以上 3 万元以下罚款：

（一）未建立或者落实食品安全管理制度的；

（二）未按要求配备食品安全管理人员、专业技术人员，或者未组织食品安全知识培训的；

（三）未制定食品安全事故处置方案的；

（四）未按食用农产品类别实行分区销售的；

（五）环境、设施、设备等不符合有关食用农产品质量安全要求的；

（六）未按要求建立入场销售者档案，或者未按要求保存和更新销售者档案的；

（七）未如实向所在地县级食品药品监督管理部门报告市场基本信息的；

（八）未查验并留存入场销售者的社会信用代码或者身份证复印件、食用农产品产地证明或者购货凭证、合格证明文件的；

（九）未进行抽样检验或者快速检测，允许无法提供食用农产品产地证明或者购货凭证、合格证明文件的销售者入场销售的；

（十）发现食用农产品不符合食品安全标准等违法行为，未依照集中交易市场管理规定或者与销售者签订的协议处理的；

（十一）未在醒目位置及时公布食用农产品质量安全管理制度、食品安全管理人员、食用农产品抽样检验结果以及不合格食用农产品处理结果、投诉举报电话等信息的。

第四十八条 批发市场开办者违反本办法第十八条第一款、第二十条规定，未与入场销售者签订食用农产品质量安全协议，或者未印制统一格式的食用农产品销售凭证的，由县级以上食品药品监督管理部门责令改正，给予警告；拒不改正的，处 1 万元以上 3 万元以下罚款。

第四十九条 销售者违反本办法第二十四条第二款规定，未按要求配备与销售品种相适应的冷藏、冷冻设施，或者温度、湿度和环境等不符合特殊要求的，由县级以上食品药品监督管理部门责令改正，给予警告；拒不改正的，处5 000元以上 3 万元以下罚款。

第五十条 销售者违反本办法第二十五条第一项、第五项、第六项、第十一项规定的，由县级以上食品药品监督管理部门依照食品安全法第一百二十三条第一款的规定给予处罚。

违反本办法第二十五条第二项、第三项、第四项、第十项规定的，由县级以上食品药品监督管理部门依照食品安全法第一百二十四条第一款的规定给予处罚。

违反本办法第二十五条第七项、第十二项规定，销售未按规定进行检验的肉类，或者销售标注虚假的食用农产品产地、生产者名称、生产者地址，标注伪造、冒用的认证标志等质量标志的食用农产品的，由县级以上食品药品监督管理部门责令改正，处1万元以上3万元以下罚款。

违反本办法第二十五条第八项、第九项规定的，由县级以上食品药品监督管理部门依照食品安全法第一百二十五条第一款的规定给予处罚。

第五十一条 销售者违反本办法第二十八条第一款规定，未按要求选择贮存服务提供者，或者贮存服务提供者违反本办法第二十八条第二款规定，未履行食用农产品贮存相关义务的，由县级以上食品药品监督管理部门责令改正，给予警告；拒不改正的，处5 000元以上3万元以下罚款。

第五十二条 销售者违反本办法第三十二条、第三十三条、第三十五条规定，未按要求进行包装或者附加标签的，由县级以上食品药品监督管理部门责令改正，给予警告；拒不改正的，处5 000元以上3万元以下罚款。

第五十三条 销售者违反本办法第三十四条第一款规定，未按要求公布食用农产品相关信息的，由县级以上食品药品监督管理部门责令改正，给予警告；拒不改正的，处5 000元以上1万元以下罚款。

第五十四条 销售者履行了本办法规定的食用农产品进货查验等义务，有充分证据证明其不知道所采购的食用农产品不符合食品安全标准，并能如实说明其进货来源的，可以免予处罚，但应当依法没收其不符合食品安全标准的食用农产品；造成人身、财产或者其他损害的，依法承担赔偿责任。

第五十五条 县级以上地方食品药品监督管理部门不履行食用农产品质量安全监督管理职责，或者滥用职权、玩忽职守、徇私舞弊的，依法追究直接负责的主管人员和其他直接责任人员的行政责任。

第五十六条 违法销售食用农产品涉嫌犯罪的，由县级以上地方食品药品监督管理部门依法移交公安机关追究刑事责任。

第六章 附 则

第五十七条 本办法下列用语的含义：

食用农产品，指在农业活动中获得的供人食用的植物、动物、微生物及其产品。农业活动，指传统的种植、养殖、采摘、捕捞等农业活动，以及设施农业、生物工程等现代农业活动。植物、动物、微生物及其产品，指在农业活动中直接获得的，以及经过分拣、去皮、剥壳、干燥、粉碎、清洗、切割、冷冻、打蜡、分级、包装等加工，但未改变其基本自然性状和化学性质的产品。

食用农产品集中交易市场开办者，指依法设立、为食用农产品交易提供平台、场地、设施、服务以及日常管理的企业法人或者其他组织。

第五十八条 柜台出租者和展销会举办者销售食用农产品的，参照本办法对集中交易市场开办者的规定执行。

第五十九条 食品摊贩等销售食用农产品的具体管理规定由省、自治区、直辖市制定。

第六十条 本办法自2016年3月1日起施行。

关于调整和完善农业综合开发扶持农业产业化发展相关政策的通知

国农办〔2015〕52 号

各省、自治区、直辖市、计划单列市财政厅（局）、农业综合开发办公室（局），新疆生产建设兵团财务局、农业综合开发办公室，农业部（黑龙江省农垦总局）农业综合开发机构：

为进一步完善现行农业综合开发政策，围绕打造区域农业优势特色产业集群，促进农业产业化发展，推进现代农业建设，结合农业综合开发工作实际，现将农业综合开发扶持农业产业化发展相关政策调整如下：

一、产业化经营项目由省级农发机构组织项目申报和审核批复，并及时报国家农业综合开发办公室（以下简称国家农发办）备案。国家农发办不再组织专家进行抽查审核和文件核准。对备案材料不齐全或不符合要求的，将告知相关省级农发机构补正有关材料。

从 2016 年起，各省不再编制产业化经营项目年度滚动计划。

二、在工商部门注册 1 年以上、具备可持续经营能力的龙头企业和农民合作社，均可申报产业化经营项目。取消企业所需原材料的 70%以上来自企业注册地、两年连续盈利、资产负债率、银行信用等级、“三不欠”、固定资产净值等的规定。

经有权部门认定或登记的专业大户、家庭农场、社会化服务组织等新型农业经营主体，可纳入产业化经营项目扶持范围，不受独立法人资格条件的限制。

三、单个财政补助项目的财政资金申请额度不高于自筹资金额度，单个贷款贴息项目的贷款额度一般不高于 1 亿元人民币。申请额度下限由各省根据实际情况自行确定。

四、各类资金投入比例，具体包括财政补助与贷款贴息的比例、财政补助中用于龙头企业和其他新型农业经营主体的比例、两类试点项目与一般项目的比例、贷款贴息中用于固定资产贷款贴息与流动资金贷款贴息的比例等，由各省根据实际情况自行确定。

五、鼓励各省实行财政补助项目资金“先建后补”的管理方式。实行“先建后补”管理方式的项目，应坚持按照国家农业综合开发项目管理和县级报账制的有关要求，项目立项批复后先实施、后报账，待项目全部完工、经县级财政部门和农发机构验收合格后，再予以报账。报账凭证的日期可以追溯到县级财政部门和农发机构正式行文上报日（项目可行性研究、初步设计、环境评估等前期费用除外）。拟实行财政资金“先建后补”管理方式的省份，须报国家农发办备案，并结合当地情况制定具体操作办法。

六、有条件的省份，可积极探索采取财政股权投资基金等投入方式，扶持农业产业化发展。拟实行财政股权投资基金扶持方式的省份，须报经国家农发办批准后实施。

七、鼓励部分财政资金的投入由农民或农民通过合作社对龙头企业持股。龙头企业带动产业发展和“一县一特”产业发展试点项目由农民或农民通过合作社对龙头企业持有的股份，其持股、分红和退出方式等具体政策，由各省根据实际情况自行制定。

八、鼓励各省实行产业化经营项目县级竞争选项制度。取消对上市公司申请财政资金扶持的限制，鼓励上市公司及其控股公司等到优势特色农产品产地投资建设原料基地和加工基地。对于在异地建设生产基地的农业产业化龙头企业，允许在项目所在地申报产业化经营项目。

九、关于产业化经营项目的招标政策，根据《工程建设项目招标范围和规模标准规定》（国家发展计划委员会2000年第3号令）的规定，施工单项合同估算价在200万元人民币以下的，重要设备、材料等货物采购单项合同估算价在100万元人民币以下的，勘察、设计、监理等服务的采购单项合同估算价在50万元人民币以下的，国有资金投资不控股或不占主导地位的，可不进行招标。

国家农业综合开发办公室

2015年6月30日

专家论坛

- 加快实施我国农业品牌发展战略
- 登记一个保护一个发展一个
  ——农产品地理标志保护后平均产品价格提高20%～30%
- 保护地标资源　实现品牌溢价

加快实施我国农业品牌发展战略

市场化是农业现代化的灵魂，品牌化是农业现代化的标志。品牌化是价值提升的过程，是无形资产，其核心在于能够建立稳定的消费群体、形成稳定的市场份额。品牌象征着品质、代表着产业发展的成熟度，因此没有品牌的农业不能算是现代农业。

近年来，我国农业品牌培育方式不断创新。从规范认证、试点示范、展示展销、品牌传播、团队建设、品牌研究等方面开展工作，初步形成了以标准化生产和质量认证为基础、以产销促进和品牌推介为手段的农业品牌工作机制。完善了“三品一标”认证登记标准，规范品牌标准化工作；围绕“一村一品”试点和农民专业合作社建设，培育农业品牌；依托会展平台，培育推介农业品牌，努力开拓国内国际市场；多措并举，创新模式，培育区域公用品牌；开展品牌农产品评选，组织媒体进行网上品牌宣传，开展品牌产销对接等品牌推介和宣传活动，提高品牌影响力和知名度。

但我国农业品牌依然存在着不少问题，比如法律法规不健全、缺乏顶层设计、品牌主体不强、品牌小杂乱现象突出、区域品牌理念尚未普及、诚信水平不高等，与发达国家相比还有较大差距。美国、日本、法国等国较早地进入农业产业化和品牌化时代，这些国家都把品牌建设作为参与全球农业竞争的国家战略。我国在国际市场上具有明显显著力和影响力的知名品牌屈指可数，每年进入全球最佳品牌的中国品牌寥寥无几，自主品牌建设明显滞后于经济发展水平。因此，我国必须加快实施农业品牌发展战略。

引导品牌发展布局。各级农业部门应加强组织领导，对品牌发展工作进行统筹规划，因地制宜，围绕当地的优势主导产业，制定并实施当地农业品牌发展规划。加快“一县一业”“一村一品”步伐，把品牌战略落到实处，多渠道整合资源，引导品牌发展合理布局，以突出地方资源特色、品质特色、功能特色、历史沿革和文化内涵。

培育品牌创建主体。应加强对企业、农业合作组织、行业协会等品牌创建主体的培育，培养一批懂得农业品牌和品牌经营的优秀企业家，以及从事品牌农业生产的具有品牌意识、懂技术、会经营的新型农民，发展壮大农业品牌建设的优秀人才队伍。可以扶持或引进一批具有较强开发、加工及市场拓展能力的重点龙头企业，对当地特色农业进行深度开发，并帮助农民合作组织及农业行业协会与中小农业企业建立起紧密的利益联系，形成共同打造农业名牌的利益体。

构建品牌发展机制。形成品牌发展的整体工作机制，理清品牌发展的各项职能工作，明确目标责任，避免出现职能交叉；形成品牌发展的激励机制，采取奖补或免费服务等方式，对品牌创建、品牌认证、质量提升、技术创新、品牌宣传推广等有利于农业品牌发展的各项活动进行激励；形成品牌发展的财政补贴机制，为农业品牌建设安排专项资金，加大品牌农业生产的财政支持力度。形成品牌发展的保障机制，可以根据当前的工作需要成立品牌工作小组，制定品牌工作目标，研究解决和协调处理品牌工作难题，督促检查品牌工作实施情况；形成品牌发展的考核机制，各级农业部门要建立落实各项工作的责任制，对工作的实施情况进行严格检查考核，务求各项工作落到实处，确保农业品牌发展取得实效。

创新品牌发展模式。推进农业品牌发展，通过政府推动、市场引导、行业促进、企业为主、社会参与，因地制宜地创新品牌发展模式。（1）资源优势、经济薄弱地区可采用

“整合优势资源”模式：通过“公用品牌＋企业＋合作社农户”的方法，以公用品牌知识产权和专业合作社建立起农户和企业之间分享生产和销售等环节经济利益的桥梁，形成以“区域优势资源为基础、公用品牌发展为核心、人才建设为动力”的农业品牌发展格局。（2）资源薄弱、经济优势地区可采用“龙头带动产业链”模式：以工业理念抓农业，依托农业龙头加工企业，大力推行“公司＋基地＋农户”模式，在产业链条的各个环节中引入工业的发展理念，改进农业生产管理方式，以形成农业产业化、品牌化与农产品加工业发展互为促进的良好态势。（3）在“互联网＋”思维蓬勃发展的时代背景下，农业品牌的发展应充分利用互联网技术，形成信息共享、技术共享、资源共享格局，扩大品牌农产品销售范围和农业品牌的影响力。

健全品牌服务体系。应鼓励和引导龙头企业、合作组织、行业协会与农户之间建立起稳定的产销关系，并在品牌农产品与经销商之间牵桥搭线。应为品牌农产品构建健全的信息网络和物流系统，在线上和线下为品牌农产品搭建产销信息平台。

完善品牌发展政策。加快引导各类涉农企业、农民专业合作社等市场主体，通过品牌注册、培育、拓展、保护等手段，创建自身品牌，保护知识产权，努力打造以品牌价值为核心的新型农业。政府部门要研究建立品牌建设与保护机制，做好顶层设计，统筹规划，引导发展，研究改进税收政策，加大公共财政投入，放宽金融信贷政策；行业协会要通过建立行业自律和发展机制，创新品牌产品塑造营销方式，加强人才培训，发挥好桥梁作用。

（张合成　原载于《农民日报》2015 年 8 月 8 日 6 版）

登记一个保护一个发展一个

——农产品地理标志保护后平均产品价格提高 20%～30%

农产品地理标志是各地在长期农业活动过程中形成的区域特色品牌，是重要的农业知识产权和农业文化遗产，也是传统农耕文明的重要体现。对区域特色农产品实施农产品地理标志登记保护，对我国现代农业、特色农业和品牌农业发展具有重要意义。发展农产品地理标志有助于发展区域经济、打造特色品牌、增强农产品核心竞争力；有助于强化监管、维护合法权益，保护农业生物资源多样性和传统优势品种；有助于增加农民收入、满足特色消费需求，促进国际贸易；有助于加快产业发展，提质增效，提升农产品质量安全水平。

农业部全面启动农产品地理标志登记保护工作以来，各级、各部门对农产品地理标志发展的重视程度和积极性明显提升，政策环境不断改善。经过近年来的努力，农产品地理标志登记保护工作取得了全方位的积极进展，总体发展势头向好。制度建设方面，在《农产品地理标志管理办法》基础上配套制定了 20 多项制度规范，覆盖全部工作环节；产品登记方面，截至 2015 年 6 月底，已对 1 661个农产品地理标志实施登记，备案地域特色资源6 839个，实现宽领域、广覆盖；体系队伍方面，“部-省-地-县”四级农产品地理标志工作机构队伍基本建立，聘任农产品地理标志专家评审委员会专家委员 141 名，委托定点检测机构 96 家，培训核查员5 000余人次。

纵观农产品地理标志发展，有三个比较直观的成效：一是品牌建设和产业发展提质。农产品地理标志带动了农业区域特色品牌的发展，促进了企业增效和农民增收。根据跟踪评估，登记后平均产品价格有 20%～30%

的提高。产业发展逐步完善，目前已创建国家级示范样板12个，并涌现出一批省级示范样板，带动了文化、旅游等产业的发展。二是农产品质量安全水平提升。登记产品注重产地自然生态环境和产品全程质量控制，推行标准化、规模化生产，标志授权使用环节将产品安全性作为准入条件，对生产管控有严格限制，确保产品质量安全。三是农业国际交流合作提速。农产品地理标志已成为国际贸易交流和知识产权保护的重要内容，也是双边和多边合作交流、WTO农业谈判及历届中欧农业农村对话的热点议题。目前正积极与欧盟开展中欧地理标志互认协议谈判。

下一步，做好农产品地理标志工作着重考虑以下几个方面。首先，在发展思路上，需要树立三个意识：精品意识，用好农产品地理标志这块金字招牌，不贪多求快，真正做到登记一个、保护一个、发展一个。质量意识，将质量安全视为农产品地理标志的生命线，保持特色品质，确保获证产品不发生重大质量安全事件。全局意识，将农产品地理标志工作放到现代农业、特色农业、品牌农业大局的角度来考虑，发挥功能作用，拓展发展空间。其次，在发展内容上，需要突出四个重点：推进产品登记。用好资源普查结果，制定好发展规划，有计划、有重点地推进农产品地理标志登记的组织申报和审查评审工作。加强证后推广监管。促进标志使用推广，规范标志授权使用行为，进一步加强全程质量管控，对伪造、冒用农产品地理标志和登记证书的侵权行为进行严肃查处。强化品牌宣传。积极普及知识、传播理念、引领消费，提升品牌的认知度、公信力、竞争力和影响力。推动国际合作。做好中欧等双边及多边地理标志合作交流，并在宣贯、培训、调研、引进等方面进一步加大力度。第三，在条件保障上，需要完善三个支撑：加强政策扶持，切实将农产品地理标志保护和利用依法纳入各级农业农村经济发展规划，建立完善激励约束机制。加强能力建设，健全工作机构，加快制度和能力建设，强化执法手段。完善技术支撑，充实专家队伍。

（陈思　原载于《农民日报》2015年8月8日6版）

保护地标资源　实现品牌溢价

自农业部启动农产品地理标志登记保护工作以来，我国农产品地理标志事业迅速发展，到目前为止，经农业部登记保护的地理标志农产品已达1 588个。从农产品地理标志资源普查结果看，全国共有农产品地理标志资源6 800多个。地标产品品牌渗透着人们辛勤的汗水和艰辛的努力，承载着当地厚重的历史和文化渊源，富含着大自然的恩赐和儿时的记忆。这些品牌产品的保护与开发，既是对全国消费者的恩惠及贡献，也是对当地老百姓增收的奉献与回馈，更是对我国传统文化和农耕文明的弘扬与宣传。

珍惜资源，进一步强化精品意识。地标产品的特性决定了这类产品往往具有唯一性、不可复制性和不可替代性，是一些缺乏这类资源的地方羡慕和渴望的，这是对这类产品进行知识产权保护的重要理由之一。地标产品是大自然的造化、是农耕文明的承载、是现代科技的浓缩、是营销策略的体现。地标产品的资源稀缺性、产品唯一性、品质独特性和不可复制性，决定了这类产品应该是精品，应该按照培育精品的路子去开发、保护和塑造。有这样一种情况，地标产品所在区域的人们，由于成年累月消费这些产品，往往意识不到这种产品的唯一性和独特性，体会不到这种资源的稀缺性和珍贵性，导致一些地方对这种资源和产品不够珍惜，保护和培育精品的意识不够强、工作力度也不够大，有的地方虽讲地标产品是地方名片，但实际工作中还没有把培育和爱护这张名片摆上重要日程，重登记轻保护、重扩大面积轻精品培育的情况依然不同程度地存在，这需要引起高度重视。

转变观念，进一步加强品牌培育。品牌是质量的象征、是信誉的凝结，品质铸就品牌，品牌赢得未来。既然地标产品是独一无二的精品，必然也应该是富有特色的名牌产品。因此，要按照培育精品名牌的要求，不断加强品牌培育，使这张地方名片、国家名片乃至民族名片更响亮一些，知名度和认知度更高一些。在地标产品精品及名牌培育方面，许多地方都有一些新探索，创造了一批成功经验，包括制定地标产品品质保障技术规范及要点、整合地标产品保护区内生产主体及品牌、拟定统一的地标产品包装规格及防伪标识、规范保护区内地理标志的授权使用条件及程序、建立以子母商标为主的标志管理制度及信息反馈制度、拓展地标产品宣传及营销渠道、形成地标产品打假维权的机制及制度等等。这些成熟有效的做法，值得各地认真借鉴。

加强引导，进一步发挥示范样板的辐射带动作用。为引导各地真正将地标产品培育成精品及名牌产品，2013 年以来，农业部和各省（区、市）针对地标产品培育和开发中存在的问题，有计划、有目标地选建了一些不同类型的地标产品示范样板，这些样板已在当地发挥了较好的辐射、引导和带动作用。下一步，应该结合现场考察培训等工作，引导更多地标产品生产地向样板看齐，以期实现地标产品的应有价值和品牌溢价效应，实现产地农业增效和农民增收的目标，满足人们对农产品日益多样化、优质化、品牌化的需求。

示范样板的选定和培育，有三个方面需要充分考虑：一是要考虑保护区内生产的标准化、操作的规范化、工作的程序化等，以最大限度地保持产品的品质和独特性。需要提醒的是，不能一提到开发地理标志产品就一味地强调扩大面积、提高单产、增加总量，而要把着力点放在提高品质、保护产品独特性和规范管理等方面。二是要考虑产品包装材料的无害化、包装的简便化、说明的简要化和包装设计的特色化，以使消费者最大限度地了解产品的历史渊源、品质特性、品评要点等，要坚决防止过度包装、豪华包装等问题的发生，坚决防止包装材料污染产品或环境等问题的出现。三是要考虑产品及品牌的宣传、推介和营销，在产品大流通的时代，要坚决克服过去那种“酒好不怕巷子深”的错误认识，用更多精力、下更大功夫来抓产品的推介和促销工作，使更多的消费者能知晓、了解地标产品，懂得品评、体验和享受地标产品。

（刘新录　原载于《优质农产品》2015 年第 6 期）

品牌农业好文

- 乔书领：把绿色梦想镌刻在红旗渠畔
- 果菜批发商
  ——“PSA”协会保驾护航
- 茶叶产能过剩　卖有多难
- 让农产品流通起来
- 创新食（药）用菌种植管理模式
- 品品甲骨文“稻”字的意蕴
- 常在花间走　活到九十九
- 农物杂咏（组诗）
- 法国公务员的私人菜园
- 品牌建设是带动农业产业化的强大引擎
  ——访湖北省农业厅党组书记、厅长戴贵洲
- 南国玫瑰分外香
  ——写在习近平总书记考察亚龙湾国际玫瑰谷两周年之际
- “用我的诚心换您的放心”
- “优”畅其流
- 肇庆网上“菜篮子”：让田头与餐桌“零距离”
- 香榧：天下第一坚果
- 倾情打造大叶茶种质资源基因库
  ——访云南省普洱茶树良种场总经理、高级农艺师罗朝光
- 有伦生态：一个有性格的农业品牌

乔书领：把绿色梦想镌刻在红旗渠畔

坚持意志伟大的事业，需要始终不渝的精神。这股精神，深深地烙在乔书领的人生轨迹中。

出生于河北省龙尧县一个地道的农民家庭，乔书领却很早就开始思索，怎样把家乡漫山遍野的绿铺进每一个角落。从 21 世纪 80 年代起，这粒绿色农业梦想的种子慢慢发芽长大，结出累累硕果——

他从草坪园艺绿化事业起步，凭借高超的种草技术和开拓创新精神，为祖国各地留下片片绿茵，面积达1 000多公顷，甚至把草种到北京奥运会的足球场上，成为中国农民种草第一人。

他不忘一个企业家的责任与使命，以生态、养生、健康为主题，开发出富硒粮、富硒菜、富硒水、富硒肉蛋茶等系列富硒有机食品，在鼓起农民钱袋子的同时，也让老百姓吃上放心粮、放心菜，喝上放心水。

他崇尚“自力更生、艰苦创业、团结协作、无私奉献”的红旗渠精神，筹划实施的红旗渠国家农业公园，总面积达数平方公里，为的是将红旗渠精神以全新的方式得以延续与演绎，也让绿色农业梦想、美丽乡村愿景走进更多人的心田。

“我就是要为农民兄弟姐妹争光。”在乔书领眼中，“农民”“草根”这样的身份，反而给了他拼搏的勇气。带着这样的勇气出发，他要扛起新时期红旗渠精神的大旗，撒播绿色农业的种子，为构筑美丽中国写下奋斗的时代注脚。

传扬精神筑梦太行——“我们传承红旗渠精神，首先要传承愚公移山精神，再造一个新时代的红旗渠”

每当行走在红旗渠畔，眺望巍巍太行山，乔书领心中就油然升起一种责任感。一次次追溯红旗渠的艰苦岁月，他在经受心灵洗礼的同时，一个声音萦绕耳边：中国的“红旗渠精神”永不过时，传承与弘扬“红旗渠精神”，营造社会新风尚，助力美丽中国、和谐社会意义重大。

在乔书领的办公室里矗立着两尊蜡像，展现的是河南林县原县委书记杨贵老人向乔书领授“红旗渠”锦旗的情景。乔书领说：“红旗渠已不是单纯的一项水利工程，它已成为民族精神的一个象征，红旗渠是党和人民刻在太行山岩上的一座丰碑，红旗渠精神是林州人民的传家宝，也是我多年创业路上秉承的信念。杨贵老人希望我再接再厉，当好红旗渠精神传承人，带领太行老区人民共同致富。”

河南省林州市坐落在太行山东麓。早先，这里常年缺水。遇到大旱年头，连吃水都成问题，人们要翻山越岭，跑到十几里外去担水。为了彻底改变这种面貌，20 世纪 60 年代初，林县人民仅靠手中的一把锤、一支钢钎和肩上的一条扁担，前后用了 10 年时间，硬是在巍巍太行的崇山峻岭中开凿出一条总长度达1 500多千米的人工天河。这条天河，人们称它为“红旗渠”。半个世纪过去了，这条天河仍然在滋润着林州大地，造福于林州人民。

1960 年 2 月 11 日，也就是农历正月十五那天，红旗渠开工了。直到他上小学五年级的时候，乔书领才第一次看到了中央新闻电影制片厂摄制的纪实电影片《红旗渠》。林县人民“敢教日月换新天”的伟大精神强烈震撼着乔书领幼小的心灵，也留下了他关于红旗渠的深刻记忆。

据相关史料显示，1970 年，中共中央批准林县为对外开放县，外国元首和贵宾不断来到林县参观红旗渠。美联社的评论红旗渠成功的原因提到，“红旗渠的人工修建，是毛泽东意志在红色中国的典范”。周恩来称红旗渠为“人工天河”，并自豪地告诉国际友人：“新中国有两大奇迹，一个是南京长江大桥，一个是林县红旗渠。”1974 年，邓小平参加联合国大会时，带了 10 部反映新中国建设成就的影片，《红旗渠》首先放映，在国内外引起强烈反响。

《红旗渠》放映后，160 多个成员的官员，无不为红旗渠巧夺天工的石匠艺术和浩大工程而折服，被座座水库映蓝天、层层山岭披绿装的自然美景所吸引，为中国人民自力更生创造人间奇迹的精神所震撼！

什么是红旗渠精神？概括起来就是“自力更生、艰苦创业、团结协作、无私奉献”精神，蕴含着党的领导、群众路线、干部作风、革命精神等十分深刻而丰富的内涵，这种精神历久弥新，在今天依然闪耀着时代的光芒。

就这样，红旗渠精神成为停驻在乔书领心中的一抹情结。他常常想：在新时期发扬和传承红旗渠精神，自己是不是应该做点什么呢？

机会说来，还真的来了。前两年，他参加北京大学举办的一个学习班时，认识了中共林州市委的一位主要领导，聊天时谈到了红旗渠和红旗渠精神。他不禁眼前一亮：对！就是它，伟大的红旗渠精神！不但我们这一代不能忘记，我们的下一代更不能忘记！红旗渠精神必须得到继承和发扬！

作为红旗渠的同龄人，乔书领蓦然悟出他的下一个人生奋斗目标：决心以美丽中国、中国梦为主题“再造一个红旗渠”。

作为国家级旅游景区，红旗渠在旅游开发和乡村建设方面的先天优势，也是乔书领所看重的。于是他开始调整自己的经营战略，积极筹备组建红旗渠国家农业公园开发公司专业运营旅游文化项目，并将绿色生态乡村旅游项目作为未来投资发展的重要方向。

红旗渠国家农业公园景区坐落在距河南安阳的林州市区仅 10 千米的太行山麓、露水河畔，与山西、河北毗邻，是进出河南的北大门，素有“鸡鸣闻三省”之称的牛岭山就在项目的中心区域。林州与红色有着深厚的历史渊源，当年作为抗战的大后方，为中国抗战胜利做出了巨大贡献。这片热土承载的大无畏革命精神，是太行红色文化中最鲜明、最具核心竞争力的分支，有着十分重要的地位。20 世纪 60～70 年代，红旗渠所承载的“自力更生、艰苦创业、团结协助、无私奉献”精神更为红色文化注入了新鲜的血液。

乔书领倾心打造的红旗渠国家农业公园规划总面积达数平方千米。园区以露水河湿地纵向发展为基础，以保护性开发皇后古村为核心，充分利用园内丰富的动植物资源与红旗渠红色文化资源，建设大太行活态博物馆、红旗渠画院等设施，将建成集古村保护、建筑观赏、文化体验、花海景观、农业休闲、健康避暑胜地、养老度假于一体的多功能农业主题公园，并将红旗渠国家农业公园建成太行山旅游新名片、太行山文化遗产保护区、中原新农村城乡一体化建设典范、国家 AAAAA 级风景区、全国休闲农业与乡村旅游示范点。

对于红旗渠精神，乔书领的见解令人耳目一新，他说，蜿蜒盘旋的红旗渠就像一条巨龙在华夏大地上蓄势待发。龙乃华夏图腾，是团结、和谐、力量的象征。利国利民谓之正大，正大是龙文化的核心；造福人类谓之光明，光明是龙文化的本质；顺天应民谓之智慧，智慧是龙文化的灵魂；福泽天下谓之仁爱，仁爱是龙文化的本真；和而不同谓之包容，包容是龙文化的源泉；正勇无私谓之无畏，无畏是龙文化的精神；革弊鼎新谓之变革，变革是龙文化的神魂；爱国奉献谓之担当，担当是龙文化的根本。我们作为龙的传人，应当努力传承、弘扬、守护红旗渠精神，歌唱红旗渠精神，助力这条巨龙乘势腾飞，助力美丽中国圆梦。

通过不断的学习、积累、感悟和实践，乔书领别出心裁地提炼出红旗渠新精神，这就是：红旗渠精神是中国制造、中国创造的精神；红旗渠精神是美丽中国、中国梦的精神；红旗渠精神是“四个全面理论”的精神。

2015 年 8 月，为大力弘扬“红旗渠精神”，配合开发建设河南林州“红旗渠国家农业公园”农业与旅游项目，也为纪念中国人民抗战胜利暨世界人民反法西斯战争胜利 70 周年，乔书领特别制作了国内一流 3D 高清《美丽太行》红色经典纪录片，重温历史岁月、弘扬爱国精神。

2016 年 1 月，中乔大三农实业集团在人民大会堂举行年会，会上，河南省原林县县委书记杨贵将一面“红旗渠”锦旗授予乔书领，希望他再接再厉，当好红旗渠精神传承人，带领太行老区人民共同致富。

每当有人问起，作为农民企业家，何以敢在太行山上做文章？乔书领都会自豪地答道：“红旗渠精神，是我的人生，我的生命，我的思想，我的灵魂落脚点。我从多年的人生经历中感受到，外来文化对我们的侵蚀非常严重，人们对于物质的追求高于精神追求。特别是青少年一代，有几个知道我们的传统文化，又有几个了解我们的优良传统？红旗渠精神是我们的宝贵财富，绝对不能丢！我们应该高高举起红旗渠这杆旗，为美丽中国，为中国梦做点实实在在的事情。我们传承红旗渠精神，首先要传承愚公移山精神，再造一个新时代的红旗渠！”

心系三农绿色梦圆——“我绝不选择做一位普通的农民，我有权利自省、自律、自强，拼搏奋进向上，改变自己、报效家国、创造人生”

强烈的责任感与社会使命感，激发着乔书领共筑红旗渠国家农业公园的宏大心愿。红旗渠国家农业公园以生态、养生、健康为主题，开发系列富硒有机食品：富硒粮、富硒菜、富硒水、富硒肉蛋茶的菜篮子，在鼓起农民钱袋子的同时，也让老百姓吃上放心粮、放心菜，喝上放心水。

硒是人体必需的微量元素，被称为“生命的火种、健康的守护神”，硒对防治癌症、艾滋病、心血管病、肝肾病等疾病、抗衰老及增强人体免疫力的作用等，均具有显著地防治作用。特别是在食品污染比较严重的当下，富含硒的有机食品，越来越受到人们的青睐。

打造中华民族的健康梦，也一直是乔书领心中的目标，而地处红旗渠国家农业公园的皇后村，因其气候温润、土壤肥沃，特别适宜有富硒机食品的种植和生长，因此，乔书领注册了“富硒皇后”农产品商标，着重开发富硒健康膳食系列，着力把皇后村打造成为全国著名有机农产品基地，借助皇后村优厚的自然条件，让人们吃上富硒有机大米、富硒有机蔬菜、富硒有机蛋禽、富硒矿泉水等原生态健康食品，为民族的健康梦，献上一份大礼。

2015 年 6 月，中乔大三农集团被中国富硒农业产业技术创新联盟当选为副理事长单位，标志着中乔大三农集团的富硒产业技术走在了国际开发的前沿。

2015 年 10 月 21 日是“九九重阳节”，中央电视台《爱心益起行》特别栏目——益起行动走进了河南林州市任村镇皇后村，协助中乔大三农实业集团“硒硒皇后”美玉雕塑商标落成盛典活动。“硒硒皇后”品牌的落成，推动了民族农业品牌产业化的进程。“硒硒皇后”于 2016 年 1 月中国经济新模式创新与发展峰会暨 2015 中国行业领先品牌电视盛典被评为中国农业十大品牌。

目前，中乔大三农集团的河南林州《红旗渠国家农业公园》的美丽皇后村，已被列为 2017 年在瑞典召开的《国际硒与环境和人体健康大会》代表项目。同时，中乔大三农的富硒有机产品入编《国防军工配套产品推荐目录》。

富硒产业的推进，拓宽了贫困村的致富路，也加快了精准扶贫的步伐。

一个偶然的机会，乔书领结识了河北省平山县政府办公室驻温塘镇大米峪工作组组长、第一书记曹军军。乔书领的富硒种植扶贫项目让大米峪村看到了脱贫的希望。

驻村工作组邀请了乔书领一行人员对村内的耕地、新开发土地、水塘坝、竹园进行了考察，并很快签订了合作协议，确定了以富硒产业为支撑的精准扶贫。中乔大三农集团与驻村工作组一起研究制定了大米峪村详细的脱贫规划，对各贫困户也是逐一制定脱贫方案，多措并举，有的放矢。乔书领带领中乔大三农事业集团车队到大米峪，当天捐款 5 万元，支持村党支部建设；捐助 2 万棵优质月季树苗支持村美丽乡村建设；捐助富硒大米5 000斤，对全村 110 户进行了慰问。拉来了2 000斤谷种和富硒饲料，和村委签订合作协议，率先开启了平山“龙头企业＋合作社＋贫困户”的结对帮扶的精准扶贫模式。

根据规划，中乔大三农集团将利用新整理的 300 亩山坡地种植富硒谷子。集团为村民免费提供2 000斤富硒谷种，免费提供技术，免费提供富硒肥，并签订回收协议，以高于市场价 10%全部回收。仅此一项全村人均可增收2 600元。在家禽养殖上，中乔将利用合作社，在原有散养鸡场基础上，集团帮助扩大养殖规模，免费提供富硒饲料，并高于市场 50%的价格全部回收富硒鸡蛋。此项收入全部用于贫困户增收，全村 103 个贫困人口年人均增收 500 元。

做事先做人，事未至、德先行，不管是当初的热血青年，还是今日的业界知名人士，是乔书领一直供奉的信条，不仅心怀坦荡、而且仁义为本、诚信做人。乔书领始终怀着一颗感恩的心。在他的人生发展道路中，遇到过许多帮助过他或给他启迪与智慧的贵人和组织，让他一生难以忘怀——邢台团市委及一位老书记訾新月，团中央青农部及一位领导王晓东，中国农科院贾慎修教授，林县老书记杨贵……当这些人物、一桩桩往事浮现他的脑海，更坚定了他的斗志和信心，也更召唤和激励着他为百姓利益考量、为乡村致富尽心。

作为先富起来的企业之一，乔书领义不容辞的担负起自己的社会责任，而且非常热衷于公益事业。在他的率领下，积极奉献社会，帮助着每一个需要他们的企业、家庭和个人。1998 年祖国南方发生了百年不遇的大洪水，作为党的改革开放以来的受惠者，乔书领冒着生命危险，开着东风车满载六吨抗洪物资，带着儿子从河北直奔湖北武汉长江第一线，是河北省捐资第一人，受到了武警官兵，湖北人民政府的热烈欢迎。

2008 年祖国四川汶川发生了特大地震灾难，在美国学习的乔书领之子乔业腾 7 月作为志愿者回国把 600 件衣服、草坪种子、花卉种子送到了四川广元、青川等地，和灾区儿童互相鼓励，为灾区儿童带来了信心和希望。截止到目前，集团已累计捐款达1 000万元以上，深受到社会各界人士的广泛爱戴与赞扬。

这些义举，只是他公益慈善的一部分，他从不张扬，靠着创业激情和坚强意志，乔书领实现了人格的不断升华和一次次辉煌跨越。在乔书领的身上，集中体现了我国当代企业家忧国忧民、造福人类的宏大抱负，自强不息、勇攀高峰的创新精神，不畏艰辛、迎难而上的奋斗意志，淡泊名利、奉献社会的思想境界。

在一份份耀眼的成绩单面前，乔书领没有陶醉，而是把目光投向了更高更远的目标：“今后，我们凭借集团公司的强大实力，放声歌唱红旗渠精神，筑建红旗渠圆梦园国家农业公园，以生态、养生、教育为主题，并且开发系列富硒有机食品：让老百姓吃上放心粮、放心菜，喝上放心水。集团还计划三年内在美国上市，借助国际资本的强大力量，力争通过五年的努力，成为国内都市生态休闲农业领域的龙头企业，创响当当的中华民族国际品牌。”

如今，56岁的乔书领虽然稳稳地掌握航向，带领中乔实业的航船乘风破浪，驰骋商海，但他的骨子里，还保留着最为淳朴的农民血脉。“我的祖祖辈辈是地地道道的农民，我深知命，但我不认命。我绝不选择做一位普通的农民，我有权利自省、自律、自强，拼搏奋进向上，改变自己、报效家国、创造人生。”乔书领的话掷地有声。

（王忠旭　摘自《农民日报》2016年09月19日7版）

果菜批发商

——“PSA”协会保驾护航

凡考察过美国农业的人都知道，美国的农民最好当。一个农场成千上万亩耕地几个人就可以耕种下来，农产品产量大而且还不用费多大力气。个中奥秘在于美国已经建立起十分完善的农业社会化服务体系，许多本应由农场主做的事情被社会化服务组织做了；许多应由农场主承担的风险被社会化服务组织承担了；广大消费者需要保护的利益也被政府和社会化服务组织给保护起来了。因此，在农业生产这根链条中，农场主或者说是“农民”与消费者或者说“市民”之间，被社会化服务这根纽带，紧紧地串在产供销一体化的市场链中了。

几年前在美国纽约，笔者考察过一个叫青谷园的蔬菜瓜果冷藏批发企业，老板陈银图来自中国台湾，自1977年开始创建了青谷园，主要从事蔬菜的生产、加工和批发，物流是他的主营业务。他的厂房是在纽约城郊结合部的一处冷库和简易的蔬菜加工包装车间，配有大小16辆运输汽车。此外，他还有3处农场：在新泽西州有905英亩（1公顷＝2.47英亩）、在南部佛罗里达州有1 000英亩；另外，在墨西哥还租种了1 000英亩的土地，青谷园的经营品种主要是各种时鲜蔬菜和瓜果。

在美国，蔬菜类农产品的产销程序一般是农场主生产出来，经过初加工后卖给批发商，批发商通常分为大盘商和中盘商（或者说一级批发商和二级批发商），农产品通常由大盘商批给中盘商，再由中盘商卖给纽约市的数千家餐馆和蔬菜零售商。

青谷园是大盘商，日经营蔬菜量很大，仅西兰花一个品种，每天要批出去4 000～5 000箱，甘蓝也可批出去800～1 000箱，冷库的年经营额在3 000万美元左右。如此大量的农产品如何去寻找市场？这就需要社会化服务组织的鼎力相助。陈老板说，青谷园加入了一个名为“PSA”的蔬菜营销行业协会，该协会隶属于联邦农业部，会员由各蔬菜、瓜果生产批发企业的推销人员所组成。早先是“PSA”协会每季度汇编一本通讯录，一年出4本，上面登录了所有蔬菜推销人员的名单和各企业的产品目录以及推销人员的个人品行、商业信用和企业付款能力等内容，每本收工本费150美元。随着互联网的兴起和普及，现在在专业网站上随时可以查到相关的信息。所有会员每年都要向“PSA”协会汇报企业的营销收支情况，并按年生意额缴纳一定比例的会费。“PSA”协会的会计负责年度审核各会员企业的账目，如发现有不符合规定者，“PSA”协会有权取消企业的会员资格，问题严重者则报告联邦农业部，由政府部门视情况对企业进行罚款或吊销营业执照。

同时，“PSA”协会负责向会员提供全国各地的本行业产销信息，任何产品的产量、价格状况均可以向其咨询到，或者通过其向农业部咨询到。最重要的一点是“PSA”协会严格保护会员的合法权益、维护企业正当的经营权力。

比如：买卖双方在产品收获之前签订了购销合同，但当买方收购完农产品后，发现产品质量与合同上的要求不符，即可通过“PSA”协会给农业部检验局打电话，由农业部派官员前来检验，检验官写出检验报告后传真过去，若情况属实，则由“PSA”协会当面让买卖双方根据产品的实际质量酌情减价，直到投诉方满意为止。同时，被诉一方要支付检验费和补偿运输费，这种做法在美国目前已经制度化。

再比如，像青谷园这样的企业经营的是新鲜蔬菜，运输中的保鲜问题对企业的经营至关重要。从西海岸的加利福尼亚州向东海岸的纽约运输新鲜蔬菜，卡车要走 3～4 天，途中怎样进行有效的保鲜？通常的做法是，由菜、果生产企业与运输公司签订合同，确定好运送产品的数量、价值、交货时间、地点和途中的保鲜温度，然后将刻有日、时、分，且可以随时进行扫描的温度记录仪调试好，从蔬菜装车完毕后开始启动。运送到目的地后在验货交货环节一旦发现产品出现变质和腐烂，货主和运输公司都不用讲话，由“PSA”协会派出人员，检查温度记录仪每日、每时、每分的扫描记录是否都符合保鲜的温度要求，若记录仪上显示途中的温度有高过保鲜的温度要求时，那么，造成的损失应由运输公司负责赔偿；若是途中的温度符合合同要求，那就说明农产品的质量有问题，应由蔬菜生产者负责，货主依照有关法律法规向生产者进行索赔。所以，“PSA”协会的存在与介入，有效地避免了企业间的经济纠纷，维护了生产、运输、销售各方面的利益，从而在源头上保护了消费者的利益。

（宋毅　原载于《优质农产品》2014 年第 2 期）

茶叶产能过剩　卖有多难

2014，茶叶参展商很忙。

6 月 19 日，2014 北京国际茶业展、2014 北京马连道国际茶文化展和第 22 届信阳国际茶文化节北京活动周在北京展览馆举行。对于茶叶参展商来说，这只是他们的一个驿站。如同开巡回演唱会的明星一样，他们很快就要转战祖国的大江南北，马不停蹄地推销自己的产品。据不完全统计，南至海南，北至黑龙江，西至新疆，东至上海，绝大多数省会以上城市及部分发达地区非省会城市在 2014 年都要举办茶叶博览会、茶叶交易会等活动，数量达到 50 场以上。如果算上县级以上举办的，茶叶博览会有百余场次。

在茶叶市场供大于求的状态下，除了积极参与各种推介会之外，茶叶厂商还能做点什么，值得我们关注。

缺乏合理规划

“茶叶市场的产能过剩已经成为一个必须重视的问题。”

农业部优质农产品开发服务中心研究员、海峡两岸茶业交流协会秘书长李清泽认为，行业内存在盲目乐观的情绪，一些地方发展茶叶有冲动，规模扩张的势头。目前，国内很多地方纷纷把茶产业作为支柱产业，重点扶持、倾力打造，在产业政策上依旧鼓励茶叶种植，发展茶园面积。特别是一些山区把发展茶叶作为当地农民脱贫致富的重要手段或者创收的重要经济来源。但在产能过剩的同时，要有危机感，要确保品质，否则茶贱伤农情况很有可能发生，进而影响茶叶价格。

对此，2013 年 4 月份，农业部就出台了《关于促进茶叶生产持续健康发展的意见》。《意见》指出，目前，我国茶园面积达 233.3 万公顷。一些地方加快发展，面积呈扩大趋势。农业部要求各地深入实施《全国茶叶重点区域发展规划（2009—2015 年）》，根据资源条件和市场容量，因地制宜地发展茶叶生产，积极推进区域布局和品种结构的优化，保持茶园面积的基本稳定。此外，《意见》要求在稳定茶园面积的同时，加强老茶园改造，推广绿色防控技术，提高单产，提高品质，提高效益，促进茶叶生产持续健康发展。《意见》还强调，要积极推进产业化经营，引导支持企业和茶叶专业合作社在优势产区建立生产基地，加快培育一批具有较强竞争力、带动力的茶叶龙头企业。在集中产区和销区建设一批规模大、辐射广的批发交易市场，创响一批茶叶品牌，扩大市场影响力，提升市场竞争力。

关于茶叶市场的产能过剩，中投顾问产业研究中心农林牧渔业研究员宋杰凝对记者表示，茶产业总体的供过于求与年初气候适宜、产量增加有关，同时中西部地区积极鼓励扩大茶叶种植面积，但是缺乏规划也导致如今产能过剩的情况。从需求端看，则与宏观经济下滑以及反腐倡廉有一定的关系，需求不振，产能较大，矛盾突出，部分品类茶叶存在降价空间。

在陈宗懋院士看来，产能过剩之外，我国茶产业的发展还存在出口限制、产品质量安全和消费过低等问题，中国茶产业的可持续发展需要产业转型和产业升级。

优质茶企之路

中国是茶叶的故乡，有绿茶、红茶、黑茶、黄茶、白茶、青茶六大茶类，每个茶类下面又有若干个区域公用品牌，21 个省份 900 多个县产茶，8 000多万茶农。如何将产业做大做强，历来是众多茶业人士的心头大事。

在国家知识产权领军人才、国家质量监督检验检疫总局科技司副巡视员裴晓颖看来，中国具有历史悠久的茶文化，中国人对茶情有独钟，这是重要的文化遗产。但对于一些茶企来说，如果过分讲茶文化、不讲标准化，则不利于企业的长远发展。茶叶强调产地是对的，但不能所有的茶叶都强调产地，那样，产地的稀缺性价值就大打折扣。因此，中国的茶企发展应该两条道路并行。

第一，对于知名度高、特色明显的中国名茶，走地理标志保护产品之路。打造高端品牌，以中国名茶引领世界茶文化、茶消费，发挥茶文化内涵，提升品牌价值。中国名茶在立足国内市场的同时，也要开拓国际客户。第二，对于一般茶叶，走产品标准化之路，向立顿学习，并占领国际市场。

国家质量监督检验检疫总局地理标志保护产品，是 1999 年开始实施的专门制度，注重知名度、质量特色、产地环境、产品名称、专用标志和特色保持的保护，注重产地认证、产地监管和对专用标志企业的监督管理，是一种产地和品质保证。地理标志保护带来了信誉和知名度，获评地理标志保护的产品，价值都出现大幅上涨。对于地理标志保护产品，国家质量监督检验检疫总局有一套质量标准体系，评审达到要求后才能使用地理标志保护标志。比如，不是所有的龙井茶都能叫西湖龙井，必须在产地内达到品审要求的茶叶才可以。地理标志保护产品要求建立溯源体系，比如西湖龙井能做到，对消费者所购买的茶叶指出产自哪个茶园。

裴晓颖认为，现在感觉在中国名茶和茶饮品之间的中间层断裂了，也就是标准化生产这一块缺乏核心竞争力。客观来说，标准化生产不注重产地，要求统一质量，统一工艺、茶种和加工。这样既降低了成本，老百姓又能消费得起，有利于扩大茶叶的消费和出口。对于茶叶的标准化生产，特别是打造知名品牌的标准化茶叶产品，需要资本的介入。希望有志之士投资茶叶，做实业做销售而不是投机炒作，否则受损的还是茶产业和茶农。

对于标准化生产，李清泽认为，立顿把中国的茶叶和印度、斯里兰卡等地的茶叶拼配在一起，达到了香气、外形、口味的统一，实现了标准化生产，大大降低了成本，加速了茶叶在英国等地的推广，让普通公众也能喝得上来自中国的茶叶，名气也大大提升。立顿实现袋装茶的革命，以方便快捷吸引了不少年轻人。茶叶下一步的发展关键是年轻人。

不过，解决茶叶标准化的问题，特别是打造中国的立顿，还有一个发展过程。现在许多企业在茶园管理上做了一些标准化的工作，卖的还是特色产品，因为各个厂家的标准都不一致。茶企应该拼配实现品质标准化，如以前中国茶叶外贸出口时做过的特极、一级等区分。总之，应该实现品质标准化，管理规范化，市场国际化，原料来自世界，产品推向世界。

李清泽认为，打造中国的立顿是一些茶企的一个发展方向，但中国有自己的实际，有些茶企发展得很好，规模不是特别大但有自己的魅力，不需要按立顿的模式照搬照抄。做大做强是一部分茶企的追求，很小很优也未尝不可，也应该有生存的空间。中国茶区很辽阔，各地有各地的偏好。因此，大有大的好，小有小的优，其中消费者认同是关键。茶叶发展市场导向应该是允许小而优，推动大而强。

对于不满足于做立顿袋泡茶那种快消品的茶企来说，可以在弘扬茶文化与茶叶深加工等方面做出贡献。

首先，中国茶文化源远流长，茶叶与文化紧密结合，茶叶种植园应该拓展生态度假、文化旅游、观光等功能，延长产业链。比如常使人到茶园休闲度假，喝喝茶、聊聊天、欣赏茶道，吃点茶点心等，这会是条新路子，能从茶叶中“泡”出之前没有的钱来。

其次，要提高茶叶科技推广应用力度。我们在茶叶综合利用上与发达国家有很大的差距，在茶叶制食品、保健品、化工、纺织品、化妆品等方面还有很大的发展空间。专家预测，到 2020 年，茶产业要达到万亿元，其中很大一部分就和茶叶的深加工密切相关。

正本清源　做强品牌

中国的茶企达数万家，但企业拥有的全国知名的茶叶品牌没有几个，呈现一种“名茶多，名牌少，有品类，无品牌”的“囧”象。

比如，龙井茶，一般人知道西湖龙井好，但是西湖龙江的众多生产商中，哪家的品质最好，估计多数人都回答不上来。在我们这个茶的国度里，这个尴尬频繁上演。因为茶叶产地是公共的，并不是当地产的所有茶叶都是好的。许多人喝茶远达不到在北京喝茉莉花茶只认张一元、吴裕泰的程度。此外，中国的茶企生产的多是茶叶，而立顿的则以茶叶包为主，更为关键的一个因素是“品牌”。作为茶叶发源地和生产大国的中国，其自身产品在世界上却没有叫得响的品牌，经济规模也偏小。产量上的世界第一，却换不来茶叶经济总量上的飞跃。

中国茶叶流通协会常务副会长王庆表示，目前我国茶产业的基本现状是品牌缺乏，企业多、规模小，名茶多、名牌少，资源多、整合少是茶企经营现状的写照。具体表现在两个方面：一是没有真正意义上的产品品牌，只有像碧螺春、西湖龙井这样的公共品牌。这样一来，茶叶行业就比较零散。只有培育出叫响全国甚至国际市场的产品品牌，才能提升我国茶叶的整体水平。二是消费者眼中缺少值得信任的品牌，消费目标不清，对价格持怀疑态度，造成茶叶行业价格混乱，鱼龙混杂，影响了诚实守信的企业发展。

造成中国茶叶产业品牌缺乏的原因何在？

李清泽认为，大多数有规模的茶企都注重品牌的打造，但能量不够大，效果也不够好，反而不如地方政府出于发展地方经济的需要，对区域公用品牌的宣传力度。一些中小企业也乐意于搭区域公用品牌的便车，虽有无奈也属明智之举。因为中国茶企普遍规模小，销售额几十万、几百万的茶企老板太多，他们也满意于滋润的生活。此外，茶叶品牌的市场培育期很长，投入很大，上百万元的投入使他们望而却步。此外，各地都在做自己的品牌，缺乏标准，或者说标准统一不起来。更重要的一点是，茶叶产业是建立在小农经济的基础上，不少茶老板小富即安，宁当鸡头不做凤尾。从深层次来说，这属于文化问题，即一个东西只在一个局部生长。

宋杰凝认为，我国缺乏知名茶品牌，与企业实力不强、行业秩序混乱以及茶叶产业化运营不佳有关。茶企“同质化”现象严重，低价竞争问题突出，不少茶企难以做大，一方面与行业秩序混乱有关，产品优劣不一，难以分辨，假冒他人商标生产，监管不严，违规成本低等，导致企业创建品牌的意愿较低；另一方面，大型资本缺乏进入，不利于企业实现全产业链生产和管理，不利于品牌的塑造。

业内专家表示，导致我们没有“叫得响”的品牌的最终原因是小规模的茶叶企业，管理水平低下，茶产业标准化体系建设滞后，产品质量稳定性、一致性得不到保障；茶园资源整合基础差，组织化程度低，产出水平低下；茶叶贸易市场缺乏规划，食品安全体系建设不够完善等。据统计，由于缺少专业化经营管理，全国营销规模能够过亿的企业仅有为数不多的几家。

在供大于求、市场竞争十分激烈环境下，品牌对茶企的发展来说就显得尤为重要。

八马茶业董事长王文礼表示，品牌茶的安全健康、休闲文化的特征，迎合了消费者需求，“它赋予人们更多的饮用价值，日渐成为市场的主流”，因此，未来品牌茶的市场空间巨大。

王庆认为，随着以品牌消费为特征的中国新消费习惯的逐渐形成，茶业品牌化正当其时。茶业品牌化，不仅是业界也是社会对我们茶叶企业的一种要求。快速成长，打造具有较高品牌价值和强大影响力的茶叶品牌，成为我国茶叶企业共同的心声与愿望。茶叶行业集中度低带来的产业化水平低，制约了行业的健康发展。集中度低的核心问题，就是中国茶产业还没有具有控制全局能力的全国性知名茶叶品牌和拥有知名品牌的全国性茶叶企业。那么，如何突破这个瓶颈？一是培育扶持龙头企业；二是制定标准，培育有信誉度、美誉度的品牌；三是突破地域性、品种性的限制，打造通用品牌。

业内专家表示，“立顿”定位于产品标准化、价格大众化、品牌时尚化，以及购买和冲泡便利化，在此定位之下不受茶类的限制，“立顿”的成功给中国茶业的“横向品牌”提供了有益的参考。当下，茶叶行业应加强整合能力，大做专业化、品牌化文章，以消费品牌培养消费形态，推进整个消费者、渠道、企业价值链的整合，才能真正突破产业的困局。而单个企业遇到的瓶颈主要是如何实现这 4 个转变：从“产地品牌”到“产品品牌”，从“价格导向”到“价值导向”，从“传统茶文化”到“时尚茶文化”，从“慢消品”到“快消品”。

尽管中国茶叶的流通仍然是以无品牌的散茶为主体，但茶叶的品牌化已经艰难起步，而且品牌化的速度和加速度都很快，这是个可喜的局面，也是中国茶业的必由之路。

各个品类茶中都有品牌茶脱颖而出，例如竹叶青、大益、八马等，他们已经冲出自己的产区和传统销售区，走在全国化的路上，其他品类茶中的茶叶品牌也在奋起直追。

当然，对企业来说，并不是注册一个商标就能成就一个品牌。品牌成长需要一点一滴的积累，需要有深厚的文化积淀，同时还要有先进的管理技术、加工工艺、质量标准、认证体系以及企业文化做支撑，最终才能得到市场和消费者的认可。可谓创品牌容易，把品牌打响却不容易。

对此，宋杰凝坦言，打造自己的品牌，走优质化之路是茶企做大做强的捷径，不过种植、管理、人工成本会上涨，产量会下降，而且品牌的建立和发展时间长、需要资金的支持，一般家庭作坊式的茶企或者小型茶企很难有实力做起来。对于有实力的大型企业而言，应该逐步控制茶叶生产的整个产业链，上游的种植、中游的加工、下游的市场开拓与品牌营销等都需要把握。

因此，茶企与金融资本的合作有助于促进中国茶叶产业的发展。国内茶叶企业多集中在种植和生产制作阶段，这部分产业链生产成本逐渐抬高，面临自然灾害等高风险，缺乏对下游渠道和品牌的把握，难以获取较高的收益。金融资本的进入，可以为传统茶叶行业提供资金、人才、市场运营管理方面的支持，有利于茶叶品牌的建设，促进行业的跨越性发展。

业内人士认为，解决茶叶市场产能过剩的根本解决之道在于提高茶产业的集中度，建立标准化的工业模式，打造有影响力的茶叶品牌，通过大企业来整合市场、规范标准、统一定价，让消费者以品牌选茶。因为，随着行业逐渐发育成熟，优胜劣汰是必然趋势。最终，不规范的小作坊会被淘汰和兼并，自然会形成大品牌，产能也能得到合理控制。

（吴杰　原载于《优质农产品》2014 年第 6 期）

让农产品流通起来

前　言

继 2013 年中央经济工作会议强调确保粮食安全之后，2013 年 12 月 23 日召开的中央农村工作会议再次强调了“坚持以我为主、立足国内、确保产能、适度进口、科技支撑的国家粮食安全战略”，提出用“四个最严”确保舌尖上的安全。近年来我国粮食产量连年增加，但粮食生产也面临多种问题，比如大量农村劳动力转移、“粮贱伤农”，农民种植农产品的积极性不高。如何解决这个难题，肯定绕不开农产品流通业的发展。只有流通顺利了，“菜贱伤农”引发的类似悲剧才不会再次上演。

本期特稿将从多个角度探讨农产品流通问题，并提供国内外多个案例，供有关企业、研究者、决策者参考。

不乐观的农产品流通

近两年，国内媒体经常会出现这样的字眼——“菜贱伤农”。提到这个话题就不得不让人联想到发生在山东济南 39 岁菜农韩进身上的事情。2011 年 4 月 16 日，韩进突然自杀身亡，留下了 38 岁的妻子和两个未成年的女儿。韩进自杀原因据说非常复杂，性格内向的他近两年来接连受挫。6 亩（1 公顷＝15 亩）甘蓝、两三个月的精耕细作，却迎来了最坏的局面——8 分钱 50 克的售价。这个突如其来的打击成为压倒他的最后一根稻草。类似事件还有广州番禺的菜农喝农药自杀。

一方面是菜贱果贱伤农，如北京油菜被成片铲掉，福建的莴笋被销毁，山东的白菜烂在地里，海南的香蕉卖不出好价钱。另一方面，终端的菜价果价依然很高，出现菜贱菜贵或果贱果贵同时发生的奇怪现象。如北京市、上海市内的大白菜往往都卖到 4 元/千克，而这些白菜经农民卖出时每 500 克才几分钱。水果产地价格和市场价格也相差悬殊。

为什么终端菜价或果价和批发价之间悬殊如此大，其中最主要的一个原因就是：农产品的流通环节出了问题。

“最后一公里”问题

农产品流通体系是指农产品商流、物流、资金流和信息流的总和。正常农产品在流通过程中每一个阶段都会耗费各种资源、发生成本并增加价值，从而也产生了升值与获利，这就形成了农产品价值体系（或称农产品价值链）。

现在国内农产品从产地到消费者餐桌，至少要经过农户—经销商采购—批发市场—分销商—零售商等环节，每道环节都至少要加价 10%～15%，不仅造成流通渠道不畅，也人为地抬高了终端产品售价，最终的结果是：菜价下跌大部分由菜农承受，而菜价上涨则由消费者买单。

根据农业部连续 4 年跟踪调查的结果，在冬春季节、气候比较正常的情况下，山东省青州市农民大棚生产的黄瓜，运到寿光批发市场以每千克 5 角钱左右的价格出售，运到北京新发地批发市场以每千克 1.00～1.30 元价格批发给中间商或集贸市场的摊主，集贸市场则以每千克 2.20～2.80 元左右的价格销售。据此推算，每千克黄瓜的零售价格中，生产者即农民的出售价仅占 17.9%～22.7%，零售价相当于产地农民出售价的 4.4～5.6 倍。

农产品流通中交易主体越多，流通效率越低。所以，理论上应尽量减少交易主体，以提高流通效率，优化价值链。尤其需要注意的是，流通环节中从市区一级批发市场到零售市场的最后环节被称作“最后一公里”，这“最后一公里”所产生的成本占总价格的五成以上，是整个流通过程中加价最高的环节。

“最后一公里”大幅度涨价的主要原因是：流通商在这个环节缴纳的费用大幅度增加。据调查，流通商在批发市场至少要缴 5 种费用，诸如摊位费、进场费和招标费，而且缴费数额不断上涨、缴费周期越来越短。过重的费用直接导致农产品价格上涨。

“小生产、小流通”

目前受农户家庭小规模经营方式的制约，农民缺乏利益代言人，而一直被寄予厚望的专业合作社却在现实操作中起不到很好的作用。这使得农民在单个面对市场、面对流通商时缺乏谈判能力，不但很难预知风险，也不可能参加得益分配。因此，国内大部分农户只能将农产品运送到附近的产地批发市场出售，或由市场收购商直接到地头收购，然后由长途运销商运到大中城市销地批发市场，再经过这些批发市场将农产品周转扩散到社区集贸市场、超市及团体消费单位。因此，长期以来，农民“靠天吃饭”的现状并没有得到根本改变。大部分农民一直被挤压在农副产品流通体系的最末端，再加上信息不对称，使得“谷贱伤农”“菜贱伤农”时有发生。

事实上，农产品的生产与消费两端都是分散的千家万户。因此，目前建立起适应现代农业发展的“大生产、大流通”格局，对农产品营销显得尤为重要。要通过龙头企业来带动地方整体农产品的流通，这其中龙头企业无疑是农产品品牌经营的主体和核心。

从全国农产品品牌企业和地区的成功经验看，做大品牌必须靠龙头企业和政府的双向配合和互相拉动。例如山东的张裕，河南的三全、思念，内蒙古的蒙牛、伊利等企业在当地的产业圈效应，都充分体现了龙头企业在品牌建设中的骨干作用。所以，培育和扶持龙头企业，是发展农业产业化经营、创建更多品牌的重要途径。

优质品牌的重要意义

事实上，只要农民和企业愿意，他们随时可以种出放心的菜，也可以养出放心的鸡，但是没有人愿意这么做，因为对他们来说这不合算。假设一个农民养猪，如果他不用瘦肉精，只用最好的粮食，生产出的好猪肉成本一定很高。可是，卖猪时，他卖的价钱与“瘦肉精猪”一样，他肯定再也不会生产好猪了。而作为屠宰场，他们收来的猪屠宰以后，卖价和其他屠宰场的一样，那他肯定会收便宜的猪，这样才能获得更高的收益。

正是基于这个事实，使得市场上出现了“劣币”驱逐“良币”的现象，往往造成地方性品牌的整体沦落和败坏，不得不退出市场。比如，号称“世上之奇卉、果中之仙品”的金华佛手遭遇“质量门”，直接造成这一金字招牌的倒地。究其原因，是当地农民为了获得更多的产量，滥用激素、膨大剂，甚至出现地栽佛手、柑橘嫁接等各种速成栽培法，导致佛手果实虚胖、香味不浓。这种短视的行为给当地的果农带来了致命的后果。他们只知道金华佛手在市场上能卖出好价钱，却没有认识到金华佛手的品牌价值是与产品的高品质密切相关的。恰好印证了那句话：“出来混，迟早是要还的。”

因此，在市场经济条件下，农产品品牌作为农产品生产与经营者参与市场竞争的必要手段，发挥着越来越重要的作用。举例来说，山东省章丘市依托丰富独特的资源优势，提出“品牌农业”的发展思路。市政府依托特色资源，打造名牌产品，壮大支柱产业，致富广大农民，走出一条“区域化布局、标准化生产、科技化管理、组织化经营、品牌化运作、市场化营销”的现代农业发展“章丘模式”，农业综合效益和农民收入水平持续提升。浙江省德清县主打“安全牌”，推出“诚信为本”的诚信企业联盟，打造地方化的品牌农业，短短几年时间就使其农产品比其他同种类农产品拥有更高的产品附加值，使当地的农民得到了实惠。

安全监管与多元化模式

物流设施建设滞后与食品安全监管困难同样是困扰农产品流通的难题。

虽然鲜活农产品的批发市场流通份额占到 80%，但是批发市场设施简陋和交易手段落后的问题始终没有得到解决。多数市场仍然停留在提供交易场地和摊位的水平上，缺乏信息服务、质量检测、电子统一结算、安全监控、垃圾处理等配套服务设施。

与发达国家相比，我国农产品批发市场物流功能欠缺，农产品分选包装、冷藏保鲜、冷链物流和配送等设施设备不足。蔬菜长途运输道路不畅，货车非法超载现象严重，有很大的安全事故隐患。冷链不健全致使物流过程中鲜活农产品质量下降、损耗增加，也是导致流通效率低下的一个重要原因。

未来要解决农产品流通不畅、流通成本高、消费者不满意的问题，就要发展多元化的流通模式，拓宽通道的宽度，形成各种渠道相互竞争、优势互补的流通格局。除了连锁超市开展“农超对接”之外，还要有连锁餐饮业开展的“农餐对接”、城郊农民专业合作社开展的“社区直送”和“周末菜市场”、批发市场大型经销商开展的“批零对接”和“场地对接”、生产者和消费者携手建立的“产销联盟”等多种形式。

最近两年，随着农产品电商时代的来临，出现了越来越多的营销渠道。比如主打有机农产品的本来生活网和北京有机农夫市集，已经以一种新的形态逐步进入居民小区，被人们所接受。上面提到的这些产销对接形式各具特点，都将在保障鲜活农产品流通方面发挥一定作用。

在农产品批发市场，还需加强对进场产

品进行抽样检测，这是食品安全监管的重要环节。从北京市曾经对 8 家大型农产品批发市场调查发现的问题看，尽管都配有食品安全检测室，但无统一检测标准，检测人员配备不足。尽管近几年，商务部、农业部、国家发展和改革委员会都对农产品批发市场检验检测中心的建立给予了一定的资金支持，但由于抽检发生的相应费用和检验员的工资要由市场支付，批发市场自身检测的积极性不高。而且进入农产品批发市场的产品具体来源不明，一车产品可能来自众多生产者，很难分清批次，抽样代表性不强。同时，市场担心，一旦查出问题产品，上报主管部门或被曝光，会给市场带来负面影响。

只关注产品生产出来，不太关注生产过程的时代已经一去不复返了。

为了保证经营鲜活农产品不出质量安全问题，农产品流通企业需要认真对供货基地进行考察确认，只有那些经过无公害认证和绿色食品认证的产地才能成为他们的货源基地。连锁超市和餐饮集团往往统一组织采购，通过建设和控制供应链来保证食品原料安全。批发市场的食品安全监管比较困难，但是也在积极地进行抽检和索要产地证明，推行场内经销商台账记录制度，一旦发现问题至少能够追溯到上一个供货方。

案例 1

德清县——以诚为本　靠质先行

2013 年 11 月 23 日上午，由浙江省德清县人民政府和淘宝网联合打造的淘宝“特色中国·德清馆”正式上线。这标志着德清农产品销售渠道的拓展和农产品销售方式的转型升级。德清馆运营的目标是销售额两年 3 000万元、5 年 2 亿元，并倾力打造电子商务运营团队，逐步扩展到帮助企业拓展网上市场、代建网店、代理运营，成为德清县乃至周边县市电商换市工作的重要服务平台。

事实上，这不是德清县第一次进入人们的视野。2012 年起，德清县就开始实施通过电商换市，推广农产品网络营销。2012 年，德清县农产品网上营销额已超7 000万元。

以“安全诚信”为品牌

食品安全问题近几年越来越被消费者关注。早在 2006 年 3 月，德清县就对肉类、粮油、酒类、饮料、饮用水和蜜饯 6 类产品、73 家企业建立了食品安全信用体系，从行业范围内规范市场。2012 年，进一步组织了全县种植、养殖业 50～60 家企业组成诚信联盟，推动质量安全诚信建设，较好的食用农产品生产、加工的农业企业成立“德清县农产品诚信联盟”，制定联盟章程、安全生产技术标准和农产品质量安全诚信建设自律制度，建立农产品质量安全诚信承诺制，约束联盟成员诚信规范生产，明确联盟成员准入和退出机制。

通过这个“德清县农产品诚信联盟”，德清县实现了对联盟旗下所有农业企业生产、加工的农产品（食品）外包装实行统一加贴规划印制的标签，标明德清农产品区域公用品牌、产品名称、生产日期、产地、生产者和产品编码。同时开设德清县农产品诚信联盟网站，生产销售情况录入网站数据库并实时向社会公布；实施农产品溯源制度，接受联盟的管理监督；引导农业企业和民间人士设立“诚信农产品奖”，鼓励食用农产品生产、加工的农业企业争创诚信奖；制定出台诚信农产品工程相关政策，对企业开展等级评定，进行示范基地（企业）认定，实行“黑名单”等制度。

“德清县农产品诚信联盟”主要目的是要打造“讲道德更健康”的优质农产品品牌。以“戴帽子、促联合、强主体”为品牌整合思路，成功注册“德清嫂”商标，由联盟协会会员单位农产品共同使用；组织会员单位合作开展公用品牌运作，共同维护公用品牌形象，提高德清农产品区域公用品牌知名度，提升产品附加值。如今，这样的努力已经初现成果。首批83家企业的农产品使用该品牌，销往上海、杭州等地区，并在沪杭市场上高价热销。如清溪甲鱼均价196元/千克，而沪杭甲鱼市场均价为100～120元/千克；德清青虾在杭州市场份额已经达90%以上，价格比沪杭均价高6～10元/千克。

德清县还建立健全县食品药品检验检测中心及5个专业检测站（实验室），有效提升了农产品检测和监管能力，进一步塑造了诚信品牌。结合德清特色农产品设置10多个细化分类的生产技术规程，实行统一标准、统一管理、统一品牌、统一宣传、统一推介"五统一"运作模式，进一步创新服务举措。同时，开辟诚信农产品绿色通道，开展诚信农产品"农超对接"活动，搭建诚信单位信贷平台，组织诚信农产品参加农产品博览会、优质农产品展销会，全力服务农产品生产企业。

多点营销挖掘新商机

为了进一步扩大营销、促进农产品市场流通，德清县逐步在上海、杭州设立德清农产品营销中心和直销点，2012年5月，在上海虹口区设立德清县优质农产品（上海）展示展销中心和8个直销点。截至2013年6月，营销中心和各直销点农产品销售额已超580万元。德清县还与杭州唯信食品公司合作，在省优质农产品展示展销中心设立德清诚信农产品（杭州）展示展销中心，依托唯信公司的销售网络和经营模式，扩大市场占有率。

同时，以产业政策为引导，德清县鼓励农业经营主体在省内外设立连锁专卖店，进一步拓展农产品市场，扩大销售渠道。截至2012年年底，水产、蚕丝、笋制品等农业企业在省内外设立专卖或直销店共108家，年销售额突破4 600万元。浙江清溪鳖业有限公司在省内以及北京、哈尔滨已开设专卖店23家，其中杭州市区14家，2012年销售额达2 100万元。2013年6月，清溪稻米专业合作社首创稻米"会员制"销售服务模式，通过专业储存、统配统送，让每个会员家庭每月吃上新鲜大米。该模式运行仅一个多月时间，会员已超110位，订购稻米超20吨。

此外，德清县还加强与杭州当地社区和高校的对接联系，农业基地将新鲜农产品直接送进社区、高校，既保障了农产品的鲜活程度，又确保居民、学生食品安全，同时还减少了流通环节，降低了消费者的支出。目前，兴农食用菌场和利成农产品有限公司等农业企业向求是、曙光、翠苑等社区配送蔬菜水果、水产品，鑫宝蔬果合作社、新市油脂公司、新粮贸易公司、新安镇河叶洋水产养殖场等向浙江树人大学配送蔬菜、大米、水产品、食用油等农产品。2013年7月，三汇家庭农场等5家企业与杭州电子科技大学达成初步配送合作意向。2013年以来，供应社区、高校农产品金额已突破600万元。

成立经纪人协会解决市场衔接难题

据德清县农业局介绍，德清县一系列打造安全、优质农产品的措施尽管起步较早，但没有强烈的地域性，无论从理论上还是实际操作上完全可以推广到其他地方。他们所采取的措施并没有过高的技术门槛，事实证明也是有效的，确实能够有效提高当地农产品的流通水平。

德清县在农产品的流通方面确实下了功夫。为了促进德清县农产品经纪人队伍健康、有序发展，德清县甚至还成立了农产品经纪人协会。该协会由德清县农产品经纪人、农产品流通企业、农民专业合作社等50家会员单位及个人组成，涵盖龟鳖养殖、果蔬种植、茶叶种植等多个行业。协会积极为会员提供业务培训、信息交流、品牌创建指导等服务，构建农村现代流通体系，从而有效解决了农产品与市场衔接的问题。

与此同时，德清县当地工商局、个体劳动者协会和私营企业协会充分利用红盾信息网等平台，建立全县农村经纪人基本信息、农产品供求信息和农产品供销指南三大信息库，以备案的农村经纪人为主体，及时掌握全县农村经纪人的行业分布情况；对农村经纪人掌握的各种信息进行汇总梳理，使广大经纪人实现资源共享，形成合力。该县工商局、个体劳动者协会和私人企业协会工作人员通过开展“进村入企”大走访活动，对掌握的信息进行分析、研究，及时给予供求指导，让农民知道该种什么、养什么，让经纪人知道该销什么、往哪儿销，避免农民盲目生产。

案例 2

寿光农产品物流园：成功自有独到原因

2011 年黑石集团的撤资，曾一度让“PE 圈”开始重新审视寿光农产品物流园的模式。而现在的寿光农产品物流园不仅证明了自己的存在价值，而且还为农产品流通业的探索和发展作出了一定的贡献。

“蔬菜日交易量超过1 500万千克，交易额4 000万元”，这里不仅是亚洲最大的综合性农产品物流园，还是中国最大的蔬菜集散中心、价格形成中心、信息交易中心、物流配送中心和最权威的蔬菜标准形成中心。无论何时来到这里，都会看到这样的景象：本地蔬菜的农用车，拉着外地蔬菜的大货车，在宽敞的交易大厅里来回穿梭，卸货、装货，然后再开往“幸福的终点”。

如今，寿光农产品物流园的年交易蔬菜可达 60 亿千克，配套建设的“十大蔬菜专业市场”和 575 村村头市场，带动了蔬菜运销、经营、中介等产业和人才、信息、技术等要素市场的发展，形成了内外相通、遍布城乡的市场网络，探索出了“绿色通道”、海上“蓝色通道”、网上通道等多种蔬菜销售模式，让寿光蔬菜辐射到了全国 30 个省（自治区、直辖市）及 10 多个国家和地区。这不得不让人惊奇，究竟是什么原因催生了这个寿光独有的农产品流通模式？

“没有买不到，也没有卖不出”

内蒙古的马铃薯直接运到北京会滞销，如果从内蒙古绕过北京进入寿光农产品市场再销往北京却会脱销。这是国内流通业专家最喜欢分析的一个例子。为何非要舍近求远地来寿光转一圈，再进入北京市场就能销售出去？

在很多人看来，这无疑得益于寿光当地政策上的大力扶持和正确引导。依托寿光的地域优势，寿光的现代农业种植发展迅速，蔬菜种植面积大、投入产出比高，广大农民群众种植蔬菜的积极性较高。寿光农产品物流园更是以此为契机，打造了一个买全国、卖全国的大型服务平台。同时物流园没有忘记科技创新，引进了先进的检验检测设备，注重加强对农产品质量安全的监管。然而，这只是行外人的看法，真正寿光当地的行家却不这么认为。

在他们看来，上面的这些措施当然很好，但不是重中之重。寿光当地农产品流通业的发达与寿光较早的蔬菜批发历史有关，由于辐射面较广，逐渐形成了自己“买全国、卖全国”的经营格局。当地一度盛传：“在寿光农产品物流园，没有买不到的菜，也没有卖不出去的菜。”

其次，就不得不提与寿光当地发展程度相契合的蔬菜中介和职业经理人。他们人数众多，而且资历都是元老级，其关系网遍及国内各个市场。因为，对农产品流通业来说，客户关系和资源都是无形的财富。全国各地争相建设农产品批发市场的时候，蔬菜中介往往也是其争夺的第一目标。

正是以上的种种原因，在强大而活跃的市场体系下，寿光萌生了一种介于第一产业和第二产业之间的“1.5 产业”，它就是农业龙头企业，它的存在形式就是以一种行业分工精细、品种涵盖全面、产销对接完善的“菜园子”，可以直通“菜篮子”，从而提高了农业产出品的附加值，实现企业增效与农民增收的双赢。

同时，为最大限度地整合蔬菜流通资源，面向全国家庭提供无公害绿色蔬菜，寿光农产品物流园率先建起网上蔬菜呼叫中心，使网上“叫卖”变为现实，推动了寿光从“蔬菜工厂”到“蔬菜商场”的转变。

结合实际的特殊模式

寿光农产品物流园的发展无疑是建立在自身的努力和一系列措施之上。比如，为了解决春节等年节运输问题而采取的“绿色通道”制度：标准化包装，易于运输；建立了6 个交易大厅，892 个理货单元，完全满足运输车大进大出的要求；严格执行检验检测制度；物流园中央还建了一个环形货运大道，宽 30 米，另有数条 20～24 米宽度不等的纵横向道路连接各地块，充分分析了每一交易种类人车流动线路，保证物流园区内部交通有序畅通。

物流园对于其他农产品流通业有一定经验可以借鉴，比如农业产业规模效应。对于蔬菜种植而言，散户种植很难获得较大的经济利益。地方政府势必要从本地域的实际出发，找准适合本地域种植及推广的品种，同时不要忽视品牌效应，注重品牌的打造和保护。

然而，记者采访了解到，寿光农产品物流园的成功还有特殊的原因。

首先是寿光的地理优势。当地的农产品物流园位于南菜北运和北菜南调的中心。其次，寿光是“中国蔬菜之乡”，寿光蔬菜产量占全国蔬菜总产量的比重较大，这也是其历史原因。再次，寿光农产品物流园作为政府产业整合的工程，政府给予相应的政策支持。旧市场拆迁后，商户必须来这里经营，同时方圆 5 千米内不允许蔬菜交易，客观上替寿光农产品物流园的发展扫清了障碍。

事实上，为了寿光农产品物流园的发展，寿光市政府投入了不少于3 000亩的土地。这些地块对物流园而言，实质上是没有成本的。而且最重要的是，物流园还得到了商务部主要领导的首肯。2011 年，时任商务部部长陈德铭在视察山东省及寿光市商贸流通业时，专门选点查看农产品物流园。陈德铭表示，农产品物流园已经打破地域限制，形成了自己的产业链，成为全国响当当的蔬菜集散和物流中心，希望园区要继续研究全国的蔬菜物流市场，不断打造更加知名的物流品牌，要坚持走出去、引进来，不断提升园区在全国的综合竞争力。

随后不久，时任商务部部长助理房爱卿亲自助阵，宣布国内首家用以全面反映蔬菜价格和市场活跃程度的中国“寿光蔬菜指数”依托于寿光农产品物流园正式设立。这进一步巩固和提高了寿光作为全国蔬菜集散中心、标准形成中心、信息交流中心和价格形成中心的龙头地位，也为升级寿光蔬菜品牌、拉动全国蔬菜产业、服务菜篮子民生工程做出新的贡献。不过，寿光农产品物流园对于其他地方的农产品流通业来说，无疑是难以复制的。当然，我们也可以认为，这种因地制宜的发展或许才是地方农产品流通业能够成功发展的重要原因。

案例 3

小池（国际）农产品物流港：初上轨道　阻力重重

2013 年 6 月 13 日，随着小池（国际）

农产品物流港首个交易区——蔬菜批发市场隆重开业，小池（国际）农产品物流港就此翻开了新的一页。这标志着其正向中部首席蔬菜交易市场的目标起航了。

开业已来，位于九江长江大桥以北、湖北黄梅县境内的小池（国际）农产品物流港日交易量平均在800～1 000吨，日交易额300万元以上，每天往来的交易车辆超1 000台，直接辐射安徽、江西、湖北等地的30多个县市。这也为其成为中部金三角地区蔬菜采购集散中心迈出了重要的一步。

为了真正成为中国中部地区惟一国际农产品市场，该项目定位为一个集生鲜、副食、调料、干货、土特产、粮油豆类、蛋品、冷链等农副产品为一体的超大型一级综合批发市场，以成为中部地区综合程度最高、真正实现各类消费群体的“一站式”采购的大型批发市场为目标。

多点出击　力保流通顺畅

根据小池（国际）农产品物流港的介绍，为了保障市场的顺利流通，物流港与北京新发地农产品批发市场建立了中三角战略合作伙伴关系，其目的在于搭建南北农副产品流通的互联平台，实现商户、采购商、信息、贸易等资源共享和援手拓展。同时新发地也将在物流港开设4 000米2的展台常年展销。小池（国际）农产品物流港的这一步棋，不仅在客观上减少了投资者的顾虑，也对农产品流通起到了一定程度的保障作用。

另外，小池（国际）农产品物流港还与华中农业大学建立起“人才培养基地”合作关系。这从一定程度上保障了其在电子商务、市场营销、企业管理、商业运营、农业研究和国际贸易等各方面的人才需求，客观上也为当地农业的发展提供了核心技术支持，推广了最前沿的农业生产加工技术。

小池（国际）农产品物流港还与永辉超市建立了“中部采购基地”的合作关系，其中部地区连锁超市的农产品货物将直接在物流港定向采购。这层合作关系，将为小池的商户们带来相当的市场需求，一定程度上减少了商户拓展市场的工作。仅凭永辉超市中部地区的采购便可能实现农产品年经营额过亿元。与此同时，小池（国际）农产品物流港已与部分国际商家达成战略合作关系，如法国科多文多葡萄酒公司、澳洲蓝色冠莓农产品公司等。

未来光鲜背后仍有争议

尽管小池（国际）农产品物流港在农产品流通方面做出了一系列努力，但外界对它未来的发展依然有一定程度的争议。

小池镇又称小池口，地处鄂赣皖三省的交界处，是多个经济圈的交会处，京九、合九两条铁路于此接轨设站，沪蓉高速、105国道穿境而过，长江黄金水道日夜奔流，与国家级经济开发区江西省九江市仅有一桥之隔。早在1988年，小池镇就被列为“沿江五小经济特区”之一，但25年来，小池镇9次与发展机遇擦肩而过。如今的小池镇已有了打造鄂赣皖三省经济发展战略支点的计划，按照滨江新城的规划进行设计建设，但比起隔江相望的九江市，小池镇的差距悬殊。只有加快小池镇的基本设施建设，才不至于影响投资者和商户对小池（国际）农产品物流港的信心。

小池（国际）农产品物流园蔬菜批发市场的开业无疑在一定程度上影响了一江之隔的九江市浔阳蔬菜批发市场。小池镇有多年种菜的历史，土壤也好，运过来的蔬菜，无论是品质还是卖相，都比浔阳本地的要好。因此，九江市城区80%的叶类菜等时令蔬菜都是小池那边菜农运过来的。开业伊始，小池曾主打“本地菜，本地卖”，并对菜农菜贩进行补贴。这使得浔阳蔬菜批发市场叶类蔬菜及时令蔬菜像空心菜、芹菜、辣椒、黄瓜、番茄、莴笋等价格相应走高。为了应对这种局面，浔阳蔬菜批发市场不得不对菜农进行补贴，从而发展成为一种恶性竞争。由于总体价格上去了，蔬菜流通必然受到影响。

面对这种情况，有的菜农认为："市场经济，自由竞争，想在哪儿卖就在哪儿卖，不想因此受到约束。也不想因为这个原因影响自己的生意。"有的市民则认为："作为本地菜贩，希望在家门口贩菜。跨江贩菜，运输成本增加了，来回运输时间就要1个半小时。尽管一直以来，小池镇就是九江的'菜园'，不过既然现在小池也建立了大型的蔬菜批发市场，九江的市场就应该接受这种影响。"

根据小池（国际）农产品物流港营销部张经理的介绍，小池蔬菜批发市场才刚刚开始，以上这些情况也只存在于最初开业的阶段，目前他们已经不再向菜农提供任何补贴。但他们依然在主打"本地菜、本地卖"这张牌，至于菜农选择去哪，则由他们自己决定。他还向记者提到：九江浔阳蔬菜批发市场其实早有搬迁计划，所以，以后这个问题将不复存在。

记者希望小池（国际）农产品物流港能真真正正地把20 000吨级冷库、60万米^{2}仓储加工基地、6 000个展位、2 000个停车位等落实到位，真真正正地打造一个集农副产品批发、展示、加工、仓储、保鲜、包装和信息服务为一体的经营体系，以一条完整的产业链形式构筑起中三角超级农副产品市场的大舞台。

据悉，小池（国际）农产品物流港有一份宏伟的蓝图：打造国家战略储备中心、区域物流中心、区域配送中心、区域集散中心、区域信息中心这五大区域中心，配备项目会展中心、冷链仓储配送中心、仓储分拣加工中心、物流中心、商务中心、酒店商业中心、公寓、综合服务大楼、信息中心等十大配套工程，更以万亩基地直供直销、与美国及新西兰等国农场合作、收购配送一条龙。湖北照丰农副产品市场有限公司将以自身财力保障市场持续获利、严格食品准入、全天候电子交易、资源大集合等八大旺市举措吸引商家进驻。也许到那个时候，关于它的争议就会彻底消失。

专访

强化中国农产品流通渠道控制权

近年来，外资大举进军我国农业的案例并不鲜见，不但投资范围涉及种植业、养殖业等各行业，以及农产品流通和加工等多环节，而且外商直接投资成为主要渠道。当前全球投入农业的外资总量增长迅猛，并且对发展中国家的投资已成为跨国收购的主力军。

广东财经大学流通经济研究所所长、农产品流通领域专家王先庆认为，尽管外资的进入有利于我国农产品流通业的发展，我们却不能盲目迷信外资，尤其在一些关键性领域更是不能被其提供的"短期得益"所迷惑。我们应该在灵活利用外资、自我发展的同时，强化对农产品流通业的"渠道控制权"，这样才能做到发展控制两不误。

记者：目前，有人用"外资围城"这个词来形容中国农产品流通领域现状，这样的判断是否客观？

王先庆：这种说法虽然有一点夸张和文学化，但目前问题确实已经很严重。农产品流通是国家的主渠道之一，通常来说，世界上很多国家都不放开这个渠道。我们国家之前并没有注意到农产品安全流通的问题，长期以来一直呈放开的状态，比如粮食、水果、牛奶等流通领域一直都在引进外资。所以外资很轻松地就进入到流通领域。目前，国家已经意识到这个问题，然而外资占领大部分农产品流通领域却是既成事实。

记者：相对于外资的全面发力，为什么国内的民营企业没有大的动作？是没有预期，还是感觉这方面的利润不足以吸引他们？此种情况下，国企是否更应该出手？

王先庆：中国民营企业本身发展的环境是有限的，在获得优惠政策和发展空间方面都劣于外资企业。同时，国内民营企业的实力也有限，没有那么大的资本实力。最重要的是，民营企业往往也不具备外资企业的战略眼光和视野。相对于外资企业的成熟老到和把握机会的能力，国内民营企业还远远不具备竞争力。

农产品流通作为一种特殊的商品流通，本来就应该由国企担起中国农产品流通和世界竞争的责任，但是由于国企体制和水平问题，造成他们不但不履行这个责任，反而跟外资企业联手来跟民营企业竞争，进一步加速了农产品流通行业沦陷的速度。

记者：您曾提到过，外资全面占领农产品流通渠道会取得“定价权”，但是如果民营企业占有这个渠道不是同样会取得这种“定价权”吗？实际上农产品的价格对于消费者的区别只有贵贱，没有外资和内资的区别。

王先庆：农产品的“定价权”主要牵涉到国家安全性。作为本国企业可能为了市场竞争而抬价，也可能为了自己的利益而抬价。不过基于这种原因的定价权可以在市场的自然波动中取得均衡，也会随着国家的调控得到解决。但是，如果流通渠道完全被外资控制了，它会在你的政策允许范围内逐步剥夺国家产业链的利益，价格反而不会随着市场的自然波动而变化，例如世界的铁矿石和石油就是外资占领之后取得定价权的典型案例，外资以此稳固剥夺我们的国家利益。

粮食是基础产品，随便涨个三五角钱对国家和民生影响都是巨大的。外资目前还在布局阶段，一旦他们真的完成了布局，控制了主流通渠道，他们就可以根据自己的意愿随意地调整价格，市场被其控制也在能想象的范围内。

记者：有人认为中国粮食价格稳定是因为粮食市场还控制在我们手中。新闻报道称，中国的粮食进口量已经达到16%，远超粮食自给警戒线的95%。这种情况是否会影响粮食市场？

王先庆：可能性会有。因为世界粮食市场的供求和中国是脱节的，国内农产品的生产成本又很高。比如国外玉米就远低于国内的价格，进口肯定是更划算的，可能就会大量进口。市场的均衡有一个消化的过程。不过，因为中国还没有完全市场化，所以现在还在可控的范围之内。

记者：面对外资“围城”，有何对策？

王先庆：首先，现在开始就应该有保护性的经济政策。我们可以通过各种途径，比如用《反垄断法》等来限制外资的进入，这也是世界上其他国家惯用的手段和方式。其次，要培育和保护本土的农产品流通企业，给他们成长的空间，提供发展机遇，让它们在合理竞争中快速成长。

记者：就企业本身来说，中国农产品流通企业需要在哪些方面努力？

王先庆：国内企业要尽快适应国际化竞争，实现内外一体化。一方面要有在国际农产品流通市场打拼的准备，另一方面要在国内市场构建自己的农产品流通体系。同时，提高管理水平，在市场渠道管理方面多引进先进的科学的管理方法。

目前，国内正在建设的许多大型农产品物流园，就是国内企业在这个方面的一种有效做法。我们应该鼓励这种行为，但同时也要避免让它们沦为地产经济的绑架产品。也就是说，农产品物流园要真正变成为农产品流通而实施的基础建设，而不是圈地做房地产。

人物简介：

王先庆，广东财经大学流通经济研究所所长、广东现代专业市场研究院执行院长、广东省商业联合会专家委员会主任、广东省商业经济学会秘书长、广东省人文社科重点研究基地“贸易与流通研究”学术团队带头人、广州市政府决策咨询专家、“中国流通三十人论坛”（G30）成员、开商网、中国流通研究网总编辑。

链接

德国的大流通体系

目前在德国，大约95%的农产品是通过超市销售的，而在我国，这个比例平均为6%。在阿尔迪等平价超市，货架上超过80%的商品为食品，而城市社区中一般在步行5～10分钟的范围内就有一家这样的全国连锁食品零售超市。受地理位置和大面积农场种植所限，德国农作物和畜牧种类十分有限，但食品种类却纷繁多样。据粗略统计，德国仅香肠就有1 500多种，点心、面包多达1 000多种，即使全部以大麦芽为主要原料的啤酒，在德国的注册品牌也有数百种之多。以上数据，从一个侧面反映了德国农产品流通已大大超出了从农场到餐桌的直线连接，其背后依靠的是一个角色众多、组织严密、环环紧扣的“大流通体系”，已经全面实现了农业与工业、商业的融合。

实际上，产销一体化、农工综合体已成为德国农业的一个基本特点。在德国农产品流通链条上，生产、加工和销售每一环节都已形成了大量成熟的经济实体。平价超市、百货超市和大卖场等遍布社区、全国连锁，埃德卡、阿尔迪等不到10家食品销售集团控制了全国85%以上的食品销售，构成了农产品到达餐桌前值得信赖的“最后一公里”。农场主、食品企业和零售商三大主体，共同构筑了德国农产品流通体系的核心环节。

除了三大主体，在农产品流通的各个环节上，同样需要质检、运输、协调等众多有效的保障措施。在德国，一个由政府、合作社、物流商和展览会等组成的保障系统，成为确保农产品顺畅流通不可或缺的“配角”。在食品安全和质检方面，德国政府通过完善的立法、严格的监督、严厉的惩罚等措施担当农产品市场的“铁面裁判”；遍布全国的农业合作社、食品工业协会、零售协会等，更是农产品流通出色的组织者，称得上是德国农产品流通体系真正的幕后英雄；而各类运输、存储和包装企业，直接保障了农产品在产地、加工厂和销售点高效、保鲜、保值流通；数个互为补充又都颇具规模的农业展览会，同样成为“会展王国”德国进行农产品营销的独家利器。

美国：现代农业流通样本

美国农产品交易市场有三种：产地批发市场、销地批发市场和零售市场。由于美国农业生产区域化程度高，且绝大部分农产品由企业化经营的少数大农场生产，供应给全国各地以及海外市场，这使得美国农产品的产地市场比较集中。有关数据显示，全美近80%的农产品是从产地经物流配送中心直接到达零售市场的，车站批发商的销售量仅占农产品总交易量的20%左右。不过，车站批发市场对农产品价格形成具有主导作用。

服务机构齐全是美国农产品流通体系的另一特点。为使农产品流通高效快捷，美国建有许多专门为农产品交易服务的组织，如装卸运输公司、加工包装和分类配送中心以及银行、邮局等与之密切相关的机构。同时，现货市场与期货市场并举，各自形成的农产品价格信息及时传递给生产者和消费者，有效地发挥指导生产和调节消费的作用。

此外，美国建有果蔬、大豆之类的行业协会，农产品生产者、加工商、批发商、零售商、进出口商等都是协会的成员。协会负责协调组织农产品流通，举办交易、展示会增进会员间信息交流，开展国际交流与合作促进出口，向会员介绍最新流通政策和法规，向国会及政府反映会员意见等。

农产品市场流通是美国政府支持农业的重要环节。由于劳动生产率高，美国农业面临的主要问题是生产过剩。因此，政府通过价格支持及其他多种形式的支持手段帮助农场主顺利出售所生产的农产品，使之得到合理的收入，从而稳定生产。同时，政府致力于开拓海外市场。美国农业部专设海外农业局，负责收集、分析和传播全球市场供应与需求、贸易趋势和市场机会的数据和信息，为国内农产品生产者、加工者和进出口商提供决策参考，并采取各种措施促进农产品的海外市场准入。美国2002年新农业法包含多个旨在促进农产品出口的计划和项目，并增加了这方面的投资，体现出美国对开拓海外农产品市场的重视。

美国政府还通过严格的食品检验、检疫措施，致力于为国内外市场提供安全、健康的农产品，以维护消费者利益，保证美国农产品信誉，提高其国际市场占有率。

（朱鹤飞　原载于《优质农产品》2014年第1期）

创新食（药）用菌种植管理模式

食用菌是指子实体硕大、可供食用的蕈菌（大型真菌），通称为蘑菇。中国已知的食用菌有350多种，其中多属担子菌亚门，少数属于子囊菌亚门。香菇是大多数人熟知的食用菌，又名香蕈、香菌、花菇，属担子菌纲伞菌目侧耳科香菇属。肉质细嫩肥厚、味道鲜美、营养丰富，历来被人们奉为“山珍”。香菇不但含有人体必需的氨基酸、多种有益的微量元素和丰富的不饱和脂肪酸，且香菇多糖和香菇腺嘌呤对防御肿瘤、增强免疫力都有很好的功效，是理想的功能型保健食品。

狭义的药用菌指用于医药的大型真菌（蕈菌）。目前，人工栽培的有灵芝、茯苓、天麻、桑黄、木耳等。其中灵芝作为滋补药品已有两千多年的历史，是古代传说可以令人长生不老、起死回生的仙草。《本草纲目》中记载：“灵芝味苦，无毒，可补中，增智慧，久食可轻身不老。”赤灵芝在民间称为灵芝草，多孔菌科，是一种药用真菌，全株入药，有治耳聋、利关节、保神、益精气、坚盘骨、疗虚劳、滋补强壮等功能。

香菇和灵芝，两者同属菌类，属不同纲目，种植流程各异，但在种植模式中却有许多相似。本文以这两种常用的食用菌和药用菌为代表，不细论种植方法，针对种植模式，结合两家典型企业（湖北省随州裕国菇业有限公司和浙江省龙泉科达农副产品有限公司）的具体实施操作，探讨适用于菌类植物的创新种植管理模式，力图提高生产效率，保障食品安全。

食用菌和药用菌种植的共同特点都是种植技术要求高，操作流程严谨，环境制约性强。比如香菇种植，要求种植户熟练掌握香菇接种、装袋、灭菌、切口、浸水、催菇、烘烤等生产环节，对空气、水源、土壤、消毒杀菌设备以及养菌室、菇棚环境等场地条件要求很高。椴木赤灵芝种植，要求在菌种选择、灭菌、接种、病害防治、修剪等方面有足够的技术经验。尤其要求选择地势较高（海拔300～800m）、向阳通风、有天然无污染水源的山地种植，且不可重茬。故随着多年种植经验的积累和不断探索，上述两家企业的两种菌类均形成了各自区域性的种植特色，且趋于稳定。

目前菌类种植所涉及的主体均包括：公司、种植户、合作社、种植基地。主体作用主要表现在种植户是整个种植过程的投资主体，也是投工主体；合作社作为公司与社员的联系桥梁，负责指导联系社员；基地为标准化集中种植区域，起示范带动作用；公司通过自建基地、入股合作社、组织指导培训、产品回购等措施参与其中，进而将公司的产品要求和管理理念注入农户的种植行为。

传统的种植模式虽已从最初的分散、小规模栽培种植发展到大规模集中连片种植，但在实践、调研走访过程中仍发现诸多弊端。主要包括：种植户为主导、标准难规范；合作社服务体系不健全，机制设置不完善，功能简单；企业持续投资缺乏动力，科技缺乏创新。由于个体决策强化，组织决策缺失，企业缺乏创新，这在保障质量安全的方面存在风险，产业链条的组织也不能完善。

通过对以上弊端的思考，结合传统模式的种植流程和主体作用，客观需要对传统模式进行改造和重构。首先，在保障质量安全方面应形成“五统一”，即实行统一品种，统一生产资料，统一田间管理、统一技术服务，统一产品收购、加工和销售。在种植管理方面形成“四创新”，即流程创新、组织创新、科技创新和机制创新。“四创新”实现双轮驱动、螺旋上升的效果，逐步提升产业水平，结合“五统一”，最终构建出创新种植管理模式。

创新种植管理模式的基本思路是：

由种植户主导向公司主导转变。通过公司投入，以合作社为抓手，以科技为核心，以投资为辅助，让公司成为除种植户外的另一主体，并向主导性转变。

强化合作社作用。从管理内容和机制等方面强化合作社建设发展。

建立服务种植户新机制。通过公司与合作社、食（药）用菌协会的合作，充分利用公司、食（药）用菌协会的优势与资源，建立服务机制，完善服务体系，提升企业的龙头带动效应，促进提高种植户生产水平。

重构种植管理创新模式。实现种植户、合作社和公司三个主体的组织创新，以组织促进相互的沟通、信任和目标协同。实现利益共享，风险共担的责任共同体，形成封闭管理。从系统的角度，通过模式建设促进产业发展。

争取获得政府支持。通过政府资源的扶持和政策的有效使用，保障模式建设的进行、产业的发展。

创新种植管理模式的特点是：

1. 体系封闭，以内部流程价格机制联结体系内各主体，产品回购后统一结算。

2. “公司＋合作社＋基地＋种植户”，科学分工。明确利益机制，责任机制。以“五统一”为目标，公司与合作社负责便于以设备代替的劳动力环节，安全质量关键环节以及规模采购，以保障原料的高质量与低成本。种植户负责购置限制性原料、劳动力密集环节。

3. 种植模式由公司与合作社主导，种植户向产业工人的角色转变。

4. 强化合作社的组织作用，完善技术服务培训作用，建立服务种植户新机制。

5. 规范执行，对各环节生产情况进行有效记录，实现产品质量安全可追溯。

在无限极（中国）有限公司提供的技术支持下，随州裕国公司和龙泉科达公司共同实施了创新种植管理模式，依靠“五统一”“四创新”进行种植组织管理，建立体系。虽种植两种不同菌物，但在实施过程中对模式的重构和改造，具体的操作方面具有诸多共同点，并都在各自的种植、生产、管理方面取得了卓越的成效。

以下对两家公司实施和操作过程中的相同部分作简要介绍：

流程创新：由种植户主导型向公司主导型转变，将可用机械替代的生产环节进行机械化统一操作以减少劳动力投入、提高生产标准和生产效率。公司成立原辅材料供应服务部，控制栽培原料的质量安全，统一制料备料，统一配方、统一含水量、统一松紧度，装袋后进行统一灭菌。加强标准化基地建设，确保环境、水土质量符合绿色食品生产的要求。比如，裕国公司统一从厂方采购麸皮、石膏粉、塑料袋、薄膜、遮阳网、气雾消毒盒、来苏尔及种植用具。厂家直销给种植户，既保证了原辅材料的质量，又降低了种植户的生产成本。

科技创新：全面提升种植管理的标准化程度。组织技术人员和种植户合作编写栽培技术规程，自主研究接种新技术，统一改进烘干机结构。力求节约成本、保证质量、提高产量。裕国公司香菇种植基地调查统计，推广接种新技术后，接种成活率从原来的85％提高到90％～95％。

组织创新：公司直接参与合作社，增强合作社实力，实行奖惩机制，将职责延伸到计划落实、种植管理、培训服务、产品回收及加工等整个种植生产过程。裕国公司通过合作社注入资金，参与种植户的种植过程，实现公司与种植户的互动，通过组织创新，农户以土地和资本投入作为入股，实现产权结合，促进农户在合作社的主人翁意识和积极性。龙泉公司提高了资金的投入，增加了农户的利益。企业与合作社共同体对种植流程中资金的投入，直接将农户的投入减少至59％，减少了农户的成本，确保了农户的利益。

机制创新：实现种植管理的封闭型体系。一是建立风险共担机制，追求利益共享、责任共担的现代企业意识。二是建立产品质量追溯机制，实现“五统一”。三是培训服务机制，定期请专家到公司为技术人员培训，提高技术技能，技术人员到合作社为种植户培训和指导，或定期到生产基地走访和指导，通过资料的印发和讲解，加强技术和标准的推广。四是建立内部流程价格机制，以虚拟价格保障体系良性运转，产品采收集中烘干。以高于市场的价格统一收购，形成种植管理封闭体系，控制了基地内生产的产品流入和流出，起到了对产品的控制作用，避免因流程价格抬高市场价格。

“五统一”：是指在香菇、赤灵芝标准化栽培技术标准基础上，制定操作规程，规范品种、原材料、管理、采收、烘干、包装、贮藏、运输等各工序操作。统一栽培品种，菌种由公司统一培育；统一原材料（基质）标准，要求批批有检测报告，尤其质量安全检测；统一基地要求和种植管理，基地环境等指标要全部检测合格，种植全程技术指导；统一回收、烘干和贮藏；统一签订基地栽培协议，明确利益机制、责任机制和双方的责任、权利和义务。

两公司自实施创新种植管理模式以来，在种植上以公司为主导、合作社为纽带、连接种植户，通过基于分工的流程再造，通过组织、科技、机制三大创新提升，实现种植基地实体化封闭型管理种植新模式，有效地弱化种植户的种植经验及技能约束，减少了种植户进入种植体系的资金、技能以及市场障碍。同时，强化了合作社的地位和作用，提高了体系的组织化程度，为合作社与种植户之间建立稳定的合作关系提供了保障。种植户、合作社和供应商三者之间建立起一种可靠的信用体系，使得“五统一”的实现成为可能，在保障产品品质与安全的同时，取得了明显的经济效益、社会效益和生态效益，最终生产出优质的食（药）用菌。

（孙君社　原载于《优质农产品》2014年第8期）

品品甲骨文“稻”字的意蕴

“稻”为上古人类重要的粮食，在解释“稻”字时一般认为，早期甲骨文“稻”字是由（用簸箕扬糠）加上（管箩）组成；晚期甲骨文 将簸箕上方的糠尘 改成“米”。早期金文 加（像旗飘扬），将筛米的管箩写成（臼）。早期金文的另一款 是 （旗，表示让风吹）加上（爪，用手掏）再加上管箩加上（在风中落下的米粒），造字本义：用管箩筛米，再用手从管箩中掏出带糠的米抛在风中，让风吹走糠尘，留下米粒。

但是，如果我们仔细分辨，会看出“稻”字和“麦”字的区别，“麦”字形象地勾勒出麦子的形状，而“稻”字 确是加工过程，与造字人的思维习惯和身份地位不相符。因为，“米”字表示收获的实物，而下半部的像槽的物体恐怕就不像是用簸箕、笸箩扬糠等加工过程。因为，这个过程不是造字人以及上层人物所关心的事情，它就像收取的槽（斗）或存货的仓。同时，从地理位置分析，甲骨文字大部分出土在河南，这里主要是小麦产区，形象地创造出常见的“麦”字是允许的。而水稻因生长习性，主产区主要在南方长江流域，当时北方人很少见到，即便运输到中原，人们见到的已不是地里生长的稻子，而是已经能够食用的大米。

还有一种解释，从农业工程的收割方式来探讨“稻”字。甲骨文中有“刈”字，其本意是割草或收割谷类植物。在收割方式上，小麦到了成熟时期，人们可以镰割，也可以根据其根部萎缩，抓不住土壤的特性，轻而易举地拔起。而水稻却不同，在成熟时其根部依然紧紧抓住土地，不能拔动。最简单的办法就是用刃具将成熟的稻穗割下，直接装进容器，刃具可以是贝、骨、陶、石器。所以，甲骨文的“稻” 字也可以解释将成熟的稻穗割下装入容器的过程。

白居易诗《观刈麦》中“右手秉遗穗，左臂悬敝筐”讲的就是这个情景。

根据研究结果显示，我国谷物栽培大约出现在一万年前。经过两三千年的发展，原始农业得到了极大提高，逐步显示了两大农业体系，即长江以南的南方稻作农业和黄河流域及以北的北方粟作农业。

有关专家认为，距今约7 000年的浙江余姚河姆渡遗址发现的大量水稻遗存，是世界上所见最早的栽培水稻，因此可以说，中国是水稻的起源地。同时，根据出土的遗迹，发现了一万年前我们的先人就已经开始了从野生稻驯化成栽培稻。而湖南澧县彭头山遗址出土的水稻遗存，经鉴定有籼稻和粳稻两个品种。

第一，驯化与选优。水稻是从野生状态驯化为栽培稻，这个过程2 000～3 000年，显著的特点是稻壳的颖尖和落粒性降低。专家表示，江苏高邮龙虬庄遗址出土的碳化稻米及稻壳的长、厚、宽的分布范围和标准差的变化，反映了距今7 000年至5 000年先民对稻种品质从野生稻到栽培稻的驯化和选种过程。距今8 000年至7 000年河南舞阳贾湖遗址出土的稻谷实物，经鉴定为栽培稻，以粳稻居多，也有少量的籼稻。

第二，水稻栽培。湖南澧县彭头山遗址清理出了3条田埂，并发现与水稻田配套的原始灌溉的水坑和水沟。专家还在位于苏州市郊唯亭镇的草鞋山遗址找到了稻田有浅坑、水沟、水口和蓄水井组成的遗址，这些都是稻田的灌溉设施。

澳大利亚学者彼得•贝尔伍德在研究了中国、印度、泰国、越南、印度尼西亚等地水稻后，提出了水稻向南传播的假说：水稻起源于中国长江中下游地区后，在公元前6 000年至前3 000年扩展到中国南方以及越南北部，在前2 500年之后远播至印度北部和泰国中部及赤道以北的东南亚岛屿。

注：参考文献：《文物史前史》——中国国家博物馆

（刘延矿，李玉荣　原载于《优质农产品》2014 年第 2 期）

常在花间走　活到九十九

人，需要从太阳、月亮和大地获取能量，且不可或缺。很多人身上的毛病，往往与离开平房搬至高楼有关，其实，不必找灵丹妙药或昂贵保健品以求病去康来，接接地气就可以缓解或痊愈。

“常在花间走，活到九十九”“花香宜人，赏花健康”，这是中国古人的养生秘籍。其实，忙忙碌碌的现代人也同样可以远离酒吧的喧嚣，尽情享用大自然给你的恩惠。以蓝天为调色板，以花草为颜料，前庭后院纵情写画，是别墅生活带给现代人的恩赐。

朋友家别墅买得早，中式田园风光，前院原色木质的葡萄架上繁茂的绿叶掩映下硕果累累，五彩缤纷：翡翠色的串串葡萄、金黄色的美国南瓜，还有边开花边吊果的小白葫芦。瓜棚李下的是主人从园艺花卉市场淘来的奇花异草：风中摇曳的紫蝴蝶，长着羽状叶子开小粉花的含羞草，美得耀眼的金萱草，还有篱笆墙上斗艳的红色凌霄花，夏日傍晚散发幽香的药用金银花，五月春天缤纷的各色蔷薇花等，花草种类接近百种。

位于客厅和餐厅中部是一个中庭，被爱好传统文化的主人精心设计成一个潺潺流水的江南园林风格的水榭，池塘中的粉色荷花和碧绿睡莲下游曳着数尾红鲤，两只绿色巴西龟时常爬到宽阔的荷叶上晒太阳，与池塘边静止不动的两只大肚石雕青蛙辉映成趣，令人捧腹。池边的两对樟木树桩，保持着樟木树干的原生态，散发着淡淡的樟木特有的药香。池中的生态圈很和谐，和这个家庭浑然一体。

后院是主人的“有机蔬菜基地”，从春季第一茬韭菜开始，紧接着碧绿的油菜，红红的圣女果，清脆的樱桃萝卜，顶花带刺的黄瓜，有滋有味的西红柿，嫩得不得了的空心菜，颜色、辣度各异的辣椒，吃也吃不完的丝瓜，大肚子的南瓜，西葫芦，还有刚接穗的糯玉米……这些新鲜得不能再新鲜的有机蔬菜源源不断地送到主人的亲戚朋友家的餐桌上，让大家分享了他们田园生活的快乐，分享了自然和健康，分享了新的时尚的生活理念。丝瓜架下有一方石桌石椅，一家人经常乘着夏日的清凉，在这里享受他们的劳动成果。

二层平台上被种上了爬蔓的小金瓜，花花草草也很热闹。朋友来时这里是最受钟爱的地方，因为这里有露天烧烤的全套装备。春天，天上飘着蒙蒙雨丝，朋友们就在这硕大的凉伞下一边烤着大虾和鱿鱼，一边品着主人酒窖里的珍酿，就着春雨中的负氧离子，大家都享受得不亦乐乎。

经常从事园艺活动，可以呼吸到花草树木散发出的负氧离子，同时醉心于种植、浇水、收获还可以调节机体神经系统功能，因此，从事园艺的人很少得癌症。现代科学证明，花卉是天然的“芳香制造机”，花的香气还可以镇静安神、调和血脉。植物的质感对触觉的刺激作用和涓涓水声对听觉的刺激作用，可以帮助人体保持生物钟正常运转，对亚健康和失眠、抑郁都有一定疗效。难怪，英国的家庭医生会开出这样有意思的处方：请去花园里散步或劳动，每天1次，每次1小时,3个月为一疗程。

当然，家里有花园的可以享受花园，家里没花园的可以直接走出家门，到外边享受免费的野花野草，蓝天白云……这些都是大自然馈赠给你的免费补养品。

（刘纳　原载于《优质农产品》2014年第5期）

农物杂咏（组诗）

北京黄瓜

曾是瓜香安定门，畦畦高架顶花新。
切成条细入薄饼，清气丝丝先进唇。

（北京曾产黄瓜，以安定门外菜圃所种最为清脆可口，香气四溢。过去全聚德烤鸭所

需辅料必选此地黄瓜）

新疆葡萄

军声十万渺边关，羌笛春风柳吹绵。

却见葡萄惹醉意，红黄绿紫画中看。

（新疆葡萄栽培始于汉代，汉武帝西征西域时始传入内地。末句韵脚“看”读平声）

成都红橘

半城黄叶半城诗，映目红橘上市时。

知否蓉城秋色逸，梧桐瑟瑟雨丝丝。

（成都红橘久负盛名，甘甜可口，尤至秋季满城炫人眼目）

太湖鳜鱼

扁舟一叶过湖去，迷茫浩渺指翠微。

不见桃花落流水，鳜鱼佐酒好个肥。

（太湖产鳜鱼，味极鲜美，极负盛名。古诗有赞“桃花流水鳜鱼肥”是也）

兴安葡萄

莹莹如透叹如瑰，灌顶琼浆蜜到髓。

玉碗盛来眩目色，橙红紫碧令开眉。

注：广西兴安县自新疆引种葡萄仅20年历史，而今蔚为大观，不仅成为支柱产业，亦改变农民生活。每年举办葡萄节，品种极其丰盛。我品尝之一种，无籽且如蜜，实平生所未见。

虹鳟鱼

花明绿映象鼻涯，飞瀑流泉细柳斜。

却见春晖映碧水，殷红点点似桃花。

注：北京密云早年引进虹鳟鱼，脊背有红纹，味鲜美。今已形成规模。曾至象鼻涯养鱼场品尝，至今不忘。

骊山榴柿

芙蕖映日泉淙淙，烟雨潇潇自有情。

榴柿满园燃似火，一池碧水伴诗声。

注：西安骊山产榴柿，个小而甘甜入口。20世纪70年代曾至品尝，至今犹有记忆。

峄县石榴园

青檀银杏掩幽泉，古刹寻踪碑断看。

却见榴花红万树，夕霜正染碧云天。

注：山东枣庄峄县石榴园，绵延10千米，观之动魄，食之味美。

（朱小平　原载于《优质农产品》2014年第2期）

法国公务员的私人菜园

学校的一个数学老师玛丽安，周五对我说，她家晚上有个聚会，特别叮嘱要穿得舒服，便于活动，且不要穿皮鞋。按照她发给我的地址，停下车子的时候，我很奇怪，谁会在一片菜园里聚会呢？

进去以后看到很多人拿着竹篮和小筐，在菜地里、果树下挖的挖，摘的摘。走近一看，原来他们在挖马铃薯、拔胡萝卜、剪葡萄、蓝莓、猕猴桃。每个人都兴高采烈，边聊天边往篮子里装蔬菜或水果。玛丽安走过来，递给我一个篮子说：这是我弟弟的菜园，你喜欢什么就自己摘什么，一会儿大家可以一起做饭吃。她看到我很迷茫的样子就解释说，她弟弟在铁路公司工作，法国铁路是个很大的公司，公司在每个城市都承包了很大的土地，作为福利发送或者以很低的价格租给职员。每个职员可以根据自己的爱好、时间和体力，决定在自己的地里种什么，或者养家禽。只是必须遵守一条规定，就是自己地里的产品不可以进行买卖，只能自己享用。所以每到成熟季节，因为他弟弟自己家不可能全部食用，为了避免果实烂在地里，就定期叫朋友们来采摘，然后大家一起分享，也是个聚会的地点。

远远望去，这还真是个相当大的园子，五六公顷左右，院子的中间有个很大的木屋，是她弟弟贝尔纳自己搭的。里面有厨房，设备很齐全，做 20 人的饭没问题，灶具、餐具、杯子应有尽有。有厕所，有卧室，还有一个很大的储物间，或者叫工作间，放了一些干农活的工具，工作间外面有桌子和很多椅子。桌子上已经摆满了大家带来的肉、饮料和酒，还有些喝酒的佐菜小吃。

玛丽安告诉他弟弟，我是从中国北京来的，只认识商店里的水果和蔬菜，没见过园子里的。贝尔纳带我到了一片菜地里，告诉我哪些是番茄、茄子、生菜、扁豆、马铃薯、胡萝卜……

他还种了很多的葡萄，当然不是用来酿酒的。看到我佩服和好奇的眼神，他真是自豪极了。我问他怎么会种这么多的菜和水果？他说，工作之余，他上农业学校已经 3 年，都是在那里学到的知识。每年他都根据所学到的知识，试着种些新的品种。这样他们可以品尝到不同的水果和蔬菜。他也想试试养鸡和猪，但是家畜的卫生要求很高，费用也比较高，所以目前还只是个梦想。

他还介绍了院子里的浇水设备，因为水费很贵，为了避免用自来水浇灌菜地，他在院子里放了很多大桶，桶差不多到人的腰的高度，很像是做桑拿用的木桶，不过他的是塑料的。小木屋房顶的四周环绕着用白铁皮做的水槽，在水槽下有很多大桶连着，这样每次下雨后的存水就足够浇菜地的了。还有就是肥料，他有 3 个大木箱子，每个上面都盖着木头盖子，标着预备加工、正在加工和已经加工的标志。打开盖子才明白，预备加工箱子里面有很多废弃的菜叶、树叶和杂草，是在采摘时挑出来的。在第二个正在加工的木箱里，是腐烂的植物叶子和一些搅得很碎的木屑，他解释说这是为了让土里的各种生物，将这些腐烂的植物变成植被，加些木屑就不会让它们吃得精光。而且箱子里还有个很长的铁棍，要经常搅和搅和，可以加快腐烂过程。第三个箱子里当然就是已经加工好的植被了，也就是贝尔纳用来给园子施肥的肥料。有了这样的设备，他们不需要付水和肥料的费用，既节省了一大笔的开销又环保，这片园子整个生产过程可以说都是取之于大自然，再还给大自然。因为，所有园子里需要的都是从地里来的，产出的水果和蔬菜自然也就是纯粹的绿色食品了。

他说在地里弯腰干半天的活，比去健身房觉得更有成就感。再有一个原因就是，他的收入不是很高，铁路职员在法国虽然是公务员，但不能算高收入，而且他老婆失业在家，只靠他一人的收入，还是比较困难的。虽然作为铁路的职员，坐火车到任何地方都免费，他的家人和孩子也有一部分优惠，但如果经常外出度假，也是一笔不小的开销。所以，一家人假期里很少外出度假，而是一起在园子里干活，全家人觉得很惬意温馨。孩子们通过干农活，学会热爱自然，享受阳光，也可以带他们的朋友一起来干活玩耍，这样虽然孩子们不能旅游度假，可是也能和他们的朋友分享快乐的假期，总比孩子们坐在家里玩手机、电脑强。因为贝尔纳一家没有很多富余钱，不可能经常请朋友来家里聚会，但是他们也不想和朋友们失去联系，这个园子正好给他们提供了继续和朋友们交流交往的机会。特别是每年到了收获季节，请朋友过来边采摘边聊天，对他们一家人来说是最快乐的事。

1 个小时以后，妈妈们开始摆桌子、椅子、放餐具，爸爸们开始开酒瓶倒酒，孩子们也开始把采摘的水果等洗好放在盘子里，贝尔纳的老婆开始在锅里煮菜，将朋友们带来的肉在一个自己搭起来的架子上烧烤，用的当然也是院子里的废树枝。他老婆说，这些废树枝很容易点燃，孩子们很喜欢在院子里捡树枝，然后就堆在这个烧烤架子旁晾晒。热气加上香气在院子里蔓延，每个人都快乐地等着一起分享晚餐。这顿晚餐可是大家从贝尔纳自家的院子里摘下来的呀。虽说清淡了些，但相当美味、清爽，大家聊得很开心。

晚餐后，大家都将从自家车里带来的"垃圾"倒在一片地上，这些垃圾有的是从花盆里拿出来的用过的泥土，有的是干枯的树叶和花草，总之都是自家花园里的废物，然后再装上从贝尔纳家采摘下来的水果和蔬菜，就互相告别上车回家了。

贝尔纳解释说，因为园子里的产品政府规定不许买卖，所以每次朋友来都是带些吃的喝的，再把自家不用的花草树叶泥土，送给他们作为采摘果实的回报，也算是给他家的园子带来一些可再利用的植被。我拿着自己装着生菜、番茄和扁豆的袋子，对贝尔纳说，下次来一定也带给他一些地里的"肥料"。

他很厚道地笑着说，你能喜欢我们的菜园，我就很满足了。

（张梅　原载于《优质农产品》2014 年第 9 期）

品牌建设是带动农业产业化的强大引擎

——访湖北省农业厅党组书记、厅长戴贵洲

品牌是企业的生命线，对于农业企业来说尤其如此。从品牌农业中找效益，已经是发达国家农业发展的唯一出路。农业只有走品牌化道路，才能应对日益激烈的国际竞争。湖北作为农业大省，国家重要粮棉油生产基地，在品牌农业方面是怎么做的，采取的措施和思路是什么，有哪些经验可以分享和借鉴，就这些问题，本刊记者采访了湖北省农业厅厅长戴贵洲。

记者：湖北农业资源丰富，是全国重要的农产品生产基地。那么，湖北农产品现状如何？在抓农产品品牌方面有些什么做法？

戴贵洲：湖北作为全国重要的农产品生产基地，主要农产品产量一直位居全国前列。粮食产量在全国第 10 位左右、水稻产量全国前五；棉花、油料产量全国第 3 位左右。干香菇、小龙虾、蜂蜜、禽蛋、河蟹出口连续多年全国第一。生猪出栏全国第 5 位，蔬菜产量全国第 6 位，茶叶产量全国第 3 位，禽蛋全国第 6 位，水果产量全国第 11 位。2014 年，湖北粮食总产达到 516.83 亿斤，比上年增加 16.57 亿斤，增长 3.31%。总产增量居全国第 4，增产幅度居全国第 5，实现"十一连增"。油菜籽总产 257.3 万吨，连续 19 年居全国第 1 位，淡水产品产量增幅在 5%以上，有望连续 19 年居全国第 1 位。

近年来，湖北省委省政府高度重视农产品品牌建设，提出让全国人民"喝长江水、吃湖北粮、品荆楚味"的目标，坚持以市场为导向，以优质特色农业板块为基础，大力发展农产品加工，以产业育品牌，以品牌拓市场。

在农产品生产上，按照"种植业建板块、畜牧业建小区、水产业建片带"的发展方针，大力发展现代农业板块，省级财政共投入板块专项资金 9 亿元，吸引 100 亿元社会资金参与农业板块建设。形成了优质稻、蔬菜、水产、桑茶药、油菜、水果、棉花等板块，基地覆盖率达到了 45%。通过板块基地建设，带动了农业规模化、专业化、标准化、产业化。组织开展标准化示范区建设，健全生产全程控制和质量安全追溯体系，建立"三品一标"认证动态管理机制，提高农产品质量安全水平。

在农产品加工上，2013 年湖北省农产品加工业主营业务收入达到10 573亿元，由全

国第10位跃升到第5位；农产品加工业产值与农业产值之比由2008年的0.98∶1提升到2.2∶1，超过全国平均水平。

在农产品营销上，举行中国武汉农业博览会，着力构建农产品产销对接的平台和市民认知农业品牌的展台。2013年，湖北省人民政府首次与农业部联合主办第11届中国国际农交会；围绕油菜产业和茶产业品牌推广，组织了“湖北菜籽油品牌推广高峰论坛及鄂产菜籽油推广月”等活动。

在品牌管理上，整合水产、油菜、茶叶等优势特色农业产业资源要素，走抱团发展、联合闯市场之路。组建了省级专业协会，创建三大公共品牌，成功打造了“楚江红”小龙虾、“梁子”牌梁子湖大河蟹和“洪湖渔家”生态鱼三艘水产品牌航母，组建了湖北油菜籽产业化战略联盟，打响“双低”菜籽油品牌。

在农业品牌建设上，截止到2014年11月底，全省有效使用无公害农产品、绿色食品、有机食品和地理标志农产品企业达1 935家，品牌总数达到4 312个。据不完全统计，全省农产品加工业获“中国驰名商标”75件，占全省工业类总数的46%，成为全省知名品牌最集中的行业。武当道茶、随州泡泡青、宜昌蜜橘、秭归脐橙等农产品地理标志品牌入选中国著名区域公用品牌“百强”。

记者：那么，优质农产品和品牌农业对推动湖北农业发展的积极作用和意义是什么？

戴贵洲：当前，湖北农业已经到了大力加强品牌农业建设的发展阶段，这是建设现代农业、推进农业发展方式转变、适应农产品消费升级和提高农产品市场竞争力的迫切需要。

第一，加强品牌农业建设是加快农业资源优势向质量、效益优势转变的关键措施。如何让优质农产品卖出优价，使农民增产又增收，就是要靠发展农业品牌。以品牌农业建设为重要抓手，发挥产业优势、区域优势和特色优势，培育、整合、保护农业品牌，实现产供销一条龙、贸工农一体化，从而提高农产品的市场竞争力和产品附加值。十堰市的武当道茶通过实施农产品地理标志登记保护，一跃成为十堰市的优势支柱产业和全国知名的生态茶叶基地。2013年武当道茶产值达到32.3亿元，直接带动全市茶农增收4亿元，人均增收670元以上。

第二，加强品牌农业建设是推进农业规模化、专业化、标准化、产业化的有效手段。农业品牌化的过程，就是区域化布局、专业化生产、规模化种养、标准化控制、产业化经营、品牌化销售的过程。福娃集团在监利县流转6万亩土地建设有机稻基地，实行水稻生产“五统一”，带动全县“五统一”种植模式农田达到24万亩，优质稻种植比例达90%。实际上，作为鱼米之乡，湖北优质稻米品牌成长的空间很大。

第三，加强品牌农业建设是带动农业产业化的强大引擎。农业企业是产业化经营的龙头，品牌是企业的灵魂和核心竞争力。湖北省2009年开始打造优质菜籽油品牌，并成功推动首个优质菜籽油品牌——湖北奥星粮油工业公司小包装食用油。推出后短短半年，奥星菜籽油销量增长120多倍。实践证明，实施精品名牌战略有利于企业科技创新和发展精深加工、延伸产业链条，大大加快了企业提档升级步伐。

第四，加强品牌农业建设是提高农产品质量安全水平的重要途径。农业品牌化与标准化是有机结合、相互促进的。培育农业品牌有利于建立农产品质量安全与信誉管理的载体和约束机制，促进质量安全责任追溯制度的实行。这几年，通过持续不断地加强品牌建设，加快发展“三品一标”，湖北农产品质量安全水平明显提升，一直位居全国前列，中部第一。发展迅猛，茶园总面积、产量均居全国第3位，然而，湖北尚未形成在全国叫得响、卖得火的知名品牌，呈现茶叶优而不出名的尴尬局面，茶叶品牌问题成为制约茶产业转型升级的瓶颈。为此，省农业厅把茶叶品牌建设作为全省农业的重点工作来抓，主要做了 3 个方面的工作：

一是“抱团发展”，全力打造全省绿茶第一方阵。2005 年，湖北省茶叶注册商标达 500 多个，品牌多、乱、杂的问题十分突出。2006 年，启动了整合茶叶品牌、打造湖北名茶第一品牌工作。针对湖北 80%的茶叶都是绿茶，主要在春季采收的情况，组织专家对 300 多个茶叶品牌进行了论证和鉴定，采花毛尖被推荐为湖北名茶第一品牌，从而结束了湖北茶叶没有代表名茶的历史。“十一五”以来，先后推出了湖北名茶第一品牌采花毛尖、萧氏名茶、湖北第一历史名茶恩施玉露、湖北第一文化名茶武当道茶、湖北生态名茶黄鹤楼茶、大别山生态名茶英山云雾茶、黄梅挪步园云雾茶、中华孝文化名茶大别山悟道茶和湖北高香型名茶襄阳高香茶，在全省和全国产生了较大的影响。

二是“内外兼修”，不断提高湖北名茶的知名度和美誉度。一方面“请进来”。连续 7 年成功举办中国武汉茶业博览交易会，其规模、效果、人数创全国之最。另一方面“走出去”。组织省内茶企抱团挺进“上海滩”，集体亮相上海国际茶文化旅游节。组织重走“万里茶道”走进北京及俄罗斯等活动。武汉黄鹤楼茶叶有限公司与俄罗斯最大茶企菲利克斯集团茶叶公司签订战略合作框架协议，并在俄罗斯挂牌成立办事处，为湖北茶叶正式进军俄罗斯茶叶市场打下重要基础。

三是“强基固本”，大力挖掘品牌历史文化价值。充分挖掘“东方茶港”“万里茶道”“四座茶山”等所蕴含的丰富茶历史文化内涵，展示“一红一黑”（湖北“老青茶”和湖北“宜红茶”）两个历史名茶品牌。积极争创全国知名品牌，继“采花”“萧氏”“川”字牌获得中国驰名商标后，“汉家刘氏”“羊楼洞”两个商标被国家工商行政管理总局认定为中国驰名商标。2014 年，武当道茶以 40.65 亿元的品牌价值位居全国农产品第 3 位。

记者：湖北省农业品牌建设的思路和措施是什么？

戴贵洲：强化品牌培育和依托品牌来提升农业市场竞争力、带动农业产业化转型升级，已经成为传统农业向现代农业转换中普遍实施的一个重要方略，也是湖北由农业大省向农业强省跨越的必由之路。要把品牌农业建设作为推进现代农业的重要抓手，坚持“企业为主、政府推动、社会参与、促进有力”的原则，切实加强品牌建设统筹规划，加快完善激励机制，推动优化政策环境。

第一，科学规划品牌发展。按照“集中力量、整合资源、强化培育、扶优扶强”的思路，根据各地资源优势和产业发展状况，统筹谋划，分层推进，确定不同层次发展目标，打造各具特色的规模化品牌农业基地和优势产业带，构建省级品牌、区域品牌、行业品牌、企业品牌、产品品牌的多层次品牌发展体系。

第二，充分挖掘农业资源。一是农业自然资源。依托优势农产品产业带发展主导产业，培育区域公用品牌，从而形成具有竞争力的品牌集群。重点培育一些发展潜力明显、生产数量较大的特色农产品。如武汉的洪山菜薹、蔡甸莲藕、三峡的脐橙、荆州的麻鸭、恩施的土猪等。开发好恩施“中国硒都”、江汉平原“富硒粮都”资源，打造富硒农产品加工品牌。二是农业品牌资源。湖北的“宜红工夫茶”、“川”字牌湖北青砖茶在国内外知名度高、口碑很好。羊楼洞青砖茶是中国黑茶四大代表之一，远销内蒙古及欧洲和中亚。汉口曾被誉为“东方茶港”，鼎盛时期汉口茶叶贸易占整个中英贸易的九成以上。这些是湖北茶产业的重要财富，蕴含着巨大的品牌价值。

第三，大力推进农业标准化。健全完善农业标准体系，组织开展“三园两场”（标准化的果园、菜园、茶园和标准化畜禽养殖场、水产健康养殖场）标准化示范区建设。加强对“三品一标”农产品生产企业证后监管，实行认证产品淘汰和曝光机制。大力推行产地标识管理、产品条形码制度，做到质量有标准、过程有规范、销售有标志、市场有监测，打牢农产品品牌发展的基础。

第四，壮大品牌建设主体。龙头企业、农民专业合作组织和农业行业协会是农业品牌经营的主体和核心。培育、扶持有较强开发加工能力和市场拓展能力的龙头企业，围绕优势主导产业，建立农民专业合作社，发展“龙头企业＋合作社＋基地”模式，引导企业与农户之间建立更加稳定的产销合同和服务契约，实现小生产与大市场的有效对接。从土地流转、基地建设、技术指导、资金资助、市场推介等方面给予支持，充分调动企业和生产经营者创建品牌的积极性。鼓励农民专业合作社按产业链和品牌组建联合社，着力打造一批品牌农业经营强社。引导、支持农业生产经营主体进行农产品商标注册和中国驰名商标申报。

第五，唱响“荆楚味”品牌。通过参加农交会、博览会、招商会等活动，扩大名牌农产品知名度。注重挖掘品牌文化内涵，根据农产品品牌的历史、地理、传统、风俗等文化特色寻找品牌传统文化与现代文化的结合点，讲好品牌故事。

第六，加强品牌保护和监管。探索建立农产品品牌目录制度，将最有影响力的品牌纳入目录定期发布，动态管理，完善、规范和强化对农产品品牌的推介、评选、推优等活动，鼓励农产品企业做好质量、做大品牌。重点研究农产品品牌征集、审核推荐、品牌评价，以及品牌培育和保护制度。加强行业协会建设和管理，发挥其在制定品牌发展规划、建立品牌标准体系、开展技术服务、组织品牌营销和加强品牌管理等方面的重要作用。

记者：在品牌农业发展的过程中，科技在品牌农业中发挥了什么样的作用？如何强化品牌的科技支撑？

戴贵洲：科技是品牌的核心竞争力，科技在品牌农业发展中发挥了重要的作用。一是科技提高了品牌农业生产水平和农业生产效益。二是科技提高了农产品附加值和市场竞争力。三是科技提高了农业品牌管理和营销水平。现代化的农业信息和物联网技术为品牌农业生产、质量管理和产品营销提供了有力保障。

在强化农业科技支撑上，着力加强以下几个方面工作：

一是加强农业科技推广应用。建立新品种试验示范基地和工厂化种苗繁育基地，以设施农业、节本增效、绿色防控、标准化生产、肥水一体化及农机农艺相结合等技术为重点，建立集成技术体系，为农业品牌培育开发提供科技支撑。

二是以企业为主体打造农业科技产业链。建立覆盖湖北主要优势产业和特色产品的现代产业技术体系，攻克影响、制约产业发展的关键性技术。重点打造“一个专家带领一个团队、安排一笔经费、研究一个课题、创造一项成果”的五位一体农业科技产业链，核心是要建设好以企业为主体、科研院所和高等院校为支撑的农产品加工技术研发中心，加强对新技术、新工艺、新装备的研究，提升企业的自主创新能力和品牌市场竞争力。

三是健全完善农业科技推广体系。依法完善公益性服务体系，总结宜都、襄州等地经验，健全乡镇或区域性综合服务机构。支持社会化服务组织发展，采取政府购买服务、以奖代补、先建后补等方式，探索新型主体参与易监管、可量化的公益性服务的实现途径。支持鼓励高等院校、科研院所承担农技推广项目，建立农业试验示范基地，推行专家大院、校市联建、院县共建等服务模式，集成、熟化、推广农业技术成果。

四是加快推进农业信息化。大力推进“金农工程”，完善 12316 信息服务体系，完成以 12316“三农”综合信息服务平台为基础的全省智慧农业云平台建设。通过现代信息技术在农业生产、农业信息服务等领域的应用示范，实施大田种植、设施园艺、养殖业、农业信息服务物联网应用示范工程和农产品加工流通促进工程，促进品牌农业和科技的深度融合、有效对接。

记者：在 21 世纪的今天，电商营销的力量已经超过了传统的营销模式，农产品电商将为湖北品牌农产品发展带来怎样的机遇与挑战？将如何应对？

戴贵洲：电商营销已经越来越成为农产品营销的首选。“褚橙”的热卖就是电商营销的典型案例。认知度高、有品质优势的地理标志产品、区域农产品公共品牌的产品是农产品电子商务中成交率较高的产品。湖北农产品电子商务在中部算起步较早，2012 年淘宝特色中国湖北馆率先在淘宝网开馆。2013 年，全省农产品电子商务销售总额约 366 亿元，占全省电子商务总额的 6.1%。2014 年上半年实现销售总额 350 亿元，几乎相当于 2013 年全年总额，发展势头十分迅猛。目前，已有 3 万湖北“新农人”在淘宝上开店销售农产品，2014 年上半年湖北农产品在淘宝网销售额突破 6 亿元，居全国第 9 位。

农产品电商对品牌农产品发展既是机遇，也是挑战。

从机遇来看：一是农产品电商市场空间巨大，拓宽了湖北品牌农产品销售渠道。据预测，未来 3～5 年，我国农产品网络零售将进入爆发性增长时期，市场规模最终将有可能达到万亿元。二是湖北发展农产品电商具有资源、交通、信息优势，以武汉为中心可以形成 1 小时、6 小时、24 小时、72 小时四个级别的物流服务圈，利用电子商务营销品牌农产品，湖北“得天独厚”。

从挑战看：一是农产品标准化体系建设不健全。农产品电子商务对网上交易的农产品要求品质分级标准化、包装规格化、产品编码化。湖北很多农产品由于质量标准体系不健全，达不到网上售卖的要求。此外，还有许多地方的特色农产品由于缺乏品牌意识，没有注册商标，无法网上销售。二是农产品电子商务人才匮乏。大部分农户电子商务观念落后，对网络的认识、接受和应用能力普遍不高；部分涉农企业对应用电子商务缺乏前瞻性估计，对电子商务带来的巨大商机和利益持怀疑态度。三是农村信息化“最后一公里”断裂。由于人口密度、建设难度等原因，省行政村通宽带率为 88.2%，还未能做到村村户户通网络。

湖北要抢抓农产品电子商务发展新机遇，在品牌农业电商营销上赢得先机，要从平台、产品、技术、人才上下功夫。一是打造农产品电商发展平台。建设一批农产品电子商务示范基地（园区）、示范县（市）和农产品电子商务龙头示范企业、合作社。二是加快建立农产品网上销售标准体系。加强农产品产后商品化处理，推进农产品分类定级和配送标准规范化体系建设；加快实现地方农产品质量安全标准与国家标准统一，并逐步与国际接轨；加强农业物联网技术应用与示范，全面实现农产品质量可追溯。三是引导品牌农产品开展电商营销。网络传播有其特点，农产品借电商“突围”要找准发力点，重点在于挖掘出农产品的附着价值，让它变得有故事、有趣味，才能吸引网络消费者。四是加强农产品电商人才培训。坚持分类培训原则，以培训低端实操人才为基础，以培训中、高端运营管理及专业技术人才为重点，创新人才培养模式，建立健全多层次需求的职业培训体系。充分发挥首家淘宝商学院在湖北成立的优势，重点培养一批既懂农业知识、经营管理，又会信息技术的复合型电商人才。

（黄竞仪　原载于《优质农产品》2015 年第 1/2 期）

南国玫瑰分外香

——写在习近平总书记考察亚龙湾国际玫瑰谷两周年之际

4月的南国，春风荡漾、万物吐翠，亚龙湾国际玫瑰谷更是一片花的海洋，微风吹来沁人心脾、馥郁芬芳。2015年4月9日，玫瑰谷在上级部门的支持下，隆重举办纪念习近平总书记考察玫瑰谷时提出“小康不小康，关键看老乡”指示两周年活动。让玫瑰谷人颇感骄傲的是，目前“小康”在今年的两会上已被正式列为“四个全面”之首，成为我国今后长期坚持的战略目标，也是新一届中央领导集体治国理政总体框架中的重中之重。而作为习总书记“小康不小康，关键看老乡”著名论断的发祥地——亚龙湾国际玫瑰谷，也继习总书记上次考察所引起的轰动之后，再次成为全球关注的热土。

一个无论从种植规模，还是品种类型，包括产品衍生加工等方面都不占据绝对优势的亚龙湾国际玫瑰谷，为何能引起习总书记的高度关注，并成为著名“小康”论断的发祥地?

带着钦羡、仰慕和思考，我们走进了这片神奇的土地，聆听了玫瑰谷掌舵人杨莹饱蘸情感的真诚讲述。返回后，我们略作整理，勾勒成篇，也许会给大家带来借鉴和参考。

从无到有，从小到大，不到十年工夫，亚龙湾国际玫瑰谷就走出了一条让世人叹为观止的发展路径。追根溯源，就是因为董事长杨莹技高一筹的经营战略和前瞻布局的商业智慧以及高端架构的品牌意识。也许人们不会想到，十年前，作为花卉精英的杨莹，一次纯属为考察石斛兰种植情况的三亚之行，却让她意外地捕捉到别人难以察觉的——三亚得天独厚的天然大温室的无限商机。虽几经周折，但还是在南国宝岛这片神奇的土地上破天荒地种植成功了第一株玫瑰，并最终催生了一个如日中天的朝阳产业。三亚玫瑰的出现，从某种程度上讲，不但填补了国内热带玫瑰的空白，还彻底终结了三亚没有玫瑰的历史。杨莹和她的团队依托科技创新，通过源源不断地注入人文内涵的一系列重要举措，极大地拉长了玫瑰产业的链条，同时，品牌战略的辐射效应，也从根本上实现了农业产业结构的战略性调整，在让百姓广泛受益的同时，还落实了区域经济可持续增长的宏伟目标。特别是在习总书记考察后，使这片原本就是热土的风水宝地更加炙热，霎时间吸引了全世界关注的目光，在大批游客蜂拥而至的同时，作为玫瑰谷的决策者们，积极落实习总书记的指示，顺势实施了品牌扩张战略，在把浪漫做成产业的思想激励下，极具文化创意的众筹“爱情地标”闪亮登场，引起了强烈的反响。借助网络平台的迅速传播，亚龙湾国际玫瑰谷成为一道绽放在南国宝岛的亮丽风景。

一、品牌雏形:“花痴”老板的战略选择

人们常说，作为一名出色的企业家，一定要有鹰一样的思维。因为，鹰，天生的高度就与众不同，眼界高、格局大、视线远，并能以事物的运动规律为主体迅速做出反应，且在每次出击前都能精准地计算出猎物与它及天时、地利等相匹配的最佳时段，时机一到，就会以迅雷不及掩耳之势扑向目标，绝不失手。

杨莹，显然具备了鹰一样的思维。因为，她凭借多年叱咤商场累积的商业敏感，总能在别人犹豫彷徨、矜持观望，甚或毫无察觉的情况下迅速捕捉到商机，并闪电出手，且招招凌厉，显示出斡旋商海的老道与干练。

亚龙湾国际玫瑰谷，显然是她众多成功宝典中颇为得意的杰作之一。

思维火花：一个灵感的闪现，往往蕴含巨大商机

2005 年，身为上海兰德花卉有限公司董事长的杨莹，在圈内做得风生水起，已跻身花卉界腕级人物，她麾下的公司，仅每年从泰国花农手中购进石斛兰这一项就高达5 000万元。这对她的触动颇大，并产生这样的质问：难道中国就种不出石斛兰？倘若这些货款支付给中国的农民兄弟，该是多好的一件事啊！后经多方咨询，得知昆明正在试种石斛兰，但令人遗憾的是，均以失败而告终。但她仍然持续关注有关石斛兰的相关信息，直到这年年底才传来喜讯：海南三亚已种出了石斛兰！这让杨莹兴奋不已，但又心存疑虑。于是，她决定亲自到三亚探个虚实。当时，已经是 2005 年的最后一天，但她还是搭乘了最晚的航班。到三亚时已是 2006 年 1 月 1 日的凌晨 1 点。杨莹在空中度过了终生难忘的一个新年。

杨莹，终于在中国本土上，看到了中国农民种植的石斛兰。尽管兰花的品质远不如泰国，也还无法达到市场所需要的品质，但这就足以让杨莹兴奋不已了。于是，她当即拍板：三亚成立兰花收购公司，因为她看重的是潜在的商机。在随后的往返中，她渐渐地加重了对三亚公司未来的思考，一日，她突发灵感：三亚可是一个天然的大温室啊！何不利用三亚这得天独厚的气候条件种植反季节玫瑰切花呢？她为自己这一大胆想法而欣喜不已。但她也同时意识到，玫瑰属于温带植物，若在三亚这个热带气候种植，存在极大的变数，有可能会一败涂地，甚至血本无归。可一旦成功，不仅可以解决内地市场冬季玫瑰鲜切花严重短缺的问题，同时也可以为三亚这座美丽的城市增添五彩缤纷的浪漫景色。历经沧海：宝剑锋从磨砺出“世上原本没有路，走的人多了也便成了路”，“心动不如行动”，杨莹深谙先哲之道，她发誓要做第一个吃螃蟹的人。这也正是基于鹰的战略思考，才为她后来的大手笔打下了值得大书特书的伏笔。

杨莹，这位花界的铿锵玫瑰，在麾下一片反对声浪中，依然拍板定案。2006 年，她亲自带领上海公司技术专家组奔赴三亚进行实地考察，并同时成立：三亚兰德种业有限公司。

然而，事情远比想象更加艰难。但“开弓没有回头箭”，从开荒、种植、管理到养护等，她都要身先士卒、统筹兼顾。也许，是上帝故意安排，旨在考验杨莹的忍耐力和意志力。这是她涉足花界以来所面临的最大挑战。两年的试种，两年的汗水，统统都化为一连串的失败。尽管在对盐碱地耗巨资进行改良的同时，又不惜千万专门从以色列引进灌溉设备，但成功依然遥不可及。好在，这个从东北辽宁沈阳，靠3 000元起家的“花之语花坊”的坊主，春风得意，一路过关斩将，并在国际大都市的上海拥有了自己的“一亩三分地”，并成为名声远播的花界腕级人物，经过多年的商场历练，使她的骨子里已经渗透了东北人豁达豪迈、洒脱刚强的优秀基因得以强化，而且，还积淀了笑傲江湖、看淡输赢、平视宠辱的人生信条。因此，她的抗挫和抗压能力绝对远超常人，她的信念从无动摇，她更不接受这就是她人生的滑铁卢的结论。

虽然，面临一连串的溃败，但她还是发现了一丝阳光，总结了一些经验得失：“水土不服”、气候因素和种植技术等原因，是玫瑰试种死亡率高，或只长叶不开花的主因。看着病快快的玫瑰和一批又一批技术员无可奈何的离去，杨莹的内心遭到了空前的煎熬。她承受了空前的压力。面对一连串的挫折，亲人也曾好言相劝：“杨莹，你已经做了极大的努力，现在撤离也没什么可后悔的，这是非人力因素所致！提前结束会把损失降到最低！何必越陷越深？”

也有诤友开门见山、直截了当：“杨莹，在圈子里，都知道你是商界的精英，对你从不服输的精神，我们的确很赏识，但你这一次，绝对是豪赌！你是不是疯了？是到三亚扔钱来了？在三亚这个热带地区种植玫瑰，那是不可能的！”

更有专业人士从专业角度分析：“杨莹，你作为对花草研究造诣很深的人，怎么不明白人不能违背大自然规律的道理？更不能拿钱折腾啊！在三亚种植玫瑰花，这是在开国际玩笑！这不明摆着是和老天作对吗！

又是何苦呢？因为在海南、在三亚从来都没有种植玫瑰的历史，更何况台风频繁肆虐、气候变化多端。我看你啊，还是趁早别再做这种异想天开的事情了！”

面对亲朋好友的轮番劝说，杨莹心里的确承受了前所未有的压力，她能理解他们的苦口婆心和起心动念，她更相信自己的思维判断，更相信在三亚这片神奇的土地上最终一定能种出灿烂的玫瑰。

柳暗花明：一个品牌的横空出世，往往取决于最后一里路

一连串的挫折和坎坷，并没有击倒这位绽放在南国的“铿锵玫瑰”，而是让她愈挫愈勇，但她绝非逞匹夫之勇，而是建立在对三亚这片土地多角度的考察探索和对玫瑰的实验上，她始终坚信：路虽远，行则将至。正是在这一信念的支持下，已经遭遇两年失败的杨莹毫不气馁，重新组织专家和技术人员，调集精兵强将联合攻关。在当地政府的全力配合和支持下，对三亚土壤、水分、气候等种植条件进行全方位、更深入的考察。

杨莹和她的团队，在不断总结失败教训的基础上，几乎将所有的精力都用在了新一轮的攻坚克难上，在专家的帮助下不断改进品种、改良土壤、改进技术。

好在苍天不负有心人！2008 年 7 月 28 日，对杨莹和她的团队来说，是一个盼望已久的时刻，是一个终生难忘的好日子，他们在经历了无数个日夜探索之后，在经过无数次的失败之后，终于在南国宝岛创造了奇迹，在北纬 18°的三亚，热带玫瑰终于开花了！这标志着一个蕴含着众多期待者希望的黄金品牌的诞生！这是杨莹和她的团队集体智慧的写照！也是有志者事竟成的有力佐证！从此，不但改写了海南没有玫瑰开花的历史，还填补了海南岛没有玫瑰鲜切花的空白。

二、品牌扩展：打造玫瑰产业升级版

玫瑰在三亚种植获得成功，这看似小小的进步，对杨莹和她的团队来说，其威力绝不亚于一枚核弹裂变，甚至比每个人中了千万大奖的彩票还要兴奋。因为，热带玫瑰的出现，彻底终结了人们有关三亚根本无法种植玫瑰的思维定式，不但开启了热带玫瑰的先河，实现了杨莹反季节切花的梦想，更重要的是打造了玫瑰产业的升级换挡，突破了三亚产业结构战略性调整的瓶颈，给当地百姓插上了经济腾飞的翅膀。

一花独放不是春　万紫千红春满园

热带玫瑰在三亚的试种成功，不但在圈内引发轰动效应，也得到了市委、市政府的高度关注，并给予充分肯定和大力支持。在政府的支持下，杨莹对在三亚发展玫瑰产业更是信心满满。杨莹认为，玫瑰产业要想得到充分发展，就必须打破“有钱自己赚”“肥水不流外人田”的思维窠臼，必须实施开放式经营，必须调动当地农民参与的积极性。经过论证，最后确立了“公司＋合作社＋农户”“五统一分”的发展模式，即统一种苗、统一农资、统一技术、统一品牌、统一销售，分散种植的形式，高标准地为农户提供全程技术指导及销售布局，彻底解决农户的后顾之忧。这样，以土地形式入股的农民，既可以在玫瑰园务工，又可以在年终分红。该模式不仅可以带动当地农民致富，而且还能为三亚花卉产业的健康发展提供强有力的保障。

目标确立后，杨莹踌躇满志，2009 年，就带着她的团队大张旗鼓地挺进亚龙湾，实施二期开发，推进玫瑰谷项目，首先成立“三亚圣兰德花卉文化产业有限公司”，在亚龙湾国家旅游度假区，要打造国内首家以玫瑰文化为特色的“亚龙湾国际玫瑰谷”。该项目占地2 755亩。推出了“玫瑰之约，浪漫三亚”的主题，以农田、水库、山林的原生态为主体，以五彩缤纷的玫瑰花为载体，形成了集玫瑰种植、玫瑰衍生产品加工、玫瑰文化展示、旅游休闲度假于一体的玫瑰产业链，创建“三亚玫瑰”品牌，将三亚打造成具有成功产业实践和浪漫文化氛围的浪漫城市、玫瑰之都。

一旦解决技术难题，三亚玫瑰的发展就进入了快车道，2010 年 12 月底，玫瑰谷就完成了一期1 000亩玫瑰鲜切花的种植，为三亚增添了色彩。由于三亚冬季光照充足，玫瑰花色鲜艳、花瓣多而厚，保鲜期长达 10～15 天。尤其是冬季，五颜六色的玫瑰花开，让慕名前来的客人赞不绝口。婚庆公司也顺势而上，纷纷把拍婚纱照的新人带到了玫瑰谷。新人们见到成片的玫瑰花，更是兴奋得大喊大叫，极大地提高了土地的产出价值。规模化的发展，有力地推动了三亚农业产业结构的优化，为三亚发展高效农业起到了示范带动作用。

做大做强，拉长产业链条

三亚玫瑰规模化的发展，不但收获了玫瑰效益，而且还吸引了大批婚纱摄影者，更重要的是推动了旅游业的发展。受此感染，杨莹颇为激动，就发誓：我一定要把玫瑰谷打造成人们向往的最具浪漫的休闲旅游圣地。让更多的新人们能在最原生态的大自然中举办花田喜事。让更多热爱生活、热爱大自然的男女老少在一片片玫瑰花田中领悟到浪漫与爱的意境。

为了让这片土地创造更大的增值空间，让更多的人喜欢这片土地，杨莹和她的智囊团们，经过一番周密的论证，就确立了拉长产业链条的发展思路，景区分三期建设：

一期工程：2009—2012 年，完成千亩玫瑰种植；

二期工程：2012 年 8～12 月，完成旅游基础设施建设后，于 2012 年 12 月 12 日开始试运营；2014 年元月正式对外接待游客。

三期工程：将把景区所在的博厚村打造成玫瑰风情小镇。

三、品牌增辉：习总书记考察，给玫瑰谷注入强大精神动力

2013 年 4 月 9 日，这个看似平常的日子，可对玫瑰谷人来说，却是无比的荣耀，因为这一天，他们迎来了梦寐以求的最尊贵的客人——中共中央总书记、国家主席、中央军委主席习近平。

4 月的三亚，骄阳似火。在亚龙湾国际玫瑰谷，色彩斑斓的玫瑰花随风摇曳，用它美艳的笑脸，迎接习总书记一行。置身花海的玫瑰谷人早已忘却天气的炎热，近距离地感受着习总书记的亲民作风。

看到玫瑰谷良好的发展态势，习总书记颇为喜悦，除了对公司走“产业化、规模化、现代化”发展道路给予了充分肯定外，还提出了高屋建瓴的重要指示：“小康不小康，关键看老乡”，并强调指出，要把中央制定的强农惠农富农政策贯彻落实好，使热带特色农业真正成为优势产业和海南经济的一张王牌，不断开创“三农”工作新局面。

习总书记到玫瑰谷考察的消息，经中外媒体报道之后，如同长了翅膀，迅速传遍全世界，玫瑰谷也瞬间成为南国旅游界的一块金字招牌，大批的游客蜂拥而至。他们企图通过探寻总书记走过的足迹，来体验那份别样的感觉。

如何才能抓住这千载难逢的发展良机？如何进一步把玫瑰做成完整的产业链？如何通过“公司＋合作社＋农户”的发展模式进

一步惠及老百姓？显然，这一连串的问题都一股脑地摆在亚龙湾玫瑰谷董事长杨莹的面前，使她深感责任重大、使命光荣。为了落实习总书记“小康不小康，关键看老乡”的重要指示，不辱习总书记“使热带特色农业真正成为优势产业和海南经济的一张王牌”的使命，亚龙湾玫瑰谷董事长杨莹，就如何将玫瑰谷特色农业项目打造成海南特色景区等问题，特意邀请了海南旅游专家把脉问诊、献计献策。她在广泛听取各方意见的基础上，最终确立了把亚龙湾国际玫瑰谷从传统的玫瑰养殖业逐步向休闲农业、旅游业转型的新思路，充分利用技术优势和北纬18°的气候优势、生态优势，以玫瑰花为载体，将特色花卉产业打造成新型特色精品景区，成为亚龙湾国际玫瑰谷一个新的课题。

两年来，玫瑰谷人牢记习总书记的谆谆教诲，全面落实各项利民惠民政策，锐意改革、大胆进取，各项事业均取得长足发展，我们不妨看一下两年来亚龙湾玫瑰谷发展的成绩单：自2014年元月玫瑰谷正式对外开放以来，平均每天接待游客量接近3 500人次，累计接待中外来宾和五湖四海的游客超过120万人次，营业收入为8 020万元。

在2014亚洲论坛期间，玫瑰谷接待了多国政要，得到老挝总理通邢、印度驻中国大使康特等外宾的高度评价，成为海南国际旅游岛建设的新的特色商品。

2014年10月，产业园带动三亚市吉阳镇博后村发展规模化玫瑰特色民宿6家、餐饮4家、热带水果店和商店、KTV如雨后春笋般涌现。住宿、餐饮等年收入达到2 800余万元，农民收入得到不断提高，农村文明形象得到极大改善，促进周边经济良性稳定发展。

2014年11月，玫瑰谷顺利通过国家AAA级和海南省五椰级旅游景区的申请。

2014年12月，全省玫瑰种植面积达到2 500亩。其中，合作社种植总面积为1 000亩，亚龙湾国际玫瑰谷玫瑰花种植面积1 000亩，儋州市玫瑰花种植面积300亩，吉阳增加200亩，玫瑰花种植年收入4 000万元。公司对合作社进行有针对性的技术指导，使合作社稳定发展，农民收益不断增长。采用全年固定价格向合作社收购，以确保合作社农民的基本利益。玫瑰种植亩产4万支鲜切花，每支0.8元，亩产价值3.2万元，扣除成本投入，每亩每年收益2万元以上。园区投入1 000多万元进行产品研发，已经开发出玫瑰精油、护肤品、化妆品、玫瑰鲜花饼、玫瑰饰品等38个系列特色衍生产品，受到广大消费者的一致好评。

目前，玫瑰谷已经成为“全国三八红旗集体”“国家热带玫瑰花栽培种植示范区”“第八批全国农业综合生产标准化示范区”“全国巾帼现代农业科技示范基地”“全国休闲农业与乡村旅游示范点”“三亚旅游服务标准化示范点”，并获得“第六届中国月季花展盆栽月季精品展金奖”“三亚市重点项目”。

四、品牌跨界：推出“爱情地标”，把浪漫做成产业

熟悉杨莹的人都知道，她的思维很另类，也正是这跨界式的另类思维，才不断地给她的企业带来意想不到的斩获。南国宝岛热带玫瑰种植的成功，无疑让她一举成名，并形成燎原之势，产生了轰动效应，但毕竟受宝岛土地资源所限，要想和内地一样，实现大幅度的规模扩张，显然是不现实的，这毫无疑问会成为制约企业发展的瓶颈。那么如何才能进一步落实习总书记“小康不小康，关键看老乡”的嘱托，在激烈的市场博弈中实现战略突围，作为企业掌舵人的杨莹就不得不做进一步的思考。当玫瑰、爱情、旅游、众筹等众多词汇纷纷交织在一起的时候，善于整合资源的这位“玫瑰夫人”又面临再一次的抉择。

爱情地标：全球第一落户三亚

随着网络功能的日益凸显，众筹已成为社会不容回避的话题。精明智慧的杨莹再度看到商机，她目睹了很多电商巨头纷纷进军众筹，旨在为电商跨界布局造势，也为掠夺市场高奏序曲。而且有着强大供应链能力、资源整合能力的众筹平台，早已经为众筹打造了良性畅通的生态圈，在筹资人入驻之后，从资金、生产、营销到法律审计等方面，电商巨头都有着无与伦比的先天优势。经过缜密思考，杨莹决定与淘宝众筹、周大生合作，因为三方都从不同的纬度，拥有较高的人气，这毫无疑问是强强联合、资源对接。特别是极具文化创意的“爱情地标”概念的提出，并落户三亚玫瑰谷，成为国内旅游界首个众筹项目，更是让人们充满了无限的遐想和热情的期待。

2015 年 2 月 4 日至 3 月 12 日，由淘宝众筹、玫瑰谷和周大生三方发起的爱情地标“爱墙”众筹活动，是以“情感＋旅游＋建筑”的跨界新玩法，打造了一种创新的众筹形式，让众筹走入寻常百姓家，深入渗透到年轻用户群体，引起社会高度参与，众筹金额在 1 元至9 999元不等。该项目进展十分顺利，达成了远超 300 万元的众筹目标，还打破了 27 万人参与单个众筹项目的世界纪录。值得一提的是，这一全球首座刻有情侣姓名的爱情地标，是由我国知名建筑设计师王珏参与设计制造的，以“玫瑰花”为造型，构思精巧、造型优美、寓意深刻，堪称令人惊叹的艺术精品。据内部人士透露：未来将以“全球爱情地标”为承载物，开发系列衍生活动和产品，打造婚庆市场。自然，淘宝为这一个新的旅游目的地吸引过来的年轻用户，就会顺理成章地成为这一市场消费的潜在人群。

应当说，此次网络众筹活动是营销模式的创新，必将撬动潜在目标游客的消费欲望，对于正在转型升级中的传统景区具有积极的借鉴意义，将大大提升景区的品牌内涵和人文价值，为旅游景区吸纳更多游客，以“电商＋旅游”的跨界众筹方式，为旅游业注入新的活力。

时至今日，习总书记考察玫瑰谷已经过去了两年，但玫瑰谷人永远不会忘记习总书记考察玫瑰谷时的温馨场面，当人们一提到那张被传遍全世界的习总书记与玫瑰谷人头戴斗笠合影的照片时，依然会流露出无比的幸福和激动，但人们更不会忘记习总书记那句“小康不小康，关键看老乡”的殷切希望。相信，在不久的将来，这片绽放在南国的玫瑰，会更加璀璨！

（田地　原载于《优质农产品》2015 年第 4 期）

“用我的诚心换您的放心”

自建园之初，江苏高邮巧妹子科技养殖园，就秉持道德正义和职业操守，高度重视肉类食品安全，以“用我们的诚心换取您的放心”为宗旨，以顾客为上帝，视品质为生命，走出了一条可持续发展的良性循环经济之路。一路走来，不但擦亮了“水乡巧妹子”的优质品牌，也赢得了大客户的信赖。

责任体现人品　人品决定产品

“作为董事长，我可以负责任地告诉大家，我们‘水乡巧妹子’品牌，之所以能在短短的 7 年时间，就走过了其他同行几十年走过的历程，打造了两座现代化的养猪场，赢得了大批客户的信赖，不是因为我们比别人高明多少，而是我们始终秉持‘产品就是人品，做质量如做人’的宗旨，我们并不把‘质量是企业的命脉’‘客户就是上帝’等理念停留在口头上，而是落实到每一个环节中，落实到每一名员工的意识里。”薛巧云说，“产品质量的好坏，不仅会影响到企业的生存与发展，还会影响到消费者的切身利益，产品出了问题，不是产品问题，而是人品问题。我认为，一个企业家，特别是经营食品类的企业家，一定要诚实做人，产品才能确保品质，才能经得起市场的检验。”

薛巧云这位土生土长的农民企业家，其学历并不高，但却非常健谈，她的创业史，虽然不乏心酸与磨难，但却流露出女性中少有的豪迈与霸气，让人有一种聆听的渴望。

20 世纪 80 年代，薛巧云的父亲被合伙人骗走 14 万元。这对当时的一个农民来说，绝对是一个天文数字，无奈的父亲只得将承载骄傲与财富的运输船卖掉还账，但仍落下一屁股债。恰在此时，薛巧云获悉上海养 4 个月的猪就能变成万元户的信息，为了还债，薛巧云就决定到上海养猪，并辞去纱厂考勤的工作，怀揣 800 元钱来到上海，买了 60 头小猪精心喂养，但没想到，伺候了 6 个月，却最终亏进去3 000元。为此，她跑回高邮老家闭门反思，寻找失败的原因。

栽了跟头的薛巧云并不服输。不久，她就再次带着借来的1 200元钱，来到上海。为了避免再走弯路，她决定拜师学艺，并找到上海养猪业颇有名气的欧阳老板。但老板外出会友，家里只有他的老母和妻子。为了赢得老板家人的信任，不懂家务的薛巧云就试探着帮女主人料理家务。欧阳老板返回不久，薛巧云就提议让其做担保，带她去浙江选苗猪。但欧阳却怕承担连带责任不肯答应，薛巧云便说：“别的不用你做，就请你把我带到熟识的老板家里，我走一步看一步。”于是，她来到浙江嘉善，在当地一个养猪老板家住了下来。薛巧云再次凭借诚心赢得了女主人的赏识。

一日，薛巧云听见有织布声，就询问情况，得知当地家家户户都有织布机。但全村两百多台机器，只有一个维修工。而养猪老板家四台机器竟坏了两台。曾有过修理机器经验的薛巧云认为机会来了，便主动请缨，经过三个小时的维修，她不但彻底解决了机器问题，还赊到了 97 头苗猪。欧阳老板也被薛巧云的真诚所打动，苗猪一到上海，便主动提出借猪圈给她。不过，这猪圈存在很大隐患，之前曾有五个养猪户租用过，但都遭遇了大批惨死的结局。但薛巧云认为这是消毒出了问题，于是，便在几个老乡的帮助下彻底消毒。结果，她获得了成功，苗猪成活率达 99%。就这样，在上海创业 13 年，她不但偿还了父亲落下的所有外债，还累积了几十万元的资金。

始终对家乡泥土充满感情的薛巧云，手里有了钱之后就决定回乡报恩。可当她把回乡养猪的想法告诉亲朋好友时，却遭到了几乎一致的反对，因为，返乡创业，特别是投资养殖业存在极大风险。但这未能阻止住她回乡的脚步。最终，一捆 46 万元的现钞被捆成了“炸药包”，被她带回了家乡。2008 年，薛巧云在一片荒地上开始了她的第二次创业。

感恩赢得信任　信任催生品质

“家乡的土地赋予了我生命的滋养，父老乡亲教会了我做人的准则。回馈家乡的最好方式，就是用我们的优质农产品，确保群众有高品质的生活。”在谈到她第二次创业时，薛巧云充满感激地说：“其实，我只是做了一些力所能及的工作，却得到了丰厚的回报。俗话说，滴水之恩，当涌泉相报。何况如此大恩大德？我更要全力以赴地去做好自己的产品，让更多的人从中受益！”

薛巧云感激地提起 2011 年第一次接触妇女小额担保贷款的情形。当时，她手头资金周转困难，连苗猪款都凑不足，高邮市妇联得知消息后，就批给了她 100 万元贷款。当 1 万头苗猪刚刚拉回来，生猪价格就持续上涨，薛巧云说，“如果没有妇联帮助，我怎能赶上这么好的机会？”

2014年年初的遭遇，更让薛巧云激动万分。因为新厂增容扩建，资金再次出现困难，甚至连买饲料的钱都没有。可存栏的几千头猪，一到喂食时就嗷嗷叫。高邮市妇联的卢琳主席，二话不说，拿出准备给儿子结婚用的钱，让她先应急使用。随后，当地妇联几位领导也天天跑银行、担保公司，最终帮她争取到100多万元妇女小额担保贷款，令养殖园转危为安。

2014年9月，在扬州开会的薛巧云接到家里电话，说资金又不够了。这一细节被扬州妇联的杨敏主席看在眼里，她忙去安慰薛巧云，随后联络各处，最终在江苏银行苦守两天，争取到了500万元的贷款。

更让薛巧云感慨的是，养猪业遭遇了阶段性销售困难，导致生猪大量滞销，扬州市市长朱民阳闻讯后，亲自布置协调会，主持会议的市政府秘书长李忠盛，让参会的企业家到政府机关食堂免费品尝“水乡巧妹子”系列肉制品，使大家真正感受到了“巧妹子”猪肉的优良品质，纷纷签订供需合同。扬州市政府之所以愿意为高邮巧妹子养殖园站台推荐，无疑是一种政府信誉的担保，因为他们知道，巧妹子养殖园的猪肉，是可以信赖的优质产品。也正是因为这次成功的品牌推介，才让一个优秀的区域品牌在当地打响。

同时，被薛巧云感动的不止政府部门，还有她的堂哥雪安理。他是省级机关退休干部、剧作家，他当初并不赞成薛巧云兴办猪场。可在一次陪同省农林厅领导考察时，看到猪场由于未通自来水，薛巧云头顶烈日，一担一担地挑水喂猪，被她的创业精神所感动，就决心全力以赴支持，并出任养殖园总经理。为了养殖园，他极少回南京家中，经常和工人们吃住在一起。

正是在这样一批人的支持下，薛巧云和她的养殖园，不但生产出了优质猪肉，她本人也先后荣获了“全国三八红旗手”“全国创业之星”“江苏省人大代表”“江苏省十大女状元”等殊荣。面对一连串的荣誉，她却谦逊地说：“荣誉已属于昨天，既然大家都这么看重我、信任我，我只有奉献出更多的优质农产品，才不辜负大家对我的殷切期待。”

运用现代科技打造优质品牌

“目前，我国的养猪户大多都是散养户。散养户的波动性很大，有利可图时往往一哄而上，市场疲软时就会一哄而散，这样的恶性循环对于国内的行业现状伤害极大。一方面散养户大规模退出市场，另一方面，大量养殖户因为持续亏损而无力及时补栏。为了应对，我们就和相关产业部门对接，购进了最现代化的养猪设备，利用高科技手段，实现了自动化养殖，不但降低了生产成本，还确保了优秀品质。”在谈到今天的现状时，薛巧云不无得意地说，“目前，我们两个产区的设备，在国内行业中占据优势。”

巧妹子科技养殖园，堪称花园猪场、生态猪场、文化猪场。

一进新场区大门，就可以看到一头硕大的母猪正领着一群活蹦乱跳的小猪玩耍的雕塑，憨态可掬、栩栩如生。现代化的场房显示出恢宏的气派，猪舍里的自动供水上料装置以及保温避暑的水帘，更显示出现代化的气息。虽置身其间，却闻不到任何的腥臭，没有任何堆放的垃圾，看到的都是葡萄园、稻田，一派田园风光。办公室、仓库、职工宿舍、拌料间、消毒间、隔离间、猪舍、粪污无害化处理池等布局合理，几十幢猪舍都装有空调、排风扇、自来水龙头，数千头猪生活环境整洁清爽。

除了在硬件上作了极大改进外，养殖园还充分利用现代科技手段，对苗猪品种的选择、饮用水和饲料的品质、猪的生长环境、猪的防疫等方面下足了功夫。正是这些科技落实到位，才使得巧妹子养殖园呈现了“猪满圈、鱼满塘、鸡鸭鹅声叫嚷嚷，稻麦果蔬吐清香”的喜人场景，尤其是园区按照节能减排、清洁生产、循环经济的原则进行了科学分区，单栏面积适宜，猪的饮食、活动、休息、排泄区域定位分明。粪尿污水全部排入沼气池进行发酵，利用发酵产生的沼气进行发电、供能，从而降低环境污染，实现零排放。“猪—沼—菜”的生态养殖模式，不但有效处理了猪粪，还利用沼气发电，年产电能 64 万千瓦时，除了确保养殖园的电力供应，还无偿地为周边的路灯照明提供电力。为了推广巧妹子养殖园的成功经验，江苏省还专门在此召开现场会，受到了大家的一致好评。

如果说，当初薛巧云返乡创业，是带有感恩之心的话，那么今天的薛巧云，作为一位成功的企业家，她的境界走得更为高远，她是在代表整个养猪业在探索新的养殖模式，并从根源上彻底解决放心肉问题。面对未来，她深情地说：“唯有老百姓吃得放心，我们才安心。今后，我们为了满足市场需求，还会采取措施，拉长产业链，比如，适度开发一些高端猪肉，尽管目前高端猪肉的市场还不成熟，但未来一定有巨大的发展空间。不管怎样，我们会以行动来推动未来中国生猪产业格局的改变。”

（田地　原载于《优质农产品》2015 年第 7 期）

“优”畅其流

最近，看了场英国电影《模仿游戏》。影片改编自安德鲁·霍奇斯编著的传记《艾伦·图灵传》，讲述了英国“计算机科学之父”艾伦·图灵的传奇人生。故事主要聚焦于图灵协助盟军破译德国密码系统“英格玛”，从而扭转第二次世界大战战局的经历。

科学是神奇之手。现在，人类发明的计算机技术，既可以用于现代战争，也可以用于生产与生活。计算机技术在人类的生产与生活中几乎无处不在。

要想让优质农产品实现自身的价值，要想让优质农产品走进千家万户，需要让流通环节活跃起来。有一句俗语“货畅其流”，表明了流通在商品交易环节的重要性。但货有优劣之分。目前有的地方货物流通环节常有以劣充好、鱼目混珠的情状。要打击伪劣，倒应提倡对劣货不让其流通，发现一起查处一起，而对优质产品则应畅通其流。无疑，现代计算机技术，电商＋优质农产品是实现“优”畅其流的重要路径。

电子商务通常是指在全球各地广泛的商业贸易活动中，在因特网开放的网络环境下，利用简单、快捷、低成本的电子通讯方式，买卖双方不用谋面也可以进行的各种商贸活动。电子商务一般能让买卖双方在网站上获得供求信息，实现消费者的网上购物、商户之间的网上交易和在线电子支付以及各种商务活动、交易活动、金融活动和相关的综合服务活动的一种新型的商业运营模式。

马云“阿里巴巴”的出现，把中国电子商务的魅力推向了世界。现今，电子商务的影响力无处不在。涉农的现代企业，在优质农产品的交易中也多采用电商＋农产品的方式。

电子商务所具有的开放性和全球性的特点，为农产品的生产者或涉农企业创造了更多的贸易机会。电子商务将传统的商务流程电子化、数字化，一方面以电子流代替了实物流，可以大量减少人力、物力，降低成本；另一方面突破了时间和空间的限制，减少了中间环节，使得生产者和消费者的直接交易成为可能，使得交易活动可以在任何时间、任何地点进行，从而大大降低了成本，大大提高了效率。

相对而言，目前我国电子商务的应用，城市先进于乡村。由于乡村年轻人多涌入城市打工，留乡从事农业的农民，大多是上了年纪的人，文化程度不高，接受电子商务这一新型的交易方式大多受限。特别是在穷乡僻壤，电子商务还欠发达。地头即使有好东西，也不为人所知。偏僻之地的农产品交易还多是以口传与人工运输为主。产销不对接的后果，时而造成“谷贱伤农”重演。在这种情况下，当地基层政府如何帮助当地农民实现农商对接，培训农民接受电商运营方式，是乡村科技兴农的重要路径之一。正如今年 8 月 21 日商务部、农业部等 19 部门联合下发《关于加快发展农村电子商务的意见》强调：“以农产品、农村制品等为重点，通过加强对互联网和大数据的应用，提高商品质量和服务水平，培育农村产品品牌，提高商品化率和电子商务交易比例，带动农民增收。”

9 月 19 日至 20 日由中国优质农产品开发服务协会、中国品牌建设促进会等单位联合举办的国际农商品牌发展（北京）论坛，其要旨也正是贯彻《关于加快发展农村电子商务的意见》的精神，力促实现农商融合、企业对接，为农产品的生产与营销带来一场革命，加快优质农产品的流通，走出“优质农产品价值不优”之痛，以推动优质农产品的可持续发展，满足消费者吃得好吃得安全。

（王谨原　载于《优质农产品》2015 年第 9 期）

肇庆网上“菜篮子”：让田头与餐桌“零距离”

谁家过日子，不得买菜？可这新鲜蔬菜，要买得满意，真是个费力劳神的事儿。想图新鲜，得一早奔农贸市场。欲捡便宜，有时候还真是没辙。超市的菜价，常常见涨不见落；农贸市场的那些小贩，与他砍价几回能赢？更重要的是想吃得安全，可买菜时心里哪儿有谱？看着眼前琳琅满目的青菜或副食，脑子里不由得会浮现出媒体连篇累牍报道的滥用农药、添加剂一类的事例，这菜是不是无毒无害，会不会让你全家人吃了生出什么毛病，你哪能分辨清楚？

如果有一种买菜方式，方便得几乎可以让你足不出户，便宜得比其他地方低很多，安全得令你不仅可以放心食用，而且对菜的来路一清二楚，你一定会为之兴奋并跃跃欲试。

此刻，我的心情便是如此。当广东省肇庆市副市长陈宣群对我说，该市供销社今年投入运营的“菜篮子”电子商务服务快线，一举解决了当地农副产品“卖难”“买贵”和舌尖安全问题，实现了田头与餐桌的“零距离”，受到农民与市民的普遍欢迎，我马上做出反应：“请带我们去看看这个物联网的新平台!”

服务快线之快

这个“供销菜篮子服务快线”，是肇庆市政府 2014 年确定的惠民实事之一，可以提供从基地采购到送货上门的全程服务。服务快线的中枢，是农副产品配送服务中心，它位于端州区江滨二马路 5 号，是利用原市供销社的旧办公场所加以改造而成。

走进配送服务中心，首先映入眼帘的是迎街的一间展销大厅，里面摆放着不少货架和冰柜，盛放的货品既有叶菜、配菜、瓜豆、鲜鱼、家禽、蛋类、冷鲜肉，也有杂粮、南北干货、腌腊制品、粮油、酒类、调味品及土特产，总共有 250 多个品种，服务快线网上销售的所有农副产品，都在这里展示，并供市民选购。

展销的青菜鲜嫩水灵，收拾得干干净净。鲜鱼鲜肉可分割着卖，光是鲩鱼，就有全鱼、软边、硬边和尾部四种，由展销中心后面的车间现场加工。看标签和包装袋，便知不少展品都属知名品牌。“这种食德好美香米，是我们供销社自己的品牌，是我们的水稻基地出产的。”领着我们参观的肇庆市供销合作联社副主任谭国雄，颇为自豪地介绍说。

“到今年7月底，配送服务中心一头联结了3 300多个农户，带动种养基地面积达两万多亩。另一头，联结了40多家机关团体饭堂和22个住宅小区，日均配送2 000多户居民。目前，我们配送的饭堂和住宅小区，平均每周各增加两个。年底前，争取覆盖到全端州区150多个小区。”谭国雄补充道。

“既然自称‘菜篮子’服务快线，到底有多快呢?”笔者饶有兴味地问道。

谭国雄没有急于回答。他领着我们走进二楼的一间“客服话务室”，里面有12个座席，其中一半有女孩子坐着。领头的叫高伟诒，她利索地从座位上站起来，对我们介绍说，她和姐妹们一天分两班，在这里通过电脑、手机和座机，与客户沟通。“居民晚上通过上网或打电话下了订单，我们次日一早就能送货；上午下的订单，下午保证送达。”她的办公桌上放着一个笔记本，只见上面密密麻麻地记录着客户的各种意见和建议。“这些客户反映，可以作为改进服务的依据，公司很重视。”她说。

一楼的分拣车间，此时正是最热闹的地方。一条输送带上，一个个塑料袋，装着青菜、肉食等菜品，经过前面几道工序的清洗、分割与包装，源源不断地流动过来。每个菜袋上都贴有电子标签，一旦“走”到一只射频读写器面前，即被读出菜品主人居住小区名称、地址等信息，接下来，它们会自动分别前往应去的出口，各自入箱，准备登上恒温运输车，走向归宿。这套高智能的分拣配送系统，含有多项专利技术，据说尚属国内首创。

我从货箱里取出一袋菜品，袋里装着空心菜，嫩绿得招人喜欢；一盒猪肉，红白分明，很是新鲜。再看标签，菜品重量、价格、买主姓名及产地一目了然。

服务快线的下一道程序，是把配送中心加工包装好的菜品，用恒温运输车，送达各小区预先安装好的保鲜配送柜。配送中心附近小区，刚好装有一个这种柜子。它的外观，很像是放大的报箱，饰以银白色，阳光下十分醒目。一组配送柜，包含32个50cm×50cm的抽屉，看似简单，其实也是高智能的。谭国雄掏出一张会员卡，往柜子中央的一块小屏幕上一放，一扇柜门便打开了。接着，他又演示了如何通过键入密码，或扫入二维码，把柜门打开。原来，客户一旦下了订单，货送入柜，系统就能把一组密码及二维码，自动用短信通知客户。客户采用上述三种方法的任意一种，就能打开柜门，取回菜品。每个柜子在送菜时还置入一个保鲜板，可使菜品保鲜6～8小时。

我正在暗自羡慕肇庆居民有福气，买菜过日子居然变得如此方便，一抬头，忽见保鲜配送柜上方电子屏幕，正在滚动播报着蔬菜的时价：红苋菜每斤2.5元、豆角每斤2.5元、红萝卜每斤2.3元……依我的直觉，这里的菜价，可能比别处低一些。

“我们供应的菜品，做到了田头与餐桌的无缝对接，减少了中间环节，因此价格大多比外面超市便宜5%～10%。”谭国雄的话，证实了我的猜测。

如何保证“舌尖上的安全”

“配送中心是怎样保证菜品安全的?”我又急忙提出了这个人人关心的问题。

“先别急，等一会儿您就会明白。”谭国雄笑着卖了一个关子。

接下来，他不慌不忙领着我们参观了一间冷库，一部分肉禽蛋和蔬菜放在这里保鲜。还看了一只奇特的“冰柜”，刚刚运来，上面标着“低温快速微冻技术”的字样。谭国雄给我看了一段手机视频：一条活鱼放进这个“冰柜”，很快就冻得硬邦邦。取出冻鱼放入一个盛满清水的水桶，不过3分钟，冻硬的鱼竟然很快变软，并且魔幻般地重新游弋起来。这套设备一旦投入使用，市民们从家门口的保鲜柜中取回“活鱼”，便会成为现实。

我们随着谭国雄，走进一间“检测中心”，眼前一方白瓷台子上，放置着许多试管试剂。一群身着白大褂的工作人员正在忙碌着。一名工作人员把刚刚完成的一份农药残留检验报告单，递到我的手上。这份报告单列举的蔬菜样品，有好几十种，囊括了正在配送的所有品种。大多数样品的检测结果符合有关标准，但也有尖剑菜、油麦菜、节瓜、苦瓜等少数批次的菜品，“抑制率”大于50%，说明农药残留超标，为不合格产品。

“对于检测不合格的蔬菜，你们怎么处理?”我追问道。“退货!”谭国雄干脆地回答。

谭国雄介绍说，配送服务中心为了保证居民吃上“放心菜”，在菜品进入配送环节前，设置了“双重防线”。上述按批次检测农药残留指标，为第二道防线。此外，在农副产品收购前，检测人员会到各个种养基地，进行产品抽样，对蔬菜与副食品的重金属、添加剂含量等指标进行检测，猪肉要查瘦肉精，干货要作双氧水或甲醛检测。经检验符合国家食品安全标准的基地，才能列入货源地。在检测过程中发现，端州、高安一带离城区近的生产基地，农田与水源受到不同程度污染，生产的瓜菜即使能通过农残检测，也过不了重金属是否超标这一关。配送中心于是有意识地舍近求远，多在封开等远郊县设置采购基地，虽然增加了运营成本，却保证了居民“舌尖上的安全”，还帮助偏远地区农民致了富。

我们跟着谭国雄走进一间“总监控室”，眼前一道屏幕墙上，十多个场景一目了然。它们有的取自田间地头，有的取自小区配送点。谭国雄告诉我们，下一步总监控室要把取景点增扩到200个以上，争取覆盖产品生产及配送的全过程，通过实时监控，保证产品质量及安全。

“互联网+”农产品带来新变

看过“菜篮子”服务快线的运营过程，我们既兴奋，又不免有点儿担忧。因为这个先期投资2 260万元的配送系统，能不能在市场上站稳脚跟，做到持续运行、良性循环?其间一定会遇到不少阻碍与困难。

“预先我们作过研究预测，只要有5 000户居民户均日消费30元，另外接受服务的机关单位食堂规模达到2 000人，就能达到收支平衡。目前，新的配送居民小区日渐增加，机关单位服务对象已经超过4 000人，近日又有一些大单位前来接洽，相信很快就能达到收支平衡。”谭国雄笑着说。不过，他也坦陈，在保鲜配送柜进小区过程中，确实遇到来自物业等方面的阻力。

“你们能不能把服务快线办到北京去，我第一个报名成为你们的客户。”我忍不住开了句玩笑。没料到谭国雄一板一眼地回答：“中国供销总社的领导前不久还真跟我们打过招呼，希望我们再到北京布点。”谭国雄说，据他了解，中国供销总社正在考虑，要抢抓农村电商发展的新机遇，在全国打造一批像肇庆“菜篮子”服务快线这样的物联网配送平台，充分发挥本系统一头连着农村一头连着城市的优势，打通农产品销售和市民餐桌的“最后一公里”。

这一次，肇庆供销联社能够成为全省乃至全国的试点单位，创办“菜篮子”服务快线，看似偶然，其实有其必然。

肇庆在珠三角位置居中，是广东传统的农业产区，也是供港菜肉基地，有岭南“鱼米之乡”之称。全市人口 433 万，农业人口就占了 313 万。目前，广东人每吃 10 头猪，就有一头来自肇庆；每吃 10 袋米，也有一袋产自肇庆。这里出产的贡柑、油栗、芡实、首乌、霸王花、冻顶乌龙茶等土特产品，更是名扬省内外。

肇庆的农副产品量大质优，可农民“卖难”、居民“买贵”的问题，过去一直难以解决，食品安全也难以得到保障。近年来，随着当地下大功夫构建国家电子商务示范基地，如何通过发展农村电商，解决农村问题，“倒逼”农业改革和消费转型，成为政府和有关各方面的共同行动。

在市区聚集着大批电子商务项目的创业基地“智慧谷”，陈宣群副市长带着我们走进一间展厅，那里的一块块展板告诉人们，当地如何借助“互联网＋”农业的燎原发展之势，构建起新的农村电商生态链。

近几年，肇庆市协调电信、移动、联通等互联网运营商，先后投入 5 亿多元，建成遍及城乡的通信传输网络，实现百兆光纤入户，发展电子商务有了硬件基础。

除了供销社推出的“菜篮子”服务快线，肇庆目前还建立了“趣士多”“鲜生活”“小鲜菜”“绿健”“文淘居”及“肇庆京东特色馆”等多个农产品电商平台。其中肇庆京东特色馆，是趣士多公司与京东集团合作创建的。京东集团是当今中国大型自营式电商企业，截至今年 4 月上旬，该集团自营的县级服务中心，已经突破百家，服务范围辐射到 100 余县市的 10 万多个行政村。6 月 13 日，肇庆举办粽子节，肇庆京东特色馆当天就接到订单1 200多个，销售粽子3 600多份。

“要把农副产品卖得更高更远，卖出更好的价格，必须要实现品牌化。而采用“互联网＋”农业，是走品牌化道路的一条捷径。”陈宣群感慨地说。

据陈宣群介绍，肇庆市的“菜篮子”服务快线投入运营后，供销社一边抓配送，一边组织权威专家到田头讲解种植技术，引导对接基地农户进行科学种养。最近，怀集、鼎湖等地对接农户反映，他们在专家指导下种植的瓜果，质量和产量都有较大提高，售价和销量也比其他农户的高。

（孔晓宁　原载于《优质农产品》2015 年第 9 期）

香榧：天下第一坚果

香榧好吃，吃过的人都知道。香榧真贵，买过的人也有体会，小小一袋连皮带仁儿不足半斤，标价却在 200 元以上。或许正因它好吃又珍贵，所以人们将香榧称为“天下第一坚果”。

香榧为什么好吃？又为什么贵？其实这两个问题可以用一个答案来回答——每一粒香榧，都是时间与心血的凝练。

2014 年，赵中槐回到了自己的老家浙江省新昌县，承包了上千亩山地，成立了浙新香榧专业合作社，开始从事香榧种植工作。

新昌县地处会稽山下，是出产上品香榧的一方宝地。目前发现的最古老的一棵古香榧树就在新昌。这棵编号为浙 DD100039 的古香榧树，标记年龄为 800 年。古香榧树枝像伞骨一样向四面八方伸展，犹如一把巨大的青蔓伞。7 个成年人手拉手才能勉强将树干团团围拢。

赵中槐自小在香榧树下长大，对香榧这种稀有的树木可以说并不陌生。但是当他真正开始香榧种植之后，才真正体会到香榧出产之不易。

一粒香榧想要完全成熟，需要经历 3 年寒暑。3 年，大多数植物已经结果 3 次，而香榧却在其他植物的枯荣兴衰之时默默地孕育着只属于自己的独特味道。

超长的成熟期对于赵中槐而言，意味着更多的资金投入、心血倾注以及长时间的期盼等待。当初，他承包的是种植茶叶的茶山，然后把山上的一部分茶树挪走，种上了香榧树。现在一年时间过去了，除了山上原有的一些香榧树产出了少量的果实之外，赵中槐可以说是只有投入、没有产出。但是他看来并不着急，对自己事业充满了信心。他对记者说："2015 年，我继续扩大了承包规模，现在已经拥有超过2 000亩山地，全部用来种香榧。"

赵中槐之所以如此淡定，主要原因还是香榧在市场上太受欢迎。目前，只有安徽、浙江两个省的某些地方可以种植香榧，而且产量极其有限，所以香榧市场处于严重的供不应求。赵中槐告诉记者，如果按照人均拥有量来算的话，目前中国每人拥有的香榧数量只有两粒。正因如此，大部分香榧的果实还挂在树上、没有成熟的时候，就已经被加工预定走了，销售根本不存在问题。

事实上，最让赵中槐感到不甘的是：香榧虽然人人都喜欢，但是消费者却只能从网上、小超市里买到它，在大型超市中反而难得一见。这是因为，香榧不仅产量少而且无法保证产量，所以生产消费的企业无法与大型超市达成稳定的供货协议，才导致香榧虽然贵为天下第一坚果，但却只能"流落江湖"，无法"登堂入室"出现在大型商场。

要想解决这一问题，就必须要想办法提高香榧的稳定产量，而作为新投身这一行业的赵中槐，也在为推进香榧市场化进程、让更多人能有机会品尝天下第一坚果贡献着自己的力量。

九月，香榧采摘季

九月份，是香榧的最佳采摘季节。太早的话，香榧还没成熟；太晚的话，成熟的香榧会落到地上，被各种动物吃掉一大半，一年的收成大打折扣。所以必须在九月上旬香榧成熟的那几天把香榧全部采光。

有人说：香榧采摘是个命悬一线的力学工程，如果你亲眼见过香榧采摘的过程，一定不会认为这句话是耸人听闻。

来到香榧种植区，远远看去，每一棵主干粗壮、树枝遒劲的榧树都是放大了千百倍的天然盆景，蜿蜒巨大的姿态让香榧林充满了原始的力量。但是对于当地山民而言，巨大的香榧树却让采摘的过程变得困难且危险。

采香榧的工具并不复杂：一副蜈蚣梯、一把竹钩、一个竹摘篮、几根绳子。采香榧的榧农把蜈蚣梯往香榧树上一架，手里拿着铁钩，嗖嗖嗖地爬上了树。爬到树上之后，把手里的铁钩固定在树干上，就开始采香榧了。采下的香榧被扔到了背着的竹篮子里，盛满一篮子，采香榧的人就顺着蜈蚣梯爬下来。

整个过程看似简单，但是由于香榧树十分高大，所以采摘人稍有不慎就有可能酿成大祸。赵中槐对记者说："最危险的是采那些远离主干的高高的树梢上的香榧。这个时候绳子就派上用场了，不仅要用来把自己拴在树上以保安全，还要用绳子将自己即将踩上去的树枝也拴起来，就像斜拉大桥一样，往四周粗壮的树枝上借点拉力，免得人一踩上去就下坠。"

有人说，既然采香榧那么危险，为什么不像采核桃一样，站在树下用竹竿打下来？那是万万不行的！因为香榧 3 年一成熟，所以树上挂着的既有成熟的 3 年果，也有刚刚生长出来的、米粒大小的 1 年果，如果用竹竿一通乱打，那些没有成熟的果实也会被打掉，以后几年的收成就算是毁于一旦了。

当我们剥开一粒香榧，品尝它的美味时，是否曾经想过，那些种植它的人，曾经是以怎样的勇气和智慧才最终让香榧从深山走向城市？

炒出真味道

香榧采摘下来之后，需要进行脱衣、炒制、烘焙等工序。

香榧和核桃一样，果实外面包裹着一层青色的外皮，人们吃到的是褐色的坚果，所以，青色的外衣是要被脱掉的。

为了更高效地给香榧脱衣，当地人可以说是各出奇招。有的人手握着一把小刀，熟练地拿起一颗颗青果，用刀拉个口子，一翻青色果皮，就把褐色的种仁挤压出来了。有的人把青果平铺在一个铁架子上，然后像搓麻将牌一样的手势，来回搓着青果，直到青果的外皮被搓烂从铁架子的缝隙中掉下去，这时留在铁架上的就只剩下褐色的种仁了。

现在很多人也买了专门给香榧脱衣的机器，机器的效率要比人工高得多，50 千克青果，人工要剥上一天，机器 15 分钟就能剥完了。但当地人却害怕机器加工会影响香榧的味道，所以很多人坚持采用手工方法。

事实上，被剥下来的香榧外皮，也大有用处，它含有柠檬醛和芳樟酯，是用来提炼芳香油的上好原料，100 千克的香榧果皮可以蒸馏油 200～300 克。显而易见的抗氧化效果就是，给青果去外皮的老人，双手都格外白皙。

剥去香榧外皮之后，还不能马上加工，因为青香榧在炒制之前至少需要经过 20 多天的风干。风干好的香榧就可以用“双炒法”进行加工了，所谓双炒法，就是先用砂炒一遍，然后加入盐水再炒一遍。

炒香榧用大锅，锅里的砂、盐和香榧果实加起来超过 25 千克重。一般来讲，一个人是无法坚持到把香榧炒熟的，所以经常两个人合作，每人炒几分钟，累了之后就换另一个人。等到香榧的香气溢出来之后，就可以起锅了，筛掉了盐，热乎乎的香榧铺开，整个过程差不多要 1 个小时。

赵中槐对记者说：“一个采摘者从树上采下的香榧每筐大概有四五十斤重，一天满打满算采这么三筐。可这么三筐青香榧经过加工之后，估计最多能剩下一筐。”

舍去糟粕只留精华再加上考究、繁复的加工过程，这或许也是成就香榧好味道的一个秘诀。

啥样的香榧最好吃？

香榧不仅美味，还富含营养物质。香榧种仁含脂肪 49.3%～58.0%，其中油酸、亚麻酸等不饱和脂肪酸含量高达 78.4%，含蛋白质 7.7%～12.5%，糖分 1.0%～2.4%，且含多种维生素。每 100 克含水分 6.4 克，蛋白质 10 克，脂肪 44.1 克，碳水化合物 29.8 克，粗纤维 6.8 克，灰分 2.9 克，另含钙 71 毫克，磷 275 毫克，铁 3.6 毫克。榧子所含脂肪油中有棕榈酸，硬脂酸，油酸，亚油酸的甘油酯、甾醇。此外，榧子中还含有草酸、葡萄糖、多糖、挥发油、鞣质等。中医认为，香榧杀虫，消积，润燥。治虫积腹痛，小儿疳积，燥咳，便秘，痔疮。正因它美味又营养，所以从古至今很多人都喜欢吃香榧。

身为浙江人的张岱在《陶庵梦忆》中号称自己是“浙江地区第一吃货”（越中清馋）。而它最喜欢的吃食里，就包括香榧。香榧据说也是赵飞燕的零食，唐时作为越东的贡品入宫。

今天，香榧也受到了大部分消费者的喜爱。但是，由于目前香榧极度稀缺，所以市场上出现了大量以次充好的香榧，消费者如何才能挑选到正宗的、来自香榧黄金产地的“新昌香榧”呢？有关专家给出了以下几个办法：

第一个方法：摇一摇。在买香榧之前，可以先拿起来摇一摇。如果没有声音，就是好香榧，这是因为好的香榧果仁饱满，是不会响的。

第二个方法：看一看。好的香榧色泽饱满，外壳有光。

第三个方法：尝一尝。把果仁往嘴巴里一咬，立马传来清脆的“咯嘣”声，这才是好的香榧。因为香榧虽然有 6 个月左右的保质期，但是如果时间长了，就会失去脆度，如果不脆的话，就证明香榧已经放了太久，风味大减。

用这三个方法，可以检测香榧是否属于优质品种，找到最好吃的香榧。不过，对于很多人来讲，即便是买到了好香榧，有时候也会很纠结，他们会疑问：“果仁外那层干枯的黑衣到底能不能吃?”细致的人还会不嫌麻烦地将那一层皮剥掉，但其实这层黑皮不仅无害，还能够养胃驱虫。所以，吃香榧不仅要会选，还要会吃，才能发挥它的全部功效。

（戈旭皎　原载于《优质农产品》2015 年第 9 期）

倾情打造大叶茶种质资源基因库

——访云南省普洱茶树良种场总经理、高级农艺师罗朝光

“一粒种子可以改变一个世界，一个品种可以造福一个民族。”袁隆平院士曾说：“种子是农业科技的芯片。”我想，能读懂这两句话的人，一定是深爱种子事业的人。

2015 年 9 月 19～20 日，在北京隆重召开的 2015 国际农商品牌发展（北京）论坛上，记者就邂逅了对种子一往情深 35 年的云南省普洱茶树良种场总经理、高级农艺师罗朝光。

据了解，罗朝光一直从事大叶茶种质资源的科研工作。因为热爱这个事业，所以他说起大叶茶种质资源来流露出一份独钟，言谈举止充满思想的智慧。在论坛的间隙，记者对他进行了独家采访。

国家定点茶树良种繁殖场

云南省普洱茶树良种场始建于 1983 年，是由农业部、云南省农业厅、思茅地区行署（现普洱市政府）联合兴建的国家定点茶树良种场。罗朝光告诉记者，普洱茶树良种场不仅是国家定点茶树良种繁殖场，也是农业部国家种子工程项目——云南大叶茶繁殖基地、国家茶树改良中心云南分中心、国家茶叶产业技术体系普洱综合试验站，2003 年在茶树良种场的基础上成立了中普洱茶研究院（2011 年研究院与茶树良种场分离）。承担着向云南省乃至全国大叶种地区良种选育、引种示范、繁殖推广以及成果转化、对外合作、科普教育、技术培训等任务。同时，还肩负着云南大叶茶种质资源的收集、保存与研究；良种栽培技术的研究与推广；茶叶加工技术的创新与新产品的研发及技术推广等工作。因此在国家茶叶科研和良种繁育体系中具有重要的地位和作用。

普洱茶树良种场现有良种母本园、示范园、品比园、苗圃等1 500亩。从 2014 年开始，普洱茶树良种场与普洱茶研究院合作，开展了对云南及省外部分茶树种质资源的调查和收集工作，建立了茶树种质资源圃 20 余亩。经过对茶树种质资源的考察，收集共保存资源1 200余份，茶树种质资源圃建设已日趋完善。同时，科研人员还对 700 多份资源进行了基因图谱的研究，对筛选出的 40 多份资源进行了新品种的试验工作。

罗朝光说，已有的研究表明，云南是茶树的原产地，具有数千年的茶叶栽培和利用历史，种质资源极其丰富且具有多样性。物种多样性：在茶学专家张宏达茶组植物分类系统中的 32 个种和 4 个变种中，云南有 21 个种和 4 个变种，占 69.4%；生态多样性：从南亚热带乔木大叶型到暖温带灌木中小叶型均有分布；形态多样性：具有茶树各种变

异体，如树型、叶片大小、芽叶长重、花冠大小、花瓣色泽等，相当于全国茶树博览馆；成分多样性：在氨基酸、咖啡碱、茶多酚、儿茶素含量等方面都有很大的差异；遗传多样性：在体细胞染色体倍数性、染色体核型对称性、DNA 的多态性方面都具有多样性。“我们力争把种质资源圃建成我国最大的云南大叶茶种质资源基因库”。

目前，普洱茶树良种场已成功选育了云梅、云瑰、矮丰、雪芽 100 号、短节白毫 5 个省级品种，每年可提供矮丰、雪芽 100 号、短节白毫、云瑰、普研 1 号、普景 1 号等穗条 300 余吨、苗木2 000多万株。在云南省推广无性系良种面积 150 余万亩，有力地推动了良种化进程。向四川、贵州、广西、广东、福建、浙江、海南等省提供大叶茶良种母本。

此外，他们还主持编制了地方标准《云南大叶种茶树短穗扦插技术规程》《云南大叶茶无性系良种栽培技术规范》《云南大叶茶有机茶园管理技术规程》《云南大叶种名优绿茶加工技术规程》《普洱茶加工技术与管理规范》《红茶加工智能化控制技术规程》及《绿茶加工智能化控制技术规程》。

科技创新取得突破性成果

普洱茶树良种场具有较强的科技力量和较好的科研设施，目前已摸索出一整套茶叶加工数字化、清洁化、智能化控制技术。罗朝光说，主要体现在以下几个方面：

创新茶叶加工技术

他们用了一年的时间，研发出了一整套红茶和绿茶加工数字化智能控制、清洁化生产技术。罗朝光告诉记者：过去传统的茶叶加工，人们只是凭感觉和经验，而不同的人、不同的时间，即便是同一个人在不同的时间，加工出来的产品也很难达到一致，加之高能耗、高污染的机械设备，难以保证产品质量。为此，普洱茶树良种场对茶叶加工机械设备和加工工艺进行了技术改造，淘汰了部分旧的机械设备，添置了新的机械设备。将普洱茶燃煤供热锅炉改为电能智能化烘干；红茶、绿茶燃煤供热烘干改电能智能化烘干；改红茶传统工艺发酵为数字化智能化控制系统发酵等。通过技术改造，实现了标准化生产、数字化控制生产，保证了加工质量的一致性，降低了污染，节省了成本，提高了经济效益。目前，他们正在与普洱茶研究院合作，进行普洱茶数字化智能控制发酵技术研究与普洱茶加工数字化智能控制设备的研发，目前普洱茶数字化智能控制发酵技术研究取得了突破性进展，普洱茶加工数字化智能控制设备样机已下线，很快将投入生产。

罗朝光表示，以上技术对茶叶加工是一个突破性的创新，至少可以获得 3 个国家发明专利。

加大茶叶新产品的研发

在茶叶新产品的研究开发上，普洱茶树良种场加大了力度，先后研制开发的新产品有：帕卡金针、帕卡金曲、万紫千红等沉香红茶，这些新产品已实现机械化批量生产。研制开发的“沉香红茶加工技术工艺”，申报了国家发明专利，并已受理。

茶园由绿色向有机转换

从 2014 年开始，普洱茶树良种场开始由绿色食品基地向有机茶园转换，并制定了明确的、完善的、可操作的转化方案；制定了保护和改善茶园生态环境的技术措施；开展了有机茶园认证的申请，并积极配合认证部门按照中国有机茶园认证标准进行材料的准备及检查工作。

目前，已通过了有机认证专家的检查，进入了有机茶园的转换期，取得了有机茶园转换证。

打造有特色的产品品牌

据记者了解，普洱茶树良种场自 1983 年建场以来获得了不少荣誉。仅科技进步奖、农技推广奖、产品奖等就有 52 项，其中“国家级茶树品种云抗 10 号繁育及推广”获 2002 年云南省农业厅农业技术推广一等奖、2004 年获云南省科技厅、云南省人民政府科学技术进步三等奖，“无性系茶树品种雪芽 100 号繁育及推广”获 2008 年度云南省农业厅农业技术推广一等奖，“普洱茶（熟茶）自动化发酵技术研究”“茶树种质资源收集整理与保存研究”分别获 2010 年普洱市人民政府科学技术进步一等奖，“云南大叶茶无性系良种繁育推广”获 2011 年农业部全国农牧渔业丰收二等奖等。

另外，普洱茶树良种场研制开发的“帕卡”和“柏枝”牌普洱茶、红茶和绿茶系列产品，先后荣获国家级、省部级特等奖、一等奖、金奖和银奖 30 余项，“帕卡”和“柏枝”牌产品 2008 年被认定为云南名牌农产品。

普洱茶树良种场在 2004 年还被中国茶叶学会命名为“茶叶科技示范基地”，2005 年被云南省政府命名为“科学普及教育基地”，2009 年被云南省教育厅认定为“云南省高职高专院校示范实习培训教学基地”，2012 年被云南省科技厅认定为第一批“云南省农业科技示范园”和“云南省优质种业基地”。

虽然获得了这么多的荣誉，但罗朝光始终保持着谦虚和低调的风格。在采访中，他几乎很少谈及个人的辛苦、努力和付出。只是寥寥几句，一带而过。他说，自己只是一名普通的科技工作者、高级农艺师，因为热爱大叶种茶的研究，所以与茶结了缘，因此所做的一切都是出于本心，没有什么可以炫耀的。但谈到普洱茶树良种场未来的发展时，罗朝光的话却多了起来。他说，未来他们的发展目标是：以科技创新、提质增效、打造品牌为目标，将普洱茶树良种场生产的“帕卡”普洱茶系列产品，打造成为有特色的中国普洱茶知名品牌；在优化结构、降低损耗的基础上，形成一批竞争力强、影响力大的特色优势普洱茶和红茶系列产品；依靠品牌提升产业效益，力争在技术创新、制度创新和营销创新上取得新进展；进一步完善企业管理体制和运行机制，提高工作效。

具体来说，将重点做好以下几个方面的工作：

生产加工标准化。制定和完善生产、加工、质量、安全等技术标准，按标准规程开展生产加工，不断提高产品质量，稳定品质，确保茶产品安全。

加大新产品研发的力度。在研制开发“帕卡金针”“帕卡金曲”和“万紫千红”等沉香红茶新产品的基础上，加大普洱茶及名优绿茶新产品的研制开发。大力推进普洱茶、红茶、绿茶产品与文化的结合，在巩固传统优势产品的基础上，积极研发新的精品，树立良好品牌形象。

打造知名品牌。今后 5 年“帕卡”品牌建设的总目标是：建设高水平有特色的中国普洱茶知名品牌。高水平是指管理水平高、产品质量高、经济效益高；有特色是指坚持走创新之路，努力打造一批有竞争力、影响力的产品，注重形成自己的特色优势。

开创营销新局面。一是成立“普洱优品茶树良种茶叶销售公司”，该公司为普洱茶树良种场二级法人，实行独立经营核算，从社会上聘用公司总经理，全权负责普洱茶树良种场茶产品营销工作。二是加大市场开发力度，全面提升“帕卡”品牌的市场竞争力。以市场消费需求为导向，加速产品结构调整。加快发展电子商务和电视购物，健全市场体系，发展营销大户，提升经营主体营销能力，提高市场占有率。三是在全力拓展市场开发的同时，多角度大力开展宣传促销。

挖掘民族茶文化。围绕“帕卡”的来源，挖掘、收集和整理彝族的民俗、民间茶文化及茶事、茶艺等活动，挖掘深厚的民族茶文化，以茶文化的发展促进茶产业的发展。

今年内，还将组织拍摄反映“帕卡”来源和彝族茶文化的专题片，充分发挥网络宣传的重要作用。

发展茶叶科技观光园。茶叶科技观光园开发建设总体目标是：以建成的茶树良种母本园、示范园、茶树种质资源圃等为基础，以茶叶科技为依托，以茶文化为载体，以都市茶园观光旅游为目标，建成集茶叶种植、加工、观光旅游、休闲度假、科学研究与实验、科普文化教育等多功能于一体的现代茶业园区。发展茶叶科普观光园，不仅能为游客提供新的休闲娱乐场所，满足都市居民多种休闲游憩活动的需求，也能给游园者以科技、科普知识教育，展示科学技术就是生产力的实景，更能充分发挥茶业和旅游业两大产业的叠加优势。

（张学珍　原载于《优质农产品》2015 年第 9 期）

有伦生态：一个有性格的农业品牌

记者对福建有伦生态农业发展有限公司（以下简称有伦农业）的第一印象，来自于 2015 年在福州举行的中国国际农产品交易会（以下称农交会）上。

作为国内首屈一指的农业盛会，农交会吸引了来自全世界的农业企业前来参会。而在众多的参会单位中，有伦农业显得非常特别。在他们的展位里，一群年轻人激情澎湃地招揽客户、介绍产品，场面火爆。

是什么激励着这群年轻人，让他们如此饱含激情地投入到工作中？这家企业具有何种魔力，能聚集这么多新生力量投入枯燥的农业产业中？带着这两个疑问，记者采访了有伦农业的总经理陈能文。

第一个性格：包容

陈能文最早是做汽车服务行业的，但是在此期间，他发现了三个问题：第一，农村人才流失严重，“很空”；第二，城市又“太满”，存在着大学生就业难的问题；第三，农产品安全问题层出不穷。所以，他开始设想：为什么不把大学生人才从人满为患的城市引入人才流失的农村，通过大学生从事农业工作来实现农业生产的现代化、优质化呢？有了这种想法之后，陈能文毅然决然地“跨界”了，从一个走在时尚前沿的“汽车人”变成深入乡间村里的农业人。

陈能文所从事的农业，不是传统的农业，而是集产品生产、销售、流通领域于一体的全产业链农业，这样的农业显然不是传统的农业人能够胜任的，所以，他召集了 58 名大学毕业生共同创业。这 58 名大学生，来自于不同的专业，有做生产的、有财务的、做营销的、做互联网的，囊括了各方各面的人才，共同组建成了一个“有伦农业全产业化团队”。用陈能文的说法就是：“用大学生创业平台，去打通产业链平台的瓶颈。解决农业人才缺失、思维缺失。”

把这么多不同专业、不同背景、不同性格的大学生合伙人组合成一个有战斗力的团队，并不是一件容易的事情。为了给每个人一个能够释放自己全部能力的平台，陈能文创造出了“有伦农业特色的大学生合伙人机制”。

在这个机制中，每个来有伦农业参加创业的大学生可以领到2 000元“创业薪金”。这点工资看起来很少，但事实上，如果大学生能够在有伦农业工作一年的话，离职的时候就能另外拿到18 000元钱补助，如果两年以后离职，则可以拿到72 000元钱。那么如果在有伦农业工作超过两年会领到多少钱呢？答案是：没有钱，给的是股权。

也就是说，每个大学生如果在两年内离开有伦农业，可以获得补助，如果在有伦农业工作超过了两年，并决心与有伦农业继续创业的话，就成了有伦农业的“股东”，到时候他不再是一个打工者，而是一个创业者了。

事实上，在有伦农业工作的大学生，很少有中途离开的。一开始跟着陈能文创业的58个大学生，现在基本上都是有伦农业的股东。这样的合伙人机制保证了有伦农业核心创业团队的稳定，这对于一家创业型的企业来讲非常难能可贵。

在采访的过程中，记者问陈能文：“现在人们都说‘80后’‘90后’缺乏实干精神，你怎么看待这个问题？”

陈能文想了想说：“你说的问题确实存在，但是我们是一个团队，团队可以包容一个人，改造一个人。我们经常跟员工在一起，告诉他们公司的困难，也告诉他们身上的缺点在哪里。他们会慢慢改正自己的缺点，在工作中寻找未来的希望，然后坚定地走下去。”

在说到几年来这批大学生跟随自己创业的历程时，陈能文有些动情，他说：“在我们企业最困难的时候，人才没有流失，农业是重资产行业，资金链很容易断裂，最困难的时候我们一年没发出工资，但是没有人离开。这些年轻人曾经感动过很多人。”在那些被感动的人当中，一定也包括陈能文自己。

这就是有伦农业的第一个性格：包容。企业以包容的心态对待员工，员工也回报企业以包容。

第二个性格：理性

有伦农业走的是多元化发展的道路，陈能文对记者说：“我们之所以敢走这样一条路，是因为我们有最核心的竞争力——人才。”人才对于企业的最大意义就是为企业注入一股理性的力量。

首先，陈能文本人就是一个非常理性的人。在采访中，他告诉记者：“公司从2012年筹建农场，经过58个合伙人3年的努力，到现在已经拥有了9个农场，包括3个休闲农场。而且有了自己物流配送中心和科技支撑体系。目前全产业链的布局已经基本结束了。”记者说道：“那您的事业可以说是获得了成功。”

没想到陈能文却摇了摇头说：“现在只不过是布局完成了而已，离成功还差得很远。”由此可见，他对于企业发展的阶段有着超乎常人的把控力和理性认知，不会因眼前的一些成绩而放松心态。

有伦农业是一个很人性化的企业，但这并不意味着它没有完善的制度，陈能文告诉记者，在各种类型人才的推动下，有伦农业如今已经形成了四方面的管控体系：

一是对团队的管控。实行行政统一化，公司有统一的财务团队、营销团队和客户团队，为各一线生产单位提供强有力的后勤保障。

二是对生产的集中管控。现在有9个农场，但是每个农场都不是独立的个体，是一个整合的有机体。

三是运营管控。公司实行统一运营的策略，避免了内耗和人力资源的浪费。

四是数据管控。有伦农业有自己的数据分析团队，为企业所有部门提供数据支持。

在有序的管理之下，有伦农业对于未来前进的方向也了然于胸。陈能文对记者说：“未来，有伦农业有两个最重要的目标：一是着力打造“互联网+”农业，利用大学生返乡创业的优势，最终实现一、二、三产融合发展。二是实现跨越发展，未来有伦农业将会和餐饮业有机结合，并和旅游业对接，将农业资源的优势延伸到更多方面。”

一幅恢宏的产业画卷缓缓打开，而支撑这一切稳步向前的基础，正是有伦农业的第二个性格：理性。

第三个性格：执拗

除了陈能文总经理之外，记者也和有伦农业的其他一些员工有过深入的交流。在与有伦农业的人接触的过程中，记者发现，这群常年与山水田园相伴的人，除了有一种恬淡从容的气度之外，也有一些对于当前事业的执拗。

小魏，2013 年毕业就加入了有伦农业。当年，他从农村走进大学，给自己挑了一个农学专业。父母对于他的选择不太满意，他们希望儿子能够彻底摆脱农业、走出农村。但是小魏自己却坚持要学农，家人无奈，只好同意。

毕业之后小魏果然还是干上了和农业有关的工作，在有伦农业，他属于生产第一线的员工，要深入田间地头，投入到种植工作中，辛苦劳累自然不用说，但小魏却乐在其中。他对记者说："城市就是个围城，外面的人想进去，里面的人想出来，我进去过，现在出来了。"

从事农业，就要和其他传统意义上的农民打交道。记者问小魏："你觉得怎么才能和传统农民更好地合作?"小魏说："进入他们的角色和他们沟通，农民是很纯粹的人，大家是平等的关系，我们帮助他们，他们也会帮助我们。农民有时候觉得工资少了，我们可以帮他们申请提高工资，他们觉得工作太辛苦，我也可以帮他们调整时间。反过来说，我们有时候工作做不完了，他们也会主动过来帮助我们。"

记者最后问小魏："你觉得你会一直从事农业工作吗?"小魏点点头，说："农业是国之根本，需要大学生去做。"

有伦农业的另一位员工小杨，也是一个非常执拗的人。如果说小魏的执拗来自于对于农业的情怀的话，那么小杨的执拗则更多地来自于他对行业未来的期冀。

小杨在有伦农业主要负责观光农场这一部分的工作，谈起自己所从事的工作，小杨充满信心，他对记者说："旅游是国家大力提倡的第三产业，是未来发展的趋势。城市和乡村存在人流、现金流转化难的问题，通过观光农业，可以将城市的人流和资金流引入到农村，实现共同富裕。"

关于观光农业对传统农业的促进意义，小杨也有自己的认识。他说："现在国外流行一个概念，叫参与式认证，就是让消费者自己体验生产过程，让消费者对你的产品了解更深，更加信任。观光农业正好满足了这种参与式认证的条件，让城市人在有伦农业庄园游玩的同时，也对我们的产品更加信任。等他们回到城市之后，知道了我们有伦农业的产品确实是绿色的、健康的，就会继续消费我们的产品。"

对于未来，小杨说："将来观光农业一定会迎来更好的发展，所以现在我们要做的就是坚持做好基础工作。"

又是一个执拗的人！小魏和小杨，代表着有伦农业的第三种性格：执拗。这种执拗来源于他们对农业的热爱，和对农业未来的信心。

最终的目标还是优质

包容，理性，执拗，这是有伦农业的三个性格。目前而言，有伦农业还处于刚刚起步阶段，未来的路还很长。但是我们有理由相信，这样一个有性格的品牌，一定会走出一条属于自己的路。

对于未来的目标，陈能文总经理给出了自己的答案：生产出消费者最满意、最优质的农产品！在他看来，传统农业之所以难以做到优质，首先是因为传统农民无法享受流通环节带来的利益，所以只能通过增加产量来提高收入，忽视了产品的质量。有伦农业则更加重视品牌品质，所以保证质量是他们的首要目标。当记者问他：质量的提升意味着更多的投入，资金方面的难题该如何解决时，陈能文摆摆手说："农业的发展不是一个简单的资金的问题，政府每年那么多的资金投入，没有取得好的效果，就是因为人的问题。我们需要的是智库、是人才，这才是最根本的问题。"

确实，有伦农业现在已经具备了发展优质、成功崛起的资本——人才。一个领头人和58个大学生，已经用开创性的方式在农业领域做出了成绩。陈能文对于自己手下的这些大学生们更是充满了期待。他对记者说："大学生返乡创业，在将来农业史上有他们的一笔！"

（尚义　原载于《优质农产品》2015年第9期）

品牌主体

- 北京聚源德种植专业合作社
- 北京鑫城缘果品专业合作社
- 北京真顺红苹果专业合作社
- 北京进良磨盘柿专业合作社
- 天津曙光沙窝萝卜专业合作社
- 天津黄花山核桃种植专业合作社
- 天津百姓一兰梓农作物种植专业合作社
- 天津金宝地水产养殖专业合作社
- 河北玉田县黑猫王农民专业合作社
- 河北固安县顺斋瓜菜种植专业合作社
- 河北唐山市丰南区后打蔬菜专业合作社
- 河北丰宁满族自治县恒丰蛋鸡养殖专业合作社
- 山西清徐县日前果业专业合作社
- 山西吉县吉昌镇绿之源苹果专业合作社
- 山西临猗县忠定苹果种植专业合作社
- 内蒙古鄂温克旗伊兰嘎查牧民专业合作社
- 内蒙古商都县鑫磊蔬菜专业合作社
- 内蒙古敖汉旗惠隆杂粮种植农民专业合作社
- 辽宁丹东圣野浆果专业合作社
- 辽宁盘山县胡家秀玲河蟹专业合作社
- 辽宁瓦房店东马屯水果专业合作社
- 吉林白山抚松县广茂人参药材种植专业合作社
- 吉林德惠市万达农业种植专业合作社
- 黑龙江五常市王家屯现代农业农机专业合作社
- 黑龙江齐齐哈尔市梅里斯区达乡洋葱专业合作社
- 黑龙江延寿县鸿源有机稻米合作社
- 上海仓桥水晶梨专业合作社
- 上海桃咏桃业专业合作社
- 上海皇母蟠桃种植专业合作社
- 江苏南京市高淳区青松水产专业合作社
- 江苏泗阳县苏花花生专业合作社
- 浙江安吉县女子茶叶合作社
- 浙江临海市上盘西兰花专业合作社
- 浙江建德下涯红群草莓专业合作社
- 安徽宁国市富民中药材专业合作社
- 安徽砀山县二分水果种植专业合作社
- 安徽望江县金穗种植专业合作社
- 福建武平县绿露仙草专业合作社
- 福建浦城县官路神农薏米专业合作社

- 福建清流县沧龙渔业专业合作社
- 江西靖安县翠园白茶生产专业合作社
- 江西广丰县瀛洲种养专业合作社
- 山东阳谷先运辣椒专业合作社
- 山东安丘市南王家庄村草莓种植专业合作社
- 山东蒙阴县宗路果品专业合作社
- 山东乳山市久大海珍品养殖专业合作社
- 山东莱州市土山泽潭渔业专业合作社
- 山东东营市景明黄河口大闸蟹养殖农民专业合作社
- 河南焦作武陟蒸香生态农业专业合作社
- 河南林州市东姚宏鑫洪河小米专业合作社
- 河南信阳浉河区联农茶业专业合作社
- 河南杞县众鑫农产品专业合作社
- 湖北天门市天海龙农业种植专业合作社
- 湖北麻城市兆至蔬菜专业合作社
- 湖北黄冈市黄州区春阳蔬菜专业合作社
- 湖北宜昌成祥养羊专业合作社
- 湖南宁乡县流沙河牲猪养殖专业合作社
- 湖南农康葡萄专业合作社
- 广东化州市益利化橘红专业合作社
- 广东高要市活道镇仙洞益群粉葛专业合作社
- 广西陆川神龙王养殖园区专业合作社
- 广西桂林荔浦新发果蔬专业合作社
- 广西南丹县瑶家生态农业专业合作社
- 广西钦州市浦北县山泉官垌鱼产销专业合作社
- 海南三亚福返热带水果专业合作社
- 重庆潼南县团结生猪养殖专业合作社
- 重庆云阳县泥溪乡南山峡黑木耳专业合作社
- 重庆城口县坪坝猕猴桃种植股份合作社
- 重庆璧山县渝璧玉血橙种植股份合作社
- 重庆诗进葡萄种植股份合作社
- 四川成都市龙泉驿区十陵禽业合作社
- 四川江安县原生态李子专业合作社
- 四川彭州市三界丰碑蔬菜产销专业合作社
- 贵州金沙隆喜辣椒专业合作社
- 贵州湄潭县落花屯茶叶专业合作社
- 贵州都匀市螺丝壳河头茶叶农民合作社
- 贵州三都水族自治县交梨乡山野水晶葡萄农民专业合作社
- 云南昭通市昭阳区顺顺种植专业合作社

- 云南文山市明春他披梨种植农民专业合作社
- 云南勐海县勐遮镇曼根优质稻米生产专业合作社
- 云南建水县福新果蔬专业合作社
- 云南宾川冬梅蔬菜水果专业合作社
- 陕西洛川民丰专业合作社
- 陕西眉县齐峰富硒猕猴桃农民专业合作社
- 陕西商南县雨山茶叶专业合作社
- 甘肃庆阳恒丰源苹果专业合作社
- 甘肃天水市秦州区罗玉大樱桃专业合作社
- 青海乐都县兴农蔬菜专业合作社
- 宁夏中宁县健商堂枸杞专业合作社
- 宁夏永宁县曹东现代农业专业合作社
- 宁夏中卫市香山硒砂瓜流通专业合作社
- 宁夏中卫市海原县鸿鑫马铃薯专业合作社
- 新疆新源县花岛养蜂专业合作社
- 新疆温宿县天山红林果业农民专业合作社
- 新疆生产建设兵团十三师淖毛湖农场
- 西藏拉萨市堆龙德庆县岗德林种植农民专业合作社
- 西藏乃东县贡桑禽类养殖专业合作社
- 西藏林芝朗县朗敦辣椒专业合作社

北京聚源德种植专业合作社

老栗树（板栗）

北京聚源德种植专业合作社位于北京市怀柔区渤海镇，种植的板栗正处于燕山山脉，因独特的地理位置及特性，形成了具有地方特色的怀柔板栗。合作社高度重视品牌塑造，成功注册了合作社自有的品牌“老栗树”，2012年4月通过ISO22000国家食品安全管理体系认证，2014年1月获得有机产品认证。合作社从种植、采收、分检、储存、加工到包装、销售各环节实现一条龙监管，自投产以来秉承质量第一的原则，未发生过任何食品安全事故。

合作社在产品的生产工艺上下足了工夫，原料通过冷库的特定温度储存，经过足月糖化，板栗甜度自然分解出来，营养不流失，口感更细腻，是原汁原味、不含防腐剂、纯天然的绿色食品。合作社的核心工作是确立怀柔板栗品牌形象，并在板栗产品研发的基础上，面向特色食品类的发展方向，设计确定了产品的品牌形象，体现出来对百年老栗树的传承，突出了“老栗树”标识的作用，建立品牌化的市场定位。为宣传推广“老栗树”品牌，2014年合作社还划定了占地面积近200亩的“明清板栗园”。

北京鑫城缘果品专业合作社

鑫城缘（草莓）

北京鑫城缘果品专业合作社是一家集果品生产、销售以及观光、采摘、垂钓、餐饮于一体的农民专业合作社，2009年7月通过了无公害认证，并于2012年成为国家质监局和农业部国家地理标志“昌平草莓”的授权使用单位。“鑫城缘”商标是合作社拥有的注册商标。

合作社拥有705亩草莓日光温室，进行精品草莓种植，合作社理事专门赴草莓生产大国西班牙学习种植管理经验，提高草莓安全生产管理技术。合作社拥有近千栋日光温室，建设了90栋春秋大棚进行遮雨式草莓育苗。2014年在合作社基地内，我们进行新品种、新技术、新栽培模式的试验示范，展示架式草莓栽培，架式草莓便于采摘，有较高的观赏性，深受市民的喜爱。

2010年合作社选送的童子一号草莓样品在第五届中国草莓文化节中获得优胜奖；2013年在首届北京农业嘉年华草莓擂台赛上，合作社选送的草莓分别获得“银奖”和“铜奖”；合作社在2014年被评为“国家农民合作社示范社”。

北京真顺红苹果专业合作社

瑞民（苹果）

北京真顺红苹果专业合作社位于第四批全国“一村一品”村镇——昌平区崔村镇真顺村西北部。合作社成立于2007年，是2011年农业部等部委公布的首批农民专业合作社示范社。该合作社为种植苹果的农民自发成立，坚持“团结合作共同富裕”的办社方针，发展苹果产业，社员从成立之初的102户发展到361户，种植面积3 350亩，苹果年产量670万千克，兼有草莓、红宝石李子、京白梨、大樱桃等果品。2010年，合作社注册了“瑞民”商标。

合作社带领社员实施标准化管理，科学生产，产品达到绿色食品标准，部分获得有机产品认证，生产的苹果以其优异品质受到消费者的青睐，合作社拥有自己的生产基地——北京崔村园上园种植园，所产果品获得有机产品认证。合作社生产的苹果在全国评比中多次获得“优质富士苹果金奖”，4次摘得“优质富士苹果果王奖”。2004年出口欧盟，成为北京出口苹果第一单，并销往泰国等国家和地区。

北京进良磨盘柿专业合作社

进良（磨盘柿）

进良磨盘柿专业合作社磨盘柿标准化生产基地始建于 2007 年，基地在北京市唯一的磨盘柿专业镇——张坊镇，总面积 350 亩。合作社建设了以柿子生产为载体，集柿子新品种展示与销售、良种繁育与加工、农业观光与体验等于一体，充满自然情趣，具有良好经济、社会和生态效益的符合农业可持续发展要求的柿子循环产业示范基地。

张坊磨盘柿因其果实大，果形美，光洁艳丽，口味甘甜等优点，已得到社会的认可和高度评价。早在 1986 年全国林果产品展销会上，张坊磨盘柿就被评为名特优产品，2005 年被北京市科委、农委列入首批“唯一性特色农产品”名录，成为了具有较高知名度的品牌；2007 年取得了无公害、有机食品认证，获得了国家地理标志产品保护；2009 年，在第四届柿生产与科研进展研讨会上，张坊磨盘柿被与会专家评为全国柿产品第一名。

天津曙光沙窝萝卜专业合作社

SHAWOSHUGUANG（萝卜）

天津市曙光沙窝萝卜专业合作社成立于 2007 年，曾参加第六届、第七届中国国际农产品交易会、“一村一品”农产品交易会、绿色食品洽谈会，在 2007 年、2008 年、2009 年连续三年被中央电视台第七套农业节目报道，并被农民日报、科技日报、天津卫视频道、经济频道等多家媒体报道。

曙光沙窝萝卜呈圆柱形，外形均匀，皮细光亮，肉色翠绿，脆嫩多汁，采收时磕碰会出现裂缝，品质细腻，甜辣适口，经储存口味更佳，有“沙窝萝卜赛鸭梨”的美誉。种植时，村民注意选种，讲求精细管理，使沙窝萝卜逐渐成为天津地区的一个优良农家品种，载入农业典籍，被广为引种。时至今日萝卜品质、种子纯度、栽培技术始终以合作社所在的小沙窝村领先居首。

天津黄花山核桃种植专业合作社

孙各庄（核桃）

天津市黄花山核桃种植专业合作社坐落于蓟县孙各庄满族乡燕山脚下，由于这里群山环绕，土壤肥沃，土质以壤土砂型为主，绿色植被丰富，空气清新，光照充足，昼夜温差大，水质纯净，而且无工矿企业污染，非常适宜核桃种植。

合作社成立以来，为了进一步提高果农的果树管理技术和果品质量，先后举办 320 余期管理技术培训班，培训达15 000人次以上，使核桃品质在原有的基础上有了新的飞跃。在此基础上合作社注册了“孙各庄”牌商标，并通过国家商标总局认证批准为地理标志产品。为了打造好自己的品牌，合作社请广生公司设计并印制了包装和宣传册，在蓟县县城开办了孙各庄核桃专卖店，建立了自己的销售网络，使孙各庄的优质核桃快速走进了京、津、沪等各大城市的家庭。合作社每年为核桃种植户亩产增收超出1 000元，真正实现了“我乡核桃按个卖”的愿望。

天津百姓一兰梓农作物种植专业合作社

一兰梓（大蒜）

天津市百姓一兰梓农作物种植专业合作社于 2008 年起步至今已发展成有社员 151 户、基地面积 600 亩、总产量达到 300 多吨的六瓣红大蒜种植基地，年产值达到 900 余万元。合作社内实行“统一种植品种、统一肥料供应、统一技术指导、统一产品收购、统一加工销售”的标准化管理模式，带动了本地区 2 个镇 400 多农户科学种植六瓣红大蒜。

合作社生产的宝坻大蒜以其汁透明，味淡不熏眼，质量好，产量高闻名全国。近年来，随着人们对宝坻大蒜的认可，2010年合作社注册了自己的商标“一兰梓”。2011年“一兰梓”品牌大蒜达到国家绿色食品标准，并于2011年国家绿色食品博览会荣获“最佳畅销奖”；2012年第十届国际农产品交易会上，“一兰梓”大蒜荣获“金奖”；2013年“一兰梓”大蒜荣获天津市放心农产品“金农奖”。

天津金宝地水产养殖专业合作社

宝坻黄板泥鳅（泥鳅）

天津金宝地水产养殖专业合作社成立于2010年，是天津市农民专业合作社示范社，2014年合作社被评为“国家级农民专业合作社示范社”。2010年取得了国家质检总局颁发的华北地区唯一水生动物泥鳅出口许可证，同时还申办了企业进出口权。产品常年出口日本、韩国，公司先后得到了水稻和泥鳅的有机产品认证，同时注册了“金宝地”国际商标和“宝坻黄板泥鳅”的地理标志。

公司建立了自己的信息网站，安排专人负责在网上推广宝坻区黄板泥鳅地理标志这一品牌；在全国一些大中城市超市，通过举办产品试吃、免费品尝、无偿赠送等活动，推广宣传合作社产品；在电视广播等媒体上宣传合作社无公害养殖管理和HACCP养殖技术，从而保证水产品质量安全，在消费者中建立诚信形象；通过与高档消费场所合作，定期定点供应无公害产品，提高宝坻区黄板泥鳅地理标志这一品牌知名度。

河北玉田县黑猫王农民专业合作社

慈玉（包尖白菜）

玉田县黑猫王农民专业合作社成立于2007年11月，实施“合作社＋龙头企业＋农户＋标准化基地”的经营模式，自主创新、不断发展，带动当地农业由一产向二产、三产的产业链条延伸，带动了农民增收致富，促进了本地果品蔬菜等优势特色农产品的生产、加工、销售，开创了玉田县果蔬精深加工的先河，是国家示范合作社和全国农民合作社加工示范单位。

“慈玉”牌包尖白菜是玉田县传统特色名产蔬菜，因其叶球直筒拧抱紧实，顶部稍尖，菜体呈圆锥状。玉田包尖白菜具有耐贮藏、不易抽薹、高品质等特点，做馅，清鲜宜人；溜炒，不乱汤；菜心生食，甜脆鲜嫩，清心爽口，有去油腻、解酒醉之功能。“慈玉”牌包尖白菜获得了绿色食品认证并成为地理标志保护产品，在2010年中国特色农产品博览会、2012年中国现代农业商品博览会和2013年国际农产品博览会上荣获“金奖”。

河北固安县顺斋瓜菜种植专业合作社

普春（番茄）

固安县顺斋瓜菜种植专业合作社位于固安县牛驼镇前庞家务村，成立于2007年4月，目前合作社已成为集名特优农产品生产，新品种的引进、示范、推广、加工、配送为一体的农业科技型龙头企业，是实现农超对接、订单生产、定向销售，拥有现代农业生产经营理念的先进示范单位。2010年，合作社被农业部确定为“国家级蔬菜标准园”；2012年7月，合作社被评为“全国农民专业合作社示范社”。

为了让更多老百姓吃上放心蔬菜，合作社积极开展产品认证，番茄通过了绿色食品认证。合作社在原有“普春”商标的基础上，2014年10月新注册了“顺斋”牌商标。今年合作社在京客隆超市设立了品牌销售专柜，对合作社生产的蔬菜进行贴标上市。

河北唐山市丰南区后打蔬菜专业合作社

后打（黄瓜）

后打蔬菜专业合作社成立于2007年，多年来一直坚持走品牌战略路线。合作社成立以来，通过统一标准、统一包装、统一品牌、统一销售，形成了“上接客户，下联农户”的生产销售模式。2006年，“后打”牌蔬菜在全国成功注册，同年产品通过河北省无公害体系认证。2011年，西红柿、青椒两个产品通过国家绿色食品体系认证。2012年，“后打”牌蔬菜申请唐山市知名商标并通过验收，黄瓜、尖椒两个产品通过了国家绿色食品认证，实现了统一包装、品牌销售。2013年“后打”牌蔬菜申请河北省著名商标并通过验收。

黄瓜是“后打”牌蔬菜主打产品，近两年来主要种植碧盈B型、玛娃、1108号等品种，生产中引进了防虫网、黄板诱杀、微灌等先进技术，提升了产品品质和商品性。产品以果肉适中、口感脆甜和颜色靓丽享誉在外，目前远销京、津、唐、内蒙古和东北三省，成为丰南区乃至唐山市一张靓丽名片。

河北丰宁满族自治县恒丰蛋鸡养殖专业合作社

驸马山（鸡蛋）

丰宁满族自治县恒丰蛋鸡养殖专业合作社建于2008年4月，合作社以公司化运作管理，以统一供种苗、统一供料、统一技术服务、统一产品包装、统一销售、统一结算、统一使用“驸马山”品牌、统一收交产品、统一分红的“九统一”方式运作。合作社依托附马山庄公司在国家商标局注册了“附马山”牌，同时获得了河北省畜牧局无公害农产品产地认证、农业部无公害农产品产品认证。

“驸马山”品牌鲜蛋、生态蛋和柴鸡蛋及商品鸡是合作社市场的主打品牌。合作社现有鲜鸡蛋、柴鸡蛋、生态蛋等6个品种，蛋黄蛋清比普通鸡蛋明显浓稠，蛋黄比普通散养草鸡蛋大8%～10%，蛋黄色素可达罗氏11级左右，卵磷脂、维生素A、维生素B、维生素E、氨基酸的含量比普通鸡蛋高出5～10倍。蛋壳为天然粉黄色或白色，蛋黄大、蛋清浓稠，营养丰富。

山西清徐县日前果业专业合作社

日前（葡萄）

清徐县日前果业专业合作社位于中国四大葡萄产地之一的山西省清徐县马峪乡西马峪村，成立于2006年，成员210人，主要经营果树种植、新品种引进、果品销售。目前合作社有卡拉斯玫瑰、早黑宝、香妃、无核奥迪亚、美人指、黄香蜜、奥古斯特、玫瑰香等六十多个葡萄新品种，极大地带动了当地葡农种植新品种葡萄的积极性。

合作社的“日前”牌葡萄在2007年通过了农业部、山西省农业厅无公害农产品资质认证，并获得无公害农产品“产地认证书”。合作社基地绿源生态农业开发有限公司“日前”牌商标2013年被中国绿色发展中心认证为绿色食品，2009年被评为“山西省著名商标”；“日前”牌葡萄被评为“山西省名牌产品”。合作社的农产品销售到省内各大城市，美特好、沃尔玛等几个大型超市都设有水果专柜。

山西吉县吉昌镇绿之源苹果专业合作社

JX（苹果）

吉县吉昌镇绿之源苹果专业合作社，成立于2009年3月，注册资金200万元，下辖两个公司，十家用标企业，是管理规范的专业合作组织。2010年4月2日获得农业部农产品地理标志“吉县苹果”登记证书，登记证书编号：AGI00216。

吉县苹果果型端正高桩、果实大、底色黄、着色鲜艳浓红、果肉白色、口感香脆甜爽、汁液多、甜酸适口、果面光洁细腻、耐储存，维生素C含量、含糖量、钾元素含量均明显高于普通苹果。吉县苹果含有18种氨基酸，其中包括人体必需氨基酸中的7种，均达到且超过国家质量标准。

吉县苹果曾荣获首届全国农博会苹果类唯一金奖。2014年元月获山西精品年货节“畅销金奖”，2014年10月荣获“第十二届中国国际农产品交易会参展产品金奖”。目前吉县苹果畅销国内各大中城市，并出口东南亚、俄罗斯等地区和国家。

山西临猗县忠定苹果种植专业合作社

老吴苹果（苹果）

临猗县忠定苹果种植专业合作社位于临猗县角杯乡上豆氏村，成立于2008年2月，注册资金410万元，主要经营范围是苹果种植、贮藏、销售。合作社自成立以来，实行“五统一”，即统一技术、统一包装、统一品牌、统一贮藏、统一销售，在生产上实行八大新技术，每增加一项新技术，都能提高苹果的品质，增加苹果的产值。

合作社于2009年11月申请注册了“老吴苹果”商标，2014年12月被山西省工商行政管理局认定为山西省著名商标。合作社2010年被山西省委农工办、省农业厅评为“水果标准化生产示范园”，2011年被农业部确定为“国家苹果产业技术体系优质高效标准示范园”，2014年11月被农业部授予“全国农民专业合作社示范社”称号。合作社生产的“老吴苹果”获得农产品地理标志证书、良好农业规范认证证书和出境水果果园注册登记证书。

内蒙古鄂温克旗伊兰嘎查牧民专业合作社

呼伦贝尔羊肉（羊肉）

伊兰嘎查牧民专业合作社是按照“民办，民营，民受益”的原则，自愿联合组织起来民主管理的互助经济合作组织，于2008年7月正式成立。生产的“呼伦贝尔羊肉”所采用的呼伦贝尔羊系无污染的呼伦贝尔大草原自然放牧生产，采用纯天然饲料饲养，没有任何人工饲料添加剂成分。

“呼伦贝尔羊肉”具有色泽鲜艳、高蛋白、低脂肪、瘦肉率高、肉质鲜美、口感细嫩、多汁味美、营养丰富、无膻味等特点，经肉质化学分析，其各种氨基酸含量较高，特别是谷氨酸和天冬氨酸的含量比其他羊肉高，脂肪酸的不饱和程度低，脂肪的品质好，属纯天然绿色食品，羊肉品质极佳。2013年6月7日，“呼伦贝尔羊肉”取得国家商标局地理标志集体商标。用呼伦贝尔羊肉开发和加工成的系列产品，远销欧亚及阿拉伯国家，特别在日本、韩国和港澳地区备受欢迎。

内蒙古商都县鑫磊蔬菜专业合作社

鑫漩（马铃薯）

商都县鑫磊蔬菜专业合作社于2002年由商都县民政局注册登记成立，主要经营蔬菜瓜果等农作物种植、购销、初加工、仓储、农业生产资料销售（不包含农药）、农业技术推广、农民培训等业务。合作社本着“有机、环保、绿色”经营理念，精心打造“鑫漩”牌有机、环保、绿色蔬菜杂粮等产品。

合作社曾多次被评为“国家级农民专业合作社示范社”，2014年按照国家最新认证产品检测标准规定，合作社的蔬菜及马铃薯基地被认证了绿色食品，2015年3月“鑫漩”商标被评为内蒙古著名商标。合作社种植的马铃薯绿色品种深受消费者的喜爱，远销北京、天津、河南、河北、内蒙古、山东、广州等地区。

内蒙古敖汉旗惠隆杂粮种植农民专业合作社

孟克河（小米）

内蒙古赤峰市新惠镇扎赛营子村耕地多为低山丘陵坡地，年有效积温在3 200℃以上，降水量400～500毫米，气候非常适合谷子、高粱、玉米、豆类、荞麦生长。2008年，该村村委会书记王国军等人创立了敖汉旗惠隆杂粮种植农民专业合作社，因地制宜，实行以小杂粮为主导产业的旱作农业产业化发展模式，并注册了地域标志商标“孟克河”牌。合作社沿袭着古老的耕种机制，采用传统的耕作模式，农作物全部在天然雨水下生长，不进行人工浇灌，所生产出的有机小米具有色泽光、口感好、味道纯、质地软、不回生、营养丰富等特点。

惠隆合作社生产的有机四色小米，依托“全球500佳”的生态环境品牌，“全球重要农业文化遗产”的文化底蕴，“世界小米之乡”的名气，不断挖掘“孟克河”牌坡地有机杂粮特色文化元素，将这一具有地方特色的品牌形象做大做强。

辽宁丹东圣野浆果专业合作社

圣野果源（草莓）

丹东市圣野浆果专业合作社位于“中国草莓第一县”辽宁省丹东市东港十字街镇赤榆村，全方位致力于草莓小浆果等具有丹东地域特色的各种水果的新品种选育、种植、初级加工和销售工作。现有草莓、蓝莓等种植基地1.2万亩，带动10多个乡镇2 000多户农民从事果品生产。

合作社采取“农民＋家庭农场＋示范基地＋科研院校＋公司＋超市＋社区直营店＋生鲜电商＋微商”的创新模式，按照出口产品和放心农产品质量标准生产要求进行“统一管理”，通过良好的操作规程和严格质量管理追溯体系，实现农产品“从田间到消费终端”全程可控。

合作社草莓鲜果在第六届、第八届、第九届、第十届、第十一届中国草莓文化节上获得过草莓鲜果金、银、铜奖。现为全国农民专业合作社示范社，全国农业农村信息化示范基地电子商务示范合作社。

辽宁盘山县胡家秀玲河蟹专业合作社

秀玲河蟹（河蟹）

盘山县胡家秀玲河蟹专业合作社于2009年3月5日注册，法人代表孙秀玲，注册资金200万元人民币，经营范围为河蟹养殖、销售及相关技术咨询服务。

2013年，秀玲河蟹专业合作社的河蟹产品注册了“秀玲”牌商标，河蟹养殖场地和产品通过了无公害产地和产品认证。为了宣传和培育优质河蟹品牌，合作社在养殖技术和质量上严格把关，保证了产品的优秀品质。使“秀玲”牌河蟹以“个大体肥、膏满黄多、野味十足、营养好吃”等优点深受广大消费者青睐并获得良好的信誉。同时为了加大宣传，合作社积极参加国家、省、市、县举办的各类河蟹展销与文化系列活动。“秀玲”河蟹多次参加盘锦蟹王争霸赛，连续五届荣获“蟹王”“蟹后”称号和群体一等奖。多年在盘锦市河蟹展销评比中获得“十佳销售大户”称号。在国家、省、市举办的河蟹展销和文化系列活动中也多次获得殊荣。

辽宁瓦房店东马屯水果专业合作社

东马屯（苹果）

瓦房店东马屯水果专业合作社位于大连

瓦房店市东马屯村，于2007年8月1日成立，是辽宁省第一家经工商注册成立的合作社。合作社成立以来，先后被评为国家“农民专业合作组织示范单位”、辽宁省“十大经济合作组织重点示范单位”、“辽宁省农民专业合作社重点示范社”，2012年被评为“全国农民专业合作社示范社”，获得国务院表彰和领导亲切接见。现为辽宁省农民专业合作社联合会会长单位。

合作社地处群山环抱的“中国苹果生态谷”之中，苹果种植始于1891年，独特的自然生态环境，加上历史传承和现代科技的有机结合，使“东马屯”牌苹果呈现形体靓丽、色彩诱人、口感独特等突出特点。“东马屯”牌苹果先后被评为“中国名牌农产品”“中国驰名商标”，多次成为国家接待贵宾的礼品水果，“小国光苹果”获得国家工商总局地理标志商标注册，“红富士苹果”获得地理标志登记。

吉林白山抚松县广茂人参药材种植专业合作社

广茂源（人参）

抚松县广茂人参种植专业合作社，地处吉林省东南边陲，长白山腹地，松花江畔的抚松县万良镇。亚洲最大的人参产地——长白山人参交易中心就坐落在这块美丽富饶的黑土地上。

合作社成立于2011年，是集中长白山道地中药材科研、开发、种植、加工及营养保健食品生产、销售、服务为一体的民营企业。合作社积极致力于长白山人参中药材的开发，走自主开发创新的发展之路，研制种植人参、西洋参、五味子、当归等多种中药材产品，深受国内外客商的青睐，并远销东南亚各国及地区。

合作社在开发和生产实践中不断创新，积累了丰富的经验。在人参药材选址、栽培、移栽、病虫害防治、分选保鲜、加工艺改良、灭菌、防霉、脱氧等技术方面取得显著成果。同时与农民一起建起人参种植基地，使人参药材产业形成了完整的产业链，为人参药材产业二次创业，扩大再生产奠定了坚实的基础。

吉林德惠市万达农业种植专业合作社

同巨永（有机大米）

德惠市万达农业种植专业合作社，2010年10月注册成立，主要经营范围包括组织本社社员进行农业种植、销售；进行生态有机肥料的生产及销售。

在德惠市岔路口镇同巨永村，合作社建立了146公顷有机水稻生产基地，现已有效运行三年并完成了有机认证，经国家专家组检查后认证证书已下发到位（证书编号：1120GA1200056）。“同巨永”牌有机大米销往北京、西安、重庆、深圳、济南等地。

2013年合作社有机肥项目开始建设，现已建成达产，生产规模5万吨。合作社注册的“世巨永”有机肥是生产绿色无公害农产品、有机农产品首选肥料，同化肥配合施用，对于涵养地力，促进农作物吸收营养成分、抗病、促早熟效果显著。

合作社每年组织农民技术培训120场，参加农民2 000多人次，录制剪辑活动纪实片120分钟。2012年获“长春市先进女农民专业合作社”称号；2013年合作社获得吉林省省级农民合作社示范社称号，2013年“同巨永”牌大米获12届长春农博会“金奖农产品”称号；2014年合作社获“国家示范合作社”称号。

黑龙江五常市王家屯现代农业农机专业合作社

乔府君道（有机米）

五常市杜家王家屯现代农业农机专业合

作社成立于2011年，几年来积极探索现代农业条件下农机合作社发展的经营模式，逐步丰富、延长生产链条，生产经营规模不断扩大、综合实力显著提高。2013年被农委、省财政厅评为“现代农机专业合作社农机规范社”。2013年被黑龙江省农业委员会、省财政厅评为十个规范社之一。

合作社在董事长带领下，经过5年的努力，成功推出以“乔府君道”品牌为主打产品的留胚保鲜米。“乔府君道”品牌发展以米业为基础的有机健康食品，按照欧盟有机种植标准，实现从种植到生产全程可追溯。乔府君道系列包含生态稻鸭米、有机稻花香、有机转换稻花香三类产品，全部采用留胚加工工艺。产品采用世界先进生产工艺和设备，严控大米烘干、储藏、加工过程的低温温度，保障产品质量，减少水稻加工过程的营养流失，完美保留优质稻花香大米的新鲜品质。

黑龙江齐齐哈尔市梅里斯区达乡洋葱专业合作社

大八旗（洋葱）

大八旗村地处嫩江西岸，没有工业企业，无环境污染，出产的洋葱品质优良，是纯天然无公害食品。大八旗村“达乡洋葱专业合作社”是以洋葱生产、加工及销售为一体的农民合作经济组织。

大八旗洋葱外形美观、色泽鲜艳、品质优良。据测定洋葱百克含蛋白质1.1克、脂肪0.2克、碳水化合物9克、膳食纤维0.9克、维生素A 3微克、胡萝卜素20微克、硫胺素0.03毫克、核黄素0.03毫克等，营养丰富，具有美容、软化血管等功效，颇具医疗、保健双重作用。2008年“大八旗”牌洋葱被评为黑龙江著名商标。同时大八旗村达乡洋葱合作社在2008年北京奥运会期间被指定为供京洋葱产品单位。合作社的洋葱种植技术被确定为国家洋葱种植技术标准，“大八旗”牌洋葱被国家技术监督管理总局确定为“国家级地理标志保护产品”。

黑龙江延寿县鸿源有机稻米合作社

延亮河畔（有机稻米）

鸿源有机稻米专业合作社成立于2008年7月，创始人张书鸿，利用当地的亮珠河水无污染、富含多种微量元素，土质肥沃，空气清新等特点，引领农民按照有机绿色标准模式进行水稻种植。合作社2014年被评为“国家级农民合作社示范社”。

“延亮河畔”品牌大米产自于全国绿色食品原料标准化生产基地——延寿县。这里是长白山支脉张广才岭的西麓，亮珠河沿岸。有良好的生态环境、独特的地理地貌、适宜的气候条件和先进的栽培技术，造就了“延亮河畔”牌大米独特的优良品质。

“延亮河畔”牌大米经农业部谷物检测中心全程跟踪检验，北京中绿华夏有机认证中心认证。颗粒整齐饱满、晶莹剔透、天然醇香。烹制出的米饭香味浓郁、米香四溢、食之面韧、清淡香甜，剩饭不回生，营养价值极高。产品以其纯正的品质，合理的价格赢得广大消费者的信赖！

上海仓桥水晶梨专业合作社

仓桥（水晶梨）

2004年8月，上海仓桥水晶梨专业合作社正式成立，以其区域化种植、专业化生产、科学化管理，谱写了水晶梨产业发展的新篇章。合作社曾获2011年上海市农民专业合作社示范社、2012年上海市农民专业合作社标兵、2013年“中国特色农庄”、2014年全国农民专业合作社示范社等荣誉。合作社生产的“仓桥”水晶梨越来越受广大消费者喜爱，成为上海名牌产品、著名商标。

仓桥水晶梨以“酥、甜、鲜、靓”的特

点获得了国家质量监督检验检疫总局的地理标志保护产品认证和农业部的“全国名特优新农产品”荣誉称号。2010年获全国无公害农产品认证。连续五届获上海市优质梨评比“金奖”，参展北京、烟台、青岛、上海绿博会，获最受北京市民喜爱的十大名梨、烟台绿博会“金奖”和青岛、上海畅销产品奖。仓桥水晶梨基地在2008年、2010年分别成为北京奥运推荐果品和上海世博会果品供应基地。

上海桃咏桃业专业合作社

桃咏（水蜜桃）

上海桃咏桃业专业合作社位于上海市水蜜桃之乡——浦东新区新场镇，成立于2005年12月。桃咏合作社现已建设了500余亩现代标准化的农产品基地，巩固和发展合作社签约农户760余户，建立50多人的营销员队伍，发展“合作社＋农户＋基地”产销格局，不断延长产业链条，形成了以上海知名品牌“桃咏”牌新凤蜜露桃为主，西甜瓜、翠冠梨、葡萄等优质农果产品多种经营的模式。

桃咏合作社基地主栽品种为“新凤”蜜露桃，具有果形圆整，个体大，色泽美观，皮薄肉厚，果肉致密，纤维少，香味浓，汁多味甜等特点。合作社注册商标“桃咏”牌，2007年通过无公害认证，2009年通过绿色认证，2010年获国家地理标识产品保护，2011年还同时获得上海市著名商标、上海市名牌产品称号。合作社2013年被评为上海市农民专业合作社示范社、上海市蔬菜水果标准园，2014年荣获“老味道、老故事、老品牌”上海市食品安全示范企业称号。

上海皇母蟠桃种植专业合作社

皇母（蟠桃）

上海皇母蟠桃种植专业合作社成立于2005年1月，生产基地周围为农田、绿化带与生态林，环境优良，是全国最大的蟠桃生产基地之一。2011年，皇母蟠桃合作社被评为上海市专业合作社示范社，同年被评为上海市专业合作社标兵，2012年被评为全国农民专业合作社示范社，合作社生产的“皇母”蟠桃在2009年通过国家绿色认证、并被认定为上海市著名商标和上海名牌产品。

合作社在生产实践中，不断探索，反复实验，提纯复壮，使现在的“皇母”牌金山蟠桃成为独特的地方品牌。“皇母”蟠桃果形圆扁肥大、平均果重160克，特大果重500多克，果核小，皮薄汁多，色泽红润，嫩如婴肤，甜中带鲜是“皇母”蟠桃的特有风味。经检测，“皇母”蟠桃的含糖量高达13%～20%，并含有丰富的蛋白质、无机盐、多种维生素、钙、镁、铁和人体所必需的多种氨基酸。多年来，果品销售江浙沪一带，一直供不应求，市场口碑极佳。

上海锦光黄桃种植专业合作社

锦绣（黄桃）

上海锦光黄桃种植专业合作社成立于2004年9月，实行“合作社＋基地＋农户”的生产经营模式，带动果农1 000多户。自成立以来，合作社先后获得奉贤区“先进集体”、“十佳合作社”及上海市“果品经营诚信企业”、“市级示范合作社”等光荣称号，2014年被评为“国家级林业示范合作社”。

合作社生产的“锦绣”黄桃具有果大形圆、外观艳丽、肉质柔韧、纤维少、汁多、甜味浓、无苦涩味和无明显酸味等特点，并且内含人体所需的蛋白质、天门冬氨酸、苏氨酸、谷氨酸、钙、铁、胡萝卜素等多种的氨基酸、维生素和矿物质微量元素，品质优良，口感好，多吃不腻，具有很高的营养价值。获得了消费者的广泛认同。

2008年，“锦绣”黄桃被评为“上海名

牌”称号；2009 年荣获中国商品协会“中国优质产品”荣誉证书，并通过国家绿色食品标志认证。2010 年入选“世博特供果品”。2010 年 4 月成为国家地理标志保护认定产品。

江苏南京市高淳区青松水产专业合作社

固城湖（螃蟹）

南京市高淳区青松水产专业合作社是由高淳区水产批发市场有限公司、南京青松固城湖螃蟹有限公司牵头，全区水产养殖户和经纪人参与而组建的农村合作经济组织，于 2008 年 5 月经工商部门登记注册成立。

合作社依托固城湖，主营螃蟹等水产品。固城湖产的螃蟹有八大特点，即：“绿”（绿色食品、放心蟹）、“早”（上市早）、“大”（规格大、4 两以上的占半）、“肥”（肉质饱满）、“腥”（蟹腥味十足）、“鲜”（蟹肉氨基酸多）、“甜”（鲜中有甜）、“靓”（青背白肚）。

青松水产专业合作社使用由高淳区政府申请的商标——“固城湖”，“固城湖”螃蟹获得全国第一张有机螃蟹认证，先后荣获江苏省无公害农产品、省名牌产品、江苏省著名商标、中国驰名商标、省消协推荐商品、省消协放心食品、市场放心产品、消费者信得过产品等称号，在“首届苏蟹名牌榜”评比中，固城湖螃蟹荣获第一名。

江苏泗阳县苏花花生专业合作社

苏花（花生）

泗阳县苏花花生专业合作社成立于 2008 年 12 月，2009 年 2 月经县工商管理局登记注册，入社人员 125 户，出资总额 200 万元。合作社生产的苏花八集小花生以含油量高、蛋白质高而著称，具有“甜、白、酥、脆、香”的特点，入口无渣，久食不腻，富含维生素 B1、维生素 B6、维生素 D 及维生素 E 等，是佐餐的佳品，饮酒的上乘之物。江苏“苏花”牌小花生、花生油，系选用优质八集小花生，运用先进的设备、科学的方法加工、精炼而成，属于无公害的绿色食品，同时克服了花生易变质，花生油不易长时间保管的缺点。

苏花花生专业合作社成立以来，曾获“五好农民专业合作示范社”“百佳农民专业合作社”“基层供销社标杆社”“江苏 3.15 质量诚信消费者信得过示范单位”“全国质量诚信 AAA 级品牌企业”“全国农民专业合作示范社”等荣誉。

浙江安吉县女子茶叶合作社

溪龙仙子（茶叶）

合作社成立于 2001 年 4 月，现有社员 108 位，集标准化、规模化生产、加工、营销、培训于一体，拥有核心生产茶园3 000余亩，示范带动基地万余亩，建有 1.2 万平方米省级标准化厂房，年产高品质“溪龙仙子”牌安吉白茶 40 余吨，年销售额达4 000多万元。产品通过了绿色食品和有机食品认证，并获得“湖州市名牌产品”“浙江省著名商标”称号，荣获国际名优茶评比“金奖”、多届“中茶杯”全国名优茶“特等奖”，并入选为“上海世界博览会礼品茶”；企业被评为“AAA 级诚信单位”“消费者信得过单位”。

“溪龙仙子”牌安吉白茶，按绿色或有机标准培育，按不同加工工艺生产的产品有凤形、龙形、螺形。凤型干茶其形如凤羽，细秀挺拔、叶白脉绿、色泽鲜润；汤色清澈明亮、滋味鲜爽甘甜、叶底朵朵似花；其富含氨基酸，是一般绿茶的 3～4 倍，品质口感极佳，由于其氨基酸高、茶多酚低的特点，晚间饮用也不影响睡眠，在历年的全国名特优茶评比中以特有的清汤、味鲜、香醇的品质广受消费者青睐。

浙江临海市上盘西兰花专业合作社

碧畅（西兰花）

临海市是著名的中国西兰花之乡，是全国规模最大的冬春西兰花生产中心和重要的国际西兰花生产基地。劳动村则是临海西兰花的发祥地，也是目前临海西兰花的生产中心、交易中心和定价中心。劳动村西兰花主导产业优势十分突出，西兰花产业收入占全村农业经济总收入的76%，从事西兰花产业生产经营活动的农户占全村的55%。农民从事西兰花产业收入占家庭经营收入的86%，农民人均纯收入高于上盘镇13%。

劳动村上盘西兰花专业合作社拥有“碧畅”西兰花品牌，于2003年11月、2004年11月分别被评为2003年、2004年浙江省农业博览会金奖。“临海西兰花”正在成为区域公共品牌。2010年2月，“临海西兰花”成功注册国家地理标志证明商标；2010年“临海西兰花”（证明商标）被评为浙江省名牌农产品；2013年4月“临海西兰花”注册成为国家地理标志农产品。

浙江建德下涯红群草莓专业合作社

红群（草莓）

红群草莓专业合作社成立于2006年，经多年的探索努力，目前已发展成为集生产销售、示范、农业科普体验、农业休闲旅游于一体的草莓专业合作社。2009年成功开发草莓无土立架栽培，使土地利用率提高3倍，产量翻一番，实现草莓栽培园艺化、休闲化和安全化的目标，成为我国大田草莓无土立架栽培第一家，并获得了草莓无土立架栽培实用新型专利。

自成立以来，合作社先后被评为建德市规范化专业合作社、杭州市规范化专业合作社、浙江省示范专业合作社、建德市首家省级休闲观光农业示范区，2014年被评为国家农民合作社示范社。“红群”品牌获得中国农产品品牌博览会“金奖”、杭州市名牌产品等荣誉。

“红群”牌草莓是以合作社理事长骆红群命名的，为了维护好合作社品牌，合作社一直都严把草莓质量关，从草莓培育到上市销售，都经过一系列的培训、检测，确保合作社销售出去的每一颗草莓都符合“红群”牌的标准。

安徽宁国市富民中药材专业合作社

春莲（宁前胡）

宁国市富民中药材专业合作社是一家集中药材收购、加工、销售为一体的农民专业合作社，合作社所售药材，均是合作社社员种植的、以宁前胡为代表的宁国道地中药材。合作社有“春莲”牌宁前胡种植面积6 000多亩，已建成标准化药材烘房4个共1 000余立方米，储藏仓库1 500多平方米，加工车间1 300多平方米。

2010年，合作社宁前胡产品获得农业部农产品地理标志登记认证，2013年我社被评为“安徽省农民专业合作社示范社”，同时还获得“宣城市规范化合作社”“十佳合作社”“农业产业化龙头企业”“宁国市优秀示范合作社”“农业产业化龙头企业”等荣誉，2014年被评为“国家级农民专业合作社示范社”。

安徽砀山县二分水果种植专业合作社

二分（酥梨）

二分水果专业合作社位于砀山酥梨的核心区，成立于2008年10月，注册资金50万元，主产砀山酥梨，金帅苹果、油桃、西瓜等，采取“统一农业投入品供应，统一生产标准，统一修剪，统一用药，统一施肥”五统一的管理措施，完善生产记录，建立了规范的农产品质量安全追溯体系，合作社注册了“二分”品牌大酥梨，产品已通过绿色食品认证。

砀山县得天独厚的生长环境结出的砀山酥梨黄亮色美、皮薄酥脆、多汁甘甜，自古就盛传“砀山酥梨皮儿薄、落到地上找不着”的歌谣。2013 年，在安徽省第三届优质水果展示评比活动中，合作社选送的“黄冠”梨样品荣获优秀奖。

合作社始建以来，多次荣获省、国家级奖励，2010 年荣获省农委“信息化建设示范社”称号和农委无公害产品产地认证，2011 年获得了市级专业社、省级市场开拓示范社及省级信息化建设示范社称号。2012 年荣获宿州市“市级农业产业化龙头企业”称号，2013 年被国家绿色食品发展中心认定为绿色食品 A 级产品，2014 年被评为全省水果产业化先进单位，当年又被评为国家级农民专业合作社。

安徽望江县金穗种植专业合作社

亮晶香（大米）

金穗合作社坐落于望江县绿色食品原料（水稻）基地核心位置——漳湖镇，常年水稻种植面积 7 万余亩。合作社稻种采购通过与国内种业首家上市公司“丰乐种业”合作，选用优质高产香型系列品种，利用漳湖镇独特的地理位置，采用无污染的武昌湖水系灌溉，保证了稳定优质的香米品质。

2010 年合作社向国家商标局申请注册“亮晶香”商标，2012 年元月获得核准发证。为了提高品牌竞争力，合作社 2013 年开始通过绿色食品技术规程种植水稻，进一步扩大“稻鸭共生”水稻种植面积，2014 年 3 月获得农业部绿色食品认证中心认证。

合作社“亮晶香”系列大米采用丰乐种业丰两优香型品种进行全程机械化耕作的稻谷加工而成。稻米晶莹剔透，加工和煮饭时带有淡淡的荷叶清香，吃起来柔润可口，冷饭不回生。

福建武平县绿露仙草专业合作社

可馨绿（仙草）

武平县绿露仙草专业合作社于 2005 年 12 月经工商注册登记成立。2006 年被全国供销合作总社列为“千社千品”富农工程示范点；2007 年 5 月被龙岩市农村妇女“双学双比”活动领导小组授予“农村妇女示范专业合作社”称号，同年被龙岩市供销社授予“先进专业合作社”称号；2008 年被省农业厅列为富农工程示范点；2011 年被评为农业部、全国总社、省级、省供销社示范社；2014 年被评为国家级示范社。

合作社注册了“可馨绿”仙草商标，并已取得省著名商标和知名商标称号，是福建省名牌农产品和全国供销总社标准化农产品品牌，进行了“农残、重金属”灌溉水认证和有机产品认证，取得了“农产品地理标志”。

福建浦城县官路神农薏米专业合作社

神珠玉粒（薏米）

合作社创建于 2009 年 8 月，先后与福建省农业科学院、福建农林大学、福建中医药大学、南平市农科所等单位进行合作，是集薏米科研、种植、生产、加工、销售为一体的农村经济实体组织。合作社主要生产销售的浦城薏米具有4 000多年历史，品质优、药效强，为薏米中珍品，国内外久负盛名。浦城薏米粒小色白、饱满浑圆，具有“糯、甘、稠”独特品质，载入《中国土特名产辞典》；富含人体所需的营养物质和微量元素，医药界将浦城薏米列为上品，特称“浦米仁”，2008 年浦城薏米被列入全国首例国家地理标志保护产品。

合作社于2011年注册“神珠玉粒”商标，2012年被评为南平市知名商标，2012年10月经国家质量监督检疫总局核准使用浦城薏米国家地理标志保护产品专用标志，2012年12月经核准使用国家工商行政管理总局注册的“浦城薏米”证明商标。合作社2012年度被评为省级示范社，2014年度被评为国家级示范社。

福建清流县沧龙渔业专业合作社

清流溪鱼（鱼）

沧龙渔业专业合作社成立于2008年4月。合作社由注册时的62人、入股资金160万元发展到目前的165人、合作社股份资金1 200万元，养殖面积从1 500亩发展到3 200亩，渔业产量从1 050吨发展到3 000吨，渔业产值从700万元增加到3 000万元，渔业收入从160万元增加到1 000万元，社员人均收入从2.5万元增加到6万元，合作社从无到有、从小到大，不断发展壮大。

合作社及下属的龙峰渔业有限公司水产养殖基地先后获得农业部无公害水产品、农业部水产健康养殖示范场、农业部渔情采集点、福建省农业标准化示范区、福建省农业示范合作社、全国农业示范合作社等称号，合作社采取“龙头企业＋基地＋农户”的模式管理。生产技术措施采取统一投放大规格优质苗种、统一注射草鱼冻干疫苗、统一投喂高效配合饲料、统一调控水环境、统一注册“清流溪鱼”商标、统一配送销售等措施，使水产品产量和质量得到大幅提高，经济效益明显增加，养鱼生产秩序做到规范、有序，为清流县发展资源节约型、环境友好型的现代水产养殖业方面发挥了重要示范带动作用。合作社主要养殖品种草鱼，年产量2 000余吨，为地理标志保护品种清流溪鱼品种之一。

江西靖安县翠园白茶生产专业合作社

洪坪玉（茶叶）

靖安县翠园白茶生产专业合作社是2007年2月由九位茶农自发创办起来的，是靖安白茶农村经济专业合作组织。社内各股东拥有固定资产954万元，生产基地7个，基地面积近3 000亩。2009年通过有机转换产品认证，2010年分别通过了白茶产品质量检验并保持有机认证；荣获2010年第八届国际名茶评比“金奖”；2011年获得国家工商总局审定下发的“洪坪玉”靖安白茶商标注册证书。

合作社按照有机食品标准，着力发展有机白茶，做到统一技术指导、统一标准采制、统一使用品牌、统一指导价格销售，积极做好“靖安白茶”的种植、采收、加工和销售工作。在生产过程中，严格控制农药使用，采取以虫制虫、以菌治虫和生物防治相结合的办法，积极探索走“猪—沼—茶”的生产模式，认真做好有机白茶的质量监控工作。合作社生产的“洪屏玉”靖安白茶，先后荣获第八、九届中茶杯特等奖，江西省首届白茶金奖，国际名茶评比金奖。

江西广丰县瀛洲种养专业合作社

华雄瀛洲（马家柚）

广丰县瀛洲种养专业合作社于2009年5月31日在广丰县工商局注册登记，冠名“广丰县瀛洲种养专业合作社”。合作社以“公司＋合作社＋农户＋基地”为发展方略，构筑“山上种植果园、水中养殖水产品、地上建畜牧圈”的立体产业链。主要以种植马家柚为主导产业，带动相关产业同步发展。合作社在2013年注册商标“华雄瀛洲”，同时获得无公害农产品基地认证。

合作社生产的马家柚品质优秀，果肉细

嫩，与其他柚类相比汁胞饱满、水分足，清甜微酸、易入口，果肉玫红、营养足，清爽润喉、利健康。据华中国农业大学和华中科技大学同济医学院联合开展的广丰马家柚糖尿病适用性研究临床验证，广丰马家柚不仅是美食果品，而且还是我国首个通过糖尿病临床验证的保健水果。

山东阳谷先运辣椒专业合作社

先运（干朝天椒）

阳谷先运辣椒专业合作社成立于 2009 年元月，地址位于阳谷县高庙王镇政府驻地，阳谷县属黄河冲积平原，地势平坦，土壤肥沃，光照充足，非常适合朝天椒的生长，该地无任何污染源，而且灌溉用的是黄河水，所生产的辣椒色泽鲜艳，营养丰富，辣味极高。合作社生产的先运牌朝天椒被农业部认定为绿色食品，2014 年“阳谷朝天椒”又被评为地理标志产品，为阳谷县首个地理标志保护产品。

合作社产品“先运”朝天椒曾在 2013 年全国绿色食品博览会上荣获“畅销产品奖”，在第 15 届中国绿色食品博览会上荣获“金奖”，2015 年第六届中国国际现代农业博览会上再次荣获“金奖”。

合作社的辣椒先后出口到日本、韩国、东南亚等国家。2012 年合作社被山东省农业厅评为“全省第一批农民专业合作社省级示范社”；2014 年 11 月被农业部评为“国家级示范合作社”；2015 年 11 月被农业部选入“全国百家合作社百个农产品品牌”。

山东安丘市南王家庄村草莓种植专业合作社

石埠子（草莓）

安丘市南王家庄村草莓种植专业合作社位于安丘市石埠子镇南王家庄村，合作社成立于 2008 年 6 月，注册资金 126 万元，入社成员 253 个。合作社注册了“石埠子”草莓商标，去年石埠子草莓被评为“国家地理标志证明商标”。合作社先后被评为省农民专业合作社示范社、潍坊市“农民专业合作经济组织先进单位”“潍坊市五有农民专业合作社示范社”，安丘市“AAA 级示范合作社”“潍坊市农民专业合作社示范社”，合作社草莓示范基地被认定为省级和潍坊市级“农产品质量安全生产示范园区”。

合作社草莓基地位于镇区南部平原，渠河北岸，与省级大樱桃农业旅游示范点串联成片，属暖温带季风气候，土地肥沃，水资源丰富，为草莓等作物种植提供了天然的灌溉条件。基地草莓质量好，产量高，个头大，色、香、味俱佳，主要有“甜宝”“丰香”“美国三号”等名优品种。天然优越的自然条件决定了这里的农业独具特色：草莓鲜美红嫩，果肉多汁，含有特殊的浓郁水果芳香，营养价值高。

山东蒙阴县宗路果品专业合作社

山蒙野毛（蜜桃）

蒙阴县宗路果品专业合作社，位于蒙阴县野店镇毛坪村，是一个由农民自发参与、以服务为主、社员共同赢利，集农资销售、新技术新品种推广、果品收购、储存、加工、销售、出口于一体的专业合作社组织。合作社成立于 2008 年，现拥有固定资产4 500万元，合作社社员2 200户，合作社占地26 600平方米，建筑面积7 650平方米，年销售收入9 000多万元，注册资本 500 万元。

合作社大力发展绿色食品和有机食品，取得有机食品认证，并建设有机果品基地，按照绿色、有机食品的标准进行生产，成功注册蜜桃、红富士苹果、板栗、山楂等七项绿色食品证书，还注册了“山蒙野毛”这一品牌，并获得蒙阴果品唯一出口权以及 GAP

证书，得到政府及相关部门的肯定。2014年在临沂市市政府和当地农业部门的大力支持下成功入驻淘宝网“挑食”活动，开启了崭新的电商销售渠道。合作社生产的桃、苹果先后出口到东南亚等二十多个国家和地区，年出口量达到5 000吨，大大增加了蒙阴苹果的销售范围及世界知名度。

山东乳山市久大海珍品养殖专业合作社

乳山牡蛎（牡蛎）

乳山市久大海珍品养殖专业合作社于2011年7月18日注册成立，注册资金达到1 067万元，海水养殖面积达6 000多亩。合作社已成为乳山市目前最大的牡蛎和贝类养殖单位。也是乳山唯一一家获得海水养殖的国家示范社和农业部牡蛎养殖绿色食品认证的单位。合作社建立“牡蛎养殖基地管理规程”、“牡蛎养殖技术操作规程”和“半壳牡蛎肉生产操作规程”等生产加工制度规章，使生产的海产品质量进一步提升，获得绿色食品认证和“乳山牡蛎”地理标志认证，并申请了“久大州”牌牡蛎商标。

合作社运作规范，示范带动作用好，曾获得“威海市农民专业合作社示范社”“威海市先进农民专业合作社”“山东省示范社”“国家示范社”等称号。合作社被山东省海洋与渔业厅授予“山东省基层渔业技术推广改革与建设项目科技示范户”。

山东莱州市土山泽潭渔业专业合作社

华岛（纯淡干海参）

2011年1月24日以海上养殖大户及龙头企业山东蓝色海洋科技股份有限公司等发起，莱州市土山泽潭渔业专业合作社应运而生。合作社现有注册资金510万元，是农业部认定的第二批国家农民合作社示范社。经过几年发展形成了以筏式、吊笼、网箱、底播、池塘为主要养殖模式，以海参、扇贝、文蛤、海螺、牡蛎、龙须菜为主要养殖品种，集产、供、加工、销售于一体的渔业专业合作社。泽潭合作社在发展过程中依托“华岛”商标，统一包装统销产品，产品流通上实现了产销一体化，抱团共同抵御市场风险，维护了社员利益。

公司所有产品链的设计都遵循自然生产的理念，本着生态修复为优先的原则，养殖海域采用海洋生态混养系统，依靠海洋自然生产力，坚持先“场”后“牧”的发展理念，打造生态海洋牧场，维持和修复莱州湾生境，良好的生态环境提供了丰富的天然饵料的同时，也实现了水质自我净化，生产过程无需投放任何人工饵料和药物。在8万亩生态海洋牧场实现全自然生长，纯野生品质，无添加任何人工饵料及药物，其生产的产品参体呈棒槌形，浅褐色，参刺多而挺拔，泡发率高达14倍，肉质饱满紧实，营养丰富。几年来合作社通过育苗和养殖产出，其产品销售网络覆盖山东、河北、江苏、福建、广东、北京、天津等省市，深受消费者青睐。

山东东营市景明黄河口大闸蟹养殖农民专业合作社

黄河口大闸蟹（大闸蟹）

垦利县永安镇是东营市黄河口大闸蟹的原产地，经过20多年的发展，已初步形成了集“蟹苗繁育、扣蟹培育、成蟹养殖、加工销售”于一体的完整产业链，产品远销北京、上海、香港及韩国等国内国际市场，现已发展成为东营市乃至华东地区的大闸蟹集散中心。

永安镇的黄河口大闸蟹肉质鲜美，营养丰富，膏满黄肥，富含多种维生素和矿物质，具有极高的营养、保健和药用价值。2008年，黄河口大闸蟹被山东省海洋与渔业厅认定为“山东省十大渔业品牌”；2009年，黄河口大闸蟹入选第二届“中国十大名蟹”行列，被农业部认定为地理标志农产品；2011年，黄河口大闸蟹成为第九届中国国际农业博览会金奖产品，并被评为“到山东不得不买的100件产品”之一；2012年，黄河口大闸蟹获得第十届中国国际农业博览会金奖产品；2013年，黄河口大闸蟹蝉联“中国十大名蟹”称号。

河南焦作武陟菡香生态农业专业合作社

菡香（大米）

河南菡香生态农业专业合作社是一个立足当地优势，以科技为先导，以标准生产为依托，集“产供销、育繁推、产学研”于一体的新型高效农业合作社。

合作社所在马宣寨村自古以来就有种植莲藕和水稻的历史传统，池塘相连，稻田有藕，莲边有稻，所产大米晶莹透亮，藕香绵绵，口味独特，为米中佳品。为了充分发挥“地处水乡，水资源丰富”这个优势，2006年9月成立了武陟县禾丰绿色稻米产销专业合作社，后更名为河南菡香生态农业专业合作社。

为提升“菡香”系列米的品质，打造“菡香”大米品牌优势，合作社投资600余万元，购进国际先进水平的低温大米加工设备，精良的工艺最大限度地保留了大米中的全天然营养成分。同时，投资100余万元购置了气象色谱仪等一整套先进检测设备，建立了完整的生产、检测、销售档案及追溯制度。先进精良的生产工艺、科学规范的生产流程和严格的检测制度保证了“菡香”系列大米的优良品质，精碾细选出的“菡香”大米，颗颗晶润，粒粒精华。

2007年合作社向国家商标总局申请注册了“菡香”牌大米商标、并获农业部无公害农产品认证；2008年“菡香”牌大米、香米、精米、黑米、江米、小麦被认定为绿色食品，河南省名牌农产品；2009年获全国农产品加工博览会优质奖和中国绿色食品博览会“畅销奖”；同年，获批农业部“马宣寨”大米地理标志保护产品；2010年获第八届中国国际食品博览会金奖；2011年获有机食品认证。

河南林州市东姚宏鑫洪河小米专业合作社

东姚洪河（小米）

林州市东姚宏鑫洪河小米专业合作社成立于2008年12月，社员51人，注册资金180万元。通过近两年的发展壮大，固定资产达到了835万元，现在合作社已辐射到周边12个行政村，种植基地15 000亩，涉及社员、农户3 600户1万余人。2014年销售收入960万元，利润110万元。合作社2014年被评为“国家农民合作社示范社”。合作社生产的洪河小米先后荣获全国国际农产品交易会金奖，2012年被农业部等七部委联合评为“最具影响力中国农产品区域公用品牌”，同年获得了有机小米认证，并荣获河南省著名商标荣誉称号，逐步叫响了洪河小米的品牌并扩大了影响，通过内联外引和牵线搭桥，洪河小米已在郑州、北京、天津、河北等周边省市建立了销售网点，实现了专柜经营，有力地保护和扩大了合作社广大社员的效益。

河南信阳浉河区联农茶业专业合作社

DEMING（茶叶）

浉河区联农茶叶专业合作社成立于2009年5月，是由浉河区供销社引领、信阳市德茗茶叶有限公司发起、28位茶叶种植大户为骨干联合成立的。注册资金800万元，自有茶园面积3 000余亩。

联农茶叶专业合作社是以茶农为主体，自愿联合、民主管理的互助性经济组织。合作社以名茶基地浉河港镇为中心，辐射周边

2个乡镇，带动茶园面积20 000亩，近千农户受益。合作社按照四个统一模式来规范指导合作社的生产经营，统一种植管理、统一收购，统一制作，统一品牌销售。合作社2010年被评为信阳市市级示范社；2011年被评为“中华全国供销总社国家级示范社”；2012年被河南省农业厅评为“河南省农业标准化生产示范基地”；2013年被河南省农业厅评为“河南省农民合作社省级示范社”；2014年被国家农业部评为“国家农民合作社示范社”。

河南杞县众鑫农产品专业合作社

渊启（大蒜）

杞县众鑫农产品专业合作社成立于2009年6月，坐落于杞县城郊乡平厂村，占地面积约5.2亩，拥有办公楼1栋，冷库3座，可贮藏大蒜3 000吨。杞县众鑫农产品专业合作社业务范围有农产品生产、加工、储藏、运输、销售，主要从事“渊启”牌无公害大蒜的种植和销售。所产的“渊启”牌大蒜由于蒜头个大、色白、皮厚、不散头、耐贮、蒜汗稠黏、有独特的香辣风味、营养丰富等突出特点，多次在全国大蒜年会上受到了中外客商、群众的青睐。

合作社2009年通过了河南省农业厅的无公害农产品产地认定，同年通过了农业部农产品质量安全中心的审定，所产农产品被认证为无公害农产品；2010年注册了“渊启”商标；2011年被开封市人民政府评为市级示范社；2012年、2013年连续两年被河南省农业厅评为省级示范社；2014年被评为国家级示范社；2015年“渊启”牌大蒜被选入全国百家合作社百个农产品品牌。

湖北天门市天海龙农业种植专业合作社

天海龙（大米）

天门市天海龙农业种植专业合作社是天海龙集团旗下的一个专业合作社，于2012年4月成立，注册资金2 000万元，是一家集有机、绿色农产品种植、养殖、加工、销售和观光、教育培训为一体的高端农业企业。2014年合作社以生产有机绿色农产品为主，打造“天海龙”有机绿色农产品品牌，一年来销售额4 000多万元，产品也受广大消费者青睐。

合作社生产的“天海龙1号留胚米”是在水清、土净、空气清新的环境中，利用生态学原理，实施绿色栽培与管理模式生产的，绝不使用化学农药、肥料、激素等有害物质。加工过程中，引进国际先进设备，采用全新的工艺流程，保留了米粒含高营养的胚芽部分，富含15种营养成分，该产品已获得绿色食品认证，并获得第十五届中国绿色食品博览会“金奖”、第十一届中国武汉农业博览会“金奖”。

湖北麻城市兆至蔬菜专业合作社

兆至（辣椒）

麻城市兆至蔬菜专业合作社于2009年3月18日由兆至蔬菜配送中心联合农户注册成立，经过几年的追寻探索，现已发展为麻城市唯一具有法人资质的农民蔬菜专业合作社和专业配送中心。合作社建设有培训基地，每年培训新型职业农民3 000余人次，自2013年起每年5月18日定期举办“麻城辣椒”种植大比武的科普活动，以此帮助农户提升种植技术。

2009年，兆至蔬菜专业合作社向国家工商总局成功申请注册“兆至”蔬菜商标；2011年“兆至”蔬菜荣获湖北省农业厅无公害农产品产地认定证书并通过国家农业部无公害蔬菜产品认证，同年“兆至”牌麻城辣椒获湖北名优蔬菜“银奖”；2012年兆至蔬菜专业合作社被评为全省十强蔬菜专业合作社；2013年“兆至”牌麻城辣椒荣获第二十二届中国食品博览会“金奖”；2014 年“兆至”蔬菜商标被评为湖北省著名商标，同年兆至蔬菜专业合作社成功将“麻城辣椒”申报为中国地理标志产品，兆至蔬菜专业合作社被评为国家级示范合作社。

湖北黄冈市黄州区春阳蔬菜专业合作社

春实（大蒜）

黄冈市黄州区春阳蔬菜专业合作社成立于 2011 年 11 月，是 2014 年国家农民合作社示范社。主营业务为蔬菜种植；组织采购、供应成员所需的农药、种子、化肥、农机具；组织收购、销售成员生产的产品；开展成员所需的运输、贮藏服务；引进新技术、新品种，开展技术培训、技术交流和咨询服务。

春阳蔬菜合作社1 000亩蔬菜生产基地已被湖北省农业厅认定为无公害蔬菜生产基地，基地所生产的叶路大蒜、藜蒿、辣椒、番茄、茄子、大白菜、包菜等 12 个品种已通过农业部农产品质量安全检测中心的认证，获得无公害农产品证书；叶路大蒜已获得国家质量技术监督总局地理标识产品的认证；合作社选送的蔬菜产品获得“第十届中国武汉农业博览会金奖农产品”称号；合作社蔬菜园还被农业部认定为“设施蔬菜标准园”；春阳蔬菜合作社被评定为“市、省、国三级示范合作社”。

湖北宜昌成祥养羊专业合作社

老高荒（白山羊）

宜昌成祥养羊专业合作社位于湖北省宜昌市夷陵区黄花乡军田坝村，于 2009 年 10 月在工商部门注册登记，注册资金 500 万元。自创办以来，成祥合作社以“国家农产品地理标志”登记保护品种宜昌白山羊品种为核心，主要经营良种繁育、肉羊标准化养殖、生态牧草种植与加工、种草养羊技术培训与推广、农民社员肉羊回收、羊肉食品加工、“老高荒”品牌羊肉餐饮店和“老高荒”品牌羊肉专营店等，形成了一条龙宜昌白山羊全产业链。合作社对旗下五大生态肉羊养殖基地实施了绿色食品认证，构建了生产全流程质量监控体系，切实保障产品质量。按绿色食品规程和宜昌白山羊养殖技术规程，实现了标准化生产率 100%。

成祥合作社先后被评为“全国农民合作社示范社”“湖北省十强畜牧合作社”“宜昌市诚信经营先进单位”“湖北省农民专业合作社示范社”“湖北省 20 强畜牧合作社”“湖北省消费者满意单位”“宜昌市诚信经营先进单位”。

湖南宁乡县流沙河牲猪养殖专业合作社

流沙河（花猪）

宁乡县流沙河牲猪养殖专业合作社成立于 2007 年 9 月 9 日，注册资本 88 万元，是一家集组织采购、供应成员养殖牲猪所需的农业生产资料，组织收购、销售成员养殖的牲猪，开展成员所需的运输、贮藏、加工、包装服务，引进牲猪养殖新技术，开展与牲猪养殖相关的技术培训、技术交流和咨询服务于一体的专业合作社。

近年来合作社以市场为导向，在国家商标局注册了“流沙河”花猪、“流沙河”土花猪、“草冲”猪三个肉类品牌，相继开发出了多个品种的精包装高档肉系列上市，产品主要涉及冷鲜肉、冷冻肉、生鲜肉、腊制品、高温肉制品等五大系列 50 多个品种。产品通过农业部无公害农产品认证；产品的无公害特性及品牌影响，使得广大市民吃得放心、买得安心，鲜肉以每千克高于普通猪 90%的价格销售，还是供不应求。2010 年“宁乡猪”通过农产品地理标志认证；2011 年“宁乡花猪”注册了证明商标；合作社 2012 年获全国合作社示范社荣誉称号。

湖南农康葡萄专业合作社

澧康（葡萄）

农康葡萄专业合作社成立于2009年6月，位于湖南省澧县张公庙镇新年村，是一家集葡萄科研、良种繁育、葡萄种植、技术培训、农资配送、葡萄销售、葡萄酒酿造于一体的农业经营组织。合作社拥有葡萄种植面积13 076亩，其中鲜食葡萄基地10 957亩，年产鲜食葡萄26 000多吨，酿酒刺葡萄基地2 119亩，年产酿酒葡萄3 200多吨，远销长沙、南昌、武汉、广州、南京、合肥等大中城市，实现产值1.2亿元。

合作社成立以来，连续多年被常德市委、市政府授予“先进农民专业合作社”称号；2011、2012年被评为湖南省委省政府为民办实事农民专业合作社省级示范社；2014年由全国农民合作社发展部级联席会议认定为“国家农民合作社示范社”。合作社“澧康”牌葡萄于2010年11月登记注册，2013年12月被评为湖南省著名商标；2011年2月澧县葡萄成为地理标志保护产品；2015年3月18日经许可在黑巴拉多（葡萄）、阳光玫瑰（葡萄）等产品上使用绿色食品标志。

广东化州市益利化橘红专业合作社

橘利（化橘红）

化州市益利化橘红专业合作社位于中国化橘红之乡——广东化州，成立于2009年1月，已获得“国家级农民合作社示范社”称号。合作社立足于特产“珍稀国药化橘红”，采用“合作社＋基地＋农户＋公司”模式，并依托现代科学技术的运营模式，对驰名中外、明清“宫廷御品化橘红”进行研究和有机开发，成为集种植、加工、销售、科研于一体的有机化橘红生产基地。

合作社生产的“橘利”牌化橘红获得国家地理标志产品、中国有机产品、广东省名牌产品（农业类）等称号，同时获得第十届、第十二届中国国际农产品交易会金奖，第七、八届中国国际有机食品博览会“金奖”，中国（北京）国际有机食品展览会“金奖”，第十五届中国绿色食品博览会“金奖”，产品通过QS认证，成为化橘红的品牌领导者。

广东高要市活道镇仙洞益群粉葛专业合作社

活仙葛（粉葛）

高要市活道镇仙洞益群粉葛专业合作社2012年被国家农业部认定为国家级示范社，目前社员292户，占农户总数的60.83%。2009年刚成立时合作社注册资金4.3万元，目前注册资金已发展到200万元。

合作社通过规范管理，引进优良粉葛品种和先进的储存技术，推广高产无公害种植模式，提高产品技术含量；建立农产品质量安全体系，确保农产品符合绿色食品标准，形成一村一品主导产业。合作社还通过“合作社＋基地＋农户”的模式，带动周边村乃至周边镇2 125户农民发展粉葛种植1.13万亩。

高要市活道镇仙洞益群粉葛专业合作社生产的“活仙葛”牌活道粉葛，是国家地理保护标志产品，因当地土壤主要以沙质为主，生态自然环境好，昼夜温差较大，雨量充沛，资源优势突出，具备健康高产种植的良好条件，生产的粉葛淀粉含量高，纤维细小，以质鲜、肉嫩、味美而闻名遐迩，深受消费者青睐。

广西陆川神龙王养殖园区专业合作社

桂宝（猪肉）

陆川神龙王养殖园区专业合作社是一家以中国名猪——“陆川猪”保种、选育、开发、利用为主营业务的综合性专业合作社，坚持合作发展，共同富裕的宗旨，为农民提供产前农资供应、产中技术指导、产后销售服务等多项扶农惠农工作，获得了“2010—2011年度广西农民专业合作社示范社”和“全国农民合作社示范社”称号。

合作社利用龙头企业广西神龙王集团下辖的广西神龙王集团陆川猪肉食品加工有限公司进行陆川猪深加工，注册“桂宝”牌商标，延长产业链，建立陆川猪深加工生产基地，利用保价回收合作农户饲养的以传统米糠青料喂食、全程仿野放养、生态健康的陆川猪，研发销售原始风味的陆川猪腌腊肉制品、酱卤肉制品、熏烧烤肉制品、分割调料包陆川猪扣肉等陆川猪系列产品。利用低温调理技术、低温加工保鲜技术、低温滚揉腌制及周期性交变干燥工艺技术进行腌腊肉制品生产，产品具有“绿色、安全、优质、美味、营养”的特点，畅销北京、上海、广州、深圳、南宁、柳州、桂林、玉林等地，得到了广大消费者的高度认可。

广西桂林荔浦新发果蔬专业合作社

桂鲜（荔浦芋）

广西桂林荔浦新发果蔬专业合作社成立于2009年8月，集马蹄、荔浦芋、月柿、柑橘等农产品物流及农药化肥等农资销售、优势蔬菜基地种植于一体，合作社成功注册了“桂鲜”牌农产品商标，建设有自己的厂房、冷藏设施、经营门面等，目前入社会员224名。

合作社主要生产产品荔浦芋是广西荔浦县的传统名优特产，营养丰富，含有粗蛋白、淀粉，各种维生素和无机盐，具有补气养肾、健脾胃之功效。2014年荔浦芋成为国家农业部批准的地理标志产品。合作社注册了“桂鲜”牌干鲜加工商标，用自已的品牌销售合作社社员生产、种植的荔浦芋产品以及加工产品，还收购周边农民及周边县的水果蔬菜加工销售，拥有一批全国各大城市的客户，将产品打入区内外几大超市。

广西南丹县瑶家生态农业专业合作社

瑶家庄（南丹巴平米）

南丹县瑶家生态农业专业合作社，由南丹兴农科技有限公司牵头，采用“公司＋合作社＋基地＋农户”的发展模式，成立于2012年2月。主营产品南丹巴平米，已获得有机转换产品及绿色食品认证，是南丹人民引以为豪的传统特产。南丹巴平米自古以来就是进京贡品，依托产地独特的高寒山区气候环境，天然山泉灌溉，黄泥黏土孕育，采用传统种植方式，不施用化肥农药，所产出的南丹巴平米口感柔软、美味健康。合作社注册有“瑶家庄”“土司府”等自主品牌，建有占地约900平方米日产50吨的现代化精米加工厂，县城设有两家品牌专卖店，采用良好的品牌策略使巴平米产品畅销两广等地。

通过全社上下共同努力，南丹巴平米入选“全国名特优新农产品名录”，2014年获“2013年区粮食先进合作社”“河池市诚信品牌企业”，2014年9月获“国家级农民合作社示范社”“广西民族贸易县民族贸易企业”等殊荣。

广西钦州市浦北县山泉官垌鱼产销专业合作社

官垌（鱼）

广西浦北县山泉官垌鱼产销专业合作社，2008年6月在浦北县工商局登记成立，注册有农产品商标“官垌”，生产经营的主要产品“官垌鱼”属于国家农产品地理标志认定产品，曾获农业部“一村一品”、无公害农产品认证，是广西水产畜牧行业的重点龙头企业、全国农民合作社示范社。

合作社主打产品官垌鱼，产自广西钦州市浦北县官垌镇境内，常年在水质无污染和富含矿物质及各种微量元素的山溪泉水中生长，是用天然草料喂养的淡水鱼类。其特征是：体色鲜明，绿色无污染；养殖全程只投喂绿色天然草料，鱼产品没有任何化学添加剂、激素或药物残留；个体大（3 千克以上），肉质结实；一年四季食用都无泥腥味，味道独特、入口留香、常吃不厌，营养丰富。通过合作社的努力，官垌鱼 2011 年获国家无公害农产品认证，2014 年中国农产品区域公用品牌价值评估单位授予“官垌鱼”“公用品牌价值 7.26 亿元”证书。

海南三亚福返热带水果专业合作社

福返（三亚芒果）

三亚福返热带水果专业合作社实施“合作社＋农户＋标准化生产”的模式，全过程以无公害生产品质质量监督，完成果树生产基地出口商检备案。由于合作社自成立以来运作规范，合作社荣获“海南省农民专业合作社示范社”“三亚市农民专业合作社示范社”“无公害农产品生产基地”和海南省级及国家级示范社等称号。

三亚芒果一般在每年 1～5 月分期采收，果实为圆形、椭圆形、长椭圆、卵形、象牙形等，果形比其他地区同类品种芒果略大，成熟果实为红色、粉红色、黄色带果蜡，色泽鲜艳，角果长度在 3～6 厘米之间，极少部分达 10 厘米，果茎粗 2～4 厘米之间，新鲜果肉厚，在 1～3 厘米之间。平均亩产量在 800 千克以上，可鲜食和干制，也可加工辣酱系列。

重庆潼南县团结生猪养殖专业合作社

TUANJIE（生猪）

重庆市潼南县团结生猪养殖专业合作社，成立于 2010 年 2 月，注册资金6 668万元，入社社员 126 户，分布于全县 22 个镇街。合作社现有猪场占地面积约 51 万余平方米，规模化养猪圈舍面积 34 万平方米，优质母猪12 000头，公猪 600 头，常年存栏生猪 15 万头，年出栏优质肥猪 30 多万头，品种都是洋三元品种，产品畅销重庆、成都、广州、北京等地市场。

合作社为把生猪产业做大做强，开展了一系列的品牌创建活动。2012 年申报获得重庆市市级农民专业合作社示范社。同年 4 月参加了在昆明召开的第七届中国西部猪业论坛会，并获得“优秀合作社”称号和“模式创新”奖。8 月成功注册“TUANJIE”牌商标。2013 年 7 月获重庆市无公害农产品认证，同年 8 月获农业部“TUANJIE”牌生猪无公害农产品认证。

重庆云阳县泥溪乡南山峡黑木耳专业合作社

青杠树（木耳）

云阳县泥溪乡南山峡黑木耳专业合作社成立于 2007 年，位于云阳县泥溪乡胜利村境内，是一家集食用菌（黑木耳、香菇）的科研开发、生产、销售于一体的科技企业。现有办公用房 208 平方米，生产厂房1 524平方米，生产厂区3 000平方米，建有食用菌菌种厂 1 个，10 个村（社）各建立菌种分厂一个。现有黑木耳基地 20 个，苗圃基地 2 个。

合作社生产的黑木耳产于三峡库区重庆市云阳县岐耀山脉深处的原始森林，系野生青杠树寄生的纯天然食用菌，其肉质肥厚、细腻柔质、清嫩爽口。2009 年，合作社经国家商标局核准注册了“青杠树”商标。“青杠树”牌黑木耳在 2012 年通过“有机产品”认证，2010 年和 2012 年两度被评为“云阳县知名商标”，2013 年被评为“重庆名牌农产品”“重庆市著名商标”，2014 年荣获第十二届中国国际农产品参展产品“金奖”。

合作社2008年被重庆市农委命名为“市级示范先进专业合作社”；2011年被国家标准化委员会命名为“国家珍稀食用菌标准化生产示范基地”，被中国科协、财政部评为“全国科普惠兴农村先进单位”；2013年被重庆市委农村工作领导小组评为“模范合作社”；2014年被评为“全国示范农民合作社”和“重庆市农业产业化龙头企业”。

重庆城口县坪坝猕猴桃种植股份合作社

光明岭（红心猕猴桃）

城口县地处重庆市最北端，大巴山腹心地带，气候温和，雨量充沛，四季分明，冬长夏短，水热条件属热带湿润性季风气候区，适宜优质猕猴桃的生长繁殖。而坪坝镇更因昼夜温差大，易于糖分沉淀，生长的水果口感非常好。绿色无污染、无公害的城口优质猕猴桃，色香味美，营养丰富，受到消费者的青睐。2011年，由城口县坪坝镇光明村支部书记庞仁斌牵头，在工商注册登记“城口县坪坝猕猴桃种植专业合作社”，后更名为“城口县坪坝猕猴桃种植股份合作社”。按照“股份合作社＋基地＋农户”的发展模式，合作社的猕猴桃种植基地已达到600余亩，带动周边农户600余户。

“光明岭”品牌是城口县坪坝猕猴桃种植股份合作社红心猕猴桃自创品牌，该品牌以绿色、生态、有机无公害为主，从新西兰选用优质红心猕猴桃品种，依托大巴士特有的热带湿润气候，雨量充沛，日照充足，昼夜温差较大等优势，采用优质土壤种植，特有的山泉水灌溉，同时对产品有着高标准，高规格的要求，严格按照绿色食品生产要求进行生产。

重庆璧山县渝璧玉血橙种植股份合作社

渝璧·玉血（橙）

重庆市璧山区渝璧玉血橙种植股份合作社，成立于2008年4月，组织成员种植、加工、销售玉血橙、蔬菜、花卉苗木；组织采购、供应成员所需的生产资料；组织收购销售成员生产的农产品；引进新技术、新品种，组织成员开展技术培训、技术交流和咨询服务。2011年7月获重庆市农委“先进示范社”称号；2011年12月获重庆市供销合作总社“重庆市农民专业合作社示范社”称号；2012、2014年两次获农业部“全国农民合作社示范社”称号；2013年获准西南大学科研与大学生实习实验基地和中国科学院柑橘研究所玉血橙标准化栽培指导生产基地。

渝璧玉血橙是意大利引进的一个品种，品种名称为塔罗科血橙，是血橙类中目前最为优秀的品种。玉血橙短椭圆形或近球形，果皮与果肉红色至紫红色，质地细嫩化渣，多汁，风味浓郁，有玫瑰香味，酸甜适口，无核。玉血橙果实呈鲜艳而独特的红色，不仅给消费者带来喜庆，也带来独特的营养价值；果实商品性极优，是名副其实的高端果品；果实的品质极佳，在柑橘中属于上品。

重庆诗进葡萄种植股份合作社

诗进（葡萄）

重庆诗进葡萄种植股份合作社，地处偏岩古镇，距金刀峡镇风景区9公里。该社成立于2008年11月9日，于2008年12月5日在重庆市工商管理局北碚分局登记注册。成立之初社员为5户，社员出资总额80万元，注册资金200万元，带动北碚区金刀峡镇150户农民进行葡萄种植。合作社主要经营“富硒SOD葡萄”“巨玫瑰”“夏黑”“白玫瑰”等品牌葡萄的种植销售，社员种植面积118亩，带动农民种植面积250亩。合作社产品在2011年9月15日进行了认证，注册了“诗进”商标，认证了绿色食品品牌，产品主要销售到重庆市主城区。

合作社成立以来，建立健全了组织机构、

民主管理和财务管理制度。被农业部评为“全国农民合作社示范社”。为了更好地发展，合作社专门设立了“种植技术服务部”和“购销部”，对社员开展了技术培训，每年培训达到510人次，提高了社员的合作意识、经营素质与生产水平。合作社采取“统一技术指导、统一品牌使用、统一包装制作、统一产品质量”的运作方法，发展无公害绿色水果，打造有机食品，增强合作社的凝聚力和社员对合作社的向心力。

四川成都市龙泉驿区十陵禽业合作社

石灵（鸡蛋）

十陵禽业合作社成立于2003年5月，主要从事蛋鸡的养殖和经营。合作社是龙泉驿区唯一的“国家级无公害禽蛋标准化基地”“国家级示范专业合作社”“农业部示范项目单位”，曾先后获得“四川省示范专合经济组织”“四川省标准化生产先进集体”“四川名牌”“四川省著名商标”等荣誉。

合作社将现代化的规模饲养先进技术同农家小户放养模式有机结合起来，严格控制饲养数量，分散于农户饲养，保证生产小环境无污染、空气清新。合作社饲养蛋鸡，全部选用优质的绿色玉米、绿色大豆为原料，不添加任何激素、色素，生产出的鸡蛋营养丰富，经农业部认证全部达到无公害和绿色标准。它的风味保持原来散养的纯天然口味，口感细腻，无任何药残和激素，胆固醇低，特别富含ω-3不饱和脂肪酸，有机矿物质钙、磷等天然物质，更利于营养物质被人体充分吸收和利用。

四川江安县原生态李子专业合作社

赶场山（李子）

江安县原生态李子专合作社位于江安县桐梓镇，主要为成员提供李子种植、收购、销售等服务。合作社现有江安大白李优质苗木繁育基地50余亩，年繁育苗木可达80万株，现有江安大白李种植面积6 000余亩。合作社于2008年被四川省农业厅评为“首批省级示范社”，2009年正式注册“赶场山”商标，2011年5月通过国家农业部农产品质量安全中心无公害农产品认证，2011年12月通过国家农业部“江安大白李”农产品地理标志认证，2014年10月，江安大白李通过国家绿色食品发展中心审核认定为绿色食品A级产品。2014年合作社被评为“国家级示范社”。

江安大白李果实中大，果面绿黄色，果粉厚，果肉清香脆嫩，汁多、味甜、离核，成熟的果实用手轻摇，可闻核撞击果肉之声，部分果实核腔内有黄白色胶状分泌物，果农称之为李子结“冰糖”，是其独有的特征。“赶场山”大白李以其优良的果质和独特的味道深受人们喜爱，产品一直供不应求。

四川彭州市三界丰碑蔬菜产销专业合作社

丰碑绿好（莴笋）

彭州市三界丰碑蔬菜产销专业合作社成立于2007年，合作社主要经营种苗培育、蔬菜种植、加工、冷藏及销售、农业托管服务。合作社2009年获评四川省农民专业合作社省级示范社；2012年7月获国家农业部“全国农民专业合作社示范社”光荣称号；2013年3月被彭州市评为“2012年度先进专合组织”；2014年3月被彭州市评为“2013年度先进农业新型经营主体”。合作社注册有“丰碑绿好”商标，主体产品“彭州莴笋”获得了国家农产品地理标志认证。

合作社先后与中国农大、四川省农科院、美国百胜餐饮集团建立了技术、销售合作关系，利用“丰碑绿好”商标抱团闯市场的核心竞争力逐渐形成，产品已远销到乌鲁木齐、西安、北京、拉萨、兰州、西宁的蔬菜批发市场以及省内成都、绵阳、内江、宜宾的大型超市、卖场。

贵州金沙隆喜辣椒专业合作社

湾子辣椒（辣椒）

金沙隆喜辣椒专业合作社位于贵州省金沙县木孔乡湾子街上，2012 年 4 月成立，发展辣椒种植面积10 000余亩，种植范围涉及木孔乡 7 个村及周边乡、镇。合作社与贵州隆喜食品有限责任公司共同树立了“湾子辣椒”品牌，实现了“公司＋基地＋农户，订单＋服务”的一体化供销模式，实行规模经营，统一管理、统一包装、统一质量、统一销售的生产模式，让湾子辣椒走上了标准化、品牌化的发展道路。

合作社通过贵州隆喜食品有限责任公司获得了贵州大学、遵义农科院的技术支持，湾子辣椒以其独特生长环境和优质的产品质量，被评为“金沙县十大名特产品”。获得了国家无公害农产品认证及国家无公害农产品地理标识认证。“湾子辣椒”牌系列产品自问世以来，通过隆喜人不断努力，已在广东、福建、四川、湖南、贵州等省市设经销商，产品已进入北京华联、家乐福、永辉等大中型超市，产品市场覆盖率逐步扩大，品牌知名度逐步提升。

贵州湄潭县落花屯茶叶专业合作社

雅眉（茶叶）

湄潭县落花屯茶叶专业合作社于 2009 年 7 月 21 日正式在湄潭县工商局注册成立，采取“合作社＋基地＋社员”经营模式，与社员签订茶园管理、茶青销售合同，并对社员进行技术培训。合作社于 2014 年 9 月 15 日获国家级示范合作社称号。在家庭承包责任制的基础上，引导农民不断加入农民专业合作社，因地制宜发展特色茶业，进行适度规模经营。合作社于 2012 年被评为“湄潭县茶叶发展优秀茶叶专业合作社”，2013 年荣获“遵义市茶产业发展工作先进单位”称号，2014 年荣获“国家级示范合作社”称号，2015 年荣获“贵州省农业产业化生产龙头企业”称号。

合作社注册商标“雅眉”，“雅”包括了正规、标准、规范及正直之意，体现了合作社对美好、高尚而不粗俗的一种精神追求，而湄潭茶是天然健康的饮品，最能表现他显著特色的是其具有超乎一切之上的人间情味和艺术韵味。合作社主要以湄潭翠芽生产为主，汤色嫩绿明亮，栗香持久，滋味鲜爽，其型扁平直，犹如美人画眉一般。

贵州都匀市螺丝壳河头茶叶农民合作社

明黔（绿茶）

都匀市螺丝壳河头茶叶农民专业合作社成立于 2008 年 5 月 13 日，经营范围为茶叶种植、加工、销售。自合作社成立以来，入社农户、茶园不断增加，经营规模逐年扩大，产业链条日趋完善。截止到目前，共有茶园 5 422.94 亩，其中通过有机茶认证面积 600 亩。

合作社位于毛尖镇坪阳村，地貌类型以山地丘陵为主，平均海拔1 480米左右，年平均气温 13℃，无霜期 145 天，年降水量1 200 毫米。土壤主要以黄壤土和石灰土为主，pH 6 左右，富含有机质，氮、磷、钾含量丰富，其他微量元素丰富，无重金属污染，无天然污染源泉，多年来水质一直保持为三类水，非常适合优质都匀毛尖茶的生长。合作社严格按照有机茶生产管理方式组织入社茶农种植、加工都匀毛尖茶，注册了“明黔”牌都匀毛尖，取其“明前茶”谐音，代表了茶叶最好的品质——清明前采摘；更有宏大黔南茶叶品牌之意。

至今，合作社的茶叶生产基地已通过多项质量安全体系认证，合作社荣获“全国百佳农民专业合作社”“都匀市先进龙头企业”等荣誉称号。

贵州三都水族自治县交梨乡山野水晶葡萄农民专业合作社

交梨山野（水晶葡萄）

三都水族自治县交梨乡山野水晶葡萄农民专业合作社于2008年6月在县工商行政管理局注册登记成立，现为全国农民专业合作社示范社。合作社现有理事会成员7人，监事会3人，技术骨干45人，社员831户2 908人，社员覆盖全乡12个行政村及周边县、乡镇葡萄种植大户。合作社流动资金30余万元，有冷库一栋，面积50平方米左右，可保鲜葡萄10吨。

合作社产品“交梨山野”牌水晶葡萄产于贵州三都交梨野鹿山之上，水土、气候独特，葡萄自然坐果、自然成熟、自然上色，无农药残留，绿色无公害。串串似珍珠，色泽鲜艳，晶莹剔透，皮薄肉细，香甜可口，营养丰富，具有“补气血、益肝肾、生津液、强筋骨、止咳除烦、补益气血、通利小便”等效，可助消化，预防心脑血管病等，老少皆宜，在全省水晶葡萄评比中获得较高奖项。

云南昭通市昭阳区顺顺种植专业合作社

洒渔河（苹果）

顺顺种植专业合作社，位于昭通市昭阳区洒渔镇三台村，成立于2012年7月9日，主要经营苹果种植及销售，于2012年11月注册了“洒渔河”商标。

合作社生产的昭通苹果品质好、成熟早。洒渔冬无严寒、夏无酷暑、年较差小、日较差大，光照充足、雨量适中，光、热、水资源丰富，是苹果生产最适宜区；大气环境清洁，无工业污染，对发展绿色、无公害、生态苹果生产具有得天独厚的自然条件，所生产的苹果色泽鲜艳、肉质细脆、酸甜适度、汁液丰富，风味浓郁，多次获国家、省级优质水果称号及全国第二届农博会“银奖”。洒渔河苹果远销北京、上海、江浙等地区，还大量出口越南、泰国、缅甸、韩国等国家。

云南文山市明春他披梨种植农民专业合作社

春宁他披梨（他披梨）

文山市明春他披梨种植农民专业合作社是为促进“他披梨”产业的发展壮大而成立起来的群众性合作组织。成立于2008年6月30日，已在文山市工商行政管理局登记注册，到2014年底有会员112人，种植他披梨1 500余亩。合作社成立以来，始终坚持“民办、民管、民受益”的宗旨，围绕发展壮大地方特色产业“他披梨”，增加会员收入的目标，不断开拓创新。合作社注册商标、进行“三品”认证、产品加工包装、规范化管理等措施，进一步扩大了产品知名度，拓展市场份额，增加了会员收入。2012年、2013年均被评为“省级示范社”，2014年评为“国家级示范社”。

“他披梨”是生长于文山市坝心乡海拔1 800～2 000米区域内的一种优质水果，具有果肉细嫩、水分多、口感好等特点，不但营养丰富，还具有促进消化、清肺利尿的保健功效，文山人常以食之为荣，目前该产品销往昆明和越南等地。

云南勐海县勐遮镇曼根优质稻米生产专业合作社

曼根傣贡（稻米）

勐海县勐遮镇曼根优质稻米生产专业合

作社是一家从事优质水稻种植和销售的农民专业合作社，位于美丽富饶的云南省西双版纳州勐海县勐遮镇曼根村民委员会，成立于2005年3月。勐海县是国家商品粮基地县，而勐遮镇是全县的产粮大镇，占全县总产量的四分之一以上，合作社地处坝区，交通便利、地势平坦、水肥土沃、环境优越，具有得天独厚优质稻种植条件。

合作社2009年荣获云南省农业创业之星表彰。2010年3月合作社完成“曼根傣贡”商标及商品条形码注册。2011年获得“QS”认证，同年荣获“县级示范社”“省级示范社”称号，2012年2月合作社开始打造生态、无公害的集种植、养殖、饮食于一体的生态园；7月，曼根傣贡“滇屯502”品种正式通过中国绿色食品发展中心认证，跻身绿色食品行列，同年合作社获得国家农业部颁发的种粮大户称号。2014年，“曼根傣贡”作为“勐海香米”的典型代表品牌成功入选“云南六大名米”。

云南建水县福新果蔬专业合作社

美秀福新（马铃薯）建水县福新果蔬专业合作社位于全国冬马铃薯产地——云南省建水县甸尾乡铁所村，成立于2010年2月，有成员171人，注册资金238万。合作社建立无公害科技示范基地5 500亩，带动辐射8 932亩，认证无公害农产品6项，培养省级科技特派员、辅导员、农产品经纪人、农村乡土人才、农业科技人员50多人。拥有进出口经营权，独立开展进出口业务。合作社生产的无公害冬马铃薯在每年3月底至5月初上市，品种为：“丽薯6号”“合作88”，品质优越，生态绿色，形状良好，营养元素含量高、芽眼浅、无污染。

合作社曾先后获得“省级农民合作社示范社”“国家农民合作社示范社”“省级科技型农村经济合作组织”“省级农业科技示范园”“云南百强食品企业”“云南名牌农产品”“云南名牌产品”“全国百家农民合作社百个农产品示范品牌”“红河州知名商标”“全国食品工业优秀龙头食品企业”等殊荣。

云南宾川冬梅蔬菜水果专业合作社

宾杰（柑橘）

宾川冬梅蔬菜水果专业合作社成立于2007年9月，是国家级合作社示范社及国家级加工示范单位。注册资金60万元人民币，现有固定资产3 000多万元，出口水果备案基地8 000多亩，成员由原来的5户发展壮大到现在的500多户，直接带动农户5 000多户，最大程度上解决了广大农户水果销售的后顾之忧。合作社实行“公司＋合作社＋基地＋农户＋标准化”的管理模式，是产加销一条龙服务的农民专业合作经济组织。企业现有固定员工60人，季节性用工每天达500多人，有效解决了当地毕业大学生及农村剩余劳动力的就业问题。

合作社注册的大理州知名商标“宾杰”系列产品，“宾杰柑桔”“宾杰葡萄”“宾杰石榴”均取得无公害农产品证书，并赢得了众多客商和消费者的青睐。

陕西洛川民丰专业合作社

延刚（苹果）

洛川民丰农民专业合作社始建于2009年10月，是一家集苹果生产、信息服务、技术指导、市场营销、冷藏出租为一体的大型农村经济合作社组织，陕西省百强专业合作社。合作社先后被评为县级优秀专业合作社、市级示范专业合作、省级百强专业合作社，2011年至2013年连续三届在“中国•陕西（洛川）国际苹果博览会”上被评为果业销售明星，所产的红富士苹果在博览会“果王大赛”上连续两年获得金奖。

合作社生产的洛川苹果以果型端庄、色泽艳丽、风味浓郁、绿色安全而享誉市场，累计荣获国家及部省优名牌奖170多项，成功注册了“洛川苹果”地域名证明商标，取得了中国女排专供苹果、2008年北京奥运会专供苹果、2010年上海世博会接待用苹果及2010年广州亚运会专供苹果等27项重大冠名权，获得了首届中国区域农产品公用品牌百强称号、中国驰名商标及陕西省著名商标。

陕西眉县齐峰富硒猕猴桃农民专业合作社

齐峰缘（猕猴桃）

眉县齐峰富硒猕猴桃专业合作社成立于2008年11月。注册资本646.35万元，社员444人，正式工作人员136人，50%以上为本科学历。合作社现有自建总存储量1.2万吨的标准化气调冷库126座，出口包装分拣车间6 000平方米，购进包装分拣线17条，资产总额达6 140万元。眉县齐峰富硒合作社主要从事猕猴桃种植、收购、储藏、销售等业务。现拥有“齐峰缘”牌产品商标，已成为眉县的领军企业，2010年齐峰富硒猕猴桃专业合作社取得了自营出口权证书。

2014年11月合作社被农业部、国家发改委、财政部、国家税务总局等9部委共同认定为“全国农民专业合作社示范社”；同年被陕西省财政厅、农业厅、发改委、国税局、地税局等10部门评为“省级农民合作社示范社”，并于2014年通过了ISO9000质量体系认证。合作社注册的“齐峰缘”牌猕猴桃商标享誉华南和华东消费市场，产品畅销全国，并出口海内外，深受消费者的喜爱。

陕西商南县雨山茶叶专业合作社

商茗（茶叶）

商南县雨山茶叶专业合作社，于2009年7月在县工商局注册登记，法人代表田风保。合作社集茶叶种植、加工、销售为一体，拥有紧密型茶叶园900亩，松散型茶园4 100亩，年产茶叶180吨，产销额1 330万元。

2011年10月，合作社产品通过农业部无公害农产品认证；2012年4月，产品在“中国·陕西（商洛）茶叶节名优茶质量评比”中荣获“银奖”；2014年6月荣获“中国具有影响力合作社产品品牌”奖；2014年12月，合作社被国家九部委认定为“国家级农民专业合作社示范社”。

“商茗”牌雨山茶是雨山茶叶专业合作社的主导品牌，产自商南县十里堡镇李家湾及周边村落，平均海拔800～1 000米，土壤为粗骨性黄褐土，报湿性好，茶园不施农药，施农家肥，远离工厂、矿山、农庄，森林植被率98%以上。独特的气候、土壤等诸多特点，使“商茗”牌雨山茶具有“香高、味浓、回甜、耐泡”等高品质特点。被评为“中国最有影响力合作社产品品牌”。

甘肃庆阳恒丰源苹果专业合作社

陇宝（苹果）

庆阳恒丰源苹果农民专业合作社位于温泉镇刘店村，成立于2008年8月30日，注册资金500万，现有社员213人。曾先后被评为省级示范社、国家级示范社。目前合作社共有生产基地2 470亩，于2014年年初建成高标准矮化密植示范园205亩。2011年正式注册“陇宝”为合作社有机苹果商标，产品严格按照国家有机标准生产，产品农残全部达到“0”残留。合作社始终坚持“立足三农，服务三农，助推三农”的指导思想，本着“为耕者谋利，为食者造福”的根本目的，全心全意为农民服务。

甘肃天水市秦州区罗玉大樱桃专业合作社

罗玉大樱桃（樱桃）

秦州区罗玉大樱桃种植专业合作社位于秦州区罗玉沟烟铺村，于2009年5月注册成立，注册资金170万元，现有社员107人，目前建成大樱桃种植基地1.8万亩，带动农户2 000多户。

2012年取得了国家商标总局A级绿色产品认证，成功注册“罗玉”牌商标，2011年被天水农业局评为第一批农民专业合作社示范社。2014年被甘肃省农业厅评为“省级农民专业合作社示范社”，同年被国家部际农民合作社发展联席会议认定为“国家级农民合作社示范社”，被甘肃省农牧厅认定为2014年休闲农业示范点。

合作社生产的罗玉沟大樱桃以优质味美、绿色安全深受北京、天津、兰州、西宁、包头、哈尔滨、乌鲁木齐、重庆、上海、广州等国内大、中城市广大消费者的喜爱。2010年6月，在中国北京优质樱桃擂台赛上，秦州区选送的罗玉沟流域的大樱桃品种获得金奖、银奖荣誉各1项。2011年，“秦州大樱桃”通过了国家工商行政管理总局商标局地理标志证明商标注册，被中国绿色食品发展中心认定为绿色食品A级产品。2012年被中国大樱桃年会授予“中国优质甜樱桃生产基地”称号。

青海乐都县兴农蔬菜专业合作社

乐都紫皮大蒜（大蒜）

乐都县兴农蔬菜专业合作社2007年8月正式在乐都县工商行政管理局登记注册成立。合作社主要组织成员开展蔬菜种植、购销、贮藏、运输等业务，同时依托成员单位开展农业生产资料供应、农产品加工、贮藏、销售和科技培训，实用技术推广等业务。2010—2013年，合作社先后被评为区、市、省级“农民专业合作社示范社”和“全国农民专业合作社示范社”，并荣获“中国50佳专业合作社”。

合作社生产的乐都大蒜，外皮为紫红色，蒜头大而圆整，分瓣数少，排列紧实，辣味浓厚，大蒜素含量高，1990年被青海省品种审定委员会定名为“乐都紫皮大蒜”；2005年被青海省农牧厅评为“青海省高原特色农畜产品展示会名牌产品”，成为乐都县特色农产品。目前乐都紫皮大蒜产品远销到广东、广西、山东、四川、云南、河南、重庆、甘肃、内蒙古、西藏、山西、新疆等十几个省、地区。

宁夏中宁县健商堂枸杞专业合作社

健商堂（宁夏枸杞）

健商堂枸杞专业合作社是由宁夏乐杞生物科技发展有限公司牵头发起，集枸杞种植、生产、加工、销售为一体，于2008年12月10日经中宁县工商局登记注册成立，注册资金500万元。2013年中宁县健商堂枸杞专业合作社被宁夏农牧厅、林业厅、工商行政管理局、供销社评为“自治区示范合作社”，2014年被农业部认定为“国家级示范合作社”。

合作社主打产品——中宁枸杞，素有“天下枸杞出宁夏，中宁枸杞甲天下”的美誉，生长条件适宜，气候干燥，昼夜温差大，有利于枸杞干物质积累，品质纯正。具有补虚弱、益精气、去冷风、壮阳道、止目泪、健腰脚等功效。中宁枸杞远销法国、德国、英国、新西兰、荷兰、波兰、澳大利亚、加拿大等20多个国家及地区。2013年度受中华全国供销合作总社评定，“健商堂”品牌被认定为“全国百佳品牌”。

宁夏永宁县曹东现代农业专业合作社

望洪（大米）

永宁县曹东现代农业专业合作社位于永宁县望洪镇109国道旁，地处望洪镇优质粮生产基地，这里的农业自然资源丰富，生态环境良好，有着发展优质粮得天独厚的自然条件和区域优势。合作社正是利用这一优势，大力发展有机稻种植，为带动周边农民致富起到了带动作用。2013被自治区确定为省级示范社，2014被农业部确定为国家级示范社。

合作社以示范辐射为带动方式，以订单销售为启动力，以大型销售市场为推动力量，组织种植户建设规范化、标准化的种植基地，并实行“五统一”管理模式，即：统一购优质种子、统一施有机肥料、统一田间管理、统一粮食收购、统一进行销售。

合作社2009年11月注册“望洪”大米品牌，2011年获得有机大米转换证书，2013年取得有机大米认证证书。合作社生产的“望洪”有机大米在第二届中国（成都）国际有机农业峰会上获得有机大米食味竞赛“味优奖”。

宁夏中卫市香山硒砂瓜流通专业合作社

香山硒砂（硒砂瓜）

中卫市香山硒砂瓜流通专业合作社于2004年12月经中卫市工商局登记注册，是一家集硒砂瓜种植、生产、销售为一体的农民专业合作社，注册资金500万元。截至2014年年底，已发展社员545户2 100人，建设有机硒砂瓜标准化生产基地53 000亩。合作社主营产品香山硒砂瓜，生长在沙石之地，因得天独厚的光热资源，独特的气候条件和地理区域，使硒砂瓜含有天然葡萄糖、维生素、氨基酸和多种微量元素，个大皮厚、便于运输、果汁丰富、甘甜爽口、舒心如蜜，糖分含量高达13.8%，并且含有人体缺乏的微量元素——硒，因之取名名为“硒砂瓜”。

经过多年的不懈努力，合作社现已发展成为以硒砂瓜为主营业务的知名企业，并且通过自身品牌的建设，至今已拥有了“香山硒砂”“香山绿豪”“香岩宝”三个商标。其中“香山硒砂”成为“中国驰名商标”和“宁夏名牌产品”，并通过了国家有机食品认证，“香山绿豪”品牌西瓜也被认定为“消费者信得过产品”。

宁夏中卫市海原县鸿鑫马铃薯专业合作社

南月（马铃薯）

海原县鸿鑫马铃薯专业合作社位于宁夏回族自治区海原县红羊乡马铃薯主产区，是集马铃薯良种繁育、种植、技术推广、商品薯产销于一体的宁夏农业产业化国家级示范合作社。

合作社的“南月”牌马铃薯被自治区授予宁夏“著名商标”称号，是农产品地理标志登记农产品，绿色食品认证产品和中国第十五、十六届绿色食品博览会金奖产品，同时入选“全国百家合作社和百个农产品品牌”。

马铃薯种植区处宁夏南部山区，是以“苦甲天下”著称于世的西海固地区，那里海拔高、气候冷凉、土壤肥沃、天然无污染，有效降雨主要集中在7、8、9月，与马铃薯果实膨大期相吻合，非常适宜种植马铃薯。每年引进优质脱毒原种和原原种进行繁育，繁育的种薯以低于市场价提供给社员种植，有力地确保了马铃薯产量和品质，加上产地无污染，马铃薯品质佳、口感好、耐储存，备受广大消费者的青睐。

新疆新源县花岛养蜂专业合作社

草原部落（蜂蜜）

新源县花岛养蜂专业合作社注册于 2011 年 1 月 15 日。截至目前，已有社员 112 人，注册资金 776 万元。拥有蜂群数12 600群，蜂种主要为意蜂和黑蜂，年产山花蜂蜜约 200 吨，油菜花蜂蜜1 000吨。合作社成立以来，相继获得“伊犁州农民专业合作社示范社”“新疆维吾尔自治区农民专业合作社示范社”“全国蜂农专业合作社示范社”和“全国农民专业合作社示范社”等殊荣。公司和公司麾下的合作社均被列为伊犁州重点扶持企业。

合作社拥有具有显著地理特点的注册商标“草原部落”。草原代表绿色、健康，部落体现原始、无污染，合意为：“草原部落”牌蜂产品绿色、纯净、健康。2012 年“草原部落”注册商标已取得“中国著名品牌”和中国绿色食品博览会“畅销产品奖”；2013 年至 2014 年，“草原部落”注册商标蜂产品相继荣获中国第十七届农洽会“优质产品奖”、第五届新疆农产品北京交易会“金奖产品”。

新疆温宿县天山红林果业农民专业合作社

天山红林（红枣）

温宿县天山红林果业农民专业合作社成立于 2010 年 2 月，位于新疆温宿县佳木镇，是一家以收购、加工、销售红枣为主，兼营核桃、杏干等农副产品的农民专业合作社。合作社现有社员 130 人，注册资金 390 万元，资产总额1 170万元，有3 000亩的红枣、核桃生产基地，有“天山红林”“启浪”两个注册商标，其中“天山红林”是合作社主打品牌。合作社现已取得红枣、核桃、杏干 QS 认证和红枣、核桃绿色食品认证，是地区级农业产业化龙头企业、自治区林果业重点农民专业合作社、自治区级农民专业合作社示范社、国家级农民专业合作社示范社。

2014 年 2 月，“天山红林”牌阿克苏红枣又被国家农业部列入全国名、特、优、新农产品目录。2014 年 10 月，在第五届新疆农产品北京交易会上，“天山红林”牌阿克苏红枣获得“金奖”。11 月在新疆特色林果产品（广州）交易会上，“天山红林”牌阿克苏红枣获得获得“铜奖”，11 月又获得绿色有机食品博览会“金奖”。

新疆生产建设兵团十三师淖毛湖农场

天山娇（哈密瓜）

新疆哈密瓜乡果业股份有限公司成立于 2005 年，是新疆生产建设兵团“6221”工程培育的龙头企业，也是哈密区域内规模最大的果品深加工农业产业化重点龙头企业。公司前身是哈密天山娇果业有限责任公司，是十三师直属国有企业。

公司生产的果品来自天山雪水浇灌的哈密盆地，哈密瓜世界闻名遐迩，公司现有“天山娇”、“丝路雪”品牌的健康类、休闲类、饮品类、礼品类等众多品种的产品。

新疆生产建设兵团第十三师淖毛湖农场位于新疆哈密地区伊吾县境内，哈密瓜种植面积 2 万亩，总产达到 4 万吨，是新疆著名的晚熟哈密瓜生产基地。哈密瓜的采摘时间在每年的 8 月至 9 月之间，成熟后的哈密瓜中心含糖量达到 15%以上，单瓜重 2.5 千克以上。因独特的风味和优良的品质，美誉度不断提升，2009 年被中国有机食品及天然产品展组委会评为“最佳有机产品奖”，2010 年 9 月被评为“2010 年上海世博会新疆馆指定礼品”，连续获得第八届、第九届、第十届中国国际农产品交易会“金奖”。

西藏拉萨市堆龙德庆县岗德林种植农民专业合作社

岗德林（西红柿）

堆龙德庆县岗德林蔬菜种植农民专业合作社正式成立于 2008 年 6 月，由原堆龙德庆县蔬菜花卉农民营销协会延伸发展而来，实质运作已 10 年。经历了从小到大、从弱到强的跨越式发展和量与质的大幅提升。设施（温室）从 2005 年的 35 栋发展到目前1 260栋（不含在建和拟建），建有蔬菜冷藏、保鲜、初加工、深加工生产区和生产设施。合作社获得无公害蔬菜产品认证 8 个，无公害蔬菜产地认证1 200亩。

合作社营销部始终采取多项并举，既搞单位订单，又搞批发零售；在 2008 年开始尝试了走“农超对接”（基地在娘热路、药王山有固定销售摊位；与乐百隆、百益超市订有农超对接长期供销协议），成效显著，既增加老百姓的现金收入，又让消费者吃到放心的无公害蔬菜，同时平抑了市场价格。

西藏乃东县贡桑禽类养殖专业合作社

益西卓嘎（藏鸡蛋）

2008 年 5 月 31 日益西卓嘎发起成立西藏乃东县贡桑禽类养殖专业合作社。贡桑禽类养殖专业合作社是一家以养鸡为主体，统一购苗、统一育雏、统一饲料供应、统一养殖技术、统一市场销售的互助经济组织。

“益西卓嘎”商标注册于 2011 年，是以合作社发起人益西卓嘎的名字注册，商标应用于活禽产品、禽蛋。目前，贡桑合作社产品正销往全国高端消费城市，在藏鸡蛋行业影响力正逐步扩大。“益西卓嘎”牌藏鸡蛋也是雅砻文化节指定展销产品。

2014 年贡桑禽类养殖专业合作社被评选为“国家级示范社”；合作社发起人益西卓嘎被评选为“全国十佳农民”。目前合作社上下正在为藏鸡加工、饲料加工和畜禽交易市场的筹建而努力，旨在打造全西藏第一条高原特色养殖产业链，带动更多的老百姓致富。

西藏林芝朗县朗敦辣椒专业合作社

朗敦（辣椒）

朗县朗敦辣椒专业合作社位于西藏林芝地区朗县洞嘎镇，于 2010 年 6 月动工，2010 年 11 月 1 日竣工，占地面积2 357平方米。在县委县政府及有关部门的大力支持和帮助下，合作社在 2011 年 4 月份开始试运行，先后办理了工商、税务、“朗敦”商标、组织机构代码证、QS 认证等相关手续，并投产运营。

朗县朗敦辣椒专业合作社“朗敦”牌自 2011 年注册以来，主要从事辣椒的深加工，使用传统的制作工艺进行生产，产品主要有辣椒面、辣椒酱等。“朗敦”牌辣椒使用传统制作工艺，原材料第一时间直接从群众中收购，口感纯正，深受全县人民喜爱。“朗敦”辣椒产品多次参加林地区广交会和山南物资交流会，开展与自主品牌的农产品有关的宣传和推广活动，特别是 2011 年 10 月参加第九届林芝地区投资贸易洽谈会和 2012 年 5 月参加福州市海峡两岸经贸交易会，积极向区内外消费者进行产品推荐，受到一致好评，大大了提高“朗敦”在区内外的知名度，增强产品市场竞争优势。

统计资料

- 2015年绿色食品发展总体情况
- 2015年分地区有效用标绿色食品企业与产品
- 2015年分地区当年绿色食品获证企业与产品
- 2015年绿色食品产品结构（按产品类别）
- 2015年绿色食品产地环境监测面积
- 2015年绿色食品产品类别数量与产量
- 2015年分地区绿色食品原料标准化生产基地面积与产量
- 2015年全国绿色食品生产资料发展总体情况
- 2015年分地区绿色食品生产资料发展情况
- 2010—2015年国家现代农业示范区绿色食品、有机食品产量统计
- 国家现代农业示范区无公害农产品产量

2015 年绿色食品发展总体情况

指标	单位	数量
当年认证企业数	个	3 562
当年认证产品数	个	8 228
企业总数[①]	个	9 579
产品总数[②]	个	23 386
年销售额	亿元	4 383.2
出口额	亿美元	22.8
产地环境监测面积	亿亩	2.6

注：①截止到 2015 年 12 月 10 日，有效使用绿色食品标志的企业总数。

②截止到 2015 年 12 月 10 日，有效使用绿色食品标志的产品总数。

2015 年分地区有效用标绿色食品企业与产品

地区	企业数（家）	产品数（个）
全国总计	**9579**	**23386**
北京	66	291
天津	69	188
河北	348	1 084
山西	76	158
内蒙古	156	443
辽宁	400	843
吉林	210	447
黑龙江	685	1 738
上海	177	252
江苏	948	2 195
浙江	774	1 263
安徽	501	1 503
福建	377	657
江西	226	595
山东	1 276	3 509
河南	204	544
湖北	495	1 541
湖南	352	984
广东	341	740
广西	110	193
海南	16	28
重庆	278	763
四川	457	1 258

（续）

地区	企业数（家）	产品数（个）
贵州	19	24
云南	261	569
西藏	9	9
陕西	102	216
甘肃	303	611
宁夏	92	202
青海	45	106
新疆	202	400
境外认证	4	32

2015 年分地区当年绿色食品获证企业与产品

地区	企业数（家）	产品数（个）
全国总计	**3 562**	**8 228**
北京	19	100
天津	17	31
河北	105	298
山西	20	35
内蒙古	60	151
辽宁	191	373
吉林	95	213
黑龙江	311	825
上海	56	75
江苏	301	628
浙江	261	423
安徽	186	535
福建	134	238
江西	84	208
山东	410	990
河南	101	272
湖北	204	570
湖南	154	428
广东	118	223
广西	43	64
海南	6	12
重庆	64	192
四川	187	506

（续）

地区	企业数（家）	产品数（个）
贵州	14	19
云南	98	202
西藏	4	4
陕西	37	65
甘肃	149	281
宁夏	41	87
青海	14	36
新疆	77	142
境外认证	1	2

2015 年绿色食品产品结构（按产品类别）

产品类别	产品数（个）	比重（%）
农林及加工产品	17 626	75.4
畜禽类产品	1 123	4.8
水产类产品	727	3.1
饮品类产品	2 045	8.7
其他产品	1 865	8.0
合计	**23 386**	**100.0**

2015 年绿色食品产地环境监测面积

产地	单位	面积	比重（%）
农作物种植	**万亩**	**19 977.54**	**75.81**
粮食作物	万亩	13 340.46	49.98
油料作物	万亩	3 596.68	14.00
糖料作物	万亩	742.65	2.89
蔬菜瓜果	万亩	1 399.41	5.44
其他农作物	万亩	898.34	3.50
果园	**万亩**	**1 810.69**	**7.05**
茶园	**万亩**	**351.31**	**1.37**
草场	**万亩**	**3 130.69**	**12.18**
水产养殖	**万亩**	**373.38**	**1.45**
其他	**万亩**	**550.07**	**2.14**
合计	**万亩**	**26 193.68**	**100.00**

2015 年绿色食品产品类别数量与产量

产品	数量（个）	产量（万吨）
农林产品及其加工产品	**17 626**	
小麦	64	124.96
小麦粉	885	514.73
大米	3 039	1 356.76
大米加工品	62	10.61
玉米	190	359.26
玉米加工品	188	58.84
大豆	105	81.15
大豆加工品	279	80.95
油料作物产品	60	15.66
食用植物油及其制品	378	134.74
糖料作物产品		
机制糖	82	405.48
杂粮	177	66.66
杂粮加工品	204	26.54
蔬菜	7 065	2 064.09
冷冻蔬菜	57	13.18
蔬菜加工品	162	22.69
鲜果类	3 170	1 126.72
干果类	242	33.30
果类加工品	187	16.62
食用菌及山野菜	578	98.36
食用菌及山野菜加工品	68	5.31
其他食用农林产品	236	180.24
其他农林加工品	148	142.91
畜禽类产品	**1 123**	**98.98**
猪肉	203	10.23
牛肉	111	4.87
羊肉	56	2.36
禽肉	143	10.12
其他肉类	16	0.85
肉食加工品	120	1.40
禽蛋	186	12.93
蛋制品	78	3.54
液体乳	49	45.25
乳制品	47	6.14

（续）

产品	数量（个）	产量（万吨）
蜂产品	114	1.29
水产类产品	**727**	**30.02**
水产品	541	23.09
水产加工品	186	6.93
饮品类产品	**2 045**	**475.97**
瓶装饮用水	77	204.73
碳酸饮料		
果蔬汁及饮料	122	23.26
固体饮料	20	0.14
其他饮料	65	35.23
冷冻饮品	14	0.50
精制茶	1 223	9.18
其他茶	99	1.17
白酒	152	6.79
啤酒	71	182.58
葡萄酒	102	3.84
其他酒类	100	8.55
其他产品	**1 865**	**2 008.86**
方便主食品	281	30.47
糕点	109	4.75
糖果	41	2.24
果脯蜜饯	92	6.13
食盐	585	1 673.46
淀粉	187	184.84
调味品	565	101.62
食品添加剂	5	5.35
总计	**23 386**	

2015 年分地区绿色食品原料标准化生产基地面积与产量

地区	基地数（个）	面积（万亩）	产量（万吨）
全国总计	**665**	**16 853.0**	**10 610.8**
北京	3	18.5	29.5
天津	3	34.9	16.1
河北	12	148.6	99.7
山西	3	36.0	39.0
内蒙古	48	1 738.6	1 049.0

（续）

地区	基地数（个）	面积（万亩）	产量（万吨）
辽宁	19	350.4	187.5
吉林	19	301.4	184.7
黑龙江	168	7 002.3	3 361.1
江苏	48	1 829.9	1 237.7
安徽	42	815.0	383.8
浙江	3	23.3	13.8
福建	17	161.7	95.7
江西	43	838.6	550.6
山东	20	398.1	399.5
河南	3	60.2	33.7
湖北	21	280.9	268.0
湖南	41	577.6	560.0
广东	4	50.7	52.2
广西	3	28.4	38.9
四川	57	879.4	836.6
陕西	2	77.0	90.1
甘肃	14	132.1	90.7
宁夏	14	196.7	151.6
青海	8	113.4	71.5
新疆	50	759.3	769.8

2015 年全国绿色食品生产资料发展总体情况

产品类别	企业（家）	产品（个）
肥料	52	94
农药	6	20
饲料及饲料添加剂	21	99
兽药		
食品添加剂	22	30
其他	1	1
总计	102	244

2015 年分地区绿色食品生产资料发展情况

地区	企业（家）	产品（个）
北京	3	14
天津	4	5
河北	6	8
山西	2	4
内蒙古	7	19
辽宁	3	9
吉林	1	1
黑龙江	5	11
上海	1	1
江苏	14	28
浙江	3	7
安徽		
福建	1	2
江西	1	1
山东	7	14
河南	5	8
湖北	2	3
湖南	5	5
广东	3	6
广西	3	3
海南		
重庆		
四川	7	27
贵州		
云南	4	36
西藏		
陕西	3	9
甘肃	10	
宁夏	1	15
青海	1	5
新疆		3
总计	102	244

2010—2015年国家现代农业示范区绿色食品、有机食品产量统计

省份	示范区名称	2010年		2011年		2012年		2013年		2014年		2015年	
		绿色食品产量（吨）	有机食品产量（吨）	绿色食品产量（吨）	有机食品产量（吨）	绿色食品产量（吨）	有机食品产量（吨）	绿色食品产量（吨）	有机食品产量（吨）	绿色食品产量（吨）	有机食品产量（吨）	绿色食品产量（吨）	有机食品产量（吨）
北京市	北京市国家现代农业示范区	1 375 448.5	30 320.42	1 312 738.9	48 206.78	1 355 624.4	3 552.87	1 380 567.3	14 903.32	1 320 504.3	12 227.115	1 341 818.3	9 865.766
	北京市通州区国家现代农业示范区	36 838	0	22 878	16 740	19 298	0	24 172	1 666.5	24 172	1 537	24 772	1 219
	北京市顺义区国家现代农业示范区	871 156	1 270.2	871 540.4	245.8	871 540.4	611.06	815 390.4	806.95	819 067.2	317	819 067.2	933.46
	北京市房山区国家现代农业示范区	80	3 596.5	80	1 270.3	80	0	1 515	162.5	1 535	162.5	1 580	231.331
	北京市大兴区国家现代农业示范区	243 039	64	265 199	143.5	265 199	0	264 915.2	0	266 225	260	266 225	210
	北京市昌平区国家现代农业示范区	9 636	74.25	9 636	621	9 778	0	5 588	0	2 628	0	2 210	0
	北京市怀柔区国家现代农业示范区	7 602	0	8 814	0	8 814	0	5 654	0	4 594.6	0	4 569.6	0
	北京市平谷区国家现代农业示范区	97 000	3 078.4	96 500	2 120.6	96 500	270.81	96 500	388.36	94 000	171.59	91 250	0
	北京市门头沟区国家现代农业示范区	260	1 898.9	10	1 406.9	10	20	108	763.5	98	561.44	68	416.94
	北京市密云区国家现代农业示范区	67 950	0	2 300	0	28 911	0	29 069	0	21 551	0	14 484	0
	北京市延庆区国家现代农业示范区	0	0	0	0	0	0	0	0	0	0	1 707	0
天津市	天津市国家现代农业示范区	832 581.75	14 838.93	811 484.75	12 576.05	1 144 489.13	698	966 362.88	1 619.68	981 738.9	433.95	895 734.68	2 356.946
	天津市东丽区国家现代农业示范区	483.75	0	483.75	0	483.75	0	0	0	0	0	0	0
	天津市津南区国家现代农业示范区	458	0	1 260	0	1 260	0	1 260	0	1 990	0	1 990	0
	天津市武清区国家现代农业示范区	73 621	768.95	56 194	771.95	68 126	698	70 838	872	69 598	0	61 957.8	0
	天津市西青区国家现代农业示范区	32 289	1 581.7	32 289	1 581.7	32 289	0	28 578.5	0	26 448.5	0	25 998.5	0
	天津市北辰区国家现代农业示范区	466 150	0	466 150	0	443 910	0	110 890	0	112 890	0	114 525	0
	天津市滨海新区国家现代农业示范区	183 561	0	182 788	0	432 092	0	587 092	0	590 535	0	501 568	0
	天津市宝坻区国家现代农业示范区	1 600	1 150.2	2 500	2 646.3	95 000	0	102 869	0	120 639	0	121 557	0
	天津市蓟县国家现代农业示范区	45 419	5 641.88	38 120	6 337.12	42 568.38	0	42 375.38	646.8	41 378.38	311.8	41 378.38	2 099
	天津市宁河县国家现代农业示范区	5 200	0	5 200	621.78	6 260	0	6 260	0	2 060	0	2 060	0
	天津市静海县国家现代农业示范区	0	536	700	536	700	0	700	100.886	700	122.15	12 700	257.946

（续）

省份	示范区名称	2010年		2011年		2012年		2013年		2014年		2015年	
		绿色食品产量（吨）	有机食品产量（吨）	绿色食品产量（吨）	有机食品产量（吨）	绿色食品产量（吨）	有机食品产量（吨）	绿色食品产量（吨）	有机食品产量（吨）	绿色食品产量（吨）	有机食品产量（吨）	绿色食品产量（吨）	有机食品产量（吨）
河北省	玉田县国家现代农业示范区	0	0	19 500	0	24 500	0	24 500	0	24 500	0	24 500	0
	定州市国家现代农业示范区	770	0	770	0	770	0	770	0	770	0	820	0
	武强县国家现代农业示范区	0	0	0	0	0	0	0	0	0	0	0	0
	肃宁县国家现代农业示范区	0	0	0	0	10 000	0	10 000	0	10 000	0	0	0
	武安市国家现代农业示范区	16 705	1 534	10 230	3 797.4	15 705	0	16 705	1 326.9	15 265	1 075	9 790	3 173.99
	昌黎县国家现代农业示范区	4 414	413	157 714	413	167 615	0	169 100	320	103 400	320	103 900	320
	张家口市塞北管理区国家现代农业示范区	0	141 450	84 900	177 495	84 900	0	84 900	0	0	0	0	5 500
	围场县国家现代农业示范区	3 000	0	3 000	0	3 000	0	3 000	0	104 000	0	6 000	0
	永清县国家现代农业示范区	30 209	0	51 969	0	50 595	0	24 440	0	7 830	0	9 100	0
	唐山市曹妃甸区国家现代农业示范区	13 000	0	13 000	0	13 000	0	13 000	0	13 000	0	13 000	0
	威县国家现代农业示范区	0	0	6 800	0	6 800	0	6 800	0	1 800	0	3 922	0
	石家庄市国家现代农业示范区	112 429.4	10 459	259 436.4	1 016	262 428.2	0	311 791.7	85	246 582.7	632.6	253 672.15	633.6
	石家庄市晋州市国家现代农业示范区	0	0	0	0	0	0	12 879	0	12 879	0	18 220.5	0
	石家庄市藁城区国家现代农业示范区	41 550	0	121 205	0	132 459	0	107 909	0	104 904	0	87 350	0
	石家庄市新乐市国家现代农业示范区	0	0	0	0	0	0	0	0	2 200	0	2 200	0
	石家庄市鹿泉区国家现代农业示范区	11 300	0	73 880	0	73 880	0	130 880	0	79 300	0	79 310	0
	石家庄市井陉县国家现代农业示范区	920	0	920	0	920	0	0	0	0	0	0	0
	石家庄市元氏县国家现代农业示范区	0	0	165	0	165	0	165	0	4 193	0	4 193	0
	石家庄市高邑县国家现代农业示范区	2 486	0	3 046	0	4 096	0	1 610	0	1 600	0	649.75	0
	石家庄市栾城区国家现代农业示范区	41 550	0	1 227	0	4 153.8	0	4 153.8	0	2 926.8	0	1 800	0
	石家庄市赵县国家现代农业示范区	8 000	0	9 000	0	9 000	0	8 000	0	0	0	15 500	0
	石家庄市无极县国家现代农业示范区	0	0	0	0	0	0	0	0	0	0	0	0

（续）

省份	示范区名称	2010年		2011年		2012年		2013年		2014年		2015年	
		绿色食品产量（吨）	有机食品产量（吨）	绿色食品产量（吨）	有机食品产量（吨）	绿色食品产量（吨）	有机食品产量（吨）	绿色食品产量（吨）	有机食品产量（吨）	绿色食品产量（吨）	有机食品产量（吨）	绿色食品产量（吨）	有机食品产量（吨）
河北省	石家庄市深泽县国家现代农业示范区	0	0	0	0	0	0	0	0	0	0	0	0
	石家庄市正定县国家现代农业示范区	2 750	0	5 710	0	6 010	0	5 260	0	300	0	200	0
	石家庄市平山县国家现代农业示范区	4 596.4	459	7 536.4	956	8 636.4	0	9 521.9	85	6 581.9	1 657.6	6 331.9	1 649
	石家庄市井陉矿区国家现代农业示范区	1 850	0	0	0	0	0	0	0	0	0	0	0
山西省	运城市盐湖区国家现代农业示范区	7 665	0	0	250	0	0	0	0	0	0	2 000	0
	大同市南郊区国家现代农业示范区	1 800	0	1 800	0	1 800	0	1 800	0	1 800	0	3 550	0
	定襄县国家现代农业示范区	0	0	0	0	13 000	0	13 000	0	13 000	0	0	0
	高平市国家现代农业示范区	10 000	0	10 000	0	10 000	0	10 000	0	10 000	0	0	0
	曲沃县国家现代农业示范区	0	0	0	0	0	156	0	0	0	0	0	0
	长治市国家现代农业示范区	31 845	931	17 300	559	20 300	943	27 135	1 130.5	31 873	991.99	36 873	3 127
	长治市郊区国家现代农业示范区	100	0	0	0	0	0	0	0	0	0	0	0
	长治市长治县国家现代农业示范区	3 670	0	800	0	800	0	0	0	0	0	0	0
	长治市长子县国家现代农业示范区	0	0	0	0	0	0	0	0	0	0	0	0
	长治市屯留县国家现代农业示范区	0	0	0	0	0	0	0	0	75	0	75	0
	长治市襄垣县国家现代农业示范区	3 000	0	0	0	0	0	0	0	3 775	0	3 775	0
	长治市潞城市国家现代农业示范区	0	0	0	0	0	0	5 380	0	5 380	0	5 380	0
	晋中市国家现代农业示范区	25 745	11 766.17	20 239	9 794.27	20 239	0	30 239	1 000	12 207.5	0	12 407.5	100
	晋中市榆次区国家现代农业示范区	900	1 189	0	1 310	300	0	300	0	0	0	0	0
	晋中市太谷县国家现代农业示范区	500	3 060.12	500	1 340.12	500	0	500	0	10 000	0	10 000	0
	晋中市祁县国家现代农业示范区	0	0	0	0	0	0	0	0	0	0	0	0
	晋中市平遥县国家现代农业示范区	24 145	0	19 439	0	19 439	0	19 439	0	2 207.5	0	2 207.5	0
	晋中市寿阳县国家现代农业示范区	0	2 328	0	2 328	0	0	0	0	0	0	0	0
	晋中市昔阳县国家现代农业示范区	0	0	0	0	0	0	0	0	0	0	0	0

（续）

省份	示范区名称	2010年		2011年		2012年		2013年		2014年		2015年	
		绿色食品产量（吨）	有机食品产量（吨）	绿色食品产量（吨）	有机食品产量（吨）	绿色食品产量（吨）	有机食品产量（吨）	绿色食品产量（吨）	有机食品产量（吨）	绿色食品产量（吨）	有机食品产量（吨）	绿色食品产量（吨）	有机食品产量（吨）
内蒙古自治区	扎赉特旗国家现代农业示范区	24 600	1 824	11 600	1 320	13 400	0	8 600	1 120	28 700	1 120	46 700	3 520
	西乌珠穆沁旗国家现代农业示范区	2 550	0	2 550	0	550	0	550	0	0	33 146	0	0
	鄂温克旗国家现代农业示范区	0	0	37 000	0	30 950	0	30 950	0	30 950	0	30 950	0
	开鲁县国家现代农业示范区	4 300	10 824.5	2 300	9 386.5	2 300	0	0	943.3	2 000	1 618	2 000	0
	赤峰市松山区国家现代农业示范区	0	6 203	0	5 890	0	0	0	413.5	0	602	0	492
	巴彦淖尔市临河区国家现代农业示范区	41 730	71 152.6	59 940	68 774.6	68 510	0	70 410	143 997	47 900	76 924.5	51 877.6	2 480
	阿荣旗国家现代农业示范区	7 700	0	8 900	2 865	13 500	160	14 750	8 025	21 250	8 319	16 550	16 258
	达拉特旗国家现代农业示范区	2 700	0	2 700	0	0	0	0	36 331.9	0	99 896.3	0	64 435
	土默特左旗国家现代农业示范区	1 000	0	1 000	160	700	0	700	0	912	0	212	0
	包头市九原区国家现代农业示范区	0	2 088.6	0	2 088.6	0	0	0	0	0	0	0	0
辽宁省	辽中县国家现代农业示范区	215 250	739	125 850	727.5	54 440	0	74 260	0	72 760	0	87 530	0
	台安县国家现代农业示范区	4 500	0	300	0	300	0	34 000	0	39 100	0	39 100	0
	沈阳市于洪区	78 334	0	77 959	0	72 600	0	72 600	0	68 600	0	68 500	0
	海城市国家现代农业示范区	61 460	0	77 610	0	65 660	0	80 350	0	78 690	0	119 407	0
	开原市国家现代农业示范区	8 750	60	12 250	60	6 000	0	11 200	0	8 775	155	10 075	760
	盘山县国家现代农业示范区	35 550	0	42 050	0	27 650	0	29 950	0	26 200	0	31 820	0
	北镇市国家现代农业示范区	281 065.5	0	252 575	0	258 475	0	418 100	0	476 475	0	421 975	0
	东港市国家现代农业示范区	43 780	0	48 804	0	44 804	0	30 500	0	30 004	0	85 504	0
	昌图县国家现代农业示范区	3 940	0	3 487	0	3 597	0	26 897	0	29 130	0	73 370	0
	铁岭县国家现代农业示范区	10 113.2	0	12 225.1	0	8 025.1	0	3 025.1	0	20 080	0	17 680	0
	绥中县国家现代农业示范区	41 050	0	35 521	0	42 591	0	17 091	0	47 831	0	288 931	0
	凌源县国家现代农业示范区	0	0	0	0	0	0	15 300	0	30 300	0	33 150	0
	辽阳市国家现代农业示范区	168 100	882.5	145 100	63	38 800	0	49 900	0	53 900	78	150 840	78

（续）

省份	示范区名称	2010年		2011年		2012年		2013年		2014年		2015年	
		绿色食品产量（吨）	有机食品产量（吨）	绿色食品产量（吨）	有机食品产量（吨）	绿色食品产量（吨）	有机食品产量（吨）	绿色食品产量（吨）	有机食品产量（吨）	绿色食品产量（吨）	有机食品产量（吨）	绿色食品产量（吨）	有机食品产量（吨）
辽宁省	辽阳市辽阳县国家现代农业示范区	13 500	126	13 500	126	11 400	0	32 500	0	45 500	0	129 840	0
	辽阳市灯塔市国家现代农业示范区	153 400	0	130 400	0	17 400	0	17 400	0	8 400	0	21 000	0
	大连市国家现代农业示范区	808 057.66	7 127.76	821 802.66	42 509.96	877 620.66	183.37	809 134.66	690.17	829 955.36	1 290.17	1 105 540.86	2 575
	大连市普兰店市国家现代农业示范区	343 674	0	356 425	0	343 532	0	281 082	0	260 122	0	399 733.5	0
	大连市庄河市国家现代农业示范区	75 225	19 472	67 240	2 907	57 705	100	55 160	100	52 590	1 035	60 475	1 735
	大连市瓦房店市国家现代农业示范区	277 820	5 050	295 590	5 525	255 560	0	260 201	843.35	309 598	260	454 792	780
吉林省	公主岭市国家现代农业示范区	12 060	0	21 260	73.7	21 260	0	12 850	214.7	5 300	255.2	20 636	205.22
	榆树市国家现代农业示范区	33 300	0	25 300	0	26 500	0	30 000	0	30 000	0	26 500	0
	永吉县国家现代农业示范区	41 500	1 243	55 000	2 783.89	50 000	0	37 000	1 331	22 000	661	23 000	1 000
	农安县国家现代农业示范区	3 900	0	12 900	0	12 900	0	12 900	0	3 900	0	3 900	0
	前郭县国家现代农业示范区	46 670	7 246.18	46 670	3 260	45 100	3 895.85	50 750	2 669.49	47 850	5 298.83	50 616	7 138.3
	敦化市国家现代农业示范区	3 700	891.27	6 300	486.77	6 300	0		0	6 980	0	16 003	0
	梅河口市国家现代农业示范区	19 713	0	22 580	0	23 228	0	23 288	143	35 288	0	38 596	138
	洮南市国家现代农业示范区	7 820	0	4 120	0	4 465	0	2 685	0	1 385	0	1 865	0
	梨树县国家现代农业示范区	9 707.4	0	11 000	0	15 000	0	12 000	0	5 000	0	11 774.6	0
	东辽县国家现代农业示范区	0	0	0	0	0	0	0	0	0	0	0	0
	抚松县国家现代农业示范区	7 000	2 240	7 000	2 240	0	0	0	0	300	0	300	0
黑龙江省	五常市国家现代农业示范区	318 140	0	333 240	12 153	378 740	260	384 250	12 758	316 855	9 729.5	401 730	12 279.5
	富锦市国家现代农业示范区	22 700	0	22 780	0	187 830	0	15 830	0	278 830	19 107	471 710	19 107
	双城市国家现代农业示范区	29 350	0	34 845	1 161	37 562.3	1 161	37 381.3	0	30 721.3	0	51 014	0
	宝清县国家现代农业示范区	66 200	407.28	66 200	1 077.35	154 700	0	72 200	0	226 700	0	165 746	246
	宁安市国家现代农业示范区	28 600	0	28 600	5 801.9	28 600	0	29 150	2 604	8 150	4 429.8	16 740.4	2 384
	克山县国家现代农业示范区	460 620	0	532 120	0	532 120	0	65 200	0	291 620	0	355 970	106 407

（续）

省份	示范区名称	2010年		2011年		2012年		2013年		2014年		2015年	
		绿色食品产量（吨）	有机食品产量（吨）	绿色食品产量（吨）	有机食品产量（吨）	绿色食品产量（吨）	有机食品产量（吨）	绿色食品产量（吨）	有机食品产量（吨）	绿色食品产量（吨）	有机食品产量（吨）	绿色食品产量（吨）	有机食品产量（吨）
黑龙江省	密山市国家现代农业示范区	104 800	420.65	55 500	1 391.7	85 130	0	85 130	0	202 660	0	236 640	0
	逊克县国家现代农业示范区	5 000	0	14 500	840	208 000	0	198 500	0	208 000	0	14 500	0
	萝北县国家现代农业示范区	21 995	0	21 995	0	11 995	0	46 625	0	41 755	0	56 125	0
	铁力市国家现代农业示范区	36 832	0	6 507	0	41 332	0	46 972	0	53 372	0	55 175	0
	桦川县国家现代农业示范区	135 400	0	190 400	724	124 400	0	188 800	578	180 260	578	171 260	4 146
	绥化市国家现代农业示范区	1 247 270	500	1 247 020	2 199	1 261 840	1 748	1 165 376	20 231.2	1 224 326	12 626.2	1 189 219	57 111.5
	绥化市肇东市国家现代农业示范区	39 000	0	58 800	0	28 800	0	60 360	0	58 060	0	52 060	0
	绥化市安达市国家现代农业示范区	31 140	0	28 640	450	24 760	1 651.4	80	2 396.2	80	4 618.2	5 280	9 421.1
	绥化市庆安县国家现代农业示范区	509 000	0	370 500	1 095	338 500	535	308 966	5 760	316 966	4 930	404 756	2 700
	绥化市青冈县国家现代农业示范区	226 400	0	222 400	165	226 400	0	222 040	0	218 040	0	225 840	0
	绥化市明水县国家现代农业示范区	200 000	0	200 000	0	200 000	0	200 000	0	200 000	0	0	0
	绥化市望奎县国家现代农业示范区	35 700	0	39 950	0	52 650	0	27 900	0	41 550	0	69 610	0
	绥化市绥棱县国家现代农业示范区	1 800	0	0	0	12 000	0	13 000	0	19 700	2 058	14 793	2 056
	绥化市北林区国家现代农业示范区	92 000	0	100 800	700	100 800	500	124 800	2 740	158 800	1 720	181 500	1 900
	大庆市国家现代农业示范区	151 678.8	9 000	200 148.8	13 064	220 368.8	7 066.02	196 768.8	7 152.34	228 143.8	648	251 184.3	800
	大庆市肇州县国家现代农业示范区	7 270	0	7 270	0	6 070	0	11 020	101	14 220	0	13 720	0
	大庆市肇源县国家现代农业示范区	97 000	0	132 350	0	132 350	533.68	92 600	519	128 745	448	145 084.8	400
	大庆市大同区国家现代农业示范区	4 573	0	4 538	0	4 538	0	4 538	0	1 288	0	1 288	0
	大庆市萨尔图区国家现代农业示范区	905	0	860	0	860	0	860	0	860	0	860	0
	大庆市让胡路区国家现代农业示范区	0	0	0	0	4 770	0	4 770	0	4 770	0	4 770	0
	大庆市龙凤区国家现代农业示范区	10 050.8	0	10 050.8	0	550.8	0	550.8	0	550.8	0	550.8	0
	大庆市红岗区国家现代农业示范区	0	0	0	0	0	0	0	0	0	0	0	0
	黑龙江垦区国家现代农业示范区	2 130 329.5	0	2 397 153.8	0	3 987 012.8	0	3 870 594.6	0	3 915 670.2	36 666.6	4 112 523.4	91 687.67

（续）

省份	示范区名称	2010年		2011年		2012年		2013年		2014年		2015年	
		绿色食品产量（吨）	有机食品产量（吨）	绿色食品产量（吨）	有机食品产量（吨）	绿色食品产量（吨）	有机食品产量（吨）	绿色食品产量（吨）	有机食品产量（吨）	绿色食品产量（吨）	有机食品产量（吨）	绿色食品产量（吨）	有机食品产量（吨）
上海市	上海市国家现代农业示范区	288 122.37	15 351.45	362 608.25	3 219.41	327 059.55	5 412	341 713.3	5 888.4	320 585.3	7 967.6	408 345.3	14 177.21
	上海市闵行区国家现代农业示范区	33 390	41	46 430	0	46 430	0	44 261	20	3 607	30	4 317	233.61
	上海市宝山区国家现代农业示范区	2 500	0	2 500	0	2 500	0	2 500	0	2 500	0	2 500	0
	上海市嘉定区国家现代农业示范区	565	0	565	0	565	0	1 470	0	1 939	0	2 539	0
	上海市金山区国家现代农业示范区	11 407.6	12 500	11 407.6	0	11 798.1	0	16 826.1	0	17 226.1	0	25 202.1	0
	上海市松江区国家现代农业示范区	10 125	0	10 363	0	10 548	0	11 518	0	11 268	0	11 268	16
	上海市青浦区国家现代农业示范区	2 044.7	0	2 952.2	0	3 212.2	0	1 597.5	0	1 620	0	1 875	0
	上海市奉贤区国家现代农业示范区	7 254.95	186.51	7 693.45	32.34	10 628.95	0	23 383.9	0	23 843.9	0	24 665.4	0
	上海市崇明县国家现代农业示范区	108 606.5	2 115	168 056.5	2 259	185 602.1	0	195 517.1	2 430.8	219 192.1	5 801	294 989.6	10 168.1
	上海市浦东新区国家现代农业示范区	9 139	62.76	9 640.5	159.39	25 775.2	0	19 150.2	0	19 071.2	0	20 671.2	1 800
江苏省	昆山市国家现代农业示范区	24 778	312.6	17 403.6	2 352.6	20 577.1	245.28	40 071.3	176.25	44 465.2	0	38 611.2	0
	铜山区国家现代农业示范区	11 515	579	41 833	728.5	71 709	0	159 137	0	145 499	0	82 964	0
	太仓市国家现代农业示范区	10 710	0	7 735.1	0	9 870.1	0	34 801.1	0	30 106	0	10 861	45
	东台市国家现代农业示范区	68 383	1 500	60 981	0	59 221	0	138 626.8	0	131 801.76	0	213 177.8	0
	沛县国家现代农业示范区	11 000	0	11 450	180	19 850	0	41 530	0	37 880	0	46 580	0
	苏州市相城区国家现代农业示范区	3 496	0	4 438	100	2 453	83.5	5 367.4	85.35	4 679	85.35	4 505.5	169.75
	建湖县国家现代农业示范区	24 363	90	34 663	110	41 863	0	55 205.3	446.8	45 570.3	360.35	51 967.3	431.1
	句容市国家现代农业示范区	0	636.39	4 421.8	463.88	5 151.8	385.7	6 651.8	577.4	7 511.8	587	5 460.6	3 193.35
	连云港市赣榆区国家现代农业示范区	0	0	197	0	197	0	197	0	12 755	0	12 755	0
	扬州市江都区国家现代农业示范区	52 840	0	39 310	0	16 823	0	31 153	0	34 470	0	36 190	0
	洪泽县国家现代农业示范区	6 000	0	16 000	0	20 000	0	4 000	0	10 650	0	6 650	0
	苏州市吴江区国家现代农业示范区	90 624.3	0	94 873.3	0	63 825.4	0	72 591.4	0	71 997.84	0	9 155.5	0
	泰州市国家现代农业示范区	191 123	15 351.45	217 737.9	20 458.6	310 650.9	0	305 859.9	235.5	390 082.9	300.34	1 013 494.1	12 142.8

（续）

省份	示范区名称	2010年		2011年		2012年		2013年		2014年		2015年	
		绿色食品产量（吨）	有机食品产量（吨）	绿色食品产量（吨）	有机食品产量（吨）	绿色食品产量（吨）	有机食品产量（吨）	绿色食品产量（吨）	有机食品产量（吨）	绿色食品产量（吨）	有机食品产量（吨）	绿色食品产量（吨）	有机食品产量（吨）
江苏省	泰州市兴化市国家现代农业示范区	84 108	1 646.6	73 890	98.6	61 520	0	71 039	0	72 266	142.8	435 723.4	142.8
	泰州市姜堰区国家现代农业示范区	43 545	0	45 576.9	0	44 701.9	0	37 701.9	85.5	37 671.9	9.54	205 090.9	11 800
	泰州市泰兴市国家现代农业示范区	46 580	516.3	80 561	20 150	57 239	0	48 609	150	130 125	148	226 600	200
	泰州市靖江市国家现代农业示范区	9 190	210	9 370	210	138 250	0	139 170	0	139 520	0	134 445	0
	无锡市国家现代农业示范区	249 962.95	1 669.3	229 054.45	1 146	164 667.5	42.5	239 456.76	1 319.25	238 991.16	1 084.45	235 841.46	2 545.15
	无锡市江阴市国家现代农业示范区	165 797	0	150 728	0	81 630	0	161 480	0	161 441	0	161 441	0
	无锡市宜兴市国家现代农业示范区	59 183	1 669.3	43 828	1 146	43 053	42.5	44 292.56	1 319.25	46 541.76	1 084.45	43 308.26	2 525.45
	无锡市惠山区国家现代农业示范区	4 860	0	26 250	0	31 440	0	31 440	0	27 940	0	27 940	0
	无锡市锡山区国家现代农业示范区	12 012.05	0	142.05	0	444.5	0	444.2	0	1 265.5	0	1 349.3	0
	南通市国家现代农业示范区	183 973.62	92	196 783.62	522.65	281 683	400	210 463	402.5	200 284	385.5	228 739.5	424
	南通市崇川区国家现代农业示范区	0	0	0	0	0	0	0	0	0	0	0	0
	南通市如东县国家现代农业示范区	57 254	0	57 704	200	129 529	0	117 864	0	87 130	0	120 004	0
	南通市启东市国家现代农业示范区	60	0	60	0	60	0	3 000	0	3 175	0	3 175	0
	南通市如皋市国家现代农业示范区	7 080	0	9 100	0	9 100	0	8 000	0	14 600	0	14 600	0
	南通市海门市国家现代农业示范区	37 577	0	39 417	140	35 302	0	28 707	0	28 977	0	13 548	0
	南通市海安县国家现代农业示范区	21 202.62	92	27 202.62	182.65	44 392	400	44 392	402.5	60 402	385.5	71 412.5	424
	常州市国家现代农业示范区	429 406.62	2 806.95	463 775.42	2 523.15	629 510.25	2 088.75	603 815.55	694.59	601 230.75	619.26	595 779.5	21 253.73
	常州市天宁区国家现代农业示范区	0	0	1 208	0	1 208	0	1 208	0	1 215	0	1 215	0
	常州市钟楼区国家现代农业示范区	0	0	0	0	0	0	0	0	0	0	0	0
	常州市新北区国家现代农业示范区	26 755	0	27 325	0	3 848	0	21 158	0	22 423	0	23 645.5	0
	常州市武进区国家现代农业示范区	119 758.12	0	108 459.12	0	104 505.5	0	60 111	0	60 536	0	55 079	0
	常州市金坛区国家现代农业示范区	238 960.5	0	282 890.5	0	476 109.5	0	485 171.5	0	485 210.5	0	484 009.5	0
	常州市溧阳市国家现代农业示范区	43 858	2 806.95	43 817.8	2 523.15	43 839.25	2 088.75	36 167.05	694.59	31 846.25	619.27	31 830.5	21 253.73

（续）

省份	示范区名称	2010年		2011年		2012年		2013年		2014年		2015年	
		绿色食品产量（吨）	有机食品产量（吨）	绿色食品产量（吨）	有机食品产量（吨）	绿色食品产量（吨）	有机食品产量（吨）	绿色食品产量（吨）	有机食品产量（吨）	绿色食品产量（吨）	有机食品产量（吨）	绿色食品产量（吨）	有机食品产量（吨）
江苏省	南京市国家现代农业示范区	234 293.95	5 112.91	259 628.9	3 940.87	309 361.9	152.06	280 140.9	887.76	416 745.23	897.66	418 444.68	152.22
	南京市浦口区国家现代农业示范区	3 732.5	48.71	33 208	49.3	33 208	107.64	33 208	814.32	33 208	797.48	33 208	9.4
	南京市六合区国家现代农业示范区	40 702	2 101.5	43 455	1 494.76	21 455	7.26	55 032	69.2	111 454	100.18	111 454	135.32
	南京市江宁区国家现代农业示范区	65 676.95	1 930.2	63 605.4	1 871.5	58 321.4	0	39 995.4	0	112 087.23	0	108 354.73	0
	南京市溧水区国家现代农业示范区	500	0	2 280	0	2 280	0	2 100	0	6 550	0	6 550.95	0
	南京市高淳区国家现代农业示范区	15 327.5	0	17 468.5	0	14 780.5	0	12 150.5	0	10 239.5	0	9 544.5	0
浙江省	平湖市国家现代农业示范区	1 538	0	2 658	0	5 584	0	6 363	0	6 127	0	6 347	0
	诸暨市国家现代农业示范区	7 338	0	7 338	698.8	4 913	0	7 733	0	4 515	0	5 890.23	0
	杭州市萧山区国家现代农业示范区	36 130.8	0	38 036.1	0	18 545.1	0	31 779.9	0	26 459.57	0	20 248.4	0
	金华市婺城区国家现代农业示范区	7 835	673	7 915	673	12 915	370	7 370	370	14 720	259	17 220	0
	温岭市国家现代农业示范区	33 866.5	0	38 742.5	0	29 632	0	28 942	0	31 424.5	0	16 717	0
	三门县国家现代农业示范区	24 679.5	0	24 549.5	0	11 857.5	0	12 150	0	12 650	0	17 610	0
	乐清市国家现代农业示范区	0	0	132	0	132	0	132	0	135	0	135	0
	嘉兴市秀洲区国家现代农业示范区	8 145	0	6 502.5	0	7 877.5	0	10 037.5	0	12 250	0	17 140	0
	衢州市衢江区国家现代农业示范区	3 573	0	3 715	216	4 525	1 174	10 607	1 179.95	11 727	744.67	12 047	1 489.87
	遂昌县国家现代农业示范区	1 943.5	0	3 129	0	2 107	0	2 813	0	4 217.8	0	4 224.8	0
	湖州市国家现代农业示范区	33 022.9	547	40 117.65	454	53 132.37	0	60 642.23	0	54 885.55	0	38 483.78	0
	湖州市德清县国家现代农业示范区	9 335.47	0	10 382.87	0	11 992.87	0	12 569.93	0	11 335.05	0	9 574.83	0
	湖州市长兴县国家现代农业示范区	10 382	94.4	16 681.85	1.4	22 731.4	0	26 026.4	0	22 353.3	0	13 137.75	0
	湖州市安吉县国家现代农业示范区	3 659.8	2.6	3 671.3	2.6	4 984.1	0	5 819.9	0	6 432.2	0	5 101.2	0
	湖州市吴兴区国家现代农业示范区	4 565.63	0	3 781.63	0	5 601	0	5 933	0	5 732	0	3 182	0
	湖州市南浔区国家现代农业示范区	4 930	0	5 450	0	7 623	0	10 088	0	8 828	0	7 283	0
	宁波市国家现代农业示范区	245 470.9	45	249 352	384.2	277 903	0	297 104.8	192	278 961.46	431.11	221 282.96	615.5

（续）

省份	示范区名称	2010年		2011年		2012年		2013年		2014年		2015年	
		绿色食品产量（吨）	有机食品产量（吨）	绿色食品产量（吨）	有机食品产量（吨）	绿色食品产量（吨）	有机食品产量（吨）	绿色食品产量（吨）	有机食品产量（吨）	绿色食品产量（吨）	有机食品产量（吨）	绿色食品产量（吨）	有机食品产量（吨）
浙江省	宁波市江北区国家现代农业示范区	245	1	248	0.5	248	0	248	0	120.36	0	120.36	0
	宁波市北仑区国家现代农业示范区	110 003.5	0	110 004.3	0	110 004.3	0	110 102.3	0	110 103.3	0	110 003.3	0
	宁波市镇海区国家现代农业示范区	2 100	0	2 100	0	31 950	0	29 950	0	39 900	0	9 950	0
	宁波市鄞州区国家现代农业示范区	10 444.5	0	10 448.8	0	2 658.8	0	5 655.8	0	25 197.8	0	21 603.3	0
	宁波市余姚市国家现代农业示范区	42 666.5	0	39 130	0	42 130	0	44 120	0	30 740	0	23 055	0
	宁波市奉化市国家现代农业示范区	3 890.9	44	12 743.4	3.7	12 743.4	0	9 488.4	125	4 572.4	406.11	4 222.4	523.5
	宁波市慈溪市国家现代农业示范区	45 166.5	0	42 678.5	0	47 648.5	0	43 798.5	0	37 391.5	0	24 822.5	0
	宁波市象山县国家现代农业示范区	11 144	0	11 969	375	10 320	0	13 665	0	12 821	25	11 471	25
	宁波市宁海县国家现代农业示范区	19 810	0	20 030	5	20 120	0	17 520	0	17 555.1	0	15 555.1	0
安徽省	埇桥区国家现代农业示范区	0	0	0	0	0	0	0	0	20 000	0	36 500	0
	南陵县国家现代农业示范区	83 541	0	132 566	0	137 360	0	145 760	0	111 660	0	115 860	0
	颍上县国家现代农业示范区	32 000	0	32 000	0	32 000	0	32 000	0	31 000	0	31 000	474.18
	涡阳县国家现代农业示范区	1 000	0	45 500	0	47 200	0	75 470	0	30 470	0	40 432	0
	庐江县国家现代农业示范区	169 375	98	169 375	100.2	203 875	0	197 995	1 223.9	180 195	1 174.98	182 570	1 175.5
	六安市金安区国家现代农业示范区	37 700	0	16 500	0	16 500	0	21 400	0	22 050	0	22 745	0
	当涂县国家现代农业示范区	14 842.5	0	6 752.5	0	10 063	0	10 229	0	9 629	0	9 274	0
	全椒县国家现代农业示范区	43 500	0	42 100	0	40 800	0	40 800	0	18 450	0	41 950	0
	黄山市黄山区国家现代农业示范区	25.5	0	0	0	0	0	0	10.4	15	10.4	15	3 400
	太和县国家现代农业示范区	64 000	0	102 000	0	114 500	0	147 500	0	173 600	0	169 200	0
	郎溪县国家现代农业示范区	14 490	940	4 518	940	7 318	0	14 753	0	11 945	0	40 010	0
	桐城市国家现代农业示范区	115 730	70	112 530	0	118 337	0	138 882	0	118 352	0	117 635	0
	铜陵市国家现代农业示范区	42 288	70	15 738	70	40 053	0	40 053	0	44 568	0	42 635	0
	铜陵市市义安区国家现代农业示范区	7 675	0	4 625	0	5 940	0	5 940	0	5 800	0	5 700	0
	铜陵市松阳县国家现代农业示范区	24 680	70	1 680	70	24 680	0	24 680	0	24 705	0	25 805	0

（续）

省份	示范区名称	2010年		2011年		2012年		2013年		2014年		2015年	
		绿色食品产量（吨）	有机食品产量（吨）	绿色食品产量（吨）	有机食品产量（吨）	绿色食品产量（吨）	有机食品产量（吨）	绿色食品产量（吨）	有机食品产量（吨）	绿色食品产量（吨）	有机食品产量（吨）	绿色食品产量（吨）	有机食品产量（吨）
福建省	福清市国家现代农业示范区	28 650	0	25 230	0	26 580	0	52 126	0	85 781	0	85 626	0
	永安市国家现代农业示范区	2 800	4 300	3 768	4 300	4 618	0	4 994	1 350	4 126	1 350	2 476	2 130
	仙游县国家现代农业示范区	940	0	940	0	1 180	0	2 783	0	2 893	0	1 743	0
	上杭县国家现代农业示范区	20	0	0	0	0	0	0	0	1 450	0	23 850	0
	建瓯市国家现代农业示范区	6 562	0	5 965	0	7 777	0	10 731	0	13 124	0	17 989	0
	福安市国家现代农业示范区	8 415	0	825	0	1 738	0	1 630	0	1 792	0	1 590	0
	安溪县国家现代农业示范区	1 914	105.8	1 950	144.8	1 500	0	1 511	520.58	2 362	513.18	2 302	1 059.5
	尤溪县国家现代农业示范区	15 062	5 621	18 681	4 077.1	18 651	3 427.1	4 919	0	20 819	0	24 213	0
	漳州市国家现代农业示范区	79 002	11 039.7	99 113	8 069.54	96 393	107.06	83 223	11 372.21	81 260	1 064.75	90 525	1 621.2
	漳州市芗城区国家现代农业示范区	8 073	0	8 073	0	8 048	0	8 048	0	8 000	0	8 000	0
	漳州市龙文区国家现代农业示范区	600	0	580	0	580	0	0	0	0	0	0	0
	漳州市龙海市国家现代农业示范区	2 940	8 000	2 280	8 000	2 365	0	1 585	0	1 585	0	4 500	0
	漳州市云霄县国家现代农业示范区	1 175	0	1 200	0	1 210	0	1 585	0	1 535	0	1 535	0
	漳州市诏安县国家现代农业示范区	12 000	9.7	12 000	0	12 000	0	12 000	80.73	12 055	113.66	12 055	222.2
	漳州市长泰县国家现代农业示范区	15 300	0	17 200	0	17 400	0	15 400	0	16 260	0	16 260	0
	漳州市东山县国家现代农业示范区	3 237	0	3 225	0	3 245	0	60	0	60	0	3 040	0
	漳州市南靖县国家现代农业示范区	7 800	2 817	7 800	0	7 800	0	7 800	491	10 440	526	15 440	356
	漳州市平和县国家现代农业示范区	16 550	6.5	31 350	6.5	31 550	39	24 550	39	21 225	38	21 225	38
	漳州市华安县国家现代农业示范区	447	6.5	2 130	63.04	2 030	61.56	2 030	377.48	2 030	387.09	2 030	1 005
	漳州市漳浦县国家现代农业示范区	10 880	200	12 975	0	9 865	0	9 865	10 384	7 770	0	6 140	0
江西省	南昌县国家现代农业示范区	39 715	2 199.6	23 115	0	18 103	0	35 168	110.1	35 168	116.01	34 168	120
	吉安县国家现代农业示范区	36 250	0	49 630	0	49 630	0	49 630	200	49 630	0	61 630	100
	万载县国家现代农业示范区	1 300	0	1 400	0	1 400	0	2 560	0	2 560	0	2 560	0

（续）

省份	示范区名称	2010年		2011年		2012年		2013年		2014年		2015年	
		绿色食品产量（吨）	有机食品产量（吨）	绿色食品产量（吨）	有机食品产量（吨）	绿色食品产量（吨）	有机食品产量（吨）	绿色食品产量（吨）	有机食品产量（吨）	绿色食品产量（吨）	有机食品产量（吨）	绿色食品产量（吨）	有机食品产量（吨）
江西省	赣县国家现代农业示范区	0	328	0	0	0	0	0	0	0	0	3 600	0
	分宜县国家现代农业示范区	200	0	200	0	200	0	200	0	200	0	25	0
	抚州市临川区国家现代农业示范区	8 000	0	8 400	0	33 200	0	30 600	0	30 400	0	20 800	0
	贵溪市国家现代农业示范区	38 500	355	37 500	355	37 500	0	37 500	0	37 500	0	37 571	0
	万年县国家现代农业示范区	209	0	4 000	0	4 000	0	4 000	0	7 440	0	7 440	0
	信丰县国家现代农业示范区	1 580	3 500	1 580	3 500	30	0	30	0	0	0	0	0
	芦溪县国家现代农业示范区	6 800	139 012.35	5 400	139 012.35	5 400	74	15 400	71.64	16 800	71.64	71 800	71.64
	乐平市国家现代农业示范区	600	318	600	0	600	0	600	0	1 862	0	1 862	0
山东省	莱州市国家现代农业示范区	20 059	323.8	48 350	1 958	48 350	0	51 752	383	73 421.5	81.7	125 471.5	0
	泰安市岱岳区国家现代农业示范区	334 528	0	374 643	0	453 643	0	437 393	0	406 393	0	251 400	398
	沂水县国家现代农业示范区	74 626	526.7	76 264	2 418.1	105 564	927.25	69 504	90.72	83 269	91	35 273	0
	章丘市国家现代农业示范区	9 900	5 088.75	11 300	12 061	15 848	0	15 848	50	7 738	0	5 540	0
	金乡县国家现代农业示范区	160 550.4	21 009	87 063.2	20 611	47 834	927.25	60 283.2	1 340	61 163.2	821	48 760	500
	莒县国家现代农业示范区	35 240	2 655	114 840	2 363	109 600	0	124 780	100	133 447.4	0	162 830.4	100
	淄博市临淄区国家现代农业示范区	350 690	5 834	397 900	3 244	514 290	115	532 115.9	115	263 406.27	115	297 926.3	0
	巨野县国家现代农业示范区	23 800	0	23 800	0	23 800	0	24 000	0	24 000	0	27 100	0
	滨州市滨城区国家现代农业示范区	37 500	0	70 560	700	77 260	700	106 910	350	92 710	850	100 125	0
	博兴县国家现代农业示范区	95 000	0	95 300	0	30 300	0	99 850	0	99 550	0	104 689	0
	招远市国家现代农业示范区	83 040	0	121 000	0	87 350	0	105 000	0	96 350	0	94 950	0
	威海市国家现代农业示范区	212 170.3	57 439.8	394 463	77 599.1	481 218	152 856.9	462 321.45	203 986.77	334 605.45	308 105.5	345 480.75	357 632.3
	威海市文登市国家现代农业示范区	70 702	922	177 129.5	951.3	200 039.5	324	188 991	971	116 135.5	7 750.5	129 578.5	4.5
	威海市荣成市国家现代农业示范区	81 870	48 304	66 910	69 031	98 180	151 534.9	96 033.75	201 134.77	88 811.75	299 444	84 346.55	354 852.5
	威海市乳山市国家现代农业示范区	22 889	8 213.8	63 106	7 616.8	99 861	998	107 105	1 881	102 844	911	100 311.5	2 775.3

（续）

省份	示范区名称	2010年		2011年		2012年		2013年		2014年		2015年	
		绿色食品产量（吨）	有机食品产量（吨）	绿色食品产量（吨）	有机食品产量（吨）	绿色食品产量（吨）	有机食品产量（吨）	绿色食品产量（吨）	有机食品产量（吨）	绿色食品产量（吨）	有机食品产量（吨）	绿色食品产量（吨）	有机食品产量（吨）
山东省	东营市国家现代农业示范区	80 110	4 245	72 810	4 007.96	295 410	0	345 240	43.08	523 445	73.2	543 719	288.3
	东营市东营区国家现代农业示范区	9 570	3 165	9 570	3 165	9 570	0	11 460	0	8 660	0	13 860	0
	东营市河口区国家现代农业示范区	0	0	4 500	0	4 500	0	4 500	0	58 165	73.2	58 831	146.4
	东营市广饶县国家现代农业示范区	58 740	1 080	58 740	830	274 340	0	317 170	0	334 110	0	322 338	0
	东营市垦利县国家现代农业示范区	11 800	0	0	12.96	6 600	0	6 600	43.08	6 600	0	2 380	141.885
	东营市利津县国家现代农业示范区	0	0	0	0	400	0	5 510	0	112 410	0	142 810	0
	聊城市国家现代农业示范区	726 309	0	792 559	0	622 775	0	1 343 419.6	338	1 875 673.6	0	1 793 334	0
	聊城市冠县国家现代农业示范区	130 000	0	56 454	0	73 150	0	220 420	0	267 655	0	148 263	0
	聊城市莘县国家现代农业示范区	8 480	0	8 480	0	10 780	0	109 780	0	311 380	0	337 590	0
	聊城市阳谷县国家现代农业示范区	6 300	0	6 300	0	17 560	0	114 445	338	334 825	0	326 480	0
	聊城市东阿县国家现代农业示范区	18 000	0	18 900	0	19 650	0	34 150	0	47 955	0	65 625	0
	聊城市茌平县国家现代农业示范区	246 100	0	245 200	0	196 380	0	214 759	0	292 933.6	0	235 679.8	0
	聊城市高唐县国家现代农业示范区	240 925	0	244 425	0	176 675	0	128 225	0	176 375	0	169 503	0
	聊城市东昌府区国家现代农业示范区	56 454	0	56 454	0	17 180	0	17 740	0	113 088	0	188 484	0
	聊城市临清市国家现代农业示范区	20 050	0	80 150	0	111 400	0	115 550	0	202 702	0	192 139.2	0
	潍坊市国家现代农业示范区	1 390 879.8	35 537.06	1 978 737.8	42 806	2 119 948.8	0	2 304 622.1	2 076.8	1 972 960.1	1 602.5	1 668 655.6	3 418
	潍坊市寒亭区国家现代农业示范区	23 480	2 080	37 000	120	53 180	0	98 880	0	78 800	0	86 190	0
	潍坊市坊子区国家现代农业示范区	47 420	0	59 520	0	59 520	0	62 400	0	73 500	0	69 534	0
	潍坊市临朐县国家现代农业示范区	233 160	105.3	342 755	3 467.5	402 980	0	333 620	911.8	269 945	642.5	217 720	2 000
	潍坊市昌乐县国家现代农业示范区	122 720	0	84 960	0	90 115	0	90 725	0	94 775	0	61 760	0
	潍坊市青州市国家现代农业示范区	19 874	17 878.5	27 154	23 070	37 069	0	37 069	205	30 605	0	28 235.5	0
	潍坊市诸城市国家现代农业示范区	146 010	5.46	172 523	1 068	184 728	0	198 248	960	138 165	960	80 153	1 258
	潍坊市安丘市国家现代农业示范区	310 100	2 510	594 995	300	493 795	0	703 165	0	462 340	0	458 790	160

（续）

省份	示范区名称	2010 年		2011 年		2012 年		2013 年		2014 年		2015 年	
		绿色食品产量（吨）	有机食品产量（吨）	绿色食品产量（吨）	有机食品产量（吨）	绿色食品产量（吨）	有机食品产量（吨）	绿色食品产量（吨）	有机食品产量（吨）	绿色食品产量（吨）	有机食品产量（吨）	绿色食品产量（吨）	有机食品产量（吨）
山东省	潍坊市高密市国家现代农业示范区	43 010	0	108 790	560	149 730	0	136 670	0	71 530	0	43 718	0
	潍坊市昌邑市国家现代农业示范区	16 775	296.3	22 775	406.5	25 975	0	42 575	0	37 575	0	34 375	0
	潍坊市寿光市国家现代农业示范区	406 410.2	12 661.5	505 345.2	17 064	615 697.2	0	595 860.5	0	711 315.5	0	588 024.5	0
	德州市国家现代农业示范区	632 134	0	698 666	12 010	543 816	1 160	1 055 044	3 438.24	1 871 843	2 080	2 603 537	3 000
	德州市德城区国家现代农业示范区	24 600	0	23 100	0	18 100	0	12 300	0	13 300	0	27 900	0
	德州市陵城区国家现代农业示范区	194 850	0	194 850	0	0	0	238 000	0	238 000	0	398 480	0
	德州市禹城区国家现代农业示范区	3 000	0	51 000	0	51 000	0	52 700	0	281 254	0	513 654	0
	德州市乐陵市国家现代农业示范区	1 833	0	1 833	0	1 833	0	343 333	0	359 883	0	685 893	0
	德州市临邑县国家现代农业示范区	81 760	0	80 760	0	80 760	0	24 760	0	80 000	0	80 480	0
	德州市平原县国家现代农业示范区	77 268	0	47 500	0	92 500	0	92 500	0	90 000	0	45 000	0
	德州市夏津县国家现代农业示范区	116 400	0	126 400	0	145 400	0	148 500	0	189 800	0	193 300	0
	德州市武城县国家现代农业示范区	53 000	0	53 000	10 650	34 000	0	37 900	2 080	396 270	2 080	396 270	3 000
	德州市庆云县国家现代农业示范区	8 350	0	8 350	0	8 350	0	7 150	0	87 005	0	82 905	0
	德州市宁津县国家现代农业示范区	0	0	0	0	0	0	16 100	0	82 820	0	82 820	0
	德州市齐河县国家现代农业示范区	71 073	0	96 523	1 360	96 523	1 160	62 651	1 358.24	34 361	0	71 561	0
	青岛市国家现代农业示范区	66 447	7 876.405	85 851	6 462.54	72 459	0	65 465	3 011	69 580	2 467.3	71 909	5 307
	青岛市黄岛区国家现代农业示范区	12	0	12	0	0	0	0	575	0	551.3	300	2 307
	青岛市胶州市国家现代农业示范区	3 500	2 365.605	3 500	1 470.24	1 500	0	3 500	0	3 500	0	3 950	0
	青岛市即墨市国家现代农业示范区	4 000	0	2 414	1.5	2 414	0	1 740	0	12 615	0	13 029	0
	青岛市平度市国家现代农业示范区	26 690	0	27 790	0	18 710	0	25 010	0	25 310	0	26 955	0
	青岛市莱西市国家现代农业示范区	27 830	5 510.8	39 930	4 990.8	39 930	0	29 570	2 436	18 500	1 916	18 500	3 000
	枣庄市国家现代农业示范区	133 924	10 783	296 024	7 902	300 264	0	358 465	0	207 445	0	233 569	0
	枣庄市市中区国家现代农业示范区	1 600	266	1 600	0	20 800	0	37 230	0	40 230	0	24 830	0

（续）

省份	示范区名称	2010年		2011年		2012年		2013年		2014年		2015年	
		绿色食品产量（吨）	有机食品产量（吨）	绿色食品产量（吨）	有机食品产量（吨）	绿色食品产量（吨）	有机食品产量（吨）	绿色食品产量（吨）	有机食品产量（吨）	绿色食品产量（吨）	有机食品产量（吨）	绿色食品产量（吨）	有机食品产量（吨）
山东省	枣庄市滕州市国家现代农业示范区	59 920	18 462	67 920	9 995	70 060	0	76 350	0	54 990	0	89 770	0
	枣庄市山亭区国家现代农业示范区	19 854	1 800	20 954	1 800	12 454	0	10 000	0	11 500	0	26 334	0
	枣庄市台儿庄区国家现代农业示范区	38 500	0	38 500	0	4 250	0	11 000	0	14 700	0	21 160	0
	枣庄市峄城区国家现代农业示范区	500	0	153 500	0	182 300	0	187 246	0	34 536	0	9 836	0
	枣庄市薛城区国家现代农业示范区	3 150	0	3 150	0	0	0	31 000	0	45 850	0	56 000	0
河南省	济源市国家现代农业示范区	1 490.8	68.81	2 040.8	104.1	8 678	0	8 006	0	7 356	0	788	0
	许昌县国家现代农业示范区	18 000	0	18 000	0	18 000	0	14 500	0	14 500	0	12 810	0
	固始县国家现代农业示范区	20 815	350	20 815	300	20 815	0	6 665	888	1 165	850	11 965	888
	中牟县国家现代农业示范区	0	0	0	0	0	0	2 700	0	2 700	68	8 300	0
	永城市国家现代农业示范区	0	0	0	0	0	0	1 000	0	1 000	0	6 490	0
	新野县国家现代农业示范区	9 500	0	9 500	0	9 500	0	9 500	0	9 500	0	11 000	0
	泌阳县国家现代农业示范区	0	0	0	0	0	0	0	0	0	0	0	0
	渑池县国家现代农业示范区	0	0	0	0	0	0	0	0	0	0	1 500	0
	叶县国家现代农业示范区	0	0	0	0	0	0	0	0	3 220	0	453 220	0
	温县国家现代农业示范区	29 440	0	29 515	0	15 423	0	12 113	0	24 203	0	22 243	30
	新郑市国家现代农业示范区	34 470	1 975	35 270	2 650	34 970	0	43 696.8	0	43 026.8	0	57 046.8	1 500
	新乡县国家现代农业示范区	1 500	0	1 500	0	1 500	0	1 500	0	0	0	0	0
	安阳县国家现代农业示范区	0	0	0	0	0	0	0	0	0	0	0	0
	漯河市国家现代农业示范区	17 725	6 600	235 725	1 500	240 325	245	241 400	665	125 600	1 911.8	237 300	4 279
	漯河市源汇区国家现代农业示范区	0	1 400	0	1 500	0	0	0	0	0	1 500	0	1 500
	漯河市郾城区国家现代农业示范区	0	0	0	0	0	0	0	0	0	0	0	0
	漯河市召陵区国家现代农业示范区	0	0	18 750	0	18 750	0	18 750	0	0	0	9 700	0
	漯河市舞阳县国家现代农业示范区	5 000	0	117 000	0	112 000	0	123 200	0	111 200	0	211 200	0

（续）

省份	示范区名称	2010年		2011年		2012年		2013年		2014年		2015年	
		绿色食品产量（吨）	有机食品产量（吨）	绿色食品产量（吨）	有机食品产量（吨）	绿色食品产量（吨）	有机食品产量（吨）	绿色食品产量（吨）	有机食品产量（吨）	绿色食品产量（吨）	有机食品产量（吨）	绿色食品产量（吨）	有机食品产量（吨）
河南省	漯河市临颍县国家现代农业示范区	0	5 200	4 800	0	4 800	0	4 800	0	4 800	0	10 800	0
	漯河市城乡一体化示范区国家现代农业示范区	0	0	0	0	0	0	0	0	0	0	0	0
	漯河市经济技术开发区国家现代农业示范区	0	0	0	0	0	0	0	0	0	0	0	0
	漯河市西城区国家现代农业示范区	0	0	0	0	0	0	0	0	0	0	0	0
	鹤壁市国家现代农业示范区	0	1 045	0	1 036	0	0	0	970.5	600	0	600	0
	鹤壁市淇县国家现代农业示范区	0	1 045	0	1 036	0	0	0	970.5	0	0	0	0
	鹤壁市淇滨区国家现代农业示范区	0	0	0	0	0	0	0	0	600	0	600	0
	鹤壁市山城区国家现代农业示范区	0	0	0	0	0	0	0	0	0	0	0	0
	鹤壁市鹤山区国家现代农业示范区	0	0	0	0	0	0	0	0	0	0	0	0
	鹤壁市浚县国家现代农业示范区	0	0	0	0	0	0	0	0	0	0	0	0
湖北省	监利县国家现代农业示范区	54 594	388	53 874	388	40 594	0	51 694	671	52 014	588	53 314	700
	宜昌市夷陵区国家现代农业示范区	62 345	0	46 695	0	38 394	0	108 034	0	102 896	0	257 864	0
	仙桃市国家现代农业示范区	30 965	0	39 385	0	39 241	0	29 285	0	37 205	0	27 543	0
	孝感市孝南区国家现代农业示范区	276 150	0	302 190	0	39 910	0	301 700	0	350 840	0	354 540	0
	天门市国家现代农业示范区	90 750	220	127 200	220	118 250	0	95 598	0	155 548	460	178 848	2 104.52
	潜江市国家现代农业示范区	11 950	0	11 950	0	14 450	0	17 500	125	50 482	125	54 857	704
	随县国家现代农业示范区	0	0	0	0	0	0	0	1 200	0	6 720	3 000	6 948
	鄂州市梁子湖区国家现代农业示范区	80	0	80	0	0	0	0	0	0	0	2 250	0
	荆门市国家现代农业示范区	188 280	1 899.31	390 150	4 919.6	348 740	0	449 101	6 378.4	426 951	6 278	422 631.75	6 681
	荆门市京山县国家现代农业示范区	67 730	1 791.11	81 650	1 579.6	54 100	0	76 650	3 615	76 650	3 644	70 400	3 038
	荆门市沙洋县国家现代农业示范区	60 410	108.2	63 560	0	37 160	0	74 960	370	73 210	1 074	76 360	1 089
	荆门市钟祥市国家现代农业示范区	36 280	0	220 580	2 440	209 980	0	226 600	2 370	205 200	1 560	200 860	2 287

（续）

省份	示范区名称	2010 年		2011 年		2012 年		2013 年		2014 年		2015 年	
		绿色食品产量（吨）	有机食品产量（吨）	绿色食品产量（吨）	有机食品产量（吨）	绿色食品产量（吨）	有机食品产量（吨）	绿色食品产量（吨）	有机食品产量（吨）	绿色食品产量（吨）	有机食品产量（吨）	绿色食品产量（吨）	有机食品产量（吨）
湖北省	荆门市东宝区国家现代农业示范区	11 860	0	12 360	900	2 500	0	19 360	23.4	19 360	0	18 502.75	0
	荆门市高新区-掇刀区国家现代农业示范区	12 000	0	12 000	0	0	0	6 000	0	6 000	0	9 598	0
	荆门市屈家岭管理区国家现代农业示范区	0	0	0	0	4.5	0	4.5	0	4.5	0	4.5	0
	荆门市漳河新区国家现代农业示范区	0	0	0	0	0	0	0	0	0	0	2.75	459
	武汉市国家现代农业示范区	450 290.75	8 533	465 371.75	2 813.6	516 233	1 725	506 550	5 850	598 096.5	5 148	593 515	11 227
	武汉市东西湖区国家现代农业示范区	153 820.75	0	71 393.75	0	143 273	0	144 248	0	166 048	0	163 108	0
	武汉市汉南区国家现代农业示范区	10 600	0	10 600	0	400	0	400	0	4 200	0	4 200	0
	武汉市蔡甸区国家现代农业示范区	112 372	1 205	112 180	0	103 192	0	103 192	0	155 920	0	135 782.5	0
	武汉市江夏区国家现代农业示范区	43 962	7 328	33 832	2 610	35 432	1 430	41 697	5 850	55 987	5 148	80 212	11 227
	武汉市新洲区国家现代农业示范区	51 028	0	194 608	0	180 708	0	172 908	0	175 322	0	180 077	0
	武汉市黄陂区国家现代农业示范区	11 398	0	11 398	203.6	11 398	295	11 358	0	3 795	0	4 781	0
	襄阳市国家现代农业示范区	219 006	206	381 887	1 334	430 050	0	505 407	70	416 142	2 138	383 769.5	2 138
	襄阳市襄城区国家现代农业示范区	0	0	0	70	0	0	0	0	0	0	0	0
	襄阳市樊城区国家现代农业示范区	19 550	0	1 050	0	5 000	0	5 000	0	5 000	0	5 000	0
	襄阳市襄州区国家现代农业示范区	26 025	0	85 211	0	94 211	0	35 025	70	71 025	35	64 125	35
	襄阳市南漳县国家现代农业示范区	14 895	6	13 410	6	14 623	0	8 123	0	6 548	0	6 548	0
	襄阳市保康县国家现代农业示范区	375	0	375	75	375	0	150	0	150	0	150	0
	襄阳市谷城县国家现代农业示范区	10 200	0	10 200	783	10 200	0	10 200	0	10 200	2 103	10 200	2 103
	襄阳市宜城市国家现代农业示范区	47 040	200	34 440	400	46 440	0	69 240	0	64 200	0	64 200	0
	襄阳市老河口市国家现代农业示范区	27 932	0	33 932	0	33 932	0	13 800	0	13 800	0	3 800	0
	襄阳市枣阳市国家现代农业示范区	59 789	0	190 069	0	212 069	0	363 869	0	245 219	0	221 399	0

（续）

省份	示范区名称	2010年		2011年		2012年		2013年		2014年		2015年	
		绿色食品产量（吨）	有机食品产量（吨）	绿色食品产量（吨）	有机食品产量（吨）	绿色食品产量（吨）	有机食品产量（吨）	绿色食品产量（吨）	有机食品产量（吨）	绿色食品产量（吨）	有机食品产量（吨）	绿色食品产量（吨）	有机食品产量（吨）
湖南省	长沙县国家现代农业示范区	16 996	0	35 022	0	26 068	0	66 235	0	47 893	0	69 016	0
	屈原管理区国家现代农业示范区	60	0	60	0	0	0	60	0	0	0	60	0
	永州市冷水滩区国家现代农业示范区	0	0	0	0	0	0	5 000	0	5 000	0	9 016	0
	华容县国家现代农业示范区	12 000	161	24 000	161	24 000	180	24 000	180	0	0	12 000	0
	常德市国家现代农业示范区	456 837.7	5 260.2	1 138 437.7	5 263.1	1 023 450	2 421.25	998 880	1 225.2	902 855	1 244	945 870	1 806.55
	常德市西湖西洞庭管理区国家现代农业示范区	0	0	0	0	0	0	17 000	0	51 540	0	46 050	0
	株洲县国家现代农业示范区	850	0	21 350	0	26 250	0	31 986	0	12 186	0	17 286	0
	衡南县国家现代农业示范区	60 000	0	60 000	0	25 000	0	45 000	0	45 180	0	56 320	0
	洞口县国家现代农业示范区	4 800	0	4 800	0	148 000	0	14 800	0	16 915	0	11 715	0
	临武县国家现代农业示范区	3 073	0	3 073	0	3 073	0	3 073	0	0	0	0	0
	涟源市国家现代农业示范区	415	0	3 915	0	4 515	0	4 400	0	5 800	0	6 640	0
	靖州县国家现代农业示范区	0	0	17 000	0	17 000	0	17 000	0	9 000	0	11 000	0
	桃源县国家现代农业示范区	30 630	463.8	62 630	423.8	70 400	1 000	66 130	300	38 630	300	39 605	0
	湘潭市国家现代农业示范区	51 140	45	81 020.5	45	70 768.5	0	69 912.5	0	57 839	0	76 418.5	0
	湘潭市雨湖区国家现代农业示范区	3 092	0	39 037.5	0	39 037.5	0	39 379.5	0	44 991	0	45 343.5	0
	湘潭市岳塘区国家现代农业示范区	3 386	0	3 371	0	3 371	0	3 371	0	236	0	3 283	0
	湘潭市湘乡市国家现代农业示范区	28 840	0	21 390	0	21 390	0	21 390	0	6 840	0	20 520	0
	湘潭市韶山市国家现代农业示范区	1 300	0	1 300	0	0	0	0	0	0	0	0	0
	湘潭市湘潭县国家现代农业示范区	14 522	45	15 922	45	6 970	0	5 592	0	5 592	0	7 092	0
	益阳市国家现代农业示范区	164 140.43	566	236 834.43	697	189 753	550	205 514.43	4 583	143 770.43	20 813	64 484.43	10 424.8
	益阳市资阳区国家现代农业示范区	10	370	10	370	10	0	10	0	10	0	10	0
	益阳市赫山区国家现代农业示范区	38 000	0	26 000	0	7 000	0	24 680	0	24 600	0	15 750	0

（续）

省份	示范区名称	2010年		2011年		2012年		2013年		2014年		2015年	
		绿色食品产量（吨）	有机食品产量（吨）	绿色食品产量（吨）	有机食品产量（吨）	绿色食品产量（吨）	有机食品产量（吨）	绿色食品产量（吨）	有机食品产量（吨）	绿色食品产量（吨）	有机食品产量（吨）	绿色食品产量（吨）	有机食品产量（吨）
湖南省	益阳市大通湖管理区国家现代农业示范区	54 230.43	0	136 194.43	0	112 113	0	109 194.43	0	96 530.43	0	10 394.43	0
	益阳市沅江市国家现代农业示范区	46 900	0	48 230	0	49 230	0	49 230	0	250	0	10 250	0
	益阳市安化县国家现代农业示范区	21 500	196	21 500	327	19 000	550	20 000	510	21 470	430	21 470	1 100
	益阳市桃江县国家现代农业示范区	3 500	0	2 500	0	0	0	0	0	750	0	750	0
	益阳市南县国家现代农业示范区	54 230.43	0	136 194.43	0	112 113	0	109 194.43	0	96 530.43	0	10 394.43	0
广东省	开平市国家现代农业示范区	25 000	0	25 000	0	25 000	0	25 560	0	25 560	0	25 560	0
	湛江垦区国家现代农业示范区	154 100	123	149 100	7 750	209 280	0	209 280	793	86 100	812.4	204 210	0
	仁化县国家现代农业示范区	4 300	0	4 300	0	2 200	0	2 200	0	2 200	0	2 200	0
	梅州市梅县区国家现代农业示范区	10 382	0	11 812.2	0	9 794.2	0	43 484	0	52 074.2	0	50 842.2	0
	汕头市澄海区国家现代农业示范区	0	0	0	0	0	0	0	0	0	0	0	0
	佛山市顺德区国家现代农业示范区	1 549	0	1 549	0	1 549	0	1 199	0	150	0	150	0
	阳江市阳东县国家现代农业示范区	1 400	0	1 555	0	2 755	0	8 100	0	10 850	0	10 850	0
	廉江市国家现代农业示范区	373 033	713	373 025	193	51 525	0	51 525	693	51 555	1 007.1	16 405	0
	徐闻县国家现代农业示范区	143 100	123	167 300	750	167 300	0	242 800	0	220 650	0	219 860	0
	河源市国家现代农业示范区	33 763	623.8	80 740	646.75	78 165	63	76 815	53	76 385	53	72 960	163
	河源市东源县国家现代农业示范区	8 302	245	10 352	245	12 352	0	12 352	0	6 802	0	6 802	0
	河源市连平县国家现代农业示范区	8 685	368.8	5 670	391.75	5 670	0	0	0	0	0	0	100
	河源市和平县国家现代农业示范区	4 028	10	5 528	10	5 533	63	5 533	63	5 533	63	5 528	63
	惠州市惠城区国家现代农业示范区	10 045	2 000	10 045	0	2 000	0	8 045	0	13 650	0	7 310	0
广西壮族自治区	合浦县国家现代农业示范区	65 000	1 000	0	1 300	0	0	90 000	1 300	90 000	1 300	180 182	0
	田东县国家现代农业示范区	0	890	0	890	0	890	0	808	0	899	0	0
	兴业县国家现代农业示范区	0	0	0	0	0	0	0	0	0	0	0	0
	贵港市港北区国家现代农业示范区	3 602	0	3 600	0	3 600	0	0	0	0	0	0	0

（续）

省份	示范区名称	2010年		2011年		2012年		2013年		2014年		2015年	
		绿色食品产量（吨）	有机食品产量（吨）	绿色食品产量（吨）	有机食品产量（吨）	绿色食品产量（吨）	有机食品产量（吨）	绿色食品产量（吨）	有机食品产量（吨）	绿色食品产量（吨）	有机食品产量（吨）	绿色食品产量（吨）	有机食品产量（吨）
广西壮族自治区	全州县国家现代农业示范区	0	0	0	1 749	0	5 210.4	0	5 425	0	5 720	3 285	0
	横县国家现代农业示范区	145 000	0	145 000	0	65 000	0	71 500	122	73 200	81	78 200	0
	武鸣县国家现代农业示范区	0	0	0	0	0	0	0	0	0	0	6 280	0
海南省	乐东黎族自治县国家现代农业示范区	0	0	0	0	0	0	23 685	0	23 685	0	24 169	0
	澄迈县国家现代农业示范区	1 510	0	1 510	0	165	0	0	0	0	0	0	0
	屯昌县国家现代农业示范区	0	0	0	0	0	0	0	0	0	0	0	0
	南田农场国家现代农业示范区	0	0	0	0	0	0	0	0	0	0	0	0
	琼海市国家现代农业示范区	1 500	203	1 500	0	1 500	0	1 500	239	1 500	0	1 500	0
	海口市国家现代农业示范区	101 220	0	97 888	0	96 600	0	91 400	0	90 728	0	91 728	0
	海口市秀英区国家现代农业示范区	0	0	0	0	0	0	0	0	0	0	0	0
	海口市龙华区国家现代农业示范区	82 692	0	79 360	0	79 072	0	73 872	0	73 200	0	73 200	0
	海口市琼山区国家现代农业示范区	2 500	0	2 500	0	1 500	0	1 500	0	1 500	0	2 500	0
	海口市美兰区国家现代农业示范区	0	0	0	0	0	0	0	0	0	0	0	0
重庆市	潼南县国家现代农业示范区	95	0	95	0	4 269	0	21 536.5	0	21 441.5	0	24 847.5	0
	南川区国家现代农业示范区	2 338	245.5	2 333	445.5	3 533	0	20 260.5	0	20 990.5	0	23 525.5	0
	荣昌县国家现代农业示范区	0	0	0	0	740	0	740	0	17 960	0	19 110	0
	忠县国家现代农业示范区	600	0	14 600	0	15 740	0	23 428.5	400	31 069.5	400	58 599.5	0
	江津区国家现代农业示范区	24 020	77.6	24 865	77.6	24 365	0	24 645	0	26 000.3	0	29 908.3	0
四川省	眉山市东坡区国家现代农业示范区	41 152	0	38 252	0	38 252	0	44 854	0	39 284	0	52 426	0
	苍溪县国家现代农业示范区	0	0	10 000	0	10 000	0	10 000	0	10 000	0	27 000	0
	江油市国家现代农业示范区	31 730	230 008	35 730	230 008	35 730	230 016.1	47 730	40	62 717	40	58 120	0
	蓬溪县国家现代农业示范区	435	0	435	0	435	0	435	0	435	100	0	0
	大竹县国家现代农业示范区	500	0	500	0	10 500	0	34 700	0	34 700	0	34 746	0

（续）

省份	示范区名称	2010年		2011年		2012年		2013年		2014年		2015年	
		绿色食品产量（吨）	有机食品产量（吨）	绿色食品产量（吨）	有机食品产量（吨）	绿色食品产量（吨）	有机食品产量（吨）	绿色食品产量（吨）	有机食品产量（吨）	绿色食品产量（吨）	有机食品产量（吨）	绿色食品产量（吨）	有机食品产量（吨）
四川省	安岳县国家现代农业示范区	39 750	0	61 750	0	62 750	0	53 750	0	37 750	0	37 750	0
	红原县国家现代农业示范区	1 424.3	0	1 424.3	0	1 424.3	0	1 424.3	0	1 424.3	0	1 046.3	0
	犍为县国家现代农业示范区	0	0	0	0	0	0	0	0	0	0	1 128	0
	成都市国家现代农业示范区	303 151	78 016.072	258 998	107 772.563	365 251	88	419 451	88	732 582.5	507.9	1 379 565.5	92
	成都市龙泉驿区国家现代农业示范区	6 602	490	6 602	416	0	0	9 250	0	9 250	0	11 200	0
	成都市青白江区国家现代农业示范区	8 050	0	8 050	0	0	0	0	0	0	0	0	0
	成都市新都区国家现代农业示范区	1 462	0	1 337	0	22 237	0	23 300	0	23 300	0	103 375	0
	成都市温江区国家现代农业示范区	120	739.7	0	1 672.85	0	0	1 358	0	1 358	0	1 358	0
	成都市都江堰市国家现代农业示范区	0	584.2	19	584.2	19	0	19	0	29	0	9 604	0
	成都市彭州市国家现代农业示范区	12 700	0	15 583	0	15 583	0	2 883	0	13 833	0	223 833	0
	成都市邛崃市国家现代农业示范区	34 100	800	20 600	1 000	11 747	88	10 747	88	10 747	88	45 071	80
	成都市崇州市国家现代农业示范区	0	0	0	0	0	0	2 883	0	72 680	0	73 430	0
	成都市金堂县国家现代农业示范区	0	0	7 800	0	7 800	0	7 800	0	325 600	0	745 600	0
	成都市双流县国家现代农业示范区	3 959	4 035.672	3 959	3 870.733	3 637	0	5 436	0	1 591	407.9	1 591	0
	成都市郫县国家现代农业示范区	151 343	0	114 618	0	81 748	0	88 328	0	78 095	0	103 011	0
	成都市大邑县国家现代农业示范区	15 850	71 366.5	20 200	730	24 250	0	23 450	0	21 800	12	12 406.9	12
	成都市蒲江县国家现代农业示范区	5 260	0	1 760	0	16 760	0	16 630	0	16 630	0	16 630	0
	成都市新津县国家现代农业示范区	8 000	0	8 000	99 498.78	8 000	0	8 700	0	8 799.5	0	8 799.5	0
	广安市国家现代农业示范区	260	1 020	30 657	0	35 227	0	45 347	0	59 557	0	64 757	0
	广安市广安区国家现代农业示范区	260	1 020	19 360	0	19 360	0	28 350	0	28 610	0	28 610	0
	广安市前锋区国家现代农业示范区	0	0	0	0	0	0	0	0	0	0	0	0
	南充市国家现代农业示范区	30 225	6 527.5	50 220	0	50 220	0	42 080	0	94 104	1 047.87	159 704	0
	南充市顺庆区国家现代农业示范区	0	0	0	0	0	0	0	0	30 000	0	30 000	0

（续）

省份	示范区名称	2010年		2011年		2012年		2013年		2014年		2015年	
		绿色食品产量（吨）	有机食品产量（吨）	绿色食品产量（吨）	有机食品产量（吨）	绿色食品产量（吨）	有机食品产量（吨）	绿色食品产量（吨）	有机食品产量（吨）	绿色食品产量（吨）	有机食品产量（吨）	绿色食品产量（吨）	有机食品产量（吨）
四川省	南充市高坪区国家现代农业示范区	5	0	20 000	0	20 000	0	20 000	0	33 000	0	87 000	0
	南充市嘉陵区国家现代农业示范区	0	6 527.5	0	0	0	0	0	0	0	0	0	0
	南充市西充县国家现代农业示范区	0	0	0	2 888	0	0	0	0	0	1 053.93	5 000	1 006.9
	攀枝花市国家现代农业示范区	7 030	3 765	7 830	0	12 330	0	27 590	0	27 710	0	37 912.5	0
	攀枝花市仁和区国家现代农业示范区	3 000	3 765	3 000	0	3 000	0	10 000	0	10 000	0	14 102.5	0
	攀枝花市米易县国家现代农业示范区	3 000	0	0	0	0	0	500	0	4 000	0	5 800	0
	攀枝花市盐边县国家现代农业示范区	0	0	3 800	0	8 300	0	15 150	0	11 770	0	12 670	0
	泸州市国家现代农业示范区	5 213.66	14 758	5 262.66	14 758	5 262.66	0	24 562.66	12 767.5	28 900.66	11 853	29 744.66	0
	泸州市江阳区国家现代农业示范区	0	12 343	0	12 343	0	0	0	10 236	0	11 753	0	19 809.6
	泸州市龙马潭区国家现代农业示范区	3 700	0	3 700	0	3 700	0	5 000	0	5 000	0	5 000	0
	泸州市纳溪区国家现代农业示范区	0	12 297	0	12 343	0	0	6 800	10 336	7 187	11 853	7 262	8 503
贵州省	湄潭县国家现代农业示范区	900	0	900	0	4 000	0	4 000	0	0	0	500	0
	清镇市国家现代农业示范区	0	0	0	0	0	0	1 750	0	250	0	250	0
	松桃县国家现代农业示范区	0	0	0	0	0	0	0	0	0	0	0	0
	兴义市国家现代农业示范区	0	0	0	0	0	0	0	0	0	0	0	0
	龙里县国家现代农业示范区	0	0	0	0	0	0	0	0	0	0	0	0
	金沙县国家现代农业示范区	0	0	0	0	0	0	0	0	0	0	0	0
云南省	宣威市国家现代农业示范区	0	0	0	0	0	0	0	0	0	0	2 645.7	0
	嵩明县国家现代农业示范区	0	0	0	0	0	0	0	0	0	0	0	0
	砚山县国家现代农业示范区	5 040	0	5 040	0	4 616	0	616	0	9 086	0	11 586	0
	石林县国家现代农业示范区	6 450	250	24 450	250	18 050	0	19 970	50	27 592	50	29 192	200
	保山市隆阳区国家现代农业示范区	1 310	0	6 670	5	6 870	0	6 845	0	1 735	0	5 635	0
	新平县国家现代农业示范区	90 542	0	95 942	0	95 942	0	97 352	0	100 557	0	46 584	0

（续）

省份	示范区名称	2010年		2011年		2012年		2013年		2014年		2015年	
		绿色食品产量（吨）	有机食品产量（吨）	绿色食品产量（吨）	有机食品产量（吨）	绿色食品产量（吨）	有机食品产量（吨）	绿色食品产量（吨）	有机食品产量（吨）	绿色食品产量（吨）	有机食品产量（吨）	绿色食品产量（吨）	有机食品产量（吨）
云南省	红河州国家现代农业示范区	277 225	0	291 575	600	225 045	0	253 407.5	0	266 517.5	0	225 782.5	0
	红河州蒙自市国家现代农业示范区	7 400	0	11 400	0	11 400	0	11 400	0	7 400	0	7 400	0
	红河州开远市国家现代农业示范区	15 600	0	14 400	600	15 600	0	14 400	0	13 200	0	16 700	0
	红河州建水县国家现代农业示范区	9 700	0	9 700	0	9 700	0	7 200	0	9 700	0	9 700	0
	红河州弥勒市国家现代农业示范区	45 000	0	46 000	0	48 350	0	48 350	0	49 350	0	32 000	0
西藏自治区	曲水县才纳乡国家现代农业示范区	0	0	0	0	0	0	0	0	0	0	0	0
	白朗县嘎东镇国家现代农业示范区	0	0	0	0	0	0	0	0	0	0	0	0
	乃东县国家现代农业示范区	0	0	0	0	0	0	0	0	0	0	0	480
陕西省	长安区国家现代农业示范区	300	110 000	300	110 079.3	300	0	1 510	0	42 958	0	43 258	202
	富平县国家现代农业示范区	10 800	0	10 800	0	10 800	0	10 800	0	10 800	0	10 800	0
	安康市汉滨区国家现代农业示范区	0	0	0	0	0	0	0	0	0	0	0	0
	宝鸡市陈仓区国家现代农业示范区	0	0	25 500	0	25 500	0	25 500	0	9 000	0	9 000	0
	西咸新区泾河新城（泾阳）国家现代农业示范区	0	0	0	0	0	0	0	0	0		0	0
	平利县国家现代农业示范区	0	0	0	0	0	0	0	0	0	0	0	0
	延安市国家现代农业示范区	600	771.06	600	772.1	136 100	660	7 497.5	660	137 997.5	0	133 819.5	1 320
	延安市宝塔区国家现代农业示范区	600	0	600	0	600	0	600	0	600	0	600	0
	延安市延长县国家现代农业示范区	0	660	0	660	0	660	0	660	0	0	0	1 320
	延安市延川县国家现代农业示范区	0	0	0	0	0	0	0	0	0	0	0	0
	延安市子长县国家现代农业示范区	0	0	0	0	0	0	0	0	0	0	0	0
	延安市安塞县国家现代农业示范区	0	0	0	0	0	0	0	0	0	0	0	0

（续）

省份	示范区名称	2010年		2011年		2012年		2013年		2014年		2015年	
		绿色食品产量（吨）	有机食品产量（吨）	绿色食品产量（吨）	有机食品产量（吨）	绿色食品产量（吨）	有机食品产量（吨）	绿色食品产量（吨）	有机食品产量（吨）	绿色食品产量（吨）	有机食品产量（吨）	绿色食品产量（吨）	有机食品产量（吨）
陕西省	延安市志丹县国家现代农业示范区	0	0	0	0	0	0	0	0	0	0	0	0
	延安市吴起县国家现代农业示范区	0	0	0	0	0	0	1 897.5	0	1 897.5	0	2 719.5	0
	延安市甘泉县国家现代农业示范区	0	0	0	0	130 500	0	0	0	130 500	0	130 500	0
	延安市富县国家现代农业示范区	0	0	0	0	5 000	0	5 000	0	5 000	0	0	0
	延安市洛川县国家现代农业示范区	0	0	0	0	0	0	0	0	0	0	0	0
	延安市宜川县国家现代农业示范区	0	0	0	0	0	0	0	0	0	0	0	0
	延安市黄龙县国家现代农业示范区	0	0	0	0	0	0	0	0	0	0	0	0
	延安市黄陵县国家现代农业示范区	0	0	0	0	0	0	0	0	0	0	0	0
甘肃省	张掖市甘州区国家现代农业示范区	61 800	0	81 800	441.6	81 800	881.45	54 390	0	60 290	0	123 513	800.1
	酒泉市肃州区国家现代农业示范区	2 820	0	2 120	0	2 120	0	7 120	0	7 000	0	77 798.2	0
	定西市安定区国家现代农业示范区	415 200	27 676	415 200	31 450	406 200	29 437	988 630	25 000	587 795	18 750	595 395	18 750
	武威市凉州区国家现代农业示范区	389 200	9 090	273 660.5	59 670	284 510.5	580	232 335.5	30 580	230 069.9	18 869	250 842.9	22 153
	敦煌市国家现代农业示范区	74 500	0	74 500	0	74 500	0	56 500	0	83 500	0	50 001.4	0
青海省	大通回族土族自治县国家现代农业示范区	121 395	47 030	121 195	0	121 195	0	121 195	418	135 035	0	137 535	0
	互助县国家现代农业示范区	0	45 000	0	45 000	0	4 500	20 004	0	20 004	0	7 200	0
	海晏县国家现代农业示范区	0	0	0	0	0	0	0	0	0	0	619	0
	门源县国家现代农业示范区	13 000	0	10 000	0	10 000	0	10 000	0	10 000	0	10 200	0
宁夏回族自治区	贺兰县国家现代农业示范区	5 000	0	5 120	0	3 595	0	13 595	28 797.1	30 115	31 070.2	36 965	26 550.2
	永宁县国家现代农业示范区	0	0	1 850	1 632.6	1 850	1 805.5	2 080	4 505.2	2 080	9 347	2 184	11 773
	吴忠市利通区国家现代农业示范区	112 150	0	119 460	133.25	127 510	0	118 510	0	116 644	0	33 152.1	0
	中卫市沙坡头区国家现代农业示范区	10 275	0	10 275	1 719	10 275	0	0	0	800	0	3 800	0
	宁夏农垦国家现代农业示范区	5 042.6	0	5 042.6	3 800	14 320	0	25 400	0	26 780	0	16 280	0

（续）

省份	示范区名称	2010 年		2011 年		2012 年		2013 年		2014 年		2015 年	
		绿色食品产量（吨）	有机食品产量（吨）	绿色食品产量（吨）	有机食品产量（吨）	绿色食品产量（吨）	有机食品产量（吨）	绿色食品产量（吨）	有机食品产量（吨）	绿色食品产量（吨）	有机食品产量（吨）	绿色食品产量（吨）	有机食品产量（吨）
新疆维吾尔自治区	呼图壁县国家现代农业示范区	49 350	0	0	0	0	0	27 300	0	29 300	0	108 703	0
	沙湾县国家现代农业示范区	21 140	0	28 969.6	0	28 969.6	0	28 969.6	0	25 229.6	0	25 229.6	0
	沙雅县国家现代农业示范区	0	0	0	0	0	0	0	0	315	0	315	0
	泽普县国家现代农业示范区	0	0	0	0	0	0	0	0	0	0	0	0
	玛纳斯县国家现代农业示范区	36 000	0	200	0	20 200	0	26 200	0	29 800	0	48 369	0
	博乐市国家现代农业示范区	89 810	0	89 000	3 559.36	89 810	0	93 810	0	107 850	0	158 450	0
	克拉玛依市克拉玛依区国家现代农业示范区	36 210	0	35 960	0	30 000	0	1 422	0	30 240	0	30 240	0
新疆兵团	农一师阿拉尔垦区国家现代农业示范区	0	0	0	0	0	0	0	0	22 000	0	0	0
	第三师图木舒克市国家现代农业示范区	0	0	10 000	0	10 000	0	10 000	0	12 000	755	21 435	0
	第八师石河子垦区国家现代农业示范区	0	0	30 800	0	30 800	0	41 500	0	40 500	0	2 080	0
	农六师国家现代农业示范区	0	0		0		0		0	26 250	0	17 775	0
军队	沈阳军区讷河嫩江片区农副产品基地	0	0	0	0	0	0	0	0	0	0	0	0
	沈阳军区绥北片区农副产品基地	0	0	0	0	0	0	0	0	0	0	0	0

国家现代农业示范区无公害农产品产量

序号	省份	示范区名称	截止到2015年12月底有效产品总产量（吨）
1	北京市	北京市国家现代农业示范区	1 359 069
2		通州区	310 450
3		顺义区	399 213
4		房山区	319 442
5		大兴区	414 135
6		昌平区	233 791
7		怀柔区	17 594
8		平谷区	120 964
9		门头沟区	7 599
10		密云区	76 287
11		延庆区	57 472
12	天津市	天津市国家现代农业示范区	570 141
13		东丽区	16 763
14		津南区	3 914
15		武清区	143 310
16		西青区	49 034
17		北辰区	43 053
18		滨海新区	42 070
19		宝坻区	102 605
20		蓟县	42 370
21		宁河县	57 172
22		静海县	68 760
23	河北省	河北省昌黎县国家现代农业示范区	221 762
24		河北省定州市国家现代农业示范区	36 548
25		河北省塞北管理区国家现代农业示范区	0
26		河北省石家庄市国家现代农业示范区	233 361
27		晋州市	9 840
28		藁城区	5 510
29		新乐市	46 120
30		鹿泉区	26 664
31		井陉县	0
32		元氏县	8 290
33		高邑县	38 705
34		栾城区	13 782
35		赵县	24 300

（续）

序号	省份	示范区名称	截止到 2015 年 12 月底有效产品总产量（吨）
36	河北省	无极县	22 010
37		深泽县	0
38		正定县	11 895
39		平山县	6 712
40		井陉矿区	0
41		河北省肃宁县国家现代农业示范区	10 952
42		河北省唐山市曹妃甸区国家现代农业示范区	15 153
43		河北省威县国家现代农业示范区	2 000
44		河北省围场县国家现代农业示范区	57 636
45		河北省武安市国家现代农业示范区	7 100
46		河北省武强县国家现代农业示范区	3 246
47		河北省永清县国家现代农业示范区	225 296
48		河北省玉田县国家现代农业示范区	140 749
49	山西省	山西省长治市国家现代农业示范区	172 623
50		郊区	32 366
51		长治县	6 295
52		长子县	14 795
53		屯留县	6 955
54		襄垣县	2 745
55		潞城市	20 221
56		山西省大同市南郊区国家现代农业示范区	5 400
57		山西省定襄县国家现代农业示范区	23 353
58		山西省高平市国家现代农业示范区	51 163
59		山西省晋中市国家现代农业示范区	299 724
60		榆次区	22 240
61		祁县	47 368
62		太谷县	8 888
63		平遥县	3 000
64		寿阳县	0
65		昔阳县	136 606
66		山西省曲沃县国家现代农业示范区	55 113
67		山西省运城市盐湖区国家现代农业示范区	478 292
68	内蒙古自治区	内蒙古自治区阿荣旗国家现代农业示范区	19 134
69		内蒙古自治区巴彦淖尔市临河区国家现代农业示范区	9 275
70		内蒙古自治区包头市九原区国家现代农业示范区	47 862

（续）

序号	省份	示范区名称	截止到2015年12月底有效产品总产量（吨）
71	内蒙古自治区	内蒙古自治区赤峰市松山区国家现代农业示范区	56 200
72		内蒙古自治区达拉特旗国家现代农业示范区	560
73		内蒙古自治区鄂温克旗国家现代农业示范区	200
74		内蒙古自治区开鲁县国家现代农业示范区	354 910
75		内蒙古自治区土默特左旗国家现代农业示范区	12 532
76		内蒙古自治区西乌珠穆沁旗国家现代农业示范区	2 450
77		内蒙古自治区扎赉特旗国家现代农业示范区	0
78	辽宁省	辽宁省北镇市国家现代农业示范区	2 627 633
79		辽宁省昌图县国家现代农业示范区	2 002 474
80		辽宁省大连市国家现代农业示范区	7 150
81		普兰店市	0
82		庄河市	900
83		瓦房店市	6 150
84		辽宁省东港市国家现代农业示范区	931 364
85		辽宁省海城市国家现代农业示范区	775 734
86		辽宁省开原市国家现代农业示范区	730 313
87		辽宁省辽阳市国家现代农业示范区	1 608 890
88		辽阳县	1 331 727
89		灯塔市	277 142
90		辽宁省辽中县国家现代农业示范区	1 449 963
91		辽宁省凌源市国家现代农业示范区	99 471
92		辽宁省盘山县国家现代农业示范区	420 131
93		辽宁省沈阳市于洪区国家现代农业示范区	109 746
94		辽宁省绥中县国家现代农业示范区	2 821 130
95		辽宁省台安县国家现代农业示范区	494 125
96		辽宁省铁岭县国家现代农业示范区	627 879
97	吉林省	吉林省东辽县国家现代农业示范区	9 116
98		吉林省敦化市国家现代农业示范区	43 155
99		吉林省抚松县国家现代农业示范区	2 347
100		吉林省公主岭市国家现代农业示范区	225 885
101		吉林省梨树县国家现代农业示范区	123 350
102		吉林省梅河口市国家现代农业示范区	4 735
103		吉林省农安县国家现代农业示范区	15 179
104		吉林省前郭县国家现代农业示范区	4 300
105		吉林省洮南市国家现代农业示范区	220 698

（续）

序号	省份	示范区名称	截止到 2015 年 12 月底有效产品总产量（吨）
106	吉林省	吉林省永吉县国家现代农业示范区	26 573
107		吉林省榆树市国家现代农业示范区	39 029
108	黑龙江省	黑龙江垦区国家现代农业示范区	11 947 702.65
109		黑龙江省宝清县国家现代农业示范区	271 192
110		黑龙江省大庆市国家现代农业示范区	1 147 225
111		肇州县	134 523
112		肇源县	259 777
113		大同区	679 175
114		萨尔图区	13 808
115		让胡路区	58 935
116		龙凤区	974
117		红岗区	0
118		黑龙江省富锦市国家现代农业示范区	2 332 157
119		黑龙江省桦川县国家现代农业示范区	861 843
120		黑龙江省克山县国家现代农业示范区	382 460
121		黑龙江省萝北县国家现代农业示范区	793 919
122		黑龙江省密山市国家现代农业示范区	1 487 074
123		黑龙江省宁安市国家现代农业示范区	322 092
124		黑龙江省双城市国家现代农业示范区	33 225
125		黑龙江省绥化市国家现代农业示范区	1 613 630
126		安达市	462 870
127		肇东市	56 843
128		庆安县	34 601
129		青冈县	6 540
130		明水县	26 448
131		望奎县	487 922
132		绥棱县	58 903
133		北林区	479 214
134		黑龙江省铁力市国家现代农业示范区	90 300
135		黑龙江省五常市国家现代农业示范区	26 820
136		黑龙江省逊克县国家现代农业示范区	25 303
137	上海市	上海市国家现代农业示范区	3 618 563
138		闵行区	67 952
139		宝山区	52 691
140		嘉宝区	0

（续）

序号	省份	示范区名称	截止到2015年12月底有效产品总产量（吨）
141	上海市	金山区	545 517
142		松江区	186 076
143		青浦区	417 527
144		奉贤区	554 130
145		崇明县	970 440
146		浦东新区	828 613
147	江苏省	江苏省常州市国家现代农业示范区	525 049
148		天宁区	0
149		钟楼区	0
150		新北区	134 923
151		武进区	96 075
152		金坛区	0
153		溧阳市	294 001
154		江苏省东台市国家现代农业示范区	1 856 152
155		江苏省洪泽县国家现代农业示范区	238 055
156		江苏省建湖县国家现代农业示范区	396 626
157		江苏省句容市国家现代农业示范区	391 585
158		江苏省昆山市国家现代农业示范区	29 482
159		江苏省连云港市赣榆区国家现代农业示范区	380 726
160		江苏省南京市国家现代农业示范区	1 644 467
161		浦口区	280 254
162		六合区	483 775
163		江宁区	448 022
164		溧水区	159 587
165		高淳区	229 751
166		江苏省南通市国家现代农业示范区	3 080 890
167		崇州区	0
168		如东县	715 125
169		启东市	343 568
170		如皋市	884 457
171		海门市	423 280
172		海安县	714 435
173		江苏省沛县国家现代农业示范区	777 685
174		江苏省苏州市吴江区国家现代农业示范区	40 685
175		江苏省苏州市相城区国家现代农业示范区	12 031

（续）

序号	省份	示范区名称	截止到 2015 年 12 月底有效产品总产量（吨）
176	江苏省	江苏省太仓市国家现代农业示范区	199 267
177		江苏省泰州市国家现代农业示范区	1 245 491
178		兴化市	399 122
179		姜堰区	152 712
180		泰兴市	524 030
181		靖江市	169 313
182		江苏省铜山区国家现代农业示范区	1 393 941
183		江苏省无锡市国家现代农业示范区	904 458.9
184		江阴市	198 771
185		宜兴市	395 160
186		惠山区	131 799
187		锡山区	95 644
188		江苏省扬州市江都区国家现代农业示范区	409 582
189	浙江省	浙江省杭州市萧山区国家现代农业示范区	211 017
190		浙江省湖州市国家现代农业示范区	379 996
191		德清县	53 193
192		长兴县	138 234
193		安吉县	26 770
194		吴兴区	35 393
195		南浔区	126 189
196		浙江省嘉兴市秀洲区国家现代农业示范区	31 735
197		浙江省金华市婺城区国家现代农业示范区	114 633
198		浙江省乐清市国家现代农业示范区	35 755
199		浙江省宁波市国家现代农业示范区	1 304 351
200		江北区	23 991
201		北仑区	8 351
202		镇海区	37 867
203		鄞州区	195 652
204		余姚市	158 863
205		奉化市	72 770
206		慈溪市	257 352
207		象山县	258 333
208		宁海县	0
209		浙江省平湖市国家现代农业示范区	21 473
210		浙江省衢州市衢江区国家现代农业示范区	34 685

（续）

序号	省份	示范区名称	截止到2015年12月底有效产品总产量（吨）
211	浙江省	浙江省三门县国家现代农业示范区	12 019
212		浙江省遂昌县国家现代农业示范区	5 782
213		浙江省温岭市国家现代农业示范区	53 716
214		浙江省诸暨市国家现代农业示范区	43 614
215	安徽省	安徽省当涂县国家现代农业示范区	11 866
216		安徽省黄山市黄山区国家现代农业示范区	7 100
217		安徽省郎溪县国家现代农业示范区	4 222
218		安徽省六安市金安区国家现代农业示范区	3 200
219		安徽省庐江县国家现代农业示范区	30 705
220		安徽省南陵县国家现代农业示范区	21 300
221		安徽省全椒县国家现代农业示范区	47 805
222		安徽省太和县国家现代农业示范区	2 180
223		安徽省桐城市国家现代农业示范区	13 928
224		安徽省铜陵市国家现代农业示范区	52 862
225		义安区	0
226		枞阳县	2 962
227		安徽省涡阳县国家现代农业示范区	18 380
228		安徽省颍上县国家现代农业示范区	43 970
229		安徽省埇桥区国家现代农业示范区	103 977
230	福建省	福建省安溪县国家现代农业示范区	10 584
231		福建省福安市国家现代农业示范区	21 579
232		福建省福清市国家现代农业示范区	36 739
233		福建省建瓯市国家现代农业示范区	15 839
234		福建省上杭县国家现代农业示范区	64 089
235		福建省仙游县国家现代农业示范区	36 590
236		福建省永安市国家现代农业示范区	23 235
237		福建省尤溪县国家现代农业示范区	19 160
238		福建省漳州市国家现代农业示范区	337 990
239		芗城区	9 605
240		龙文区	5 300
241		龙海市	54 141
242		云霄县	40 334
243		诏安县	21 313
244		长泰县	27 033
245		东山县	6 795

（续）

序号	省份	示范区名称	截止到 2015 年 12 月底有效产品总产量（吨）
246	福建省	南靖县	54 967
247		平和县	43 350
248		华安县	8 024
249		漳浦县	67 102
250	江西省	江西省分宜县国家现代农业示范区	20 166
251		江西省抚州市临川区国家现代农业示范区	106 964
252		江西省赣县国家现代农业示范区	12 070
253		江西省贵溪市国家现代农业示范区	8 750
254		江西省吉安县国家现代农业示范区	11 200
255		江西省乐平市国家现代农业示范区	59 832
256		江西省芦溪县国家现代农业示范区	12 760
257		江西省南昌县国家现代农业示范区	53 346
258		江西省万年县国家现代农业示范区	3 859
259		江西省万载县国家现代农业示范区	2 920
260		江西省信丰县国家现代农业示范区	59 588
261	山东省	山东省滨州市滨城区国家现代农业示范区	107 030
262		山东省博兴县国家现代农业示范区	227 366
263		山东省德州市国家现代农业示范区	1 486 616
264		德城区	37 610
265		陵城区	0
266		禹城市	0
267		乐陵市	16 750
268		临邑县	381 349
269		平原县	306 047
270		夏津县	8 362
271		武城县	241 260
272		庆云县	119 969
273		宁津县	153 694
274		齐河县	77 116
275		山东省东营市国家现代农业示范区	652 816
276		东营区	22 469
277		河口区	185 449
278		广饶县	126 918
279		垦利县	75 130
280		利津县	242 850

（续）

序号	省份	示范区名称	截止到2015年12月底有效产品总产量（吨）
281	山东省	山东省金乡县国家现代农业示范区	231 150
282		山东省莒县国家现代农业示范区	674 094
283		山东省巨野县国家现代农业示范区	184 878
284		山东省莱州市国家现代农业示范区	815 138
285		山东省聊城市国家现代农业示范区	1 119 748
286		冠县	116 793
287		莘县	269 171
288		阳谷县	462 031
289		东阿县	37 440
290		茌平县	188 440
291		高唐县	10 015
292		东昌府区	29 362
293		临清市	6 496
294		山东省青岛市国家现代农业示范区	457 034
295		黄岛区	650
296		胶州市	136 390
297		即墨市	22 910
298		平度市	164 813
299		莱西市	132 271
300		山东省泰安市岱岳区国家现代农业示范区	219 242
301		山东省威海市国家现代农业示范区	878 784
302		文登市	143 959
303		荣成市	241 159
304		乳山市	493 666
305		山东省潍坊市国家现代农业示范区	1 680 678
306		寒亭区	170 835
307		坊子区	43 820
308		临朐县	256 581
309		昌乐县	64 806
310		青州市	17 745
311		诸城市	247 752
312		安丘市	54 428
313		高密市	119 158
314		昌邑市	262 155
315		寿光市	443 398

（续）

序号	省份	示范区名称	截止到 2015 年 12 月底有效产品总产量（吨）
316	山东省	山东省沂水县国家现代农业示范区	185 327
317		山东省枣庄市国家现代农业示范区	645 457
318		市中区	49 536
319		滕州市	280 329
320		山亭区	51 568
321		台儿庄区	118 130
322		峄城区	0
323		薛城区	145 894
324		山东省章丘市国家现代农业示范区	55 072
325		山东省招远市国家现代农业示范区	595 315
326		山东省淄博市临淄区国家现代农业示范区	97 384
327	河南省	河南省安阳县国家现代农业示范区	19 045
328		河南省固始县国家现代农业示范区	11 886
329		河南省鹤壁市国家现代农业示范区	106 221
330		淇县	23 011
331		淇滨区	10 210
332		山城区	5 161
333		鹤山区	4 966
334		浚县	62 873
335		河南省济源市国家现代农业示范区	11 676
336		河南省漯河市国家现代农业示范区	245 859
337		源汇区	10 850
338		郾城区	201 204
339		召陵区	3 015
340		舞阳县	21 580
341		临颍县	9 210
342		城乡一体化示范区	0
343		经济技术开发区	0
344		西城区	0
345		河南省泌阳县国家现代农业示范区	14 305
346		河南省渑池县国家现代农业示范区	64 307
347		河南省温县国家现代农业示范区	1 250
348		河南省新乡县国家现代农业示范区	105 290
349		河南省新野县国家现代农业示范区	5 640
350		河南省新郑市国家现代农业示范区	7 231

（续）

序号	省份	示范区名称	截止到2015年12月底有效产品总产量（吨）
351	河南省	河南省许昌县国家现代农业示范区	3 525
352		河南省叶县国家现代农业示范区	26 968
353		河南省永城市国家现代农业示范区	32 860
354		河南省中牟县国家现代农业示范区	13 956
355	湖北省	湖北省鄂州市梁子湖区国家现代农业示范区	5 833
356		湖北省监利县国家现代农业示范区	29 225
357		湖北省荆门市国家现代农业示范区	359 339
358		京山县	152 618
359		沙洋县	102 615
360		钟祥市	2 685
361		东宝区	29 115
362		高新区一掇刀区	9 134
363		屈家岭管理区	62 430
364		漳河新区	742
365		湖北省潜江市国家现代农业示范区	63 318
366		湖北省随县国家现代农业示范区	40 730
367		湖北省天门市国家现代农业示范区	5 820
368		湖北省武汉市国家现代农业示范区	333 940
369		东西湖区	13 892
370		汉南区	7 675
371		蔡甸区	108 228
372		江夏区	59 064
373		新洲区	76 105
374		黄陂区	68 546
375		湖北省仙桃市国家现代农业示范区	429 394
376		湖北省襄阳市国家现代农业示范区	481 229
377		襄城区	20 915
378		樊城区	42 720
379		襄州区	105 937
380		南漳县	24 657
381		保康县	6 260
382		谷城县	4 840
383		宜城市	195 185
384		老河口市	5 144
385		枣阳市	75 571
386		湖北省孝南区国家现代农业示范区	2 687
387		湖北省宜昌市夷陵区国家现代农业示范区	84 905

（续）

序号	省份	示范区名称	截止到 2015 年 12 月底有效产品总产量（吨）
388	湖南省	湖南省长沙县国家现代农业示范区	40 454
389		湖南省常德市西湖西洞庭管理区国家现代农业示范区	2 075
390		湖南省洞口县国家现代农业示范区	130
391		湖南省衡南县国家现代农业示范区	55 175
392		湖南省华容县国家现代农业示范区	62 040
393		湖南省靖州县国家现代农业示范区	900
394		湖南省涟源市国家现代农业示范区	33 591
395		湖南省临武县国家现代农业示范区	10 600
396		湖南省屈原管理区国家现代农业示范区	0
397		湖南省桃源县国家现代农业示范区	108 425
398		湖南省湘潭市国家现代农业示范区	151 504
399		雨湖区	4 000
400		岳塘区	1 497
401		湘乡市	71 640
402		韶山市	67 860
403		湘潭县	6 507
404		湖南省益阳市国家现代农业示范区	179 862
405		资阳区	6 350
406		赫山区	17 989
407		大通湖管理区	25 165
408		沅江市	14 227
409		安化县	15 056
410		桃江县	0
411		南县	101 075
412		湖南省永州市冷水滩区国家现代农业示范区	33 572
413		湖南省株洲县国家现代农业示范区	2 930
414	广东省	广东省佛山顺德区国家现代农业示范区	8 015
415		广东省河源市灯塔盆地国家现代农业示范区	62 277
416		东源县	32 703
417		连平县	26 469
418		和平县	3 105
419		广东省惠州惠城区国家现代农业示范区	55 780
420		广东省开平市国家现代农业示范区	0
421		广东省廉江市国家现代农业示范区	1 250
422		广东省梅州梅县区国家现代农业示范区	1 485

（续）

序号	省份	示范区名称	截止到2015年12月底有效产品总产量（吨）
423	广东省	广东省农垦湛江垦区国家现代农业示范区	0
424		广东省仁化县国家现代农业示范区	15 003
425		广东省汕头澄海区国家现代农业示范区	11 080
426		广东省徐闻县国家现代农业示范区	13 135
427		广东省阳江阳东县国家现代农业示范区	24 985
428	广西壮族自治区	广西壮族自治区贵港市港北区国家现代农业示范区	12 984
429		广西壮族自治区合浦县国家现代农业示范区	165 970
430		广西壮族自治区横县国家现代农业示范区	26 056
431		广西壮族自治区全州县国家现代农业示范区	71 640
432		广西壮族自治区田东县国家现代农业示范区	25 990
433		广西壮族自治区武鸣县国家现代农业示范区	18 724
434		广西壮族自治区兴业县国家现代农业示范区	61 477
435	海南省	海南省澄迈县国家现代农业示范区	9 725
436		海南省海口市国家现代农业示范区	59 518
437		秀英区	28 923
438		龙华区	0
439		琼山区	2 095
440		美兰区	4 600
441		海南省乐东黎族自治县国家现代农业示范区	1 310
442		海南省南田农场国家现代农业示范区	49 000
443		海南省琼海市国家现代农业示范区	3 864
444		海南省屯昌县国家现代农业示范区	1 550
445	重庆市	重庆市江津区国家现代农业示范区	46 878
446		重庆市南川区国家现代农业示范区	62 559
447		重庆市荣昌县国家现代农业示范区	31 363
448		重庆市潼南县国家现代农业示范区	57 146
449		重庆市忠县国家现代农业示范区	20 012
450	四川省	四川省安岳县国家现代农业示范区	1 113 049
451		四川省苍溪县国家现代农业示范区	90 870
452		四川省成都市国家现代农业示范区	4 574 424
453		龙泉驿区	72 238
454		青白江区	25 800
455		新都区	304 354
456		温江区	19 158
457		都江堰市	821 271

（续）

序号	省份	示范区名称	截止到 2015 年 12 月底有效产品总产量（吨）
458	四川省	彭州市	473 604
459		邛崃市	10 772
460		崇州市	201 901
461		金堂县	150 920
462		双流县	1 449 013
463		郫县	148 010
464		大邑县	722 720
465		蒲江县	34 414
466		新津县	140 249
467		四川省大竹县国家现代农业示范区	23 110
468		四川省广安市国家现代农业示范区	361 963
469		广安区	7 572
470		前锋区	14 845
471		四川省红原县国家现代农业示范区	6 500
472		四川省犍为县现代农业示范区	108 935
473		四川省江油市国家现代农业示范区	6 998
474		四川省泸州市国家现代农业示范区	125 924
475		龙马潭区	4 390
476		纳溪区	79 624
477		江阳区	41 910
478		四川省眉山市东坡区国家现代农业示范区	55 913
479		四川省南充市国家现代农业示范区	343 727
480		顺庆区	50 193
481		高坪区	118 308
482		嘉陵区	23 309
483		西充县	5 083
484		四川省攀枝花市国家现代农业示范区	610 803
485		仁和区	70 850
486		米易县	532 493
487		盐边县	7 460
488		四川省蓬溪县国家现代农业示范区	47 674
489	贵州省	贵州省金沙县国家现代农业示范区	23 013
490		贵州省龙里县国家现代农业示范区	99 534
491		贵州省湄潭县国家现代农业示范区	19 000
492		贵州省清镇市国家现代农业示范区	135 890
493		贵州省松桃县国家现代农业示范区	8 950
494		贵州省兴义市国家现代农业示范区	9 925

（续）

序号	省份	示范区名称	截止到2015年12月底有效产品总产量（吨）
495	云南省	云南省保山市隆阳区国家现代农业示范区	7 400
496		云南省红河州国家现代农业示范区	431 154
497		蒙自市	0
498		开远市	17 820
499		建水县	270 809
500		弥勒市	60 781
501		云南省石林县国家现代农业示范区	58 500
502		云南省嵩明县国家现代农业示范区	0
503		云南省新平县国家现代农业示范区	280
504		云南省宣威市国家现代农业示范区	127 610
505		云南省砚山县国家现代农业示范区	2 630
506	西藏自治区	西藏自治区白朗县嘎东镇国家现代农业示范区	1 353
507		西藏自治区乃东县国家现代农业示范区	0
508		西藏自治区曲水县才纳乡国家现代农业示范区	188 388
509	陕西省	陕西省安康市汉滨区国家现代农业示范区	14 701
510		陕西省宝鸡市陈仓区国家现代农业示范区	73 994
511		陕西省长安区国家现代农业示范区	132 229
512		陕西省富平县国家现代农业示范区	46 390
513		陕西省平利县国家现代农业示范区	2 870
514		陕西省西咸新区泾河新城（泾阳）国家现代农业示范区	104 940
515		陕西省延安市国家现代农业示范区	616 750
516		宝塔区	3 320
517		延长县	160
518		延川县	26 010
519		子长县	50 028
520		安塞县	2 590
521		志丹县	7 667
522		吴起县	214 131
523		甘泉县	43 302
524		富县	264 318
525		洛川县	170
526		宜川县	4 480
527		黄龙县	135
528		黄陵县	339

（续）

序号	省份	示范区名称	截止到 2015 年 12 月底有效产品总产量（吨）
529	甘肃省	甘肃省定西市安定区国家现代农业示范区	800
530		甘肃省敦煌市国家现代农业示范区	100
531		甘肃省甘州区国家现代农业示范区	129 615
532		甘肃省酒泉市肃州区国家现代农业示范区	91 500
533		甘肃省武威市凉州区国家现代农业示范区	22 845
534	青海省	青海省大通回族土族自治县国家现代农业示范区	11 683
535		青海省海晏县国家现代农业示范区	0
536		青海省互助县国家现代农业示范区	18 644
537		青海省门源县国家现代农业示范区	0
538	宁夏回族自治区	宁夏回族自治区贺兰县国家现代农业示范区	33 245
539		宁夏回族自治区农垦国家现代农业示范区	0
540		宁夏回族自治区吴忠市利通区国家现代农业示范区	372 960
541		宁夏回族自治区永宁县国家现代农业示范区	34 804
542		宁夏回族自治区中卫市沙坡头区国家现代农业示范区	239 280
543	新疆维吾尔自治区	新疆维吾尔自治区呼图壁县国家现代农业示范区	246 716
544		新疆维吾尔自治区玛纳斯县国家现代农业示范区	42 593
545		新疆维吾尔自治区沙湾县国家现代农业示范区	0
546		新疆维吾尔自治区沙雅县国家现代农业示范区	297 573
547		新疆维吾尔自治区泽普县国家现代农业示范区	26 540
548		新疆维吾尔自治区克拉玛依市克拉玛依区国家现代农业示范区	398
549		新疆维吾尔自治区博乐市国家现代农业示范区	6 324
550	新疆生产建设兵团	新疆生产建设兵团第八师石河子垦区国家现代农业示范区	41 698
551		新疆生产建设兵团第三师图木舒克市国家现代农业示范区	0
552		新疆生产建设兵团农六师国家现代农业示范区	0
553		新疆生产建设兵团农一师阿拉尔垦区国家现代农业示范区	0
554	军队	沈阳军区讷河嫩江片区农副产品基地	
555		沈阳军区绥北片区农副产品基地	

大事记

- 2015年大事记

2015年大事记

1月

16～25日，“丝路·茶语”点亮第80届柏林国际绿色周中国展。正在德国出席会议的农业部副部长牛盾、中国驻德国大使馆大使史明德在德国当地时间1月16日上午共同到中国展台参观指导，牛盾副部长和史明德大使共同欢迎来中国展台参观的德国农业部部长等外国政府代表。第80届柏林绿色周中国展馆的主题是“丝路·茶语”，重点推介了“一带一路”经过的境内12个省（自治区、直辖市）的重要世界自然文化和历史文化遗产，重要农业文化遗产，著名的农产品。推介的方式既包括图片，也包括实物，部分产品可进行现场品尝。世界自然文化和历史文化遗产有：陕西秦兵马俑、甘肃莫高石窟、重庆三峡、四川九寨沟、云南丽江古城、广东开平碉楼、福建土楼等；重要农业文化遗产有：陕西佳县古枣园、青海门源油菜、甘肃皋兰什川古梨园、新疆哈密瓜种植、重庆休宁山泉流水养鱼、广西龙脊梯田、云南哈尼梯田、广东潮安凤凰单枞茶、福建安溪铁观音种植等；现场展示准备的特色农产品有：新疆葡萄干和大枣、宁夏枸杞、甘肃百合、青海青稞、陕西苹果、重庆辣椒、四川巴山特产核桃、苦荞、广西柿饼、云南咖啡、海南可可、广东蜜饯、桂圆和福建茉莉花茶等。

2月

5日，中国优质农产品开发服务协会支持的第六届中国余姚·河姆渡农业博览会暨第三届中国甲鱼节在余姚市中塑国际会展中心举办，博览会主题是“健康、精致、生态、高效”。

3月

2日，由中国农业科学院、中国优质农产品开发服务协会、农业部农产品加工局共同举办，中国农科院农产品加工研究所承办的农产品加工业成果展示、发展战略研讨暨农产品加工业分会揭牌活动在京举行，农业部副部长余欣荣出席并讲话，农业部党组成员杨绍品与中国优质农产品开发服务协会会长朱保成共同为“中国优质农产品开发服务协会农产品加工业分会”揭牌，中国农业科学院党组书记陈萌山主持会议。农业部农产品加工局局长宗锦耀、中国农业科学院副院长雷茂良、北京工商大学校长孙宝国院士、中国疾病预防控制中心陈君石院士、大连工业大学朱蓓薇院士出席会议。

9日，全国政协委员、中国优质农产品开发服务协会会长朱保成在全国政协二届第三次会议第二次全体会议代表5位全国政协委员作大会发言，题目是《实施品牌战略 发展现代农业》。

5月

17日，中国优质农产品开发服务协会协办的“2015第四届中国国际农商高峰论坛”在中欧国际工商学院北京校区圆满举办。本次论坛主题为“跨界：开启现代农业的新时代”，聚焦中国农业面临的投资机遇和“互联网＋农业”催生的新形态、新业态，并就三大议题进行讨论和交流：一是工商资本灌溉现代农业，塑造新格局；二是现代农业深耕互联网，再造新基因；三是荷兰奇迹：中国现代农业的他山之石。论坛遍邀全球农商领域富有远见卓识的政府领袖与专家学者、行业领军人物及转型拓进者，从各个层面深入探讨和分享，共话“新常态”下，中国现代农业如何拥抱互联网、迎接新时代。

23日，第十四届中国普

洱茶节普洱茶产品交易博览会在思茅区茶马古镇开展，中国优质农产品信任系统普洱站也同期上线，该系统有望成为普洱市拓展农业电子商务、实现优质优价的重要窗口。朱保成会长指出，优质农产品信任系统及智慧电子商务平台普洱站上线，标志着该协会在农业电子商务领域正式由实验阶段向全面实施阶段转变，共同开启利用现代信息技术手段建设现代农业的实践，增进生产者、经营者、消费者的合作和交流，实现以信任系统和智慧电子商务平台为代表的现代信息产业与农业的融合发展。

25～26 日，“强农兴邦中国梦·品牌农业中国行”活动走进肇庆，来自全国多地的农业专家共同把脉肇庆农业品牌建设。中国优质农产品开发服务协会与肇庆市人民政府签订战略合作协议，共同推动中国·国际优质农产品交易中心项目在肇庆新区建设。全国政协委员、中国优质农产品开发服务协会会长朱保成，国务院参事室特约研究员、农业部原党组成员、中国农产品市场协会会长张玉香，广东省农业厅副厅长程萍等有关领导和专家出席活动。活动期间，与会领导和专家考察了肇庆新区规划建设情况、项目选址现场及肇庆部分具有示范性的农业企业、农业基地，观看了肇庆市及肇庆新区宣传片，听取了肇庆市农业产业发展情况介绍，并对如何运用优质农产品信任系统打造优质农产品交易中心进行了研讨。中国优农协会为肇庆高要振业水产有限公司等广东省内 7 家农业企业颁发了“中国优质农产品示范基地”牌匾。

31 日，由中共中央党校中国干部学习网、中国互联网新闻中心主办，中国优质农产品开发服务协会协办，艺术中国承办的首届“一带一路”文化融合论坛在中共中央党校举行。主办方邀请了来自文化、艺术、历史、考古、经济、外交等多个学术领域的 50 余位专家，围绕“一带一路”的文化融合进行了热烈而深入的探讨。朱保成会长在主题演讲中指出，“农耕文化”在新丝绸之路上的意义十分重大：首先，农耕文化为“一带一路”战略奠定了差异化品牌基础；其次，农耕文化是展现“一带一路”战略的多元化纽带；第三，农耕文化树立了“一带一路”战略的历史自信。无论是从历史发展脉络出发，还是从现实需要看，发掘、保护、传承和对外交流我国优秀的农耕文化都应该是“一带一路”战略题中的有机组成部分。

6 月

12 日，中国优质农产品开发服务协会、湖北省农业厅、十堰市人民政府主办，十堰市农业局、内蒙古草原茶路协会、湖北省武当道茶产业协会、武当道茶集团、十堰万达广场置业有限公司等单位承办的中俄“万里茶道”走进武当暨首届武当道茶博览会在世纪百强武当雅阁国际大酒店开幕，农业部种植业管理司经济作物处处长封槐松、俄罗斯农业部官员阿列克赛·阿列克赛柯、中国优质农产品开发服务协会执行副会长黄竟仪出席会议并讲话。活动以“走万里茶道，品武当道茶”为主题，旨在抢抓国家“一带一路”的战略机遇，构筑中俄经济合作和文化交流长廊，宣传推介武当道茶文化和系列产品，强力推进“中国第一文化名茶”挺进俄罗斯，走向全世界，让世界人民分享中国茶的上乘内在品质和独特的文化魅力，让茶成为“一带一路”的文明使者，为国家“一路一带”建设贡献力量。

17 日，国家新闻出版广电总局发布《2015 年农家书屋重点出版物推荐目录》（新广出发〔2015〕32 号），由农业部主管，中国优质农产品开发服务协会、中国农业出版社主办的《优质农产品》杂志，被列为全国农家书屋重点期刊。

7月

23日，民政部发布第355号公告，中国优质农产品开发服务协会被评为AAAA级社会组织。

9月

19～20日，由中国优质农产品开发服务协会联合中国品牌建设促进会、中国农产品市场协会、中国农业产业化龙头企业协会共同主办的2015国际农商品牌发展（北京）论坛召开。农业部副部长张桃林出席论坛，并参观同期举办的土壤治理科技成果展览。朱保成会长作了题为《推进农商深度融合，打造农业品牌国际竞争力》的主旨演讲。中国农产品市场协会会长张玉香主持论坛开幕式。论坛提出，农商领域要通过模式创新、深度融合，来实现资源利用、科技应用、市场开拓等方面的规模整合，推动农业需求结构、要素投入结构和产业组织结构的战略调整，实现农业产业链、价值链的转型升级，从而提升我国农业品牌国际竞争力。来自15个国家、地区以及国际组织的代表，农业部、国家质量监督检验检疫总局等相关部门负责人，有关地方政府代表，农商领域知名专家、企业家等共300多人参加论坛。

11月

7日，第十三届中国国际农产品交易会福建省福州市开幕，作为本届农交会重要活动之一的“2015品牌农业论坛”同期召开。本次论坛由中国优质农产品开发服务协会、农民日报社联合承办。农业部副部长屈冬玉出席论坛并讲话。

12月

8日，以“云南特色·冬农魅力”为主题的2015云南高原特色现代农业展示推介会在北京全国农业展览馆火热开幕。此次活动由国家农业部和云南省人民政府共同主办，由云南省省委宣传部、云南省农业厅、云南省商务厅、云南农垦集团和农民日报社、中国优质农产品开发服务协会、中国农产品市场协会共同承办。农业部副部长屈冬玉出席开幕式并致辞，副省长张祖林代表云南省委省政府在开幕式上致辞并宣布开幕。展会从12月8日开始，13日结束，历时6天。展会一共组织了云南16个州市，200多家企业参展，参展产品种类达到100多种。展会地点选在我国功能最强的综合农业展馆——全国农业展览馆。各农特产品在5 000平方米布展面积和3 000多个展位上尽情展示。此次展会旨在让广大北京市民在严冬季节品尝到来自彩云之南的新鲜优质农产品，充分展示云南冬季农业魅力，打响高原特色农业“丰富多样、生态环保、安全优质、四季飘香”品牌，突出了云南优质农产品规格高、规模大、种类全、质量好、数量足、价格实、形式多、服务优等八大亮点。向北京广大市民和来自海内外的采购商们献上了一场特色新奇、氛围浓厚、精彩纷呈的农产品盛宴。为方便市民和采购商参观采购，本次展会细分了11个展区，分别为：云粮、云菜、云果、云花、云茶、云咖、云牧、云渔、云药、农业电商等10个展览专区以及1个美食品鉴区。活动期间，还将举办“云南特色·冬农魅力”座谈会、“舌尖上的云南·北京站”美食品鉴、“云南特色·冬农魅力”产销对接会、组织云南高原特色农业产品展示展销及派赠品鉴包等丰富多彩的活动。

12日，由中国品牌建设促进会、中央电视台、中国国际贸易促进委员会、中国资产评估协会、中国优质农产品开发服务协会等单位联合举办的“2015年中国品牌价值评价信息发布暨论坛”召开。2015年中国品牌价值评价信息发布评价对象覆盖了一、二、三产业，而且评价种类从企业品牌拓展到产品品牌、区域品牌和自主创新品牌。

17日，由国际马铃薯研究中心亚太中心、中国作物学会马铃薯专业委员会、中国农产品市场协会、中国优质农产品开发服务协会、中共恩施土家族苗族自治州委、恩施土家族苗族自治州人民政府共同举办的 2015 南方马铃薯大会在湖北恩施隆重开幕，来自国内 400 多位马铃薯领域的领导、专家、学者、企业家、电商集聚世界硒都、美丽恩施，共迎马铃薯产业发展春天，共商南方马铃薯产业发展大计，共创马铃薯产业发展新篇章。同期举办“强农兴邦中国梦，品牌农业中国行”走进恩施活动。

30 日下午，《中国品牌农业年鉴》首发座谈会在京召开。中国优质农产品开发服务协会会长朱保成、中国品牌建设促进会理事长刘平均、中国农产品市场协会会长张玉香等领导出席。《中国品牌农业年鉴》是由中国优质农产品开发服务协会主编，中国农业出版社出版的我国第一部品牌农业类年鉴。《中国品牌农业年鉴》分为特载、权威发布、地区巡礼、展览展示、品牌促进、法律法规与规范性文件、理论探讨、区域公用品牌（选登）、品牌主体（选登）、统计资料、大事记等 16 部分内容，全面、翔实地记载了我国品牌农业发展历史，总结了成绩和经验，充分展示了我国品牌农业的丰硕成果，全书近 100 万字。该年鉴具有决策咨询、信息交流和史料积累的重要作用，将为政府部门在品牌农业建设中发挥推动作用、企业发挥主体作用、协会发挥桥梁作用提供参考。

附录

- 2015 年农产品地理标志登记产品公告信息
- 关于印发《2015 年无公害农产品和农产品地理标志工作要点》的通知
- 关于发布 2015“优质茶园”认定结果的通知
- 关于发布 2015“优质果园”认定结果的通知
- 关于发布 2015“中国优质农产品示范基地”认定结果的通知
- 关于发布“2015 品牌农业网上评选系列活动”结果的通报
- 关于发布全国百家合作社百个农产品品牌推选结果的通知
- 关于 2015 绿色食品示范企业评选结果公示的通知
- 关于发布“2015 最具投资价值的中国农产品区域公用品牌”结果的通报
- 关于第十三届中国国际农产品交易会发布有较强影响力的果品区域公用品牌的通知
- 关于第十三届中国国际农产品交易会参展产品金奖评选结果的通报
- 关于通报 2015 年农产品地理标志品牌价值评价结果的函
- 良好农业规范（GAP）认证有效证书统计表
- 2015 年度全国名特优新农产品目录
- 绿色生产资料企业及产品目录

2015年农产品地理标志登记产品公告信息

中华人民共和国农业部
公告　第2231号

根据《农产品地理标志管理办法》规定，北京市海淀区上庄镇农业综合服务中心等单位申请对“京西稻”等73个产品实施国家农产品地理标志登记保护。经过初审、专家评审和公示，符合农产品地理标志登记程序和条件，准予登记，并颁发中华人民共和国农产品地理标志登记证书。

特此公告。

附件：2015年第一批农产品地理标志登记产品公告信息

农业部

2015年2月10日

附件：

2015年第一批农产品地理标志登记产品公告信息

序号	产品名称	所在地域	申请人全称	划定的地域保护范围	质量控制技术规范编号
1	京西稻	北京	北京市海淀区上庄镇农业综合服务中心	北京市海淀区上庄镇的西马坊村、东马坊村、上庄村、常乐村，四季青镇的玉泉村，共5个行政村及国家级翠湖湿地公园和海淀公园。地理坐标为东经116°09′35.71″～116°14′06.18″，北纬40°04′46.99″～40°09′34.34″	AGI2015-01-1590
2	庞各庄金把黄鸭梨	北京	北京市大兴区庞各庄镇农业综合服务中心	北京市大兴区庞各庄镇所辖前曹各庄村、北曹各庄村、梨花村、韩家铺村、赵村等5个行政村。地理坐标为东经116°13′～116°16′，北纬39°34′～39°36′	AGI2015-01-1591
3	桑梓西瓜	天津	天津市蓟县农业蔬菜技术服务站	蓟县桑梓镇辛撞村、桑梓村、马坊、归宁屯、河村、顾庄子、金水屯、红旗庄等8个行政村。地理坐标为东经117°08′31″～117°24′03″，北纬39°52′45″～40°01′59″	AGI2015-01-1592
4	肥乡圆葱	河北	河北省肥乡县农业技术推广中心	肥乡县所辖大西韩乡、辛安镇镇、天台山镇、肥乡镇、毛演堡乡、旧店乡、屯庄营乡、元固乡共8个乡镇210个行政村。地理坐标为东经114°39′08″～114°52′13″，北纬36°29′51″～36°38′51″	AGI2015-01-1593
5	绛县大樱桃	山西	绛县特色农产品发展协会	绛县所辖古绛镇、横水镇、郝庄乡、冷口乡、卫庄镇、么里镇、安峪镇、大交镇、陈村镇、南樊镇共10个乡镇。地理坐标为东经111°21′49″～111°54′19″，北纬35°20′19″～35°39′28″	AGI2015-01-1594
6	绛县山楂	山西	绛县特色农产品发展协会	绛县所辖古绛镇、横水镇、郝庄乡、冷口乡、卫庄镇、么里镇、安峪镇、大交镇、陈村镇、南樊镇共10个乡镇。地理坐标为东经111°21′49″～111°54′19″，北纬35°20′19″～35°39′28″	AGI2015-01-1595
7	岚县马铃薯	山西	岚县农业技术站	岚县所辖岚城镇、王狮乡、普明镇、界河口镇、大蛇头乡、河口乡、土峪乡、东村镇、社科乡、顺会乡、梁家庄乡、上明乡等12个乡镇167个行政村。地理坐标为东经111°21′43″～111°50′02″，北纬38°05′00″～38°36′11″	AGI2015-01-1596

（续）

序号	产品名称	所在地域	申请人全称	划定的地域保护范围	质量控制技术规范编号
8	平定荆花蜂蜜	山西	平定县蜂业协会	平定县所辖冠山、石门口、冶西、锁簧、张庄、柏井、东回、巨城、岔口、娘子关等 10 个乡镇 80 多个自然村。地理坐标为东经 113°25′55″～114°02′33″，北纬 37°39′30″～38°07′30″	AGI2015-01-1597
9	桓仁京租大米	辽宁	桓仁满族自治县农业技术推广中心	桓仁满族自治县所辖桓仁镇、雅河乡、古城镇、普乐堡镇共 4 个乡镇 35 个行政村。地理坐标为东经 124°27′～125°40′，北纬 40°54′～41°32′	AGI2015-01-1598
10	大伙房水库鲤鱼	辽宁	抚顺市水产学会	抚顺市东洲区的大伙房水库。地理坐标为东经 124°04′～124°21′，北纬 41°50′～41°56′	AGI2015-01-1599
11	大伙房水库鳙鱼	辽宁	抚顺市水产学会	抚顺市东洲区的大伙房水库。地理坐标为东经 124°04′～124°21′，北纬 41°50′～41°56′	AGI2015-01-1600
12	虎平岛海参	大连	大连市旅顺口区渔业协会	大连市旅顺口区所辖烧饼岛、猪岛、虎平岛的东部、西部、南部、北部近岸 10～40 米以内海域。地理坐标为东经 121°05′56.40″～121°15′14.77″，北纬 39°03′8.26″～39°07′56.59″	AGI2015-01-1601
13	牡丹江金红苹果	黑龙江	牡丹江市农业技术推广总站	牡丹江市所辖宁安市、海林市、穆棱市、东宁县、林口县、爱民区、西安区、东安区、阳明区共 5 县（市）4 城区。地理坐标为东经 128°02′～131°18′，北纬 43°24′～45°59′	AGI2015-01-1602
14	五大连池面粉	黑龙江	五大连池市种子管理站	五大连池市所辖龙镇、和平镇、建设乡、太平乡、双泉镇、团结乡、兴隆乡、新发镇和五大连池风景区的五大连池镇。地理坐标为东经 125°42′～127°37′，北纬 48°16′～49°12′	AGI2015-01-1603
15	佳木斯大米	黑龙江	佳木斯市优质农产品行业协会	佳木斯市所辖佳木斯市郊区、东风区、桦南县、桦川县、汤原县、同江市、富锦市等 7 个市县区。地理坐标为东经 129°29′～135°05′，北纬 45°56′～48°28′	AGI2015-01-1604
16	马陆葡萄	上海	上海市嘉定区马陆镇农业服务中心	上海市嘉定区所辖马陆镇、徐行镇、华亭镇、外冈镇、安亭镇、南翔镇、江桥镇、嘉定工业区、菊园新区 7 个镇 1 个工业区 1 个新区。地理坐标为东经 121°11′03″～121°35′09″，北纬 31°26′09″～31°50′31″	AGI2015-01-1605
17	亭林雪瓜	上海	上海市金山区亭林镇农业技术推广服务站	上海市金山区所辖亭林镇、枫泾镇、朱泾镇、吕巷镇、廊下镇、张堰镇、金山卫镇、山阳镇、漕泾镇、金山工业区，共 9 个镇 1 个工业区 124 个行政村。地理坐标为东经 120°00′～121°25′，北纬 30°40′～30°58′	AGI2015-01-1606
18	镇江江蟹	江苏	镇江市江鲜产业协会	镇江市长江行政区域段沿江及 5 条支流（通济河、九曲河、香草河、大运河和便民河）两岸 1 公里范围内。具体包括扬中市所有 6 个镇（街道办事处），镇江新区大路镇、姚桥镇、大港街道办事处，润州区蒋乔镇、七里甸街道办事处，京口区谏壁镇、象山镇，丹徒区高桥镇、江心镇、世业镇，丹阳市新桥镇、后巷镇、陵口镇、珥陵镇、延陵镇，句容市宝华镇、下蜀镇等 7 个县（市、区）的 23 个镇（街道办事处）。地理坐标为东经 119°04′15″～119°56′52″，北纬 31°48′45″～32°18′40″	AGI2015-01-1607

（续）

序号	产品名称	所在地域	申请人全称	划定的地域保护范围	质量控制技术规范编号
19	湖州湖羊	浙江	湖州市畜牧兽医局	湖州市德清县、长兴县、安吉县、吴兴区、南浔区3县2区的新市镇、吕山乡、梅溪镇、织里镇、练市镇等44个乡镇511个行政村。地理坐标为东经119°14′00″～120°29′00″，北纬30°22′00″～31°11′00″	AGI2015-01-1608
20	三十岗西瓜	安徽	合肥市庐阳区三十岗乡瓜果协会	合肥市庐阳区三十岗乡所辖崔岗村、瞿嘴村、堰稍村、三十岗村、陈龙村、东瞿村、风景村、柴冲村、汪堰村等9个行政村。地理坐标为东经117°03′42″～117°10′21″，北纬31°51′58″～31°57′57″	AGI2015-01-1609
21	舒城小兰花	安徽	舒城县茶叶产业协会	舒城县所辖晓天镇、山七镇、高峰乡、庐镇乡、河棚镇、汤池镇、阙店乡、春秋乡、舒茶镇、南港镇、五显镇、万佛湖镇、干汊河镇、棠树乡、张母桥镇、城关镇共16个乡镇。地理坐标为东经116°26′～117°15′，北纬30°01′～31°34′	AGI2015-01-1610
22	泉州龙眼	福建	泉州市龙眼行业协会	泉州市所辖南安市、惠安县、泉港区、安溪县、晋江市、洛江区、永春县、石狮市、丰泽区等9个县（区、市）。地理坐标为东经118°17′11″～119°34′19″，北纬24°56′39″～25°45′25″	AGI2015-01-1611
23	将乐竹荪	福建	将乐县食用菌协会	将乐县所辖万全乡、黄潭镇、南口乡、白莲镇、光明乡、高塘镇、古墉镇、水南镇、大源乡9个乡镇96个行政村。地理坐标为东经117°05′～117°40′，北纬26°26′～27°04′	AGI2015-01-1612
24	南平烤烟	福建	南平市烟草学会	南平市所辖延平区、邵武市、建阳市、武夷山市、建瓯市、光泽县、顺昌县、浦城县、松溪县、政和县等10个县（市、区）121个乡镇。地理坐标为东经117°00′～119°17′，北纬26°15′～28°19′	AGI2015-01-1613
25	日照绿茶	山东	日照市茶叶技术推广中心	日照市所辖东港区、岚山区、莒县、五莲县4个县（区）54个乡镇1 600个行政村。地理坐标为东经118°35′～119°39′，北纬35°04′～36°02′	AGI2015-01-1614
26	祁家芹菜	山东	桓台翠海生态农业种植协会	桓台县马桥镇境内52个行政村。地理坐标为东经117°49′～117°54′，北纬37°02′～37°04′	AGI2015-01-1615
27	北园大卧龙莲藕	山东	济南鹊山龙湖生态农业科技种植协会	济南市天桥区所辖大桥镇、桑梓店镇、洛口街道办事处共2个乡镇1个办事处125个行政村。地理坐标为东经116°56′15″～117°03′00″，北纬36°40′00″～36°45′00″	AGI2015-01-1616
28	乐陵金丝小枣	山东	乐陵市小枣加工销售行业协会	乐陵市所辖朱集镇、云红街道办事处、西段乡、胡家街道办事处、郭家街道办事处、丁坞镇、黄夹镇共7个乡镇街道办事处458个行政村。地理坐标为东经116°58′02″～117°20′41.6″，北纬37°41′29.2″～37°51′43″	AGI2015-01-1617
29	临清椹果	山东	临清市黄河故道椹果协会	临清市先锋办事处所辖郭堤、上堤尹庄、下堤尹庄、孟店、管辛庄、护国寺、王井等7个行政村。地理坐标为东经115°45′37″～115°49′42″，北纬36°51′10″～36°53′54″	AGI2015-01-1618
30	乳山樱桃	山东	乳山市农业环境保护站	乳山市所辖崖子镇、冯家镇、诸往镇、南黄镇、徐家镇、大孤山镇、下初镇、育黎镇、乳山寨镇、白沙滩镇、午极镇、夏村镇共12个镇360个行政村。地理坐标为东经121°12′～121°51′，北纬36°50′～37°05′	AGI2015-01-1619

（续）

序号	产品名称	所在地域	申请人全称	划定的地域保护范围	质量控制技术规范编号
31	荣成西洋参	山东	荣成市绿色食品协会	荣成市境内上庄、大疃、虎山、人和、滕家、王连、荫子、城西镇（街道）共104个行政村。地理坐标为东经122°12′28″～122°23′06″，北纬36°53′10″～37°13′48″	AGI2015-01-1620
32	海青茶	青岛	青岛市黄岛区海青镇农业服务中心	青岛市黄岛区海青镇所辖后河西村、后河东村、董家洼村、东蔡家村、鸿雁沟村等64个行政村。地理坐标为东经119°31′～119°37′，北纬35°35′～36°08′	AGI2015-01-1621
33	新野甘蓝	河南	新野县蔬菜专业技术协会	新野县所辖城郊乡、五星镇、上港镇、王庄镇、新甸铺镇、前高庙乡、溧河镇、汉华街道、汉城街道共9个乡镇。地理坐标为东径112°15′～112°35′，北纬32 °05′～32°06′	AGI2015-01-1622
34	郧西山葡萄	湖北	郧西县农业技术推广中心	郧西县所辖城关镇、土门镇、香口乡、上津镇、店子镇、关防乡、湖北口回族自治乡、景阳乡、夹河镇、羊尾镇、涧池乡、观音镇、马安镇、六郎乡、河夹镇、安家乡、三官洞林区、槐树林特场等16个乡镇1个林区1个林特场。地理坐标为东经109°16′～110°42′，北纬32°54′～33°16′	AGI2015-01-1623
35	秭归夏橙	湖北	秭归县柑橘协会	秭归县所辖泄滩、水田坝、归州、屈原、郭家坝、沙镇溪、梅家河、两河口、九畹溪、茅坪等10个乡镇。地理坐标为东经110°18′～111°00′，北纬30°38′～31°11′	AGI2015-01-1624
36	李集香葱	湖北	武汉市新洲区李集香葱种植协会	武汉市新洲区李集街道办事处的河头村、李集村、大游村、李寨村、张集村、徐沟村、新河村共7个村。地理坐标为东经114°40′～114°47′，北纬30°52′～30°58′	AGI2015-01-1625
37	宜昌百合	湖北	宜昌市百合产业协会	宜昌市所辖夷陵、点军、兴山、长阳、五峰、宜都、秭归、远安等8个县市区。地理坐标为东经110°15′～112°04′，北纬29°56′～31°34′	AGI2015-01-1626
38	洪湖莲藕	湖北	洪湖市水生蔬菜协会	洪湖市所辖新堤办事处、滨湖办事处、螺山镇、乌林镇、龙口镇、燕窝镇、新滩镇、峰口镇、曹市镇、府场镇、戴家场镇、瞿家湾镇、沙口镇、万全镇、汊河镇、黄家口镇、老湾回族乡、大同湖管理区、大沙湖管理区、小港管理区共20个乡镇区办。地理坐标为东经113°07′～114°05′，北纬29°39′～30°02′	AGI2015-01-1627
39	洪湖再生稻米	湖北	洪湖市水稻种植协会	洪湖市所辖沙口、汊河、新滩、峰口、螺山、乌林、老湾、龙口、燕窝、黄家口、万全、曹市、戴家场、瞿家湾等14个乡镇。地理坐标为东经113°07′～114°05′，北纬29°39′～30°02′	AGI2015-01-1628
40	监利大米	湖北	监利县米业同业商会	监利县所辖容城镇、朱河镇、新沟镇、龚场镇、周老嘴镇、黄歇口镇、汪桥镇、程集镇、分盐镇、毛市镇、福田寺镇、上车湾镇、汴河镇、尺八镇、白螺镇、网市镇、桥市镇、三洲镇、红城乡、柘木乡、棋盘乡、大垸农场、荒湖农场共23个乡镇、场。地理坐标为东经112°35′～113°19′，北纬29°26′～30°12′	AGI2015-01-1629
41	郧阳胭脂米	湖北	郧阳胭脂米种植协会	郧县所辖鲍峡镇、杨溪铺镇、谭家湾镇、安阳镇、五峰乡、柳陂镇、叶大乡、大柳乡、白桑关镇、南化塘镇共10个乡镇50个行政村。地理坐标为东经110°07′09″～111°16′11″，北纬32°25′04″～33°16′17″	AGI2015-01-1630

（续）

序号	产品名称	所在地域	申请人全称	划定的地域保护范围	质量控制技术规范编号
42	房县冷水红米	湖北	房县粮油作物技术推广站	房县所辖沙河乡、万峪河乡、青峰镇、门古寺镇、土城镇、白鹤镇、野人谷镇、窑淮镇、上龛乡、九道乡等10个乡镇38个村。地理坐标为东经110°02′～111°15′，北纬31°34′～32°31′	AGI2015-01-1631
43	东江湖蜜桔	湖南	资兴市农业技术推广站	资兴市所辖清江乡、白廊乡、黄草镇、滁口镇、兴宁镇、东江街道等6个乡镇。地理坐标为东经113°11′43″～113°34′50″，北纬25°33′48″～26°05′02″	AGI2015-01-1632
44	桃源黑猪	湖南	桃源县畜牧兽医水产技术推广站	桃源县所辖漳江、深水港、车湖垸、青林、枫树、陬市、木塘垸、架桥、盘塘、马鬃岭、漆河、双溪口、热市、郝坪、黄石、九溪、黄甲铺、理公港、钟家铺、牛车河、龙潭、观音寺、三阳、佘家坪、太平桥、浯溪河、泥窝潭、剪市、凌津滩、兴隆街、寺坪、郑家驿、桃花源、芦花、沙坪、杨溪桥、茶庵铺、太平铺、西安、牯牛山等40个乡镇。地理坐标为东经110°51′47″～111°36′41″，北纬28°24′24″～29°24′08″	AGI2015-01-1633
45	百色芒果	广西	百色市发展水果生产办公室	百色市所辖右江区、田阳县、田东县、平果县、德保县、靖西县、那坡县、凌云县、乐业县、田林县、隆林县、西林县等12个县（区）的58个乡镇712个行政村。地理坐标为东经105°12′～107°30′，北纬22°55′～25°05′	AGI2015-01-1634
46	覃塘毛尖茶	广西	贵港市覃塘区农业技术推广中心	贵港市覃塘区所辖覃塘镇、东龙镇、三里镇、黄练镇、石卡镇、五里镇、山北乡、樟木乡、蒙公乡、大岭乡等10个乡镇138个行政村7个街道居委会。地理坐标为东经108°58′～109°18′，北纬22°48′～23°25′	AGI2015-01-1635
47	恭城娃娃鱼	广西	恭城瑶族自治县渔业渔政站	恭城瑶族自治县所辖平安乡、莲花镇、三江乡、嘉会乡、西岭乡、栗木镇、观音乡等7个乡镇。地理坐标为东经110°36′41″～111°10′12″，北纬24°36′50″～25°17′15″	AGI2015-01-1636
48	凭祥石龟	广西	凭祥市水产技术推广站	凭祥市全境，包括凭祥镇、友谊镇、上石镇、夏石镇等4个乡镇。地理坐标为东经106°45′30″～107°48′00″，北纬22°06′30″～22°16′00″	AGI2015-01-1637
49	三亚芒果	海南	三亚市芒果协会	三亚市全境，包括河东区、海棠湾镇、吉阳镇、凤凰镇、天涯镇、育才镇、崖城镇等1区6镇。地理坐标为东经108°56′30″～109°48′28″，北纬18°09′34″～18°37′27″	AGI2015-01-1638
50	垫江丹皮	重庆	垫江县果品蔬菜管理站	垫江县所辖太平镇、澄溪镇、新民镇、桂溪镇、沙坪镇5个乡镇。地理坐标为东经107°13′～107°40′，北纬29°38′～30°31′	AGI2015-01-1639
51	平武果梅	四川	平武县农业技术推广中心	平武县所辖平通镇、豆叩镇、大印镇、锁江羌族乡、徐塘羌族乡、平南羌族乡、响岩镇、南坝镇、坝子乡、古城镇、高村乡、水田羌族乡、龙安镇、阔达藏族乡、木座藏族乡、木皮藏族乡等16个乡镇。地理坐标为东经103°50′～104°58′，北纬31°59′～33°02′	AGI2015-01-1640
52	嘉州荔枝	四川	乐山市市中区农业技术推广中心	乐山市市中区所辖悦来乡、关庙乡、牟子镇、棉竹镇、杨湾乡、苏稽镇、剑峰乡、童家镇、通江办事处等9个乡镇（办事处）。地理坐标为东经103°36′～103°58′，北纬29°33′～29°45′	AGI2015-01-1641

（续）

序号	产品名称	所在地域	申请人全称	划定的地域保护范围	质量控制技术规范编号
53	康定红皮萝卜	四川	康定县农业技术推广和土壤肥料站	康定县所辖炉城镇、姑咱镇、时济乡、前溪乡、麦崩乡、舍联乡、金汤乡、三合乡、捧塔乡、孔玉乡、新都桥镇、瓦泽乡、呷巴乡、甲根坝乡、朋布西乡、沙德乡、贡嘎山乡、普沙绒乡、吉居乡等 19 个乡镇。地理坐标为东经 101°33′～102°38′，北纬 29°39′～30°45′	AGI2015-01-1642
54	峰城玉米	四川	宣汉县农业技术推广站	宣汉县所辖峰城镇、桃花镇、南坪乡、凤林乡、观山乡、老君乡、龙泉乡、渡口乡、三墩乡、漆树乡、樊哙镇、漆碑乡、土黄镇、白马乡、华景镇、五宝镇、天台乡、茶河乡、塔河乡、南坝镇、上峡乡、下八镇、凉风乡、黄石乡、芭蕉镇、三河乡、清溪镇、东乡镇、天生镇、七里乡、柏树镇、天宝乡、庙安乡、东林乡、君塘镇、红岭乡、明月乡、柳池乡、大成镇、双河镇、庆云乡、马渡乡、隘口乡、土主镇、普光镇、黄金镇、厂溪乡、新华镇、石铁乡、胡家镇、毛坝镇、花池乡、凤鸣乡、红峰乡等 54 个乡镇。地理坐标为东经 107°22′～108°32′，北纬 31°07′～31°49′	AGI2015-01-1643
55	石阡苔茶	贵州	石阡县茶业协会	石阡县所辖龙塘镇、龙井乡、白沙镇、聚凤乡、本庄镇、河坝乡、大沙坝乡、坪地场乡、花桥镇、石固乡、青阳乡、五德镇、枫香乡、坪山乡、中坝镇、甘溪乡、国荣乡、汤山镇等 18 个乡镇。地理坐标为东经 107°44′55″～108°33′47″，北纬 27°17′05″～27°42′50″	AGI2015-01-1644
56	昭通苦荞	云南	昭通市农业科学院	昭通市境内的昭阳区、鲁甸县、巧家县、大关县、永善县、盐津县、镇雄县、彝良县、威信县共 9 个县（区）132 个乡镇。地理坐标为东经 102°52′～105°19′，北纬 26°32′～28°31′	AGI2015-01-1645
57	富源魔芋	云南	富源县魔芋协会	富源县所辖中安镇、后所镇、墨红镇、大河镇、营上镇、竹园镇、富村镇、黄泥河镇、十八连山镇、老厂镇、古敢乡等 11 个乡镇。地理坐标为东经 103°58′～104°49′，北纬 25°02′～25°58′	AGI2015-01-1646
58	迪庆藏猪	云南	迪庆藏族自治州畜牧水产技术推广站	迪庆藏族自治州所辖建塘镇、小中甸镇、洛吉乡、三坝乡、格咱乡、东旺乡、尼西乡、五境乡、金江镇、上江乡、虎跳峡镇、升平镇、奔子栏镇、羊拉乡、佛山乡、云岭乡、燕门乡、拖顶乡、霞偌乡、保和镇、永春乡、白济讯乡、康普乡、叶枝镇、巴迪乡、中路乡、维登乡、攀天阁乡、塔城镇共 29 个乡镇 189 个行政村。地理坐标为东经 98°35′～100°19′，北纬 26°52′～29°16′	AGI2015-01-1647
59	盐津乌骨鸡	云南	盐津县畜牧兽医站	盐津县所辖盐井镇、豆沙镇、中和镇、普洱镇、柿子镇、庙坝镇、落雁乡、兴隆乡、滩头乡、牛寨乡共 10 个乡镇。地理坐标为东经 103°59′～104°27′，北纬 27°49′～28°24′	AGI2015-01-1648
60	蓝田樱桃	陕西	蓝田县园艺站	蓝田县所辖洩湖、华胥、三里、孟村、前卫、安村、焦岱、汤峪、史家寨共 9 个镇 181 个行政村。地理坐标为东经 109°12′～109°15′，北纬 34°01′～34°15′	AGI2015-01-1649
61	蒲城西瓜	陕西	蒲城县设施农业服务局	蒲城县所辖龙池镇、龙阳镇、陈庄镇、党睦镇、椿林镇、荆姚镇、苏坊镇、兴镇、桥陵镇、翔村镇、城关镇、孙镇、永丰镇、城南新区办、原任办、平路庙办、三合办等 13 个镇 4 个办事处 230 个行政村。地理坐标为东经 109°20′17″～109°54′48″，北纬 34°44′50″～34°59′30″	AGI2015-01-1650

（续）

序号	产品名称	所在地域	申请人全称	划定的地域保护范围	质量控制技术规范编号
62	靖边辣椒	陕西	靖边县农产品质量检验检测中心	靖边县所辖宁条梁、东坑、中山涧、王渠则、席麻湾、镇靖、龙洲、张家畔、海则滩、黄蒿界、红墩界、天赐湾、周河、青阳岔、杨米涧、小河等17个乡镇215个行政村6个社区。地理坐标为东经108°17′～109°20′，北纬36°58′～38°03′	AGI2015-01-1651
63	靖边胡萝卜	陕西	靖边县农产品质量检验检测中心	靖边县所辖宁条梁、东坑、中山涧、王渠则、席麻湾、镇靖、龙洲、张家畔、海则滩、黄蒿界、红墩界、天赐湾、周河、青阳岔、杨米涧、小河等17个乡镇215个行政村6个社区。地理坐标为东经108°17′～109°20′，北纬36°58′～38°03′	AGI2015-01-1652
64	张掖葡萄	甘肃	张掖市葡萄协会	张掖市甘州区的梁家墩镇、新墩镇、党寨镇、长安乡、碱滩镇、上秦镇、甘浚镇、明永乡、三闸镇、乌江镇、沙井镇、靖安乡、大满镇、小满镇、龙渠乡、安阳乡、花寨乡、东大山林场、西城驿林场等19个乡镇、林场，临泽县的沙河镇、板桥镇、新华镇、平川镇、蓼泉镇、倪家营乡和鸭暖乡等7个乡镇，高台县的南华镇、骆驼城乡、巷道乡、宣化镇、合黎乡、黑泉乡、罗城乡、新坝乡等8个乡镇，山丹县的清泉镇、陈户乡、位奇镇、李桥乡、霍城镇、大马营乡、东乐乡、机械林场、山丹农场、山丹马场等10个乡镇、林场，民乐县的洪水镇、新天镇、六坝镇、永固镇、三堡镇、民联乡、顺化乡、丰乐乡、南古镇、开发区、东滩苗圃等11个乡镇、开发区、苗圃，肃南县的红湾寺镇、白银乡、康乐乡3个乡镇，共计58个乡镇、林（农）场、苗圃。地理坐标为东经97°12′～102°20′，北纬37°28′～39°57′	AGI2015-01-1653
65	瓜州锁阳	甘肃	瓜州县锁阳协会	瓜州县所辖河东乡、锁阳城镇、三道沟镇、布隆吉乡、腰站子乡、沙河乡、七墩乡及石岗墩等7个乡镇30个行政村。地理坐标为东经94°45′～97°00′，北纬39°52′～41°53′	AGI2015-01-1654
66	肃南牦牛	甘肃	肃南裕固族自治县牦牛养殖协会	肃南裕固族自治县所辖皇城镇、康乐乡、马蹄乡、白银乡、大河乡、祁丰乡等6个乡镇59个村。地理坐标为东经90°20′～102°13′，北纬37°28′～39°49′	AGI2015-01-1655
67	同仁黄果梨	青海	同仁县农业技术推广中心	同仁县所辖年都乎乡年都乎村、郭么日村、尕沙日村、曲么村；隆务镇维哇村、隆务庄村、加毛村、加查么村、吾屯上庄村、吾屯下庄村、朝阳村、向阳村；保安镇城内村、城外村、尕队村、下庄村、新城村、石哈龙村、东干木村、群吾村、努合加村、银扎木村、浪加村、赛加村、卡加村；曲库乎乡江什加村、江龙村；兰采乡土房村；黄乃亥乡羊支沟村共4乡2镇29个村。地理坐标为东经101°38′～102°27′，北纬35°01′～35°47′	AGI2015-01-1656
68	新庄黄瓜	青海	大通回族土族自治县蔬菜技术推广中心	大通回族土族自治县新庄镇的上山、下山、李家山、申哇、硖门、新庄、台其庄、吉仓、中滩、尕庄、红石崖、兰龙村共12个村。地理坐标为东经101°34′25.9″～101°36′2.7″，北纬37°06′32.1″～37°01′25.8″	AGI2015-01-1657
69	巩留树上干杏	新疆	巩留县农业技术推广站	巩留县所辖塔斯托别乡、提克阿热克乡、阿克吐别克镇2乡1镇11个行政村。地理坐标为东经82°08′00″～83°33′31″，北纬43°21′01″～43°38′11″	AGI2015-01-1658

（续）

序号	产品名称	所在地域	申请人全称	划定的地域保护范围	质量控制技术规范编号
70	那拉提黑蜂蜂蜜	新疆	新源县养蜂协会	新源县所辖那拉提镇、坎苏乡、阿热勒托别镇、阿勒玛勒乡、吐尔根、则克台镇、新源镇、别斯托别乡、塔勒德镇、肖尔布拉克镇、喀拉布拉镇 11 个乡镇 80 个行政村。地理坐标为东经 82°28′～84°56′，北纬 43°03′～43°40′	AGI2015-01-1659
71	呼图壁奶牛	新疆	呼图壁县动物疾病预防控制中心	呼图壁县所辖二十里店镇、园户村镇、五工台镇、大丰镇共 4 个农区乡镇。地理坐标为东经 86°29′～87°09′、北纬 43°56′～44°30′	AGI2015-01-1660
72	和田一牧场雪菊	新疆兵团	新疆生产建设兵团第十四师一牧场	新疆生产建设兵团第十四师一牧场 1 连、2 连、3 连、4 连、6 连共 5 个连队。地理坐标为东经 81°02′～81°07′，北纬 36°18′～36°30′	AGI2015-01-1661
73	新疆兵团三十一团罗布麻	新疆兵团	新疆生产建设兵团第二师三十一团	新疆生产建设兵团第二师三十一团境内。地理坐标为东经 86°45′～87°00′，北纬 40°49′～40°59′	AGI2015-01-1662

注：质量控制技术规范文本见中国农产品质量安全网（www. aqsc. gov. cn）。

中华人民共和国农业部公告 第 2277 号

根据《农产品地理标志管理办法》规定，山西省太谷县木本粮油站等单位申请对“太谷壶瓶枣”等 72 个产品实施国家农产品地理标志登记保护。经过初审、专家评审和公示，符合农产品地理标志登记程序和条件，准予登记，并颁发中华人民共和国农产品地理标志登记证书（见附表 1）。

另，2010 年获证产品陕西省“眉县猕猴桃”（登记证书编号 AGI00335），因证书持有人机构名称变更，申请将“眉县园艺工作站”变更为“眉县果业技术推广服务中心”；江苏省 2010 年获证产品“天目湖白茶”（登记证书编号 AGI00288）、“溧阳白芹”（登记证书编号 AGI00462）及 2012 年获证产品“溧阳鸡”（登记证书编号 AGI00890），因证书持有人机构改革撤销，申请将原“溧阳市绿色食品办公室”变更为“溧阳市园艺技术推广站”。经专家委员会审定及公示，符合《农产品地理标志管理办法》和《农产品地理标志登记程序》规定要求，准予变更。现重新核发中华人民共和国农产品地理标志登记证书（见附表 2），原登记证书收回注销。

特此公告。

附件：1. 2015 年第二批农产品地理标志登记产品公告信息

2. 农产品地理标志登记产品信息变更一览表

农业部

2015 年 7 月 22 日

附件 1：

2015 年第二批农产品地理标志登记产品公告信息

序号	产品名称	所在地域	申请人全称	划定的地域保护范围	质量控制技术规范编号
1	太谷壶瓶枣	山西	山西省太谷县木本粮油站	太谷县所辖明星镇、侯城乡、北汪乡、水秀乡、胡村镇、阳邑乡、小白乡、任村乡、范村镇等 9 个乡镇。地理坐标为东经 112°28′～113°01′，北纬 37°12′～37°32′	AGI2015-02-1663

（续）

序号	产品名称	所在地域	申请人全称	划定的地域保护范围	质量控制技术规范编号
2	芮城芦笋	山西	芮城县瓜菜技术推广站	芮城县所辖风陵渡镇、阳城镇、永乐镇、古魏镇、南卫乡、东垆乡、陌南镇共7个乡镇的43个行政村。地理坐标为东经110°16′07″～110°56′43″，北纬34°37′29″～34°43′36″	AGI2015-02-1664
3	广灵大尾羊	山西	广灵大尾羊科学养殖协会	广灵县所辖南村、壶泉、加斗、作疃、宜兴、蕉山、斗泉、梁庄、望狐等9个乡镇180个行政村。地理坐标为东经113°51′～114°24′，北纬39°51′～39°55′	AGI2015-02-1665
4	阳高长城羊肉	山西	阳高县惠农牛羊养殖协会	阳高县长城乡所辖十九梁村、十墩村、堡子湾村、镇宏堡村、罗家岭村、大二对营村、范家夭村、镇边堡村、二十六村等9个行政村。地理坐标为东经113°28′～114°40′，北纬39°55′～40°14′	AGI2015-02-1666
5	化德大白菜	内蒙古	化德县农产品质量安全检验检测站	化德县所辖朝阳、长顺、七号、白音特拉、德包图、公腊胡洞等6个乡镇93个行政村。地理坐标为东经113°33′04″～114°48′13″，北纬41°36′47″～42°17′41″	AGI2015-02-1667
6	商都西芹	内蒙古	商都县农产品质量安全检验检测站	商都县所辖七台镇、小海子镇、十八顷镇、大黑沙土镇、玻璃忽镜乡、屯垦队镇、三大顷乡、卯都乡等8个乡镇52个自然村。地理坐标为东经113°08′～114°15′，北纬41°18′～42°29′	AGI2015-02-1668
7	林东毛毛谷小米	内蒙古	巴林左旗供销合作社联合社	巴林左旗所辖林东镇、富河镇、隆昌镇、哈拉哈达镇、查干哈达苏木等5个镇91个行政村。地理坐标为东经118°44′～119°48′，北纬43°00′～48°48′	AGI2015-02-1669
8	黄松甸灵芝	吉林	蛟河市黄松甸食（药）用菌协会	蛟河市黄松甸镇境内，包括前河村、长青村、沙河掌村、伟光村、花园村、南顶子村、黄松甸村、金丰村、育林村、进步村、双山村、三合村12个行政村和黄松甸镇社区。地理坐标为东经127°35′～127°54′，北纬43°30′～43°53′	AGI2015-02-1670
9	舒兰大米	吉林	舒兰市大米协会	舒兰市所辖环城街道、吉舒街道、白旗、法特、溪河、亮甲山、朝阳、莲花、天德、水曲柳、平安、金马、七里、开原、新安、上营、小城等17个乡镇（街）161个行政村。地理坐标为东经126°24′～127°45′，北纬41°38″～43°51″	AGI2015-02-1671
10	萝北大米	黑龙江	萝北县多种经营办公室	萝北县所辖团结镇、名山镇、肇兴镇、凤翔镇、东明乡共5个乡镇。地理坐标为东经130°01′～131°34′，北纬47°12′～48°21′	AGI2015-02-1672
11	延寿粘玉米	黑龙江	延寿县瓜菜协会	延寿县所辖延寿镇、六团镇、中和镇、加信镇、安山乡、寿山乡、玉河乡、延河镇、青川乡等9个乡镇。地理坐标为东经127°54′20″～129°04′30″，北纬45°10′10″～45°54′25″	AGI2015-02-1673
12	五大连池鸭蛋	黑龙江	五大连池市动物疫病预防与控制中心	五大连池市所辖龙镇、和平镇、建设乡、太平乡、双泉镇、团结乡、朝阳乡、兴安乡、莲花山乡、兴隆乡、新发镇，共11个乡镇。地理坐标为东经125°42′～127°37′，北纬48°16′～49°12′	AGI2015-02-1674
13	崇明水仙	上海	崇明县农产品质量安全学会	崇明县所辖三星、绿华、庙镇、港西、城桥、建设、新河、竖新、堡镇、港沿、向化、中兴、陈家、新海、东平、新村等16个乡镇267个行政村。地理坐标为东经121°09′30″～121°54′00″，北纬31°27′00″～31°51′15″	AGI2015-02-1675

（续）

序号	产品名称	所在地域	申请人全称	划定的地域保护范围	质量控制技术规范编号
14	庄行蜜梨	上海	上海市奉贤区庄行镇农业服务中心	上海市奉贤区庄行镇潘垫村、新华村、东风村、长堤村、杨楼村、吕桥村、存古村、芦泾村、长浜村，共9个行政村。地理坐标为东经121°21′～121°30′，北纬30°50′～30°57′	AGI2015-02-1676
15	启东青皮长茄	江苏	启东市高效设施农业协会	启东市所辖汇龙镇、北新镇、惠萍镇、寅阳镇、东海镇、近海镇、南阳镇、海复镇、合作镇、王鲍镇、吕四港镇、启隆乡等12个乡镇。地理坐标为东经121°25′40″～121°54′30″，北纬31°41′06″～32°16′19″	AGI2015-02-1677
16	如东狼山鸡	江苏	如东县狼山鸡协会	如东县所辖栟茶镇、洋口镇、丰利镇、苴镇、长沙镇、大豫镇、掘港镇、马塘镇、曹埠镇、岔河镇、新店镇、双甸镇、河口镇、袁庄镇等14个镇。地理坐标为东经120°42′～121°22′，北纬32°12′～32°36′	AGI2015-02-1678
17	洪泽湖河蚬	江苏	江苏省洪泽湖渔业协会	淮安市洪泽县三河镇、老子山镇、高良涧镇、淮阴区韩桥乡，宿迁市泗洪县龙集镇、半城镇、临淮镇，泗阳县高渡镇、裴圩镇，共9个乡镇向洪泽湖心延伸水域。地理坐标为东经118°31′40″～118°48′17″，北纬33°14′44″～33°25′49″	AGI2015-02-1679
18	永康方山柿	浙江	永康市经济特产站	永康市所辖舟山镇、方岩镇、前仓镇、西溪镇、花街镇、象珠镇、唐先镇、龙山镇、石柱镇、芝英镇、古山镇、江南街道、西城街道等13个镇（街道）218个行政村。地理坐标为东经119°53′38″～120°20′48″，北纬28°45′31″～29°06′19″	AGI2015-02-1680
19	兰溪小萝卜	浙江	兰溪市小萝卜产业协会	兰溪市所辖兰江街道、云山街道、上华街道、永昌街道、赤溪街道、女埠街道、游埠镇、诸葛镇、黄店镇、香溪镇、马涧镇、梅江镇、横溪镇、灵洞乡、水亭畲族乡、柏社乡等16个乡镇（街道）646个行政村。地理坐标为东经119°13′30″～119°53′50″，北纬29°05′20″～29°27′30″	AGI2015-02-1681
20	赖坊花生	福建	清流县农业技术推广中心	清流县所辖赖坊、田源、沙芜、灵地、李家、长校、里田、嵩口、余朋等9个乡镇35个村。地理坐标为东经116°26′27″～117°03′01″，北纬25°26′27″～26°21′00″	AGI2015-02-1682
21	平和白芽奇兰	福建	平和县白芽奇兰茶协会	平和县所辖崎岭、九峰、长乐、秀峰、芦溪、霞寨、大溪、国强、安厚共9个乡镇91个行政村。地理坐标为东经116°53′12″～117°31′15″，北纬24°02′31″～24°35′25″	AGI2015-02-1683
22	石铭芋	福建	长泰县农业局经济作物站	长泰县岩溪镇石铭村、甘寨村及坂里乡石格村、新春村、坂新村等5个行政村。地理坐标为东经117°38′～117°45′，北纬24°34′～25°47′	AGI2015-02-1684
23	长泰砂仁	福建	长泰县农业局经济作物站	长泰县陈巷镇新吴村、吴田村、祖地村、美彭村，坂里乡高层村、正达村以及马洋溪生态旅游区山重村、后坊村等8个行政村。地理坐标为东经117°38′～117°56′，北纬24°39′～24°47′	AGI2015-02-1685
24	庐山云雾茶	江西	九江市茶叶产业协会	庐山及鄱阳湖（九江管辖范围）、庐山西海周边区域的浔阳区、庐山区、瑞昌市、九江县、武宁县、修水县、永修县、德安县、星子县、都昌县、湖口县、彭泽县，涉及海会镇、岷山乡、赛阳镇等185个乡镇（办事处）。地理坐标为东经113°56′30″～116°54′01″，北纬28°41′12″～30°04′29″	AGI2015-02-1686

（续）

序号	产品名称	所在地域	申请人全称	划定的地域保护范围	质量控制技术规范编号
25	奉新猕猴桃	江西	奉新县果业办	奉新县所辖赤岸、澡下、会埠、罗市、上富、澡溪、仰山、甘坊、柳溪、石溪办事处、百丈山管委会、东垦场共12个乡镇（场）。地理坐标为东经114°45′28″～115°33′55″，北纬28°34′45″～28°52′16″	AGI2015-02-1687
26	抚州水蕹	江西	抚州市临川区现代农业协会	临川区所辖湖南、孝桥、罗针、罗湖、唱凯、温泉、高坪、桐源等8个乡镇。地理坐标为东经116°04′54″～116°24′56″，北纬27°51′14″～28°09′18″	AGI2015-02-1688
27	宜春苎麻	江西	江西省宜春市农业科学研究所	宜春市袁州区所辖金瑞镇、三阳镇、慈化镇、天台镇、洪塘镇、渥江镇、竹亭镇、水江镇、楠木乡、辽市镇、寨下镇、芦村镇、柏木乡、湖田镇、新田镇、西村镇、新坊镇、南庙镇、彬江镇、洪江乡、温汤镇、飞剑潭乡等22个乡镇；万载县所辖株潭镇、黄茅镇、潭埠镇、双桥镇、高村镇、罗城镇、三兴镇、鹅峰乡、马步乡、高城镇、赤兴乡、岭东乡、白水乡、仙源乡、白良镇、茭湖乡等16个乡镇；上高县所辖田心镇、翰堂镇、泗溪镇、徐家渡镇、新界埠镇、蒙山镇、南港镇、芦洲乡、锦江镇、野市乡、塔下乡、镇渡乡、敖山镇、墨山乡等14个乡镇；宜丰县所辖石市镇。共53个乡镇。地理坐标为东经113°53′04″～115°02′14″，北纬27°48′38″～28°06′03″	AGI2015-02-1689
28	马家寨子香椿	山东	新泰市放城镇马家寨香椿协会	新泰市放城镇境内，包括马家寨子、小河北、大河北、放城一村、放城一新村、放城二村、放城三村、东埠村、东街村、郗家峪、阚家庄、西石井、东石井、上庄村等14个村。地理坐标为东经117°33′～117°36′，北纬35°39′～35°42′	AGI2015-02-1690
29	崆峒岛刺参	山东	烟台市芝罘区渔业技术推广站	烟台市芝罘区崆峒列岛（崆峒岛、担子岛、夹岛、鸵罗顶岛、马岛、柴岛、鳖砣岛、号岛、头孤岛、二孤岛、三孤岛、大岩石岛、地理星岛、北豆卵岛、南豆卵岛）周围海域。地理坐标为东经121°27′28.80″～121°37′40.80″，北纬37°32′28.68″～ 37°37′06.96″	AGI2015-02-1691
30	西霞口刺参	山东	荣成西霞口海参产业协会	荣成市所辖行政区域内西至港西镇朝阳港跨海大桥，东至成山头国家AAAA级风景名胜区之间的荣成东北部海区。地理坐标为东经122°29′23.87″～122°42′42.28″，北纬37°23′53.73″～37°26′42.81″	AGI2015-02-1692
31	郧阳桑蚕茧	湖北	郧县桑蚕协会	郧县所辖城关、南化塘、刘洞、白浪、胡家营、鲍峡等6个乡镇30个行政村。地理坐标为东经110°07′09″～111°16′11″，北纬32°25′04″～33°16′17″	AGI2015-02-1693
32	武穴双低油菜	湖北	武穴市农业技术推广中心	武穴市所辖梅川、余川、大金、大法寺、四望、石佛寺、花桥、龙坪、武穴、刊江、田镇、万丈湖等12个镇办。地理坐标为东经115°22′～115°49′，北纬29°50′～30°13′	AGI2015-02-1694
33	绥宁绞股蓝	湖南	绥宁县七叶胆行业协会	绥宁县所辖东山乡、鹅公乡、朝仪乡、寨市乡、黄桑乡、乐安乡、长铺乡、党坪乡、关峡乡、竹舟江乡、河口乡、麻塘乡、联民乡、枫木团乡、武阳镇、李西镇、白玉乡、红岩镇、黄土矿乡、唐家坊镇、瓦屋乡、水口乡、金屋镇、梅坪乡等24个乡镇。地理坐标为东经109°49′08″～110°32′29″，北纬26°16′03″～27°08′24″	AGI2015-02-1695

（续）

序号	产品名称	所在地域	申请人全称	划定的地域保护范围	质量控制技术规范编号
34	百色番茄	广西	百色市经济作物栽培技术推广站	百色市所辖右江区、田阳县、田东县、平果县、德保县、靖西县、那坡县、凌云县、乐业县、田林县、隆林县、西林县等12个县（区）78个乡镇963个行政村。地理坐标为东经104°58′～107°54′，北纬22°54′～24°52′	AGI2015-02-1696
35	南宁香蕉	广西	南宁市水果生产技术指导站	南宁市所辖兴宁区、江南区、青秀区、西乡塘区、邕宁区、良庆区和武鸣县、横县、宾阳县、上林县、马山县、隆安县等12个县（区），共102个乡镇24个街道。地理坐标为东经107°45′～108°51′，北纬22°13′～23°32′	AGI2015-02-1697
36	荔浦芋	广西	荔浦县农业技术推广中心	荔浦县所辖东昌镇、新坪镇、杜莫镇、荔城镇、青山镇、修仁镇、大塘镇、花篢镇、双江镇、马岭镇、龙怀乡、茶城乡、蒲芦乡共13个乡镇141个村。地理坐标为东经110°06′～110°41′，北纬24°18′～24°46′	AGI2015-02-1698
37	龙脊茶	广西	龙胜各族自治县农业技术推广站	龙胜各族自治县所辖龙脊镇、龙胜镇、江底乡、平等镇、马堤乡、泗水乡、伟江乡、乐江乡、瓢里镇、三门镇等10个乡镇119个行政村和6个居民社区。地理坐标为东经109°43′05″～110°21′24″，北纬25°29′21″～26°12′14″	AGI2015-02-1699
38	隆林黄牛	广西	隆林各族自治县畜牧品改站	隆林各族自治县所辖德峨镇、猪场乡、克长乡、蛇场乡、介廷乡、岩茶乡、隆或乡、金钟山乡、革步乡、天生桥镇、者浪乡、桠杈镇、者保乡、平班镇、沙梨乡、新州镇等16个乡镇。地理坐标为东经104°47′～105°41′，北纬24°22′～24°59′	AGI2015-02-1700
39	浦北黑猪	广西	浦北县畜牧站	浦北县所辖泉水镇、石冲镇、安石镇、张黄镇、大成镇、白石水镇、北通镇、三合镇、龙门镇、小江镇、福旺镇、寨墟镇、乐民镇、六银镇、官垌镇、平睦镇等16个镇。地理坐标为东经109°33′～109°51′，北纬21°52′～22°14′	AGI2015-02-1701
40	全州文桥鸭	广西	全州县畜牧技术推广站	全州县所辖文桥镇、庙头镇、黄沙河镇、永岁乡等4个乡镇。地理坐标为东经111°00′～111°20′，北纬25°57′～26°20′	AGI2015-02-1702
41	钦州鲈鱼	广西	钦州市水产技术推广站	钦州市境内，包括钦州港区、三娘湾管理区，钦南区的龙门港镇、康熙岭镇、尖山镇、沙埠镇、大番坡镇、犀牛脚镇、东场镇、那丽镇所辖行政区域及其毗邻海域。地理坐标为东经108°27′35.12″～108°57′28.05″，北纬21°35′20.62″～21°51′34.13″	AGI2015-02-1703
42	琼中绿橙	海南	琼中黎族苗族自治县农业技术推广服务中心	琼中黎族苗族自治县所辖营根镇、湾岭镇、黎母山镇、红毛镇、长征镇、中平镇、和平镇、什运乡、上安乡、吊罗山乡等10个乡镇。地理坐标为东经109°31′11″～110°09′12″，北纬18°43′45″～19°25′19″	AGI2015-02-1704
43	石柱莼菜	重庆	石柱土家族自治县农业技术学会	石柱土家族自治县黄水镇的万胜村、洋洞村、黄水社区、七龙社区，冷水镇的八龙村、河源村、天河村，枫木乡的石鱼村、双塘村、风竹村、枫木村，共计3个乡镇11个村社。地理坐标为东经108°23′～108°33′，北纬30°07′～30°18′	AGI2015-02-1705
44	盐源辣椒	四川	盐源县经济作物管理站	盐源县所辖树河镇、大河乡、北乌镇、卫城镇、盐井镇、双河乡、干海乡、下海乡、梅雨镇、棉垭乡、黄草镇、博大乡、大草乡、长柏乡、泸沽湖镇、前所乡等16个乡镇。地理坐标为东经100°42′～102°04′，北纬27°04′～28°17′	AGI2015-02-1706

（续）

序号	产品名称	所在地域	申请人全称	划定的地域保护范围	质量控制技术规范编号
45	宜宾糯红高粱	四川	宜宾市农业技术推广站	宜宾市翠屏区李庄镇、宋家乡、牟坪镇、李端镇、南广镇、赵场镇，南溪区南溪镇、江南镇、罗龙镇、刘家镇、大观镇、黄沙乡、汪家镇、长兴镇、仙临镇、裴石乡、石鼓乡、留宾乡、马家镇、大坪乡、林丰乡，江安县怡乐镇、水清镇、桐梓镇、四面山镇、阳春乡、铁清镇、迎安乡、井口镇、江安镇、留耕镇、夕佳山镇、大妙乡、底蓬镇、红桥镇，长宁县长宁镇、开佛乡、古河乡、下长镇、梅白镇、三元乡、铜鼓乡，宜宾县双谊乡、孔滩镇、永兴镇、白花镇、喜捷镇、高场镇、隆兴乡，高县庆岭乡、大窝镇、来复镇、月江镇、胜天镇、沙河镇、复兴镇，兴文县共乐镇、古宋镇、高坪乡，共计7个县（区）59个乡镇。地理坐标为东经104°23′～105°14′，北纬28°17′～29°09′	AGI2015-02-1707
46	彭州川芎	四川	彭州市农业技术推广中心	彭州市所辖敖平镇 、葛仙山镇 、红岩镇、军乐镇、升平镇、天彭镇等6个镇。地理坐标为东经103°40′～104°10′，北纬30°54′～31°26′	AGI2015-02-1708
47	螺髻山黑猪	四川	普格县畜牧局畜牧站	普格县所辖红莫依达乡、马洪乡、洛甘乡、特兹乡、大槽乡、月吾乡、祝联乡、菜子乡、哈力洛乡、耶底乡、特尔果乡、孟甘乡、甘天地乡、洛乌沟乡、黎安乡、文坪乡等16个乡。地理坐标为东经102°26′～102°46′，北纬27°13′～27°30′	AGI2015-02-1709
48	螺髻山乌骨鸡	四川	普格县畜牧局畜牧站	普格县所辖红莫依达乡、马洪乡、洛甘乡、月吾乡、祝联乡、菜子乡、耶底乡、特兹乡、孟甘乡、甘天地乡、洛乌沟乡、辉隆乡、黎安乡、文坪等14个乡。地理坐标为东经102°26′～102°46′，北纬27°13′～27°30′	AGI2015-02-1710
49	息烽西山贡米	贵州	息烽县农业技术开发服务中心	息烽县所辖西山、鹿窝、小寨坝、九庄等4个乡镇。地理坐标为东经106°34′～106°37′，北纬27°05′～27°11′	AGI2015-02-1711
50	铜仁珍珠花生	贵州	铜仁市农业技术推广站	铜仁市所辖碧江区、万山区、玉屏县、江口县、松桃县、印江县、石阡县、思南县、德江县、沿河县等10个县区169个乡镇。地理坐标为107°46′～ 109°25′，北纬27°07′～29°05′	AGI2015-02-1712
51	罗甸脐橙	贵州	罗甸县果茶产业发展办公室	罗甸县所辖龙坪镇、茂井镇、沫阳镇、红水河镇、罗悃镇、逢亭镇、凤亭乡等7个乡镇。地理坐标为东经106°23′～107°03′，北纬25°04′～25°45′	AGI2015-02-1713
52	褒河蜜橘	陕西	汉中市汉台区园艺工作站	汉中市汉台区所辖河东店、宗营、汉王、武乡、徐望、老君等6个镇73个行政村。地理坐标为东经106°51′～107°10′，北纬33°02′～33°22′	AGI2015-02-1714
53	留坝黑木耳	陕西	留坝县农业技术推广中心	留坝县所辖江口、玉皇庙、留侯、城关、武关驿、火烧店、马道、青桥驿等8个镇98个行政村。地理坐标为东经106°38′05″～107°18′14″，北纬33°17′42″～33°53′29″	AGI2015-02-1715
54	留坝香菇	陕西	留坝县农业技术推广中心	留坝县所辖江口、玉皇庙、留侯、城关、武关驿、火烧店、马道、青桥驿等8个镇98个行政村。地理坐标为东经106°38′05″～107°18′14″，北纬33°17′42″～33°53′29″	AGI2015-02-1716

（续）

序号	产品名称	所在地域	申请人全称	划定的地域保护范围	质量控制技术规范编号
55	宜君玉米	陕西	宜君县农畜产品质量安全检验检测中心	宜君县所辖城关、太安、棋盘、五里、尧生、西村、哭泉、云梦、雷塬、彭镇等9个乡镇1个办事处178个行政村。地理坐标为东经108°54′37″～109°28′46″，北纬35°07′34″～35°34′58″	AGI2015-02-1717
56	留坝蜂蜜	陕西	留坝县畜牧兽医技术推广中心	留坝县所辖江口、玉皇庙、留侯、城关、武关驿、火烧店、马道、青桥驿等8个镇98个行政村。地理坐标为东经106°38′05″～107°18′14″，北纬33°17′42″～33°53′29″	AGI2015-02-1718
57	耀州黄芩	陕西	铜川市耀州区农畜产品质量安全检验检测中心	铜川市耀州区所辖锦阳路街道办事处、董家河镇、石柱镇、关庄镇、演池乡、小丘镇、庙湾镇、照金镇、瑶曲镇、孙塬镇、坡头镇等11个乡镇（街道办）179个行政村。地理坐标为东经108°34′59″～109°05′38″，北纬34°48′43″～35°19′02″	AGI2015-02-1719
58	皋兰旱砂西瓜	甘肃	皋兰县农产品行业协会联合会	皋兰县所辖忠和、石洞、水阜、什川、九合、黑石川等6个乡镇38个行政村。地理坐标为东经103°32′～104°22′，北纬36°05′～36°50′	AGI2015-02-1720
59	皋兰软儿梨	甘肃	皋兰县农产品行业协会联合会	皋兰县所辖什川、石洞、忠和、九合、水阜、黑石川等6个乡镇39个行政村。地理坐标为东经103°32′～104°22′，北纬36°05′～36°50′	AGI2015-02-1721
60	苦水玫瑰	甘肃	永登县玫瑰协会	永登县所辖苦水、红城、龙泉寺、大同、柳树、中堡、上川、城关、树屏、河桥、连城、武胜驿等12个乡镇96个行政村。地理坐标为东经102°36′～103°45′，北纬36°12′～37°07′	AGI2015-02-1722
61	凉州羊羔肉	甘肃	凉州区养羊协会	武威市凉州区所辖金山、康宁、西营、永丰、松树、柏树、金塔、新华、古城、谢河、黄羊、张义等38个乡镇449个行政村。地理坐标为东经101°59′35″～103°23′40″，北纬37°23′15″～38°12′54″	AGI2015-02-1723
62	肃南马鹿鹿茸	甘肃	肃南裕固族自治县养鹿协会	肃南县所辖皇城镇、马蹄乡、康乐乡、大河乡等4个乡镇13个村。地理坐标为东经90°20′～102°13′，北纬37°28′～39°49′	AGI2015-02-1724
63	庆阳香瓜	甘肃	庆阳市农业技术推广中心	庆阳市西峰区的肖金、董志、什社、显胜、后官寨、温泉、彭原，合水县的吉岘、固城、板桥、老城、西华池、店子，庆城县的玄马、卅铺、庆城镇、蔡家庙、赤城、马岭、高楼、白马、驿马，宁县的新宁、南义、春荣、湘乐、中村、长庆桥、和盛、焦村、太昌、新庄、早胜、瓦斜，正宁县的宫河、周家、榆林子、永正、山河，华池的悦乐、柔远、城壕、元城、王咀子、上里塬、五蛟、乔河、紫坊、怀安，镇原的城关、南川、屯字、上肖、太平、临泾、开边、郭塬，环县的曲子、木钵、樊家川、环城、洪德等62个乡镇。地理坐标为东经107°10′38″～108°19′00″，北纬35°14′28″～36°57′00″	AGI2015-02-1725
64	武都花椒	甘肃	陇南市武都区花椒服务中心	陇南市武都区所辖马街、汉林、柏林、安化、隆兴、龙坝、鱼龙、甘泉、佛崖、黄坪、马营、蒲池、两水、石门、角弓、坪垭、城关、城郊、东江、汉王、龙凤、桔柑、外纳、磨坝、三河、玉皇、郭河、五库、月照、三仓、琵琶、洛塘、五马、枫相共34个乡镇。地理坐标为东经104°34′～105°38′，北纬32°48′～33°34′	AGI2015-02-1726

（续）

序号	产品名称	所在地域	申请人全称	划定的地域保护范围	质量控制技术规范编号
65	宕昌大黄	甘肃	宕昌县中药材开发服务中心	宕昌县所辖阿坞乡、哈达铺镇、理川镇、八力乡、庞家乡、南河乡、何家堡乡、木耳乡、兴化乡、车拉乡、将台乡、贾河乡、城关镇、新城子乡、临江乡、甘江头乡、两河口乡、沙湾镇、官亭镇、新寨乡、狮子乡、南阳镇、好梯乡、竹院乡、韩院乡等25个乡镇。地理坐标为东经104°01′～104°48′，北纬33°46′～34°23′	AGI2015-02-1727
66	永昌肉羊	甘肃	永昌县农业特色产业办公室	永昌县所辖新城子、红山窑、焦家庄、城关、东寨、六坝、南坝、朱王堡、水源、河西堡等10个乡镇。地理坐标为东经101°04′～102°43′，北纬37°47′～38°39′	AGI2015-02-1728
67	门源青稞	青海	门源回族自治县种籽经营管理站	门源回族自治县所辖浩门镇、青石嘴镇、泉口镇、东川镇，苏吉滩乡、皇城乡、北山乡、麻莲乡、阴田乡、西滩乡、仙米乡、珠固乡共12个乡镇。地理坐标为东经100°55′28″～102°41′26″，北纬37°03′11″～37°59′28″	AGI2015-02-1729
68	门源小油菜籽	青海	青海省门源回族自治县农业技术推广中心	门源回族自治县所辖浩门镇、青石嘴镇、北山乡、西滩乡、东川镇、泉口镇、阴田乡、麻莲乡、珠固乡、仙米乡、皇城乡、苏吉乡共12个乡镇。地理坐标为东经100°55′28″～102°41′26″，北纬37°03′11″～37°59′28″	AGI2015-02-1730
69	天峻藏羊	青海	天峻县畜牧兽医工作站	天峻县所辖新源镇、快尔玛乡、龙门乡、木里镇、阳康乡、织合玛乡、生格乡、江河镇、舟群乡、苏里乡共10个乡镇。地理坐标为东经96°49′～99°42′，北纬36°54′～39°12′	AGI2015-02-1731
70	木垒羊肉	新疆	木垒哈萨克自治区县牛羊产业协会	木垒哈萨克自治县所辖英格堡乡、西吉尔镇、东城镇、照壁山乡、新户乡、白杨河乡、大石头乡、博斯坦乡、乌孜别克乡、雀仁乡、木垒镇以及良种场、克牧场共11个乡镇2个场的60个行政村。地理坐标为东经89°56′～92°19′，北纬43°14′～45°17′	AGI2015-02-1732
71	尉犁罗布羊肉	新疆	尉犁县金秋胡杨旅游协会	尉犁县所辖墩阔坦、塔里木、古勒巴格等3个乡共23个行政村。地理坐标为东经84°02′50″～89°58′50″，北纬40°10′33″～41°39′17″	AGI2015-02-1733
72	昭苏天马	新疆	昭苏县畜牧兽医站	昭苏县所辖昭苏镇、喀夏加尔镇、洪纳海乡、乌宗布拉克乡、阿克达拉乡、萨尔阔布乡、夏塔乡、喀拉苏乡、天山乡、阿克苏乡、伊犁州种马场、伊犁州昭苏马场、林场共10个乡镇3个场的73个行政村和11个农牧业队。地理坐标为东经81°08′～ 81 °30′，北纬43 °09 ′～ 43°15′	AGI2015-02-1734

附件2：

农产品地理标志登记产品信息变更一览表

产品名称	所在地域	变更前登记证书持有人全称	变更后登记证书持有人全称	划定的地域保护范围	备注
眉县猕猴桃	陕西	眉县园艺工作站	眉县果业技术推广服务中心	眉县青化乡、横渠镇、槐芽镇、汤峪镇、金渠镇、营头镇、齐镇、首善镇8个乡镇104个村。地理坐标为东经107°39′08″～108°00′51″，北纬33°59′00″～34°19′28″	2010年公告产品（登记证书编号AGI00335）

（续）

产品名称	所在地域	变更前登记证书持有人全称	变更后登记证书持有人全称	划定的地域保护范围	备注
天目湖白茶	江苏	溧阳市绿色食品办公室	溧阳市园艺技术推广站	溧阳市溧城镇、天目湖镇、戴埠镇、上黄镇、社渚镇、上兴镇、竹箦镇、南渡镇。地理坐标为东经 119°08′～119°63′，北纬 31°41′～37°09′	2010 年公告产品（登记证书编号 AGI00288）
溧阳白芹	江苏	溧阳市绿色食品办公室	溧阳市园艺技术推广站	溧阳市溧城镇、别桥镇、天目湖镇、戴埠镇、上黄镇、埭头镇、社渚镇、上兴镇、竹箦镇、南渡镇。地理坐标为东经 119°08′00″～119°63′00″，北纬 31°41′00″～37°09′00″	2010 年公告产品（登记证书编号 AGI00462）
溧阳鸡	江苏	溧阳市绿色食品办公室	溧阳市园艺技术推广站	溧阳市溧城镇、天目湖镇、埭头镇、上黄镇、戴埠镇、别桥镇、竹箦镇、上兴镇、南渡镇、社渚镇。地理坐标为东经 119°08′00″～119°63′00″，北纬 31°09′00″～31°41′00″	2012 年公告产品（登记证书编号 AGI00890）

中华人民共和国农业部公告　第 2314 号

根据《农产品地理标志管理办法》规定，河北省唐山市丰南区水产服务中心等单位申请对“黑沿子毛蚶”等 59 个产品实施国家农产品地理标志登记保护。经过初审、专家评审和公示，符合农产品地理标志登记程序和条件，准予登记，并颁发中华人民共和国农产品地理标志登记证书（见附件）。

特此公告。

附件：2015 年第三批农产品地理标志登记产品公告信息

农业部

2015 年 11 月 05 日

附件：

2015 年第三批农产品地理标志登记产品公告信息

序号	产品名称	所在地域	申请人全称	划定的地域保护范围	质量控制技术规范编号
1	黑沿子毛蚶	河北	唐山市丰南区水产服务中心	唐山市丰南区黑沿子镇及所属部分海区。地理坐标为 a 东经 118°03′20″、北纬 39°05′03″，b 东经 118°11′25″、北纬 39°08′59″，c 东经 118°08′29″、北纬 39°11′39″，d 东经 118°04′12″、北纬 39°13′00″，e 东经 118°04′08″、北纬 39°13′40″，f 东经 118°02′07″、北纬 39°13′40″，g 东经 118°00′32″、北纬 39°05′03″之间	AGI2015-03-1735
2	涔山芥菜	山西	宁武县农业技术推广站	宁武县所辖涔山乡、东寨镇共 2 个乡镇 60 个行政村。地理坐标为东经 110°56′32″～112°10′44″，北纬 38°44′52″～39°00′00″	AGI2015-03-1736
3	偏关小米	山西	偏关县农产品质量安全检验检测中心	偏关县所辖新关镇、老营镇、天峰坪镇、万家寨镇、尚峪乡、楼沟乡、水泉乡、窑头乡、陈家营乡等 9 个乡镇 224 个行政村。地理坐标为东经 111°26′～112°00′，北纬 39°12′～39°39′	AGI2015-03-1737
4	偏关羊肉	山西	偏关县农产品质量安全检验检测中心	偏关县所辖新关镇、老营镇、天峰坪镇、万家寨镇、南堡子乡、尚峪乡、楼沟乡、水泉乡、窑头乡、陈家营乡等 10 个乡镇 248 个行政村。地理坐标为东经 111°21′～112°00′，北纬 39°12′～39°39′	AGI2015-03-1738

（续）

序号	产品名称	所在地域	申请人全称	划定的地域保护范围	质量控制技术规范编号
5	赤峰荞麦	内蒙古	赤峰市农业技术服务中心	赤峰市所辖阿鲁科尔沁旗、巴林左旗、巴林右旗、林西县、克什克腾旗、翁牛特旗、喀喇沁旗、松山区、红山区、元宝山区、宁城县、敖汉旗共12个旗县区132个苏木（乡镇）。地理坐标为东经116°21′07″～120°58′52″，北纬41°17′10″～45°24′15″	AGI2015-03-1739
6	根河黑木耳	内蒙古	根河市野生资源开发研究所	根河市所辖满归镇、阿龙山镇、金河镇、敖鲁古雅乡、得耳布尔办事处、好里堡办事处、中央路办事处及河西办事处共8个乡镇（办事处）。地理坐标为东经120°12′～122°55′，北纬50°20′～ 52°30′	AGI2015-03-1740
7	昭乌达肉羊	内蒙古	赤峰市家畜改良工作站	赤峰市所辖克什克腾旗、阿鲁科尔沁旗、巴林右旗、巴林左旗、翁牛特旗、林西县共6个旗县区71个乡镇（苏木）1 188个行政村（嘎查）。地理坐标为东经117°06′～120°58′，北纬42°26′～45°24′	AGI2015-03-1741
8	四子王旗戈壁羊	内蒙古	四子王旗农牧业合作社发展协会	四子王旗所辖查干补力格苏木、脑木更苏木、白音敖包苏木、白音希勒嘎查、敖包图嘎查以及白音朝克图镇等3个苏木2个嘎查1个镇。地理坐标为东经110°20′～113°00′，北纬41°10′～43°22′	AGI2015-03-1742
9	永吉柞蚕蛹虫草	吉林	永吉县珍稀植物保护协会	永吉县口前镇所辖前进村、口前村、巴虎村、迺子街村、四间村、红丰村、下达村等7个行政村。地理坐标为东经125°48′09″～126°40′01″，北纬43°18′07″～43°35′00″	AGI2015-03-1743
10	双城菇娘	黑龙江	双城市经济作物指导站	双城市所辖水泉乡、公正乡、农丰镇、杏山镇、同心乡、临江乡、万隆乡、韩甸镇、金城乡、兰棱镇、朝阳乡、单城镇、联兴乡、青岭乡、东官镇、周家镇、新兴乡、五家镇、幸福乡、双城镇、希勤乡、团结乡、永胜乡、乐群乡共计24个乡镇。地理坐标为东经125°41′～126°42′，北纬45°08′～45°43′	AGI2015-03-1744
11	萝北黑木耳	黑龙江	萝北县多种经营办公室	萝北县团结镇、名山镇、肇兴镇、凤翔镇、鹤北镇、云山镇、太平沟乡、东明乡等8个乡镇，以及金满屯林场、太平沟林场、大马河林场、二十里河林场、鱼米河林场、凤翔林场、云山林场等7个林场。地理坐标为东经130°01′～131°34′，北纬47°12′～48°21′	AGI2015-03-1745
12	长林岛龙垦杏	黑龙江	五九七农场寒疆果都果农协会	黑龙江省五九七农场第六管理区的园艺场作业站、原种场作业站及鹿场居民组。地理坐标为东经131°57′～132°45′，北纬46°23′～47°47′	AGI2015-03-1746
13	香磨山鲢鱼	黑龙江	木兰县渔业协会	木兰县东兴镇东联村香磨山水库。地理坐标为东经127°56′36″～127°59′16″，北纬46°22′17″～46°24′37″	AGI2015-03-1747
14	奉贤黄桃	上海	上海市奉贤区青村镇农业服务中心	上海市奉贤区青村镇所辖解放村、湾张村、工农村、张弄村、石海村、花角村、新张村、吴房村、金王村、元通村、桃园村、南星村、钱忠村、申隆一村、申隆二村、陶宅村、和中村、西吴村、李窑村、姚家村、朱店村、岳和村、北唐村、钟家村，共24个行政村。地理坐标为东经121°31′～121°36′，北纬30°51′～30°57′	AGI2015-03-1748

（续）

序号	产品名称	所在地域	申请人全称	划定的地域保护范围	质量控制技术规范编号
15	洪泽湖青虾	江苏	江苏省洪泽湖渔业协会	宿迁市泗洪县龙集镇、太平镇、界集镇，宿城区中扬镇，泗阳县卢集镇、高渡镇、裴圩镇；淮安市韩桥乡、赵集镇等9个乡镇向洪泽湖湖心延伸水域，包括成子湖及与洪泽湖相连的湖荡、湖湾，伸入陆地的河道以河口两岸连线处为界。地理坐标为东经118°28′08″～118°50′29″，北纬33°20′21″～33°38′08″	AGI2015-03-1749
16	常山猴头菇	浙江	常山县食用菌办公室	常山县所辖球川镇、白石镇、青石镇、招贤镇、芳村镇、辉埠镇、何家乡、同弓乡、新昌乡、大桥头乡、东案乡、金川街道、紫港街道、天马街道等14个乡镇（街道）180个行政村。地理坐标为东经118°15′～118°45′，北纬28°46′～29°13′	AGI2015-03-1750
17	绍兴兰花	浙江	绍兴市柯桥区兰花协会	绍兴市柯桥区所辖马鞍镇、柯桥街道、柯岩街道、华舍街道、湖塘街道、钱清镇、杨汛桥镇、齐贤镇（柯开委）、福全镇、安昌镇、夏履镇、漓渚镇、兰亭镇、平水镇、王坛镇、稽东镇等16个镇（街道）370个行政村。地理坐标为东经120°35′00″～120°46′39″，北纬29°42′02″～30°19′15″	AGI2015-03-1751
18	永泰绿茶	福建	永泰县茶叶协会	永泰县所辖樟城镇、城峰镇、葛岭镇、清凉镇、梧桐镇、嵩口镇、大洋镇、同安镇、长庆镇、塘前乡、丹云乡、白云乡、红星乡、盘谷乡、霞拔乡、东洋乡、盖洋乡、洑口乡、富泉乡、赤锡乡以及岭路乡共21个乡镇。地理坐标为东经118°23′～119°12′，北纬25°39′～26°05′	AGI2015-03-1752
19	鲁西斗鸡	山东	菏泽市畜牧工作站	菏泽市境内。地理坐标为东经114°45′～116°25′，北纬34°39′～35°52′	AGI2015-03-1753
20	汶上芦花鸡	山东	汶上县芦花鸡协会	汶上县境内，包括次丘镇、汶上镇、南站镇、康驿镇、南旺镇、刘楼乡、寅寺镇、郭仓镇、郭楼镇、杨店镇、军屯乡、白石镇、苑庄镇、义桥镇等14个乡镇。地理坐标为东经116°18′～116°40′，北纬35°31′～35°36′	AGI2015-03-1754
21	沂蒙长毛兔	山东	临沂市畜牧站	临沂市境内，包括蒙阴县、兰山区、罗庄区、河东区、临沭县、郯城县、莒南县、沂水县、沂南县、平邑县、苍山县、费县、高新区、经济开发区、临港区共15个区县的153个乡镇（街道）。地理坐标为东经117°24′～119°38′，北纬34°22′～36°22′	AGI2015-03-1755
22	蓬莱赤甲红	山东	蓬莱市渔业协会	蓬莱市北沟镇（后营村、聂家村、北王绪、栾家口、下朱潘）、蓬莱阁街道（西庄村、林格庄村、抹直口村）、新港街道（矫格庄村、大皂孙家村、湾子口村、赵格庄村、铜井村、营子里村、刘家旺村）、刘家沟镇（东赵村、木基迟家村、南吴家村、解宋营西村、解宋营东村、朱家庄村、墟里村、海头村）、潮水镇（衙前村）周围海域。地理坐标为东经120°34′35.86″～121°01′08.22″，北纬37°43′57.52″～37°52′08.04″	AGI2015-03-1756
23	蓬莱加吉鱼	山东	蓬莱市渔业协会	蓬莱市北沟镇（后营村、聂家村、北王绪、栾家口、下朱潘）、蓬莱阁街道（西庄村、林格庄村、抹直口村）、新港街道（矫格庄村、大皂孙家村、湾子口村、赵格庄村、铜井村、营子里村、刘家旺村）、刘家沟镇（东赵村、木基迟家村、南吴家村、解宋营西村、解宋营东村、朱家庄村、墟里村、海头村）、潮水镇（衙前村）周围海域。地理坐标为东经120°34′04″～120°43′57″，北纬37°49′09″～37°50′34″	AGI2015-03-1757

（续）

序号	产品名称	所在地域	申请人全称	划定的地域保护范围	质量控制技术规范编号
24	汪子岛鳎麻鱼	山东	无棣县渔业技术推广站	无棣县近海海域。地理坐标为 a 东经 118°01′33.90″、北纬 38°22′04.45″，b 东经 117°52′39.76″、北纬 38°16′53.07″，c 东经 118°05′06.61″、北纬 38°11′48.64″，d 东经 118°09′55.11″、北纬 38°18′51.69″之间	AGI2015-03-1758
25	黄陂脉地湾萝卜	湖北	武汉市黄陂区蔬菜技术推广服务站	武汉市黄陂区长轩岭街所辖的七房湾村、绿林村、塘上村及虎桥村种植区。地理坐标为东经 114°25′～114°29′，北纬 31°10′～31°12′	AGI2015-03-1759
26	玉泉仙人掌茶	湖北	当阳市特产技术推广中心	当阳市所辖玉泉办事处的玉泉、百宝寨、焦堤、金沙、干河、枣林、清溪、柳林、三桥、官道河、合意等 11 个村，以及王店镇的木店、新店、严河等 3 个村。地理坐标为东经 111°59′07″～112°09′22″，北纬 31°14′06″～31°34′53″	AGI2015-03-1760
27	洪湖界牌黄豆	湖北	洪湖市螺山镇大豆产业协会	洪湖市螺山镇所辖界牌村、龙潭村、花园村、中原村、螺山村、袁家湾、重阳树、朱家峰、伍家窑、颜咀村、双龙村、复粮洲、丁山庙、铁牛村、熊家窑、黄堤宫共 16 个村。地理坐标为东经 113°26′～113°36′，北纬 29°39′～29°46′	AGI2015-03-1761
28	兴山白茶	湖北	兴山县特产办公室	兴山县所辖水月寺、峡口、高桥共 3 个乡镇。地理坐标为东经 110°25′～111°09′，北纬 31°08′～31°25′	AGI2015-03-1762
29	咸安砖茶	湖北	咸宁市咸安区有机茶产业协会	咸宁市咸安区桂花镇、马桥镇、大幕乡、双溪桥镇、贺胜桥镇、汀泗桥镇、横沟桥镇等 7 个乡镇 63 个行政村和 1 个国营林场。地理坐标为东经 114°06′～114°43′，北纬 29°39′～30°02′	AGI2015-03-1763
30	太青双上绿芽茶	湖南	澧县城头山双上绿芽茶文化研究所	澧县所辖太青乡、杨家坊乡、火连坡镇、甘溪滩镇、方石坪镇、码头铺镇、洞市乡等 7 个乡镇。地理坐标为东经 111°12′35″～111°31′34″，北纬 29°42′57″～29°57′39″	AGI2015-03-1764
31	大埔蜜柚	广东	大埔县蜜柚行业协会	大埔县所辖湖寮、百侯、枫朗、大东、光德、桃源、高陂、大麻、三河、洲瑞、银江、茶阳、西河、青溪、丰溪林场等 15 个镇（场）。地理坐标为东经 116°18′～116°56′，北纬 24°01′～24°41′	AGI2015-03-1765
32	恩平簕菜	广东	恩平市农业科学技术研究所	恩平市全境，包括恩城街道办事处、沙湖镇、牛江镇、君堂镇、东成镇、良西镇、圣堂镇、大田镇、大槐镇、横陂镇和那吉镇等 11 个镇（办事处）151 个村。地理坐标为东经 112°31′～112°46′，北纬 22°13′～22°41′	AGI2015-03-1766
33	鹤山红茶	广东	鹤山市农产品质量监督检验测试中心	鹤山市所辖雅瑶镇的南靖，古劳镇的茶山、丽水，龙口镇的福迳、那白，桃源镇的中心、龙溪、蟠光，鹤城镇的坑尾、城西、五星、万和、坪山，共和镇的来苏、新连，址山镇的云新，宅梧镇的白水带、荷村、泗云和双合镇的合成、先庆等 21 个村委会。地理坐标为东经 112°28′～113°02′，北纬 22°28′～22°51′	AGI2015-03-1767
34	凌云牛心李	广西	凌云县水果生产技术指导站	凌云县所辖逻楼镇、泗城镇、加尤镇、沙里乡、下甲镇、伶站乡、玉洪乡等 7 个乡镇的 78 个行政村（社区）。地理坐标为东经 106°25′～106°54′，北纬 24°12′～24°37′	AGI2015-03-1768
35	恭城月柿	广西	恭城瑶族自治县水果生产技术指导站	恭城瑶族自治县所辖恭城镇、栗木镇、莲花镇、平安乡、西岭乡、加会乡、三江乡、观音乡、龙虎乡等 9 个乡镇 117 个行政村。地理坐标为东经 110°36′41″～111°10′12″，北纬 24°36′50″～25°17′15″	AGI2015-03-1769

（续）

序号	产品名称	所在地域	申请人全称	划定的地域保护范围	质量控制技术规范编号
36	五指山红茶	海南	五指山市茶叶协会	五指山市所辖通什镇、南圣镇、毛阳镇、番阳镇、毛道乡、水满乡、畅好乡等7个乡镇，以及畅好农场和海胶集团畅好橡胶站。地理坐标为东经 109°19′～109°44′，北纬 18°38′～19°02′	AGI2015-03-1770
37	遵义烤烟	贵州	遵义市烟草协会	遵义市所辖红花岗区、汇川区、遵义县、桐梓县、绥阳县、正安县、道真县、务川县、凤冈县、湄潭县、余庆县、习水县、仁怀市共 13 个县（区）。地理坐标为东经 106°22′～108°13′，北纬 27°08′～29°12′	AGI2015-03-1771
38	勐库大叶种茶	云南	双江拉祜族佤族布朗族傣族自治县茶叶技术推广站	双江自治县所辖大文乡、忙糯乡、勐库镇、勐勐镇、沙河乡、邦丙乡 6 个乡（镇）和勐库华侨管理区、双江农场管理委员会 2 个农场。地理坐标为东经 99°35′～100°09′，北纬 23°11′～23°48′	AGI2015-03-1772
39	保山烟叶	云南	保山市烟草学会	保山市境内的隆阳区、龙陵县、腾冲县、昌宁县、施甸县共 5 个县（区）72 个乡镇（街道办）。地理坐标为东经 98°25′～100°02′，北纬 24°08′～25°52′	AGI2015-03-1773
40	永平白鹅	云南	永平县畜牧工作站	大理白族自治州永平县所辖博南镇、龙街镇、杉阳镇、厂街乡、水泄乡、龙门乡、北斗乡 7 个乡镇。地理坐标为东经 99°17′～99°56′，北纬 25°03′～25°45′	AGI2015-03-1774
41	林芝苹果	西藏	林芝县农业机械监理与技术推广服务中心	林芝县所辖八一镇、百巴镇、林芝镇、布久乡、米瑞乡、更章乡等 6 个乡镇 60 个行政村。地理坐标为东经 93°27′00″～94°41′00″，北纬 29°21′00″～29°56′00″	AGI2015-03-1775
42	易贡辣椒	西藏	西藏波密县农技推广服务站	波密县易贡乡所辖贡仲、格通、沙玛、江拉、通加等 5 个行政村。地理坐标为东经 93°00′00″～97°40′00″，北纬 29°21′00″～30°30′00″	AGI2015-03-1776
43	合阳九眼莲	陕西	合阳县农产品质量安全检验检测中心	合阳县所辖洽川、黑池、坊镇、百良 4 个镇 12 个行政村。地理坐标为东经 110°19′12.13″～110°21′35.15″，北纬 34°59′22.42″～35°12′45.68″	AGI2015-03-1777
44	镇安象园茶	陕西	镇安县农产品质量安全检验检测站	镇安县所辖达仁镇、柴坪镇、东川镇、木王镇、庙沟镇、云盖寺镇、永乐镇等 7 个镇 26 个行政村。地理坐标为东经 109°06′15″～109°36′55″，北纬 33°08′35″～33°42′25″	AGI2015-03-1778
45	汉中大米	陕西	汉中市大米产业协会	汉中市所辖汉台区、南郑县、城固县、洋县、西乡县、勉县、宁强县、略阳县、镇巴县、留坝县、佛坪县共 1 区 10 县 175 个镇。地理坐标为东经 105°30′～108°16′，北纬 32°08′～ 33°53′	AGI2015-03-1779
46	合阳红薯	陕西	合阳县农产品质量安全检验检测中心	合阳县所辖新池、黑池、城关 3 个镇 61 个行政村。地理坐标为东经 110°09′35.61″～110°12′21.77″，北纬 35°05′40.83″～35°08′57.45″	AGI2015-03-1780
47	镇坪黄连	陕西	镇坪县中药材研究所	镇坪县所辖华坪、钟宝、小曙河、曙坪、上竹、城关、牛头店、洪石、曾家等 9 个镇 41 个行政村。地理坐标为东经 109°11′～109°38′，北纬 31°42′～32°13′	AGI2015-03-1781

（续）

序号	产品名称	所在地域	申请人全称	划定的地域保护范围	质量控制技术规范编号
48	皋兰红砂洋芋	甘肃	皋兰县农产品行业协会联合会	皋兰县所辖石洞镇、黑石川乡、九合镇、忠和镇、水阜乡等5个乡镇40个行政村。地理坐标为东经103°32′～104°22′，北纬36°05′～36°50′	AGI2015-03-1782
49	皋兰禾尚头小麦	甘肃	皋兰县农产品行业协会联合会	兰州市皋兰县所辖忠和镇、石洞镇、九合镇、黑石川乡、水阜乡等5个乡镇34个行政村。地理坐标为东经103°32′～104°22′，北纬36°05′～36°50′	AGI2015-03-1783
50	东湾绿萝卜	甘肃	金昌市金川区农业技术推广服务中心	金昌市金川区的宁远堡镇东湾、西湾、中牌、宁远、龙景、山湾等6个村。地理坐标为东经102°08′14″～102°14′35″，北纬38°25′33″～38°26′54″	AGI2015-03-1784
51	大通蚕豆	青海	大通回族土族自治县农业技术推广中心	大通回族土族自治县所辖桥头镇、塔尔镇、城关镇、新庄镇、长宁镇、多林镇、景阳镇、东峡镇、黄家寨镇、逊让乡、极乐乡、宝库乡、青林乡、朔北乡、青山乡、良教乡、桦林乡、斜沟乡、向化乡、石山乡共20个乡镇。地理坐标为东经100°51′～101°56′，北纬36°43′～37°23′	AGI2015-03-1785
52	泽库藏羊	青海	泽库县有机畜牧业办公室	泽库县所辖泽曲镇、恰科日乡、麦秀镇、多禾茂乡、西卜沙乡、宁秀乡、和日镇、巴滩牧场、王家乡共8个乡镇1个牧场。地理坐标为东经100°34′～102°08′，北纬34°45′～35°32′	AGI2015-03-1786
53	泽库牦牛	青海	泽库县有机畜牧业办公室	泽库县所辖泽曲镇、恰科日乡、麦秀镇、多禾茂乡、西卜沙乡、宁秀乡、和日镇、巴滩牧场、王家乡共8个乡镇1个牧场。地理坐标为东经100°34′～102°08′，北纬34°45′～35°32′	AGI2015-03-1787
54	海晏牦牛	青海	海晏县畜牧兽医站	海北藏族自治州海晏县所辖甘子河乡、青海湖乡、哈勒景乡、金滩乡、三角城镇、西海镇共6个乡镇。地理坐标为东经100°23′～101°20′，北纬36°44′～37°39′	AGI2015-03-1788
55	海晏羔羊肉	青海	海晏县畜牧兽医站	海北藏族自治州海晏县所辖甘子河乡、青海湖乡、哈勒景乡、金滩乡、三角城镇、西海镇共6个乡镇。地理坐标为东经100°23′～101°20′，北纬36°44′～37°39′	AGI2015-03-1789
56	南长滩大枣	宁夏	中卫市梨枣协会	中卫市沙坡头区香山乡等1个乡镇8个行政村组。地理坐标为东经104°17′00″～106°10′00″，北纬36°09′00″～37°43′00″	AGI2015-03-1790
57	南长滩软梨子	宁夏	中卫市梨枣协会	中卫市沙坡头区香山乡等1个乡镇8个行政村组。地理坐标为东经104°17′00″～106°10′00″，北纬36°09′00″～37°43′00″	AGI2015-03-1791
58	新疆兵团三团核桃	新疆兵团	新疆生产建设兵团第一师三团	新疆生产建设兵团第一师三团17个农业连队。地理坐标为东经79°52′09.35″～80°12′35.1″，北纬40°23′37.27″～40°27′21″	AGI2015-03-1792
59	和田一牧场羊肉	新疆兵团	新疆生产建设兵团第十四师一牧场	新疆生产建设兵团第十四师一牧场5个农牧业连队。地理坐标为东经81°03′～81°04′，北纬36°20′～36°36′	AGI2015-03-1793

关于印发《2015 年无公害农产品和农产品地理标志工作要点》的通知

农质安发〔2015〕1 号

各省、自治区、直辖市及计划单列市农产品质量安全中心（无公害农产品工作机构、农产品地理标志工作机构），新疆生产建设兵团农产品质量安全中心；各无公害农产品定点检测机构，农产品地理标志产品品质鉴定检测机构：

根据中央农村工作会议和全国农业工作会议精神，按照全国农产品质量安全监管工作总体部署，农业部农产品质量安全中心制定了《2015 年无公害农产品和农产品地理标志工作要点》。现予印发，请结合本地区、本行业实际认真组织实施。

在工作推进过程中如有意见和建议，请及时与部中心办公室联系。联系人：姚文英、牟少飞；联系电话：010-62191443；传真：010-62115730。

农业部农产品质量安全中心

2015 年 2 月 26 日

2015 年无公害农产品和农产品地理标志工作要点

2015 年，无公害农产品和农产品地理标志工作要深入贯彻中央农村工作会议和全国农业工作会议精神，按照全国农产品质量安全监管工作的总体部署，紧紧围绕规范认证登记审查、强化证后监督管理、推进追溯平台建设这个核心，加强制度建设，坚持依法办事，创新工作机制，狠抓工作落实，扎实推进无公害农产品和农产品地理标志事业持续健康发展。全年工作目标是，力争新认证无公害农产品 7 000 个，其中种植业产品 4 000个，畜牧业产品 1 500 个，渔业产品 1 500个；新备案无公害农产品产地7 000个，种植业产地4 000个，畜牧业产地1 500个，渔业产地1 500个；做好到期产地和产品的复查换证工作。力争新评审公示农产品地理标志 220 个。

一、全面提高无公害农产品认证质量

（一）开展审查工作质量督导。出台《无公害农产品审查工作质量督导检查办法》，建立以问题为导向的督导检查机制。组织开展初审工作质量督导检查，落实有关审查工作制度，进一步提高认证工作的规范性、有效性和时效性。

（二）大力推动复查换证工作。加大对复查换证工作的指导、服务和督促力度，推动换证数量较多地区及时、规范开展复查换证工作，宣传和推广典型经验、做法，切实提高复查换证率。

（三）加强业务交流和指导。组织开展无公害农产品管理系统应用及审核业务专题培训交流，结合专家评审、检查员和内检员培训等工作，强化审查工作制度规范讲解培训，进一步提高各级检查员业务能力和水平，落实好审查工作责任。

二、积极推进农产品地理标志登记

（四）严格规范审查评审。建立健全农产品地理标志管理制度，出台异议处理制度，完善产品受理目录、申请人确认等制度规范。加强产品申报与资源普查结果的衔接，强化产品质量审查评审，确保精品门槛。严格申报材料审查，对达不到标准要求的一律从严

要求整改完善，对材料出现明显错误、错误较多及初审工作明显不尽责的，坚决予以退回。

（五）抓好示范创建和培训。做好首批国家级农产品地理标志示范样板创建试点的后续跟进和总结验收等工作，加强创建经验交流。新创建6～7个国家级农产品地理标志示范样板，推动各地创建省级示范样板。举办两期全国农产品地理标志品牌建设培训班，强化品牌意识和市场开拓能力。启动农产品地理标志核查员注册工作。

（六）积极开展国际交流合作。实施中欧农产品地理标志交流合作项目，跟进中欧地理标志合作协议谈判，做好中欧互认产品技术文本修订完善等后续工作，召开中欧农产品地理标志互认产品推进工作现场会。

（七）强化品牌宣传。在《农民日报》等媒体上对农产品地理标志资源普查、中欧互认、示范创建等工作进行广泛宣传。推动获证产品积极参加展览展销等活动，在全国农交会举办农产品地理标志专区，展示发展成效及品牌形象。

三、进一步强化证后监管

（八）开展产品质量监测预警。组织开展无公害农产品和农产品地理标志跟踪监测，有效监控认证登记产品质量安全状况和地理标志农产品品质符合性情况。选择重点区域、重要产品开展监测结果分析研判，提升质量安全预警和风险防范能力。

（九）完善标志管理制度。进一步理顺无公害农产品标志相关工作流程，改进标志征订方式方法，细化完善标志申领审核发放制度，方便企业，提高效率，优化服务。组织实施“3·15”标志使用专项检查，集中查处不规范用标行为。继续开展同类产品为定标单元的工作试点，总结归纳试点经验，完善标志管理征订方式。

（十）加强综合检查。组织实施无公害农产品和农产品地理标志综合检查，重点跟踪检查各级工作机构认证登记工作规范性、无公害农产品获证单位质量安全管理措施落实以及农产品地理标志品质保持、知识产权保护、品牌建设等方面情况。

四、加快推进追溯体系建设

（十一）推进国家追溯平台建设。组织开展国家农产品质量安全追溯平台初步设计，启动平台建设工作。围绕国家平台与地方平台对接模式、业务关系等重大问题，选择2个工作基础较好的省份开展相关研究和工作试点。

（十二）强化管理制度和标准建设。起草印发《农业部关于加快推进农产品质量安全追溯体系建设的指导意见》，统一思想，明确追溯职责，形成推动氛围。完善出台追溯管理办法，启动制定追溯管理相关配套规范以及编码标识、信息管理、操作指南等相关标准，建立科学完善的追溯管理标准体系。

（十三）加快追溯管理人员队伍建设。组织开展农产品质量安全追溯体系建设培训等，推进省级追溯管理队伍建设。选聘一批熟悉信息化和追溯管理的专家和技术力量，为追溯平台建设和工作推动提供技术支持。

五、强化工作支撑和保障

（十四）加快推进信息化。进一步完善无公害农产品管理系统功能，将认证管理端口延伸至县级工作机构，实现省级工作机构产地认定和产品初审信息化，推进证后监管数据信息化管理。加强农产品地理标志管理系统建设，完善各类基础数据库，适时启动纸质申报材料与电子信息传递同步试运行。

（十五）加强体系队伍能力建设。加大无

公害农产品师资培训力度，充分发挥优秀师资的作用，满足各地培训工作需求。加强检查员和内检员管理，做好培训、注册、服务工作，修订内检员培训教材，对省级工作机构培训质量加强检查。开展省级工作机构监管人员培训，强化证后监管工作信息交流，提升监管能力。

（十六）加强标准体系建设。深化无公害农产品检测目录的实施、跟踪和评估工作，继续对小品种产品实施风险监测。全面梳理无公害农产品标准，组织修订、整合有关投入品使用准则和产地环境类标准，加强无公害农产品过程控制标准的宣传贯彻和推广。

（十七）强化检测机构管理。完善定点检测机构委托、考评管理办法。组织开展定点检测机构的续展考评、监督考评、培训、能力验证等工作。及时做好产地环境检测机构备案，促进检测机构提高监测服务水平。

（十八）跟进部局重点工作。协助做好《农产品质量安全法》修订工作。参与推进国家农产品质量安全县认定管理，建立相关管理制度机制。做好乡镇农产品质量安全公共监管服务机构建设的技术支撑工作，完善乡镇监管信息系统，组织起草《乡镇农产品质量安全监管站建设规范》。开展农产品质量安全突发事件应急演练和应急管理培训。规范受理农产品质量安全申投诉。

关于发布 2015“优质茶园”认定结果的通知

中优协秘〔2016〕5 号

各有关单位：

中国优质农产品开发服务协会，以 2015 年中国茶叶博览会为平台，根据优质茶园遴选、认定办法，继续组织开展了“优质茶园”认定工作。

经企业自愿申报，相关条件和资格审查，专家评审评议，对符合条件的单位进行了网上公示。江西上犹梅岭有机茶实业有限公司、江西萧坛旺实业有限公司的生产基地符合“优质茶园”认定条件，认定为“优质茶园”，现通知公告。

希望获得“优质茶园”认定的企业，珍惜荣誉，进一步加强生产基地建设，逐步建立产品质量可追溯制度，切实发挥“优质茶园”的辐射带动作用，为消费者提供安全、放心的农产品，中国优质农产品开发服务协会，将组织对获得认定的单位，进行跟踪检查。

附件：获得优质茶园认定的企业名单

中国优质农产品开发服务协会

2016 年 3 月 3 日

附件：

获得“优质茶园”认定的企业名单

1. 江西上犹梅岭有机茶实业有限公司
2. 江西萧坛旺实业有限公司

关于发布 2015“优质果园”认定结果的通知

中优协秘〔2016〕6 号

各有关单位：

根据全国《优质果园遴选、认定办法》，

中国优质农产品开发服务协会组织会员单位，进行了 2015 年“优质果园”遴选申报工作。

经企业自愿申报，相关条件和资格审查，专家评审及公示。决定对宁夏宁夏杞泰农业科技有限公司、山西蒲城县四方苹果专业合作社的生产基地，认定为“优质果园”，现予通知公告。

希望获得“优质果园”认定的企业，珍惜荣誉，以此为契机，进一步加强生产基地规范管理，逐步建立产品质量可追溯制度，切实发挥“优质果园”的示范带动作用，为消费者提供安全、放心的农产品。中国优质农产品开发服务协会，将组织对获得认定的单位，进行跟踪检查。

附件：获得“优质果园”认定的企业名单

中国优质农产品开发服务协会

2016 年 3 月 3 日

附件：

获得“优质果园”认定的企业名单

1. 宁夏杞泰农业科技有限公司
2. 蒲城县四方苹果专业合作社

关于发布 2015“中国优质农产品示范基地”认定结果的通知

中优秘协〔2016〕4 号

各有关单位：

根据《中国优质农产品示范基地认定管理办法》，中国优质农产品开发服务协会组织会员单位，进行了 2015 年“优质农产品示范基地”申报认定工作。

经企业自愿申请、资格审查、考核、专家评审及公示，对符合“中国优质农产品示范基地”认定条件的“云南天宝祥农业科技有限公司”等企业的基地，进行认定并予公告。

希望获得“优质农产品示范基地”认定的企业，珍惜荣誉，以此为契机，进一步加强生产基地规范管理，逐步建立产品质量可追溯制度，切实发挥“中国优质农产品示范基地”的示范带动作用，为消费者提供安全、放心的农产品。

中国优质农产品开发服务协会将组织对获得认定的单位进行跟踪检查。

附件：中国优质农产品示范基地企业名单

中国优质农产品开发服务协会

2016 年 3 月 3 日

附件：

中国优质农产品示范基地企业名单

云南天宝祥农业科技有限公司
五常市千玺米业有限公司
紫金县承龙嶂龙王绿茶有限公司
韶关市明弘生态农业有限公司
新丰县城丰蔬菜贸易有限公司
连州市丰源蔬菜水果专业合作社
连州市龙坪镇孔围蔬菜专业合作社
始兴县江茂源粮油有限公司
韶关市曲江区莲花池生态园
东莞市金峰果业发展有限公司
海丰县莲花茶叶有限公司
高州市华峰果业发展有限公司
佛山三水区大塘金瑞康蔬菜专业合作社
广东宏丰农牧有限公司
惠东县尚荣达贸易有限公司
开凡农业科技有限公司
甘肃东方天润玫瑰科技发展有限公司
威县洺河水果种植专业合作社

惠州雨露明农业发展有限公司
辽宁秋地养殖有限公司
三亚南鹿实业有限公司
陕西蒲城金农源果蔬有限公司

关于发布“2015 品牌农业网上评选系列活动”结果的通报

各有关单位：

“2015 品牌农业网上评选系列活动”在中国优质农产品开发服务协会组织下开展。根据《关于开展 2015 网上评选系列活动的通知》规定的范围和程序，活动经过组织征集、专家评审、网络调查、公证公布的程序，最终调查产生了 100 个“2015 最受消费者喜爱的中国农产品区域公用品牌”、10 个“2015 优秀农业企业（合作社）”、10 名“2015 农业品牌带头人”以及 10 名“2015 优秀品牌创建人”的名单，现予以通报。

活动调查结果将通过网络、纸质媒体等多种宣传渠道对入选品牌进行宣传推介。经过此次网络调查活动，提高了全社会“创品牌、育品牌”意识，加快了区域优质特色农产品的发展。希望有关单位以此为契机，在行业协会的指导下，创造各种条件，提升地位，扩大影响，做大做强。

中国优质农产品开发服务协会将继续一如既往地支持各地各有关单位的品牌建设工作，提升和扩大农产品区域公用品牌知名度，增强区域公用品牌的市场竞争力。

有关证书和牌匾事宜，请与中国优质农产品开发服务协会秘书处联系。

联系人及电话：

张易：010-64949037 转 630-13810760130

安金燕：010-64949037 转 618-13520008803

附件：1. 100 个“2015 最受消费者喜爱的中国农产品区域公用品牌名单”

2. 10 个“2015 优秀农业企业”

3. 10 名“2015 农业品牌带头人”

4. 10 名“2015 优秀品牌创建人”

中国优质农产品开发服务协会

2015 年 9 月 11 日

附件 1：

100 个“2015 最受消费者喜爱的中国农产品区域公用品牌名单”

大米：盘锦大米、射阳大米、仙桃香米

苹果：平凉金果、洛川苹果、盐源苹果、秦安苹果、文登苹果、烟台苹果、花牛苹果、沂源苹果、荣成苹果、白水苹果、昭通苹果

柑橘：赣南脐橙、奉节脐橙、蒲江丑柑、雷波脐橙、阳朔金桔、万县红桔、永春芦柑、衢州椪柑、宜昌蜜桔、秭归脐橙

葡萄：宣化牛奶葡萄、灞桥葡萄、吐鲁番葡萄

特色果品：蒲江猕猴桃、会理石榴、东港草莓、烟台大樱桃、庆隆梨、中宁枸杞、旅顺洋梨、安岳柠檬、攀枝花芒果、平和琯溪蜜柚、秦安蜜桃、眉县猕猴桃、余姚杨梅、砀山酥梨、平谷大桃、若羌红枣、精河枸杞、稷山板枣、龙滩珍珠李、蒙阴蜜桃、孝义柿子、临潼石榴、蒙自石榴、长丰草莓

蔬菜：安顺山药、宜兴百合、随州泡泡青、延津胡萝卜、耿庄大蒜、平遥长山药、溧阳白芹、沙窝萝卜、乐都紫皮大蒜

西甜瓜：哈密瓜、砲里西瓜、昌乐西瓜

茶叶：蒲江雀舌、白芽奇兰、英山云雾茶、武当道茶、紫阳富硒茶、永川秀芽、大凉山苦荞茶、大佛龙井、太平猴魁、永春佛手、祁门红茶、福鼎白茶、安吉白茶、天目湖白茶、西湖龙井、石阡苔茶、安溪铁观音、

福州茉莉花茶

食用菌：庆元香菇、房县黑木耳、临川虎奶菇、金堂姬菇、庄河滑子蘑

畜牧水产品：双阳梅花鹿、盘锦河蟹、南川鸡、威海刺参、庄河大骨鸡、盘锦河豚、仙居鸡、赤水乌骨鸡

其他：普洱咖啡、泸州糯红高粱、安县魔芋、大竹苎麻、文登大花生、连城红心地瓜干

附件 2：

10 个“2015 优秀农业企业”

云南茶祖茶业有限公司
云南爱伲农牧（集团）有限公司
重庆绿油坡蔬菜有限公司
河北五得利面粉集团有限公司
四川环太实业有限责任公司
五常市千玺米业有限公司
云南乍甸乳业有限公司
黑龙江金玛农业有限公司
堆龙德庆县净土产业投资开发有限公司
十堰市武当山珍系列产品开发有限公司

附件 3：

10 名“2015 农业品牌带头人”

陈建华　宁夏回族自治区中宁县县委书记
岩留　云南省普洱市农业局党组书记、局长
陈贵　四川省蒲江县人民政府副县长
张歌莺　湖北省十堰市人民政府副市长
张恋华　湖北省武当道茶产业协会理事
杜光旻　浙江省庆元县县委书记
张昌礼　江苏省射阳县大米协会会长
马后明　重庆市奉节县铁佛脐橙种植股份合作社理事长
杨红兵　甘肃省平凉市果业开发办公室信息科科长
吴至海　江西省赣州市果业局局长

附件 4：

10 名“2015 优秀品牌创建人”

任继财　绥化市嘉禾米业有限公司总经理
刘明辉　云南爱伲农牧（集团）有限公司总经理
赖炳全　惠州市雨露明农业发展有限公司董事长
方金山　江西金山食用菌专业合作社社长
毛卫京　普洱市御品古树茶业有限公司副总经理
杨莹　三亚兰德国际玫瑰谷发展有限公司董事长
邓正中　西昌市正中食品有限公司董事长
丹志民　河北五得利面粉集团有限公司董事长
王志伟　静宁县红六福果业有限公司总经理
林国松　深圳市田之林农业技术开发有限公司董事长

关于发布全国百家合作社百个农产品品牌推选结果的通知

农展办发〔2015〕74 号

各有关单位：

为贯彻落实中央 1 号文件、中央农村工作会议及全国农业工作会议有关精神，今年 3 月农业部办公厅印发了《农业部办公厅关于开展全国百个农产品品牌公益宣传活动的通知》（农办市〔2015〕4 号，以下简称《通知》），决定在全国选择 100 个农民合作社的 100 个农产品品牌进行公益宣传。

根据《通知》要求，各省（自治区、直辖市）、新疆生产建设兵团农业行政主管部门组织符合条件的农民合作社及农产品品牌进行了审核推荐。全国农业展览馆、中国农业电影电视中心、农民日报社、中国农村杂志社、农业部信息中心、农业部优质农产品开发服务中心作为发起单位，组织相关领域专家，对各地推荐的农民合作社及农产品品牌进行了复查、推选以及公示，现将推选结果予以公布。

希望入选的合作社珍惜荣誉，以此为契机，进一步加强管理，不断提高农产品质量，维护品牌信誉，提高品牌价值和影响力，为促进农业发展方式转变，推进现代农业发展做出贡献。

特此通知。

全国农业展览馆
中国农业电影电视中心
农民日报社
中国农村杂志社
农业部信息中心
农业部优质农产品开发服务中心
2015 年 9 月 23 日

“全国百个农产品品牌公益宣传活动”推选结果

序号	省份	合作社名称	产品品牌介绍	
			推荐产品品牌	产品品种
1	北京	北京聚源德种植专业合作社	老栗树	板栗
2		北京鑫城缘果品专业合作社	鑫城缘	草莓
3		北京真顺红苹果专业合作社	瑞民	苹果
4		北京进良磨盘柿专业合作社	进良	磨盘柿
5	天津	天津市曙光沙窝萝卜专业合作社	shawoshuguang	萝卜
6		天津市黄花山核桃种植专业合作社	孙各庄（辽河系薄皮核桃）	核桃
7		天津市百姓一兰梓农作物种植专业合作社	一兰梓（六瓣红大蒜）	大蒜
8		天津市金宝地水产养殖专业合作社	宝坻黄板泥鳅	泥鳅
9	河北	玉田县黑猫王农民专业合作社	慈玉	包尖白菜
10		河北固安县顺斋瓜菜种植专业合作社	普春	番茄
11		唐山市丰南区后打蔬菜专业合作社	后打	黄瓜
12		丰宁满族自治县恒丰蛋鸡养殖专业合作社	驸马山	鸡蛋
13	山西	太原市清徐县日前果业专业合作社	日前	葡萄
14		吉县吉昌镇绿之源苹果专业合作社	JX	苹果
15		临猗县忠定苹果种植专业合作社	老吴苹果	苹果
16	内蒙古	内蒙古鄂温克旗伊兰嘎查牧民专业合作社	呼伦贝尔羊肉	羊肉
17		内蒙古商都县鑫磊蔬菜专业合作社	鑫漩	马铃薯
18		内蒙古敖汉旗惠隆杂粮种植农民专业合作社	孟克河	小米
19	辽宁	辽宁省丹东圣野浆果专业合作社	圣野果源	草莓
20		辽宁省盘山县胡家秀玲河蟹专业合作社	秀玲河蟹	河蟹
21		辽宁省瓦房店东马屯水果专业合作社	东马屯	苹果

（续）

序号	省份	合作社名称	产品品牌介绍	
			推荐产品品牌	产品品种
22	吉林	吉林省白山抚松县广茂人参药材种植专业合作社	广茂源	人参
23		吉林省德惠市万达农业种植专业合作社	同巨永	有机大米
24	黑龙江	黑龙江省五常市王家屯现代农业农机专业合作社	乔府君道	有机米
25		黑龙江省齐齐哈尔市梅里斯区达乡洋葱专业合作社	大八旗	洋葱
26		黑龙江省延寿县鸿源有机稻米合作社	延亮河畔	有机稻米
27	上海	上海仓桥水晶梨专业合作社	仓桥	水晶梨
28		上海桃咏桃业专业合作社	桃咏	水蜜桃
29		上海皇母蟠桃种植专业合作社	皇母	蟠桃
30		上海锦光黄桃种植专业合作社	锦绣	黄桃
31	江苏	江苏省南京市高淳区青松水产专业合作社	固城湖	螃蟹
32		江苏省泗阳县苏花花生专业合作社	苏花	花生
33	浙江	浙江省安吉县女子茶叶合作社	溪龙仙子	茶叶
34		浙江省临海市上盘西兰花专业合作社	碧畅	西兰花
35		浙江省建德下涯红群草莓专业合作社	红群	草莓
36	安徽	安徽省宁国市富民中药材专业合作社	春莲	宁前胡
37		安徽省砀山县二分水果种植专业合作社	二分	酥梨
38		望江县金穗种植专业合作社	亮晶香	大米
39	福建	福建省武平县绿露仙草专业合作社	可馨绿	仙草
40		福建省浦城县官路神农薏米专业合作社	神珠玉粒	薏米
41		清流县沧龙渔业专业合作社	清流溪鱼	鱼
42	江西	江西省靖安县翠园白茶生产专业合作社	洪坪玉	茶叶
43		江西省余干县国珍枫树辣椒种植专业合作社	余干辣椒	辣椒
44		江西省广丰县瀛洲种养专业合作社	华雄瀛洲	马家柚
45	山东	山东省阳谷先运辣椒专业合作社	先运	朝天椒（干）
46		山东省安丘市南王家庄村草莓种植专业合作社	石埠子	草莓
47		山东省蒙阴县宗路果品专业合作社	山蒙野毛	蜜桃
48		山东省乳山市久大海珍品养殖专业合作社	乳山牡蛎	牡蛎
49		山东省莱州市土山泽潭渔业专业合作社	华岛	纯淡干海参
50		东营市景明黄河口大闸蟹养殖农民专业合作社	黄河口大闸蟹	大闸蟹
51	河南	河南省焦作武陟菡香生态农业专业合作社	菡香	大米
52		河南省林州市东姚宏鑫洪河小米专业合作社	东姚洪河	小米
53		河南省信阳浉河区联农茶业专业合作社	DEMING	茶叶
54		河南省杞县众鑫农产品专业合作社	渊启	大蒜

（续）

序号	省份	合作社名称	产品品牌介绍	
			推荐产品品牌	产品品种
55	湖北	湖北省天门市天海龙农业种植专业合作社	天海龙	大米
56		湖北省麻城市兆至蔬菜专业合作社	兆至	辣椒
57		湖北省黄冈市黄州区春阳蔬菜专业合作社	春实	大蒜
58		湖北省宜昌成祥养羊专业合作社	老高荒	白山羊
59	湖南	湖南省宁乡县流沙河牲猪养殖专业合作社	流沙河	花猪
60		湖南农康葡萄专业合作社	澧康	葡萄
61	广东	广东省化州市益利化橘红专业合作社	橘利	化橘红
62		广东省高要市活道镇仙洞益群粉葛专业合作社	活仙葛	粉葛
63	广西	广西省陆川神龙王养殖园区专业合作社	桂宝	猪肉
64		广西桂林荔浦新发果蔬专业合作社	桂鲜	荔浦芋
65		广西省南丹县瑶家生态农业专业合作社	瑶家庄	南丹巴平米
66		广西省钦州市浦北县山泉官垌鱼产销专业合作社	官垌	鱼
67	海南	海南三亚福返热带水果专业合作社	福返	三亚芒果
68	重庆	潼南县团结生猪养殖专业合作社	TUANJIE	生猪
69		云阳县泥溪乡南山峡黑木耳专业合作社	青杠树	木耳
70		城口县坪坝猕猴桃种植股份合作社	光明岭	红心猕猴桃
71		璧山县渝璧玉血橙种植股份合作社	渝璧．玉血	橙
72		重庆诗进葡萄种植股份合作社	诗进	葡萄
73	四川	四川省成都市龙泉驿区十陵禽业合作社	石灵	鸡蛋
74		四川省江安县原生态李子专合作社	赶场山	李子
75		四川省彭州市三界丰碑蔬菜产销专业合作社	丰碑绿好	莴笋
76	贵州	贵州省金沙隆喜辣椒专业合作社	湾子辣椒	辣椒
77		湄潭县落花屯茶叶专业合作社	雅眉	茶叶
78		贵州省都匀市螺丝壳河头茶叶农民合作社	名黔	绿茶
79		三都水族自治县交梨乡山野水晶葡萄农民专业合作社	交梨山野	水晶葡萄
80	云南	云南昭通市昭阳区顺顺种植专业合作社	洒渔河	苹果
81		云南文山市明春他披梨种植农民专业合作社	春宁他披梨	他披梨
82		勐海县勐遮镇曼根优质稻米生产专业合作社	曼根傣贡	稻米
83		建水县福新果蔬专业合作社	美秀福新	马铃薯
84		宾川冬梅蔬菜水果专业合作社	宾杰	柑橘
85	陕西	陕西洛川民丰专业合作社	延刚	苹果
86		陕西眉县齐峰富硒猕猴桃农民专业合作社	齐峰缘	猕猴桃
87		陕西商南县雨山茶叶专业合作社	商茗	茶叶
88	甘肃	甘肃庆阳恒丰源苹果专业合作社	陇宝	苹果
89		甘肃天水市秦州区罗玉大樱桃专业合作社	罗玉大樱桃	樱桃

（续）

序号	省份	合作社名称	产品品牌介绍	
			推荐产品品牌	产品品种
90	青海	青海省乐都县兴农蔬菜专业合作社	乐都紫皮大蒜	大蒜
91	宁夏	宁夏中宁县健商堂枸杞专业合作社	健商堂	宁夏枸杞
92		宁夏永宁县曹东现代农业专业合作社	望洪	大米
93		宁夏中卫市香山硒砂瓜流通专业合作社	香山硒砂	硒砂瓜
94		宁夏中卫市海原县鸿鑫马铃薯专业合作社	南月	马铃薯
95	新疆	新疆新源县花岛养蜂专业合作社	草原部落	蜂蜜
96		新疆温宿县天山红林果业农民专业合作社	天山红林	红枣
97	兵团	兵团十三师淖毛湖农场	天山娇	哈密瓜
98	西藏	西藏拉萨市堆龙德庆县岗德林种植农民专业合作社	岗德林	西红柿
99		西藏乃东县贡桑禽类养殖专业合作社	益西卓嘎	藏鸡蛋
100		西藏林芝朗县朗敦辣椒专业合作社	朗敦	辣椒

关于2015绿色食品示范企业评选结果公示的通知

中绿协〔2015〕20号

各地绿办（中心）：

根据《全国绿色食品示范企业评选办法》，经贵单位推荐，协会秘书处、中心初审，专家组评审，评选出100家绿色食品示范企业（名单见附件），请对所辖区域内的企业在网站公示，公示时间为2015年10月20日至10月26日，对公示对象如有异议，请与协会秘书处联系，联系电话：62191431。

附件：2015绿色食品示范企业名单

2015年10月20日

附件：

2015绿色食品示范企业名单

（排名不分先后）

北京二商希杰食品有限责任公司
天津黄庄洼米业有限公司
石家庄华牧牧业有限责任公司
河北金沙河面业集团有限责任公司
邯郸市名福植物油有限责任公司
承德隆泉米业有限责任公司
山西沁州黄小米（集团）有限公司
扎兰屯市蓝林食品有限责任公司
科左后旗禾丰粮食购销有限责任公司
辽宁田园实业有限公司
葫芦岛农函大玄宇食用菌野驯繁育有限公司
海城市祝家庄南果梨种植专业合作社
辽宁三源健康金米股份有限公司
大连陈记果品有限公司
天成玉米开发有限公司
吉林市东福米业有限责任公司
黑龙江省延寿鸿源食品有限公司
黑龙江响水米业股份有限公司
黑龙江大明宝贝面粉有限公司
黑龙江省七台河市林泓米业有限公司
黑龙江省港进食品科技开发有限公司
黑龙江省万源粮油食品有限公司
大庆市绿野畜牧有限公司
九三集团哈尔滨惠康食品有限公司
黑龙江省农垦龙王食品有限责任公司
安徽省白湖农场集团有限责任公司

安徽省舒城县舒丰现代农业科技开发有限责任公司
安徽阜阳宝鼎粮油有限责任公司
安徽翰林茶业有限公司
安徽省联河米业有限公司
青岛天祥食品集团有限公司
上海绿笋芦笋种植专业合作社
江苏云雪粮油科技实业有限公司
南京尚品食品有限公司
宿迁市苏北粮油有限公司
江苏桂花养殖有限公司
宜兴市丰汇水芹专业合作社
昆山市城区农副产品实业有限公司
苏州市洞庭山碧螺春茶业有限公司
高邮市三湖蛋品有限公司
江苏五图河米业有限公司
江苏红膏大闸蟹有限公司
江苏张家港酿酒有限公司
祖名豆制品股份有限公司
中国水产舟山海洋渔业公司
浙江忘不了柑桔专业合作社
浙江菇老爷食品有限公司
浙江华金康工贸有限公司
浙江瑞丰农业开发股份有限公司
瑞安市华盛水产有限公司
宁波乡亲浓食品有限公司
象山县英姿果蔬专业合作社
厦门好年东米业有限公司
福州文武雪峰农场有限公司
武夷山青龙食品有限公司
老知青集团有限公司
江西五丰食品有限公司
江西牛牛乳业有限责任公司
江西齐云山食品有限公司
山东汇友金核桃食品有限责任公司
山东荣丰食用菌有限公司
烟台润达农业科技股份有限公司
山东锦秀源实业有限公司
山东微山湖经贸实业有限公司
山东日照碧波茶叶有限公司
蒙阴县巩氏蜜蜂园有限公司
临沂市兰山区清春蔬菜种植农民专业合作社
山东鲁丰食品科技股份有限公司
聊城好佳一生物乳业有限公司
泰安弘兴玉米开发有限公司
诸城中康农业开发有限公司
河南省黄泛区农场
湖北国宝桥米有限公司
通城县霞光茶业有限责任公司
黄冈东坡粮油集团有限公司
襄阳赛亚米业有限公司
湖北双竹生态食品开发股份有限公司
湖南省泸溪县椪柑有限公司
麻阳万盛生态农业发展有限公司
湖南城头山红薯食品科技有限公司
高州市丰盛食品有限公司
汕头市集泰种养有限公司
广东金岭糖业集团有限公司
南宁糖业股份有限公司
海南农垦白沙茶业股份有限公司
重庆市涪陵辣妹子集团有限公司
四川五丰黎红食品有限公司
四川内江威宝食品有限公司
遂宁市高金食品有限公司
四川保宁醋有限公司
四川早白尖茶业有限公司
芒市遮放贡米有限责任公司
西藏拉萨啤酒有限公司
陕西百富源粮油科工贸有限公司
甘肃银河食品集团有限责任公司
青海天露乳业有限责任公司
宁夏宁安堡土特产品有限公司
新疆喀春粮油有限公司
新疆三宝乐农业科技开发有限公司
新疆绿翔糖业有限责任公司

关于发布“2015最具投资价值的中国农产品区域公用品牌”结果的通报

中优协〔2015〕50号

各有关单位：

为进一步加快区域优质特色农产品的发展，提高中国农产品企业品牌、区域公用品牌的市场影响力，用产业带动地方品牌发展，中国优质农产品开发服务协会于2015年6月～9月组织开展“2015最受消费者喜爱的中国农产品区域公用品牌”活动，并于2015年9月20日在“2015国际农商品牌发展北京论坛”上公示了100家“2015最受消费者喜爱的中国农产品区域公用品牌”名单。按照第十三届中国国际农产品交易会组委会发布的《关于举办2015品牌农业论坛的通知》（农组委发〔2015〕12号文），经专家评审，在“2015最受消费者喜爱的中国农产品区域公用品牌”名单中评审出了30个“最具投资价值的中国农产品区域公用品牌”，现予以通报。

附件：30个“2015最具投资价值的中国农产品区域公用品牌”名单

中国优质农产品开发服务协会

2015年10月28日

附件：

30个“2015最具投资价值的中国农产品区域公用品牌”名单

大米：盘锦大米

苹果：平凉金果、洛川苹果、烟台苹果、昭通苹果

柑橘：赣南脐橙、蒲江丑柑、阳朔金桔、永春芦柑、秭归脐橙

葡萄：吐鲁番葡萄

特色果品：烟台大樱桃、中宁枸杞、安岳柠檬、眉县猕猴桃、砀山酥梨、平谷大桃、若羌红枣、龙滩珍珠李、蒙自石榴

蔬菜：延津胡萝卜

西甜瓜：哈密瓜

茶叶：大凉山苦荞茶、福鼎白茶、安吉白茶

食用菌：房县黑木耳

畜牧水产品：双阳梅花鹿、威海刺参、仙居鸡

其他：普洱咖啡

关于第十三届中国国际农产品交易会发布有较强影响力的果品区域公用品牌的通知

农组委发〔2015〕14号

各省级展团：

按照《关于开展有较强影响力的果品区域公用品牌展示宣传活动的通知》（农组委发〔2015〕13号）要求，在各省级展团推荐、农业部优质农产品开发服务中心审核的基础上，经第十三届中国国际农产品交易会组委会审定，决定授予“元坊苹果”等50个品牌为第十三届中国国际农产品交易会有较强影响力的果品区域公用品牌。

希望获得荣誉的单位以此为契机，不断加强管理，进一步挖掘和弘扬品牌价值与影响力，提高产品的市场竞争力，为推动农业

发展方式转变，加快推进现代农业发展进程做出贡献。

附件：第十三届中国国际农产品交易会有较强影响力的果品区域公用品牌名单

第十三届中国国际农产品交易会组委会

2015 年 11 月 2 日

附件：

第十三届中国国际农产品交易会有较强影响力的果品区域公用品牌名单

序号	产品	省份	区域公用品牌
1	苹果	河北	元坊苹果
2		山西	临猗苹果
3		辽宁	前所苹果
4		山东	烟台苹果
5	苹果	河南	灵宝苹果
6		云南	昭通苹果
7		陕西	洛川苹果
8		甘肃	庆阳苹果
9		宁夏	扁担沟苹果
10		新疆	阿克苏苹果
11	柑橘	浙江	黄岩蜜橘
12		福建	平和琯溪蜜柚
13		江西	赣南脐橙
14		湖北	宜昌蜜桔
15		湖南	石门柑橘
16		广东	德庆贡柑
17		广西	容县沙田柚
18		重庆	万州玫瑰香橙
19		四川	安岳柠檬
20		贵州	从江椪柑
21	梨	河北	魏县鸭梨
22		辽宁	海城南果梨
23		江苏	大丰早酥梨
24		安徽	砀山酥梨

（续）

序号	产品	省份	区域公用品牌
25	梨	河南	宁陵酥梨
26		湖北	汉水砂梨
27		四川	广安蜜梨
28		云南	泸西高原梨
29		陕西	蒲城酥梨
30		新疆	库尔勒香梨
31	桃	河北	深州蜜桃
32		江苏	阳山水蜜桃
33		浙江	奉化水蜜桃
34		山东	蒙阴蜜桃
35		河南	石瓶仙桃
36		湖北	孝感七仙红桃
37		四川	龙泉驿水蜜桃
38		贵州	永乐艳红桃
39		云南	丽江雪桃
40		陕西	王莽鲜桃
41	葡萄	河北	宣化牛奶葡萄
42		辽宁	北镇葡萄
43		江苏	海门葡萄
44		浙江	浦江葡萄
45		山东	大泽山葡萄
46		河南	黄泛区葡萄
47		云南	弥勒葡萄
48		陕西	户县葡萄
49		宁夏	大青葡萄
50		新疆	吐鲁番葡萄

关于第十三届中国国际农产品交易会参展产品金奖评选结果的通报

农组委发〔2015〕17号

各展团，各有关单位：

按照《中国国际农产品交易会参展产品评奖办法》和《关于开展第十三届中国国际农产品交易会参展产品评奖活动的通知》，在企业申报、各展团组织评选推荐的基础上，组委会评奖委员会组织专家进行审核，并现场对参展产品进行核查，经组委会审定，决定授予五常市王家屯现代农机合作社“金福乔府大院”稻花香米、广东茗皇茶业有限公司“茗皇”红乌龙茶、福建沈佳有机农业科技发展有限公司“沈佳农”有机蔬菜等273个产品第十三届农交会参展产品金奖。

希望荣获金奖产品称号的企业以此为契机，不断加强管理，进一步健全产品质量控制和可追溯体系，大力推进标准化生产，着力提升产品质量，强化品牌意识，塑造品牌形象，提高产品的市场竞争力。

附件：第十三届中国国际农产品交易会金奖产品名单

第十三届中国国际农产品交易会组委会
2015年11月10日

附件：

第十三届中国国际农产品交易会金奖产品名单

省份	产品名称	注册商标	生产企业名称
北京	老手艺红薯粉条	京一根	北京德润通农业科技发展有限公司
	玲珑枕	云艺古坊	北京云艺手工艺品专业合作社
	蜂蜜	颐园	颐寿园（北京）蜂产品有限公司
	甘栗仁	御食园	北京御食园食品股份有限公司
	小麦苗	绿山谷	北京绿山谷芽菜有限责任公司
	鲜鸡蛋	德青源	北京德青源农业科技股份有限公司
	草莓	鑫城缘	北京鑫城缘果品专业合作社
	百年牛栏山白酒（陈酿）	顺鑫农业	北京顺鑫农业股份有限公司
	蜂蜜粉	蜂珍	北京蜂珍科技开发有限公司
天津	二连灭活疫苗	优瑞康	天津瑞普生物技术股份有限公司
	有机红小豆	傲景	天津市傲绿农副产品集团股份有限公司
	南美白对虾配合饲料	天骄	天津市现代天骄农业科技有限公司
	大邱庄黑猪肉	生宝	天津市生宝种猪繁育有限公司
	鹊山鸡真野鸡蛋	花入羽	天津东山鹊山鸡养殖专业合作社
	板栗罐头	燕都	天津燕都甘栗食品有限公司
	牛肉	卫星河	天津市玉祥牧业有限公司
	紫苏油	寿香坊	天津东方雷格工贸有限公司
	红油豆瓣	岳川	天津市岳川食品加工厂
	保健醋	天立	天津市天立独流老醋股份有限公司

（续）

省份	产品名称	注册商标	生产企业名称
河北	海参	参皇岛	秦皇岛海勇水产有限公司
	亚麻籽油	爱度	河北爱度生物科技股份有限公司
	板栗仁	张大胡子	迁西县喜峰口板栗专业合作社
	高级水饺小麦粉	五得利	五得利面粉集团有限公司
	板栗仁	神栗	承德神栗食品有限公司
	白荞面粉	张三营	承德裕民白荞面特产有限公司
	滦县花生	大昭农合	滦县百信花生种植专业合作社
山西	梨	肚儿圆	山西省临汾市广鑫贸易有限公司
	寿阳小米	晨亿	山西晋荞米业有限公司
	艺术苹果	王万保	临猗县王万保果品种植专业合作社
	一品香平遥牛肉	冠云	山西省平遥牛肉集团有限公司
内蒙古	西芹	鑫漩	商都县鑫磊蔬菜专业合作社
	经典乌海干红葡萄酒	吉奥尼	内蒙古吉奥尼葡萄酒业有限责任公司
	有机杏仁露	高原露	内蒙古高原杏仁露有限公司
	大米	绰勒银珠	扎赉特旗绰勒银珠米业有限责任公司
	手撕风干牛肉	广发草原	通辽市广发草原食品有限责任公司
	雪花粉	河套	内蒙古恒丰食品工业集团股份有限公司
	羔羊肉	赛汉	锡林郭勒盟蓝天牧业发展有限责任公司
	小米	兴隆沟	内蒙古金沟农业发展有限公司
	牧人奶茶	毕力格泰	达茂旗毕力格民族食品有限公司
	有机纯牛奶	圣牧全程	内蒙古圣牧高科奶业有限公司
辽宁	非转基因一级大豆油	富虹油品	富虹集团有限公司
	蒸馏酒	绿缇	辽宁华原葡萄酒庄有限公司
	糖水黄桃罐头	红塔	大连圣诺食品有限公司
	阜新花生	屈氏庄园	阜蒙县润东实业有限公司
吉林	有机大米	德佶	松原市二马泡有机农业开发有限公司
	前进炭泉小米	吉松岭	吉林省吉松岭食品有限公司
	酒	参花香	白山市林海雪原酿酒有限公司

（续）

省份	产品名称	注册商标	生产企业名称
黑龙江	竹编木耳	永富	大兴安岭富林山野真品科技开发有限责任公司
	五谷豆浆粉	冬梅	佳木斯冬梅大豆食品有限公司
	金钱耳	森宝源	海林市森宝源天然食品有限公司
	小米	熙旺	肇东市黎明镇熙旺谷物种植专业合作社
	绿色猪肉	五方	勃利县五方种猪场
	稻花香米	金福乔府大院	五常市王家屯现代农机合作社
	有机鸭稻米	八百泉	拜泉县鸿翔亨利米业有限公司
	椴树雪蜜 1kg	北大荒	黑龙江农垦东北黑峰开发有限公司
上海	崇明清水蟹	宝岛	上海宝岛蟹业有限公司
	葵花籽油	海狮	上海良友海狮油脂实业有限公司
	五年陈黄酒	金色年华	上海金枫酒业股份有限公司
	八宝饭	梅林	上海梅林正广和股份有限公司
江苏	大米	欣花	兴化市绿佳源米业有限公司
	茅山青锋茶	金鹿	江苏茅山青锋茶叶有限公司
	林下草鸡蛋	玉谷	江苏新曹农场
	速冻龙虾	红胖胖	盱眙泗州城农业开发有限公司
	小麦膳食纤维面粉	上一道	江苏上一道科技股份有限公司
	大闸蟹	陈长荣	盐城市陈长荣大纵湖大闸蟹有限公司
	糟方腐乳	三和四美	扬州三和四美酱菜有限公司
浙江	麻辣味香逗干	祖名	祖名豆制品股份有限公司
	萧山风味萝卜干	博鸿小菜	浙江博鸿小菜食品有限公司
	虾皮	大三元	瑞安市华盛水产有限公司
	鱼豆腐	香海	温州香海食品有限公司
	蜂王浆	蜂状元	长兴意蜂蜂业科技有限公司
	雪菜	嘉善杨庙雪菜	嘉善杨庙雪菜专业合作社
	猪肉	膳博士	浙江青莲食品股份有限公司
	鲜果捞	丰岛	浙江丰岛食品有限公司
	铁皮枫斗冲剂	森山（SENSHAN）	浙江森宇实业有限公司
	常山猴头菇	森力	常山县森力家庭农场
	原液鱼酱油	兴业	浙江兴业集团有限公司
	山茶油	天台山	浙江康能食品有限公司
	干香菇	天和泉	浙江省天和食品有限公司
	榨菜	備得福	余姚市备得福菜业有限公司

（续）

省份	产品名称	注册商标	生产企业名称
安徽	六安瓜片茶	徽六	安徽省六安瓜片茶业股份有限公司
	山茶油	金天柱	安徽省金天柱农业科技有限公司
	稻米油	冉龙	安徽省蚌埠市江淮粮油有限公司
	祁红皇茶	天之红	安徽省祁门红茶发展有限公司
	包子	福年来	安徽青松食品有限公司
	红薯粉丝	薯根源	安徽天隆薯业有限责任公司
福建	花香白毫银针	品品香	福建品品香茶业有限公司
	破壁灵芝孢子粉	仙芝楼	福建仙芝楼生物科技有限公司
	茉莉花茶	春伦	福建春伦茶业集团有限公司
	福州茉莉花茶—开宗	崟露	闽榕茶业有限公司
	赛珍珠	八马	八马茶业股份有限公司
	玉露	雪峰	福州文武雪峰农场有限公司
	大红袍	武夷星	武夷星茶业有限公司
	大黄鱼	九洋	福建福鼎海鸥水产食品有限公司
	金枪鱼罐头	海魁	福建省东山县海魁水产集团有限公司
	海苔卷	欢乐禧禧	晋江力绿食品有限公司
	漳平水仙茶	大用山	福建大用生态农业公司
	鸭蛋	大明谷	闽清县金水湾生态农业有限公司
	有机蔬菜	沈佳农	福建沈佳有机农业科技发展有限公司
	水果黄瓜	融绿	福清市绿丰农业开发有限公司
	兰花	春荣	福建连城兰花股份有限公司
	金线莲	虎伯寮	福建虎伯寮生物集团有限公司
	真姬菇	神农白雪	福建神农菇业股份有限公司
	原种香米	美地	福建美地农业科技发展有限公司
	蜂蜜	神蜂科技	福建省神蜂科技开发有限公司
	柚子	华皇	漳州市龙文区华洲果蔬专业合作社
	皮蛋	鸭嫂	福建鸭嫂食品有限公司
	大猪用复合预混料（4-106H）	华龙	福建华龙集团饲料有限公司
	橄榄汁	大世界	福州大世界橄榄有限公司
	茉莉花茶	鼎寿	福州鼎寿茶业有限公司
	小海带	官坞	福建省连江县官坞海产开发有限公司
	橄榄	闽春阳	闽侯县东洋橄榄专业合作社

（续）

省份	产品名称	注册商标	生产企业名称
江西	大米	江南香	正邦集团有限公司
	赣南脐橙	品森活	江西省种源生态农业科技开发有限公司
	挂面	春丝	江西省春丝食品有限公司
	乌鸡	泰和乌鸡	泰和县乌鸡协会泰和乌鸡养殖专业合作社
	熟咸鸭蛋	溢流香	瑞昌市溢香农产品有限公司
	庐山云雾茶	圆通	九江市庐山茶叶科学研究所茶场
	狗牯脑茶	老仙	江西井冈老仙天然食品有限公司
	绿茶	林生	江西婺源林生实业有限公司
山东	苹果	翠虹	荣成市华峰果品有限公司
	蒙山豆干	豆黄金	山东豆黄金食品有限公司
	石榴	峄城石榴	峄城区华龙石榴种植专业合作社
	发酵型苹果醋饮料	绿杰	绿杰股份有限公司
	苹果	沂源苹果	淄博市沂源县苹果产业协会
	特精小麦粉	富世康	山东富世康制粉有限公司
河南	黄金梨	黄泛区	河南省黄泛区实业集团有限公司
	树莓干果	生命果	生命果有机食品股份有限公司
	南湾鱼	南湾鱼	信阳市南湾水库渔业开发有限公司
	苹果	灵宝苹果	灵宝市果品产业协会
	道口烧鸡	吃可得	滑县众发食品有限责任公司
	铁棍山药	马红峰	温县岳村乡红峰怀药专业合作社
	铁棍怀山粉	怀山堂	河南伟康实业有限公司
	有机小米	东姚洪河	林州市东姚洪河有限公司
湖北	清米酒	畅吟	孝感麻糖米酒有限责任公司
	潜江龙虾	章华台	潜江市昌贵水产食品有限公司
	椪柑	清江	长阳长农柑橘专业合作社
	房县香菇	武珍	十堰市武当山珍系列产品开发有限公司
	洪湖藕带	洪湖农家	湖北华贵食品有限公司
	菊花茶	千年纯阳山	湖北凤凰白云山药业有限公司
	有机葛粉	二月风	随州市二月风食品有限公司
	茶油	人人康	湖北正全农业科技开发有限公司
	木瓜果醋	兆健	湖北耀荣木瓜生物科技发展有限公司
湖南	黑茶	自然韵	湖南自然韵黑茶科技有限公司
	鸽肉	颐神源	湖南全民鸽业有限公司

（续）

省份	产品名称	注册商标	生产企业名称
广东	金装白莲蓉馅料	LIANG FENGYUAN	广东粮丰园食品有限公司
	红乌龙茶	茗皇	广东茗皇茶业有限公司
	河源米粉	霸王花	广东霸王花食品有限公司
	德庆贡柑	德贡	德庆县腾龙果品农民专业合作社
	虫草子实体	瑞丹	东莞市瑞丹生物科技有限公司
	新会陈皮	岭南新宝堂	江门市新会区新宝堂陈皮有限公司
	清莱府香米	泰皇	深圳市中泰米业有限公司
	佛手凉果	济公	广东济公保健食品有限公司
	惠州梅菜	悠久	惠州市绿色食品有限公司
海南	文昌鸡	牧榕	海南牧榕农业开发有限公司
	生榨椰子汁	芭芭乐	海南芭芭乐食品有限公司
	酵素	西沙诺尼	海南诺尼生物工程开发有限公司
	莲雾	多果红	琼海多果莲雾合作社
广西	有机米	宏华股份	广西宏华生物实业股份有限公司
	有机茶	故乡	广西昭平县故乡茶业有限公司
	火龙果	红振企	南宁振企农业科技开发有限公司
	芒果干	果香园	合浦果香园食品有限公司
重庆	清水笋	包黑子	重庆市包黑子食品有限公司
四川	广安蜜梨	欧阳晓玲	四川欧阳农业集团有限公司
	板鸭	童耳朵	德昌县茂源长（童耳朵）食品有限责任公司
	核桃油	亚隆	盐亭县金土地农林发展有限公司
	大米	女皇贡米	广元市昭化区月光村水稻专业合作社
	红苕	524	遂宁市安居永丰绿色五二四红苕专业合作社
贵州	苦荞火腿油辣椒	唐桂芝	贵州芦丁食品开发有限公司
云南	普洱茶	南宛有机古树茶	南宛古茶树茶业有限公司
	小米辣	宏斌	云南宏斌绿色食品有限公司
西藏	葡萄酒	达美拥	西藏芒康县藏东珍宝酒业有限公司
	马铃薯精淀粉	雅江源	西藏日喀则市雅江源农业科技开发有限公司
陕西	熟制板栗仁	四皓	陕西君威农贸综合有限责任公司
	红富士	兴盛呈祥	延安中果生态农业科技股份有限公司
甘肃	有机苹果	陇宝	庆阳恒丰源苹果农民专业合作社
	菊粉	熙瑞	白银熙瑞生物工程有限公司
宁夏	橡木桶窖藏干红葡萄酒	类人首	宁夏类人首葡萄酒业有限公司
	鸡蛋	塞上一宝	宁夏顺宝现代农业有限公司
	贡米	兴唐	宁夏兴唐米业集团有限公司
	米伴侣	五朵梅	宁夏家道清真食品有限公司

（续）

省份	产品名称	注册商标	生产企业名称
青海	富硒四级菜籽油	芳谱	青海芳谱精炼油有限公司
	沙棘冰酒	青海青	青海清华博众生物技术有限公司
	菜籽油	弘大	湟中弘大农副产品购销有限公司
新疆	葡萄	阿图什木纳格葡萄	阿图什富江果业有限公司
	鹰嘴豆豆浆粉	天山奇	新疆天山奇豆生物科技有些责任公司
	小麦粉	沁康	沙湾县天宝绿色食品有限公司
	红枣	羌都	新疆羌都枣业股份有限公司
兵团	红枣	兵团红	新疆叶河源果业股份有限公司
	红枣	聚天红	新疆阿拉尔聚天红果业有限责任公司
	大米	伊香	察布查尔伊香米业有限责任公司
	速冻牛肉	喀尔万	新疆喀尔万食品科技有限公司
示范区	黑花生油	学清公社	天津市学清农产品专业合作社
	黄金小米	绿洺源	武安市洺河源土特产有限公司
	酥梨	晋耀华	山西祁县耀华果业有限公司
	大米	绰尔蒙珠	扎赉特旗绰尔蒙珠三安稻米专业合作社
	南果梨	宇光	海城市祝家庄南果梨种植专业合作社
	大米	龙蛙	黑龙江省龙蛙农业发展股份有限公司
	五常大米	金福乔府大院	五常市金福泰农业股份有限公司
	越光有机大米	野山小村	句容市天王镇戴庄有机农业专业合作社
	粳米	广勤	徐州广勤米业有限公司
	冷榨芝麻油	荣新	湖州荣德粮油有限公司
	谷朊粉	迎客松	宿州市皖神面制品有限公司
	太平猴魁	六百里	黄山六百里猴魁茶业有限公司
	金凤凰铁观音	华祥苑	华祥苑茶业股份有限公司
	大米	万年贡	万年贡集团有限公司
	龙口粉丝	双塔	烟台双塔食品股份有限公司
	东海龙须	晓阳春	青岛晓阳工贸有限公司
	小麦粉	永乐	山东永乐食品有限公司
	有机鲜灵芝	摩谷	致远农业科技发展有限公司
	丝苗米	水中鲤	广东海纳农业有限公司
	山茶油	增年	广西田东增年山茶油有限责任公司
	文昌鸡	潭牛	海南（潭牛）文昌鸡股份有限公司
	非复原橙汁	派森百	重庆派森百橙汁有限公司
	莲心三华	瀚源	四川瀚源有机茶业有限公司
	有机牛奶猪	牛奶猪	西充县百科有机种养殖有限公司
	精品特一粉	祥和	陕西宝鸡祥和面粉有限责任公司
	有机排酸羊肉	天山大草原	新疆五家渠鑫宝农业科技开发有限公司

（续）

省份	产品名称	注册商标	生产企业名称
名优果品	蒲城酥梨	秦智	陕西蒲城金农源果蔬有限公司
	绥中白梨	绥中白梨	绥中县果业协会
	寒富苹果	秋地	辽宁秋地养殖有限公司
	草莓	长丰草莓	合肥田峰草莓有限公司
	苹果	鼎四方	蒲城县四方苹果专业合作社
	京白梨	孟悟	北京市门头沟区军庄镇孟悟村股份经济合作社
	楚门文旦	高柚	台州高建农业开发有限公司
	西瓜	玉麟	浙江省温岭市玉麟果蔬专业合作社
	柑桔	永勤	衢州市柯城区瑞禾水果专业合作社
	香榧	嵊州香榧	嵊州香榧协会
	葡萄	程宏	金华市程宏家庭农场
	水晶红富士	虹樵果业	铜川市耀州区虹樵果业专业合作社
	猕猴桃	秦星仙果	周至县姚力果业专业合作社
	苹果	红旗坡	新疆维吾尔自治区阿克苏地区红旗坡农场
	核桃	宝圆	温宿县木本粮油林场
	库尔勒香梨	盛 SHENG	库尔勒美旭香梨农民专业合作社
	蜜桔	武当	丹江口市蔡家渡柑橘专业合作社
地理标志	脆豇豆	吉香居	四川省吉香居食品有限公司
	金华两头乌猪	珍其源	金华市珍其源两头乌食品有限公司
	黑木耳	黑朵朵	呼伦贝尔森宝黑木耳种植有限责任公司
	临川金银花	苍源	抚州苍源中药材种植股份有限公司
	平和白芽奇兰茶	天醇	福建省天醇茶业有限公司
	金山时雨茶	瀚徽	绩溪县上庄茶叶专业合作社
	魔芋粉	富绿	富源县光华魔芋开发有限公司
	马宣寨大米	菡香	河南菡香生态农业专业合作社
	绿茶	贵定云雾贡茶	贵定县茶叶协会
水产	罗非鱼	勤富	海南勤富食品有限公司
	虾皮	大三元	瑞安市华盛水产有限公司
	淡干海参	棒棰岛	大连棒棰岛海产股份有限公司
	简干海参	壹桥	大连壹桥海参股份有限公司
	兴城多宝鱼	兴城多宝鱼	兴城市佳盈伟业商贸有限公司
	荆州大白刁	鱼禾园	湖北鱼禾园生态农业开发有限公司
	冻煮真空杂色蛤	泰宏冰蛤	丹东泰宏食品有限公司
	盘锦河蟹	二界沟	辽宁每日农业集团有限公司

（续）

省份	产品名称	注册商标	生产企业名称
农垦	山茶油	恩泉	江西恩泉油脂有限公司
	话梅味西瓜子	旭东	武汉旭东食品有限公司
	红茶	大明山	广西农垦茶业集团有限公司
	大豆油	九三	九三粮油工业集团有限公司
	大米	倮倮	安徽倮倮米业有限公司
农药	0.5%大黄素甲醚水剂	NEITH	内蒙古清源保生物科技有限公司
	0.1%三十烷醇微乳剂	优丰	四川国光农化股份有限公司
	0.5%氨基寡糖素水剂	克瑞姆	成都新朝阳作物科学有限公司
	80%赤霉酸可溶粒剂	逸之宝	上海悦联化工有限公司
	2.3%甲氨基阿维菌素苯甲酸盐乳油	京博保尔	京博农化科技股份有限公司
	25%咪鲜胺乳油	使百克	江苏辉丰农化股份有限公司
	吡蚜酮	神约	江苏克胜集团股份有限公司
	0.4%蛇床子素乳油	天惠	武汉天惠生物工程有限公司
	8%宁南霉素水剂	亮叶	德强生物股份有限公司
畜产品	皮蛋	鸭嫂	福建鸭嫂食品有限公司
	乌骨羊冷鲜肉	翰龙	山东科龙畜牧产业有限公司
海峡两岸农业合作	高山茶	永福鸿鼎	福建漳平鸿鼎农场开发有限公司
	红衣花生	赖坊	三明市大丰山食品有限公司
拉萨	玛咖果	睿健净土	拉萨净土睿健生物产业发展有限公司
	天然山泉软水	大昭圣泉	西藏大昭圣泉实业有限公司
	牦牛肉	珠峰牧场	西藏牦牛王生态食品开发有限公司

关于通报2015年农产品地理标志品牌价值评价结果的函

农质安函〔2015〕184号

各有关省、自治区农产品质量安全中心（农产品地理标志工作机构）：

按照2015年中国品牌价值评价工作总体部署，品牌价值评价工作已全面完成，并于2015年12月12日举办了“2015年中国品牌价值评价信息发布暨论坛”活动，相关节目于12月20日在中央电视台财经频道播出（节目链接：http：//jingji.cntv.cn/2015/12/21/VIDE1450631039046513.shtml）。

本次品牌价值评价工作得到了各省级工作机构的高度重视。各地积极组织申报，部分产品在最终的信息发布活动上进行了发布（详见附件）。请各有关省级工作机构向相关产品所在地做好情况通报，用好品牌价值评价结果，进一步加强农产品地理标志品牌宣传工作。

附件：部分农产品地理标志品牌价值评价结果

农业部农产品质量安全中心

2015年12月22日

附件：

部分农产品地理标志品牌价值评价结果

排名	省份	品牌名称	品牌强度	品牌价值（亿元）
1	黑龙江	东宁黑木耳	894.0	433.14
2	山东	蒙阴蜜桃	829.4	259.02
3	江西	南丰蜜桔	897.0	191.51
4	湖北	宜昌白山羊	900.0	176.78
5	山东	沂源苹果	715.4	146.62
6	山东	章丘大葱	910.0	140.44
7	山东	滕州马铃薯	781.9	136.21
8	四川	四川泡菜	635.0	114.34
9	四川	宜宾早茶	800.5	110.09
10	内蒙古	乌兰察布马铃薯	836.0	105.66
11	陕西	眉县猕猴桃	750.5	91.50
12	黑龙江	肇源大米	775.0	83.53
13	青海	柴达木枸杞	912.0	79.90
14	福建	福安巨峰葡萄	693.5	70.82
15	宁夏	盐池滩羊肉	917.5	68.95
16	山东	文登西洋参	846.0	40.64
17	甘肃	武都红芪	918.0	18.10

良好农业规范（GAP）认证有效证书统计表

（2015 年 12 月 31 日）

序号	所属区域	企业名称	企业组织机构代码证书号码	邮寄地址及邮编	申报产品名称	所属领域	证书编号	发证日期	到期日期	备注
1	北京	北京金福艺农农业科技集团有限公司	79343764-X	北京市通州区台湖镇胡家堡村金福艺农院内	番茄、辣椒、茄子、黄瓜、草莓	果蔬	147GAP1500015	2015/3/16	2016/3/15	
2	福建	福建品品香茶业有限公司	75739077-6	福建省宁德市福鼎市桐城资国寺村山下 355200	白茶、绿茶、红茶、乌龙茶	茶叶	147GAP1500016	2015/4/30	2016/4/29	
3	福建	福建省天湖茶业有限公司	71738254-4	福建省福鼎市星火工业园区 355200	白茶、绿茶、花茶、红茶	茶叶	147GAP1500017	2015/4/30	2016/4/29	
4	上海	上海阿林果业专业合作社	68553695-8	上海市金山区枫泾镇中洪村 14 组 1086 号 201501	青菜、杭白菜、生菜	果蔬	147GAP1500018	2015/5/26	2016/5/25	
5	上海	上海明缘果蔬专业合作社	56186149-2	上海市金山区廊下镇南陆村 201516	结球生菜、青菜、番茄、茄子、芝麻菜、黄瓜	果蔬	147GAP1500021	2015/5/29	2016/5/28	
6	上海	上海绿笋芦笋种植专业合作社	76877362-5	上海市崇明县港沿公路 1008 号 202151	芦笋	果蔬	147GAP1500019	2015/5/29	2016/5/28	
7	四川	四川欧阳农业集团有限公司	70913211-5	四川省广安市华蓥市红星路 234 号 639600	梨	果蔬	147GAP1500020	2015/5/29	2016/5/28	

（续）

序号	所属区域	企业名称	企业组织机构代码证书号码	邮寄地址及邮编	申报产品名称	所属领域	证书编号	发证日期	到期日期	备注
8	云南	勐海茶厂	21861040-X	云南省西双版纳州勐海县勐海镇茶厂路9号 666200	普洱茶	茶叶	147GAP1500029	2015/6/16	2016/6/15	
9	北京	北京万德园农业科技发展有限公司	802662866	北京市昌平区小汤山农业科技园 102211	草莓	果蔬	147GAP1400021	2015/7/9	2016/7/8	
10	福建	福建誉达茶业有限公司	74635202-9	福建省福鼎市工业园区22号 355200	茶叶	茶叶	147GAP1200009	2015/7/16	2016/7/15	
11	江苏	江苏天目湖生态农业有限公司	77466636-7	江苏溧阳天目湖镇三胜村竹塘 213333	“富子”白茶、葡萄	茶叶；果蔬	147GAP1100003	2015/7/30	2016/7/29	
12	陕西	西安市道萌生有机富硒果蔬专业合作社	68899717-8	陕西省西安市阎良区人民路东段25号 710089	甜瓜、葡萄	果蔬	147GAP1500033	2015/7/30	2016/7/30	
13	陕西	陕西汉中山花茶业有限公司	77384149-3	陕西省城固县天明镇三化村 723208	绿茶	茶叶	147GAP1500025	2015/9/8	2016/9/7	
14	陕西	商南县沁园春茶业有限公司	57560125-3	商南县城滨河东路（雅都花园）1幢2号1-2层	商南白茶、商南龙井43#、秦园黄茶	茶叶	147GAP1500026	2015/9/8	2016/9/7	
15	上海	上海生新树莓种植专业合作社	55748448-7	上海市金山区亭林镇亭枫公路1738号 201504	树莓	果蔬	147GAP1500027	2015/9/18	2016/9/17	
16	上海	上海晶绿结球生菜种植合作联社	05762541-5	上海市金山区廊下镇景阳村 201516	结球生菜	果蔬	147GAP1500028	2015/9/18	2016/9/17	
17	河北	平泉县瀑河源食品有限公司	693465520	河北省平泉县卧龙镇八家小学院内 067508	香菇	果蔬	147GAP1400023	2015/9/19	2016/9/18	
18	福建	福建万辰生物科技股份有限公司	58752716-9	福建省漳州市漳浦县台湾农民创业园 363204	金针菇、斑玉蕈	果蔬	147GAP1500030	2015/9/25	2016/9/24	
19	北京	北京天安农业发展有限公司	78617127-3	北京市昌平区小汤山镇大柳树环岛南500米 102211	番茄、黄瓜、辣椒、白菜、西葫芦、土豆、胡萝卜、圆白菜	果蔬	147GAP1200014	2015/10/10	2016/10/9	
20	辽宁	凌源市东远农贸科技发展有限责任公司	752778923	辽宁省凌源市凌河大街25-6号 122500	西蓝花、娃娃菜、西芹、结球生菜	果蔬	147GAP1400027	2015/11/11	2016/11/10	
21	重庆	云阳县泥溪乡南山峡黑木耳专业合作社	66891642-2	重庆市云阳县泥溪镇新集镇 404503	青杠黑木耳	果蔬	147GAP1500034	2015/11/30	2016/11/29	
22	重庆	云阳县明天菌业有限公司	663582830	重庆市云阳县盘龙街道长安社区5组 404500	杏鲍菇	果蔬	147GAP1500032	2015/11/30	2016/11/29	

（续）

序号	所属区域	企业名称	企业组织机构代码证书号码	邮寄地址及邮编	申报产品名称	所属领域	证书编号	发证日期	到期日期	备注
23	福建	武平县将军食用菌专业合作社	05612869-5	福建省龙岩市武平县岩前镇将军村 364302	香菇	果蔬	147GAP1500031	2015/11/30	2016/11/29	
24	福建	武夷星茶业有限公司	73185438-4	福建省武夷山市旗山科技工业园 354301	乌龙茶、绿茶、白茶、红茶	茶叶	147GAP1500004	2015/12/8	2016/12/7	
25	福建	安发（福建）生物科技有限公司	77537317-9	福建省宁德市东侨经济开发区国宝路36号 352000	猕猴桃	果蔬	147GAP1400024	2015/12/8	2016/12/7	
26	福建	古田县大野山银耳有限公司	69902331-X	福建省古田县凤都镇际面村石桥里 352253	银耳	果蔬	147GAP1400025	2015/12/8	2016/12/7	
27	浙江	安吉县女子茶叶专业合作社	76799605-0	浙江省湖州市安吉县溪龙乡白茶街9号	安吉白茶	茶叶	147GAP1500038	2015/12/11	2016/12/10	
28	浙江	安吉县黄杜大泽坞茶场	L1732399-2	浙江省安吉县溪龙乡黄杜村 313307	安吉白茶	茶叶	147GAP1500043	2015/12/11	2016/12/10	
29	浙江	安吉龙王山茶叶开发有限公司	68311854-1	浙江省安吉县递铺镇长弄口 313307	安吉白茶	茶叶	147GAP1500041	2015/12/11	2016/12/10	
30	浙江	安吉县雅思茶场	L0923558-9	浙江省安吉县溪龙乡黄杜村 313307	安吉白茶	茶叶	147GAP1500042	2015/12/11	2016/12/10	
31	浙江	安吉千道湾白茶有限公司	68167498-2	浙江省安吉县溪龙乡黄杜村 313307	白叶一号	茶叶	147GAP1500036	2015/12/12	2016/12/11	
32	浙江	安吉县大山坞茶场	X0952908-2	浙江省安吉县溪龙乡凉亭岗 313307	安吉白茶	茶叶	147GAP1500037	2015/12/11	2016/12/10	
33	浙江	安吉尚丰茶叶有限公司	统一社会信用代码:91330523MA28C0XJ9C	湖州市安吉县孝源街道皈山林场 313301	白茶一号	茶叶	147GAP1500046	2015/12/11	2016/12/10	
34	浙江	安吉柏茗茶场	L3579628-3	浙江省安吉县天子湖镇笔架山 313300	白茶一号	茶叶	147GAP1500040	2015/12/11	2016/12/10	
35	浙江	安吉黄杜打石坎茶场	L1730754-6	浙江省湖州市安吉县溪龙乡黄杜村打石坎 313307	白茶一号	茶叶	147GAP1500045	2015/12/11	2016/12/10	
36	浙江	安吉县天荒坪镇天林竹笋专业合作社	76523843-2	浙江省安吉县天荒坪镇山河村 313300	竹笋	果蔬	147GAP1500044	2015/12/11	2016/12/10	
37	福建	福建省裕荣香茶业有限公司	79178573-9	福建省福鼎市白琳镇坑里洋村北山三斗丘（星火园区26号）355200	白茶	茶叶	147GAP1500039	2015/12/22	2016/12/21	
38	重庆	云阳县上坝乡巾帼辣椒种植股份合作社	57213846-X	重庆市云阳县上坝乡治安村2组96号 404500	辣椒	果蔬	147GAP1500035	2015/12/24	2016/12/23	

2015 年度全国名特优新农产品目录

农业部优质农产品开发服务中心公告（第 02 号）

为深入挖掘、保护、培育和开发各地名特优新农产品资源，推进农产品品种改良、品质改进和品牌创建，大力发展优质安全农产品，促进农业增效、农民增收，满足广大消费者对优质安全农产品的消费需求，按照农业部种植业管理司印发的《关于申报〈2015 年度全国名特优新农产品目录〉的函》（农农（经作）〔2015〕99 号）要求，农业部优质农产品开发服务中心组织对各地申报的 2015 年度全国名特优新农产品申报材料进行了形式审查、专家审核、公示，提出了包括粮油、蔬菜、果品、茶叶及其他 5 大类别、741 个产品、1 000家生产单位的“2015 年度全国名特优新农产品目录”（附件 1～5），现予以发布。

全国名特优新农产品目录每两年发布一次。本次目录有效期自公告之日起两年内有效。目录实行动态管理，如发现不符合规定要求的，将予以公告退出。

特此公告。

附件：1. 2015 年度全国名特优新农产品目录（粮油类）

2. 2015 年度全国名特优新农产品目录（蔬菜类）

3. 2015 年度全国名特优新农产品目录（果品类）

4. 2015 年度全国名特优新农产品目录（茶叶类）

5. 2015 年度全国名特优新农产品目录（其他）

2015 年 12 月 28 日

附件 1：

2015 年度全国名特优新农产品目录（粮油类）

序号	申报产品	申报单位	申报单位推荐的生产单位
1	金北联红小豆	北京市房山区农村工作委员会	北京凯达恒业农业技术开发有限公司
2	宝坻大米	天津市宝坻区种植业发展服务中心	天津市清水思源农作物种植专业合作社
3	武清黑绿豆	天津市武清区种植业发展服务中心	天津市学清农产品专业合作社
4	承秦绿保鲜红薯	承德高新技术产业开发区农林水务局	承德长发绿保薯业种植农民专业合作社
5	开平甜玉米	唐山市开平区农林畜牧水产局	唐山鼎晨食品有限公司
6	唐海大米	唐山市曹妃甸区农林畜牧水产局	唐山蛙蹼生态农业有限公司
			唐山市稻香米业有限公司
			唐山唐丰米业有限责任公司
7	垄上人家小米	宽城满族自治县农牧局	承德爱格瑞贸易有限公司
8	崇礼蚕豆	崇礼县农牧局	崇礼县志忠蚕豆专业合作社
9	磁县甘薯	磁县农牧局	磁县禾下土种植业专业合作社
10	黄粱梦小米	邯郸县农牧局	河北黄粱美梦米业有限公司

（续）

序号	申报产品	申报单位	申报单位推荐的生产单位
11	武安小米	武安市农牧局	河北仓盛兴粮油工贸有限公司
			武安市洺河源土特产有限公司
12	灵丘荞麦	灵丘县农业委员会	山西大山食品有限责任公司
13	隆化小米	翼城县农业委员会	翼城县隆化小米专业合作社
14	河峪小米	榆社县农业局	榆社县河峪小米专业合作社
15	左云苦荞	左云县农业委员会	山西雁门清高食业有限责任公司
16	敖汉小米	敖汉旗农业局	内蒙古金沟农业发展有限公司
			敖汉远古生态农业科技发展有限公司
			敖汉旗惠隆杂粮种植农业专业合作社
17	科尔沁小米	通辽市科尔沁区农牧业局	内蒙古谷道粮原农产品有限责任公司
18	通辽大米	科尔沁左异后旗农牧业局	内蒙古添翼米业有限公司
19	扎兰屯大黄米	扎兰屯市农牧业局	扎兰屯市达斡尔鸿巍农畜有限责任公司
20	扎兰屯大米		呼伦贝尔市金禾粮油贸易有限责任公司
21	蒙田小米	阿鲁科尔沁旗农牧业局	赤峰市蒙天粮油购销有限责任公司
22	蒙天绿豆		赤峰市蒙天粮油购销有限责任公司
23	翁牛特大米	翁牛特旗农牧业局	内蒙古龙乡玉品食品有限公司
24	营口大米	营口市农村经济委员会	营口鹏昊米业有限公司
25	盘锦大米	大洼县农村经济局	辽宁盘锦辽禾米业有限公司
			盘锦千鹤米业有限公司
26	盘锦大米	盘锦市兴隆台区农村经济局	盘锦鼎翔米业有限公司
27	要路沟小米	建昌县农村经济局	建昌县要路沟杂粮种植专业合作社
28	康平甘薯	康平县农村经济局	康平县憨馥土特产品有限公司
29	清河大米	抚顺市顺城区农村经济发展局	抚顺金泰粮油科技开发有限公司
30	黑山花生仁	黑山县农村经济发展局	辽宁绿色芳山有机食品有限公司
31	敦化黄豆	敦化市农业局	敦化市雁鸣湖工贸有限责任公司
			吉林丰正大豆食品有限公司
			敦化市大地豆业有机食品有限公司
32	舒兰大米	舒兰市农业局	吉林市友诚米业有限责任公司
			舒兰市禾鑫谷物有限责任公司
			舒兰市金星精制米有限责任公司
33	扶余大米	扶余市农业局	扶余市成禾米业有限责任公司
34	扶余四粒红花生		吉林省增盛永食品有限公司
35	洮南绿豆	洮南市农业局	洮南市物资粮油贸易有限责任公司
36	永吉大米	永吉县农业局	吉林市宇丰米业有限责任公司
			永吉县绿星米业有限公司
			吉林市齐新通达粮油有限公司

（续）

序号	申报产品	申报单位	申报单位推荐的生产单位
37	榆树大米	榆树市委农村工作领导小组办公室	榆树市蓝河坝米业有限公司
			榆树市金裕米业有限公司
38	梅河大米	梅河口市农业局	梅河口市九星米业有限责任公司
			梅河口市万禾丰水稻有限公司
			吉林梅河大米有限公司
39	乾安黄小米	乾安县农业和畜牧业局	吉林省六谷农业开发有限公司
40	兴凯湖大米	黑龙江省农垦牡丹江管理局绿色食品办公室	黑龙江省富坤粮食加工有限公司
41	乌苏里江芸豆	黑龙江省农垦红兴隆管理局绿色有机食品办公室	黑龙江红兴隆农垦垦威谷物种植农民专业合作社
42	小金黄芽豆		黑龙江红兴隆农垦垦威谷物种植农民专业合作社
43	乌苏里江大豆		黑龙江红兴隆农垦垦威谷物种植农民专业合作社
44	红兴隆红小豆		黑龙江红兴隆农垦垦威谷物种植农民专业合作社
45	蛤蟆通大米		黑龙江红兴隆农垦垦威谷物种植农民专业合作社
46	梧桐河大米	黑龙江省农垦宝泉岭管理局绿色食品办公室	黑龙江省梧桐河农场
47	界江红红小豆		黑龙江北大荒农业股份有限公司二九分公司
48	建三江大米	黑龙江省农垦建三江管理局绿色食品办公室	黑龙江省建三江农垦富油商贸有限责任公司
			黑龙江益华米业有限公司
49	东海大米	东海县农业委员会	连云港天谷米业有限公司
			江苏秀收农业发展有限公司
50	泗洪大米	泗洪县农业委员会	江苏苏北粮油有限公司
			泗洪县军峰米业有限公司
			泗洪县蟹田粮油食品有限公司
51	吴江大米	苏州市吴江区农业委员会	苏州市同里科技农业示范园发展有限公司
			吴江市北厍粮油有限公司
52	兴化大米	兴化市农业局	兴化市粮食交易市场
			兴化市绿佳源米业有限公司
			兴化市双超鸭田稻米专业合作社
53	八集小花生	泗阳县农业委员会	江苏百年苏花食品有限公司
54	桐庐番薯干	桐庐县农业和农村工作办公室	桐庐益乡源农产品有限公司
55	巢湖大米	巢湖市农业委员会	安徽省富硒香生物食品集团有限公司
			安徽光明槐祥工贸集团有限公司
56	凤台大米	凤台县农业委员会	凤台县店集粮油工贸有限公司
			凤台县国武粮油工贸有限公司
57	板桥大米	绩溪县农业委员会	绩溪县板桥绿色农产品开发有限公司
58	旌玉屏大米	旌德县农业委员会	安徽省旌德县辉煌粮油有限责任公司
59	青阳大米	青阳县农业委员会	青阳县新禾生态农业发展有限公司

（续）

序号	申报产品	申报单位	申报单位推荐的生产单位
60	桐城大米	桐城市农业委员会	安徽省桐城青草香米业集团有限公司
			安徽省绿福农业科技股份有限公司
61	望江大米	望江县农业委员会	安徽省联河米业有限公司
62	汉白玉贡米	五河县农业委员会	安徽省汉白玉米业有限公司
63	盛和芝麻	临泉县农业委员会	安徽阜阳宝鼎粮油有限责任公司
64	连城红心地瓜干	连城县农业局	连城县福农食品有限公司
			连城县保健食品厂
65	虹山红心地瓜	泉州市洛江区农业水务局	泉州市洛江区虹山乡果蔬行业协会
66	浦城薏米	浦城县农业局	浦城县官路乡信源薏米专业合作社
67	浦城贡米		福建旭禾米业有限公司
68	金沙薏米	福建省仙游县农业局	福建省仙游县金沙食品有限公司
69	漳平青仁乌豆	漳平市农业局	漳平市双和蔬菜专业合作社
70	宁化大米	福建省宁化县农业局	宁化县河龙贡米米业有限公司
71	宁化薏米		福建省大中生物工程有限公司
72	朱口小籽花生	福建省泰宁县农业局	泰宁县宝盖岩朱口小籽花生专业合作社
73	赖坊红衣花生	清流县农业局	三明市大丰山食品有限公司
74	金谷（小米）	金乡县农业局	金乡县圣丰谷源米业有限公司
75	青州绿豆	青州市农业局	青州市一正有机农牧开发有限公司
76	青州红豆		青州市一正有机农牧开发有限公司
77	姜湖贡米	郯城县农业局	临沂市姜湖贡米米业有限公司
78	青阳小米	邹平县农业局	邹平县泰和农业科技有限公司
79	禹城糯玉米	禹城市蔬菜局	禹城市沈庄营养玉米专业合作社
80	莒南花生	莒南县农业局	山东玉皇粮油食品有限公司
			山东嘉世通粮油制品有限公司
81	荣成大花生	荣成市农业局	荣成市副食品有限公司
82	范县大米	范县农业局	范县天灌米业有限公司
			范县德信农民种植专业合作社
83	濮阳大米	濮阳县农业局	河南省家家宜米业有限公司
84	长龄籽绿豆	巩义市农业农村工作委员会	巩义市绿源农副产品加工厂
85	固始香米	固始县农业局	固始县顺兴粮油有限责任公司
86	潢川大米	潢川县农业局	潢川县仁和粮油购销有限责任公司
			河南富兴粮业有限公司
			潢川豫川粮业有限公司
87	东姚洪河小米	林州市农业局	林州市东姚洪河米业有限公司
88	菡香大米	武陟县农业局	河南菡香生态农业专业合作社
89	金粒小麦	延津县农林局	河南金粒麦业有限公司

（续）

序号	申报产品	申报单位	申报单位推荐的生产单位
90	原阳大米	原阳县农业局	原阳县旺盛种植专业合作社
91	监利大米	监利县农业局	湖北银真米业有限公司
			福娃集团监利银欣米业有限公司
			监利县名宇米业有限公司
92	京山桥米	京山县农业局	湖北国宝桥米有限公司
93	宣恩贡米	宣恩县农业局	宣恩县沙道粮食购销公司
			宣恩县珠山粮食购销公司
94	高山苗米	靖州苗族侗族自治县农业局	湖南四通食品科技有限责任公司
95	澧县大米	澧县农业局	湖南洞庭春米业有限公司
96	澧县紫米		湖南城头山农耕产业发展有限公司
97	桃源大米	桃源县农业局	桃源县泰香粮油科技开发有限公司
98	乌山贡米	长沙市望城区农村工作办公室	望城隆平乌山贡米种植专业合作社
99	鱼泉贡米	张家界市武陵源区农业局	张家界鱼泉贡米专业合作社
100	紫鹊贡紫香米	新化县农业局	湖南紫秾特色农林科技有限公司
101	生平贡米	安仁县农业局	安仁县生平米业有限公司
102	瑶珍大米	江华瑶族自治县农业局	江华瑶族自治县同丰粮油食品有限责任公司
103	靖西大香糯	靖西县农业局	靖西县东利香米业有限公司
104	永福香米	永福县农业局	桂林永福福寿米业有限公司
105	邮桥香米	重庆市大足区农业委员会	重庆邮桥米业集团有限公司
106	白土高山大米	重庆市万州区农业委员会	重庆市万州区白土坝水稻农机专业合作社
107	禾汇九亩大米	丰都县农业委员会	重庆禾汇农业发展集团有限公司
108	黄溪贡米	南充市高坪区农牧业局	南充市高坪区黄溪乡优质水稻繁育种植协会
109	西充黄心薯	西充县农牧业局	南充市凤鸣绿色食品有限责任公司
			西充薯宝宝专业合作社
			西充县金山红薯农民专业合作社
110	上水大米	阆中市农牧业局	阆中市上水大米专业合作社
111	九尺香米	彭州市农村发展局	彭州市佘之康农业发展有限公司
112	空山马铃薯	通江县农业局	四川省通江县空山马铃薯专业合作社
113	射洪黑花生	射洪县农业局	射洪县凤来镇倪桥富硒黑花生专业合作社
114	黎平香禾糯	黎平县农业局	贵州省黎平县侗乡米业有限公司
115	兴仁薏仁	兴仁县农业局	贵州兴仁聚丰薏苡股份有限公司
			贵州省兴仁县林丰食品有限责任公司
116	广南八宝米	广南县农业和科学技术局	云南八宝贡米业有限责任公司
117	个旧马铃薯	个旧市农业局	个旧市卡房镇大黑山马铃薯发展协会
118	开远软香米	开远市农业局	云南红河卧龙米业有限责任公司

（续）

序号	申报产品	申报单位	申报单位推荐的生产单位
119	摩梭红米	云南省宁蒗彝族自治县农业局	宁蒗彝族自治县永祥野生食用菌贸易有限公司
			丽江宁蒗益康农产品开发有限公司
120	昭阳苦荞茶	昭通市昭阳区农业局	昭通市高原红粮油购销有限责任公司
121	隆子黑青稞	西藏隆子县农牧局	西藏山南加玉农产品发展有限公司
122	安塞小米	安塞县农业局	安塞盛丰农副产品加工销售有限公司
123	汉中御贡香米	城固县农业局	汉中顺丰农业科技发展有限责任公司
124	米脂小米	米脂县农业局	米脂县金颗粒小米专业合作社
			米脂县米金谷农产品有限公司
125	勉县大米	勉县农业局	陕西建兴农业科技有限公司
			陕西金沙滩农业综合开发有限公司
126	洋县红米	洋县农业局	洋县永辉农业产业发展有限公司
127	定边荞麦	定边县农业局	定边县定之荞荞麦专业合作社
			定边县塞雪粮油工贸有限责任公司
128	定边马铃薯		定边县科发马铃薯良种有限责任公司
			定边县白泥井镇恒圣农业专业合作社
129	定边葵花子		定边县鑫宏源农业科技开发有限公司
130	神木黑豆	神木县农业局	神木县丰禾生态农业科技开发有限公司
131	延安小米	延安市农业局	延安市土产公司
132	子长洋芋	子长县农业局	子长县马铃薯良种繁育中心
133	大通马铃薯	大通回族土族自治县农牧和扶贫开发局	大通县农技推广协会
134	互助马铃薯	互助土族自治县农业和科技局	互助县马铃薯协会
135	互助蚕豆		青海七彩种业有限责任公司
136	华池红小豆	华池县农牧局	华池县粮食总公司
137	丰源马铃薯	民乐县农业委员会	民乐县丰源薯业有限责任公司
138	庄浪马铃薯	庄浪县农牧局	庄浪县陇源薯业有限责任公司
139	金花寨小米	甘州区农业局	张掖市花寨小米种植专业合作社
140	木垒鹰嘴豆	木垒县哈萨克自治县农业局	新疆天山奇豆生物科技有限责任公司
141	朝日红薯干	青岛市黄岛区农村经济发展局	青岛朝日食品有限公司
142	莱西烤花生	莱西市农业局	青岛宝泉花生制品有限公司
			青岛东生集团股份有限公司

附件 2：

2015 年度全国名特优新农产品目录（蔬菜类）

序号	申报产品	申报单位	申报单位推荐的生产单位
1	金福艺农樱桃番茄	北京市农业技术推广站	北京金福艺农农业科技集团有限公司

（续）

序号	申报产品	申报单位	申报单位推荐的生产单位
2	房山蘑菇（香菇）	北京市房山区农村工作委员会	北京书平绿圃食用菌专业合作社
3	房山蘑菇（平菇）		乐义（北京）农业发展有限公司
4	房山蘑菇(金针菇)		北京格瑞拓普生物科技有限公司
5	房山蘑菇(白灵菇)		北京格瑞拓普生物科技有限公司
6	上方山香椿		北京市韩村河忠德苗圃场
7	昌平水果型苤蓝	北京市昌平区农业服务中心	北京金六环农业园
			北京南地绿都种植场
			北京洼子里乡情农艺园
8	泗家水红头香椿	北京市门头沟区农业局	北京泗家水香椿种植专业合作社
9	宝坻大蒜	天津市宝坻区种植业发展服务中心	天津市百姓一兰梓农作物种植专业合作社
			天津市宝坻区旺盛农产品产销专业合作社
10	鸿滨真姬菇（白玉菇、蟹味菇）	天津市北辰区种植业发展服务中心	天津绿圣蓬源农业科技开发有限公司
11	岔房子山药		天津岔房子农产品保鲜专业合作社
12	黑马牌大白菜	天津市武清区种植业发展服务中心	天津市黑马工贸有限公司
13	沙窝萝卜	天津市西青区农业技术推广服务中心	天津市曙光沙窝萝卜专业合作社
14	磁州白莲藕	磁县农牧局	磁县禾下土种植业专业合作社
15	迁西栗蘑	迁西县农牧局	迁西县虹泉食用菌专业合作社
16	永年大蒜	永年县农牧局	永年县永健蔬菜专业合作社
17	冀金农龙西红柿	晋州市农林畜牧局	晋州金农龙农业种植服务专业合作社
18	冀乐杏鲍菇	灵寿县农业畜牧局	灵寿县冀乐食用菌专业合作社
19	LH 郎红牌黄瓜	滦县农牧局	滦县郎红棚菜专业合作社
20	LH 郎红牌番茄		滦县郎红棚菜专业合作社
21	永济芦笋	永济市农业委员会	永济市长杆芦笋种植销售专业合作社
22	大同黄花	大同县农业委员会	山西省大同县黄花总公司
23	诺敏山黑木耳	鄂伦春自治旗农牧业局	大兴安岭诺敏绿业有限责任公司
24	恒利苹果番茄	化德县农牧业局	化德县恒利农业综合开发有限责任公司
25	蒙绿娃南瓜	商都县农牧业局	商都绿娃农业科技有限责任公司
26	蒙绿娃番茄		商都绿娃农业科技有限责任公司
27	蒙绿娃马铃薯		商都绿娃农业科技有限责任公司
28	蒙绿娃西瓜		商都绿娃农业科技有限责任公司
29	蒙绿娃甜瓜		商都绿娃农业科技有限责任公司
30	五原黄柿子	五原县农牧业局	内蒙古民隆现代农业科技有限公司
31	扎兰屯黑木耳	扎兰屯市农牧业局	呼伦贝尔森宝黑木耳种植有限责任公司
32	辽阳番茄	灯塔市农村经济局	辽阳新特现代农业园区
33	耿庄大蒜	海城市农村经济局	海城市宏日种植专业合作社
34	弘馥清农绿茄子		海城市马倩蔬菜种植专业合作社

（续）

序号	申报产品	申报单位	申报单位推荐的生产单位
35	红升香菇	新宾满族自治县农村经济发展局	新宾满族自治县红升香菇有限责任公司
36	玄宇平菇	兴城市农村经济发展局	葫芦岛农函大玄宇食用菌野驯繁育有限公司
37	梦寒西葫芦	义县农村经济发展局	义县农青蔬菜花生专业合作社
38	洮南金塔辣椒	洮南市农业局	吉林省金塔实业（集团）股份有限公司
39	奉贤黄秋葵	上海市奉贤区农业委员会	上海艾妮维农产品专业合作社
			上海扬升农副产品专业合作社
			上海申亚农业科技有限公司
40	白狗牌芦笋	崇明县农业委员会	上海绿笋芦笋种植专业合作社
41	练塘茭白	上海市青浦区农业委员会	上海练塘叶绿茭白有限公司
42	宝应荷藕	宝应县农业委员会	江苏荷仙食品集团有限公司
43	宝应核桃乌青菜		宝应县隆霖蔬菜技术开发专业合作社
44	宝应慈姑		扬州荷之坊食品有限公司
45	一风堂牌糯米藕	连云港市海州区农林水利局	连云港吉本多食品有限公司
46	建昌红香芋	中共常州市金坛区农村工作办公室	金坛市昌玉红香芋专业合作社
47	靖江香沙芋	靖江市农业委员会	靖江市红芽香沙芋专业合作社
			靖江市祖师香沙芋专业合作社
48	骏都蟹味菇	连云港市连云区农林水利局	江苏骏都生物科技有限公司
49	邳州大蒜	邳州市农业委员会	徐州黎明食品有限公司
			邳州恒丰宝食品有限公司
50	八卦洲芦蒿	南京市栖霞区农业局	南京洲野科技有限公司
51	启东青皮长茄	启东市农业委员会	启东多吃点绿色有机食品有限公司
			启东市江天蔬果种植专业合作社
			启东市南阳蔬菜有限公司
52	如皋白萝卜	如皋市农业委员会	南通春华食品有限公司
			南通乡土情贸易有限公司
53	如皋黑塌菜		如皋禾盛现代农业科技发展有限公司
			南通乡土情贸易有限公司
54	统美杏鲍菇	沭阳县农业委员会	绿美食用菌科技发展江苏有限公司
55	威奇太保萝卜	南通市通州区农业委员会	南通大农农业开发有限公司
56	兴化龙香芋	兴化市农业局	兴化市美华蔬菜专业合作社
57	兴化香葱		兴化市美华蔬菜专业合作社
			江苏兴野食品有限公司
58	响水浅水藕	响水县农业委员会	响水连万家莲藕专业合作社
			响水县浅水藕产业协会
			江苏天荷源食品饮料有限责任公司
59	碧阳牌鲜金针菇	仪征市农业委员会	扬州碧阳菌业有限公司

（续）

序号	申报产品	申报单位	申报单位推荐的生产单位
60	深萌青笋干	桐庐县农业和农村工作办公室	桐庐深萌农产品开发有限公司
61	里叶白莲	建德市农业和农村工作办公室	浙江省建德市里叶白莲开发有限公司
62	中埠番茄	巢湖市农业委员会	巢湖市中埠镇蔬菜行业协会
63	和县毛豆	和县农业委员会	和县常久农业发展有限公司
64	黄山竹笋	黄山市黄山区农业委员会	黄山绿美特有机食品发展有限公司
			黄山市黄山区三兄弟笋业有限公司
65	鹏宇桔梗	太和县农业委员会	安徽省太和县鹏宇中药材有限公司
66	桐城水芹	桐城市农业委员会	桐城市牯牛背农业开发有限公司
67	义门贡菜苔干	涡阳县农业委员会	安徽义门苔干有限公司
68	长泰佛手瓜	福建省长泰县农业局	长泰县内溪蔬果专业合作社
69	长泰石铭芋		长泰县益民果蔬专业合作社
70	芹峰牌淮山	德化县农业局	德化县英山珍贵淮山农民合作社
71	绿叶美之源尖椒	福清市农业局	福清市绿叶农业发展有限公司
72	融绿甜椒		福清市绿丰农业开发有限公司
73	古田香菇	古田县食用菌产业管理局	古田县顺达食品有限公司
74	建宁通心白莲	福建建宁县农业局	福建文鑫莲业股份有限公司
			福建闽江源绿田实业投资发展有限公司
			建宁县福鑫莲业食品有限公司
75	孟宗笋干系列		福建建宁孟宗笋业有限公司
76	明溪淮山	明溪县农业局	明溪县绿海淮山专业合作社
77	顺昌海鲜菇	顺昌县农业局	福建神农菇业股份有限公司
			福建省顺昌齐星农产品开发有限公司
			福建省顺昌聚来福生物科技有限公司
78	武平盘菜	武平县农业局	福建省武平县农欣果蔬专业合作社
79	永定六月红早熟芋	龙岩市永定区农业局	龙岩市永定区“六月红”早熟芋专业合作社
80	五夫白莲	武夷山市农业局	武夷山市五夫白莲专业合作社
81	安溪淮山	安溪县农业与茶果局	安溪县山格淮山专业合作社
82	马铺淮山	福建省云霄县农业局	漳州何氏农业开发有限公司
83	乐平红萬笋	乐平市蔬菜局	乐平市绿乐食品有限公司
84	乐平地瓜		乐平市绿港蔬菜种植专业合作社
85	余干辣椒	余干县农业局	余干县伟良枫树辣椒开发有限公司
86	金昌大姜	昌邑市农业局	昌邑琨福大姜蔬菜批发市场有限公司
87	日照平菇	日照市东港区农业局	日照市东港区乐丰食用菌专业合作社
88	日照香菇		日照真诺生物科技有限公司
89	日照黑木耳		日照市东港区鑫源食用菌专业合作社
90	冠县灵芝	冠县农业局	冠县广义灵芝养殖专业合作社

（续）

序号	申报产品	申报单位	申报单位推荐的生产单位
91	海阳白黄瓜	海阳市农业局	海阳市富兴果蔬农民专业合作社
			山东坤永农产品股份有限公司
92	博芳大姜	潍坊市寒亭区农业局	潍坊市寒亭区博峰种植专业合作社
93	潍县萝卜		潍坊市寒亭区俊清蔬果专业合作社
94	祁家芹菜	桓台县蔬菜办公室	桓台县马桥镇祁家蔬菜农民专业合作社
95	金乡大蒜	金乡县农业局	金乡县华光食品进出口有限公司
96	唐王大白菜	济南市历城区蔬菜技术服务中心	济南市历城区唐王绿色农业发展中心
97	临淄西葫芦	淄博市临淄区农业局	临淄区皇城镇绿色蔬菜产销协会
98	临淄西红柿		临淄区皇城镇绿色蔬菜产销协会
99	宁阳桥白大白菜	宁阳县农业局	宁阳县百得利农业科技服务有限公司
100	宁阳香椿		泰安市信通农业开发有限公司
101	高柳茄子	青州市农业局	青州市九州农庄蔬菜专业合作社
102	南阳湖黄瓜	济宁北湖省级旅游度假区农业服务中心	山东济宁南阳湖农场
103	南阳湖辣椒		山东济宁南阳湖农场
104	南阳湖韭菜		山东济宁南阳湖农场
105	北园大卧龙莲藕	济南市天桥区农业经济发展局	济南市天桥区龙湖生态农业观光专业合作社
106	文登西红柿	威海市文登区农业局	文登市绿洲蔬菜种植专业合作社
107	万德大地生姜	沂水县农业局	山东万德大地有机食品有限公司
108	向阳坡韭菜	禹城市蔬菜局	禹城市大禹龙腾蔬菜种植专业合作社
109	向阳坡丝瓜		禹城市大禹龙腾蔬菜种植专业合作社
110	向阳坡黄瓜		禹城市大禹龙腾蔬菜种植专业合作社
111	向阳坡番茄		禹城市大禹龙腾蔬菜种植专业合作社
112	安丘大葱	安丘市农业局	安丘市瓜菜协会
113	肖庄韭菜（苔）	茌平县多种经营办公室	茌平县鑫岳生态果蔬农业专业合作社
114	章丘大葱	章丘市蔬菜技术服务中心	章丘市绣惠大葱产销专业合作社
			济南市振丰农业有限公司
115	章丘鲍芹		章丘市鲍芹产销专业合作社
116	桂河芹菜	寿光市农业局	山东省寿光蔬菜产业集团有限公司
117	福禾缘杏鲍菇	邹城市农业局	山东福禾菌业科技有限公司
118	封丘芹菜	封丘县农业局	封丘县贡芹种植专业合作社
119	寺郎腰大葱	济源市农牧局	济源市大峪镇寺郎腰大葱专业合作社
120	温县铁棍山药	温县农业局	温县四大怀药协会
121	舞阳香菇	舞阳县农林局	舞阳县华宝食用菌种植农民专业合作社
122	大别山干香菇	新县农业局	新县兴民科技有限责任公司
123	小村铺萝卜	漯河市源汇区农林局	漯河市小村铺种植专业合作社
124	珍农天赐牌杏鲍菇	中牟县农业农村工作委员会	河南邦友农业生态循环发展有限公司
125	楚蕈牌香菇	远安县农业局	宜昌大自然生物科技有限公司

（续）

序号	申报产品	申报单位	申报单位推荐的生产单位
126	蓓思味香菇	枣阳市农业局	枣阳市海盛食用菌种植专业合作社
127	团风荸荠	团风县农业局	团风县银连水生蔬菜专业合作社
128	曾都干香菇	随州市曾都区农业局	三友（随州）食品有限公司
			荣盛隆（随州）食品有限公司
129	鹤峰薇菜	鹤峰县农业局	湖北长友现代农业股份有限公司
130	和玉牌花椰菜	天门市农业局	天门市鑫天农业发展有限公司
131	凤头姜	来凤县农业局	湖北凤头食品有限公司
132	监湖干莲子	监利县农业局	湖北湖乡宝农工贸有限公司
133	监湖泡藕带		湖北湖乡宝农工贸有限公司
134	脉地湾萝卜	武汉市黄陂区农业局	武汉新辰食品有限公司
135	黄陂芦笋		武汉新辰食品有限公司
136	家余富德牌紫甘蓝	嘉鱼县农业局	嘉鱼县富德蔬菜专业合作社
137	家余富德牌苦瓜		嘉鱼县富德蔬菜专业合作社
138	汉川莲藕	汉川市农业局	汉川市志成绿色农产品开发有限公司
139	长阳高山西红柿	长阳土家族自治县农业局	长阳憨哥绿色蔬菜专业合作社
140	长阳高山辣椒		长阳秀龙蔬菜专业合作社
141	一致魔芋膳食纤维		湖北一致魔芋生物科技有限公司
142	雪之峰黑木耳	溆浦县农业局	溆浦春和现代农业有限公司
143	春华牌杏鲍菇	长沙市望城区农村工作办公室	湖南省春华生物科技有限公司
144	上和卿灰树花（舞茸）	娄底市娄星区农业局	湖南味菇坊生物科技有限公司
145	江永香姜	江永县农业局	江永县蔬菜科技服务中心
146	苗汉子弄弄葱	花垣县农业局	花垣县苗汉子野生蔬菜开发专业合作社
147	三益莲藕	益阳市赫山区蔬菜局	益阳市三益有机农业专业合作社
148	国进鲜金针菇	长沙县农业局	湖南国进食用菌开发有限公司
149	荔浦马蹄	荔浦县农业局	桂林爱明生态农业开发有限公司
			桂林荔浦民欢农产品专业合作社
150	荔浦芋		桂林荔浦叶氏农产品有限公司
151	青杠树牌黑木耳	云阳县农业委员会	云阳县泥溪乡南山峡黑木耳专业合作社
152	曾家山甘蓝	广元市朝天区农业局	广元市朝天区平溪蔬菜专业合作社
153	甘欣牌碧秀苦瓜	大英县农业层	大英县正果种植专业合作社
154	广丰紫薯	南充市高坪区农牧业局	南充市广丰农业科技有限公司
155	金堂姬菇	金堂县农村发展局	成都市中菌川派食品有限责任公司
			成都天绿菌业有限公司
			金堂县金成食品有限公司
156	升钟湖桑枝竹荪	南部县农牧业局	南部县蜀昇源中药菌业农民专业合作社

（续）

序号	申报产品	申报单位	申报单位推荐的生产单位
157	锦宁牌韭黄	郫县农业和林业局	郫县锦宁韭黄生产专业合作社
158	青川黑木耳	青川县农业局	四川省青川县川珍实业有限公司
159	宕渠黄花	渠县农林局	四川省宕府王食品有限责任公司
160	碎米牌芽菜	宜宾市翠屏区农林畜牧局	四川宜宾碎米芽菜有限公司
161	西充二荆条辣椒	西充县农牧业局	西充县遍地红辣椒开发有限责任公司
			西充县膳源粮蔬专业合作社
			西充县金铧寺绿色辣椒农民专业合作社
162	立强一口茄	三台县农业局	三台县立新镇科美蔬菜种植专业合作社
163	湾子辣椒	金沙县农牧局	贵州隆喜食品有限责任公司
164	台湾玉女小番茄	凯里市农林局	凯里市云谷田园农业发展股份有限责任公司
165	台湾水果黄瓜		凯里市云谷田园农业发展股份有限责任公司
166	水城小黄姜	水城县农业局	水城姜业发展有限公司
167	木杆清水笋	大关县农业局	大关县木杆镇鑫兴竹笋加工厂
168	山阳九眼莲	山阳县农业局	山阳县孤山九眼莲专业合作社
			山阳县漫川成程农庄
169	白泥井辣椒	定边县农业局	定边县白泥井镇助民大棚蔬菜专业合作社
170	熙瑞牌菊粉	白银市平川区农牧局	白银熙瑞生物工程有限公司
171	兰州百合	兰州市七里河区农业局	兰州振兴百合种植专业合作社
			兰州甜甜百合有限公司
172	LD牌南瓜粉	玉门市农牧局	玉门绿地生物制品有限公司
173	康耳黑木耳	康县农牧局	康县兴源土特产商贸有限责任公司
174	天山雪莲辣椒丝	吉木萨尔县农业局	新疆中德农业发展有限公司
175	绿晨马铃薯	大连市旅顺口区农林水利局	大连绿晨果蔬专业合作社
176	汉之林香菇	青岛市黄岛区农村经济发展局	青岛汉森菌业有限公司
177	店埠胡萝卜	莱西市农业局	青岛永乐农业发展有限公司
			青岛西张格庄蔬菜专业合作社
			青岛有田农业发展有限公司
178	马家沟芹菜	平度市农业局	青岛琴园现代农业有限公司
			青岛乐义现代农业科技示范基地有限公司
			青岛福臣富硒蔬菜专业合作社
179	胶州大白菜	胶州市农业局	胶州市大白菜协会
180	余姚茭白	余姚市农林局	余姚市河姆渡农业综合开发有限公司
181	如意情金针菇	厦门市翔安区农林水利局	如意情集团股份有限公司

附件 3：

2015 年度全国名特优新农产品目录（果品类）

序号	申报产品	申报单位	申报单位推荐的生产单位
1	昌平苹果	北京市昌平区农村工作委员会	北京营坊昆利果品专业合作社
2	昌平草莓		北京康寿草莓专业合作社
			北京鑫城缘果品专业合作社
			北京天润园草莓专业合作社
3	张坊磨盘柿	北京市房山区农村工作委员会	北京张坊联农磨盘柿专业合作社
4	怀柔板栗	北京市怀柔区农村工作委员会	北京聚源德种植专业合作社
5	京白梨	北京市门头沟区农业局	北京市门头沟区军庄镇孟悟村股份经济合作社
6	门头沟纸皮核桃		北京大山鑫港核桃种植专业合作社
7	徐堡枣	天津市北辰区种植业发展服务中心	天津市徐堡枣种植专业合作社
8	曙春葡萄	天津市武清区种植业发展服务中心	天津市曙春蔬果专业合作社
9	迁西板栗	迁西县农牧局	迁西县喜峰口板栗专业合作社
			唐山尚禾谷板栗发展有限公司
10	晋州鲜梨	晋州市农林畜牧局	河北省晋州市长城经贸有限公司
11	圆景苹果	井陉县农业畜牧局	井陉县圆景果品种植专业合作社
12	宽城板栗	宽城满族自治县农牧局	承德神栗食品有限公司
13	承月牌月光枣	承德高新技术产业开发区农林水务局	承德市月光果树种植农民专业合作社
14	贺家庄鲜桃	临汾市尧都区农业委员会	临汾市尧都区卧源种植专业合作社
15	临猗苹果	临猗县果业发展中心	临猗县万腾果业开发有限公司
16	扎兰屯沙果干	扎兰屯市农牧业局	扎兰屯市蓝林食品有限责任公司
17	扎兰屯野生榛子		扎兰屯市森通食品开发有限责任公司
18	海城南果梨	海城市农村经济局	海城市天鹰果业有限责任公司
			海城市祝家庄南果梨种植专业合作社
19	前所苹果	葫芦岛市农村经济委员会	葫芦岛市前所果树农场
20	寒富苹果	义县农村经济发展局	义县博哲苹果专业合作社
21	延边苹果梨	龙井市农业局	延边华龙集团有限公司
22	施泉葡萄	上海市金山区农业委员会	上海市施泉葡萄专业合作社
23	仓桥水晶梨	上海市松江区农业委员会	上海仓桥水晶梨发展有限公司
			上海仓桥水晶梨专业合作社
24	佘山水蜜桃		上海众益桃业专业合作社
25	马陆葡萄	上海市嘉定区农业委员会	上海马陆专业葡萄合作社
26	华亭哈密瓜		上海球明果蔬专业合作社

（续）

序号	申报产品	申报单位	申报单位推荐的生产单位
27	丰县苹果	丰县农业委员会	江苏大沙河现代农业综合开发集团有限公司
			丰县绿有果业专业合作社
			徐州凯宇食品有限公司
28	六步山蓝莓	南京市溧水区农业局	南京白龙有机农业科技开发有限公司
29	太湖绿洲葡萄	苏州市吴江区农业委员会	吴江市太湖绿洲生态农业有限公司
30	葡霞园葡萄	仪征市农业委员会	江苏葡霞园农业科技有限公司
31	千岛湖水蜜桃	淳安县农业和农村办公室	淳安县千岛湖德尧果蔬专业合作社
			淳安小标农业开发有限公司
32	千岛湖枇杷		淳安县汪宅果蔬专业合作社
			淳安千岛湖垚硕鑫果蔬专业合作社
33	黄岩蜜橘	台州市黄岩区农业林业局	台州市黄岩名果专业合作社联合社
34	黄岩东魁杨梅		台州市黄岩名果专业合作社联合社
35	君林蓝莓	临海市林业特产局	台州市君临蓝莓有限公司
36	临海葡萄		临海市草帽头果蔬专业合作社
			临海市银宇果蔬专业合作社
			临海市北洋葡萄产业园
37	临海杨梅		临海市清峰水果专业合作社
			浙江永丰鲜果专业合作社
			临海市白水洋黄沙杨梅专业合作社
38	临海蜜桔		浙江忘不了柑桔专业合作社
			浙江省临海市涌泉岩鱼头桔场
			临海市涌泉梅尖山柑桔专业合作社
39	金平湖西瓜	平湖市农业经济局	平湖市金平湖西瓜专业合作社
40	青田杨梅	青田县农业局	青田县杨梅产业协会
41	玉环柚	玉环县农业局、玉环县林业特产局	玉环县名特优果品服务中心
42	建德草莓	建德市农业和农村工作办公室	建德市红群农业科技有限公司
43	繁园葡萄	繁昌县农业委员会	繁昌县庆大葡萄专业合作社
44	长丰草莓	长丰县农业委员会	合肥市艳九天农业科技有限公司
			合肥田峰草莓有限公司
			长丰县草莓协会
45	怀远石榴	怀远县农业委员会	怀远县石榴示范区建设领导小组办公室
			蚌埠涂山石榴专业合作社
46	砀山酥梨	砀山县农业委员会	砀山县三佳利水果种植专业合作社
47	萧县黄金梨	萧县农业委员会	安徽省萧县黄河故道园艺场
48	萧县葡萄		安徽省萧县园艺总场
49	长乐青山龙眼	长乐市农业局	长乐市青山贡果龙眼专业合作社

（续）

序号	申报产品	申报单位	申报单位推荐的生产单位
50	长泰蜜桔	福建省长泰县农业局	长泰县枋洋火焰旗柑桔专业合作社
51	长泰芦柑		长泰县良岗山林果开发有限公司
			长泰县兴巷农林专业合作社
52	福安葡萄	福安市农业局	福安市葡萄协会
53	福安苏阳梅		福安市屏中种植专业合作社
54	穆阳水蜜桃		福安市水蜜桃协会
55	福安芙蓉李		福建润林农业发展有限公司
56	翔牌番石榴	福清市农业局	福建三华农业有限公司
57	平和琯溪蜜柚	平和县农业局	福建省国农农业发展有限公司
			漳州平和东湖农产品有限公司
			平和县三绿果蔬有限公司
58	平和红肉蜜柚		福建天意红肉蜜柚开发有限公司
			福建辅源蜜柚深加工有限公司
			福建省平和天裕果业有限公司
59	浦城板栗	浦城县农业局	浦城县家家福农副产品发展有限公司
60	武夷山甜桔柚	武夷山市农业局	武夷山市桔柚专业合作社
61	摩天岭台湾甜柿	福建省仙游县农业局	莆田市摩天岭农业有限公司
62	度尾文旦柚		福建省仙游县度尾仙溪果业专业合作社
63	德化早熟梨	德化县农业局	德化县九仙早熟梨专业合作社
64	建宁黄花梨	福建省建宁县农业局	建宁县绿源果业有限公司
65	顺昌芦柑	顺昌县农业局	顺昌县金水农场有限公司
			顺昌县洋墩宏昌发展有限公司
66	永春芦柑	福建省永春县农业局	永春县日升农副产品科技咨询有限公司
67	云霄枇杷	福建省云霄县农业局	云霄县金山农业生态园有限公司
68	广丰马家柚	上饶市广丰区农业局	广丰县马家柚产业投资有限公司
69	奉新猕猴桃	奉新县农业局	奉新金伟猕猴桃销售有限公司
			奉新县壹品金魁猕猴桃专业合作社
70	肥城桃	肥城市农业局	山东省肥城桃开发总公司
71	马庄镇核桃	费县农业局	费县芍药山核桃种植专业合作社
			费县绿缘核桃专业合作社
			费县文江果蔬种植专业合作社
72	冠县油桃	冠县农业局	冠县腾达果品专业合作社
73	冠县鸭梨		山东冠县梨园生态旅游有限公司
74	海阳网纹甜瓜	海阳市农业局	海阳市富兴果蔬农民专业合作社
			山东坤永农产品股份有限公司
75	王山津成泰苹果	海阳市果业发展中心	海阳津成泰农产品发展有限公司

（续）

序号	申报产品	申报单位	申报单位推荐的生产单位
76	潍坊西瓜	潍坊市寒亭区农业局	潍坊光合庄园农产品科技有限公司
77	临清麦黄杏	临清市农业局	临清市李官寨黄金梨专业合作社
78	嵩山蜜桃	临朐县农业局	临朐县盛世果蔬专业合作社
79	蒙阴蜜桃	蒙阴县农业局	蒙阴县宗路果品专业合作社
80	天宝山山楂	平邑县农业局	平邑县天宝致富水果专业合作社
81	栖霞苹果	栖霞市农业局	烟台泉源食品有限公司
			栖霞德丰食品有限公司
			烟台清田果蔬有限公司
82	青州银瓜	青州市农业局	青州付欣果蔬种植专业合作社
83	盘龙山纸皮核桃		青州市盘龙山山核桃发展专业合作社
84	荣成苹果	荣成市农业局	荣成市华峰果品有限公司
			荣成市将之乡果蔬有限公司
85	文登砂梨	威海市文登区农业局	威海万鑫畜牧有限公司
86	招远葡萄	招远市农业局	招远三联农业专业合作社
87	招远苹果		招远市宏源果业专业合作社
88	昌乐西瓜	昌乐县农业局	昌乐县瓜菜协会
			昌乐县华安瓜菜专业合作社
89	福山大樱桃	烟台市福山区农业局	烟台市福山区张格庄大樱桃专业合作社
90	沂水苹果	沂水县农业局	沂水金果果品专业合作社
91	枣相情红枣	内黄县农牧局	内黄县枣相情红枣专业合作社
92	青堆树莓	封丘县农业局	封丘县青堆树莓专业合作社
93	春峰草莓	中牟县农业农村工作委员会	中牟县春峰果蔬专业合作社
94	武当蜜桔	丹江口市农业局	丹江口市蔡家渡果园场
95	六步山蓝莓	鄂州市梁子湖区农林水产局	鄂州梁子湖区白龙有机农业科技开发有限公司
96	沼山胡柚		鄂州市梁胡绿色食品开发有限公司
97	贡水白柚	宣恩县农业局	湖北亦禾生态农业有限公司
			宣恩县富源农业发展有限公司
98	秭归脐橙	秭归县农业局	秭归县柑橘协会
99	晶凉田葡萄	公安县农业局	荆州市科润现代农业技术推广服务专业合作社
100	汉水砂梨	老河口市果品办公室	湖北仙仙果品有限公司
101	兴山脐橙	兴山县特产办公室	湖北昭君村生态食品有限公司
102	宜昌蜜桔	宜昌市农业局	宜昌市柑桔产业协会
103	泸溪椪柑	泸溪县农业局	湖南省泸溪县椪柑有限公司
			泸溪县红山椪柑有限责任公司
104	永兴冰糖橙	永兴县农业局	永兴冰糖橙种植业协会
			湖南华大农业科技发展有限公司

（续）

序号	申报产品	申报单位	申报单位推荐的生产单位
105	阿香柑桔	安化县农业局	湖南阿香茶果食品有限公司
106	菖蒲脐橙	桂阳县农业局	桂阳县菖蒲水果种植专业合作社
107	黔阳冰糖橙	洪江市农业局	洪江市红岩冰糖橙专业合作社
108	江永香柚	江永县农业局	江永县香柚开发总公司
109	澧康葡萄	澧县农业局	湖南农康葡萄专业合作社
110	麻阳冰糖橙	麻阳苗族自治县农业局	麻阳万盛生态农业发展有限公司
111	石门柑橘	石门县农业局	湖南省亚辉柑桔专业合作社
			石门湘冠柑橘专业合作社
			石门县白云柑桔专业合作社
112	宜章脐橙	宜章县农业局	宜章县加法果业发展有限公司
113	灵山香荔	灵山县农业局	灵山县龙武农场
114	荔浦砂糖桔	荔浦县农业局	荔浦亮靓果园种植专业合作社
115	恭城月柿	恭城瑶族自治县农业局	桂林恭城丰华园食品有限公司
116	阳朔金橘	阳朔县农业局	阳朔县绿金生态农业发展有限公司
			阳朔遇龙河生态农业发展有限责任公司
			阳朔县白沙镇桂珠金桔专业合作社
117	香山鸡嘴荔枝	合浦县农业局	合浦县公馆镇香山村马拉坡鸡嘴荔枝农民专业合作社
			合浦县红锦农业综合开发有限责任公司
118	容县沙田柚	容县农业局	广西平原农牧有限公司
119	奉节脐橙	奉节县脐橙产业发展中心	奉节县八阵脐橙种植专业合作社
			重庆市俊硕农业发展有限责任公司
120	渝璧玉血橙	重庆市璧山区农业委员会	重庆市璧山区渝璧玉血橙种植股份合作社
121	万州古红桔	重庆市万州区农业委员会	重庆市万州区古红桔专业合作社联合社
122	万州玫瑰香橙		重庆市万州区西部农业开发有限责任公司
123	万州柠檬		重庆市万州区白羊双龙柠檬专业合作社
124	苍溪红心猕猴桃	苍溪县农业局	四川华朴现代农业股份有限公司
			苍溪县守垭猕猴桃专业合作社
			苍溪县景林猕猴桃专业合作社
125	苍溪雪梨		苍溪县雪梨协会
126	绵竹猕猴桃	绵竹市农业局	四川华胜农业股份有限公司
127	都江堰猕猴桃	都江堰市农业和林业局	四川依顿农业科技开发有限公司
			成都青牛现代农业投资有限公司
128	白市柚	广安市前锋区农业局	广安市前锋区良种场
129	广安蜜梨	华蓥市农业局	四川欧阳农业集团有限公司
130	情山妹儿葡萄		华蓥市德嘉农业科技有限公司

（续）

序号	申报产品	申报单位	申报单位推荐的生产单位
131	泸州桂圆	泸州市江阳区农林局	泸州市邓氏土特产品有限公司
			泸州市桂圆专业合作社联合社
132	泸县龙眼	泸县农林局	泸县熟龙龙眼专业合作社联合社
			四川泸州后湾龙眼果品有限公司
133	金堂脐橙	金堂县农村发展局	四川田岭涧农业发展有限公司
			成都市三溪农业综合开发有限责任公司
134	邻水脐橙	邻水县农业局	邻水县东鑫农业发展有限公司
			邻水县金霖果业专业合作社
135	龙泉驿巨峰葡萄	成都市龙泉驿区农村发展和林业局	成都蒲草葡萄专业合作社
			成都市龙泉驿区西河镇龙井水乡土地股份合作社
136	龙泉驿水蜜桃		成都龙泉长松水蜜桃专业生产合作社
			成都市龙泉驿区山泉镇水玲珑水蜜桃产销农民专业合作社
137	龙泉驿枇杷		成都龙泉东山果业专业合作社
138	新都柚	成都市新都区农村发展局	成都市新都区回南种植专业合作社
139	三蘇湖柑桔	眉山市东坡区农业局	眉山市三苏柑桔专业合作社
140	果怡葡萄	眉山市彭山区农业局	四川果怡农业科技有限公司
141	攀枝花芒果	攀枝花市农牧局	攀枝花市锐华农业开发有责任公司限
142	攀枝花枇杷		米易县攀越枇杷种植专业合作社
			攀枝花市锐华农业开发有限责任公司
143	清见桔橙	射洪县农业局	射洪县峻原农业有限责任公司
144	银特西瓜	岳池县农业局	岳池三安农业专业合作社联合社
145	盐源苹果	盐源县农牧局	盐源县诚信苹果专业合作社
146	安岳柠檬	安岳县柠檬产业局	四川省安岳县绿峰柠檬产业有限责任公司
			四川龙泰达柠檬开发有限公司
			四川省鑫柠乐果业有限公司
147	大英县白柠檬	大英县农业局	大英县富鑫柠檬开发有限公司
148	丹棱桔橙	丹棱县农业局	丹棱县生态源果业专业合作社
149	合江荔枝	合江县农业局	合江龙汇荔枝专业合作社
			合江县柿子田荔枝专业合作社
			合江县新店荔枝专业合作社
150	会理石榴	会理县农牧局	会理县石榴生产协会
151	金川雪梨	金川县农业畜牧和水务局	金川县惠农果蔬专业合作社
152	南部脆香甜柚	南部县农牧业局	南部县飞龙果业农民专业合作社
			南部县瑞农果业农民专业合作社
153	蒲江猕猴桃	蒲江县农业和林业局	佳沃（成都）现代农业有限公司
154	蒲江丑柑		成都市蒲江县长秋山果品协会

（续）

序号	申报产品	申报单位	申报单位推荐的生产单位
155	青神椪柑	青神县农业和畜牧局	青神县椪柑专业合作社
156	汶川甜樱桃	汶川县农业畜牧和水务局	汶川县新康甜樱桃种植专业合作社
			汶川县新睿甜樱桃种植专业合作社
157	西昌葡萄	西昌市农牧局	西昌市凤凰葡萄专业合作社
			西昌市恒泽葡萄种植专业合作社
158	小金酿酒葡萄	小金县农业畜牧和水务局	九寨沟天然葡萄酒业有限责任公司
159	小金苹果		小金县金冠种植专业合作社
160	云谷深山草莓	凯里市农林局	凯里市云谷田园农业发展股份有限责任公司
161	凯里葡萄		凯里市兴金种植专业合作社
162	水城红心猕猴桃	水城县农业局	水城县鸿源农业开发有限公司
			水城县长丰绿色科技实业有限公司
			贵州润永恒农业发展有限公司
163	水城刺梨		六盘水金玲籽农业科技发展有限公司
164	阿贝楚柿子	华宁县农业局	云南省华宁县阿贝楚农艺有限公司
165	华宁柑桔		华宁县新村柑桔有限责任公司
			华宁县牛山柑桔实验场
166	丽江雪桃	玉龙县纳西族自治县农业局	丽江雪桃开发有限公司
167	红阳猕猴桃	石屏县农业和科学技术局	石屏县卓易农业科技开发有限公司
168	巍山红雪梨	巍山彝族回族自治县农业局	巍山彝族回族自治县绿源林果有限责任公司
169	祥云红梨	祥云县农业局	祥云县泰鑫科技商贸发展有限公司
170	祥云冬桃	祥云县农业局	祥云县吉才林园种植农民专业合作社
			祥云县泰鑫科技商贸发展有限公司
171	祥云泡核桃	祥云县农业局	大理州怀宝经贸有限责任公司
172	佳贡荔枝	新平彝族傣族自治县农业局	云南特行果业有限责任公司
173	麦地湾梨	云龙县农业局	云龙县天池林果场
174	和源酸石榴	建水县农业局	红河州和源农业开发有限公司
175	昭通苹果	昭通市昭阳区农业局	昭通市昭阳区祺祥农业开发有限责任公司
176	彬县大晋枣	彬县农牧局	彬县润杨农业开发有限责任公司
177	城固柑桔	城固县农业局	汉中泛亚绿色食品有限公司
178	洛川苹果	洛川县农业局	延安果业集团公司
179	灞桥葡萄	西安市灞桥区农林局	西安盛原葡萄科技有限公司
180	灞桥樱桃		西安市灞桥区田原果蔬专业合作社
			西安白鹿原生态实业有限公司
181	阎良甜瓜	西安市阎良区农林局	西安市阎良区科农瓜菜专业合作社
			西安市阎良区国强瓜菜专业合作社

（续）

序号	申报产品	申报单位	申报单位推荐的生产单位
182	丹凤核桃	丹凤县农业局	丹凤县丰园核桃专业合作社
			丹凤县华盛土畜贸易有限公司
183	黄龙核桃	黄龙县农业局	黄龙县干果公司
184	延长红富士苹果	延长县农业局	延安中果生态农业科技股份有限公司
185	神陇园苹果	合水县农牧局	合水县新兴有机农产品农民专业合作社
186	红富士苹果	合水县果业生产管理局	合水县陇原果品有限责任公司
187	泾川红富士苹果	泾川县农牧局	泾川县陇原红果品贸易有限责任公司
			泾川县陇丰果蔬有限公司
			泾川县陇源果业有限公司
188	常津苹果	静宁县农牧局	静宁常津果品有限责任公司
189	笃顺苹果		静宁县润仕果业有限责任公司
190	平凉金果	平凉市果业开发办公室	静宁常津果品有限责任公司
			静宁县陇原红果品经销有限公司
			泾川县林源果业有限责任公司
191	陇宝苹果	庆阳市西峰区果业生产管理局	庆阳市恒丰源苹果农民专业合作社
192	庆阳苹果	庆阳市果业局	庆阳恒丰源苹果农民专业合作社
			庆城县金诚果蔬有限公司
			庆阳市庆新果业有限公司
193	庆阳苹果	庆城县果业局	庆城县丰泰果业专业合作社
194	瓜州蜜瓜	瓜州县农牧局	瓜州县丝路瓜果农民专业合作社
195	花牛苹果	天水市麦积区农业局	天水花牛苹果（集团）有限责任公司
196	下曲葡萄		天水下曲果品经销有限公司
197	秦安蜜桃	秦安县果业管理局	天水冠源果业有限公司
198	陇蜜红富士苹果	正宁县果业局	正宁县果品公司
199	红旗坡苹果	阿克苏市农业局	新疆维吾尔自治区阿克苏地区红旗坡农场
200	戈壁玉枣		阿克苏戈壁枣业农民专业合作社
201	刀郎原枣	阿瓦提县农业局	新疆刀郎枣业有限公司
202	金戈壁红枣	新疆和静县农业局	新疆久川生态科技有限责任公司
203	阿克苏红枣	沙雅县农业局	沙雅县洁康枣业农民专业合作社
204	阿克苏骏枣		新疆塔河明珠果业有限公司
205	阿克苏红枣	温宿县农业局	温宿永丰农业发展有限责任公司
206	藏马密语蓝莓	青岛市黄岛区农村经济发展局	青岛隆辉农业开发有限公司

（续）

序号	申报产品	申报单位	申报单位推荐的生产单位
207	大泽山葡萄	平度市农业局	青岛金色天柱果业发展有限公司
			青岛高氏葡萄种植庄园有限公司
208	云山大樱桃		青岛古迹山樱桃园生态农业有限公司
209	旧店苹果		青岛市旧店果品专业合作社
			青岛得兴果菜专业合作社
210	祝沟草莓		青岛禾中甜生态农业有限公司
			青岛宝叶果蔬专业合作社
211	大黄埠西瓜		青岛奥森农产品有限公司
212	味香园葡萄	余姚市农林局	余姚市临山镇味香园葡萄专业合作社
213	余姚杨梅		余姚市宣郎岙杨梅专业合作社
			余姚市牟山杨梅专业合作社
214	余姚蜜梨		余姚市舜水果蔬专业合作社
			余姚市乔龙蜜梨种植专业合作社
215	老虎山黄桃	大连金州新区农林水利局	大连老虎山水果专业合作社
216	老虎山大樱桃		大连老虎山水果专业合作社
217	旅顺大樱桃	大连市旅顺口区农林水利局	大连仙缘果业产销专业合作社
218	普兰店市棚桃	普兰店市农村经济发展局	普兰店市星台镇葡萄沟棚桃专业合作社
219	三十里堡苹果		大连普湾新区国营农场
220	炮台大樱桃		大连连丰大樱桃专业合作社
221	东马屯红富士苹果	瓦房店市农村经济发展局	大连东马屯果业有限公司
222	东马屯小国光苹果		大连东马屯果业有限公司
223	庄河草莓	庄河市农村经济发展局	大连金线沟草莓专业合作社
			大连乾豪铭坤农业发展有限公司
224	庄河蓝莓		大连蓝健农业发展有限公司
			大连来宝现代农业科技有限公司
225	如意情梅子	厦门市翔安区农林水利局	如意情集团股份有限公司

附件 4：

2015 年度全国名特优新农产品目录（茶叶类）

序号	申报产品	申报单位	申报单位推荐的生产单位
1	茅山长青	句容市农业委员会	句容市张庙茶场
			句容市龙山茶场
			句容市茅山茶场
2	碧螺春	南京市溧水区农业局	南京市溧水严景万茶场（普通合伙）
3	玫瑰花蕾茶		南京溧水美康玫瑰专业合作社

（续）

序号	申报产品	申报单位	申报单位推荐的生产单位
4	无锡毫茶	无锡市滨湖区农林局	无锡市茶叶品种研究所有限公司
5	太湖毫红		无锡市茶叶品种研究所有限公司
6	仪征春茶	仪征市农业委员会	仪征市绿杨春茶叶行业协会
			仪征市捺山茶叶试验场
			仪征市月塘茶场有限公司
7	建德苞茶	建德市农业和农村办公室	建德市天羽茶业有限公司
8	羊岩勾青	临海市农村工作办公室	临海市羊岩茶厂
9	磐安云峰茶	磐安县农业局	浙江磐安绿水丫丫茶业有限公司
			磐安县龙山银针茶专业合作社
10	桐庐雪水云绿	桐庐县农业和农村工作办公室	桐庐雪水云绿茶叶有限公司
			桐庐分水江茶业有限公司
			桐庐云山银峰茶业有限公司
11	千岛玉叶龙井茶	淳安县农业和农村工作办公室	杭州千岛玉叶茶业有限公司
			淳安县千岛湖睦州茶业有限公司
12	祁门安茶	祁门县农业委员会	安徽省祁门县江南春茶厂
13	祁门红茶		安徽省祁门红茶发展有限公司
			黄山市祁门香茶业有限公司
14	太平猴魁	黄山市黄山区农业委员会	黄山市猴坑茶业有限公司
			黄山六百里猴魁茶业有限公司
			黄山市黄山区名山胜水茶业有限公司
15	屯溪绿茶	黄山市屯溪区农业委员会	黄山一品有机茶业有限公司
16	黄山毛峰	黄山市徽州区农业委员会	谢裕大茶叶股份有限公司
			黄山光明茶业有限公司
17	珠兰花茶	歙县农业委员会	黄山市芽典生态农业有限公司
18	云谷大方茶		黄山茶业集团有限公司
19	桐城茶叶	桐城市农业委员会	桐城市小花茶叶开发有限公司
			桐城市杨头有机茶专业合作社
20	岳西翠兰	岳西县农业委员会	岳西县茶业协会
			安徽良奇生态农业科技有限公司
			安徽翠兰投资发展有限公司
21	都督茶叶	巢湖市农业委员会	安徽省巢湖市坝镇都督名优茶开发有限公司
			巢湖市都督山茶叶专业合作社
			巢湖市坝镇都督山茶叶产业协会
22	润思仙针	池州市农业委员会	安徽国润茶业有限公司
23	黄公山白茶	枞阳县农业委员会	安徽省上行山茶叶有限公司
24	剑兰春茶叶	东至县农业委员会	安徽省东至茶树良种繁殖示范场

（续）

序号	申报产品	申报单位	申报单位推荐的生产单位
25	霍山黄芽	霍山县农业委员会	霍山汉唐清茗茶叶有限公司
26	金山时雨	绩溪县农业委员会	绩溪县瀚徽农业开发有限公司
27	六安瓜片	六安市金安区农业委员会	六安市东石笋野茶开发有限责任公司
28	六安瓜片	六安市裕安区农业委员会	安徽省六安瓜片茶业股份有限公司
29	六安瓜片	金寨县农业发展委员会	谢裕大（六安）茶叶有限公司
			金寨县安态特色农产品有限责任公司
			金寨县露雨春茶叶有限责任公司
30	涌溪火青绿茶	泾县农业委员会	安徽泾县其华涌溪火青茶叶有限公司
31	汀溪兰香牌名优绿茶		安徽兰香茶业有限公司
32	九华佛茶	青阳县农业委员会	安徽雄风贸易有限公司江南青龙生态茶场
33	舒城花茶	舒城县农业委员会	安徽兰花茶业有限公司
			安徽舒绿茶业有限公司
34	宿松香芽	宿松县农业委员会	宿松县龙河茶叶有限公司
35	休宁松萝	休宁县农业委员会	黄山市松萝有机茶叶开发有限公司
36	新安源有机茶		黄山市新安源有机茶开发有限公司
37	黄山毛峰	黟县农业委员会	黄山市黟县五溪山茶厂有限公司
38	安溪铁观音	安溪县农业与茶果局	华祥苑茶业股份有限公司
			福建安溪铁观音集团股份有限公司
			安溪县龙涓乡举源茶叶专业合作社
39	坦洋工夫	福安市茶业管理局	福建省天荣茶业有限公司
			福建新坦洋集团股份有限公司
			福建省千氏茗茶业有限公司
40	白琳工夫红茶	福鼎市茶业管理局	福建省天丰源茶产业有限公司
			福建福鼎东南白茶进出口有限公司
41	福鼎白茶		福建品品香茶业有限公司
			福建省天湖茶叶有限公司
			福建鼎白茶业有限公司
42	天山绿茶	宁德市蕉城区茶业管理局	福建省宁德市赤溪茶叶有限公司
			宁德市白马山茶叶有限公司
			宁德市九龙峰农业综合开发有限公司
43	客家金牡丹	宁化县农业局	福建省翠云茶业有限公司
44	平和白芽奇兰	平和县农业局	福建省天醇茶业有限公司
			福建向荣大芹山茶业发展有限公司
			平和县阳山茶厂
45	沙县红边茶	沙县农业局	福建省沙县宏苑茶业有限公司

（续）

序号	申报产品	申报单位	申报单位推荐的生产单位
46	寿宁高山红茶	寿宁县茶业管理局	寿宁县张天福生态茶场
47	大金湖岩茶	泰宁县农业局	福建省状元茗茶有限公司
48	泰宁红茶		泰宁县泰和生态茶有限公司
49	武平绿茶	武平县农业局	武平县年年春茶业有限公司
50	霞浦元宵茶	霞浦县茶业管理局	福建省霞浦县茶场
51	仙溪牌乌龙茶	福建省仙游县农业局	福建金溪茶业有限公司
52	永春闽南水仙	永春县农业局	永春县魁斗莉芳茶厂
53	永春佛手茶		福建永春县万品春茶业有限公司
54	尤溪绿茶	尤溪县农业局	福建省尤溪县光兴茶业有限公司
			尤溪县碧叶馨茶叶专业合作社
			尤溪县云富茶业有限公司
55	尤溪红		福建省尤溪县光兴茶业有限公司
			福建碧叶馨茶业有限公司
			尤溪县云富茶业有限公司
56	漳平水仙茶	漳平市农业局	福建大用生态农业综合发展有限公司
			福建秀雨农业发展有限公司
57	诏安八仙茶	诏安县农业局	诏安县月之港茶业有限公司
58	官司云雾茶	周宁县茶业管理局	福建归来客有机茶叶有限公司
			福建海雾茶业发展有限公司
59	永福高山茶	漳平市农业局	福建漳平鸿鼎农场开发有限公司
			福建漳平台品茶业有限公司
			福建漳平永福闽台缘高山茶产销专业合作社
60	建阳白茶	南平市建阳区农业局	建阳市漳白茶业有限公司
			建阳市上林茶业有限公司
61	浮梁茶	浮梁县茶业局	浮梁县浮瑶仙芝茶业有限公司
			浮梁县昌南茶叶有限公司
			江西浮梁贡茶叶有限公司
62	狗牯脑茶	遂川县茶业局	江西吉贡茶业有限公司
			江西井冈老仙天然食品有限公司
			江西御华轩实业有限公司
63	婺源绿茶	婺源县农业局	婺源县鄣公山茶叶实业有限公司
64	庐山云雾茶	星子县农业局	星子庐山七尖云雾茶有限公司
65	三清山白茶	玉山县农业局	江西三山实业有限公司
66	资溪白茶	资溪县农业局	资溪一亩茶园有限公司
67	白眉红		资溪一亩茶园有限公司

（续）

序号	申报产品	申报单位	申报单位推荐的生产单位
68	日照绿茶	日照市东港区农业局	日照北叶青茶业有限公司
			日照南湖马陵春茶业有限公司
69	日照红茶	日照市岚山区农业局	日照市御园春茶业有限公司
70	泰山君子茶	肥城市农业局	泰安市东兴农业有限公司
71	莒南绿茶	莒南县农业局	临沂市玉芽茶业有限公司
72	诸城绿茶	诸城市农业局	诸城市碧龙春茶业有限公司
73	信阳毛尖	固始县农业局	固始县皇姑山茶业有限公司
74	信阳红	罗山县农业局	罗山县灵山茶业有限公司
75	信阳毛尖		罗山县灵山茶业有限公司
			罗山县亿峰生态林业开发有限公司
76	文新信阳红	信阳市浉河区农业局	信阳市文新茶叶有限责任公司
77	文新信阳毛尖		信阳市文新茶叶有限责任公司
78	怀菊花茶	武陟县农业局	焦作市鑫诚怀药有限公司
79	蒸青绿茶	新县农业局	河南新林茶业有限公司
80	羊楼洞翠毫	赤壁市茶产业发展局	湖北羊楼洞果茶股份有限公司
81	赤壁青砖茶		湖北省赵李桥茶厂有限责任公司
			湖北省洞庄茶业有限公司
			赤壁乾泰恒兄弟茶业有限公司
82	赤壁米砖茶		湖北省赵李桥茶厂有限责任公司
			湖北省洞庄茶业有限公司
			赤壁乾泰恒兄弟茶业有限公司
83	恩施富硒茶	恩施市农业局	恩施市花枝山生态农业开发有限责任公司
			恩施市富之源茶叶有限公司
			恩施大方生态农业有限公司
84	恩施玉露		恩施市润邦国际富硒茶业有限公司
			恩施亲稀源硒茶产业发展有限公司
			恩施市凯迪克富硒茶业有限公司
85	汉家刘氏绿茶	谷城县农业局	湖北汉家刘氏茶业股份有限公司
86	汉家刘氏红茶		湖北汉家刘氏茶业股份有限公司
87	汉家刘氏黑茶		湖北汉家刘氏茶业股份有限公司
88	翠泉绿茶	鹤峰县农业局	湖北省鹤峰县翠泉茶业有限公司
89	监利荷叶茶	监利县农业局	湖北爱荷食品有限公司
90	利川红	利川市农业局	利川市飞强茶业有限责任公司
91	羊角山牌绿茶	南漳县农业局	湖北省南漳县羊角山茶场
92	圣水毛尖	竹山县农业局	湖北圣水茶场有限责任公司
93	采花茶叶	五峰土家族自治县农业局	湖北采花茶业有限公司

（续）

序号	申报产品	申报单位	申报单位推荐的生产单位
94	旧街白茶	新洲区林业局	武汉腾云山生态白茶有限公司
95	宣恩贡茶	宣恩县农业局	宣恩县伍台昌臣茶业有限公司
			恩施州伍家台富硒贡茶有限责任公司
			湖北绿可生态茶业有限公司
96	秀水天香绿茶	宜昌市夷陵区农业局	湖北秀水天香茶业有限公司
97	金香品雪		萧氏茶业集团有限公司
98	萧氏毛尖		萧氏茶业集团有限公司
99	英山云雾茶	英山县农业局	英山县志顺茶业有限公司
100	九朵玫瑰干花蕾（代用茶）	枣阳市农业局	倪氏国际玫瑰产业股份有限公司
101	孝感龙剑茶	孝感市农业局	大悟柏园春茶业有限公司
			湖北悟道茶业有限公司
			孝感市孝南区浐川茶场
102	湘益茯砖茶	益阳市赫山区农业局	益阳茶厂有限公司
103	天尖茶		湖南黑美人茶业股份有限公司
104	手筑茯砖	安化县农业局	中茶湖南安化第一茶厂有限公司
105	千两茶		中茶湖南安化第一茶厂有限公司
106	天尖茶		中茶湖南安化第一茶厂有限公司
107	荷香茯砖茶		湖南阿香茶果食品有限公司
108	江华苦茶	江华瑶族自治县农业局	江华瑶族自治县九龙井茶业有限责任公司
109	双上绿芽茶	澧县农业局	澧县太青山有机食品有限公司
110	石门银峰	石门县农业局	湖南壶瓶山茶业有限公司
			湖南石门渫峰名茶有限公司
			湖南省石门县白云山国有林场
111	桃源茶叶	桃源县农业局	湖南古洞春茶业有限公司
			湖南腾琼野茶王茶业有限公司
112	兰岭绿茶	湘阴县农业局	湖南兰岭绿态茶业有限公司
113	过山瑶绿茶	宜章县农业局	宜章莽山木森森茶业有限公司
114	宜章莽山绿茶		宜章县莽山瑶族乡标明茶叶种植专业合作社
115	沅陵茶叶	沅陵县农业局	湖南省辰州碣滩茶业有限公司
			湖南官庄干发茶业有限公司
116	桂平茶叶	桂平市农业局	广西桂平市西山碧水茶园有限责任公司
			广西桂平市国营金田林场
117	浪伏红茶	凌云县农业局	广西凌云浪伏茶业有限公司
118	金毫红茶		广西八桂凌云茶业有限公司

（续）

序号	申报产品	申报单位	申报单位推荐的生产单位
119	灵山绿茶	灵山县农业局	广西正久茶业有限公司
			灵山县桂灵茶业有限公司
			灵山县石瓯山茶场
120	京桂古道茶	西林县农业局	广西西林京桂古道茶业有限公司
121	桂林桂花茶	龙胜各族自治县农业局	桂林漓江茶厂有限公司
122	万县太白银针	重庆市万州区农业委员会	重庆市新天地高新农业开发（集团）有限公司
123	仙女红高山红茶	武隆县农业委员会	重庆市冠恒农业发展有限公司
124	钟灵毛尖茶	秀山土家族苗族自治县农业委员会	重庆市秀山县钟灵茶业有限公司
125	龙缸云雾茶	云阳县农业委员会	重庆龙缸茶业有限公司
126	宜宾早茶	宜宾市农业局	四川省茶业集团股份有限公司
			宜宾川红茶业集团有限公司
			四川早白尖茶业有限公司
127	叙府龙芽绿茶	宜宾市翠屏区农林畜牧局	四川省茶业集团股份有限公司
128	巴山雀舌	达州市农业局	四川巴山雀舌名茶实业有限公司
			万源市蜀韵生态农业开发有限公司
			宣汉县九顶茶叶有限公司
129	赵坡绿剑	绵竹市农业局	绵竹三溪香茗茶叶有限责任公司
130	青城雪芽	都江堰市农业和林业局	四川都江堰青城茶叶有限公司
131	贡品道茶		都江堰青城贡品堂茶业有限公司
132	屏羌绿茶	洪雅县农业和畜牧局	洪雅县屏羌农产品有限责任公司
133	屏羌红茶		洪雅县屏羌农产品有限责任公司
134	雅自天成茶		眉山市雅自天成茶业有限公司
135	芦山茶叶	芦山县农业局	芦山锦烨茶业有限公司
			芦山县马牛山翠香茶业有限公司
			雅安市熊猫家园农业开发有限公司
136	马边绿茶	马边彝族自治县农业局	四川森林茶业有限公司
			马边金星茶业开发有限责任公司
			马边彝族自治县文彬绿雪茶叶专业合作社
137	蒙顶甘露	雅安市名山区茶业发展局	四川禹贡蒙顶茶业集团有限公司
138	蒙顶黄芽		四川蒙顶山跃华茶业集团有限公司
139	纳溪特早茶	泸州市纳溪区农业局	四川纳溪特早茶有限公司
			四川瀚源有机茶业有限公司
140	屏山炒青	屏山县农业和林业局	屏山县水中韵茶叶有限公司
			宜宾酒都生态茶叶有限公司
			四川省屏山县龙湖名茶有限责任公司

（续）

序号	申报产品	申报单位	申报单位推荐的生产单位
141	蒲江雀舌	蒲江县农业和林业局	四川嘉竹茶业有限公司
			四川绿昌茗茶业有限公司
142	邛崃黑茶	邛崃市农业和林业局	四川省文君茶业有限公司
			四川省花秋茶业有限公司
143	万源富硒茶	万源市农业局	万源市巴山富硒茶厂
			四川巴山雀舌名茶实业有限公司
			万源市蜀韵生态农业开发有限公司
144	米仓山茶	旺苍县农业局	四川米仓山茶业集团有限公司
145	筠连红茶	筠连县农业局	宜宾醒世茶业有限责任公司
			宜宾市双星茶业有限责任公司
			筠连县乌蒙韵茶业有限责任公司
146	黄金白露		宜宾醒世茶业有限责任公司
147	筠连苦丁茶		筠连县青山绿水茶叶专业合作社
148	海鑫玉叶	宝兴县农业局	四川宝兴海鑫茶业有限公司
149	北川苔子茶	北川羌族自治县农业局	北川羌族自治县羌山雀舌茶业有限公司
150	早白尖绿茶	高县农业局	四川早白尖茶业有限公司
151	金江茶叶		宜宾川红茶业集团有限公司
152	林湖茶叶		宜宾川红茶业集团有限公司
153	鹿鸣玉片	珙县农业局	四川省珙县鹿鸣茶业有限公司
154	云顶红茶	南江县农业局	四川省元顶子茶场
155	云顶绿茶		四川省元顶子茶场
156	七佛贡茶	青川县农业局	广元市白龙茶叶有限公司
157	梦樵毛峰	金沙县农牧局	金沙梦樵茶业有限责任公司
158	雷山银球茶	雷山县农业局	贵州敬旺绿野食品有限公司
			贵州省雷山县毛克翕茶叶发展研究所
			贵州省雷山县苗家春茶业有限公司
159	水城富硒茶叶	水城县农业局	水城县茶叶发展有限公司
			六盘水青龙春茶业开发有限公司
160	翠华茶	大关县农业局	云南雄观实业有限责任公司
161	永昌红	保山市隆阳区农业局	保山市凤溪茶业有限公司
162	腾冲高山乌龙茶	腾冲县农业局	云南腾冲极边茶业股份有限公司
163	高黎贡山普洱茶		腾冲县高黎贡山生态茶业有限责任公司
164	苗岭碧芽	盐津县农业局	盐津茶叶有限责任公司
165	云龙茶	云龙县农业局	云龙县宝丰乡大栗树茶厂
			云龙县团结乡鹿龙塘茶厂
			云龙县云极茶厂

（续）

序号	申报产品	申报单位	申报单位推荐的生产单位
166	苦聪生态茶	镇沅彝族哈尼族拉祜族自治县农业和科学技术局	镇沅彝族哈尼族拉祜族自治县金阳茶业有限责任公司
167	安康富硒茶	汉宾区林业局	安康市汉水韵茶业有限公司
			安康市汉滨区金正绿茶茶业有限公司
			安康市京康现代农业开发有限公司
168	汉中仙毫	城固县农业局	汉中山花茶业有限公司
169	靖边苦荞茶	靖边县农业局	靖边县黄土之恋农产品有限公司
170	勉县绿茶	勉县农业局	陕西定军山绿茶有限公司
			汉中三国茶业科技发展有限公司
171	南郑红茶	南郑县农业局	南郑县汉山茶业有限公司
172	山阳茶叶	山阳县农业局	山阳县茶叶公司
			山阳县万福茶业有限公司
			山阳县金桥茶业有限公司
173	商南茶	商南县农业局	陕西省商南县茶叶联营公司
			陕西省商南县金丝茶业发展有限公司
			商南县沁园春茶叶有限公司
174	紫阳富硒茶	紫阳县农业局	紫阳县向阳茶厂
			紫阳县盘龙天然富硒绿茶有限公司
175	泾阳茯砖茶	泾阳茯砖茶发展服务中心	陕西怡泽茯茶有限公司
			陕西泾阳泾砖茶业有限公司
			陕西高香茶业有限公司
176	南郑绿茶	南郑县农业局	汉中永明农业科技发展有限公司
177	泾渭茯茶	咸阳市秦都区农林畜牧局	咸阳泾渭茯茶有限公司
178	裕沁银针	陇南市武都区农牧局	陇南市武都区裕春茶叶农民专业合作社
			陇南市裕春茶业有限责任公司
179	崂山云雾茶	青岛市崂山区农林局	青岛崂山云雾茶场有限公司
180	崂山茶		青岛涵雪饮品有限公司
181	余姚瀑布仙茗	余姚市农林局	余姚市瀑布仙茗协会
			余姚市沁绿名茶有限公司
			宁波十二雷茶业有限公司

附件 5：

2015 年度全国名特优新农产品目录（其他）

序号	申报产品	申报单位	申报单位推荐的生产单位
1	京白菊	延庆县农村工作委员会	北京四海种植专业合作社
2	长白山人参	抚松县人参产业发展中心	吉林长白明珠绿色食品有限公司
3	新开河红参	集安市农业和畜牧业局	康美新开河（吉林）药业有限公司
4	杭白菊	桐乡市农业经济局	桐乡新和保健品有限公司
			桐乡市同新食品有限公司
			桐乡市土特产有限责任公司
5	皖山野葫芦籽	怀宁县农业委员会	安徽皖山食品有限公司
6	黄山贡菊	歙县农业委员会	黄山市芽典生态农业有限公司
			黄山市歙县雅氏茶菊精制厂
7	文登西洋参	威海市文登区农业局	文登市大水泊镇兴农西洋参专业合作社
			威海市东旭西洋参有限公司
8	嘉祥白菊花	嘉祥县农业局	山东朵云清农业股份有限公司
9	阆中川明参	阆中市农牧业局	四川木兰郡生物科技有限公司
			阆中市西山川明参专业合作社
			阆中市道地中药材专业合作社
10	顶罈花椒	贞丰县农业局	贞丰县顶罈椒业有限公司
11	新寨咖啡	保山市隆阳区农业局	保山市新寨咖啡有限公司
12	阜康打瓜籽	阜康市农业局	新疆源森农业开发有限公司

绿色生产资料企业及产品目录

绿色生产资料企业及产品目录（2015.1.13）

序号	企业名称	商标	产品	证书号	有效期
1	肇东市庆东肥业有限责任公司	钱串籽＋QIANCHUANZI＋图形	生物有机肥	LSSZ-01-1409080039	2014.12.15—2017.12.14
2	盐城惠民饲料科技有限公司	惠于民＋图形	产蛋后备鸡配合饲料（颗粒饲料）	LSSZ-03-1107100016	2014.7.5—2017.7.4
		惠于民＋图形	产蛋鸡配合饲料（高峰期产蛋率≥85%）	LSSZ-03-1107100017	
3	江苏科伦多食品配料有限公司	科多＋KOLOD＋图形	食品添加剂氯化钾	LSSZ-05-1410100040	2014.10.31—2017.10.30
4	青海宏恩科技有限公司	宏恩福田＋HONGENFUTIAN＋图形	微量元素水溶肥料	LSSZ-01-1410290041	2014.12.15—2017.12.14
5	广东大众农业科技股份有限公司	田师傅＋TIANSHIFU	土壤调理剂	LSSZ-01-0707190054	2014.7.30—2017.7.29
6	青海国泰盐湖开发有限公司	国泰盐湖＋GUOTAI SALTLAKE＋图形	农业用硫酸钾镁（颗粒）	LSSZ-01-1411290042	2014.12.15—2017.12.14
			农业用硫酸钾镁（粉剂）	LSSZ-01-1411290043	
7	锡林郭勒苏尼特碱业有限公司	马兰＋图形	食品添加剂碳酸氢钠	LSSZ-05-1411050044	2014.12.15—2017.12.14
8	溧阳正昌饲料科技有限公司	正昌＋图形	4%正昌福乐兴生长猪用复合预混料	LSSZ-03-0810100058	2014.10.29—2017.10.28
			4%正昌福乐兴育肥猪用复合预混料	LSSZ-03-0810100059	
			1%正昌福乐兴淡水鱼用复合预混料	LSSZ-03-1412100050	
			1%正昌福乐兴肉小鸡用复合预混料	LSSZ-03-0810100065	
			1%正昌福乐兴肉中鸡用复合预混料	LSSZ-03-0810100066	
			5%正昌福乐兴产蛋鸡用复合预混料	LSSZ-03-0810100068	
			1%正昌福乐兴肉小鸭用复合预混料	LSSZ-03-0810100069	
			1%正昌福乐兴肉大鸭用复合预混料	LSSZ-03-0810100070	
			5%正昌福乐兴产蛋鸭用复合预混料	LSSZ-03-0810100074	
			1%正昌福乐兴产蛋鸡用复合预混料	LSSZ-03-0810100067	
			1%正昌福乐兴蟹复合预混料	LSSZ-03-1412100051	
9	北京汉业科技有限公司	汉业＋HY＋图形	冷水鱼配合饲料	LSSZ-03-1106010013	2014.6.3—2017.6.2

绿色生产资料企业及产品目录（2015. 6. 24）

序号	类别	企业名称	商标	产品	证书号	有效期	核准年产量（吨）
1	肥料	莱州丰源肥业有限公司	笨牛＋图形	有机肥料	LSSZ-01-0804150029	2014. 4. 9—2017. 4. 8	13 000
				有机-无机 00 复混肥料	LSSZ-01-0804150030		12 000
2	肥料	海北储源生物科技开发有限公司	CHUYUAN＋图形	有机肥料	LSSZ-01-1108290018	2014. 8. 30—2017. 8. 29	50 000
				有机-无机复混肥料（有机钾肥）	LSSZ-01-1101290001	2014. 1. 11—2017. 1. 10	50 000
				有机-无机复混肥料	LSSZ-01-1101290002		50 000
3	肥料	青岛百事达生物肥料有限公司	三帝＋拼音＋图形	复合微生物肥料	LSSZ-01-0801150013	2014. 10. 11—2017. 10. 10	8 000
4	饲料	新乐市友好饲料有限公司	TONGHAO＋通好	稚甲鱼配合饲料	LSSZ-03-0809030051	2014. 9. 4—2017. 9. 3	300
				幼甲鱼配合饲料	LSSZ-03-0809030050		500
				成甲鱼配合饲料	LSSZ-03-0809030052		2 000
5	肥料	黑龙江大禾农业有限公司	起禾＋图形	有机-无机复混肥料（通用型）	LSSZ-01-1503080001	2015. 4. 2—2018. 4. 1	15 000
				有机-无机复混肥料（大豆专用肥）	LSSZ-01-1503080002		15 000
				有机-无机复混肥料（水稻专用肥）	LSSZ-01-1503080003		15 000
				有机-无机复混肥料（玉米专用肥）	LSSZ-01-1503080004		15 000
6	肥料	哈尔滨绿洲之星生物科技有限公司	归农＋图形	复合微生物肥料	LSSZ-01-1503080005	2015. 4. 2—2018. 4. 1	1 000
7	食品添加剂	青海晶洁镁露科技有限责任公司	晶洁镁露＋JINGJIEMEILU＋图形	食用氯化镁	LSSZ-05-1504290006	2015. 5. 45—2018. 5. 3	10 000
8	肥料	湛江市博泰生物化工科技实业有限公司	博泰＋botai＋图形	虾肽氨基酸叶面肥（含氨基酸水溶肥料）	LSSZ-01-1201190002	2015. 1. 10—2018. 1. 9	10 000
9	肥料	河南省黄泛区鑫欣牧业有限公司	黄泛区＋图形	有机肥料	LSSZ-01-1107160014	2014. 7. 5—2017. 7. 4	50 000
10	饲料	昆明云岭广大农牧集团有限公司	云岭广大＋图形	5491 1%肉用仔鸭中后期复合预混合饲料	LSSZ-03-1111250022	2014. 11. 22—2017. 11. 21	80
				548 肉用仔鸭前期配合饲料	LSSZ-03-1111250023		1 500
				549 肉用仔鸭中期配合饲料	LSSZ-03-1111250024		2 000
				549E 肉用仔鸭后期配合饲料	LSSZ-03-1111250025		3 000

（续）

序号	类别	企业名称	商标	产品	证书号	有效期	核准年产量（吨）
11	肥料	成都新朝阳作物科学有限公司	新朝阳＋NEWSUN	含腐植酸水溶肥料	LSSZ-01-1505230008	2015. 6. 15—2018. 6. 14	80
			新朝阳＋NEWSUN	中量元素水溶肥料（Ca）	LSSZ-01-1505230009		60
			新朝阳＋NEWSUN	中量元素水溶肥料（Mg＋N）	LSSZ-01-1505230010		60
	农药		硕丰 481 花之果	硕丰 481 花之果牌 0.01%芸苔素内酯可溶性粉剂	LSSZ-02-1204230013		200
			硕丰 481 花之果	硕丰 481 花之果牌 0.0075%芸苔素内酯水剂	LSSZ-02-1204230012		600
			硕丰 481 金满粒	硕丰 481 金满粒牌 0.01%芸苔素内酯可溶性粉剂	LSSZ-02-0710220044		400
			硕丰 481 金满粒	硕丰 481 金满粒牌 0.0075%芸苔素内酯水剂	LSSZ-02-0710220045		200
			新朝阳＋NEWSUN	0.5%藜芦碱可溶液剂	LSSZ-02-1505230011		60
			新朝阳＋NEWSUN	1.5%苦参碱可溶液剂	LSSZ-02-1505230012		80
			新朝阳＋NEWSUN	0.5%氨基寡糖素水剂	LSSZ-02-1505230013		60
			新朝阳＋NEWSUN	0.5%香菇多糖水剂	LSSZ-02-1505230014		50
			新朝阳＋NEWSUN	1%苦皮藤素水乳剂	LSSZ-02-1505230015		60
12	肥料	陕西鼎天济农腐殖酸制品有限公司	济农＋图形	含腐植酸水溶肥料	LSSZ-01-0903260100	2015. 3. 29—2018. 3. 28	20 000
13	饲料添加剂	内蒙古远通伟业饲料有限公司	黑河＋图形	矿物质营养补充舔块（反刍动物）	LSSZ-03-1506050016	2015. 6. 15—2018. 6. 14	35 000
				矿物质营养调控舔块（奶牛）	LSSZ-03-1506050017		35 000
				矿物质营养强化舔块（奶牛）	LSSZ-03-1506050018		35 000
				矿物质营养强化舔块（羊）	LSSZ-03-1506050019		35 000
				富硒矿物质饲料舔块	LSSZ-03-1506050020		35 000
				矿物质饲料盐粉	LSSZ-03-1506050021		35 000
14	饲料	民和绿宝饲草科技开发有限公司	丰通	整株玉米秸秆青饲料	LSSZ-03-1506290022	2015. 6. 15—2018. 6. 14	100 000

索 引

F

G

H

J

L

T

W

X

Y

Z

图书在版编目（CIP）数据

中国品牌农业年鉴.2016/中国优质农产品开发服务协会编.—北京：中国农业出版社，2016.11

ISBN 978-7-109-22314-1

Ⅰ.①中… Ⅱ.①中… Ⅲ.①农产品—品牌—中国—2016—年鉴 Ⅳ.①F323.7-54

中国版本图书馆CIP数据核字（2016）第269161号

中国农业出版社出版

（北京市朝阳区麦子店街18号楼）

（邮政编码100125）

责任编辑 徐 晖 贾 彬

文字编辑 贾 彬 杜 婧

中国农业出版社印刷厂印刷 新华书店北京发行所发行

2016年11月第1版 2016年11月北京第1次印刷

开本：787mm×1092mm 1/16 印张：34

字数：1000千字

定价：300.00元